TANTRA SARA SANGRAHA

(WITH COMMENTARY)

TANTRA SARA SANGRAHA

(WITH COMMENTARY)

A treatise teaching formulae and rites for the attainment of health and happiness and even of super-human power

OF

Narayana (Tantric) of Sivapuram

EDITED
CRITICALLY WITH INTRODUCTION
IN ENGLSH & SANSKRIT
BY

VAIDTYARATNA

Pandit M. DURAISWAMI AIYANGAR

GYAN

Published by

Gyan Publishing House
5, Ansari Road
Daryaganj, New Delhi-110002
Phone: 011-47034999, 9811692060
E-mail: books@gyanbooks.com

Distribution Network
gyanbooks.com
India, USA, Canada, UK, Australia

ISBN: 978-93-6280-629-1 (HB)
First Published, 1950

2nd Impression 2024

Printed at: Gyan Press, Delhi.

TANTRA SARA SANGRAHA
(WITH COMMENTARY)
Editor : M. DURAISWAMI AIYANGAR

॥ तन्त्रसारसङ्ग्रहः ॥

TANTRA SĀRA SAṄGRAHA

(WITH COMMENTARY)

A treatise teaching formulae and rites for the attainment of health and happiness and even of super-human power

OF

Nārāyaṇa (Tāntric) of Śivapuram

EDITED
CRITICALLY WITH INTRODUCTION
IN ENGLISH & SANSKRIT

BY

VAIDYARATNA

Pandit M. ḌURAISWAMI AIYANGAR, A.K.A.C.,
Āyurvedabhūṣaṇa, Āyurvedācārya
Ayurvedic Medical Practitioner (Regtd.).

GOVERNMENT ORIENTAL MANUSCRIPTS LIBRARY, MADRAS.

1950

विषयानुक्रमणिका

CONTENTS

INTRODUCTION

The Government of Madras took up for consideration the question of publication of the various manuscripts in different languages on subjects like Philosophy, Medicine, Science, etc., early in May 1948. Important manuscript libraries in the Madras Presidency were requested to send a list of unpublished manuscripts with them for favour of being considered by the Government for publication. The Honorary Secretary of the Tanjore Maharaja Serfoji's Sarasvathi Mahal Library, Tanjore, alone complied with this request. This list as well as a similar list of unpublished manuscripts in the Government Oriental Manuscripts Library, were carefully examined and a tentative selection of manuscripts suitable for publication was made. The Government in their Memorandum No. 34913/48-10, Education, dated 4-4-1949, constituted an Expert Committee with the Curator of the Government Oriental Manuscripts Library, Madras, as the Secretary, for the final selection of manuscripts suitable for printing and for estimating the cost of publication.

The following are members of the Committee:—

1. Sri T. M. Narayanaswami Pillai, M.A., B.L.,
2. ,, R. P. Sethu Pillai, B.A., B.L.,
3. ,, C. M. Ramachandra Chettiar, B.A., B.L.,
4. ,, R. Krishnamoorthy, (Kalki)
5. Dr. N. Venkataramanayya, M.A., Ph.D.,
6. Sri M. Ramanuja Rao Naidu, M.A., L.T.,
7. ,, V. Prabhakara Sastri.
8. ,, N. Venkata Rao, M. A.,
9. ,, H. Sesha Ayyangar.
10. ,, Masthi Venkatesa Ayyangar, M.A.,

11. Sri M. Mariappa Bhat, M.A., L.T.,
12. Dr. C. Achyuta Menon, B.A., Ph.D.,
13. „ C. Kunhan Raja, M.A., D. Phil.,
14. „ A. Sankaran, M.A., Ph.D., L.T.,
15. Sri P. S. Rama Sastri,
16. „ S. K. Ramanatha Sastri,
17. Dr. M. Abdul Haq, M.A., D.Phil. (Oxon),
18. Afzul-ul-Ulama Hakim Khader Ahamed,
19. Sri P. D. Joshi.
20. „ S. Gopalan, B.A., B.L.,
21. „ T. Chandrasekharan, M.A., L.T.,

The members of the Committee formed into Sub-Committees for the various languages, Sanskrit, Tamil, Telugu, Kannada, Malayalam, Mahrathi and Islamic Languages. They met during the month of May, 1949, at Madras and Tanjore to examine the manuscripts and make a selection. The recommendations of the Committee were accepted by the Government in G. O. No. Mis. 2745 Education, dated 31-8-1949 and they decided to call these publications as the "MADRAS GOVERNMENT ORIENTAL SERIES," and appointed the Curator, Government Oriental Manuscripts Library, Madras, as the General Editor of the publications.

The following manuscripts have been taken up for publication during the current year :

"A" FROM THE GOVERNMENT ORIENTAL MANUSCRIPTS LIBRARY, MADRAS.

TAMIL

1. Kappal Śāttiram.
2. Anubhava Vaidya Muṟai
3. Attāṉakōlāhalam
4. Upadēśa Kāṇḍam
5. Cōḻaṉ Pūrva Paṭṭayam

6. Koṅga Dēśa Rājākkaḷ
7. Śivajñāna Dīpam
8. Sadāśiva Rūpam, with commentary.

TELUGU

1. Saṅgītaratnākaramu
2. Auṣadha Yōgamulu
3. Vaidya Nighaṇṭu
4. Dhanurvidyā Vilāsamu
5. Yōga Darśana Viṣayamu
6. Khaḍga Lakṣaṇa Śirōmaṇi

SANSKRIT

1. Viṣanārāyaṇīyam
2. Bhārgava Nāḍikā
3. Hariharacaturaṅgam
4. Brahmasūtravṛtti—Mitākṣarā
5. Nyāyasiddhānta Tattvāmṛtam

MALAYALAM

1. Garbha Cikitsā
2. a. Vāstulakṣaṇam
   b. Śilpaśāstram
   c. Śilpaviṣayam.
3. Mahāsāram
4. Kaṇakkusāram
5. Kriyākramam

KANNADA

1. Lōkōpakāra
2. Raṭṭamata
3. Aśvaśāstram
4. Aśvaśartram
5. a. Auṣadhagaḷu
   b. Vaidyaviṣaya
6. Saṅgītaratnākara
7. Sūpaśāstra.

ISLAMIC LANGUAGES

1. Jamil-Al-Ashya
2. Tibb-E-Faridi
3. Tahqiq-Al-Buhran
4. Safinat-Al-Najat

"B" FROM THE TANJORE MAHARAJA SERFOJI'S SARASVATHI MAHAL LIBRARY, TANJORE

TAMIL

1. Sarabhēndravaidya Murai (Diabetes)
2. Do (Eyes)
3. Agastiyar 200
4. Koṅkaṇarśarakku Vaippu
5. Tiruccirrambalakkōvaiyār with Padavurai
6. Kālacakram
7. Tāḷasamudram
8. Bharatanāṭyam
9. a. Pāṇḍikēli Vilāsa Nāṭakam
   b. Pūrūrava Cakravarti Nāṭakam
   c. Madana Sundara Vilāsa Nāṭakam
   d. Percy Macqueen's Collection in the Madras University Library on Folklore.
10. Rāmaiyan Ammānai
11. Tamil Pāṭalkaḷ including Paṭṭiṇattār Veṇbā and Vaṇṇaṅkal

TELUGU

1. Kāmandakanītisāramu
2. Tāḷadaśāprāṇapradīpika
3. a. Raghunātha Nāyakābhyudayamu
   b. Rājagōpāla Vilāsamu
4. Rāmāyaṇamu by Kaṭṭa Varadarāju

MAHRATHI

1. Nāṭyaśāstrasaṅgraha
2. a. Book of Knowledge
   b. Folk Songs.
   c. Dārā Darun Vēṇi Paddhati
   d. Aśvāsa Catula Dumaṇi
3. a. Pratāpasimhendra Vijaya Prabandha
   b. Śarabhēndra Tīrthāvaḷi
   c. Lāvaṇi
4. Dēvēndra Kuṛavañji
5. Bhakta Vilāsa
6. Slōka Baddha Rāmāyaṇa

SANSKRIT

1. Aśvaśāstra with Tricolour Illustrations
2. Rajamṛgāṅka
3. Cikitsāmṛtasāgara
4. Āyurvedamahodadhi
5. Gīta Govinda Abhinaya
6. a. Colacampū
   b. Sāhendra Vilāsa
7. Dharmākūtam - Sundara Kaṇḍa
8. Jātakasāra
9. Viṣṇutattvanirṇaya Vyakhya
10. Saṅgīta Darpaṇa
11. Bījapallava

It is hoped that the publication of most of the important manuscripts will be completed within the next four years.

Some of the manuscripts taken up for publication are represented by single copies in the Library and consequently the mistakes that are found in them could not be corrected by comparing them with other copies. The editors have, however, tried their best to suggest correct readings. The wrong readings are given in round brackets and correct readings have been suggested in square brackets. When different readings are found, they have been given in the foot-notes except in the case of a few books, in which the correct readings have been given in the foot-note or incorporated in the text itself.

The Government of Madras have to be thanked for financing the entire scheme of publication although there is a drive for economy in all the departments. My thanks are due to the members of the Expert Committee who spared no pains in selecting the manuscripts for publication. I have also to thank the various editors, who are experts in their own field, for readily consenting to edit the manuscripts and see them through the press. The various presses that have co-operated in printing the manuscripts in the best manner possible also deserve my thanks for the patience exhibited by them in carrying out the corrections made in the proofs.

The text of Viṣanārāyaṇīya or Tantrasārasaṅgraha of Nārāyaṇa is based upon the following manuscripts.

1. A paper manuscript in the Government Oriental Manuscripts Library bearing R. N.o 4167 which is 10¾ X 9¼ inches in size consisting of 276 pages having 20 lines on a page. It is in Grantha character. The condition of the manuscript is good. This is a transcribed copy of a manuscript of Sankara-Nambudri, Avanaparambu.

2. A paper manuscript in the Government Oriental Manuscripts Libray 10 5/8 X 9½ inches in size, containing 118 folios of 20 lines to a page. The manuscript is in a good condition but wants a small portion in the beginning. This is in Devanāgari script. This was copied from a manuscript of Naduvil Matham, Trichur, Cochin State, and is described under R.No. 3837.

3. A paper manuscript $10\frac{1}{2}$ X $9\frac{1}{2}$ inches in size, consisting of 130 folios having 20 lines in a page. The number of the manuscript is R. 5200. It is in good condition and is in Grantha character. This is a transcribed copy of a manuscript of Nilakanthan Nambudiripad, Kannur Mana, Ottapalam, Malabar District.

4. A paper manuscript obtained on loan from Dr. Madhava Menon. This contains a commentary also along with the text. It is in 6 volumes. The commentray is based upon this manuscript.

In this connection I express my thanks to those who lent their manuscripts for taking copies

Reference is to be made to the good work done by Sri. R. Kalyanasundaram, Siromani, M. S. Vaidyanathan, Siromani and T. H. Visvanthan, Siromani the pandits of this library in going through the proofs and collating the press copy with other manuscripts.

Govt. Oriental Manuscripts Library, Madras.

T. CHANDRASEKHARAN,
General Editor,
Madras Govt. Oriental Series.

PREFACE

This is a Tāntrika work. The subjects dealt with in this work are swiftly fading away in most parts of the country. But in the region of Kerala, Mantra Śāstra and Agada Tantra (Toxicology) are still in vogue where many people are interested in learning and practising the traditional lines of these arts. Tāntric remedial principles and medicine are not contrary to each other but according to Ārṣic view points they are concomitant. [1] A Tantra comprises five subjects—the creation, the destruction, the worship of the Gods, the attainment of all objects and magical rites. The author of this work describes all these subjects except the first. This work on such varied Tāntrika topics was written some years ago (15th or 16th Century A. D.) with a view to revive these fainting ancient arts by one scholar Nārāyaṇa who is considered to be one of the top-ranking men well versed in these subjects in Kerala.

Tantra Sāra Saṅgraha is the title of this work which we recognise as an authentic one. But according to a vague popular version its name is said to be *Viṣa Nārāyaṇīyam*. This title is absolutely unsound and unauthorised. There is a very popular and

---

1 A Tantra is thus defined :—सृष्टिश्च प्रलयश्चैव देवतानां तथार्चनम् । साधनं चैव सर्वेषां पुरश्चरणमेव च ॥ षट्कर्मसाधनं चैव ध्यानयोगश्चतुर्विधः । सप्तभिर्लक्षणैर्युक्तमागमं तान्त्रिकं विदुः ॥ According to this version Tantra Śāstra consists of seven different subjects. [योग Makes one item, but yoga itself is divided into four: विविक्तसेवित्वम् , लघ्वाशित्वम् , यतवाक्कायमानसत्वम् and विरागित्वम् ।]

There is a great number of these works and a brief account of them can be seen in my Sanskrit Introduction (Foot Note). The Tāntric works are mostly in the form of dialogue between Śiva and Durgā.

widely read classical work in Kerala called Nārāyaṇīyam, a masterpiece of Sri *Nārāyaṇa Bhaṭṭatripād*, a well-known great devotee of Guruvāyūr Lord Kṛṣṇa. This work containing over one thousand delightful verses, puts the whole main and episodical holy stories of Śrī Bhāgavata in a nut-shell. This work on Śrī Bhāgavata exercises a devotional vigour and sway over the hearts of the people of Kerala. We find in almost all Mss. of this Tāntric work which we had to handle, the name "Nārāyaṇīya" which is wrongly written in the beginning, at the end of each Paṭala and also in the colophon. The people who took Viṣacikitsā as their profession and who were specially interested in studying this book were reading only upto such chapters (*i.e.* from 1 to 10) which deal with Toxicology exclusively and did not take interest to see the other greater part of the book containing various other subjects. The professional people who did not thoroughly and properly study the whole work thought it necessary to call this work in a different way to avoid the confusion and misapprehension that arose on account of these two books, one on Bhāgavata and another on Tāntric subject which were called by a common name Nārāyaṇīyam. So the people having superficial idea about this work added the word *Viṣa* before the name *Nārāyaṇīyam* and began to call it Viṣanārāyaṇīyam. This is a misconstrued and misapplied name. First of all the author does not give any hint in the book as Viṣa Nārāyaṇīyam. Secondly the chapters from I to X only deal with the subject toxicology (Viṣa Vaidya). These ten Paṭalas form less than one third part of the whole work. We see topics on various other subjects (entirly other than poisons) in the rest of the twenty-two chapters which form (bulk of the book) more than two-thirds of the whole work. Even recently we happened to see a Ms. of this work in Malayālam script which contains only up to 10th Paṭala. That shows that Viṣacikitsakas of Kerala do not care to read or write beyond the portion (10th chapter) they wanted, of this book. The author has set apart only a minor portion to deal with Agada Tantra (poisons). Thirdly the subject Agada Tantra is found to be incomplete even in the portion (in 10 chapters) set apart for it as we find no description of herbal and mineral poisons (Sthāvara viṣa) anywhere in the book. So no one, with critical eyes, will agree to call this as a book on Agada Tantra (Toxicology) exclusively. Not a single manuscript which we observed with our open eyes, except No. R. 3837, bears the name 'Viṣanārāyaṇīya'. We are surprised to note that some one (with what motive we do not know) has prefixed two letters वि and ष to the name Nārāyaṇīyam and Vaidyam in the opening page and also clearly post-fixed the word विषवैद्य at the end of the work also just above the line of colophon after इति नारायणीय in the Library Ms. No. R. 3837 and this addition of words in two places seems to me entirely spurious.

I happened to note another strange name also *viz. Mantra Sāra Saṅgraha* in the Ms. No. R. 4167 of the Oriental Mss. Library. That is the heading given in the opening page of that manuscript in Nagari script.

Now we shall consider the question of real and proper title of this work. We have pointed out already that its title is *Tantra Sāra Saṅgraha.* The author himself states in his introductory verses that (1) he has collected all the important materials (Sāra Saṅgraha) from several Tāntric works such as Śikhā-yoga, Uttara-Gārgya, Mahā-Kāla etc. etc. and compiled this work.[1] (2) The author proposes another name also giving due importance to the subjects that he deals with in the whole work. There

1 *Cf.* 2nd verse and its commentary at P. 2 of this book.

are six different Tāntrika subjects described in different chapters of this book. The first ten Paṭalas are devoted for the subject *Viṣa*. In the next four Paṭalas the author has given an account of the subject *Graha Pīḍās* and their treatments. The mental disease Unmāda is also included in this portion. Then two Paṭalas 15th and 16th describe various painful bodily ailments and Tāntrika treatment for them and this subject is specified there as *Āmaya-dhvaṁsa*. The next curious subject is a mischievous spiritual (magic like) deed of certain persons, say evil minded, which is called Kṛtyā in Sanskrit; such evil deeds come under the term Kṣudra; these Kṣudras and their remedies can be read in the 17th and the 18th Paṭalas under the title of *Kṣudra-dhvaṁsa*. The next Paṭala explains to satisfy some people having interest in materialism and inquisitiveness in conjuring art etc. This subject is called *Narma* or *Vinoda*. The whole part after the 19th Paṭala (13 chapters) is entirely devoted for *Kāmika Karmas*. In this portion the author comprehensively compressed the Mantras and the devotional aspirations of all the Deities with their ultimate effects, in 13 chapters. (When this subject occupies a bulk of the work, which is really larger than the Viṣa portion, one can reasonably be inclined to name this book as *Kārmika tantra*). So according to the author's views, this book can also be called as *Ṣaṭ-Kārmika tantra.* [1] (3) To deal with all the anguished state of affairs of human body and mind originated either by material or spiritual causes, the author believes firmly that Mantras and worships of several Gods are highly useful and effective. The whole work is therefore said to be a store house of all Mantras. Therefore, the author expresses his idea in one of his concluding passages that it can be named as *Nārāyaṇīya Sarva Mantrārtha Kośa*. If one gives due

1. Please *note* the 3rd verse p. 2 of this book.

consideration to the author's own statements at the beginning and the end of this work, he will surely come to the conclusion that the book has got three different rational titles, *i.e.* Tantra Sāra Saṅgraha, Ṣaṭkārmika Tantra and Sarva Mantrārtha Kośa.[1] Among these three names the first is most comprehensive, compendious and compatible and it is the name that the author mentions first in the beginning of his work and so we have chosen the name Tantra Sāra Saṅgraha.

It is a known fact that many of our Mahākavis were interested in Mantra Śāstra and its allied subjects. The description of Tāntric rites cited in Bāṇa's Harṣa Carita (III. chapter) as performed by Bhairavācārya, a great devotee of Śiva and Mahā Kāḷi in the burning ghat (श्मशानवाटी) with the help of King Puṣpabhūpati, to attain the goal of Vidyādharasvarūpa (the state of a kind of demigod) promps me to say that such great poets of well-known classical works were also well-versed in Tāntric literature and interested to introduce some of the essential fragments of such Tāntric art known to them Another Mahā Kavi, Bhavabhūti also skilfully narrates in his play Mālatī Mādhava (V. act) the horrible site of a cremation ground where Mālatī was brought by two Kāpālikās with the object of satisfying their Goddess Cāmuṇḍī (or Caṇḍikā by sacrificing Mālatī) whom they worshipped according to Tāntric rituals. The Daṇḍaka the long metric passages which describe the feature of Cāmuṇḍī are a typical delineation of some such enchanting verses and Mantras that we read in this Tāntric work. That

1 Please *see* the passage सर्वमन्त्रार्थकोश नाम्ना नारायणीये at the end of the work.

inspiring and interesting passage Daṇḍakas of Bhavabhūti are cited here in the foot-note. [1]

It is quite natural for people who are over-enthusiastic in modern science and modern fashion, whims and fancies, to disregard the teachihgs of Mantra Śāstra and its allied faculties. The followers of ancient culture may or may not take care of their views. Not only those who are well conversant with Mantra Śāstra or sorcery but also many Āyurvedic exponents recommend Maṇi, Mantra and Auṣadha as effective agents to prevent and check many evils and ailments that affect our physical health and mental equilibrium and strength. Many moderate people whose faith and belief in ancient culture, custom and usage are not still affected by modern civilisation, are practising Mantrajapas, and wearing some flaw-less gems or jewels and gold pendants in which medicinal herbs or Oṣadhi would be inserted. The secrecy of such natural phenomenal curative effects of Maṇi, Mantra and Auṣadhas still stand undiscovered by scientists. While I was preparing this introduction, I happened to read the following London message in one of our local dailies with surprise. We see facts in many

---

1 देवि चामुण्डे भगवति नमस्ते * * * दण्डकम्—

प्रचलितकरिकृत्तिपर्यन्तचञ्चन्नखाघातभिन्नेन्दुनिष्यन्दमानामृत-
श्च्योतजीवत्कपालावलीमुक्तचण्डाट्टहासत्रसद्भूरिभूतप्रवृत्तस्तुति,
श्वसदसितभुजङ्गभोगाङ्गदग्रन्थिनिष्पीडनोत्फुल्लफुल्लत्फणापीठनि-
र्यद्विषज्योतिरुज्जृम्भणोड्डामरव्यस्तविस्तारिदोष्षण्डपर्यासितक्ष्माधरम् ॥ V-22॥

ज्वलदनलपिशङ्गनेत्रच्छटाभारभीमोत्तमाङ्गभ्रमिप्रस्तुतालातचक्र-
क्रियास्यूतदिग्भागमुत्तुङ्गखट्वाङ्गशृङ्गध्वजोद्धूतिविक्षिप्ततारागणम्,
प्रमुदितकटपूतनोत्तालवेतालतालस्फुटत्कर्णसंभ्रान्तगौरीघनाश्लेषहृ-
ष्यन्मनस्त्र्यम्बकानन्दि वस्ताण्डवं देवि भूयादरिष्ट्यै च हृष्ट्यै च नः ॥ V-23॥

Ayurvedic works and the regular practice among Hindus that *Karṇavedhana* (making hole in the lobes of the ears) is an important rite of consecration. Boring in the ear lobes is not superstitious and wearing the ear-rings cannot entirely be considered to be meaningless. The report which I read as above stated says:—"Does the wearing of ear-rings improve a person's eye sight? Dr. Reginald Dixon, Organist at Lancaster Cathedral, believes it does. He said so at the Congress of the Incorporated Association of Organists, at present meeting in Leeds Yorkshire. He claimed that he was able to discard his spectacles more than thirty years ago when he took to wearing ear-rings. He contends that every time the ear-rings move, they set up a very feeble electric current, which strengthens the eyes. Dr. Dixon's claim is causing a flare-up in the age-long battle between science and superstition. A well-known eye-specialist here said that the belief that piercing of the ear-lobes improved the eyes was a very old one, and still flourished, particularly among gipsies. But he said that there was no reason known to science, why the sight should benefit from wearing ear-rings." He commented: "Some superstitions have a scientific basis in that there is a nerve connection between the part to which the treatment is applied and the part involved"—Globe.

This typical example of the modern observation of a western scientist is just sufficient to believe that our Tāntric doctrine has got its own merits and usefulness in an inexplicable manner. So there will be an opportunity for conducting fresh reseaches in the field if this kind of Tāntric work is published, well circulated and carefully studied. कालो ह्ययं निरवधिर्विपुला च पृथ्वी ।

when I was asked to edit this book for the Govt. Oriental Mss. Library, I was furnished with two paper manuscripts, of which one is the property of that Library and another is of Āyurvedācārya N. Madhava Menon. We have given the sign "A" to the former and "B" to the latter which can be found in the foot-note below the commentary.

There exists similar Tāntrika work called Kāśyapa Saṁhitā or Garuḍa Pañcākṣarī Kalpa published by Śrī Yatirāja Sampat Kumarasvamin of Melkote in 1933. In this work which follows Śrī Vaiṣṇava customs and Pāñcarātra doctrine, the sage Kaśyapa expounds to his disciple Gautama the various kinds of venomous reptiles, the effects of their poisons in the human system and their remedies. There are about half a dozen chapters in this work and we can see there not only the subject matter of those chapters but also almost all the verses, passages and mantras of those chapters in about half a dozen Paṭalas of Tantra Sāra Saṅgraha in the same order identically. I find a great similarity between these two books—printed Kāśyapa Saṁhitā and the palm leaf Ms. No. R. 3149 of the Oriental Mss. Library, Madras. Kāśyapa Saṁhitā is an ancient work. There must be a common source for both these authors (Kaśyapa and Nārāyaṇa) to gather necessary materials to compile these two works-Kāśyapa Saṁhitā and Tantra Sāra Saṅgraha. Nārāyaṇa mentions this Tāntric work nowhere in his work Tantra Sāra Saṅgraha. He refers nothing-else except a few unknown works—Sikhāyogādi Tantra etc. Srī Sampatkumara Svāmiji, the publisher of Kāsyapa Saṁhitā mentions this work as "Nārāyaṇīyam" but not "Viṣa Nārāyaṇīyam" in the preface of the work Kāśyapa Saṁhitā published by him.

Kerala is known to be a place not only for Sanskrit and Āyurvedic learning, but also for learning of Toxicology, Mantra Śāstra and allied subjects. This Tāntric work is also coming from that part of the country. This work Tantra Sāra Saṅgraha which was found in some places in Malabar and in the Manuscript Libraries is now fortunatly brought to the light of the day in fine print, possessing several up-to-date improvements. I have tried my level best also to collect all the names of the important subjects, Mantras and technicalities from the book and prepared an exhaustive Index and appended the same to the book for easy reference of the readers who may take interest in this work.

In this Introduction. or Preface I am not giving the necessary details and quotations as regards the facts related to the author's life, the detailed feature of this work and many other allied subjects pointed out by me in this Preface and I request the readers to go through the Sanskrit Introduction (भूमिका) which follows this for additional information. My sincere thanks are due to Sriman T. Chandrasekharan, M.A., L.T., Curator of the Govt. Oriental Mss. Library, Madras for the opportunity given to me to study this forgotten subject closely and to edit this work and I am glad to note at the end that myself and the learned Curator were able to see the success of our earnest attempt in completing the publication of this Tāntric work.

"Arya Gṛham"
Vepery, Madras-7
31—8—50.

M. DURAISWAMI AIYANGAR.

॥ भूमिका ॥

नूनमियम् 'अनभ्रा वृष्टिः', 'अनालक्षितबीजावापा च सस्योत्पत्तिः' यदियं मन्त्रबहुलस्य तन्त्रसारसङ्ग्रहस्य मदधिकृता संस्करणकर्मनिर्वहणप्रवृत्तिर्नाम। विदितवेदितव्योऽपि संसृतिसरणिसंचरणशीलः को वा मनुष्यधर्मा, स्वात्मनो जीवयात्राकाले, गच्छता गणरात्रेण, विचिन्तितमविचिन्तितोपनतं च कर्म किं किं भविष्यत्यात्मना निर्वर्तनीयमिति वक्तुं वेदितुं वा प्रभवति? अद्धा, नैवाहमवैमि, ग्रन्थस्यास्य संस्कारसंपादनधुरा महतीयं मयि कुतो न्यपतदिति। एतद्विषयकस्य व्यतिकरस्य किञ्चिदिव व्यञ्जनेन विमर्शच्छेदि विदधामि वृत्तमिदम् ॥

परुदेकदा, राजकीयहस्तलिखितपुस्तकालयाध्यक्षः श्रीमान् **चन्द्रशेखरार्यः** प्रतीक्षामनाकलय्यैव, ग्रन्थमेनं मे संप्रेष्य, मुद्रणकर्मण्यस्य संस्करणधूर्वहत्वम् अभ्युपगन्तव्यमिति मामन्वयुङ्क्त। नाहं जाने, कथमेष महाभागः संस्करणव्यवसितावस्यां मामधिकारिणमनुरूपमध्यवासिष्टेति। अपरिचितचरस्यास्य ग्रन्थस्य विषयस्वरूपपरामर्शस्यापि अलब्धावकाशोऽहं कथंचिन्मुहूर्तादेव निर्णीतेतिकर्तव्यतोद्यमः, तदीयमनुयोगमशून्यं कर्तुं निरचैषम्। अतोऽहमावेदयामि, सर्वथा चावितर्कितसंभवं भावुकमिदं मत्करमुपनतं तन्त्रसारसङ्ग्रहस्यास्य संस्करणकर्म ॥

अद्य विषयतत्त्वेषु कालवशात् विपरिवर्तमानेषु, सर्वतोमुखीं विम्लानतां यत् क्रमेणाधिगच्छति शास्त्रं तस्मिन् मन्त्रवादे निर्भरविस्रम्भमावहन् **नारायणनामा** तान्त्रिकः, तच्छास्त्रप्रतिपादितेषु विषयेषु तथैव निरवधिकविश्वासवतां जनानामैहिकामुष्मिकानिःश्रेयांसि तत्साधनानि चोपपिपादयिषुर्नानाविधान् मान्त्रिकांस्तान्त्रिकांश्च ग्रन्थान् संगृह्य तन्त्रमिदं प्राणैषीत्; यत्र च मन्त्रप्रयोगान् साङ्गान् यन्त्रतन्त्रादीनामुपपादनेन सह पुरश्चरणादीनां[1] च प्रतिपादनपूर्वकं तान्त्रिकोऽयं विस्तरतः प्रणिगदति। अथ

---

1 **पुरश्चरणम्**—वैदिककर्मणां स्मार्तानां व्रतनियमादीनां च निर्वर्तनात् पूर्वं कर्तव्यं किमपि वैधं कर्म; तच्च पुरश्चरणं पञ्चविधम् – मन्त्रजपः, होमः, तर्पणम्, स्नपनम्, विप्रसन्तर्पणं चेति।

किन्नामकमिदं तन्त्रम् ? नानाविधमन्त्रतन्त्रप्रवीणेन नारायणनाम्ना विदुषा प्रणीतत्वात् **नारायणीयम्** इति, विशिष्य विषशास्त्रमधिकृत्य विरचितत्वात् **विषनारायणीयम्** इति च ग्रन्थोऽयं सामान्यतो व्यपदिश्यते। विषनारायणीयमिति अभिधानमिदं विमर्शकानां किं स्यादभिमतं न वेति पश्चात् क्रमेण विस्तरतो विचार्येत। इह तु मुद्रितम् "तन्त्रसारसङ्ग्रहः" इति ग्रन्थस्यास्य नाम संगतं वेति संप्रति समालोचयामः ॥

महद्भ्यो मन्त्रशास्त्रेभ्यः, विविधेभ्यो वैद्यतन्त्रेभ्यः, नैकविधकलाप्रतिपादकेभ्यः शास्त्रान्तरेभ्यश्च साधु मधुकरन्यायेन सारतमानंशान् संपाद्य संख्यावानेष प्राणैषीत् प्रबन्धमिमम्। अतो हि नाम नाम्ना **तन्त्रसारसंग्रह** इत्यन्वर्थेन साम्प्रतमस्माभिरसावाहूयते ग्रन्थः। एष ग्रन्थकर्ता नारायणः प्रबन्धस्यास्य संग्रथनाय कीदृशं समुद्यमं स्वयमन्वरुन्धदिति, कथं वा वीततन्द्रं तन्त्रान्तराणि सुबहूनि समालोड्य विषयसंग्रहं व्यधानीदिति च ग्रन्थस्यावसाने सरलगम्भीरया गिरा, स्वयमेव पद्येनैकेन विशदयति वीतसंशयं वस्तुतत्त्वम्। तद्यथा—

"नानाजातिक्रियाढ्यान् जगति बहुविधान् मन्त्रवादाननेकान्
आलोक्यालोच्य कर्माण्यभिमतमखिलं सारमादाय तेभ्यः।
तेन श्लोकैः सहस्रद्वितयपरिमितैस्तन्त्रमेतत् प्रणीतं
निष्पैशुन्येन तन्त्रेष्वनिशमनिमिषाक्षेण नारायणेन ॥"

"नानाजातिक्रियाढ्यान् बहुविधान् मन्त्रवादान्" इति, "अभिमतमखिलं सारमादाय तेभ्यः" इति, "तन्त्रमेतत् प्रणीतम्" इति च प्रयुक्तानां वचनानां योजनेन "तन्त्रसारसङ्ग्रहः" इति नाम ग्रन्थकर्तुरभिमतं भवतीति सम्यगवगम्यते। शिखायोगादितन्त्रेभ्यो ग्रन्थकर्तुरेव विदितेभ्यो बहुधा सारं संगृह्य 'प्रणीतोऽयं सारसङ्ग्रहः' इति ग्रन्थारम्भे ग्रन्थकर्त्रैव निर्दिष्टं च वचनं तन्त्रसारसङ्ग्रहाख्यं नामाभिप्रेतं ग्रन्थकर्तुरिति निरूपयति। "शिखायोगादितन्त्रेभ्यः [1] क्रियते **सारसंग्रहः**" इति खलु ग्रन्थ एवैष स्वकीयं नाम

---

1 आगमतन्त्रविलासे प्राचीनतन्त्रग्रन्थानां नामान्येवमुपलभ्यन्ते—स्वतन्त्रतन्त्रम्, फेत्कारीतन्त्रम्, उत्तरतन्त्रम्, नीलतन्त्रम्, वीरतन्त्रम्, कुमारीतन्त्रम्, उज्ज्वलतन्त्रम्, कालीतन्त्रम्, नारायणीतन्त्रम्, तारिणीतन्त्रम्, उत्तमतन्त्रम्, बालातन्त्रम्, समयातन्त्रम्, भैरवतन्त्रम्, भैरवीतन्त्रम्, त्रिपुरातन्त्रम्, वामकेश्वरतन्त्रम्, कुक्कुटेश्वर-

सारसङ्ग्रहशब्देन स्पष्टमाचष्टे । "तन्त्रेभ्यः" इति पूर्वनिर्दिष्टश्च शब्दो यदि सारसङ्ग्रह-शब्देन संयोज्यते तदा तन्त्रसारसङ्ग्रह इति ग्रन्थस्य समग्रं नामाप्यभिहितं भवति । एवं च ग्रन्थस्योपक्रमश्लोकश्चैकः, उपसंहारोपलभ्यमानश्चापर एकः श्लोकः प्राधान्येनास्माभिराहृतां मुद्रितसंज्ञाम् अन्वर्थामाचक्षाते ॥

अस्माभिरुपयुक्तस्य तन्त्रसारसङ्ग्रह इति नाम्नो यद्यपि प्रथमं प्रमाणं प्रदर्शितम्, तथापि ग्रन्थ एवोपलभ्यमानैर्निदर्शनान्तरैः संज्ञान्तरैरस्य ग्रन्थस्य निर्देशश्च संगच्छत इति संभाव्यते । अस्मिन् ग्रन्थे विषचिकित्सा, ग्रहदोषपरिहारः, रोगोपक्रमः, क्षुद्रोपाधिशमनम्, नर्मकर्माणि, काम्यप्रयोग इति षड्विधास्तान्त्रिका विषया विव्रियन्ते । ऐहिकामुष्मिकश्रेयसां साधकास्त इमे विषया इति तानत्र ग्रन्थकृत् समगृह्णात् । अतोऽयं ग्रन्थः 'षट्कार्मिकतन्त्रम्' इति च व्यपदेशमर्हतीति व्यनक्ति ग्रन्थकारः । दृश्यतामिदं च तदीयं वचनम्—

तन्त्रम्, मातृकातन्त्रम्, सनत्कुमारतन्त्रम्, विशुद्धेश्वरतन्त्रम्, संमोहनतन्त्रम्, गौतमीयतन्त्रम्, बृहद्गौतमीयतन्त्रम्, भूतभैरवतन्त्रम्, चामुण्डातन्त्रम्, पिङ्गलातन्त्रम्, वाराहीतन्त्रम्, मुण्डमालाख्यतन्त्रम्, योगिनीतन्त्रम्, मालिनीविजयतन्त्रम्, स्वच्छन्दभैरवतन्त्रम्, महातन्त्रम्, शक्तितन्त्रम्, चिन्तामणितन्त्रम्, उन्मत्तभैरवतन्त्रम्, त्रैलोक्यसारतन्त्रम्, विश्वसारतन्त्रम्, तन्त्रामृतम्, महाफेत्कारीतन्त्रम्, वायवीयतन्त्रम्, तोडलतन्त्रम्, मालिनीतन्त्रम्, ललितातन्त्रम्, त्रिशक्तितन्त्रम्, राजराजेश्वरीतन्त्रम्, महामोहस्वरोत्तरतन्त्रम्, गवाक्षतन्त्रम्, गान्धर्वतन्त्रम्, त्रैलोक्यमोहनतन्त्रम्, हंसतन्त्रम्, माहेश्वरतन्त्रम्, हंसपरमेश्वरतन्त्रम्, कामधेनुतन्त्रम्, वर्णविलासतन्त्रम्, मायातन्त्रम्, मन्त्रराजतन्त्रम्, कुब्जिकातन्त्रम्, विज्ञानलतिकातन्त्रम्, कालोत्तरतन्त्रम् । [एवमुपलभ्यमानेषु षष्टिसङ्ख्याकेषु प्राक्तनतान्त्रिकग्रन्थानां नामसु उत्तरतन्त्रादृते न तन्त्रान्तरं किमपि तन्त्रसारसङ्ग्रहेऽस्मिन् स्मर्यते; न वा शिखायोग-गार्ग्य-महाकाल-समुद्राख्यानां तन्त्राणां नामानि चास्यां नामावल्यां दृश्यन्ते । अतः शिखायोगादीनि नारायणसूचितानि तन्त्राणि केरळेष्वेव प्राक् प्रसिद्धानि बभूवुरिति संभाव्यते ।]

" विषग्रहामयध्वंसाः क्षुद्रं नर्म च कामिकम् ।
इति षट्कार्मिकं तन्त्रमेतत् सिद्धिद्वयास्पदम् ॥ " इति ।

तन्त्रमिदं विषादिविषयषट्कस्य प्रतिपादनायैव प्रणीतमिति, अतोऽस्य " षट्कार्मिकतन्त्रम् " इति नाम भवत्युपपन्नमिति ग्रन्थोपसंहारे च पद्येनान्येन संक्षिप्योपपाद्यते । तदपीहोद्ध्रियते—

" क्ष्वेलाग्नेरम्बुवर्षो ग्रहगणतिमिरस्यांशुमान् व्याधिनाम्नां
दुष्टानां भूमिपालः पुनरभिचरणग्राहसङ्घस्य सिन्धुः ।
नर्मालेख्यस्य भित्तिः पवनपथतलं काम्यनक्षत्रराशे-
र्भूयान्नस्तन्त्रमेतज्जगति चिरतरं प्राभृतं देशिकानाम् ॥ "

अत्र (1) क्ष्वेलाग्नेरित्यनेन विषतन्त्रविषयः, (2) ग्रहगणतिमिरस्येति भूतग्रहादीनां सपरिहारोऽवस्थाविशेषः, (3) व्याधिनाम्नामित्यादिना रोगस्वरूपतदुपशमनयोः प्रकारः, (4) अभिचरणेत्यादिना क्षुद्राणां तद्ध्वंसकानां च स्वरूपप्रयोगः, (5) नर्मालेख्यस्येत्यादिना विनोदविद्याविलासः, (6) काम्यनक्षत्रेत्यादिना कामिकाख्यकलाविशेषश्चेति पद्येनानेन क्रमात् षड्विषयाः समगृह्यन्त । विषग्रहामयध्वंसा इति ग्रन्थोपक्रमश्लोके निर्दिष्टान् तान् षडपि विषयान् उपसंहारपद्येऽपि तेनैव क्रमेण सम्यगुपपाद्य, "ग्रन्थस्यास्य षट्कार्मिकतन्त्रम् " इति स्वाभिमतमभिधानमपि दृढयति मान्त्रिकोऽयम् । " षट् कर्माण्यखिलानि नैव कथितान्येकत्र तत्संग्रहात् तुष्टिः स्याद्विदुषामिति स्फुटधिया तन्त्रं मयैतत् कृतम् " इति ग्रन्थान्ते श्लोकान्तरेण च तदेव षट्कार्मिकतन्त्रमिति नाम स्फुटं स्थापयति । आ मूलाद्ग्रन्थस्था विषया विमृश्य पुनश्च विलोक्यन्तां नाम । प्रथमं पटलदशकम् अगदतन्त्रमाख्याति । तदानन्तरिकं पटलचतुष्टयं ग्रहाविष्टानां भूताभिभूतानां चित्तोन्मादोपद्रुतानां च विकारान् विविधान् तदुपशमोपायांश्च निरूपयति । पटलौ पञ्चदशषोडशौ तु ज्वरादीन् आमयान्, तदुद्ध्वंसनोचितानुपक्रमांश्च क्रमशः प्रतिपादयतः । तदनन्तरं पटलद्वयं क्षुद्रविकाराणां तन्निराकरणप्रयोगाणां च प्रकारांश्च विवृणोति । नर्मपरनाम्ना निर्दिश्यमानानि विनोदकर्माणि, काममैहिकभोगसाधनानि कामिकाख्यानि तान्त्रिकविधानानि च प्रकीर्णैरपरापरैस्तादृशैर्विषयैः सह पश्चात्तनेषु पटलेषु पठ्यन्ते । एवं सोपबृंहणम् उपन्यस्यमानेन विषयषट्केण ग्रन्थप्रणेता षट्कार्मिकतन्त्रत्वमस्याः कृतेः साधु विशिनष्टि । एवमुपपत्तिभूमा य इहोपन्यस्तः स सर्वोऽपि " तन्त्रसारसङ्ग्रहः " इति, " षट्कार्मिकतन्त्रम् " इति च नामद्वितयस्य विशिष्य संगतत्वपोषणाय प्रकल्पते । नामद्वयमेकस्य

नैवानुपपन्नं ग्रन्थस्य । काव्यमेकमेव कालाद्बहो: माघ-शिशुपालवधाख्यं नामद्वयं स्वयमावहति खलु। रामायणस्यापि 'सीताया महाचरितम्' इति नामान्तरम् आदिकविनापि किं नाम नोद्घुष्यते ? पौलस्त्यवधमिति तृतीयमपि तस्य नाम, जानीम:, सूचितम् ॥

सन्तु नाम ते ग्रन्थे विलोक्यमाना विषयोपचयप्रवृत्ता: सर्वेऽप्यर्था: ; यथाकथंचित् ग्रन्थ एष आ मूलादा चावसानात् विषविशेषैर्भूतग्रहाभियोगै: आमयाभिघातै: अन्यैश्च दृष्टादृष्टहेतुकैर्विकारैश्चाभिभूयमानानां मानवानां मान्त्रिकै: अमानुषमहिमवद्भि: प्रयोगै: शारीरं मानसिकं च स्वास्थ्यं संपादनीयमित्येव कृताभिसन्धि: कृतिमिमां नारायण: प्रणिनायेति प्रतीयते । अत एव मन्त्रप्रधानोऽयं निबन्ध इति निश्चेतुमस्ति बलवान् अवकाश: । बहुविधदेवताविषयकमन्त्रविशेषाणां प्रतिपादनेन तन्त्रमिदं मन्त्रनिधिर्भूयादित्यासीदाशंसा ग्रन्थकर्तुरिति सन्ति कानिचन साक्ष्यभूतानि वचनानि ।" अखिलमन्त्रतन्त्रपारावारपारीणो नारायणनामा भूसुरवरो **मन्त्रप्रधानं चिकित्सातन्त्रम्** आरिरिप्सु: " इति हि नाम स्वयमेव ग्रन्थारम्भेऽस्य प्रणेता प्राथमिकेन व्याख्याया वाक्येन प्रदर्शयति स्वोद्दिष्टं प्रधानं विषयम् । मन्त्रप्रधानं चिकित्सातन्त्रमिति खलु निबन्धमेनं निरूपयति स्वयं ग्रन्थकर्ता ? मन्त्रैरेव बहुप्रकारैर्भूयसां विकाराणां परिहारप्रकारान् विशिष्य प्रदिदर्शयिषुर्ग्रन्थमिमं मन्त्राणामाकरमकरोत् । तदेतद्वस्तुतत्त्वम्व " एतस्मिन् **मन्त्रवादे** भुवनहितकरे **सर्वमन्त्रार्थकोशे नाम्ना नारायणीये** प्रचुरपरिचय: " इत्यस्मिन् ग्रन्थोपसंहारपद्येऽपि विद्यते सुव्यक्तमाविष्कृतम् । " एतस्मिन् मन्त्रवादे " इत्यनेन ग्रन्थोऽयं मन्त्राणामनुसन्धानप्रवचनायैव प्रवृत्त इति, " सर्वमन्त्रार्थकोशे " इत्यनेन मन्त्राणामशेषाणामपि कोशत्वेनैष परिगणनार्ह इति, " नाम्ना नारायणीये " इत्यनेन विशिष्यैष नारायणीयो मन्त्रकोश इति स्वनाम्न: संयोजनपूर्वकमेवैष व्यवहर्तव्य इति च व्यक्तै: शब्दैर्व्याकरोति निर्दिष्टपूर्वं व्याख्याया आशयं महामान्त्रिको नारायण: । अतो निरूपितो हेतुरेष नाम तृतीयमप्येतत् नारायणकवेर्नामान्तरद्वयमिव सुतरामभिमतमिति सूचयति। एवं ग्रन्थकर्त्रैव निर्दिष्टानि ग्रन्थकर्तुरभीष्टानि च तान्येतानि त्रीण्यपि नामानीति भूयसीभिरुपपत्तिभि: संप्रधार्यंते ॥

अथेदानीं विषनारायणीयमिति विष्वक् प्राप्तप्रथं ग्रन्थस्यास्य नाम किमात्मकमिति किञ्चिदिव तत्र दृशं प्रसारयाम: । कियानिव , स नूनं, जाने विवादास्पद एव विषय: । यत्रैष ग्रन्थ: प्राप्तजन्मा, तत्रैव केरलेषु सुतरामविरलप्रचारमप्यधिगत्य, विषनारयणीयनाम्ना च कृतव्यपदेश: प्रचलति; तथापि निबन्ध एष न तादृग्व्यपदेशमर्हतीति यद्यहं

प्रत्यवतिष्ठे तर्हि तादृशविचारो यत्सत्यम्, कौतस्कुतवादिनां विवादकौतुकस्य द्वारमुद्धाटयेदेव। सविमर्शमुपक्षिप्तं विषयमिमं यदि पाठका आत्तक्षमा आन्तमालोकयन्ति, विश्वसिमि, तदानीं मदीय आशये निर्णये च नैव मात्रयापि विद्यते विसंवादस्यावकाश इति विलोक्य स्वयमेव कामं तर्प्स्यन्ति ॥

केरलेषु अन्यत्र कुत्रचिच्च, ग्रन्थ एष विषनारायणीयमिति कामं व्यवह्रियतां नाम; अहं त्वेष विषयः प्रायेणापातदृष्टिभिर्व्यवहृत इति विमर्शासह इति चाभिप्रैमि। अथ केचनैवमभिदधते। "ग्रन्थेऽस्मिन् भूयिष्ठोऽप्यंशो सुबहुषु पटलेषु विषवैद्यमधिकृत्यैव व्यवहृतोऽस्ति, कस्यचन हस्तलिखितपुस्तकस्यान्तिमभागे विलिखिताश्च पङ्क्तयः सूचयन्ति "विषनारायणीयम्' इति नामैव [1] इति; अतस्तन्नामैव वयमपि शंसामः" इति च। ग्रन्थोऽयं द्वात्रिंशत्पटलपरिमितः। तत्रादिमा दश पटला एव विषशास्त्रविषयान् विवृण्वन्ति। स च भागो द्वात्रिंशत्पटलात्मकस्य ग्रन्थस्य तृतीयांशादपि ($\frac{1}{3}$) न्यून एव। विषविषयादृते, भूत-ग्रह-भेषज-कामिकादिविषयान् पञ्चापरानधिकृत्य द्वाविंशतिसंख्याकाः परे पटलाः प्राकल्प्यन्त। स च भागो ग्रन्थस्य त्रिधा विभक्तस्य किञ्चिदधिकतया द्वावंशौ ($\frac{2}{3}$) पूरयति। एकादशात् पटलादारभ्य ग्रन्थपरिसमाप्तिं यावत् (द्वाविंशतिपटलेषु) न क्वचिदपि विषचिकित्साविषयं ग्रन्थकृत् विवृणुते। तस्मात्, "ग्रन्थे भूयांसः पटला विषवैद्यमेव विवृण्वन्ति, अतोऽस्य विषनारायणीयम् इति नामोपपद्यते" इति वचनमन्तस्साररहितमिति सानुशयमावेदयामः। द्वात्रिंशत्पटलपरिमिते ग्रन्थे तत्तृतीयांशस्यापि न्यूनं विषशास्त्रविषयकं पटलदशकं कथं नाम ग्रन्थस्य भूयिष्ठांशत्वेन परिगण्येत? अमीषु च दशसु पटलेषु विषशास्त्रसंबन्धिनो विषयाश्च वैद्यशास्त्रानुरोधेन न वा पर्याप्ततया विव्रियन्ते। विषवेगनिदानानां निश्शेषतो निरूपणम्, तेषां प्रतिनियतश्चोपक्रमाणां क्रमः, वत्सनाभिप्रभृतीनां स्थावरविषाणां स्वरूपवीर्यादिविवरणम्, तदुपशमोपायविधिरिति च प्रधाना विवक्षिता विषविषया नात्र क्वचिदपि निर्दिश्यन्ते। ग्रन्थस्यैकदेश

---

1 The Mss. VIṢA-NĀRĀYAṆĪYA is described under R. Nos. 4167, 5200, and 3837 in the Triennial Catalogue of The Govt. Oriental Mss. Library. The last colophon of R. No. 3837 runs:— "इति नारायणीये विषवैद्ये द्वात्रिंशः पटलः।" [Please see the last portion of भूमिका also.]

एवागदतन्त्रविषयप्रतिपादनाय प्रकल्पित इति, तत्रापि अगदतन्त्रस्यासमग्रत्वमेव प्रदृश्यत इति च विषयतत्त्वमवलोकयन्तो वयं ग्रन्थस्यास्य विषशास्त्रत्वेनैकान्तिकं प्राधान्यं नैवाभ्युपगन्तुं प्रभवामः । अथ कोशेषु केषुचन सूचितं विषनारायणीयमिति नाम च नैव तन्नामनिर्धारणविषये बलवदुपष्टम्भकं भवितुमर्हति । विषशास्त्रविषये श्रद्धालवः केरलीयाः प्रायशो ग्रन्थस्यास्यादिमान् दश पटलानेव पठन्ति ; यतो विषसम्बन्धिनो विषयास्तावतैव विरामं प्राप्नुवन्ति ग्रन्थे । विषविषयाय एतद्ग्रन्थपरामर्शकाश्च दशानां पटलानां पठनेनैव परिश्रान्ताः पर्यस्तोत्साहाश्च संपद्यन्ते । न केवलमस्य पठने, परं तु ग्रन्थस्यास्य प्रतिलिपिरूपकोशान्तरलेखने च पटलदशकस्य परिसमाप्त्यैव पर्याप्तत्वं विषशास्त्रस्य मन्वते केचन केरलीया इति विद्यते शङ्कितुमुपपत्तिः । केरलान् गत्वा विशिष्याभ्यस्तविषतन्त्रेण श्रीविश्वेश्वरशास्त्रिणा (आयुर्वेदाचार्येण) राजकीयवैद्यकलाशालायामधिकृतेन विषनारायणीयमित्येतन्नामसमन्वितं केरललिपिलिखितं पुस्तकमेकं मदवेक्षणाय प्राहैषि । तत् समग्रमित्येवाहमचिन्तयमादौ । केरलीयैः कैश्चनापरैः संकीर्णैर्विषवैद्यविषयैः सह तन्त्रसारसङ्ग्रहस्य प्रथमे दश पटलास्तत्र विलिखिताः पर्यदृश्यन्त । पटलान्तराणि द्वाविंशतिसंख्याकानि, यानि न विषविषयं स्पृशन्ति, तानि नैव तत्पुस्तके स्थानमावहन्ति । दशमपटलादूर्ध्वं दृष्टिमपातयन्तः, विषविषयावलोकनेनैव कृतकृत्यतां मन्वानाः, समग्रग्रन्थपठने प्रायेणाव्यग्रमतयः सर्वथाप्यापातदृश्या ग्रन्थमिमं स्वाभीप्सितविषयस्य विषशास्त्रस्य प्रधानं मन्यमानाः केचित् विषनारायणीयमिति विनैव विमर्शं प्रथां प्राकल्पयन्निति वक्तुं नाहं पश्यामि कामपि विप्रतिपत्तिम् । अत्र विषयवैपुल्यं न विषस्य, किन्तु विषयाणामपरेषामेव । विषनारायणीयमिति व्यपदेशोऽस्य नातीव संगत इति कथयितुं विषयेभ्योऽपरेभ्योऽपि विषविषयस्यात्र स्थानं सुतरां परिमितमेव प्रकल्पितमित्येको हेतुः । निर्दिष्टपूर्वाणां त्रयाणामपरेषां नाम्नां ग्रन्थ एवावश्यकानि यथा निदर्शनानि नैकशः समुपलभ्यन्ते, न तथा विषनारायणीयमिति नाम्नो ग्रन्थकृता निर्देशः क्वचिदुपलभ्यत इति द्वितीयो हेतुः । अतोऽस्य ग्रन्थस्य विषनारायणीयमिति नाम न कथंचिदपि संगतम् ; किन्तु **तन्त्रसारसङ्ग्रहः, षट्कार्मिकतन्त्रम् , नारायणीयसर्वमन्त्रार्थकोश** इति त्रीणि नामान्येव सुसंगतान्यन्वर्थानि चेति पाठकेभ्यो निवेदयामः ॥

समाहृत्यान्यतन्त्राणि संपादितोऽयं ग्रन्थ इत्युपक्रमते ग्रन्थकारः । अतोऽत्र निरूपिता विषयाः प्रायेण न ग्रन्थकृता स्वकपोलकल्पिता इति, समधिगतमन्त्रसिद्धीनां प्राचामाचार्याणां वाचामानुपूर्व्यैश्चाशयाश्चात्र सन्त्याहृता इति च संभावयामः । शिखायोग-

तन्त्रम्, उत्तरतन्त्रम्, गार्ग्यतन्त्रम्, महाकालतन्त्रम्, उत्तरतन्त्रम्, समुद्रतन्त्रम् इत्यादयो मन्त्रशास्त्रप्रतिपादकाः प्राक्तनाः प्रबन्धाः ग्रन्थस्यास्य प्रणयनायाकरतामापुरिति व्याख्यानपङ्क्तिरप्यावेदयति [1] । आकरग्रन्थास्ते च, मन्यामहे, कालेन मादृशां हन्त दृष्टिपथादन्तरदधुः । एष च तन्त्रसारसङ्ग्रहस्य कर्ता नैवास्मत्परिचितचरस्य किमपि नामापि मन्त्रशास्त्रान्तरस्य क्वचिदपि स्मरति । ग्रन्थकृतात्र स्मर्यमाणानि शिखायोगादिसंज्ञकानि तन्त्राण्यपि न कदाचिदप्यस्माकं श्रवणगोचरतामयासिषुः ।

सन्दर्भेऽस्मिंस्तन्त्रसारसङ्ग्रहेण गुणैः साधु सौभ्रात्रमावहद्ग्रन्थान्तरं नातिकृच्छ्रलभ्यं निर्देशमर्हति; यत् नाम्ना काश्यपसंहितेति विश्रुतम् [2] । तद्ग्रन्थोपलभ्यमानानि सर्वाण्यपि तान्त्रिकाणि मान्त्रिकाणि च तत्त्वानि ब्रह्मनिष्ठस्तत्रभवान् काश्यपमुनिः गुरुभक्तिमावहते गौतमायोपादिशदिति तत्र प्रत्यध्यायमुपपाद्यते । अध्यायैस्त्रयोदशभिः समन्विता काश्यपसंहितेयं विषशास्त्रस्य मन्त्रशास्त्रस्य च संबन्धिनो विषयान् मिथः संयोजितान् उपपादयति । तन्त्रसारसङ्ग्रह एष यावन्तं विषविषयमवबोधयति तमेव विषयं ततोऽपि किञ्चिदधिकतयैव काश्यपसंहिता प्रपञ्चयति । विषप्रतिषेधाय प्रथिततमान्

---

1 दृश्यतां कोशस्यास्य २ पुटे (P. 2.) व्याख्यापङ्क्तिः ।

2 The book Kāśyapa Saṁhitā, a Mantra Śāstra was puplished by Śrī Yatirāja Sampatkumāra Svāmin of Melkote in 1933. [There exists another work with similar title which is entirely on medicine written by Vṛddha Jīvaka and published by Pandit Hemrāj Śarma of Nepal in 1938. This latter work has nothing to do with the former.] The palm leaf Ms. bearing R. No. 3149 of The Govt. Oriental Mss. Library, Madras in Grantha character contains identically the same parts (**काश्यपसंहिता, नारायणीय** 3rd Paṭala and **गरुडमालामन्त्रकल्प** the last two appended to) which are found in the above printed Kāśyapa Saṁhitā.

गरुडपञ्चाक्षरीप्रभृतीन् कार्मणान् मन्त्रप्रयोगान् काममामूलात् पश्यामः काश्यपसंहितायाम् ; यतश्च गरुडपञ्चाक्षरीकल्प इति सा नामान्तरमप्यावहति संहिता । गदानां निग्रहविषये गरुडविद्या निरवद्यं साधनमिति संहितेयम् अवबोधयति । किञ्च विषविध्वंसनरूपमन्त्रसिद्धये वैष्णवी गारुडी च भक्तिरत्यावश्यकीति चोपदिशति । तन्त्रसारसङ्ग्रहकर्ता नारायणस्तु "श्रीवल्लभं महादेवं विहगानामपि प्रभुम् । प्रणम्य शिरसा" इति ग्रन्थारम्भे प्रथमं श्रियःपतौ, ततः परमेश्वरे, अथ च विहगेश्वरे स्वारब्धमन्त्रशास्त्रप्रयोगसिद्धिमपेक्ष्य भक्तिं प्रदर्श्य, ग्रन्थावसाने च विस्तरतो हरिहरपूजापटलप्रणयनेन, ग्रन्थानुबन्धे गारुडमन्त्रानुसन्धानविवरणेन च मन्त्रसिद्धिदेषु तेषु त्रिषु दैवतेषु च स्वभक्तिप्रचयं प्रकटयन् स्वात्मानं धन्यं मन्यते[1]। काश्यपीय इव तन्त्रसारसङ्ग्रहश्च वेदमन्त्रात्मनि[2] विहगेश्वरे विहिता भक्तिप्रतिपत्तिः तार्क्ष्योपासनाविधिश्च साधकानां मन्त्रसिद्धिसाधने नियतमुपयुङ्क्त इत्युपपादयति ॥

तन्त्रसारसङ्ग्रहः काश्यपसंहिता च विषयाणां विभजनक्रमे, अध्यायानामनेकेषां संविधानप्रकारे, मन्त्रतन्त्रयन्त्रादीनां निरूपणनियमे च समानयोगक्षेमकाष्ठामतिमात्रमन्योन्यमावहतः । आशीविषाणाम् अनेकविधानां विषाण्यधिकृत्य विषयविवरणं यादृशमिह पञ्चमपटले परिदृश्यते, तादृशमेव काश्यपीयेऽपि सप्तमेऽध्याये समवलोक्यते । अथ पटलेष्वानन्तरिकेषु पञ्चसु (षष्ठे, सप्तमे, अष्टमे, नवमे, दशमे च) प्रतिपादितान् दर्वीकर-मण्डलि-राजिल-मूषिक-लूताख्यानां जङ्गमानां विषसंबन्धिनो विषयान् अशेषानपि काश्यपीयेषु च पञ्चस्वध्यायेषु (अष्टमे, नवमे, दशमे, एकादशे, द्वादशे च) यथाक्रमं यथासंविधानं चावेक्षामहे । एवमितरेतरसाधर्म्यसंपत्तिरनयोः कालदेशाभ्यां विभिन्नयोः कथं समुपनतेति मनागिव चिन्तनीयम् । काश्यपसंहितायाः संपादकाः श्रीमन्तः संप-

---

1 Cf. pp. 31, 61, 141 and so on. Also Kāśyapa Saṁhitā Ch. XII.

2 गरुत्मतो वेदस्वरूपित्वं शास्त्रज्ञविदितम् । दृश्यतामिदं गरुडपञ्चाशत्पद्यम्—

" नेत्रं गायत्रमूचे त्रिवृदिति च शिरो नामधेयं यजूंषि
छन्दांस्यङ्गानि धिष्ण्यात्मभिरजनि शफैर्विग्रहो वामदैव्यम् ।
यस्य स्तोमात्मनोऽसौ बृहदितरगरुत्तादृशाम्नायपुच्छः
स्वाच्छन्द्यं नः प्रसूतां श्रुतिशतशिखराभिष्टुतात्मा गरुत्मान् ॥ "

स्कुमारयतीन्द्राः स्वविरचितायां तद्ग्रन्थप्रस्तावनायां नारायणीयं मन्त्रग्रन्थमिमं स्मरन्ति । तद्ग्रन्थस्यावसाने च तन्त्रसारसङ्ग्रहस्यास्य तृतीयः पटलः केवलं (तावानेव तैरासादितः) अनुबन्धत्वेन, दृश्यते मुद्रितः; यत्र च बह्व्यः पङ्क्तयः पाठभेदैर्मुद्रणानवधानेन च ग्रन्थादस्मदीयाद्विसंवदन्ति ॥

अगदतन्त्र-मन्त्रशास्त्रसंबन्धिना विषयद्वयेन ग्रन्थद्वितयस्यास्य पारस्परिकं साजात्यं समक्षीक्रियमाणमपि, पञ्चभिरंशैः स्वरूपतोऽनयोर्व्यतिरेकश्च व्यक्तः परिदृश्यते । (1) त्रयोदशाध्यायात्मिकायां काश्यपसंहितायामनुल्लिखिता विष्णु-श्रीदेवी-स्कन्द-मृत्युञ्जय-शक्त्यादिदैवतपूजाः, विनोदैकप्रयोजना नर्मकलाः, कामिकाः कृत्यविशेषा इति बहवो विषया विषतन्त्रसीमामुल्लङ्घ्य द्वात्रिंशत्पटलात्मके तन्त्रसारसङ्ग्रहे निर्यन्त्रणमेव निबिडं निवेशिताः । (2) वैष्णव्या सरण्यैव सर्वत्र मन्त्रतन्त्रादियोजनमुपदिश्य, क्वचित् क्वचित् पाञ्चरात्रसंप्रदायमनुरुध्य विषयान् काश्यपसंहिता विवृणोति ; तन्त्रसारसङ्ग्रहस्तु वैष्णवम् , शैवम् , शाक्तेयम् , गारुडम् , पाशुपतम् , बौद्धं च समयाचारं समवलम्ब्य विषयानुपन्यस्य, विविधदेवताविषयकं विश्वतोमुखमुपासनाप्रकारं च प्रपञ्चयति । (3) आत्मानमाश्रिताय विषतन्त्र-गारुडमन्त्रादीनां जिज्ञासवे गौतमाय प्रजापतेरात्मजः काश्यपस्तपोधनः सर्वमन्तश्चक्षुषा पश्यन् तान्त्रिकान् विषयानुपदिदेशेति तत्रास्त्युपपादितम् ; तन्त्रसारसङ्ग्रहस्तु तन्त्रान्तरेभ्यः समाहृतानां विविधविषयाणां समुच्चयेन समभवन्नारायणेन विदुषा निबद्ध इति पूर्वमेव निर्दिष्टम् । (4) यद्यपि तन्त्रसारसङ्ग्रह एष विषचिकित्साप्रधान इति प्राप्तप्रथः, नैष तथापि विषसंबन्धिनः समग्रान् विषयान् स्वयमात्मन्यावहति ; यतो नायं स्थावरविषाणि करवीरवत्सनाभप्रभृतीनि क्वचिदप्युपादत्ते, न वा निरवशेषतया (ऋते क्वचिदेकदेशात्) विषशास्त्रप्रवचनाय प्रकल्पते ; काश्यपसंहिता तु जङ्गमस्थावरात्मकानि सर्वाण्यपि विषाणि तत्तदुपक्रमोपदेशपूर्वकम् आ मूला दा चाग्रात् विनैवेतरविषयसाङ्कर्यं संक्षिपति । (5) काश्यपीयं तन्त्रमार्षग्रन्थ इत्यभ्युपपद्यते, परं प्राचीनं च ; एष तन्त्रसारसङ्ग्रहस्तु नारायणेन पण्डितेन नात्यर्वाचीनेन विरचितः । विषशास्त्रसंप्रदाये वैशिष्ट्यमावहतां केरलीयानां तदितरेषां चागदंकराणां विमर्शपूर्वकपठने स्पृहां कौतुकं च वर्धयितुमनास्तन्त्रग्रन्थयोरनयोः साधर्म्यं वैधर्म्यं च विविच्य यथामति पाठकेभ्यो व्यतारिषमेवम् ॥

अस्य रचयिता नारायणः काश्यपसंहिताया (गरुडपञ्चाक्षरीकल्पस्य) नामापि मूले व्याख्यायां वा क्वचिदपि नादत्ते । अनयोर्ग्रन्थयोः अगदतन्त्रमन्त्रप्रयोगात्मकविषयद्वयसंबन्धीनि वचनानि बहुषु पटलेषु (अध्यायेषु च) समानान्येव यद्यपि संदृश्यन्ते, अथापि

न ह्यनयोरेको ग्रन्थोऽन्यतरस्य विरचनाय मूलं भवितुमर्हतीति विभाव्यते। किन्तु एवमनुमातुमस्ति बलवानवकाशः ; यानवलम्ब्य ग्रन्थान् प्राक्तनांस्तन्त्रसारसङ्ग्रहो व्यरचि तेषां प्रबन्धानां काश्यपसंहितायाश्च सर्वथा समभवदितरेतरो भूयान् संबन्धः। कुतो नाम मा स्म भाव्येवम्? मन्ये, तन्त्रसारसङ्ग्रहस्यास्यावलम्बनभूतानि पुरातनानि तन्त्राणि काश्यपसंहितोपज्ञानि भवेयुः; आहोस्वित् तत्प्रतिलोमतया तादृशचिरन्तनतन्त्रान्तरोपज्ञा काश्यपसंहिता वा स्यात्। यथाकथंचित्, सत्यपि तन्त्रसारसङ्ग्रह-काश्यपसंहितयोः सन्निहिततरे विषयसाधर्म्ये नैवानयोराविर्भावे एकतरोऽन्यतरमवालम्बत इत्युत्पश्यामः॥

अथास्य ग्रन्थस्यायुर्वेदस्य च दृश्यमानं विषयसौहार्दं विचारयामः। आयुर्वेदप्रवक्तारश्च शस्त्रौषधादिप्रयोगेणेव विधिवत्प्रयुक्तैर्मन्त्रैश्च, यथावदनुष्ठितैः कतिपयैर्वैदिकैर्व्रतैश्च परिहरणमामयानां परिपालनमारोग्यस्य च संपद्येतेति मुहुरुपदिशन्ति। एतादृशानां मान्त्रिकाणां तान्त्रिकाणां च शास्त्राणाम् आथर्वणो वेद एवादिम आकर इति बवहस्तान्त्रिका आमनन्ति। वैद्यके च "वेदो ह्याथर्वणः स्वस्त्ययनबलिमङ्गलहोमनियमोपवासमन्त्रादिपरिग्रहाच्चिकित्सां प्राह" इति तांस्तान् अनौषधान् मन्त्रप्रयोगादिरूपानुपक्रमान् रोगाभिभूतानां हिताय तत्रभवान् अग्निवेश उपपादयति। "मणीनामोषधीनां च मङ्गल्यानां विषस्य च। धारणादगदानां च सेवनान्न भवेज्ज्वरः" इति वचनेन अनागतज्वरप्रतिषेधे रोगान्तरनिवारणे च मणिमन्त्रौषधीनां मनसोऽप्यगोचरो महिमा कोऽपि नियतमास्त इति निर्दिशति चरकः। देवस्य परमेश्वरस्य, तदनुयायिनां देवगणानाम्, तदादृतस्योषधीशस्य सोमस्य चोपासना हि नाम नरान्निरामयान् कर्तुं प्रभवतीति प्रकृतमन्त्रग्रन्थोऽपि प्रशंसति। ग्रन्थार्थमिममशेषम् "सोमं सानुचरं देवं समातृगणमीश्वरम्। पूजयन् प्रयतो रोगी ज्वरादिभ्यः प्रमुच्यते" इति चरकः श्लोक एकस्मिन् संजग्राह। किञ्च विष्णुसहस्रनामानुसन्धानम्, दैवतानामपरेषामर्चनम्, भूतदया, बल्युपहरणमित्यादीनि बहूनि नैष्ठिकानि धर्माचरणानि गदनिग्रहक्षमाणीति तत्र तत्र प्रतिपादयत्यग्निवेशः [1]॥

---

1 "विष्णुं सहस्रमूर्धानं चराचरपतिं विभुम्।
स्तुवन्नामसहस्रेण ज्वरात् सर्वान्व्यपोहति॥" (चरक. चि. ३.)

"सत्यं भूतदया दानं बलयो देवतार्चनम्।
सद्वृत्तस्यानुवृत्तिश्च प्रशमो गुप्तिरात्मनः॥
इत्येतद्भेषजजं प्रोक्तमायुषः परिपालनम्"॥ (चरक. वि. ३.)

अस्मिन् ग्रन्थे मध्यपटलेषु चतुर्षु (११, १३, १७, १८) ग्रहावेशहेतुभिः, आभिचारिकादिक्षुद्रप्रयोगव्यतिकरैश्च ये विकारा विक्रियन्ते त एते वैद्यके भूतविद्यानाम्नि प्रकरणे सविस्तरं सर्वैरप्यायुर्वेदप्रवर्तकैरुपपाद्यन्ते । स्कन्द-शकुनि-यक्षादिभिर्द्वादशभिर्दुष्ट-ग्रहादिभिरभिभूतानां मनोविकाराः कीदृशाः सम्भवन्तीति, कीदृशानि तेषां प्रतिनियतानि लक्षणानीति, किमात्मकाश्च तेषामुपक्रमविशेषाश्चेति ग्रन्थेष्वायुर्वैदिकेषु सुव्यक्तमस्ति निरूपितम्[1] । अष्टसु चिकित्साशास्त्रीयेष्वङ्गेष्वन्यतमस्य बालामयप्रतिषेधाख्यस्य कौमार-भृत्यस्य संबन्धिनि शास्त्रविषये सत्यभ्यस्यमाने, कुमारान् अभिभवद्भिर्भूतग्रहादिभिरुद्भवतां विकाराणां तदुपक्रमाणां च यथावदवगमस्तच्छास्त्रजिज्ञासूनां सुतरामावश्यकः । तदानीमेव सर्वास्वष्टाङ्गचिकित्सासु भिषजः सेत्स्यत्यधिकारित्वमिति प्रसमीक्ष्य, प्राञ्चः शास्त्रप्रवक्तारो भूतविद्यादिकमपि स्वकृतेषु तन्त्रेषु नियमेन न्ययोजयन् । तादृशायुर्वेदतन्त्रेभ्य एव तन्त्रसारादिकर्तार इमे तान्त्रिकाश्च साधु माधूकरनीत्या स्वावश्यकानर्थान्, मन्महे, संजगृहिरे ।

विषशास्त्राख्ये शाखित्यपि महत्यायुर्वेदः सुदूरमारुह्य ववृधे । विषनारायणीयनाम्ना विख्यातं तन्त्रमिदं आयुर्वेदोपात्तस्य विषयस्य तस्यार्धमप्यध्वानं न ह्याससाद । आयुर्वेदवि-दस्तु विषशास्त्रम् अगदतन्त्रमिति व्याहरन्ति । अयुर्वैदिकेष्वष्टस्वङ्गेषु प्रधानं स्थानमगद-तन्त्रमप्यावहति । अगदतन्त्राख्यवैद्यशाखाया वैद्यके सुतरामविनाभावित्वमवधार्य, सर्वेऽपि वैद्याचार्याः स्वेषु ग्रन्थेषु यथाभिसन्धि संक्षेपेण वा वैपुल्येन वा विषयस्यास्य स्थानं वितरन्ति । शार्ङ्गधरो जङ्गमं स्थावरं कृत्रिममिति प्राधान्येन विषं त्रिधा विभज्य, तेषु कृत्रिमस्य गरविष-दूषीविषभेदेन द्वैविध्यमभ्यधात् । धातुविषाणि चोपधातुविषाणि च प्रत्येकं

---

1 दृश्यताम् : चरक. विमा. III-18-20., सूत्र. 16., चिकि. III. 304-306., VIII. 182. सुश्रुत. उत्तर. Chapt. 27-37 and 60, अष्टाङ्गहृदयस्य उत्तर. Chapt. 3, 4, 5. काश्यपसंहिता (वृद्धजीवकस्य) - इन्द्रियस्थान pp. 59, 66—72 and कल्पस्थाने रेवतीकल्पाध्यायः ।

तत्रं स संक्षिपति स्म [1]। माधवकरः स्वनिदानग्रन्थे विषाणि विविधानि निरूप्य तत्संपर्कजान् विकारनिदानविशेषांश्चान्तिमे निदाने विशदयति। चरकश्च चिकित्सस्थाने पञ्चविंश-मध्यायं विषविषयनिरूपणाय प्रत्येकं पर्यकल्पयत्; यत्र च नानाविधानि अत्राभिहित-पूर्वाणि विषस्वरूपाण्युपपाद्य, विषाणामष्टौ वेगान्, चतुर्विंशत्युपक्रमांश्चानेकविधैः अगदाख्यैरौषधयोगैः सह संचिक्षिपे। आयुर्वेदोद्ग्रन्थानां मध्ये तन्त्रे सौश्रुतमेवागदतन्त्रस्य वितरति विशिष्टं स्थानम्। तदीयं कल्पस्थानमशेषमपि विषस्यैव विषयान् सविशेषं व्यनक्ति। तत्रस्थमध्यायाष्टकमपि **विषाष्टाध्यायी इति** व्यपदेशमर्हति। तत्र च विषात् अन्नपानादीनां रक्षणोपायम्, स्थावरात्मकानां विषद्रव्याणां विवरणम्, जङ्गमविषमूलभूतानाम् जन्तूनामनेकेषां वर्गीकरणम्, कृत्रिमविषाणां स्वरूपनिरूपणम्, दर्वीकरादिसर्पदंशादिना विसर्पतो विषस्य वेगलक्षणाद्यवबोधनम्, मूषिक-शुनक-कीटदंशा-दिभिरुपजनितगरलदोषनिदानादिर्निर्वर्णनम्, तादृशविषाणां परिहारप्रकारांश्च सावहिति परिशील्य, परस्तात् तन्त्रसारसङ्ग्रहेऽपि यदि कृतमतयो भिषजः सूक्ष्मेक्षिकया स्वदृष्टिं

---

1 **जङ्गमविषाणि**—दर्वीकर-भोगि-राजिलादीनां सर्पाणाम्, वृश्चिक-लूतादिकीटानाम्, सारमेय-सृगालादीनां प्राण्यन्तराणां च विषाणि। **स्थावरविषाणि**—इमानि सेन्द्रियाणि निरिन्द्रियाणीति द्विधा। सेन्द्रियाणि स्थावरविषाणि-मूलविषम्, पत्रविषम्, फलविषम्, पुष्प-विषम्, चर्मविषम्, क्षीरविषम्, सारविषम्, निर्यासविषम्, गन्धविषम् इत्येतानि। निरिन्द्रियविषाण्येव धातुविषाणीत्युच्यन्ते। **धातुविषाणि**—शास्त्ररीत्या अशोधितानि पारद-स्वर्ण-रजत-ताम्रायो-वङ्ग-नाग-सीसादीनि। **उपधातुविषाणि**—अशोधितानि माक्षिक-तुत्थ-शिलाजतु-गिरिसिन्दूर-शङ्खपाषाणादीनि। **गरविषम्**—"सौभाग्यार्थं स्त्रियो भर्त्रे राज्ञे वारातिचोदिताः। गरमाहारसंयुक्तं यच्छन्त्यासन्नवर्तिनः॥" "नानाप्राण्यङ्गशमलविरुद्धौषधभस्मनाम्। विषाणां चाल्पवीर्याणां योगो गर इति स्मृतः"॥ **दूषीविषम्**—"जीर्णं विषघ्नौषधिभिर्हतं वा दावाग्निवातातपशोषितं वा। स्वभावतो वा गुणविप्रहीनं विषं हि दूषीविषमामनन्ति।" गरविष-दूषीविषयोः सामान्यं नाम **कृत्रिमविषम्** इति॥

प्रसारयन्ति, तदानीमेव तादृशैरगदशास्त्रज्ञैस्तन्त्रसारसङ्ग्रहस्य सुश्रुतकल्पस्थानस्य च विषयेषु विद्यमानानि तारतम्य-सादृश्यादिस्वरूपतत्त्वानि सम्यगवगम्येत। चरकोऽष्टौ विषवेगान् जगाद; सुश्रुतस्तु सप्तैवोदाहरति। विषं शोणितमनुप्रविश्य केन प्रकारेण वेगानुपर्युपर्युपजनयतीति, धातूंश्चान्तश्शरीरं कथं क्लेशयतीति सुश्रुतः सुनिपुणं श्लोकद्वयेन संक्षिप्य विषपतत्त्वमुपपादयति; यदिहोपहरामः— (सु. कल्प. ४७)

" धात्वन्तरेषु याः सप्त कलाः संपरिकीर्तिताः।
तास्वेकैकामतिक्रम्य वेगं प्रकुरुते विषम्॥
येनान्तरेण हि कलां कालकल्पं भिनत्ति च।
समीरणेनोह्यमानं तत्तु वेगान्तरं स्मृतम्॥ " इति।

तदेतत् सौश्रुतं वचनमेव नारायणीया वचनपङ्क्तिरपि प्रायेणार्थतोऽनुरुणद्धि। सैषा वचनरीतिः—

" चेष्टादष्टस्य जायन्ते विषवेगेषु सप्तसु।
धातोर्धात्वन्तारप्राप्तिर्विषवेग इति स्मृतः॥
दंशे स्थित्वा द्विपञ्चाशन्मात्राः संवर्धते विषम्।
दंशाल्ललाटमायाति ततो नेत्रं ततो मुखम्॥
आस्याच्च धमनीस्ताभ्यो धातून् प्राप्नोति हि क्रमात्॥ " इति।

दंशादारभ्य धातुव्याप्तिपर्यन्तं विषप्रसरप्रकारम्, विषवेगनिरुक्तिं चात्र तन्त्रसारसङ्ग्रहः सुव्यक्तं निरूपयति। अपि च सुश्रुतादिभिः वाक्यैरनेकैरुपपादितान् सप्तापि विषवेगान् तन्त्रसारसङ्ग्रहः श्लोकेनैकेन संक्षिप्यैवमुदाहरति सरलैः पदविन्यासैः—

" वेगो रोमाञ्चमाद्यो रचयति विषजः स्वेदवक्त्रोपशोषौ
तस्योर्ध्वस्तत्परौ द्वौ वपुषि जनयतो वर्णभेदप्रवेपौ।
यो वेगः पञ्चमोऽसौ नयनविवशतां कण्ठभङ्गं च हिक्कां
षष्ठो निःश्वासमोहौ वितरति च मृतिं सप्तमो दष्टकस्य॥ " (२-६६)

आचार्यवाग्भटश्च सुश्रुतस्य सरणिमेवानुसरन् विषतन्त्रम् अष्टाङ्गहृदयस्योत्तरतन्त्रे चतुर्ष्वध्यायेषु संगृह्णाति। स च सप्तैव विषवेगान् वितरति। वाग्भटस्यागदतान्त्रिकान् प्रयोगान्, क्वचित् विषयविन्यासक्रमं चानुकरोति मान्त्रिकोऽयं नारायणः। अथवा विषयोपपादने द्वयोरनयोर्ग्रन्थकारयोरेकतरोऽन्यतरमनुससारेति सानुमानमुपपादनादपि, विषसङ्ग्रहे प्रायेणोभयोरपि आकरग्रन्थः समानः स्यादिति समालोचनमपि समुचितं

स्यात् । विषविकाराणां निवारणकर्मणि विविधौषधादिप्रयोगोपक्रमादिभिः मानुषाणि भिषग्जितीयान्यभिधाय, मान्त्रिकं तन्त्रमुपाश्रित्य दैवव्यपाश्रयोपक्रमं [1] च वाग्भटः स्वयमादृत्योपपादयति ।—

" नमः पुरुषसिंहाय नमो नारायणाय च ।
यथासौ नाभिजानाति रणे कृष्णपराजयम् ॥

एतेन सत्यवाक्येन अगदो मे प्रसिध्यतु ।

(म) नमो वैदूर्यमात्रे हुलु हुलु रक्ष मां सर्वविषेभ्यः ।
गौरि गान्धारि चण्डालि मातङ्गि स्वाहा (ठठ) ॥

पिष्टे च द्वितीयो मन्त्रः । ओं हरि मायि स्वाहा ॥ "

(उत्तर. ३५.):

कियता चैतदभिन्नरूपा वचनपङ्क्तिः सहैवानेन मन्त्रेण तन्त्रसारसङ्ग्रहस्य दशमे पटले परिदृश्यते [2]। मन्त्रशास्त्रप्रधानोऽयं तन्त्रसारसङ्ग्रहः प्राक्तनेषु वैद्यकग्रन्थेषु तन्त्रान्तरेषु च प्रतिपादितं [3] सत्त्वावजय-दैवव्यपाश्रयाभिधम् आधिव्याधिप्रशमनयोग्यं प्रक्रियाद्वयं भूयसा स्वयमवलम्ब्य भूताभिभवविषोपघातादिभिः समुद्भवतामातङ्कानाम् अपोहनोपायान् समुपदेष्टुं प्रावर्तत [4]

---

1 उपक्रमो नाम चिकित्सा । मन्त्रौषधिमणिमङ्गलबल्युपहारहोमप्रायश्चित्तोपवासस्वस्त्ययनादिप्रयोगैः क्रियमाणः परिहारक्रमः **दैवव्यपाश्रयचिकित्सेति** व्यपदिश्यते ।

2 Cf. See page 144 of this book.

3 शारीरस्य, विशिष्य मानसिकस्य स्वास्थ्यस्य ये विषया अहिताः तेभ्यो मनसो निग्रहः **सत्त्वावजय** इत्युच्यते ।

4 " मन्त्रध्यानौषधकथामुद्रेज्यायन्त्रमुख्यः । वक्ष्यन्ते बहुधान्ये च प्रयोगा दृष्टशक्तयः ॥ " (पटल-१. श्लो-४ .) इत्यादयो बहवः श्लोका ग्रन्थोऽयं दैवव्यपाश्रयचिकित्सामुपपादयितुं प्रवृत्त इति ज्ञापयन्ति ।

कर्मविपाकारब्धानां परं दुश्चिकित्स्यानां बहूनां रोगाणां परिहारेऽपि दैवव्यपाश्रय-सत्त्वावजयात्मकौ चिकित्साक्रमौ नियमेनोपयुज्ञाते [1] ॥

अस्य ग्रन्थस्य संस्करणकर्मणि समुद्युक्ते मयि, तत्समकाल एव मदीयां मतिं मूलव्याख्यानयोरामूलाद्विमर्शनव्यापारेऽपि यदृच्छया प्रावर्तयम् । ग्रन्थस्यास्य भाषाविषययोर्गमनिकायां गुणैर्दोषैश्च स्थपुटितायां मन्मतिप्रवृत्तिः प्रतिपदमस्खलत् । न मेऽस्मिन् ग्रन्थे कियानपि पक्षपातः, न वा पुरोभागित्वम् । ताटस्थ्यमवलम्ब्य गुणदोषद्वितयमपि सविमर्शमाविष्करोमि । तत्र त्रत्र विषयेषु विमृश्यमानेषु पुरतः प्रदृश्यमाने तत्तद्वैगुण्ये को वा सचेता दृशौ निमील्य काममौदासीन्यं वोढुं समीहते ? सन्तु नाम निकामं शब्दतश्चार्थतश्चावलोक्यमाना अविरला असाधवः पाठाः, ये हि नामासर्वज्ञपधिषणैः प्रणीतान् अर्वाचीनान् मान्त्रिकान्, ज्यौतिषिकान्, वैद्यकादींश्च कतिचन ग्रन्थान् अनन्यगत्या शरणं वृण्वते । तादृशेष्वंशेषु भूयसा मया पारिप्लवमतिना भूयते । नियमगौरवं निराकृत्य, वस्तुतत्त्वमविचार्य, प्रस्तुतं विषयमनादृत्य, ग्रन्थविस्तरवैयर्थ्यमप्यविगणय्य निर्भरमप्रकृता विषया विविधा ग्रन्थेऽस्मिन् प्रवेशिता इति यत्सत्यं विमर्शकाः केचित् प्रत्यवतिष्ठेरन् । विषग्रहादिभिः पीड्यमानानां सरण्या असाधारण्योपकर्तुमनाः प्राधान्येनागदतन्त्रम्, प्रासङ्गिकतया मन्त्रशास्त्रं च संग्रंथितुं प्रवृत्तः प्रणेतास्य ग्रन्थस्य भिषक्तन्त्राधिकारिणामेव विशिष्टविषयत्वेन परिगण्यमानेषु व्याधिनिदानादिविरणात्मकेषु नैकविधौषधयोगरूपेषु च प्रस्तावेषु कुत एष अस्थाने प्राविशदिति पृच्छेयुः कृतमतयः । द्वादशः, चतुर्दशः, पञ्चदशः, षोडशश्च पटलः सुदूरं वैद्यशास्त्रसीम्नि विनैवावश्यकम् आविविशुः। द्वादशपटलादारभ्य ग्रन्थे भूयांसो भागाः, ये किल किञ्चिदधिकतया ग्रन्थस्यार्धांशमापूरयन्ति, ग्रन्थकर्तुरभिसन्धिमतीत्य शाखासूपशाखासु च यथेच्छं चङ्क्रमन्ति । विनोदपटलः, स्त्रीपटलः, गवादिपटलः, युद्धपटल इत्येते च ग्रन्थांशाः पठितॄणां कीदृशं निष्कृष्टं निकृष्टेतरमर्थं निष्पादयेयुरिति निपुणमालोचयतोऽपि मे न प्रतिभाति । विषतन्त्र-

---

1 पौर्वदैहिकानां जीवात्मानमनुरुन्धतां शुभेतरकर्मणां फलपरिणामेन समुत्पन्नमामयजालं (शारीरं मानसिकमपि) कर्मविपाकोपनतं कथयन्ति । तादृशान् कर्मविपाकजान् विकारान् तदुचितपरिहारकर्मैः सह **वीरसिंहावलोको** नाम ग्रन्थो विवृणोति ॥

संबन्धिनं विषयं भागेनैकेन, सुबहून् अनियतार्थान् विषयान् ईषदधिकेन भागद्वयेन स्वात्मनि धारयतोऽस्य ग्रन्थस्य, बहिः हेमलेखानुलिप्तस्यालयशिखरस्थस्य ताम्रकलशस्य स्वर्णकलश इतिवत् विषनारायणीयमिति विषचिकित्साप्रधानो ग्रन्थ इति च केरलेषु अन्यत्र चासीत् प्रसिद्धिरापादिता ॥

मूलग्रन्थेन साकमत्र मुद्रितस्य व्याख्यानस्य च रचयिता मूलग्रन्थकर्तुरभिन्न इत्यभिधीयते । कर्णाकर्णिकया प्रवर्तितां वार्तामवलम्ब्यैव मूल-व्याख्यानयोः कर्ता भवत्यनन्य इति कथ्यते । मूलकोशे वा व्याख्यायां वा न क्वचिदपि तादृशं प्रत्ययार्हं किमपि प्रमाणमस्योपलभ्यते । अतिविरलमपर्याप्तं चेह मुद्रितं व्याख्यानम्; ईदृशं हि सामान्यतो गच्छद्व्याख्यानमिति व्यवह्रियते । ओषधिवाचकानां बहू नां शब्दानां, सर्वसाधारणानाम-परेषां परिभाषाव्यतिरिक्तपदानां च सुबहुषु स्थलेषु केरलीयया भाषया प्रतिपदार्थान् प्रतिपादितान् व्याख्यायां प्रेक्षामहे । केरलभाषां स्वस्याभिमताम् अस्य ग्रन्थस्य पठनार्थम् अपरेऽपि सर्वे कथंचिदभ्यस्यन्तु नामेति अभिप्रायेण वा, ग्रन्थोऽयं विशिष्य व्याख्यानमिदं केरलीयानामेवोपयोगाय भूयसा भूयादित्युद्देशेन वा गच्छद्व्याख्यायामस्यां विषयविशदी-करणाय केरलभाषा तत्र तत्रास्त्यायोजिता । यानि किल तान्त्रिकाणि पारिभाषिकवच-नानि व्याख्योपन्यासरूपविवृतिमन्तरा नैवावगन्तुं शक्यन्ते तानि सर्वाण्यपि विनैव विवृतिं व्याख्याता व्यजहात् । मेषः, कबलम्, रोमाञ्चः, मधुपः, द्राक्षा, सिता, हरीतकी इत्येतादृशानां सर्वसाधारणानां शब्दानां, तथाविधानां वाक्यानां च प्रतिपदार्थाः साम्रेडनमुपपाद्यन्ते । याः किल सन्ति मूले मन्त्रपङ्क्तयः शुकव्याहृतिनीत्या तास्तथैव व्याख्यायां प्रत्युदीर्यन्ते; प्रतिध्वानात्मकस्य व्याख्याव्यवहारस्येदृशस्य हेतुमुपयोगं वा ज्ञातुं न वयमीश्महे । सर्वेषामपि तान्त्रिकप्रयोगाणाम्, मन्त्राणामप्यशेषाणां न कुत्रचिदपि मूलं वा व्याख्यानं वा, तेषां मूलग्रन्थान् आकरभूतान् आगमान् वा आवेदयति व्याख्याता । जपहोमादिनिर्वर्तनप्रकाराणाम्, बीजाक्षरानुसन्धानपूर्वकम् अङ्गन्यासकर-न्यासादिप्रयोगविधीनां च यानि व्यञ्जनानि दृश्यन्ते व्याख्यायां न तानि सामान्यतो व्याख्याप्रयोजनं प्रकटयेयुः ॥

सत्स्वपि केषुचन व्यञ्जितपूर्वेषु विषयव्यत्ययेषु, एतद्ग्रन्थसम्बन्धी गुणभागोऽपि पुष्पगन्धो मधुलिहमिव चक्षुर्मदीयमावर्जयत्येव । तादृशा मन्मानसस्याकर्षका गुणा अपि केचन किञ्चिदिव तद्विषयविवरणे मामेवं मुखरयन्ति ।

ग्राहैश्च मकरैर्मृल्लापाषाणैरपि संकुलम् ।
गाङ्गं तथापि न त्याज्यं तापहृत् पापहृत् पयः ॥

अयमभिनन्दनीयः केरलीयानां सामान्यः सद्गुणः, यदुत प्रकृतिनिर्मलाः प्रदृश्यन्ते प्रायेण ते जनाः सर्वे । विमला मरालाः सरसिजबहुलां नलिनीमिव सरसां ते संस्कृतवाङ्मयवाहिनीं गाढमवगाह्य तदीयं दिव्यमामोदमनुभवन्ति । दैव्या निरवद्यायाः संस्कृतविद्याया अभ्यसने च, तद्गुणानुभवे च, तदुपयोगाविष्करणे च तद्देशीया विप्रास्तदितरे च, स्त्रियः पुमांसश्च समानां श्रद्धां निर्विशेषं तुल्यं च परिचयसामर्थ्यमावहन्तीति मामकमाशयं प्रासङ्गिकतया सन्दर्भेऽस्मिन् प्रकाशयामि । सर्वर्तुशीतलायां सरसजनसंभृतायां तस्यां मलयानिलप्लावितायां भुवि जातजन्मा ग्रन्थकृदसावपि विद्योपपादितं सुगन्धं तादृशमात्मना संधत्त इत्येतत् सर्वथा संभावितमेव । विश्रुतनानाविधविद्योऽयं नारायणो विपश्चिदित्यत्र नास्ति विप्रतिपत्तिः । निरवधिकां निर्यन्त्राणां च मन्त्रशास्त्रप्रवृत्तिमस्य, ग्रन्थे तद्विषयका निर्भराः प्रदृश्यमानाः प्रयोगा एव प्रदर्शयन्ति । नक्षत्र-ग्रह-राशीनां परस्परसमायोगसंचरणादिभिः प्राणिनां प्रकल्पमानानां सदसद्दशाभावानामाविष्करणरीतिस्तु कार्तान्तिकवार्तापथेऽप्यस्य परिचयपूर्तिमावेदयति । दैवव्यपाश्रयात्मकानां देहमनःपीडापरिहारप्रकाराणां निर्देशावसरे प्रयुज्यमानेषु व्रतोपवासप्रायश्चित्तयजनकर्मादिनिर्वर्तननियमप्रयोगेषु निभृतं निरीक्ष्यमाणेषु, स एष समधिगतेज्यानुष्ठानसांप्रदायिक इति, यथावदवगतागमप्रयोग इति चावगम्यते । क्षुद्रपटलविनोदपटलादिषु विलोक्यमाना नानाविधा मायिकाः कुहकप्रयोगाश्च यद्यपि कुत्सिता अभिजनानामनभिमताश्च भवन्तीति केचन सांप्रदायिका भावयेरन्, तथापि "चौर्यमपि कलेति विरित्वा विजहीहि" इति लोकोक्तिं मनसि कृत्वा, मतिकौशलोपपादकानां विदग्धकर्मणां जिज्ञासुभिरेषा कलापि कैश्चिद्बहुमन्येतेति, मन्ये ग्रन्थकर्ता (कुहकवृत्तिभ्यः सात्त्विकानां संरक्षणार्थं च) कलास्तादृशीश्चेहोदाजहार । किञ्च केषुचित् पटलेषु पठितानि तान्त्रिकाणि तत्त्वानि बहूनि ग्रन्थकर्तुरस्य कार्मणे वशीकरणप्रयोगे, रसशास्त्रज्ञैरादरणीये धातुवादे, ऐन्द्रजालिके, आभिचारिके च ऐहिकधर्मैकपराणामावर्जके कलाप्रबन्धेऽप्यस्य विशिष्यासीदानुभविकं ज्ञानमिति च ज्ञापयन्ति । उन्मादपटले, आमयध्वंसपटले, औषधपटले, गवादिपटले, कतिपयेष्वन्येषु च पटलेषूदाहृतानां व्याधिनिदानानाम्, औषधयोगप्रक्रियाणाम्, स्नेहन-स्वेदन-नस्याञ्जन-धूपनादिविविधचिकित्साप्रयोगाणां च रीतिषु सावहितिं मतिं प्रसारितवतो मम यथावदधीतायुर्वेदतन्त्रोऽसौ ग्रन्थकृदिति च भवत्यनुमितिः । साङ्क्रामिकरोगेष्वन्यतमो मसूरिकाव्याधिः मारियम्मन्नाम्न्याः क्षुद्रदेवताया आक्रोशवशेन प्रजासु प्रसरतीति पामरजनाः प्रवदन्ति; स चामयो मारिनाम्ना महामारिनाम्ना चाभिधीयते मुधेति बहवो विवेकिनोऽपि परिवदन्ति । मसूरिकाया मारीति नामान्तरं ग्रन्थेऽस्मिन्

पञ्चदशे पटले प्रयुज्यते । ग्रन्थावसाने गोप्रभृतीनां जायमानम् उदरवृद्धणम्, गोविसूची, करीशलम्, गोमारिका-इत्यादीन् पश्वामयान् तदुपक्रमांश्च निरूपयन्नेष ग्रन्थकृत् न केवलमायुर्वेदं किन्तु पशूनां चिकित्सोपयोगि वैद्यान्तरमपि पर्यचैषीदित्यनुमीयते । आयुर्वेदतन्त्रेषूपलभ्यमानानि अनुपलभ्यमानानि च बहून्यरिष्टलक्षणानि चानुषङ्गिकाण्युपपादयत्युपान्तिमः पटलः । सर्वेषामुपरि सरसकवितासरणिरप्यस्यादरणीया वर्तते । ग्रन्थेऽस्मिन् श्लोकानां सङ्ख्या सहस्रद्वितयमिति स्वयं निगदति तत्कर्ता । तेषु कति श्लोकान् नारायणः स्वयं प्राणैषीत्, कति च के च तेन तन्त्रान्तरेभ्यः समुद्धृता इति नास्माभिः परिच्छेत्तुं शक्यते । प्रतिपटलम् ऋते कतिपयान्यन्तिमपद्यानि, अवशिष्टानि प्रायः सर्वाण्यपि दृश्यन्तेऽनुष्टुप्छन्दोमयानि; मन्त्रास्तु छान्दसाः प्रायेणाथर्वणाः; तानिह न ग्रन्थस्थपद्यैः सह संकलयामः । एकैकस्य च पटलस्य यान्यन्तिमान् भागान् पूरयन्ति तानि सर्वाण्यपि पद्यानि, महाकाव्यानां प्रक्रियानुरोधेन सरसपदविन्यासहृद्यानि शार्दूलविक्रिडितमन्दाक्रान्तादिदीर्घसुन्दरवृत्तैर्निबद्धानि ग्रन्थमलङ्कुर्वन्ति । एवं खलु दृश्यते प्रक्रिया महाकाव्येषु निखिलेषु, यत् सर्गाणामवसाने श्लोकानां हृद्यदीर्घतरवृत्तत्वेन परिवर्तनं नाम । पटलानां समापनपद्यानि दीर्घतराणि सर्वाण्यपि ग्रन्थकर्तुः स्वकीयानि वा, तन्त्रान्तरेभ्यः समुद्धृतानि वेति न वयं प्रभवामो निर्णेतुम् । किन्तु ग्रन्थस्यावसानभागे ग्रन्थकर्त्रैव विरचितानि सुभगगम्भीराणि सन्ति पञ्चषाणि पद्यानि, यानि हि नाम पटलोपसंहारपद्यान्यपि ग्रन्थकृता स्वेनैव गुम्फितानि भवेयुरित्यनुमातुमवकाशमुपजनयन्ति ॥

अथ कोऽयं नारायणः, कियत्कालिकोऽयम्, कीदृशी वास्य जीवितयात्रेति च किञ्चिदिव विचारयामः । एतादृशमस्येतिवृत्तं जिज्ञासूनां कौतुकमपनेतुमनाः, तदुचितानि विषयसाधनानि विचेतुं सुदूरं व्यवसितवानस्मि । अन्ततः क्लिष्टचेतसा मयैवमावेदनीयमस्ति, यदुत केरलप्रान्तीया विषतन्त्रविषये कृतपरिचयपरिश्रमा इति प्राप्तप्रतिष्ठाश्च कतिचन मत्सुहृदो ग्रन्थस्यास्य ग्रन्थप्रणेतुर्वा कालदेशप्रवृत्त्यादिसंबन्धिनो भूतार्थान् मह्यमुपहृत्य नैवोपकर्तुं प्राभवन् । तथापि कथमप्युपलब्धाभिरापातसमर्थनीयाभिरुपपत्तिभिः प्रबन्धप्रणेतुरितिवृत्तम्, तमिस्रायां करान्वेषणेनोपात्तस्य तिमिरमग्नस्य वस्तुनः स्वरूपमिव, कथमप्युपपादयामि । एष नारायणनामा मान्त्रिकमणिः केरलीयो विप्रकुलजातजन्मा कश्चिद्द्विपश्चित् । "अखिलमन्त्रतन्त्रपारावारपारीणो नारायणनामा भूसुरवरः" इति व्याख्यैव प्राथमिकेन वाक्येन किल विषयमिमं व्यञ्जयति । आपगाया निलानाम्न्यास्तीरे शिवपुरमिति शिष्टैरभिष्टुतो ग्रामोऽस्य वासस्थलमिति विभाव्यते । ग्रन्थसमाप्तौ वृत्तान्तमात्मनः पद्येनैकेन स्वयं ग्रन्थकार एवं संगृह्णाति—

"ग्रामो यस्य शिवास्पदं शिवपुरं श्लाघ्यो निलातीरजो
नाथो मुण्डमुखालयस्य जनको नारायणो वेदवित् ।
यस्योमा जननी पतिप्रियगुणा यस्यापि गौरी स्वसा
तत्तुल्यः परमेश्वरः शिवपरो यस्याभवन्मातुलः ॥"[1]

मान्त्रिककविना स्ववाचा गुम्फितमिदं पद्यं नैव विषयविरणमपेक्षते । अस्य पद्यस्य पठनेन नारायणस्य चरितं कियदिव पाठकैरवगम्येत । एष नारायणः पञ्चदश्यां क्रैस्तवशताब्द्यामासीदिति श्रूयते । नास्य वस्तुतः प्रमाणमुपलभ्यते । केचन वदन्ति एष कुष्ठाभिभूत इति, केचन च पक्षवधेन सुतरां क्लेशित इति ; बलवतस्तादृशस्यामयस्य निवारणाय नारायण एष दैवतानि नानाविधानि उपासिष्ट; मन्त्रांश्च सुबहून् यन्त्रतन्त्रप्रयोगपूर्वकं मुहुर्जजाप ; स्वारब्धस्य व्रतजपाद्यनुष्ठानस्योपयुक्तानंशान् सफलान् विदित्वा तानेतान् विषयान् क्रोडीकृत्य तन्त्रसारसङ्ग्रहग्रन्थात्मना पर्यणमयदिति च केचन ब्रुवते । केरलेष्वेव विषशास्त्रप्रवर्तकानां मध्ये ग्रन्थकृदेष प्रधानस्थानमावहति स्म । ज्योत्स्निका, कलावञ्चनम्, अष्टाङ्गहृदयम् (न हि वाग्भटीयम्), लक्षणामृतम् इत्यादीन् अगदतन्त्रमधिकृत्य ग्रन्थानन्यानपि रचयित्वा, नारायण एष नानाप्रकारेण प्रथित आसीदिति च श्रूयते । किन्तु तन्त्रसारसङ्ग्रहादृते ग्रन्थान्तराणामेष नारायणः कर्ता वा न वेति न वयमवैमः । अत्र लक्षणामृतमुद्दिश्यैव विशिष्य किञ्चिद्वक्तव्यमास्ते । एतन्नाम्ना कञ्चिदसमग्रं कोशं राजकीयहस्तलिखितपुस्तकाल्यात् प्राप्तमहमद्राक्षम् । स विषशास्त्रविषयक एव । तन्त्रसारसङ्ग्रह इव स च पटलैर्विभक्तः । प्रथम-

---

1. भागवतनारायणीयेऽपि अन्तिमपद्यम् एवमास्ते :—

भूखण्डे केरलाख्ये सरितमिह निलामुत्तरेणैव नावा-
क्षेत्रे गव्यूतिमात्रे पुनरुपरि नवग्रामनाम्नि स्वधाम्नि ।
धर्मिष्ठान् भट्टतन्त्राद्यखिलमतपटोर्मातृदत्तद्विजेन्द्रा-
ज्जातो नारायणाख्यो निरवहदतुलां देवनारायणाज्ञाम् ॥

एतेन निलानदितीरमभिजना बहवो बुधा अभ्यवात्सुरिति प्रतीयते । भागवतोत्तमो नारायण इव मान्त्रिकोत्तमोऽयं नारायणश्च तत्तीरवासी कोऽप्यभिजनः समभूत् ।

द्वितीय-तृतीय-सप्तमपटला एव तत्र विद्यन्ते । किन्तु कर्तास्य भिन्न एवेति ज्ञायते । एकैकस्य च पटलस्यान्तिमे भागे (चतुर्ष्वपि निर्दिष्टपूर्वेषु पटलेषु) "भट्टसुन्दरकृते लक्षणामृते" इति सुस्पष्टं दृश्यते लिखितम् । ग्रन्थाक्षरैः तालपत्रलिखितोऽयं कोशः । (Liberary No. R. 3149) अतस्तत्य नासौ नारायणः प्रणेता । ग्रन्थान्तराणि कान्यनेन प्रणीतानीति न प्रभवामो निर्देष्टुम् ।

अथ श्रीभागवतेतिहासमवलम्ब्य प्रणीतस्य गुरुवायूर्प्रभृतिषु केरलप्रदेशेषु प्रथितस्य नारायणीयाख्यस्य शब्दतोऽर्थतो विषयतश्च सहृदयावर्जकस्य ग्रन्थस्य रचयिता नारायणश्च अस्य मन्त्रशास्त्रस्य कर्ता नारायणश्च व्यक्त्या भवेतामभिन्नाविति वार्ता भ्रान्तिमूलेति वीतसंशयमाचक्ष्महे । श्रीभागवतकथाप्रवचनायैव प्रवृत्ते नारायणीये मन्त्रशास्त्राऽगदतन्त्रयोर्विषयं न कल्याऽपि स प्रौढः कविर्ध्वनयति ; न वा तन्त्रसारसङ्ग्रहे तादृशं भगवद्विषयकं सुप्रसिद्धं ग्रन्थं क्वचिदपि नारायण एष च स्मरति । इमौ भिन्नौ नारायणौ ; एकस्तान्त्रिकोऽपरो भागवतः । गुरुवायूर्पुराधीशे श्रीकृष्णे समाहितपरमभक्तिः स च महान् मेपत्तूरु नारायणभट्टः (अथवा नारायणभट्टत्रिपादः) इति नाम्ना प्रख्यातो भागवतोत्तम आसीत् । स च पञ्चदशशताब्द्या अपरार्धे (१५६०-१६६६-A.D.) अजीवदिति, तस्य निवासश्च निलासरित्तीरे नवग्राम इति ग्राम आसीदिति च ज्ञायते ।[1] नारायणाख्यं नामधेयं वहन्तः अभिज्ञेषु तदितरेषु च सुबहवः केरलभुवि प्रागभवन्, अद्यापि भवन्ति । अतो नामैक्यमात्रेण व्यक्त्यैक्यमपि, व्यक्तस्य प्रमाणस्य प्राप्तिं विना नाहमनुमातुमुत्सहे । तन्त्रसारसङ्ग्रहकर्ता मानवानामाधिव्याधिप्रशममभिलषन् ग्रन्थमिमं प्रणिनाय । स च नारायणभट्टत्रिपादः प्रतिदशकं प्रायोणान्तिमेन पद्येन व्याधिनिवारणाय गुरुवायूर्क्षेत्राधीशमभ्यर्थयते ।[2] तावानेव तयोर्मनोरथप्रवृत्तिविषयकः कोऽपि सम्बन्धः; नान्यः । आस्तां नाम स विषयस्तावता ॥

---

1 Cf. P. 30 foot note (भूमिका).

2 मन्त्रशास्त्र-भगवच्छास्त्रयोः प्रणेत्रोः नारायण इति नामैक्यमास्ते । जीवितकालश्च किञ्चिदुच्चावचतया पञ्चदश-षोडशशताब्द्योर्मध्य इत्यनुमीयते । उभावपि स्वात्मनोः प्रजानां वा नियमेनाधिव्याधिपरिहारमाकाङ्क्षेते । द्वावपि केरलीयाया निलानद्यास्तीरे वासभूमिमात्मनोराचक्षाते । एतान् समानान् द्वयोर्मूलविषयान् आलोच्य ग्रन्थकर्त्रोरनयोः व्यक्त्यैक्यं भ्रान्तिमूलं केचन मन्वते ।

अतीतैः शतसङ्ख्याकैर्हायनैः जनैरिदं मन्त्रशास्त्रं वीतविस्रम्भतया सर्वथाप्यभवदुपेक्षितम् । आयुर्वेदस्येव मन्त्रशास्त्रस्यापि महदवष्टम्भस्थानं केरलप्रान्त एवेति केचिच्छास्त्राभिमानिनो जानीयुः । आथर्वणानां तान्त्रिकप्रयोगाणां मान्त्रिकप्रवचनानां च बलवदाधारभूता ग्रन्थकर्तारश्च मलयाचलसन्निहितं भूमण्डलं चिरस्य स्वजन्मभिः नूनमलमकार्षुः । गोश्रीराज्ये (कोचिन्) राजकुलमलङ्कृतवन्तः प्रभवो बहवो विषतन्त्रं मन्त्रशास्त्रं च सश्रद्धमभ्यसनेनानुष्ठानेन च बहुमन्यन्तेति बहूनां विदितोऽयं वृत्तान्तः । अद्य कालेनाचिरेण (वत्सरदशकात् पूर्वं) कालधर्ममनुप्राप्तः कोच्चुन्नित्तम्पिरान् नाग राजवंश्यः प्रभुः प्रयोगसमुच्चयाख्यम् अगदतान्त्रिकं ग्रन्थं प्राणैषीदिति किमपि वृत्तान्तशकलं नातिचिरात् मम कर्णपथमायातम् । स च प्रयोगसमुच्चयः (मुद्रायन्त्रमारूढो वा न वा न जाने) विषशास्त्रे प्रामुख्यमावहतां बहूनां ग्रन्थानां विषयसङ्ग्रहात्मना विरचित इति ज्ञायते । तन्त्रसारसङ्ग्रहादर्वागपि न केवलं तादृशाः शास्त्रज्ञाः सामान्याः, परं तु राजवंश्याश्च कृतधियः कतिपये शास्त्रेष्वीदृशेषु पारम्पर्यागतेषु प्रदर्शितपरमादरास्तान्यभिवर्धयितुं कृतोद्यमाश्चासन् । अतः केरलदेशः सामान्यतोऽत्राभिनन्दनमर्हति ॥

अथैतस्य ग्रन्थस्य मुद्रणसंस्करणविषयिकं वृत्तं प्रति किञ्चिदिव व्यञ्जयामः । अस्य संस्कारपूर्वं मुद्रणकर्मण्युपक्रान्ते, राजकीयहस्तलिखितपुस्तकालयाध्यक्षः कोशत्रितयं मत्परिशीलनाय प्राहिणोत् । तेष्वेको मूलग्रन्थः, द्वितीयो व्याख्यानकोशः; पुस्तकद्वितयमप्येतत् संकलय्य तत्र तत्र टिप्पण्यां A कोशसंज्ञया सूचितवानस्मि । " ए " संज्ञितौ मूलकोश-व्याख्याकोशौ राजकीयहस्तलिखितपुस्तकालयसंबन्धिनौ भवतः ; तृतीयं मूलेन व्याख्यया च समवेतमेकं पुस्तकम् ; यदेव B संज्ञया टिप्पण्यामसकृदुदाहरामि । तदेतत् " बि " संज्ञितं पुस्तकं मत्सुहृद आयुर्वेदाचार्यस्य माधवमीनस्य सविधात् पुस्तकालयाध्यक्षेणासीदासादितम् । 'ए' 'बि'कोशयोरुभयोरपि पुटात् पुटस्य परामर्शे सति क्रियमाणे, शोधनीया अंशाः सुबहवो विद्यन्त इत्यज्ञासिषि । द्वयोरप्यनयोः कोशयोः परिशोधनावसरे दृष्टिपथं प्राप्ते पाठभेदे दोषप्राचुर्ये च परिशील्यमाने तत्र विद्यमानस्य भेदस्य सव्यापसव्यरीत्यैव तरतमभावो विभाव्येत ; स च तरतमभावो टिप्पण्यां तत्र तत्रास्ति सूचितः ।

ग्रन्थोऽसौ द्वात्रिंशत्पटलैर्विभक्त इति पूर्वमेव सूचितमास्ते । पूर्वार्धोत्तरार्धात्मना स्थूलविभजनमप्यस्य विद्यत इति यद्यपि ज्ञायते, तथापि स विशेषो नैव क्वचिदपि सूचितः । पटलनवकं यावत् पृथग्विलिखितौ मूल-व्याख्याकोशौ प्रथममवलम्ब्य मुद्रणकर्मणि ग्रन्थस्य

निर्वर्तमाने, तदुपरितनग्रन्थांशस्य व्याख्यासंवलितस्याभिनवमातृकाकोशसज्जीकरणकृत्ये च यथाक्रमं प्रवर्तमाने, विषयाणां विमर्शने विभजने च दत्तदृष्टिना मया ग्रन्थोऽसौ पूर्वोत्तरार्धभेदेन द्विधा च विभक्त इति ज्ञातुमशकम्; यतो "बि" कोशस्य सप्तदशपटलप्रारम्भे "उत्तरार्धम्" इति कामपि सूचनां यदृच्छयाहमद्राक्षम् । पूर्वार्धमिति सूचनं "बि" कोशेऽप्यारम्भे नैवाकारि । तस्मादस्माभिरपि मुद्रितेऽस्मिन् ग्रन्थे पूर्वार्धोत्तरार्धात्मको ग्रन्थविभागो नैवास्ति सूचितः । तथाप्यस्य ग्रन्थस्य भागद्वयात्मना विभजनमुपपन्नमित्येव मे मतिः । पद्यसहस्रद्वयेन, द्वात्रिंशत्पटलैश्च संग्रथितस्य प्रमाणेनासङ्कुचितस्य ग्रन्थस्य मध्ये कश्चन महान् विरामावकाशः सुतरामविनाभाव्य इति को वा विमर्शको नाभ्युपगच्छेत् ? अतो हि नामाहमभिप्रैमि, यत्किल, आदिमाः षोडश पटलाः पूर्वार्धत्वेन, पश्चिमाः षोडश पटला उत्तरार्धत्वेन च यथाभागं द्विधा प्रागभूवन् विभक्ता इति। उपपत्त्यन्तरमप्यस्त्येवं विभागस्य । अगदतन्त्रस्य, तद्वदुपयोगावहस्य व्याधिनिदानभेषजादिवैद्यविषयस्य च प्रयोगाय प्रथमे षोडश पटला व्यरचिषत । ततश्चरमपटलान् षोडशापि प्रधानेतरविषयाणां विविधानां विवरणाय पर्यकल्पयद्ग्रन्थकर्तेति विवेकिभिर्विशदमवगन्तुं शक्यते । अतः प्रधानविषयाणां प्रवचनाय प्रवृत्तं षोडशपटलात्मकं प्रथमं भागं पूर्वार्धमिति, तदितरविषयाणां विवरणायोद्दिष्टं द्वितीयं षोडशपटलात्मकं भागं उत्तरार्धमिति च समभागतया पूर्वं ग्रन्थकृद्व्यभजदिति विभाव्यते ।

ग्रन्थेऽस्मिन् व्यवह्रियमाणानां विषयाणामशेषाणाम्, सुबहूनां पारिभाषिकशब्दानाम्, तथा मन्त्राणां च सर्वेषां झटित्युद्धृत्य दिदृक्षूणामानुकूल्याय, काचित् ग्रन्थावसाने विषयवर्णानुक्रमणिकापि विस्तरेण संकलय्य समायोजितास्ति; या च मन्ये, नव्यपरिष्कारप्रियैः परमाद्रियेत ॥

भूतार्थम् अपरं कमपि भूमिकोपसंहारे किञ्चिदुपपादयामि । केरलेषु केषांचन जाङ्गुलिकानां मन्त्रवादिनां चासूर्यंपश्येषु निलयेषु कुत्रचित् कोणे निलीनः, राजकीयग्रन्थालये च क्वचिदपरिगणनीयकोशत्वेन निरन्तरनिवेशितानां परश्शतपुस्तकानामन्तरा संमर्दमधिगत्यापि कथंचिदध्वस्तस्वरूपश्च य एष हस्तलिपिविन्यासावस्थायां केवलं कालं बहुतिथमनीनयत्, स संप्रति ग्रन्थो मुद्रणसौष्ठवं भद्रमधिगत्य, सार्वपथीनया परिष्कारशोभया समन्वितो गूढनिवासादिसन्तमसादुत्थितः, सुबहूनां संस्कृताभिज्ञानामालोकमार्गमवतितीर्षुः, भास्वरं कमप्यभ्युदयमधिगच्छति । "एति जीवन्तमानन्दो नरं वर्षशतादपि" इति यां लौकिकीं गाथां

कल्याणीमिति स त्रिकालज्ञो महामुनिर्मानवानां श्रेयस्समुद्दिश्य शशंस, सा गच्छता गणनामतीतेन हायनगणेन सांप्रतमपि चेतनारहितेषु ग्रन्थेष्वेतादृशेष्वपि गाथा याथातथ्येन साधु समन्वयमधिगच्छतीति विचिन्त्य नूनं महतः प्रमोदस्योपरि वर्ते। अनेकतन्त्रान्तराणां समुच्चयेन नारायणकविसंपादितस्तन्त्रसारसङ्ग्रहोऽयं स्वान्तर्निहितेनागदतन्त्रसारेण विषवैद्यानाम्, रोगनिदानभैषज्यादिप्रस्तावेन तद्विचिकित्सूनां च चिकित्सकानाम्, बहुविधमन्त्रनिकुरुम्बेण विविधदेवतोपासनाप्रवृत्तानां तान्त्रिकाणाम्, नर्मविद्याविवरणेन नैकविधेन्द्रजालादिकलास्वभिरतानां लौकिकानां च विशेषोपकाराय प्रकल्पतामित्याशासे ॥

“ आर्यगृहम् ” वेपेरी, मदरास्.
विकृति संव. श्रावणमासि.

इति
मे. दुरैस्वामि अय्यङ्गार् ।

॥ श्रीः ॥

॥ नारायणीयस्तन्त्रसारसङ्ग्रहः ॥

सव्याख्यः

प्रथमः पटलः ॥

श्रीवल्लभं महादेवं विहगानामपि प्रभुम् ।

प्रणम्य शिरसा वन्दे गुरूल्लोकोपकारिणः ॥ १ ॥

व्याख्या

वन्दे स्कन्दाहृतं देवं विघ्नराजं दयानिधिम् ।
गिरां देवीमपि गुरुं शङ्करं विष्णुमेव च ॥

इह खलु विषानलज्वालादन्दह्यमानान् ग्रहादिपीडितांश्चावलोक्य लोकानखिलमन्त्रतन्त्रपारावारपारीणो नारायणनामा भूसुरवरः परमकारुणिकः सन् सकललोकोपकारकं मन्त्रप्रधानं चिकित्सातन्त्रमारिरिप्सुरादौ विषयादिकं प्रदर्शयन् निर्विघ्नपरिसमाप्तये मङ्गलमाचरति— श्रीवल्लभमिति । श्रीवल्लभं प्रणम्य शिरसा गुरून् वन्दे । श्रीवल्लभं लक्ष्मीपतिं विष्णुम् । महांश्चासौ देवश्चेति महादेवः । विहगाः देवाः, तेषां प्रभुम् । अथवा महादेवं प्रणम्य गुरून् वन्दे । श्रीवल्लभं शोभानाथं देवानामधिपतिम् । अथवा विहगानां प्रभुं पक्ष्यधिपतिं गरुडम् । सर्वं तद्विशेषणं वा । अथवा त्रीन् प्रणम्य । श्रीरित्यनेन आशीः । प्रणम्येत्यनेन नमस्क्रिया । विहगानां प्रभुमित्यनेन गरुडादिविषनाशनमन्त्रः प्रतिपाद्यत इति वस्तुनिर्देशः । प्रतिपाद्यवस्तुविषयगरुडादयो मन्त्रप्रतिपाद्याः लोकोपकारिण इत्यधिकारिण उक्ताः । लोकोपकारद्वारा इह परत्र च सिद्धिः प्रयोजनम् । सिद्धिद्वयास्पदमिति स्वयमेव वक्ष्यति । गुरून् वन्दे इत्यनेन शिष्याचार्यसंबन्धः सूचितः ॥

यावत्सामर्थ्यमस्माभिः सर्वलोकहितैषिभि : ।
शिखायोगादितन्त्रेभ्यः क्रियते सारसङ्ग्रहः ॥ २ ॥

विषग्रहामयध्वंसाः क्षुद्रं नर्म च कामिकम् ।
इति षट्कर्मिकं तन्त्रमेतत्सिद्धिद्वयास्पदम् ॥ ३॥

मन्त्रध्यानौषधकथा मुद्रेज्यायन्त्रमुष्टयः ।
वक्ष्यन्ते बहुधान्ये च प्रयोगा दृष्टशक्तयः ॥ ४ ॥

उद्ध्रियन्तेऽत्र बीजानि मन्त्रा व्यत्ययिताक्षराः ।
मालामनूनां व्यत्यासः किञ्चिदादौ विधीयते[1] ॥ ५ ॥

नमःस्वाहाभगवतां व्यत्यासो न तु सर्वतः ।
[2]यथा पतङ्गमन्त्राणि लिख्यन्ते परिवारवत् ॥ ६ ॥

यावत्सामर्थ्यमिति । अनेन स्वप्रतिज्ञां कथयति । शिखायोगादीत्यादिग्रहणादुत्तरगार्ग्यमहाकालोत्तरविद्यासमुद्रेभ्यस्तन्त्रेभ्यः ॥ (२)

केषां सारसंग्रह इत्याकाङ्क्षायामाह—विषग्रहेति । विषध्वंसग्रहध्वंसामयध्वंसाः । आर्तपरिरक्षणादिहलोकसिद्धेः परलोकसिद्धेश्चास्पदम् । क्षुद्रमपि दुष्टपरिपन्थिनिरासात् । नर्म च सुखकालविनोदनादिहलोकसिद्धेः । कामिकं रक्षाधनपुत्रस्वर्गापवर्गादिकरमिहलोकपरलोकसिद्धिकरम् ॥ (३)

मन्त्रेति । विषध्वंसाद्यैकैकस्मिन् कर्मणि मन्त्रध्यानौषधादयः प्रयोगाः । मुष्टिरमृतकलास्थानमर्दनादिः । अन्ये च प्रयोगाः होमादयः । दृष्टशक्तयः प्रयोगफलाः ॥ (४)

उद्ध्रियन्त इत्यादि । मन्त्राः व्यत्ययिताक्षराः अक्षरव्यत्यासेन लिखिताः । मालामनूनां आदौ दशाक्षरात् प्रागित्यर्थः । परिवारवत् परिवारमन्त्राश्चेत्यर्थः ॥ (५६)

---

1 विलिख्यते. 2 यथावदङ्गमन्त्राणि.

विष्णुर्ग्राह्यः स्वरानुक्तावाद्यः सामान्यवाचकः[1] ।
असव्यमपि[2] शेषोक्तौ [द्वयोक्तौ] प्रथमं च तत् ॥७॥
भुजौ वर्गावुभौ पादौ तथान्त्यौ च यशादिकौ ।
व्यत्ययन्ते मिथः सर्वे संयोगानुक्तवर्जिताः ॥८॥
विंशत्यर्णाधिका मन्त्रा मालामन्त्रा इति स्मृताः ।
दशाक्षराधिका मन्त्राः स्युर्वाग्बीजसंज्ञिकाः ॥९॥
वार्धक्ये सिद्धिदा मालामन्त्रा मन्त्रास्तु यौवने ।
पञ्चाक्षराधिका बाल्ये सिद्धिदाः सर्वदा परे ॥१०॥
स्त्रीपुंनपुंसकत्वेन त्रिधा स्युर्मन्त्रजातयः ।
स्त्रीमन्त्रा वह्निजायान्ता नमोऽन्ताश्च नपुंसकाः ॥११॥

विष्णुरिति। विष्णुर्ग्राह्यः। अकारो ग्राह्यः आद्य इति। भुज इत्युक्ते सति ककारः। एवमन्येषामपि। कर्णमित्यविशेषोक्तौ दक्षिणकर्णम्। द्वयोक्तौ तत् प्रथमम्। भुजौ गृह्णीयादित्युक्ते सति दक्षिणं प्रथमं पश्चादपरम्॥ (७)

भुजौ वर्गाविति संज्ञाकथनम्। उभौ वर्गौ कवर्गचवर्गौ। भुजौ भुजसंज्ञकौ। पुनरुभौ टवर्गतवर्गौ। पादौ तत्संज्ञकौ। अन्त्यौ यशादिकौ तयोः संज्ञा। संयोगानुक्तवर्जिताः। अज्भिरव्यवहिताः श्लिष्टोच्चारिताः हलः संयोगाः। पवर्गस्वराः अनुक्ताः। शम्। (८)

विंशतीति। विंशत्यर्णाधिका मालामन्त्राः। एकविंशत्यक्षरात् प्रागेकादशाक्षरादारभ्य स्थिता मन्त्राः। पञ्चाक्षराधिका इति बीजमन्त्रेषु द्विधा विभाग उच्यते। परे इति चतुस्त्रिद्व्येकाक्षराः॥ (९-११)

---

1 वाचके 2 असव्यमविशेषोक्तौ

शेषाः पुमांसस्ते शक्ता[1] वश्योच्चाटविषेषु च ।
क्षुद्रक्रियामयध्वंसे स्त्रियोऽन्यत्र नपुंसकाः ॥१२॥
मन्त्रावाग्नेयसौम्याख्यौ ताराद्यन्तार्धयोर्जपेत् ।
तारान्त्योऽग्निवियत्प्रायो[2] मन्त्र आग्नेय इष्यते[3] ॥१३॥
शिष्टस्सौम्यः प्रशस्तौ तौ कर्मणोः क्रूरसौम्ययोः ।
आग्नेयमन्त्रः सौम्यः स्यात् प्रायशोऽन्ते नमोऽन्वितः ॥१४॥
सौम्यमन्त्रस्तथाग्नेयः फट्कारेणान्वितोऽन्ततः ।
सुप्तः प्रबुद्धमात्रो वा मन्त्रसिद्धिं न यच्छति ॥१५॥
स्वापकालो वामवहो जागरो दक्षिणावहः ।
आग्नेयस्य मनोः सौम्यमन्त्रस्यैतद्विपर्ययात् ॥१६॥
प्रबोधकालं जानीयादुभयो (रभयावहम्) [रुभयावहम्] ।
दुष्टर्क्षराशिविद्वेषिवर्णादीन् वर्जयेन्मनून् ॥१७॥

शेषा इति । ते पुंमन्त्राः ॥ (१२)

मन्त्राविति । ताराद्यन्तार्धयोरिति माध्यन्दिनादिनिशीथान्तमेकमर्धं, निशीथादिमाध्यन्दिनान्तमपरम् । तयोः तारो माध्यन्दिनः काल इति वचनात् । अथवा तारं नक्षत्रं, तस्याद्यन्तार्धयोर्दिवसस्य पूर्वाह्णापराह्णयोरित्यर्थः । अथवा सप्तविंशतिनक्षत्राणां आद्यन्तार्धयोः अश्विन्यादिचित्रार्धान्तमेकमर्धं, अवशिष्टमपरम् । तारान्त्य इति प्रणवक्षकाररेफहकारप्रचुरः ॥ (१३)

शिष्ट इति । आग्नेयमन्त्रोऽप्यन्ते नमोऽन्वितश्चेत् सौम्यः । तथा सौम्यमन्त्रोऽप्यन्ते फट्कारेणान्वितश्चेदाग्नेयः ॥ (१४-१५)

---

1 शस्ताः 2 तारान्त्याग्नि. 3 उच्यते.

राज्यलभोपकाराय प्रारभ्याऽरिवरः[1] कुरु ।

गोपालकक्कुटीं प्रायात् फुल्लाविल्युदिता लिपिः ॥१८॥

नक्षत्रेषु क्रमाद्योज्या स्वरान्त्यौ रेवतीयुजौ ।

वेलागरुवरश्शोण[2] शर्मणा[3] वेति भेदितान् ॥१९॥

(लिप्यर्ण) [लिप्यर्णा] राशिषु ज्ञेयाः षष्ठेशादींश्च योजयेत् ।

स्वापे इति । वामवहो वामभागे श्वासस्थितिः । दक्षिणावहोऽपि तथा । उभयोरिति । इडापिङ्गलयोरित्यर्थः ॥ दुष्टर्क्षराशिवर्णादीन् विद्वेषिवर्णादींश्च वर्जयेत् । दुष्टर्क्ष ज्ञानं राज्यलभेत्यादिज्यौतिषिकसिद्धसंख्यापरैरर्णैः । अयं तत्र क्रमः—अ - आ. इत्यश्विन्याम् । इ - भरण्याम् । ई - उ - ऊ. कृत्तिकायाम् । ऋ - ॠ - ऌ - ॡ. रोहिण्याम् । ए. मृगशिरसि । ऐ-आर्द्रायाम् । ओ-औ. पुनर्वस्वाम् । क. पुष्ये। ख - ग. आश्लेषायाम् । घ - ङ. मघे । च. पूर्वायाम् । छ - ज. उत्तरे । झ-ञ. हस्ते । ट - ठ. चित्रायाम् । ड. स्वात्याम् । ढ - ण. विशाखे । त-थ-द. अनुराधायाम् । ध. ज्येष्ठायाम् । न-प - फ. मूले । ब. पूर्वाषाढे । भ. उत्तराषाढे । म. श्रवणे । य - र. श्रविष्ठायाम् । ल - व. वरुणनक्षत्रे । व? श. पूर्वाभाद्रे । ष - स - ह. उत्तराभाद्रे । ळ - क्ष - अं-अः रेवत्याम् । इति । अथ राशौ—अ. आ - इ - ई. मेषे । उ - ऊ - ऋ. वृषभे । ॠ - ऌ - ॡ. मिथुने । ए - ऐ. कर्कटके । ओ - औ. सिंहे । अं - अ - श - ष. स - ह - ळ - क्ष. कन्यायाम् । कादि तुलायाम् । चादि वृश्चिके । टादि चापे । तादि मकरे । पादि कुम्भे । य-र-ल-व. मीने । एवं राशौ । नक्षलेष्वनेन फलम् । "जन्म संपद्विपत् क्षेमः प्रत्यरः साधको वधः । मैत्रं परममैत्रं च जन्मादीनि पुनः पुनः ।" नक्षत्रेषु नवसु नवसु त्रिवारं राशावनेन—"लग्नो धनभ्रातृबन्धुपुत्रमित्रकलत्रकाः । मरणधर्मकर्मायव्यया द्वादश राशयः" इति ॥ (१६-१९)

---

1 रिखरः. 2 रवरश्शोण. 3 शर्मणे पेति भेदिताः

लिपौ चतुष्पदस्थायां स्वाख्याभ्यर्णपदाक्षरात् ॥२०॥

सिद्धाः साध्या द्वितीयस्थाः सुसिद्धा वैरिणः परे ।

सिद्धादीन्कल्पयेदेवं सिद्धाभ्यर्णगणैरपि ॥२१॥

सिद्धान्[1] सिद्धा जपात्साध्यो जपपूजाहुतादिना ।

सुसिद्धोऽधीतमात्रेण साधकं नाशयेद्धरिः[2] ॥२२॥

दुष्टार्णप्रचुरो[3] यस्य मन्त्रः स च विनिन्दितः ।

मन्त्राध्ययनसिद्धो यो मन्त्रश्चादौ विरा(म)[ज]ते ॥२३॥

तादृशो दुर्लभो लोके सोऽणिमादिगुणप्रदः ।

प्रविश्य विधिवद् दीक्षां अभिषेकावसानिकाम् ॥२४॥

श्रुत्वा तन्त्रं गुरोर्लब्धं साधयेदीप्सितं मनुम् ।

धीरो दक्षः शुचिर्भक्तो जपध्यानादितत्परः ॥२५॥

लिपाविति । लिपौ चतुष्पदस्थायां चतुर्षु पदेषु स्थितायाम् । ऐशपदे स्वनामाद्यक्षरं स्यात् । तत् सिद्धपदम् । आग्नेयं साध्यम् नैर्ऋतं सुसिद्धम् । वायव्यं वैरि । तेष्वपि प्रत्येकं चतुर्धा विभज्य सिद्धसाध्यसिद्धसुसिद्धसिद्धवैरिणः कल्प्याः प्रादक्षिण्येन । अन्येष्वपि साध्यसिद्धेत्यादि कल्पयेत् । कथम् ?—" अ. क - थ - ह, उ - रु - प, लृ - झ - म, ओ - ड - व." ऐशे । " आ. ख - द - ळ, ऊ - च - ह, लॄ - ञ - य, औ - ढ - श." आग्नेये । " इ. ग - ध - क्ष, ऋ - छ - ब, ए - ट - र, अं - ण - ष," नैर्ऋत्याम् । " ई - घ - न, ॠ - ज - भ, ऐ - ठ - ल, अः - त - स" वायव्य इति । तत्फलं सिद्ध इत्यादि । दुष्टार्णप्रचुरः दुष्टाक्षराधिकः । विद्वेषिवर्णप्रचुरः चकारादृणादयः । शास्त्रान्तरोक्ता निषिद्धा ये तेऽपि वर्ज्याः ॥ (२०-२४)

श्रुत्वेत्यादि । ईप्सितं = [illegible] आत्मना अभिलषितम् ॥ (२५)

---

1 सिध्येत् सिद्धो 2 दरिम् 3 प्रचयो यस्स्यात्.

सिद्धस्तपस्वी कुशलः तन्त्रज्ञः सत्यभाषिता[1] ।
निग्रहानुग्रहे शक्तो गुरुरित्यभिधीयते ॥२६॥
शान्तो दान्तः पटुश्चीर्णब्रह्मचर्यो हविष्यभुक् ।
कुर्वन्नाचार्यशुश्रूषां मनोवाक्कायकर्मभिः ॥२७॥
शुद्धभावो महोत्साहो बोद्धा शिष्य इति स्मृतः ।
सरूपदेश्यः पुत्रस्तु[2] व्यत्ययी वसुदस्तथा ॥२८॥
मन्त्रं दत्वा सहस्रं तत् स्वसिद्ध्यै देशिको जपेत् ।
यदृच्छया श्रुतं मन्त्रं च्छन्नेनाथ च्छलेन वा ॥२९॥
पत्रेक्षितं वा गाथावत् तज्जपेद्यद्यनर्थकः[3] ।
मन्त्रं यः साधयेदेकं जपहोमार्चनादिभिः ॥३०॥
क्रियाभिर्भूरिभिस्तस्य सिद्ध्यन्त्यन्येऽल्पसाधनात् ।
सम्यक् सिद्धैकमन्त्रस्य नासाध्यमिह किंचन ॥३१॥
बहुमन्त्रवतः पुंसः कां कथा शिव एव सः ।
दशलक्षजपादेकवर्णो मन्त्रः प्रसिद्ध्यति ॥३२॥

सिद्धः साधितमन्त्रः ॥ (२६)

शान्त इति । शान्तः प्रश्रितविग्रहः । दान्तः दमितेन्द्रियः । पटुर्दक्षः, अमन्दो अगदः, वा । चीर्णब्रह्मचर्यः व्रतवेदनिष्ठः । व्यत्ययी एकं मन्त्रं दत्त्वा तत्तुल्यमपरं गृह्णन् ॥ (२७-२८)

मन्त्रमिति । गुरोरुपलब्धिः किमर्थमित्याकाङ्क्षायां यदृच्छयेति ॥ (२९)

मन्त्रं य इति । मन्त्रसाधनात् किं फलमिति शङ्कायां सम्यगिति । बहुमन्त्रवतो बहुमन्त्राणां स्वरूपज्ञस्य ॥ (३०-३२)

---

1 भाषणः. 2 पुत्रश्च. 3 यद्यनर्थकृत्

वर्णवृद्ध्या जपह्रासं तेनान्येषां समूहयेत् ।

बीजाद्‌द्वित्रिगुणा मन्त्रमालामन्त्रोर्जपक्रिया ॥३३॥

संख्यानुक्तौ शतं साष्टं सहस्रं वा जपादिषु ।

जपाद्दशांशं सर्वत्र साभिषेकं हुतं विदुः ॥३४॥

द्रव्यानुक्तौ घृतं होमे जपोऽशक्तस्य सर्वतः ।

मूलमन्त्राद्दशांशं स्यात् अंगादीनां जपादिकम् ॥३५॥

जपात्सुशक्तिर्मन्त्रस्य[1] कामदा मन्त्रदेवता ।

साधकस्य भवेत्तृप्तिर्ध्यानहोमार्चनादिभिः ॥३६॥

उच्चैर्जपाद्विशिष्टः स्यादुपांशुर्दशभिर्गुणैः ।

जिह्वाजपः शतगुणः साहस्रो मानसः स्मृतः ॥३७॥

प्राङ्मुखोदङ्मुखो ? विप्रो मन्त्रकर्म समाचरेत्[2] ।

सर्वे मन्त्राः प्रयोक्तव्याः प्रायशः प्रणवादिकाः ॥३८॥

अनन्यचेता आसीनो वाग्यतो विहितासनः ।

अनुतिष्ठेत मन्त्राणि गुरुवन्दनपूर्वकम् ॥३९॥

संख्यानुक्ताविति । जपादिषु संख्यानुक्तौ साष्टं शतं साष्टं सहस्रं वा । जपाद्दशांशं हुतं विदुः । सर्वत्र साभिषेकम् । सर्वत्र सर्वक्रियायाम् । होमकलशेन सहैवेत्यर्थः । अथवा साभिषेकं हुतं पुरश्चरणहोमः सर्वत्र सर्वमन्त्रदीक्षासु दशांशं विदुः । अथवा अभिषेकः स्वमूर्ध्नि स्वकरविहितः सेकः । स दशांशः होमश्च तर्पणं वा ॥ (३४-३५)

अभिषेकजपफलमाह—जपादिति । ततः किमित्यत आह—कामदेति । अनुतिष्ठेत मन्त्रोपासनां कुर्यात् । देवताचार्ययोरिति । आत्मरूपः स्वयमन्तरात्मरूपो

---

1 सशक्तिर्मन्त्रस्स्यात् 2 समारभेत्.

देवताचार्ययोस्तन्त्रेष्वभेदः स्मर्यते बुधैः[1] ।
क्षेत्रतीर्थवनारामदेवालयनदीह्रदाः ॥४०॥
कुटी विविक्तमित्येते देशाः स्युर्मन्त्रसिद्धिदाः ।
यावी यवागूः शाकं च पयो भैक्षं हविष्यकम् ॥४१॥
पूर्वं पूर्वं प्रशस्तं स्यादशनं मन्त्रसाधने ।
मन्त्रः स्वदेवतातारतिथिवारेषु जप्यताम् ॥४२॥
कृष्णाष्टमीचतुर्दश्योर्ग्रहणादौ च साधकैः ।
दस्रौ यमानलौ[2] धाता शशी रुद्रोऽदितिर्गुरुः ॥४३॥
सर्पाः[3] पितरोऽर्यमा च भगः शीतेतरद्युतिः ।
त्वष्टा मारुत इन्द्राग्नी मित्रेन्द्रौ निर्ऋतिर्जलम् ॥४४॥
विश्वेदेवा हृषीकेशो वासवः सलिलाधिपः ।
अजैकपादहिर्बुध्निः पूषा च दिनदेवताः ॥४५॥
अग्निर्दस्रावुमा विघ्नो नागाः[4] स्कन्दो दिवाकरः ।
मातृदुर्गा दिशोऽर्थेशः कृष्णो वैवस्वतः शिवः ॥४६॥

मन्त्रः । परमात्मा देवः । आत्मरूपं स्वं मन्त्ररूपेऽन्तरात्मनि संयोज्यान्तरात्मरूपं मन्त्रं परमात्मनि देवे नियोजयेत् । जपे साधकैरेवं चिन्त्यम् । उपदेशोऽयम् ॥ (३६-४०)

कुटीति । जनिताग्नौ साधितमतिथीनां दत्तशिष्टं दैवीयाज्ञेन भावितं हविश्शेषः हविष्यकम् । (४१)

रुद्रानिति । इमान् रुद्रान् लिप्यादीन् नमोऽन्तान् विन्यसेत् । सशक्तीन् सानुभावान् । अं श्रीकण्ठाय नमः । अथवा रुद्रादीन् लिप्यादीन् सशक्तीन्

---

1 खलु. 2 यमोऽनलो. 3 सर्वः. 4 नागः.

पञ्चदश्य: शशाङ्कश्च पितरस्तिथिदेवता: ।
हरो दुर्गा गुहो विष्णुर्ब्रह्मा लक्ष्मीर्धनेश्वर: ॥४७॥
एते सूर्यादिवारेशा: लिपेर्न्यासोऽथ कथ्यते ।
केशान्ते मुखवृत्ते च चक्षुषो: श्रवणद्वये ॥४८॥
नासागण्डोष्ठदन्तानां द्वन्द्वे मूर्धास्ययो: स्वरान् ।
वर्णान् पञ्चसु वर्गाणां बाहौ चरणसन्धिषु ॥४९॥
पार्श्वयो: पृष्ठतो नाभौ हृदये च क्रमान्न्यसेत् ।
यादींश्च हृदये न्यस्येत् तेषां स्यु: सप्त धातव: ॥५०॥
त्वगसृङ्मांसमेदोऽस्थिमज्जाशुक्राणि धातव: ।
रसासेति पठन्त्येके लिख्यन्ते[1]ऽथ लिपीश्वरा: ॥५१॥
श्रीकण्ठोऽनन्तसूक्ष्मौ च त्रिमूर्तिरमरेश्वर: ।
अर्घीशो भारभूतिश्च तिथीश: स्थाणुको हर: ॥५२॥
[2]झण्टिको भौतिक: सद्योजातश्चानुग्रहेश्वर: ।
अक्रूरश्च महासेन: स्वराणां देवता अमू: ॥५३॥
तत: [3]क्रोडीशचण्डौ च पञ्चान्तकशिवोत्तमौ ।
तथैकरुद्र: कूर्मै[4]कनेत्रौ च चतुरानन: ॥५४॥
अजेश: शर्मसोमेशः तथा लाङ्गलिदारुकौ ।
अर्धनारीश्वरश्चोमाकान्तश्चा[5]षाढिदण्डिमौ ॥५५॥

---

1 लिप्यन्ते. 2 चण्डीशो, (झण्डीशो). 3 क्रोधी.
4 नेत्राह्वचतुराननाः. 5 आषाढिडिण्डिमौ.

अत्रिर्मीनश्च मेषश्च लोहितश्च शिखी तथा ।

[1]
छगण्डलद्विगण्डौ द्वौ समहाकालपालिनौ ॥५६॥

भुजङ्गश्च पिनाकी च खड्गीशश्च बकः पुनः ।

श्वेतो भृगुर्लगूलीशः[2] शिवः संवर्तकः[3] स्मृतः ॥५७॥

रुद्रान् सशक्तीन् लिप्यादीन् नमोऽन्तान्विन्यसेदिमान् ।

अङ्गानि विन्यसेत्[4]सर्वे मन्त्रास्साङ्गास्तु सिद्धिदाः ॥५८॥

[5]
मं, मं, अ, आ क, च, क, च, इ, ई, क्ष, क्ष ।

हृल्लेखाव्योमसौपूर्वाण्येतान्यङ्गानि षट् लिपेः ।

हृदादीन्यङ्गमन्त्रान्ते विद्वान् सर्वत्र योजयेत् ॥५९॥

हृदये विधिवन्नमो नियुज्याच्छिरसीन्दुद्वितयं वषट् शिखायाम् ।

कवचे हुमिति स्मृतं तु नेत्रे ननु वौषट् कथितं तु फट् तथास्त्रे ॥६०॥

नमोऽन्तान् विन्यसेत् । ओं अं श्रीकण्ठाय पूर्णोदर्यै नमः । अथवा सशक्तीनिति ओं ह्रीं. अं श्रीकण्ठाय पूर्णोदर्यै नमः इत्यादि ॥ (५८)

हृल्लेखेति । व्योमसौ इत्येकं पदम् । हृलौ इति । ओं ह्रीं ह्रौम हृदयाय नमः । ओं ह्रीं ह्रौ अ शिरसे स्वाहा । ओं ह्रीं ह्रौ अं शिखायै वषट् । ओं ह्रीं ह्रौ कचकवचाय हुम् । ओं ह्रीं ह्रौ इ ई नेत्रत्रयाय वौषट् । ओं ह्रीं ह्रौ क्ष. अस्त्राय फट् । ब्रह्मा ऋषिः, गायत्री छन्दः, सरस्वती देवता । (५९)

हृदय इत्यादि । विधिवदिति चतुर्थ्यन्तमित्यर्थः । यथावदिति । बीजानां

---

1 छगलाण्डद्विरण्डौ च समहाकालबालिनौ. 2 लकुली च. 3 तथा. 4 च न्यसेत्. 5 क, अ, अं, क, च, (क. प) इ, ई, क्ष ।

पञ्चैव चाङ्गानि भवन्ति यस्य नेले[1] मनोस्तस्य[2] विलोपनीयम् ।
अङ्गानि कुर्यात् पुनरात्मनैवं मन्त्री निरङ्गस्य मनोर्यथावत् ॥६१॥

न्यस्यैवं नियुतमिमां लिपिं गुरूक्तां वागीशीं जपतु हुनेत्तिलैः पयोऽक्तैः ॥
सेवेत प्रतिदिवसं च तां ततः[3] स्यात् सामर्थ्यं वचसि कवित्वमप्युदीर्णम् ॥६२॥

मुद्रार्थदर्शनपरा धवलाक्षमाला कुंभश्च पुस्तकममूनि करेषु यस्याः ।
शुभ्रांशुकां सुविमलां लिपिदेवतां तां ध्यायेत् कपर्दकलितेन्दुकलां त्रिनेत्राम् ॥६३

रुद्रैर्युक्तां केवलां वा मनूनां कर्मारंभे मातृकां विन्यसेद्यः ।
मन्त्राः सद्यः कुर्वते तस्य सिद्धिं पापैः सार्धं याति नाशं जरा च ॥६४॥

संसाधिता यैर्विषहा लिपिस्तैः सर्वे च मन्त्रा इह साधिताः स्युः ।
किमस्ति तत्कर्म समस्तमन्त्रयोन्या तया साधु न साध्यते यत् ॥६५॥

इति नारायणीये तन्त्रसारसङ्ग्रहे प्रथमः पटलः ॥

षड्बिन्दुदीर्घयोगात् षडक्षरादीनामक्षरैः, केषांचित् पदैः वाक्यैरर्धर्चैः ऋग्भिर्वा (अर्धैः ऋग्भिर्वा) यथोपदेशमित्यर्थः ॥ (६०-६२)

मुद्रार्थेति । अर्थदर्शनपरा-व्याख्यानमुद्रा । तर्जन्यङ्गुष्ठयोरग्रे संयोज्यान्यास्तिस्रः किञ्चिद्दजवो दक्षिणाधः करे । वामे विद्यासर्वस्वपुस्तकम् । उपरि दक्षिणे अकारादि-क्षकारान्ताक्षरमयी धवलाक्षमाला । वामे सुधाकुम्भश्च । कपर्दकलितेन्दुकलां जटाभार-बद्धचन्द्रकलाम् ॥ (६३-६४)

संसाधिता इति । यैर्लिपिः संसाधिता तैरिहास्मिन्नेव जन्मनि सर्वे मन्त्राः सम्यक् साधिताः स्युः ॥ (६५)

॥ इति नारायणीयतन्त्रसारसङ्ग्रहव्याख्याने प्रथमः पटलः ॥

---

1 नेलं. 2 स्तत्र. 3 नतः.

॥ अथ नागोत्पत्तिर्नाम द्वितीयः पटलः ॥

नागोदयोऽथ तारादिदंशस्थानानि मर्म[1] च ।

सूचकं दष्टचेष्टेति सप्तलक्षणमुच्यते ॥१॥

शेषवासुकितक्षाख्यकार्कोटाब्जमहांबुजाः ।

सशङ्खपालगुलिका अष्टौ नागाः पुराऽभवन् ॥२॥

आद्यन्तौ च तदाद्यन्तौ तदाद्यन्तौ च मध्यगौ ।

वह्नीन्द्रवायुवरुणपुत्रौ पितृसमप्रभौ ॥३॥

दशाष्टपञ्चत्रिगुणशतमूर्धान्विताः क्रमात् ।

विप्रौ नृपौ विशौ शूद्रौ द्वौ द्वौ नागेषु कीर्तितौ ॥४॥

नागानां जज्ञिरे तेषां सुताः पञ्चशतं पृथक् ।

[2]अजरा अमरा घोरास्ते सर्वे कामरूपिणः ॥५॥

तदन्वयोद्भवाः सर्पा असङ्ख्येयास्ततोऽभवन् ।

स्वर्गवारिधिपातालभूतलेषु वसन्ति ते ॥६॥

नागोदय इति । अथ नागोदय इत्यादिना साध्यासाध्यपरिज्ञानार्थं सप्तविधं लक्षणमुच्यते । नागानामुद्भूतिः कालविशेषस्थितिश्च द्वयं नागोदय इत्यनेन दर्शितम् । स्थानानि देवालयादीनि ॥ (१-२)

आद्यन्ताविति । आद्यन्तावनन्तगुलिकौ वह्निपुत्रौ रक्तवर्णौ । तदाद्यन्तौ वासुकिशङ्खपालौ इन्द्रपुत्रौ पीतवर्णौ । तदाद्यन्तौ तक्षकमहापद्मौ वायुपुत्रौ कृष्णवर्णौ । मध्यगौ कार्कोटकपद्मौ वरुणसुतौ सितौ । ते नागाः द्वन्द्वशः स्थिता दशगुणाष्टगुणपञ्चगुणत्रिगुणशतमूर्धानः क्रमात्तदन्वयोद्भवाः सर्पाः पञ्चशतं नागानामुत्पन्ना ये ते इत्यर्थः । (३-६)

---

1 कर्म च. 2 अजरामरणाः.

फणिमण्डलिराजीला वातपित्तकफात्मिकाः ।
क्रमाद्भौमाः स्मृताः सर्पा व्यन्तरा दोषमिश्रिताः ॥७॥
रथाङ्गलाङ्गलच्छत्रस्वस्तिकाङ्कुशधारिणः ।
सफणाः शीघ्रगतयः सर्पा दर्वीकराः स्मृताः ॥८॥
घोणसा(गोनसा) मन्दगा दीर्घा मण्डलैर्विविधैश्चिताः ।
राजिलाश्चित्रिताःस्निग्धाः तिर्यगूर्ध्वं च राजिभिः ॥९॥
वातादिकोपना[1] एते क्रमाद्दर्वीकरादयः ।
व्यन्तरा मिश्रचिह्नाश्च संन्निपातप्रकोपनाः[2] ॥१०॥
बाल्ययौवनवार्धक्ये वर्षशीतातपेषु[3] ते ।
विषोल्बणाःक्रमान्मिश्रा ऋतुसन्धौ वयस्त्रये[4] ॥११॥
फणिनः पार्थिवा आप्या आग्नेयाश्चानिला इति ।
चतुर्विधास्ते षड्विंशभेदाः षोडश घोणसाः (गोनसाः)॥१२॥
त्रयोदश च राजीला व्यन्तरा एकविंशतिः ।
येऽनुक्तकाले जायन्ते सर्पास्ते व्यन्तराः स्मृताः ॥१३॥
आषाढादित्रिमासे स्यात् गर्भो मासचतुष्टये ।
अतिक्रान्ते नवाराण्डान् सर्पी सूतेऽथ सप्त वा ॥१४॥

फणीति । दर्वीकराः इति फणिनां नाम । घोणसा (गोनसा) इति मण्डलिनां नाम । (७-१३)

आषाढेति । आषाढादि कर्कटकमासमारभ्य त्रिमासे सर्पाणां गर्भः स्यात् । मासचतुष्टये अतीते सति नव अण्डान् आर सप्त वा सूते । अन्यथा वा योजना ।

---

1 घेते. 2 प्रकोपदाः. 3 तपे च ते. 4 सन्धिवयस्त्रये.

पञ्चाङ्गुलोऽरुणः कृष्णमूर्धा सर्पोऽर्धमासतः ।

अण्डभेदाद्भवेत्सा तान् स्फुटितान् स्फुटितान् ग्रसेत् ॥१५॥

शिष्टास्त्रयो विपच्यन्ते ते स्युस्त्रीपुंनपुंसकाः ।

रक्तः[1] पीतश्च मिश्रश्च जायन्ते ते त्रयः क्रमात् ॥१६॥

यो जातः कार्तिके मासि तामसः सन्निरुद्यमः[2] ।

मार्गशीर्षे बलोद्रिक्तः पौषे दीर्घो विषोल्बणः ॥१७॥

उन्मील्य नेत्रे सप्ताहात् कृष्णो मासाद्भवेदहिः ।

द्वादशाहात्त्वबोधः[3] स्यात् दन्ताः स्युः सूर्यदर्शनात् ॥१८॥

द्वात्रिंशद्दिनविंशत्या चतस्रस्तेषु दंष्ट्रिकाः ।

कराली मकरी कालरात्री च यमदूतिका ॥१९॥

एतास्तास्सविषा दंष्ट्राः वामदक्षिणपार्श्वगाः ।

पुनर्मातरमन्वेति मासं स्वेच्छं चरेत्ततः ॥२०॥

आर इति विंशतिसंख्या । मासत्रये क्रमात् संख्यात्रयं, अथवा नवाराण्डान् चत्वारिंशदधिकशतद्वयानण्डान् सप्त वा सूते ॥ (१४)

पञ्चेति । एवमण्डप्रसूतौ सत्यां अर्धमासतोऽण्डानां भेदात् पञ्चाङ्गुलोऽरुणः कृष्णशिराः सर्पो भवेत् । तिर्यग्यवाष्टकमानमङ्गुलम् ॥ (१५)

शिष्टा इति । रक्तेऽण्डे स्त्री, पीते पुमान् , मिश्रे नपुंसकम् । (१६-१७)

उन्मील्येति । अण्डस्फुटनादूर्ध्वं सप्ताहान्नेत्रोन्मीलनं, स्फुटनादूर्ध्वं मासात् कृष्णवर्णः सूर्यदर्शनात् पुनर्दिनविंशत्या द्वात्रिंशद्दन्ताः स्युः ॥ (१८-१९)

कोडेति । नेत्रमेव कर्णौ यस्येति नेत्रकर्णः सर्पः । षष्टिसमाद्वयं शतात्परं

---

1 रक्ते पीते च मिश्रेऽण्डे. 2 स निरुद्यमः. 3 सबोधः स्यात् .

षण्मासात् स्यात् करायामः तदा कृतिं च मुञ्चति ।
क्रोडाशनिशिखिश्येनविलालनकुलीवृकाः ।
न घ्नन्ति चेन्नेत्रकर्णौ जीवेत् षष्टिसमाद्वयम् ॥२१॥
नागाः सूर्यादिवारेशाः सप्त व्यक्तेऽह्नि वा निशि ।
स्वेशादुद्यन्ति वारेषु गुलिकः सर्वसन्धिषु ॥२२॥
शङ्खेन वा महाब्जेन सह तस्योदयोऽथवा ।
द्वयोर्वा नाडिकामात्रमन्तरं गुलिकोदयम् ।
दुष्टः स कालः सर्वत्र सर्पो[1] दशति निन्दितः ॥२३॥
कृत्तिका भरणी स्वाती मूलपूर्वत्रयाश्विनी ।
विशाखार्द्रा मखाश्लेषा चित्ता श्रवणरोहिणी ॥२४॥
तारास्ताः सर्पदष्टस्य दुष्टा मन्दकुजौ तथा ।
पञ्चमी चाष्टमी षष्ठी रिक्ता दष्टस्य निन्दिताः ॥२५॥

विंशतिवर्षाः । नागाः स्वेशादुद्यन्ति । सूर्यवारे शेषादिशङ्खपालान्तं, सोमवारे वासुक्यादिशेषान्तम् । एवं स्ववाराधिपतिः । प्रथम ईषदधिकपादयुक्तं नाडिकाचतुष्कं भुङ्क्ते । अन्ये षट् नागाः शिष्टभुजः । गुलिकस्तु शङ्खपालेन वा महापद्मेन वा उभयोर्मध्यनाडिकामात्रं वा । गुलिकोदयस्स कालो लोकप्रसिद्धो गुलिकोदय इत्यर्थः । (२१-२३)

कृत्तिकेति । पूर्वा, पूर्वाषाढा, पूर्वभद्रा-पूर्वत्रयं । दग्धयोगाः बुधद्वितीयादयः । यथा—"बुधद्वितीया कुजपञ्चमी च षष्ठी गुरोरष्टमिशुक्रवारे । एकादशी चन्द्रशनिर्नवम्यां द्वादश्यथार्केण च दग्धयोगाः" । दग्धराशयः प्रतिपदादौ तुलादयः । यथा—

---

1 सर्पदंशोऽतिनिन्दितः ।

तत्रातिनिन्दिता[1] कृष्णपञ्चमी[2] सा चतुर्दशी ।

सन्ध्या चतुष्टयं दुष्टं दग्धयोगाश्च राशयः ॥२६॥

एकद्विबहवो दंशा दष्टं विद्धं च खण्डितम् ।

अदंशमवलिप्तं[3] स्याद्दंशमेवं चतुर्विधम् ॥२७॥

ऋजु वक्रं क्षतं विद्धं निर्विषं भीतसर्पजम् ।

लालाक्तं खण्डितं कृच्छ्रसाध्यं क्ष्वेलं क्षुधार्तिजम्[4] ।

तादृक् तत् सविषं मांसमध्याविष्टं सुतार्तिजम् ॥२८॥

द्विदंशमृजु लालाक्तमुन्मत्तोत्थं मनाग्विषम् ।

वक्रमाक्रान्तिजं प्रायो निर्विषं सुबहुव्रणम् ॥२९॥

दृप्तोत्थं प्राणहृत्प्रायो लालासृक्स्रावि खण्डितम् ।

तादृक्तन्मांसमध्यस्थं सुसाध्यं स्थानरक्षजम्[5] [स्त्यानरक्तजम्] ॥३०॥

" धनुर्वृषालीमिथुनसिंहजूका मृतिप्रदाः । सचतुर्थीद्वितीयासु युग्मासु तिथिषु क्रमात् । " लग्नजन्मनोरष्टमराशिश्च निन्द्यः ॥ (२४-२६)

एकेति । एकद्विबहूनां दंशानां दष्टविद्धखण्डितानि क्रमेण नामानि ॥ अदंशमक्षतम् ॥ (२७)

ऋजुवक्रमिति । ऋजुक्षतं वक्रक्षतं चेति । तादृगिति । वक्रमाक्रान्तिजमित्यत्र आक्रान्तिजं पादादिहननलङ्घनादिना क्षुण्णेन सर्पेण जनितं तत् सुबहुव्रणं प्रायो निर्विषम् ॥ (२८-२९)

---

1 तस्याति. 2 कृष्णा. 3 अवलुप्तं. 4 र्तजम्. 5 स्थाररक्षिजं.

ऋजुविद्धं क्षतं दष्टं वक्रं हन्ति च वैरिजम् ।
त्रयो वैकक्षता दंशा वेदनारुधिरोल्बणाः ॥३१॥
चक्रद्विकाङ्घ्रिकूर्माभा दंशाश्च यमचोदिताः ।
दाही पिपीलिकास्पर्शी कण्डूशोफरुजान्वितः ॥३२॥
सतोदग्रथितो दंशः सविषोऽन्यस्तु निर्विषः ।
दर्वीकरस्य दंशः स्याद्रूक्षः शुष्कः सितेतरः ॥३३॥
कृष्णः[1] सशोफः पीतश्च दंशो मण्डलिनः पृथुः ।
शीतोऽतिशोफः स्निग्धोऽन्यः सान्द्रासृक् पिच्छिलः[2] सितः ॥३४॥
व्यन्तराहिकृतो दंशो विज्ञेयो मिश्रलक्षणः ।
देवालये शून्यगृहे वल्मीकोद्यानकोटरे ॥३५॥

ऋज्विति । ऋजुविद्धं क्षतं हन्ति वक्रदष्टं च तं हन्ति। चक्रेति । चक्रद्विकाङ्घ्रिकूर्माभाः एकक्षतास्त्रयो वा यमचोदिताः चक्रद्विपाङ्घ्रिकूर्माभा इति, चक्रकाकाङ्घ्रिकूर्माभा इति च पाठः ॥ दाहीति । दाही = അഴല്പുള്ളത് पिपीलिकास्पर्शी = കിരികിരിക്ക कण्डूः = ചൊറിയുക शोफः = വീക്കം रुजा = നോവ് तोदः = കുത്തിഎടുത്ത-നോവ് उद्ग्रथितः = ഞെരമ്പ്പിടിക്ക सतोदोद्ग्रथित इति वा पाठः ॥ (३१-३३)

कृष्ण इति । पिच्छिलः = വഴുപ്പ് । (३४)

---

1 उष्णः.

2 लोऽसितः.

रथ्यासन्धौ चैत्यतरौ श्मशाने सिन्धुसङ्गमे ।
द्वीपे चतुष्पथे सौधे गहने वेत्रपद्मयोः ॥३६॥
पर्वताग्रे बिलद्वारे जीर्णकूपाश्मकूटयोः ।
शिग्रुश्लेष्मातकाक्षेषु जम्बूदुम्बरवेणुषु ॥३७॥
वटे[1]ऽथ जीर्णप्राकारे दंशः[2] सर्पस्य निन्दितः[3] ।
इन्द्रियाण्योष्ठहृत्कक्षभ्रूमध्यकुचकुक्षयः ॥३८॥
तालुशङ्खौ गलो मूर्धा चिबुकं नाभिमस्तके ।
दोःपादमध्यं स्कन्धश्च सर्पदंशस्य निन्दिताः ॥३९॥
पुष्पादिहस्तः शुभवाग्धीरः शुक्लाम्बरोऽमलः ।
लिङ्गवर्णसमानश्च हृष्टो दूतः शुभो मतः ॥४०॥
अपद्वारागतः शस्त्री प्रमादी भूगतेक्षणः ।
विवर्णवासाः पाशादिहस्तो गद्गदकण्ठवान्[4] ॥४१॥
शुष्ककाष्ठाश्रितः खिन्नस्तैलाक्तः कन्धरांशुकः ।
आर्द्रवासाः कृष्णरक्तपुष्पो मुक्तशिरोरुहः ॥४२॥

रथ्येति । रथ्यासन्धौ = കൈത്തെരുവിയുടെ ഇട द्वीपं जलमध्यस्थ-मश्मकूटं = കല്ലിട്ടകാററി शिग्रुः = മുരിങ്ങ श्लेष्मातकः = നറുവര अक्षः = താന്നി वटः = പേരാൽ । इन्द्रियाणि चक्षुःश्रोत्रजिह्वाघ्राणपायूपस्थाः । दोःपादमध्यं पाणिपादतलम् । स्कन्धो ग्रीवांसमध्यदेशः ॥ (३६-३९)

पुष्पेत्यादि । धीरः वाङ्मनःकायैर्धृष्टः । लिङ्गं ब्रह्मचर्यादि पुंनपुंसकत्वादि च । वर्णः विप्रादि । यल्लिङ्गी यद्वर्णी दष्टः तस्य तादृशः शुभः ॥ (४०)

---

1 वटेषु. 2 दंशाः. 3 निन्दिताः. 4 तूर्णवाक्.

कुचमर्दी नखच्छेदी गुदस्पृक् पादलेखकः ।
केशलुञ्छी तृणादिच्छिद्[1]दुर्व्यञ्जः खरादिगः ॥४३॥
[2]अद्वितीयो रुदन्मुण्डी दूता दुष्टाः स्युरीदृशाः ।
दिगादिषु स्थितो दूतः फण्यादीन् सूचयेदहीन् ॥४४॥
दूतः स्थितश्चेद्वामेऽङ्घ्रौ दक्षिणे वा द्वयोरथ ।
इडान्या(?) वा वहेद्यो वा यदि दूतस्य वात्मनः ॥४५॥
आभ्यां द्वाभ्यां पृथक् सर्पान् विद्यात्स्त्रीपुंनपुंसकान् ।
दूतः स्पृशति यद्गात्रं तस्मिन् दंशमुदाहरेत् ॥४६॥
न भोगी तद्विसंवादे न विषं वेति निर्दिशेत् ।
दूतकाले यतो जीवः पार्श्वे [3]जीवस्ततोऽन्यतः ॥४७॥
अग्रग्यो दूतस्य वामाङ्घ्रिः शुभोऽन्यस्तादृशोऽन्यथा ।
दूताङ्घ्रिचलनं दुष्टं तत्स्थितिर्[4]निश्चला शुभा ॥४८॥

अद्वितीय इति । दिगादिषु दिग्विदिगवान्तरेषु स्थितो दूतः फणिमण्डलिराजिलान् सूचयति ॥ (४४)

दूत इति । दूतः वामाङ्घ्रौ स्थितश्चेत् वामभागेन शरीरस्य स्थितश्चेत् सर्पिणी । दक्षिणभागेन चेत् सर्पः । द्वयोः (पादयोः) पार्श्वयोः स्थितश्चेन्नपुंसकम् ॥ इडया पिङ्गल्या द्वाभ्यां वा वायोर्वहनेनापि स्त्रीपुंनपुंसकान् पृथग्विद्यात् । आभ्यां द्वाभ्यां दूतस्थित्या वायुवहनेन च । दूतस्य वात्मन इति प्रथममात्मनः परीक्ष्य श्लेष्मादिनिरोधे दूतं पृच्छेत् । पृथगिति । अङ्घ्रिस्थानं वायुवहनं च प्रत्येकं निर्णयहेतुः ॥ दूतः स्पृशतीति । तद्विसंवादे न भोगी तद्विसंवादे न विषं तद्विसंवादे वेति निर्दिशेत् । न वा, जीविष्यतीत्यर्थः । दूतकाल इति । दूतकाले दूतागमनकाले । अन्य इति । दक्षिणाङ्घ्रिरग्रगश्चेत् अशुभ इत्यर्थः ॥ (४५-४८)

---

1 व्यञ्जखरादि. 2 सद्वि 3 दंश. 4 निश्चलाशुभा.

जीवपार्श्वे शुभो दूतो दुष्टोऽन्यत्र समागतः ।
योजयेद्दक्षिणेनाग्रं पृष्ठं वामेन जीववित् ॥४९॥
जीवौ गतागतौ दुष्टशुभौ दूतनिवेदने ।
दूतस्य वाक्यं दष्टाख्यापूर्वमाहुर्विनिन्दितम् ॥५०॥
त्रिभक्तैस्तस्य वाक्यार्णैर्विषनिर्विषकालता ।
आद्यैः स्वरैस्तु[1] काद्यैश्च वर्गैर्भिन्ना लिपिर्द्विधा ॥५१॥
स्वरा जीवस्तनुर्वर्गा इति ज्ञेया च मातृका ।
वाताग्नीन्द्रजलात्मानो वर्गेष्वर्णचतुष्टयाः ॥५२॥
नपुंसकाः पञ्चमाः स्युः स्वराः शक्राम्बुयोनयः ।
दुष्टौ दूतस्य वाक्याद्यौ वाताग्नी मध्यमौ[2] गतेः ॥५३॥
प्रशस्ता वारुणा वर्णा अतिदुष्टा नपुंसकाः ।
जीवकाव्योदयो ज्ञेन्द्वोः स्वक्षेत्रेषु तथोदयौ ॥५४॥

योजयेदिति । दक्षिणभागे यत् फलमुक्तं तदेवाग्रभागे, वामभागे यत्तदेव पृष्ठभाग इत्यर्थः ॥ (४९)

जीवाविति । दष्टाख्यापूर्वं देवदत्तः सर्पेण दष्ट इति नैतद्विनिन्दितम्(?) । अन्यथा योजनीयं त्रिभक्तैरिति । वाक्यार्णान् त्रिभिर्विभज्य अवशिष्टमेकं चेद्विषं, द्वयं चेन्निर्विषम् । त्रीणि चेत् कालता[तो] मृत्युरित्यर्थः ॥ (५०-५१)

स्वरा इति । यदि स्वरो दूतस्य वाक्यादिस्तदा जीवगतं शुभं जानीयात् । यदि कादिः शरीरगतमशुभम् । स्वराः शक्राम्बुयोनयः ह्रस्वदीर्घ[प्लुतादि]भेदेन ॥ (५२-५३)

---

1 स्तु. 2 मध्यमो हरिः.

शुक्रगुर्वोर्विधोर्दृष्टिः दूतकाले शुभा मता ।

मुक्त्वा मन्दं ग्रहाः सर्वे गच्छन्तोऽस्तं न शोभनाः ॥५५॥

दूतागतिं वदेत्पूर्वं [1]स्वाङ्घ्रिदंशादिसूचकैः ।

प्रस्थाने मङ्गलं [2]वाद्यं गर्जितं मेघहस्तिनोः ॥५६॥

प्रदक्षिणं फले वृक्षे वायसस्य च कूजितम् ।

गीतं वादित्रशब्दाश्च सिद्धये श्रुतमीदृशम् ॥५७॥

आक्रन्दो वञ्जुलादीनां दक्षिणे विरुतं क्षुतम् ।

अनर्थसूचकं वाक्यमीदृशं स्यादसिद्धये ॥५८॥

वेश्या विप्रो नृपः कन्या गौर्दन्ती मुरजध्वजौ ।

क्षीराज्यदधिशङ्खाम्बुच्छत्रं भेरी फलं सुरा ।

[3]तण्डुलं हेम रूप्यं च सिद्ध्येऽभिमुखा अमी ॥५९॥

सकाष्ठः सानलः कारुर्मलिनाम्बरभारभृत् ।

[4]गलोद्धटङ्को गोमायुर्गृध्रोलूककपिद्धिकाः ॥६०॥

जीवेति । जीवो बृहस्पतिः, काव्यः शुक्रः, ज्ञो बुधः, स्वक्षेत्रेषु स्वाधिपत्यराशिषु, शुक्रगुर्वोश्चन्द्रस्य सप्तमस्थत्वं विधोर्दृष्टिः ॥ (५४-५५)

प्रस्थान इति । प्रदक्षिणम् = വലത്തുവെക്കൽ. कूजितम् = മധുരസ്വരം. आक्रन्दः = രോദനശബ്ദഃ दक्षिणे वञ्जुलादीनाम् । वञ्जुलम् = പൊന്മാൻ. विरुतं = മുറയിടുക. क्षुतं = തുമ്മൽ. काष्ठम् = വിറക്. कारुः = ശില്പി. टङ्कः = കല്ലുളി. गोमायुः = ക്രോഷ്ടു. उलूकः = കൂമൻ.

---

1 नासादंशादि. 2 वाक्यं. 3 ताम्बूलं. 4 गलस्थटङ्को.

महिषाही शवं मांसो निषेधः पतनं वधः ।

कलहः सर्वजातीनां संमार्जनविलेपने ॥६१॥

तैलं कपालं कार्पासं भस्मेत्येतान्यसिद्धये ॥६२॥

अन्ये च येऽनुषज्यन्ते सिद्ध्यसिद्ध्योस्तु सूचकाः ।

नासादंशादयो नित्यं जिज्ञास्यास्ते[1]ऽपि मन्त्रिणाम् ।

चेष्टादष्टस्य जायन्ते विषवेगेषु सप्तसु ॥६३॥

धातोर्धात्वन्तरप्राप्तिर्विषवेग इति स्मृतः ।

दंशे स्थित्वा द्विपञ्चाशन्मात्राः संवर्धते विषम् ॥६४॥

दंशा[2]ल्ललाटमायाति ततो नेत्रं ततो मुखम् ।

आस्याच्च धमनीस्ताभ्यो धातून् प्राप्नोति[3] हि क्रमात् ॥६५॥

वेगो रोमाञ्चमाद्यो रचयति विषजः स्वेदवक्त्रोपशोषौ

तस्योर्ध्वस्तत्परौ द्वौ वपुषि जनयतो वर्णभेदप्रवेपौ ।

यो वेगः पञ्चमोऽसौ नयनविवशतां कण्ठभङ्गं[4] च हिक्कां

षष्ठो निश्वासमोहौ वितरति च मृतिं सप्तमो दष्टकस्य ॥६६॥

ध्विकः = കാകൻ. अनर्थसूचकं वाक्यं नष्टो हित इत्यादि(?) । सम्मार्जनम् = അടിക്ക
विलेपनम् = മെഴുകുക. (५६-६३)

चेष्टेत्यादि । दंशे दंशव्रणे, द्विपञ्चाशन्मात्राः शतमात्राः, अत्यन्तभाग्यहीनस्य द्विमात्राधिकपञ्चाशन्मात्रा वा । धमनीः नाडीः ॥ (६४-६५)

वेग इत्यादि । तस्याद्यस्योर्ध्वो द्वितीयः । तत्परौ, तृतीयचतुर्थौ,

---

1 ते च मन्त्रिणः. 2 ललाटं यात्याशु. 3 वि. 4 कर्णभङ्गं.

यस्याङ्गानां जडत्वं श्वयथुरवयवोद्वेगदाहप्रलापा:[1]

विड्भेद: केशलुञ्छं सुकरमरुणतापाङ्गयोर्भ्रान्तिरक्ष्णो: ।

कृष्णासृक्कम्पशूलौ हृदि च विघटना दन्तदन्तच्छदानां

श्यावं च श्लेष्मपित्तोद्गमनमसृगलं रोमकूपादिषु स्यात् ॥६७॥

लालास्रुतिश्शितिनिभानि च मण्डलानि नासाश्रयाणि वचनानि च सन्धिभेद: ।

पूर्वाधिका विकृतयो विविधा भवेयुर्यस्य प्रतिक्षणमसौ खलु कालदष्ट: ॥६८॥

दृक्फुल्ला विवृतं सपायुवदनं श्रातु: [श्रोतु:]शनै: पृष्ठतो(?)

[मर्मा]वर्गाद्यन्ततले च दंश उदकोत्सेकात्र रोमोद्गम: ।

कीलालोत्प्लवनं न ताडनपदं यष्ट्या न शस्त्रक्षता-

द्रक्ताविष्करणं च यस्य नियतं दष्टस्स मृत्युं गत: ॥६९॥

प्रवेप: = വിറയ്ക്കൽ. यस्येत्यादि । जडत्वम् = തണുപ്പ്. श्वयथु: = വീക്കം. अवयवोद्वेग: = നടുക്കം. विड्भेद: = മലസ്രാസനം. हृदयकम्पो हृदयान्तश्शूलश्च. दन्तच्छददन्तयोर्विघटना विश्लेष:, श्यावं = കരുവാളിച്ച. (६६-६७)

लालेति । लाला = കീഴല. शितिनिभानि मण्डलानि कृष्णानीत्यर्थ: । सन्धिभेद: सन्धयो विश्लिष्टा इव । कालदष्ट: सर्परूपेण ॥ (६८)

दृक्फुल्लेति । दृक् फुल्ला =കൺമലരുക, पायु: मलद्वारं, वदनं मुखं, शनेद्रातु: [शनै: श्रोतु:(?)] कर्णस्य, पृष्ठत: पृष्ठभागे, वर्गाद्यन्ततले, कक्षे करतले च, दंशे दंशितव्रणे, उदकोत्सेक: जलधारा, रोमोद्गमो रोमाञ्च:, कीलालोत्प्लवनं = ജലത്തിൽപൊങ്ങുക. यष्टि = വടി, ताडनपदं = തിണർപ്പ്, रक्ताविष्करणं = ചോരപുറപ്പെടുക.

---

1 दाहौ प्रवेपो.

सप्तैतान्यथ लक्षणानि कतिचित् सर्वाणि वा कारणं

साध्यासाध्यनिवेदनस्य विदुषः सर्पेण दष्टं प्रति ।

एतत्साध्यमसाध्यमेतदिति च क्ष्वेलं न जानाति यः

संप्राप्तो हसनीयतां स तु जनैर्मन्त्रीति किं कथ्यते ॥७०॥

एतान्येवं सम्यगालोच्य सर्वा-

ण्युच्चैः साध्यं दष्टमासाद्य विद्वान् ।

अव्यग्रात्मा तस्य कुर्याच्चिकित्सां

ध्यानैर्मन्त्रैरौषधैरात्मसिद्धैः ॥७१॥

॥ इति नारायणीये तन्त्रसारसङ्ग्रहे द्वितीयः पटलः ॥

सप्तेति । साध्यासाध्यज्ञानं किमर्थमिति चेत् अन्यथा तस्य मन्त्रीति नामाप्ययोग्यमिति ॥ (७०)

एतानीति । एतानि लक्षणान्यालोच्य मृदुपूर्वं चिकित्सेत् । कैरिति चेत् ध्यानादिभिरात्मसिद्धैरन्यस्मिन् पुरुषे पूर्वं प्रयोज्य फलितैरथवात्मसिद्धैरन्यैरपि प्रयुक्तैः ॥ (७१)

॥ इति नारायणीयतन्त्रसारसङ्ग्रहव्याख्याने द्वितीयः पटलः ॥

॥ अथ तृतीयः पटलः ॥

दृशौ दण्डिनि जीवाख्ये साध्यहृत्पद्मकोशगे ।
तन्नामार्णावृते चन्द्रच्छन्ने भूसद्म विन्यसेत् ॥१॥[1]
कण्ठे सुधाढ्यमिन्दुं भ्रूमध्ये बिन्दुं च चिन्तयेत् ।
कार्यादौ जीवरक्षेयं बन्ध बन्धेति भाषणात् ॥२॥
अथवा चिन्तयित्वैवं मन्त्री मन्त्रमिमं जपेत् ।

तस्य चिकित्सां कुर्यादित्युक्तम् । सा जीवरक्षापूर्विकेत्याह—दृशाविति । साध्यहृत्पद्मकोशगे चन्द्रच्छन्ने तन्नामार्णावृते दण्डिनि जीवाख्ये दृशौ भूसद्म विन्यसेत् । तद्यथा—हृदि "लं" पृथिवीमण्डलं चिन्तयित्वा तदुपरि कादिवर्गेत्यादिनोक्तं मातृकाम्बुजं चिन्तयेत्। कर्णिकामध्ये "ठं"इति इन्दुमण्डलं, तस्य मध्ये "क्ष्रौं" इति बीजं नारसिंहं, तस्योपरि "हंसं" इति बीजं (बन्ध बन्धेति) देवदत्तस्य जीवं बन्ध बन्धेति तस्योपरि चिन्तितेन ह्लौ इत्यनेन मुण्डबीजेन तज्जीवं कबलीकुर्यात् । तदुपर्यपि पूर्वोक्त मातृकाम्बुजमधोमुखं संकल्प्य ऊर्ध्वाधस्स्थितं नृसिंहबीजद्वन्द्वमूर्ध्वाधोगतमिन्दुद्वयं च सन्धयेत्(?) । पद्मं च दलान्तःप्रवेशं निर्विवरं यथा तथेत्यर्थः । उपरिस्थोपरि च "लं" इति पृथिवीमण्डलं चिन्तयेत् । तन्मण्डलद्वयमपीतरेतरं सन्धयेत् ॥ "ओं नमो भगवते नीलकण्ठाय स्वाहा" इत्यनेन पाशेनेव दृढं परितो बन्धयेत् । केषाञ्चिल्लिपिना बन्धनं भ्रूमध्ये बिन्दुं च कारयेद्वकारं च कण्ठे इन्दुं च चिन्तयेत् । भ्रूमध्यात् स्रवन्तीममृतधारां कण्ठेन्दुगाममृतकलां प्राप्तया[2] तया सहाण्डान्तर्बहिश्च व्याप्तां स्मरेत् । तत्र मुण्डस्थाने नृसिंहो वा "ओं लं ठं क्ष्रौं हंसं देवदत्तस्य जीवं बन्ध बन्ध हसौं क्ष्रौं ठं लं ओं नमो भगवते नीलकण्ठाय स्वाहा ठं वं ठं" एवं चिन्तयित्वा एवं जपेच्च, अन्यथा वा पृथिव्यादि जीवान्तं पूर्ववत् । संकल्पितस्योपरि मुण्डं च मुण्डोपरि पद्मं विनेन्दुमेव इन्दोरूर्ध्वं बन्धनं च पुनः पुनः पद्मं निमील्य पूर्वमन्त्रेण दृढं संगृह्योपरि भूबिम्बं पूर्ववत्तयोः संबन्धश्च(न्धं च) एवं स्मृत्वा बिन्द्विन्दु(न्दू भ्र)भ्रूकण्ठयोः स्मरेत् । पुनर्बीजानि जपेच्च । इयं जीवरक्षा ॥(१-२)

---

1 कण्ठे सुधाढ्यमिन्दुं भूसद्म विन्यसेत् । भ्रूमध्ये बिन्दुं चिन्तयेत् ।

2 अमृतकलाप्रायया.

ओं नमो भगवते णी च[1] "शस शर्णा श........ ॥
साज्यं शकृद्रसं पेयं सर्पिर्वा जीवरक्षणम् ॥३॥
जङ्गमं स्थावरं चेति द्विविधं विषमुच्यते ।
जङ्गमं सर्पमूषादि शृङ्ग्यादि स्थावरं विषम् ॥४॥
आद्यस्य षोडशाधारा दंष्ट्राशुक्(क्र)शवादयः[2] ।
दशाऽन्यस्य प्रसूनत्वङ्मूलपत्रफलादयः ॥५॥
मन्त्रध्यानौषधाद्यैस्तु तयोः कार्या प्रतिक्रिया ।
शान्तः स्मरान्वितो ब्रह्मा लोहितस्तारकं शिरः ॥६॥
विपतिर्नाम मन्त्रोऽयं तार्क्ष्यः शब्दमयः स्मृतः ।
" ज्वल ज्वल महामति ठ, ठ गरुडचूडाननाय ठ ठ ।
गरुडशिखे ठ, ठ गरुड प्रभञ्जन प्रभेदन वित्रासय ।
विमर्दय ठ, ठ अप्रतिहतबल अप्रतिहतशासन हुम् फट् ॥

जङ्गममिति । स्मर इकारः । अयं मन्त्रो विपतिर्नाम, मन्त्रस्य विपतिरिति केन प्रकारेण (इति) चेत् तार्क्ष्यः शब्दमयः स्मृत इति । क्षिप ओं स्वाहा, ओं ज्वल ज्वल महामति स्वाहा हृदयाय नमः । ओं गरुडचूडाननाय स्वाहा शिरसे स्वाहा । ओं गरुडशिखे स्वाहा शिखायै वषट् । ओं गरुड प्रभञ्जन प्रभञ्जन प्रभेदन वित्रासय विमर्दय स्वाहा कवचाय हुं फट् । ओं अप्रतिहतबलाप्रतिहतशासन हुं फट् अस्त्राय फट् । ओं उग्ररूपधारक सर्पभयाकर भीषय भीषय सर्पं दह सर्पं[3] दह भस्मीकुरु कुरु स्वाहा नेत्राभ्यां वौषट् । काश्यप ऋषिः, देवी गायत्री छन्दः, पङ्क्तिर्वा, श्रीगरुडविष्णुर्देवता ॥ (४-७)

---

1 " स चण्ठा श ठ ठ". 2 शफादयः. 3 संदह संदह.

उग्ररूपधारक[1] सर्पभयङ्कर भीषय, सर्पं दह[2] दह भस्मीकुरु ठ ठ ।

एवमुक्तानि नेत्रान्तान्यङ्गानि विपतेश्च षट् ॥७॥

सप्तवर्गान्त्ययुग्माष्टदिग्दलं स्वरकेसरम् ।

(विद्धेन्दौ मरुद्वहि) बिन्दुकद्वह्निरुद्धान्त्यकर्णिकं मातृकाम्बुजम् ।

कृत्वा हृदिस्थं तन्मन्त्री[3] वामहस्ततले स्मरेत् ॥८॥

सप्तेति । अथवोपदेशान्तरमाहुः—द्वीपाब्धिमध्यस्थले कादिवर्गान्त्ययुग्माष्टदिग्दलमित्याद्युक्तप्रकारेण लिपिपङ्कजं संचिन्त्य तस्य कर्णिकायाममृतपूर्णं "वं" बीजं संकल्प्य दष्टं तस्मिन्नमृतकलशे कण्ठदघ्नामृते स्थितं संचिन्त्य पुनस्तस्य पद्मस्य केसरेषु श्वेतवर्णाः कलाः संचिन्त्य तं दष्टं तासां स्तन्यामृतैः परित उक्षितं ध्यायेत् । पुनर्बालं द्विभुजं हस्तस्थशङ्खं गरुडं द्वादशान्तं तुण्डेन निर्भिद्य तस्य देहान्तःप्रविशन्तं विचिन्त्य तस्याकाशस्थं विषं वायौ संक्रामयन् ध्यायन् "ओं ह्सौं संक्षिपह, प्रक्षिपह, हा संप्लव सः, प्लावय सः संहसः, प्रक्षिपह" इति मन्त्रमसकृज्जपेत् । पुनरपि बहिर्गत्वा द्वादशान्तान् पूर्ववदन्तः प्रविश्य अमृतेन प्लावयित्वा तस्य वायुमण्डलस्थं विषम् अग्नौ संक्रामयन् ध्यायन् "ओं ह्सौं संक्षिपह हा स्वा संप्लव" इत्यादि असकृत् जपेत् इत्यन्तः पूर्ववत् । पुनरपि बहिर्गत्वा द्वादशान्तान् पूर्ववदन्तः प्रविश्य अमृतेन प्लावयित्वा तस्याग्निमण्डलस्थं विषमप्सु संक्रामयन् ध्यायन् "ओं ह्सौं संक्षिपहह स्वाहा संप्लवस" इत्यादि पूर्ववत् । पुनरपि बहिर्गत्वा द्वादशान्तान् पूर्ववदन्तः प्रविश्य अमृतेन प्लावयित्वा तस्य अम्मण्डलस्थं विषं पृथिव्यां संक्रामयन् ध्यायन्, "ओं ह्सौं संक्षिपह संक्षिपह हा स्वा ओं संप्लवस" इत्यादि पूर्ववत् । पुनरपि बहिर्गत्वा द्वादशान्तान् पूर्ववदन्तः प्रविश्य, अमृतेन प्लावयित्वा तस्य पृथिवीमण्डलस्थं विषं दंशान् बहिर्निस्सारयन्तं स्मरन् वक्ष्यमाणमष्टोत्तरशतं जपेत् । पुनरनेन मन्त्रेणैव मूर्ध्ना गत्वा दंशान्निर्गच्छन्तन्(न्तं विषं)अपकृष्य स्मरेत् "ओं ह्सौं संक्षिपह संक्षिपह हा स्वा ओं पक्षि संप्लवसः संप्लवसः प्लावयसः संहसः प्रक्षिपह प्रक्षिपह" इति । एवं कृते विषशान्तिः सद्य एव भवति ॥ (८)

---

1 उग्ररूपधार कुसर्प. 2 संदह. 3 तं मन्त्री.

अङ्गुष्ठादौ न्यसेद्वर्णान् विपतेर्भेदिताञ्झलः ।

पीतं वज्रि चतुष्कोणं पार्थिवं शक्रदैवतम् ॥९॥

वृत्तार्धमाप्यं पद्माङ्कं शुक्लं वरुणदैवतम् ।

त्र्यश्रं स्वस्तिकयुग्रक्तं तैजसं वह्निदैवतम् ॥१०॥

वृत्तं बिन्दुवृतं[1] वायुदैवतं कृष्णमानिलम् ।

अङ्गुष्ठाद्यङ्गुलीमध्यपर्वस्थेष्वेषु वेश्मसु ॥११॥

स्ववर्णनागद्वन्द्वेन वेष्टितेषु न्यसेत्क्रमात् ।

विपतेश्चतुरो वर्णान् स्वमण्डलसमत्विषः ॥१२॥

अरूपे[तु ?]स्वतन्मात्र आकाशे शिवदैवते ।

कनिष्ठामध्यपर्वस्थे[2] न्यसेत्तस्यान्त्यमक्षरम् ॥१३॥

अङ्गुष्ठेति । अङ्गुष्ठादौ न्यसेद्वर्णानित्यनेन सकळी(ली)करणमाह—हस्ते व्यापकं न्यस्य तालत्रयादिकं कृत्वा पुनरङ्गुष्ठादौ विपतेर्भेदिताञ्झलः वर्णान् क्रमान्न्यसेत् । अङ्गुष्ठादिकनिष्ठान्तानां मूलपर्वसु इ क्ॅ षॅ अपॅ अ उँ आसॅ पॅ आहॅ स्ववर्णनागद्वयेन वेष्टितेषु अङ्गुष्ठाद्यङ्गुलीमध्यपर्वस्थेष्वेषु वेश्मसु विपतेश्चतुरो वर्णान् क्रमान्न्यसेत् । क्षिं लं पृथिवीमण्डलाय वासुकिशङ्खपालवेष्टिताय पीतवर्णाय नमः । अङ्गुष्ठमध्यपर्वणि पं वं अमृतमण्डलाय[3] कार्कोटकपद्मवेष्टिताय श्वेतवर्णाय नमः । तर्जन्या मध्यपर्वणि ओं रं वह्निमण्डलाय अनन्तगुलिकवेष्टिताय रक्तवर्णाय नमः । मध्यमाया मध्यपर्वणि स्वां यं वायुमण्डलाय तक्षकमहापद्मवेष्टिताय कृष्णवर्णाय नमः । अनामिकाया मध्यपर्वणि हां हः आकाशमण्डलाय जयविजयवेष्टिताय कृष्णवर्णाय नमः । कनिष्ठाया मध्यपर्वणि तस्यान्त्यमक्षरं कनिष्ठामध्यपर्वस्थे आकाशे न्यसेत् । हां हः आकाशमण्डलाय नमः । तत्रापि नागाभ्यां सह वा न्यासः । नागानामादिवर्णाश्चेति । “ वां शं अङ्गुष्ठमध्यपर्वणि ” कां पं तर्जन्या मध्यपर्वणि “ अं गुं ” मध्यमाया मध्यपर्वणि “ तं मं ” अनामिकाया मध्य-

---

1 युतं.   2 पर्वमध्यस्थे.   3 अम्मण्डलाय.

नागानामादिवर्णांश्च स्वमण्डलगतान् न्यसेत् ।
भूतादिवर्णान् विन्यस्येदङ्गुष्ठाद्यन्तपर्वसु ॥१४॥
तन्मात्रत्रिगुणाद्यर्णानङ्गुलीषु[1] न्यसेद्बुधः ।
स्पर्शनादेव ताक्ष्यात्मा हस्तो हन्याद्विषद्वयम् ॥१५॥
मण्डलादियुतान् वर्णान् विपतेः करयोजितान् ।
ज्येष्ठाद्यङ्गुलिभिर्देहे न्यसेत् स्थानेषु पञ्चसु ॥१६॥

पर्वणि "जं विं" कनिष्ठाया मध्यपर्वणि भूतादिवर्णानिति "पृं अं तें वां आं" एते अङ्गुष्ठादीनामन्तपर्वसु । एवं तन्मात्राश्शब्दादयश्च त्रिगुणाद्यर्णानिति सं रं तं इति अङ्गुष्ठाद्यङ्गुलीनां पर्वणि तलेषु पुनः सृष्टिक्रमेण च न्यसेत्। "आहॅ आसॅ व अ उं अं पं इं कॅ षॅ" कनिष्ठादिमूलपर्वसु "हा हं" आकाशमण्डलाय जयविजयवेष्टिताय कृष्णवर्णाय नमः । "स्वां यं" वायुमण्डलाय तक्षकमहापद्मवेष्टिताय कृष्णवर्णाय नम इत्यादि कनिष्ठादीनां मध्यपर्वसु "जं विं तं मं अं गुं कां पं वां शं" कनिष्ठादीनां मध्यपर्वसु "आं वां नें अं पृं शं स्वं रूं रं गं" इति कनिष्ठादीनामन्तपर्वसु "सं रं तं" इति कनिष्ठाद्यङ्गुलीनां पर्वत्रितयेषु । मण्डलादियुतानिति । पुनर्देहे मूलेन व्यापकं न्यस्य ज्येष्ठाद्यङ्गुलीभिः पादगुह्यहृदयमुखमूर्धसु पञ्चसु स्थानेषु "इ कॅ् षॅ्" इत्यादीन् न्यसेत् । "क्षिं लं" पृथिवीमण्डलाय वासुकिशङ्खपालवेष्टिताय पीतवर्णाय नमः । इत्यादीनपि नागाद्यर्णानपि भूतादिवर्णानपि तन्मात्राद्यर्णानपि त्रिगुणाद्यर्णानपि एकैकस्मिन् स्थाने पुनः सृष्टिन्यासश्च मूर्धमुखहृद्गुह्यपादेषु कनिष्ठादिभिः "आहॅ" इत्यादीन् "हां हं" आकाशमण्डलाय जयविजयवेष्टिताय कृष्णवर्णाय नमः इत्यादीनपि "जं पिं" इत्यादिनागादिवर्णानपि "आं वां" इत्यादिभूतादिवर्णानपि "शं स्वं" इत्यादितन्मात्राद्यर्णानपि "सं रं तं" इति पञ्चस्वप्येकैकस्मिन् अवयवस्थाने" । आजानुत इत्यनेनास्य पञ्चभूतात्मकत्वं च दर्शयति । आजानुतः सुवर्णाभं पृथिव्यात्मकं, आनाभेस्तुहिनप्रभं आकण्ठात् अम्मयं[2] कुङ्कुमारुणं अग्न्यात्मकं आकेशान्तात् सितेतरं वाय्वात्मकं

---

1 तन्मात्रान्. 2 अम्मयं आकण्ठात्.

आजानुतः सुवर्णाभमानाभेस्तुहिनप्रभम् ।
कुङ्कुमारुणमाकण्ठादाकेशान्तात् सितेतरम् ॥१७॥
ब्रह्माण्डव्यापिनं तार्क्ष्यं रक्ताक्षं नागभूषणम् ।
लीनाग्रनासमात्मानं महापक्षं स्मरेद्बुधः ॥१८॥
एवं तार्क्ष्यात्मनो वाक्यं मन्त्रः स्यान्मन्त्रिणो विषे ।
मुष्टिस्तार्क्ष्यकरस्यान्तस्थिताङ्गुष्ठा विषापहा ॥१९॥
तार्क्ष्यहस्तं समुद्यम्य तत्पञ्चाङ्गुलिचालनात् ।
कुर्याद्विषस्य स्तम्भादींस्तदुक्तपदवीप्सया २०॥
आकाशदेशभूबीजः पञ्चार्णो विपतिर्मनुः ।
संस्तम्भयेति वीप्सान्तो[1](न्तभाषणात्)भाषणात् स्तम्भयेद्विषम् ॥२१॥

ब्रह्माण्डव्यापिनमित्यनेनाकाशात्मकमित्यप्युक्तम् । लीनाग्रनासं छिन्ननासाग्रं, नीलाग्रनासमिति वा पाठः । (तार्क्ष्यात्मना) तार्क्ष्यात्मनस्तार्क्ष्यमन्त्रेण सकलीकृतस्य वाक्यं तेन यदुक्तं विषविषये तन्मन्त्र[स मन्त्रः]स्यात् । संस्तम्भयेति । स्वयं पीतवर्णश्चतुरश्रमण्डले स्थितं दष्टं[2] ध्यात्वा दष्टस्य विषं "स्तम्भय स्तम्भय" इति अङ्गुष्ठचालने क्षितिबीजजपाद्दष्टस्य विषं स्तब्धं भवति । तमेव करमूर्ध्वीकृत्य तर्जनीचालनात्स्वयं श्वेतवर्णो भूत्वा दष्टं वरुणमण्डलान्तस्थितममृतैराप्लावितं ध्यात्वा अमृतस्य पुरतो विषं च कृष्णरूपं निर्गच्छन्तं ध्यात्वा वकारे दष्टं निर्विषं कुरु इति वीप्सया दष्टं निर्विषं कुर्यात् । तमेव करमूर्ध्वीकृत्य मध्यमाङ्गुलिचालनात् स्वयं रक्तवर्णो भूत्वा दष्टमाग्नेयमण्डले स्थितमूर्ध्वगताभिर्ज्वालाभिः सर्वतो दह्यमानं ध्यात्वा "ओं दष्टं निर्विषं स्तोभय" इति जपात् स्तोभयेत् । चेष्टां कुर्यात् । तमेव करमूर्ध्वीकृत्यानामिकाचालनात् स्वयं कृष्णवर्णो भूत्वा दष्टं वायुमण्डलस्थं वायुना सर्वतस्तप्यमानं ध्यात्वा "अस्यां दष्टं संक्रामय संक्रामय" इति दष्टविषं संक्रामयेत् । तमेव करमूर्ध्वीकृत्य कनिष्ठाङ्गुलिचालनात् स्वयमाकाशरूपो भूत्वा दष्टं च तद्रूपं ध्यात्वा "हां दष्टस्य विषमाक्षेपय आक्षेपय" इति दष्टविषमाक्षिपेत् । विषानुरूपनाशनं कुर्यादित्यर्थः ॥ (९-२०)

1 वीप्सा नो. 2 दुष्टस्य.

विन्यस्तभूपयोबीजौ[1] मन्त्रोऽयं साधुसाधितः ।

संप्लवसंप्लावयसशब्दाढ्यः[2] संहरेद्विषम् ॥२२॥

दष्टमुत्थापयेदेष तज्जताम्भोऽभिषेकतः ।

तज्जप्तशङ्खभेर्यादिनिस्वनश्रवणेन वा ॥२३॥

(सन्दष्टपद)सन्दहपचसंयुक्तो भूतेजोव्यत्ययात् स्थितः ।

मन्त्रोऽयं वायुवद्वह्नेर्विषस्य स्तोभकृद्भवेत् ॥२४॥

भूवायुव्यत्ययान्मन्त्रो विषं सङ्क्रामयत्यसौ ।

वीप्सयोच्चारणोपेतस्तयोरुभयस्य पदस्य च ॥२५॥

भूव्योमबीजयोर्मन्त्रो व्यत्ययाद्विपतिः कृतः ।

संक्षिपह प्रक्षिपह पदाढ्यो[3] नाशयेद्विषम् ॥२६॥

आकाशेति । आकाशदेशेत्यादिना विपतेरक्षरव्यत्यासैः स्तम्भनादीन्याह "ओं क्षिप ओं स्वाक्षिदष्टस्य विषं स्तम्भय स्तम्भय" इत्यनेनाङ्गुष्ठचालनाद्दष्टस्य विषं स्तब्धं भवति। ध्यानादिकं पूर्ववत् । "ओं पक्षि ओं स्वाहा संप्लवसः संप्लवसः" इति निर्विषीकरणे अनेन तर्जनीचालनाद्दष्टस्य विषं नष्टं भवति । "ओं पक्षि स्वाहा सन्दह पच दष्टविषं संस्तोभय संस्तोभय" इत्यनेन मध्यमाङ्गुलिचालनात् दष्टस्य विषस्तोभो भवति । वायुवद्वह्नेः यथा वायुर्वह्नेः स्तोभकृत्तथा । "स्वाप ओं स्वाक्षिहा दष्टस्य विषं देवदत्ते संक्रामय संक्रामय" इति दष्टस्य विषसंक्रामं कुर्यात् । अनेन अनामिकाचालनाद्दष्टस्य विषं संक्रान्तं भवति । "हा प ओं स्वाक्षिसंक्षिपह संक्षिप दष्टस्य विषं नाशय नाशय" इति कनिष्ठाङ्गुलिचालनात् दष्टस्य विषं सन्नष्टं भवति । (२१-२६)

---

1 व्यत्यस्तभूपयोर्बीजो मन्त्रो यः साधुसाधितः ।

2 संप्लवसः प्लावयसः पदान्व्यः.

3 संप्लवस प्लावयसः पदाढ्यो.

[1]भृगुसाम्बुर्भगान्तादिकालसर्गान्वितः क्रमात् ।

सङ्क्रामस्तोभसंस्तम्भनाशकृत् स्वगृहस्थितः ॥२७॥

घोषः स्वर्गी[2] चतुर्वेश्मस्थित्या सङ्क्रमणादिकृत् ।

अन्तःस्थैर्निजवेश्मस्थैर्वीतामीन्द्रजलाश्मभिः[3] ॥२८॥

तत्तत्कर्म नयेन्मन्त्री गरुडीकृतविग्रहः ।

कृष्णं विषस्य सङ्क्रामे रक्ताभं स्तोभकर्मणि ॥२९॥

पीतं स्तम्भे शशिप्रख्यं नागे[4] तार्क्ष्यं विचिन्तयेत् ।

धूतपक्षो वहन् विष्णुं तार्क्ष्यात्मा वायुवेश्मनः[5] ॥३०॥

अन्तस्थात्म जपन् मन्त्रं मन्त्री सङ्क्रामयेद्विषम् ।

संस्तोभयेत्तथाभूतस्तार्क्ष्यो वह्निगृहे[6] स्थितः ॥३१॥

तेनैव मनुनावेशस्तथा स्यादिति केचन ।

सोऽवष्टम्भितगात्रस्सन् जपन्निन्द्रगृह[7]स्थितः ॥३२॥

संस्तम्भं कुरुते कैश्चित्तथा संहार इष्यते ।

तार्क्ष्यो वरुणगेहस्थस्तज्जपान्नाशयेद्विषम् ॥३३॥

भृगुसाम्बुरिति । आदिशब्देन दशान्तस्यादिरुच्यते । एतच्च बीजं विपतेश्चतुर्थाक्षरस्यैकदेशः । ह्स्वैं ह्स्वें ह्स्वं । सर्गी यरलव इत्येते अन्तःस्थाः । अन्तःस्थेत्यादिना अन्तःस्थासु विशेषमाह । तार्क्ष्यात्मा धूतपक्षो विष्णुं वहन् मन्त्री वायुवेश्मगो भूत्वा अन्तःस्थात्ममन्त्रं जपन् विषं संक्रामयेत् । अवष्टम्भितगात्रो देहोद्वहनात् स्तब्धगात्रः ॥ (२७-३२)

---

1 भृगुः साम्बुः. 2 सर्गी. 3 ·त्मभिः. 4 नाशे. 5 गः. 6 गृह. 7 गृहे.

[1]
तथा तार्क्ष्यस्य पक्षेण नीतं दष्टात्परं नरम् ।

[2]
सविषं पवनागारं विषसङ्क्रामकृद्भवेत् ॥३४॥

[3] [4]
अहीशेन च तारेण युक्तो वाली भुजङ्गवान् ।

क्रमाद्विषस्य सङ्क्रामस्तोभौ कुर्यात्स्ववेश्मगः ॥३५॥

[5]
नरमध्यं देहमूर्ध्नि ध्यातं शङ्खादिकं ज्वलत् ।

सतारं व्योम वा तद्वद्दष्टावयवसन्धिषु ।

विषस्य स्तोभकृद्दग्धगृहवानरकीर्तनात् ॥३६॥

ओं नमो भगवते रुद्राय, कालाग्निवर्णाय,

एह्येहि, कालानललोलजिह्वाय, पातय पातय ॥

मोहय मोहय द्रावय द्रावय, भ्रामय भ्रामय, हन, दह, पच, हुं फट् ठ, ठ ।

तथेति । पुनरपि संक्रामयेत् । किञ्चिद्विशेषमस्ति । तदुच्यते । अथ तार्क्ष्यस्य पक्षेणेति । तार्क्ष्यपक्षचालनात् तस्मात् दष्टात् स्वीकृत्य परं नरं नीतं सविषं पवनागारं विषसंक्रमकृद्भवेत् । अर्घीशेनेति संक्रामयेत् । स्तोभे मूर्ध्नि ध्यातं दधं तनुमध्यं विषस्य स्तोभकृत् । तनुमध्यो मकारः । दष्टावयवसन्धिषु ध्यातं ज्वलत् शाखादिकं च तद्वत् शाखादिकं प्रणवं सतारं व्योम वा "ह्रीं" इति । तदपि दष्टावयव सन्धिष्वेव । दग्धगृहवानरकीर्तनात् लङ्कां दहते हनुमानिति कीर्तनात् ॥ ओं नम इति । ओं नमो भगवते रुद्राय कालाग्निवर्णाय एह्येहि कालानललोलजिह्वाय पातय पातय, मोहय मोहय, द्रावय द्रावय, भ्रामय, भ्रामय, हन हन, दह दह, पच पच, हुं फट् स्वाहा, विषाग्निना दह्यमानं तं दष्टं ध्यायन् इमं मनुं जपेत् स्तोभाय ॥ (३४-३७)

---

1 अथ. 2 क्रम. 3 अर्घीशेन. 4 बाली.
5 तनुमध्यं दधम्.

दष्टं मूर्ध्नि ज्वलद्वह्निगेहं न्यस्य विषाग्निना ।

दह्यमानमिमं ध्यायन् जपेत्स्तोभाय तं मनुम् ॥३७॥

सोर्ध्वाधोवह्निशुक्रान्तं बिन्दुमद्दष्टमस्तके ।

चिन्तितं कुरुते स्तोभं तदेवोर्ध्वाग्निलोपतः ॥३८॥

दष्टावेशकृदङ्घ्र्यूरुनाभिहृत्कण्ठवक्त्रगः ।

भृगुः साषडिदीर्घाग्निर्दण्डी स्यात्स्तोभकारकः ॥३९॥

समन्तु[1]विषरोगेषु तथा सर्पा[2]ग्रहादिषु ।

ऐन्द्रे शक्रगतं नाम कुलिशोपरि घट्टितम् ॥४०॥

अन्योन्यं पीडिते पाणौ स्तम्भकृद्विषसुप्तके ।

मुटितं[3] भूमिगेहाभ्यां न्यस्तं मांसाङ्गसन्धिषु[4] ॥४१॥

पार्थिवाहिवृतं दष्टं ध्यात्वा संस्तम्भयेद्विषम् ।

पादोजरुद्धक्षकाय शिरो[5]ऽन्ते स्तम्भकृन्मनुः ॥४२॥

सोर्ध्वाधोवह्नीति । भूतदष्टस्य मस्तके चिन्तनात् स्तोभं कुरुते । ह्रं दष्टावेशकृत् भृगुः साषडीतिस्तात् (?) । अस्य जपात् सर्वविषशान्तिः ॥ ऐन्द्र इति । वामहस्तस्थे ऐन्द्रमण्डले लकारगतदष्टनामकुलिशोपरिघट्टितं दक्षिणपाणौ कल्पितेन वज्रेणोपरिघट्टितं विषसुप्तके स्तम्भकृत् । स्तम्भितं तु विषं नोर्ध्वं गच्छति नाधश्च पतति । ग्लां इति जपात् विषं स्तम्भयेत् । मांसं लकारः । पार्थिवाहिवृतं वासुकिशङ्खपालाभ्यां वेष्टितं पादमूलादारभ्य केशान्तमेकेन । पादोजरुद्ध इति । कटचक्राय स्वाहा स्तम्भयेत् ॥ (३८-४२)

---

1 समस्त. 2 सर्व. 3 पु. 4 सन्धिकम्.
5 शिरोक्त.

ओं हज्रे स्तम्भय उद्बन्धने ठ, ठ ।
एष सर्वविषस्तम्भी सर्पादींस्तम्भयेन्मनुः ।
श्वेतस्वरकलाभीरुस्तन्यधारासमुक्षितः ।
सरोजेऽमृतकुम्भस्थो दष्टो निर्विषतां व्रजेत् ॥४३॥
दण्डी कुम्भः स्थितो[1] मूर्ध्नि सुधाप्लावितविग्रहः ।
ध्येयो हृदीन्दुबिम्बं च क्ष्वेलमृत्युज्वरादिहृत्[2] ॥४४॥
जान्तं दण्डीन्दुपुटितं सुधास्रावि जले[3]ऽर्पितम् ।
स्नानपानात्सर्वविषज्वर[4]रोगापमृत्युजित् ॥४५॥
मुखवृत्तान्वितो[5] दण्डी व्योमहाही द्वयं तु वा ।
दष्टाङ्गसन्धिषु न्यस्य चिन्मन्त्रेण विषं हरेत् ।
सबिन्दुगगनं सर्गी भृगुश्चिन्मन्त्र उच्यते ॥४६॥

ओमिति । वज्रे स्तम्भय उद्बन्धने स्वाहा । एष मनुः सर्वविषस्तम्भी, भीरवः स्त्रियः सरोजे लिपिपद्मे अमृतकुम्भस्थः अमृतकुम्भे (पा)वाग्मके वकारे आकण्ठादमृते स्थितः तासां स्तन्यामृतधारया मूर्ध्नि पादान्तं समुक्षितः ॥ (४३)

दण्डी कुम्भो मूर्ध्नि स्थितो ध्येयः । झं क इति इन्दुबिम्बं चेति चकारात्तदपि, सुधाप्लावितविग्रहः क्ष्वेलादिहृत् । जान्तमिति । ठः झं ठः अनेन जप्त्वा जलं पिबेत् । सर्वविषजरारोगापमृत्यवो नश्यन्ति ॥ (४४-४५)

मुखेति । मुखवृत्तान्वितं (व्योमहाही दण्डी) व्योमहां इति हाहीद्वयं हंसः चिन्मन्त्रः ॥ (४६)

---

1 सितो. 2 जरादिहृत्. 3 जला. 4 जरा. 5 तं.

का[खा]न्ताग्निश्रीयुतो वह्निर्ब्रह्मा साग्निश्च तावुभौ ।

सार्धांशौ दण्डिनौ शुक्रसर्गीति चतुरोऽक्षरान् ॥४७॥

कनिष्ठाद्यङ्गुलीमध्यपर्वसु क्रमशो न्यसेत् ।

चिन्मन्त्रं च तले तत्स्थं[1] जलं जप्तं सुधामयम् ॥४८॥

सबीजं तन्मुखे क्षिप्तमाविश्य[2] विषनाशकृत् ।

शशिस्थं सर्गि शुक्रान्त्यं हृदादिस्थं विषं हरेत् ॥४९॥

कुम्भस्थं बिन्दुभंजान्तं[3] हृत्कण्ठमुखमूर्धगम् ।

अम्भः कपिप्लवाख्यानात् सुधास्रावि विषं हरेत् ॥५०॥

शिखसर्गी वियत्कृष्णं न्यस्यास्ये।दुष्टमन्त्रिणोः ।

भग्नभाण्डसुरापान[4]कथया नाशयेद्विषम् ॥५१॥

कान्तेति (का) खान्ताग्नि श्रीयुतः वह्निः ब्रह्मा साग्निः तावुभौ सार्धांशौ दण्डिनौ शुक्रं सर्गीति चतुरः अक्षरान् कनिष्ठाद्यङ्गुलीमध्यपर्वसु क्रमशो न्यसेत् । तले चिन्मन्त्रं च तत्स्थं जलं जप्तं सबीजं बीजन्यासैः सह तन्मुखे क्षिप्तमावेशविषनाशकृत् । "क्रीं त्रीं रुं क्रुं सः" शशिस्थं भूबिम्बस्थं सर्गी शुक्रान्तं "ह" इति ॥ (४६-४९)

कुम्भस्थमिति । स्वं हृदि स्थाने कल्पयित्वाम्भः कपिप्लवाख्यानात् विषहरम् । अम्भसि निमग्नः कश्चित् कपिः प्लवमासाद्य तीरं गत इति ॥ (५०)

शिखेति । शिखसर्गी वियत् हं विषं नाशयेत् ॥ ऐन्द्रेति ऐन्द्रस्थाप्यगृहस्थस्य ऐन्द्रमण्डलस्य वरुणमण्डलमध्यस्थितस्य पूर्णेन्द्वब्जकरण्डेन पूर्णेन्दुमण्डलमध्यस्थसितपद्मं करण्डं कृत्वा । (करण्ड—[illegible]) ॥ (५१-५३)

---

1 तद्वत्. 2 वेश. 3 मज्जान्तं. 4 पाणां.

ऐन्द्रस्थाप्यगृहस्थस्य न्यस्यास्ये तारकं प्लुतम् ।
पद्ममालाधरः शक्रो ध्वजाग्रस्थितवायसः ॥५२॥
पूर्णेन्द्वब्जकरण्डेन क्षीराब्धिं दुस्तरं तरन् ।
दष्टः केनेति कथयेच्छ्रुत्वा तद्विस्मयान्वितः ।
दष्टः स तु मयेत्येवं दष्टो नष्टविषो भवेत् ॥ ५३॥
सिद्धं गुरूपदेशेन मुण्डं[1] तार्क्ष्यतनुर्बुधः ।
आलिख्यालिख्य[2] पूर्णेन्दौ वामपक्षेण मार्जयेत् ॥५४॥

सिद्धमिति । चतुर्दलं पद्मं कृत्वा कर्णिकायां " ठ " इति लिखेत् । पूर्वादिदलेषु " वं " " सं " " क्षिप " इति " ठं वं सं क्षिप " इत्येषा अमृतपञ्चाक्षरी । अस्य पद्मस्य मध्यस्थे ठे " ह्स्वा " इत्यालिख्यालेख्य वामपक्षेण वामहस्तेन स्वयं तार्क्ष्यात्मको भूत्वा हस्तं पक्षं कृत्वेत्यर्थः । केवलमिति । जपादिव्यतिरेकेण लेखनमार्जनमात्रेणैव विषं हरेदित्यर्थः । शृङ्गिसंस्तोभकारि स्थावरविषस्तोभकारि । अथवा तत्केवलमनुबन्धरहितः ह्स्व इति शृङ्गिसंस्तोभकारि शृङ्गिविसर्गस्तद्युक्तश्चेत् ह्स्वः इति । अथवा शृङ्गिरेफः तद्युक्तश्चेत् ह्स्व इति सविषं तत् विषबन्धाय विषं मकारः ह्स्वं इति तद्बीजमत्र न कथ्यते । परमरहस्यत्वात् । अथवा अत्रापि प्रकाशत्वेनोक्त इत्यत्र "न" इत्यनेन अम्बरमुच्यते । अतः परमित्यत्रेत्यर्थः । तत् कुत्रोक्तमित्याकाङ्क्षायां हृल्लेखाव्योमसौ(सेनः) पूर्वागीति । तत् बीजं "न" इति अम्बरमिति अत्र कथ्यते । अत्रातिरहस्यत्वात् अस्य बीजस्यैकदेशं गृहीतम् । अन्यथा वा तद्बीजं न इत्यम्बरमित्यत्र कथ्यते । अन्यथा वा अत्र बीजं तत् केवलं न इति शृङ्गी । नः इति इन्द्र इति वासविषनं इति ॥ (५४-५५)

---

1 मुंडं. 2 ले.

तत्केवलं हरेत् क्ष्वेलं शृङ्गिसंस्तोभकारि च ।

सविषं विषबन्धाय बीजं तन्नात्र कथ्यते ॥५५॥

सानिसत्यार्धेन्दुपार्श्वं क्षिप्रमस्याथ दिग्विभोः[1] ।

एतत्स्याद्विषहृद्रेखा शिखिश्येनारुणात्मिका ॥५६॥

मन्त्रं जप्यान्मुहुर्दष्टं गणयेद्विषशान्तये ।

स्वरमन्त्रजपाद्वाथ कलारेखाः स्वरात्मिकाः ॥५७॥

हंसान्तरस्थां दष्टाख्यां विधायेन्दुस्थतारगाम् ।

एकैकलोपाद्दष्टेन गणयेल्लिखितान् स्वरान् ॥५८॥

दण्डी सर्गी सकर्णार्धचन्द्री सर्गी च यन्नभः ।

[2] कालकृत्वो निरुच्छ्वासं तत्सञ्जप्यान्तरात्मना ॥५९॥

साग्निसत्य (न्य ? द्य ?) इति । प्रों क्षिप्रमस्य किट्टिपोटु दष्टः मन्त्रजाप्यात् शिखिश्येनारुणात्मिका रेखा एकैकलोपात् गणयेद्विषं नश्यति । अरुणं "ചെമ്പോത്ത" कलारेखाः श ष र स श रेखाः । स्वरान् लिखित्वा स्वराणामधोभागे रेखां कारयेत् । कोष्ठं लिखित्वा तस्यान्तरा ओंकारश्च तस्यान्तर्हंसस्तदन्तर्देवदत्तस्य विषं नाशय नाशय इति, वामपाणिना एतद्विधाय दक्षिणपाणिनान्यत्र स्वरान् विधाय लिखित्वा दष्टेन गणयेत् । पुनः पुनर्दष्टेनैकैकलोपात् गणयित्वा मन्त्रं जप्त्वा सर्वलोपाद्विषं नश्यति । (-५६५८)

दण्डी सर्गीति । हंः हः हुं हः अथवा स तत् संस्मृत्य सप्तकृत्वोऽथवासितम् इत्यनेन आकाशस्य सितमपि रूपमस्तीत्युच्यते ॥ (५९-६०)

---

1 किट्टिपो· 2 कला.

संस्मृत्य दष्टमावेश[1] सप्तकृत्वो[2]ऽथवा कृते: ।
ह इत्युक्त्वा न दष्टोऽसौ न विषं वेति निर्दिशेत् ॥६०॥
भौमाप्याग्नेयवायव्यक्ष्वेलहृद्विपतिर्भवेत् ॥
तद्विपक्षार्णयोगेन तन्मतेन च सद्मना ॥६१॥
भौमं सर्वाङ्गवैवश्यगुरुतास्तम्भकृद्विषम् ।
वारुणं कफरोमाञ्चलालागलनिरोधकृत् ॥६२॥
वाह्नेयं स्वेदान्धतातन्द्रादाहदन्तवियोगकृत् ।
वायव्यमेव वाक्शोषवैवर्ण्यचलदन्तकृत् ।
[3]
ओं पक्षि महापक्षि
द्वावेतौ पक्षिराण्मन्त्रौ विषघ्नावभिमन्त्रणात् ॥६३॥

भैमेति। तद्विपक्षार्णयोगेन तद्विपक्षाक्षरमेवं भौमविषे तावत् "स्वापदं स्वाहा" इति जपेत् । आप्यविषे "क्षि ओं ओं स्वाहा" इति आग्नेयविषे "ओं क्षिप स्वाहा" इति । वायव्यविषे "ओं क्षिप ओं क्षिप स्वाहा" इति। अन्यथा वा भौमविषे दष्टं वायुमण्डले संस्थाप्य "स्वां" बीजेन विषं हरेत् । आप्यविषे दष्टमाग्नेयमण्डले संस्थाप्य "ओं"-बीजेन विषं हरेत् । आग्नेयविषे दष्टमाप्यमण्डले संस्थाप्य "सं" कारेण विषं हरेत् । वायव्यविषे दष्टं पृथिवीमण्डले संस्थाप्य "क्षि" कारेण विषं हरेत् । अथवा वाताग्नी-न्द्रजलात्मनो वर्गेष्वर्णचतुष्टयम् इति पूर्वमुक्तम्, तद्विपक्षार्णयोगेन इति वा उक्त: । ऐन्द्रे वायव्यै:, वायव्ये ऐन्द्रै:, आप्ये आग्नेयै:, आग्नेये आप्यैरिति । दन्तवियोगं (പൽകഴിക്ക);— (६१-६२)

ओमिति । ओं पक्षि महापक्षि हंससहं संवत्सरं स्वाहा, पक्षि पक्षि हां हां स्वाहा । विषघ्नावेतौ मन्त्रौ ॥ (६३)

---

1 माकाशं. 2 वासितम्.

3 वं ल ल हं लहं त्सं षं स्वाहा । पक्षिमवा पक्षि वां ठ ठ.

ओं अमृतेऽमृतवर्षिणि संप्लव[1] संप्लावय ।

आदौ[2] बिन्दुसुधास्रवच्छशिगतं ज्ञान्तं विलिख्याभिधा-

वर्णान् ठान्तरितानधोमुख[3]गतान् पङ्क्तौ सुधाप्लावितान् ।

कुड्ये[4] छोटिकया क्रमेण लिखितान् दष्टस्य पश्यन् जपेत्

मन्त्री मन्त्रमिमं परोक्षविषहृत् सिद्धं[5] त्रिलक्षैर्जपैः ॥६४॥

ओं हिरवर्षि[6] पर्वहिनुषी........

च्युतेन कुम्भादमृतेन सिञ्चतीमहि[7]व्रणे क्ष्वेलवतस्त्रिशूलिनीम् ।

उमां(इमां)निजैक्येन सितां त्रिलोचनां स्मरे[8]ज्जपन्मन्त्रमिमं विषापहम् ॥६५॥

अमृते इति । अमृते अमृतवर्षिणि संप्लवसः प्लावयसः । कुड्ये छोटिकया-लङ्कारं लिखेत् । तदन्तः त्सं इति तस्याधो देवदत्तस्य विषं नाशय नाशयेति लिखेत् । ठान्तरितानधोगतमुखान् ठि ठ दे ठ ठ व ठ ठ द ठ ठ त्त ठ ठ स्य ठ ठ वि ठ ठ ष ठ ठ इत्यादि अधोगतमुखान् अधोमुखान्तानित्यर्थः । उपरिस्थत्सं बीजात् स्रवन्त्या सुधया आप्लावितान् । एतद्यन्त्रं पश्यन्निमं मन्त्रं जपेत् । (छो) चेटिका (வாணைக்கல்) । (६४)

ओं हीरेति । ओं विषहरि सर्वविषहरि स्वाहा-विषहृदयाय नमः । हरि शिरसे स्वाहा । सर्वशिखायै वषट् । विषकवचाय हुं । हरनेत्रत्रयाय वौषट् । स्वाहा अस्त्राय फट् । अङ्गानि तु "शिखाललाटनेत्रास्यगलदोर्हृदयेष्वपि । सकुक्षिनाभिलिङ्गास्यजानुपादेषु विन्यसेत् " अक्षराणि । उमामेवं ध्यायेत् । सितां त्रिलोचनां द्विभुजां कुम्भस्थेनामृतेन दष्टस्य व्रणे सिञ्चन्तीं वामपाणिस्थेन त्रिशूलेन अस्मै त्वया दत्तं विषं स्वीकुर्वीतेति क्रोधादुक्त्वा अहेर्मुखे पुनर्विध्यन्तीं स्वयमेव भूत्वा उमां ध्यात्वा उमारूपो भूत्वा इमं मन्त्रं जपेत् । विषास्सर्वे नश्यन्ति । (६५)

---

1. अमृते अमृतवर्षिणि लं प्लवलः प्लावशलः. 2 दण्डि. 3 गतमुखान्. 4 चेटिकया. 5 सिध्यन्ति लक्षैर्जपात् ; सिद्धत्रिलक्षं जपेत् । 6 हरवष्टिदघु विषहरि ठं विषहरि ह्रीं सर्वविषहरि ह्रीं स्वाहा ; र्ल्वहिरवर्षि ठ ठ. 7 अहिक्षते. 8 स्मरन् जपेत्.

ओं मुष्टि वज्रमुष्टि ठ ठ । ओं कालि महाकालि ठ ठ ।

अरवेलि पुरवेलि वेदवेदि ठ ।[1]

स्वच्छां कालीं पिशाच्याः[2] सगुणडमरुकां[3] पञ्चमस्कन्धरूढां[4]

गूढाङ्गुष्ठस्वमुष्टिद्वयधृतवपुषा[5] दंशकेनोरगेण ।

दग्ध्वा[6] विद्धेन नेत्रत्रयदहनगुणैः क्ष्वेलमापादयन्ती-

मात्मानं भावयित्वा क्व विषमिति वदेत्तत्र नास्तीति चोक्ते ॥६६॥

ओं मुष्टीति । ओं मुष्टि मुष्टि वज्रमुष्टि स्वाहा । ओं कालि महाकालि स्वाहा । अरवेलि पुरवेलि वेदवेदि स्वाहा । मुष्टि मुष्टि वज्रमुष्टि स्वाहा हृदयाय नमः । कालि कालि महाकालि स्वाहा शिरः । अरवेलि पुरवेलि वेदवेदि स्वाहा शिखा । मुष्टि मुष्टि वज्रमुष्टि स्वाहा कवचम् । ओं कालि कालि महाकालि स्वाहा नेत्रत्रयम् । अरवेलि पुरवेलि वेदवेदि स्वाहा अस्त्राय फट् ।

स्वच्छेति । स्वच्छां वेतालनाम्न्याः पिशाच्याः पञ्चमस्कन्धरूढां पिशाच्या उपरिस्थमुखस्य कन्धरे आरूढामित्यर्थः । चतुर्भुजामयत्नेन दंशकाहिं दृढं गृहीत्वा व्रणसमीपं नीत्वा अस्मै त्वया दत्तं विषं स्वीकुर्वीतेति क्रोधादुक्त्वा तेनोरगेण तत्रस्थं क्ष्वेलमादाय मन्त्री उपरिस्थवामपाणिना डमरुकमुद्वहन्तीं दक्षिणेन त्रिशूलं नेत्रत्रयस्थाग्निदग्धमुरगं तेन त्रिशूलेन पुनर्विध्यन्तीम् आत्मानमेवभूतां. कालीं ध्यात्वा इमं मन्त्रं जपेत् । पुनः क्व विषमिति वदेत्युक्ते तत्र विषं नास्ति । एवमुक्ते तस्मिन् पुरुषे स्थितं विषं नश्यतीत्यर्थः । स्वच्छां कालीमित्यस्यान्वयः । आत्मानं स्वच्छां कालीं भावयित्वा क्व विषमिति वदेत् । कीदृग्विशिष्टां पिशाच्याः पञ्चमस्कन्धरूढां दंशकेनोरगेण क्ष्वेलमादापयन्तीं, कीदृग्विशिष्टेन गूढाङ्गुष्ठस्वमुष्टिद्वयधृतवपुषा सगुणडमरुकां डमरुकं (കടുന്തുടി) नेत्रत्रयदहनैर्दग्धः त्रिगुणेन शूलेनाविद्धः । (६६)

---

1 अषहेसि पुषहेंसि हेंउ हेंडि ठ ठ । 2 पिशाचीं; पिशाच्या. 3 सहगुणमरुतां. 4 पश्चिम 5 रुद्धाङ्गुष्ठ. 6 दग्धा.

ओं पक्षिराजाय ओं राजपक्षि ओं ठि ठि[1] य र ल व ओं पक्षि ठ, ठ. ।

[2] मन्त्रोऽयं भुवि यष्टिकाप्रहरणात् क्ष्वेलं हरेद्गारुडः

ओं नमो भगवते कनकदेह[3] कार्कोटक[4]शङ्खपाल विषं हर निर्विषं कुरु हुं फट् ठठ।

रेखाः पञ्च विषापहा विपतिगास्तन्मन्त्रितालङ्घनात् ।

[5] अजन्मणिणिर्मजे सि ठ ठ ।

सोमस्थस्य मनुः प्रदक्षिणविधेः कस्याप्ययं क्ष्वेलहृत्

ओं नमो[6] भगवति अनलकेशि महाकेशि सदा सदा

सर्पमुखि मज्जमिज्ज एरण्डकि मूषिकि सर्वविषसङ्क्रामणि हुं फट् ठ ठ ।

दष्टावेशकरो विषापहरणश्चायं मनुर्मन्त्रणात् ॥६७॥

पक्षिहुं फट् छं । ओं पक्षि पक्षि, क्षि क्षि हुं फट्, ठ, ठ ।

ओं पक्षीति । ओं पक्षिराजाय ओं राजपक्षि ओं ठिठि य र ल व ओं पक्षि स्वाहा । अनेन भूमौ यष्टिताडनात् विषं नश्यति ॥ अजेति । अगन्वरिनिर्मगेलि (?) स्वाहा । अयं मनुः सोममण्डलस्थस्य कस्यापि प्रदक्षिणविधानात् क्ष्वेलहृत् ॥ ओं नम इति । ओं नमो भगवति अमलकेशि सर्वदा सर्पमुखि मज्जमिज्जे एरण्डकि मूषिकि सर्वविषसंक्रामणि हुं फट् स्वाहा । जपाद्दष्टावेशकरः विषापहरणश्च ॥ (६७)

ओं पक्षीति । ओं पक्षि पक्षि क्षि क्षि हुं फट् स्वाहा । गरुडरूपश्येनो विषार्णस्थितं विषार्णे स्थितं दंशकं मुहुः प्रविश्य[प्रभ्रश्य]मानमसितमहिं दष्ट्वा नालिकेरं यात इति

---

1 ओं धीं श्रीं ठं. 2 मन्त्रोऽलं. 3 चणचडे; चणचये. 4 वडेव; वंश. 5 अचल्मरिणिमर्मसि.... 6 भगवति-अमसयेयि लर्वडा लर्वमुच्छि मग्गामिग्गे.

श्येने दष्ट्वा विषार्त[र्णं]स्थितमहिमसितं दंशकं नालिकेरं
यात[1] प्रश्नश्यमानं मुहुरिति विषहृत्तज्जपो ध्यानयुक्तः ।

ओं ठिं ठिं य र ल व पक्षि हुं फट् फट् ठ, ठ ।

रेखाः ससद्व्याग्राः सकलशजठरा दष्टमानीय मन्त्रं
जप्यं[2] तद्वद्विलोमादपनयतु तदा मार्जयेत्ता विषघ्नाः ॥६८॥

ओं तत्पुरुषाय विद्महे पक्षिराजाय धीमहि
तन्नो गरुडः प्रचोदयात् ।

पिष्टाहेरशनान्नदीजलजपादेतस्य या साध्यते
गायत्री गरुडस्य सेयमुदिता क्ष्वेलक्रियासूत्तमा ।
शुक्लेन्दू सकलौ विरामशिरसौ पक्ष्यादिकौ द्वौ मनू
पञ्चार्णौ विषनाशनौ विपतिना तुल्यौ स्मृतौ गारुडौ ॥६९॥

ध्यानयुक्तस्य तन्मन्त्रजपो विषहृत् ॥ ओं ठिमिति । ओं ठिं ठिं य र ल व पक्षि हुं फट् स्वाहा, द्व्याग्राः सप्त रेखाः कृत्वा तिस्रः गर्भकारूपा इत्यर्थः । वंकारेणान्तर्गताः दष्टं ता रेखा आनीय मन्त्रं जप्यं विलोमाच्च तद्वदपनयतु । [பின்முன்ணய்] । तदा तामार्जयेद्विषघ्नाः । एवमसकृत् कृते सति विषं नश्यति ॥ (६८)

तदिति । ओं तत्पुरुषाय विद्महे पक्षिराजाय धीमहि तन्नो गरुडः प्रचोदयात् ॥ पिष्टाहेरिति । समुद्रगां नदीं गत्वा शालिपिष्टेनाहिं कृत्वा नदीकूले संस्थाप्य नाभिमात्रोदके स्थित्वा अहिं दृष्ट्वा गरुडगायत्रीं जपेत् । यदा पुनरहिः स्वयमेव स्वसमीपमागच्छति तदा निर्भयः सन् तद्भक्षयेत् । एवं साधिता गायत्री जपादिना विषं नाशयेत् । शुक्लेन्दू इति । पक्षि स्वाहा पक्षि ठ स्वाहा । द्वौ मनू गारुडौ विषापहौ ॥ (६९)

---

1 तज्जपेत्. 2 जप्त्वा.

उत्तानस्य सुधागतस्य वसने न्यस्येत् पिधाने सुधा-

स्रावीन्दुस्थितमंबुदण्डिशशिनां तत्रस्थितानां[1] मुखे ।

कृत्वैवं मनसाऽभिधाय च पदं तन्मुट्टमुट्टेति[2] यत्

मन्त्री तत्पिहितांबरापहरणादुत्थापयेद्दष्टकम्[3] ॥७०॥

दण्ड्यंभोगृहमध्यगेन्दुनिहितं जान्तं[4] सुधासंस्रवं

ध्यात्वा ताक्ष्यकरार्पिताम्भसि विषं तत्प्रोक्षणान्नाशयेत् ।

शुक्लान्त्यौ सकलौ सितौ शशिगतौ दष्टस्य मूर्ध्नि स्थितौ

श्वेताम्भोजकरस्य वर्षितसुधासारौ[5] विषघ्नौ पृथक् ॥७१॥

यष्ट्यां न्यस्य च बीजपञ्चकमिमां सर्पाकृतिं चिन्तयेत्

रुद्रीभूततनुर्गुणत्रिशिखया च्छिन्दन् पुनस्तच्छिरः ।

उत्तानस्येति । उत्तानस्य पिधाने वसने अम्बु न्यस्येत् । कीदृग्विशिष्टस्योत्तानस्य सुधागतस्य वकारस्य मध्यस्थस्य तत्र समीपवर्तिनां मुखे "ठम्" इति । अस्मादेतं मन्त्रमसकृज्जप्त्वा अनन्तरं मुट्टमुट्टेत्युक्त्वा पटापहरणाद्दष्टमुत्थापयेत् ॥ (७०)

दण्डीति । ताक्ष्यमन्त्रेण सकलीकृतकरस्थे अम्भसि अम्भोगृहं चिन्तयेत् । तदन्तः "ठम्" तदन्तः "त्सं" इति अमृतमय तर्जय [तज्जल] प्रोक्षणाद्विषं नाशयेत् । "स" "हः" इमौ दष्टमूर्ध्नि स्थितौ चन्द्रमण्डलगौ चिन्त्यौ । कीदृग्विशिष्टस्य श्वेताम्भोजकरस्य हस्तद्वयस्थेन श्वेताम्भोजामृतेनात्मनि सिञ्चत इत्यर्थः । वर्षितामृतधारौ पृथग्विषघ्नौ । अथ बहुव्रीहिसमासेन वा श्वेताम्भोजकरस्य वर्षितसुधाधारौ । श्वेताम्भोजकरो गरुडः तस्य वर्षितसुधाधारौ । स्वयं गरुडः सन् स्वहस्तश्वेतपद्माभ्यां तस्योपरि वर्षन्तं ध्याययेदिति ॥ (७१)

यष्ट्यां न्यस्येति । वेणुवेत्रयोरेकस्यां । पूर्वोक्तविपतिबीजानि पञ्च क्रमेण विन्यस्य अष्टोत्तरशतं प्राणप्रतिष्ठामन्त्रं च जप्त्वा । रुद्रीभूततनुर्भैरवीकृतविग्रहस्सत्त्वरजस्तमोमयत्रिशिखशूलेन । तच्छिरः सर्पभूताया यष्टेः शिरश्छिन्दन्तमात्मानं ध्यात्वा केनचिच्छस्त्रेण एकैकं बीजन्यासस्थानं छित्वा छित्वा अयसा सह अन्यहस्ते याहीति समर्पयेत् । अथवा

---

1 तंत्वल. 2 मुड्ढमुढ्ठेति. 3 दंशकम् . 4 ज्ञान्तं; ज्ञान्तं. 5 धारौ,

छेदंछेदमयोऽन्वितं[1] मुहुरमुं याहीति दद्याद्बुधो

यष्टिच्छेदनमीदृशं निरुपमं मन्ये विषच्छेदने ॥७२॥

क्षीराम्भःकमलाकरोदरसमुद्भूताम्बुजस्थायिनं

न्यस्ताम्भोवियदिन्दुजान्तविलसन्मूर्धास्यहृन्नाभिकम्[2] ।

व्योमस्थामलताक्ष्र्यशंखगसुधाभिः प्लाव्यमानं नरं

ध्यायेन्मन्त्रवरं[3] स नष्टविषको दष्टस्समुत्तिष्ठति ॥७३॥

खान्तं[4] कलाकाल्युतं स्वहस्तपद्मस्य मध्ये दलपञ्चके च ।

ध्यात्वामृतीभूतकरो नरेन्द्रः स्पर्शेन सर्वाणि विषाणि हन्ति ॥७४॥

॥ इति नारायणीये तन्त्रसारसङ्ग्रहे तृतीयः पटलः ॥

छित्वा छित्वा अयसा सह याहीत्युक्त्वा दष्टाय दद्यात् । एवं कृते स्थितदष्टस्तां यष्टिं शल्यं चादाय गच्छति। बुध इत्यनेन सिद्धमन्त्रेणैव मन्त्रिणा एतत्कर्म कार्यम् । अन्यथा स्वस्य स्ववर्गस्य स्वभवनस्य वाप्यत्यन्तनाशो भवति । (७२)

क्षीराम्भ इति । क्षीराब्धौ मातृकाम्बुजं चिन्तयेत् । दष्टं तस्य कर्णिकायामसृतमण्डले आसीनं चिन्तयेत् । (?) श्वेतस्वरकलाङ्गनास्तन्यधारामृतधारया समुक्षितं । कीदृग्विशिष्टं न्यस्ताम्भोवियदिन्दुजान्तविलसन्मूर्धास्यहृन्नाभिकं । वं मूर्ध्नि, हं आस्ये, ठं हृदि, त्सं नाभौ, द्वादशान्तस्थामलताक्ष्र्यशङ्खसुधया अभिप्लाव्यमानं नरं ध्याययेत् । एवं कृतः स दष्टो नष्टविषकः समुत्तिष्ठति ॥ (७३)

खान्तमिति । स्वहस्तपद्मस्य मध्ये ख इति । दलपञ्चके पञ्चाङ्गुलीष्वित्यर्थः । नरेन्द्रो विषहारी । अमृतीकृतहस्तो नरेन्द्रः स्पर्शनेन सर्वाणि जङ्गमस्थावरविषाण्यपि हन्तीत्यर्थः । अस्य मन्त्रस्य द्वादशसहस्रजपः पुरश्चरणञ्च । अभिवर्षत्रऋषिः, विराट् पङ्क्तिच्छन्दः, अग्निर्देवता । एकैकस्यापि पुरश्चरणं कार्यम् । स्पर्शनवेलायामप्यष्टोत्तरशतमभिमन्त्रयेत् ॥ (७४)

इति नारायणीयतन्त्रसारसङ्ग्रहव्याख्याने तृतीयः पटलः ।

---

1 तां. 2 नासिकम्. 3 मन्त्रिवरः. 4 कान्ता.

अथ रुद्रपटलो नाम चतुर्थः पटलः ॥

वह्निस्थौ पार्श्वतः[1] पूर्वौ दन्तश्रीकौ च दण्डिनौ ।

सकलो लाङ्गली चेति नीलकण्ठीयमीरितम् ॥१॥

वक्षःकर्ण[2]शिरस्स्वेतं[3] न्यसेत् स्तम्भे[4] ससंहृतौ ।

वक्षोऽन्त[5]निर्विषे स्तोभे[6] संवेशे[7] कण्ठपश्चिमम् ॥२॥

हरहृदयाय स्वाहा[8] । कपर्दिने स्वाहा[9] । नीलकण्ठाय स्वाहा[10] ।

कालकूटविषभक्षणाय हुं फट् स्वाहा[11] । फणिने[12] स्वाहा ।

एतान्यङ्गानि तस्य स्युर्देवता च त्रिलोचनः ।

त्रिशिखः कृत्तिवसनः प्रसन्नः पद्मपिङ्गलः[13] ॥३॥

अनुष्णप्रोद्यदादित्यतेजो[14]ज्वालोपवीतकः ।

तेजसा ज्वलयन् सर्वं जटाबद्धेन्दुशेखरः ॥४॥

वह्निस्थाविति । श्री ईकारः प्रों त्रीं ठः हर हर हृदयाय स्वाहा, हृदयाय नमः, कपर्दिने स्वाहा, शिरसे स्वाहा, नीलकण्ठाय स्वाहा, शिखायै वषट् । कालकूटविषभक्षणाय हुं फट् स्वाहा, कवचाय हुं, कर्णिने स्वाहा, अस्त्राय फट् । अङ्गानि । अरुणिः ऋषिः । अनुष्टुप् छन्दः । नीलकण्ठरुद्रो देवता । वक्षःकण्ठशिरस्सु संहारन्यासः । विषस्तोभे च विषसंहारे च, वक्षोऽन्तं सृष्टिन्यासकृतपुरश्चरणे वक्षःकण्ठशिरस्सु क्रमेण मन्त्राक्षराणि विन्यस्य मन्त्रं जपेत् । निर्विषीकरणे वैपरीत्येन न्यसेत् । विषस्तम्भे च

---

1 तत्. 2 कण्ठ. 3 नं. 4 स्तोभे. 5 पक्षोऽन्तं.
6 स्तंभे. 7 सावेरे. 8 ठ, ठ. 9 ठ, ठ 10 ठ, ठ.
11 ठ, ठ. 12 कर्णिने ठ ठ. 13 पीठगः 14 तेजाः.

भुजैः कपालखट्वाङ्गशूलाक्षवलयान् दधन् ।
पूर्वयाम्योत्तरमुखैः सूर्येन्द्वग्निभैर्युतः ॥५॥
ध्यात्वैवं संहरेत् क्ष्वेलं बद्ध्वा शूलमुद्रया ।
कनिष्ठां ज्येष्ठया बध्वा तिस्रोऽन्याः प्रसृतर्जवः ॥६॥
सा शूलमुद्रा मन्त्रार्णा न नामादिषु विन्यसेत् ।
कुर्याद्वर्णैः क्रमात्स्तोभं[1] बद्धसंहारनिर्विषौ ॥७॥
प्लुतेनाद्येन[2] चावेशमन्याभ्यां सङ्क्रमं नयेत् ।
आद्यं सान्त्यं भवेत् पार्श्वविषसंहरणाय च ॥८॥
वामहस्तं प्रयुञ्जीत विषसंहारनाशयोः ।
अन्यत्र दक्षिणं पञ्चवक्त्रो वा स्यादसौ शिवः ॥९॥

विषावेशे वक्षसि शिरसि च बीजद्वयं विन्यस्य तृतीयं कण्ठे विन्यसेत् । अनामामध्यमा-तर्जनीषु करन्यासः । त्रिशिखस्त्रिमकुटः प्रोंकारेण स्तोभं त्रींकारेण बन्धं ठःकारेण संहारनिर्विषौ पञ्चवक्त्रो वा । तदानीमेवं "सौम्यं पञ्चमुखं त्रिनेत्रमुरगाभूषं जटाजूटिनं शूलव्यालकपालपाशपरशुप्रासाग्निखड्गान्वितम् । भस्मोद्भासिततनुं लसच्छशिकलं कापालमा-लाधरं वन्दे भूरिवराभयप्रदकरं श्रीनीलकण्ठं शिवम् ॥" अन्यथाङ्गन्यासः । हरहृदयाय स्वाहा हृदयं, नीलकण्ठाय स्वाहा शिरः, कपर्दिने स्वाहा शिखा, ह्रीं हूं सर्वज्ञाय स्वाहा कवचम् । कपर्दिने फट् स्वाहा अस्त्रम् ॥ कालकूटविषभक्षणाय हुं फट् । अग्निप्राकार-मन्त्रः । "त्र्यक्षराख्यमिमं मन्त्रं प्रणवादिनमोऽन्तिकम् । यजने च जपे न्यासे स्वाहान्तं होमकर्मणि ॥" इति सत्त्वसागरे ॥ (१-९)

---

1 बन्धं. 2 आद्या.

श्रीमान् पार्श्वादि[1]रिन्द्राजौ[2] धान्तदीर्घेन्दुमद्रसः ।

तन्महानीलकण्ठीयं मन्त्रं तारसहान्वितम् ॥१०॥

पूर्वाद्यैराननैर्युक्तः श्वेतपीतारुणासितैः ।

अभयं परशुं चापं वासुकिं च दधद्भुजैः ।

तक्षोपवीतः पार्श्वस्थगौरीरुद्रोऽस्य देवता ॥११॥

संहारनिर्विषस्तोभावेशान्[3] कुर्यात्क्रमान्मुखैः ।

पादजानुगुहानाभिहृत्कण्ठा[4]ननमूर्धसु ॥१२॥

मन्त्रार्णान् न्यस्य करयोर्न्यङ्गुष्ठास्वङ्गुलीषु च ।

तर्जन्यादितदन्तासु सर्वमङ्गुष्ठयोर्न्यसेत् ॥१३॥

[5] ओं नीलाय नमः सह, ओं नीलकण्ठाय नमः । ओं सह ।

अङ्गान्येतानि तस्य स्युः दिशा[6]बन्धश्च तैर्भवेत् ।

शिरोहृन्नेत्रदंशानि गुह्यकुक्षिहृदो गलम् ॥१४॥

श्रीमानित्यादि । अन्यथा मन्त्रः ओं प्रों न्द्रीं ठः ओं नमः, ओं हृदयाय नमः । प्रों शिरसे स्वाहा । न्द्रीं शिखायै वषट् । ठः कवचाय हुं । ओं प्रों न्द्रीं ठः अस्त्राय फट् । अङ्गानि नीलकण्ठाय सह । ध्याने दक्षिणाधोहस्ते अभयं, ऊर्ध्वहस्ते चापं, पार्श्वस्थगौरीरुद्राय सह । अस्य मन्त्रस्य देवता । तर्जन्यादि तर्जन्यन्तमष्टाक्षराणि । अङ्गुष्ठयोः सर्वं, पादजानुगुहानाभिहृत्कण्ठाननमूर्ध्वस्वक्षरन्यासः गुहा गुह्यं, नीलकण्ठाय नमः हृदयम् । सह शिरसे स्वाहा ओं शिखा । नीलकण्ठाय नमः कवचम् ।

---

1 पार्श्वम्नि. 2 ठान्त. 3 स्तोभौ वेशात्. 4 कर्णा.
5 ओं नीलकण्ठाय नमःसह ओं नीलकण्ठाय. 6 बन्धं च ; दिशां बद्धश्च.

दंशं शिरःकुक्षिगले हृद्बाहू नेत्रमूर्धनी ।

कुक्षिदंशगले मूर्धनेत्रश्रोत्रहृदो गलम् ॥१५॥

कर्णाङ्घ्रिगुह्यजठरनेत्रश्रोत्रभुजा[1] हृदः[2] ।

कर्णं[3] दंशं तदूर्ध्वाधः श्रोत्रमूर्धगुह्यस्तनाः ॥१६॥

दष्टाङ्गेष्वेषु मन्त्रार्णान् न्यसेन्मन्त्री पृथक् क्रमात् ।

संहारे निर्विषे स्तोभे सावेशे स्तम्भकर्मणि ।

एवमेतेन मनुना कुर्यान्मन्त्री विषक्रियाः ॥१७॥

[4]ओं नमो भगवते नीलकण्ठ अमलकण्ठ,

सर्वज्ञकण्ठि क्षिप ओं ठ ठ ।

अमलं नीलकण्ठीयमेतत्सर्वविषापहम् ।

विसर्पदन्तशूलाक्षिरोगांश्चानेन नाशयेत्[5] ।

[6]एते मन्त्रास्त्रयस्सर्वानातङ्कान्नाशयन्ति च ॥१८॥

सह अस्त्रं, अङ्गानि। आर्ष्टिषेण ऋषिः । अनुष्टुप् छन्दः । महानीलकण्ठरुद्रो देवता । दिशां बन्धश्च तैर्भवेदिति । चतुर्भिरंशैः चतुर्दिक्षु अस्त्रेण कोणेषूर्ध्वाधश्च विषसंहाराद्येकैकस्मिन् कर्मणि अनेन मन्त्रेण एते न्यासाः पृथक् कर्तव्याः । शिरोहृदीत्यारभ्य गुह्यस्तना इत्यन्तानि। तदूर्ध्वाधः ॥ (१०-१७)

ओं नम इति । ओं नमो भगवते नीलकण्ठ ठि । अमलकण्ठ ठि क्षिप ओं स्वाहा । अमलंऋषिः । आकृतिश्छन्दः । अमलनीलकण्ठरुद्रो देवता । स्वेनैव पञ्चाङ्गानि । द्वादशसहस्रं जपः । पुरश्चरणम् । सर्वविषापहमेतत् ।

---

1 कण्ठा. 2 भुजं. 3 कण्ठं. 4 ओं भगवते नीलकण्ठ थि अमलकण्ठ थि क्षिप ओं ठ, ठ. 5 साधयेत्. 6 एवं.

ओं नमो भगवते क्षुद्राश[1] छिन्द हिर-

ज्वलितपरशुपाणये ठ ठ ।

ओं नमो भगवति णीसचण्ठि[2] णिर्मसाक्षि नागरूपिणि

एह्येहि शीघ्रं संहर पर परि हुम् फट् ठठ ॥

सर्पक्ष्वेलापहौ[3] मन्त्रौ द्वावेताभिमन्त्रणात् ।

न्यसेज्ज्येष्ठादिभूतानि[4] तर्जन्यादि च पन्नगान् ॥१९॥

शषसहखचां[5] पां ऊं यो या द्रां दिं ख्रि सः ।

ब्रह्मा विष्णुः खगश्चैते न्यसेदाद्यौ च भूतवत् ॥

अनुलोमविलोमाभ्यां चतुर्धा विन्यसेत् खगम् ॥२०॥

के वक्त्रे हृत्कटीपादेष्वथ भूतानि विन्यसेत् ।

शिरोभुजोरुपादेषु नागानष्टौ च विन्यसेत् ॥२१॥

ब्रह्मविष्णू[6] च पार्श्वस्थौ खगं विपतिवन्न्यसेत्[7] ।

आत्मानं भैरवं ध्यायेत् कल्पान्तार्कानलप्रभम् ॥२२॥

ओं नम इति । ओं नमो भगवते रुद्राय छिन्द छिन्द विषज्वलितपरशुपाणये स्वाहा । ओं नमो भगवति नीलकण्ठि निर्मलाक्षि, नागरूपिणि, एह्येहि, शीघ्रं संहर संहर, परपर, परिपरि, हुं फट् स्वाहा—विषापहौ ॥

न्यसेज्ज्येष्ठादीत्यादिना एकादशरुद्राणां सामान्येन सकलीकरणं ध्यानञ्चोच्यते । लं पृथिव्यै नमः । वं अद्भ्यो नमः । रं अग्नये नमः । यं वायवे नमः । हं आकाशाय नमः ।ज्येष्ठादिकनिष्ठिकान्तं उभयोः करयोः तर्जन्यादि । पन्नगांश्च । अनन्ताय नमः ।

---

1 खिखिन्द. 2 णिसयण्ठि. 3 सर्व. 4 ज्येष्ठानि.

5 खर् यां पां ऊंयों यः ओं द्रां द्रीं ख्रीं सः. 6 ब्रह्मा विष्णुश्च.

7 पादादि बि.

व्याघ्रचर्मवसं देवं गजचर्मावगुण्ठितम् ।
ऐन्द्रमण्डलमध्यस्थं व्यालयज्ञोपवीतिनम् ॥२३॥
कपालमालिनं भीममष्टनागविभूषणम् ।
श्मशानभस्मलिप्ताङ्गं जटाबद्धेन्दुशेखरम् ॥२४॥
नेत्रैः साग्निकणैर्युक्तमष्टादशभुजं हरम् ।
सृगं परशुबाणौ[1] च खड्गं विद्युत्त्रिशूलकम् ॥२५॥
ध्वजं वरदवह्नी[2] च दधानं दक्षिणैर्भुजैः ।
अक्षमालागुणेष्वासान् खेटकं चास्थिघण्टिके ॥२६॥

वासुकये नमः । तक्षकाय नमः । कार्कोटकाय नमः । पद्माय नमः । महापद्माय नमः । शङ्खपालाय नमः । गुलिकाय नमः । दक्षिणतर्जन्यादिवामतर्जन्यन्तं शषसहखर् ब्रह्ममन्त्रः । ज्येष्ठादिकनिष्ठान्तं मन्त्राक्षराणि न्यसेत् । चां पां ऊ यों यः विष्णुमन्त्रः । ओं द्रां द्रीं क्ष्रीं सः तार्क्ष्यमन्त्रः । अङ्गुष्ठमारभ्य कनिष्ठिकान्तं पुनरपि कनिष्ठिकामारभ्य अङ्गुष्ठान्तं दक्षिणहस्ते विन्यस्य सव्यहस्तेऽपि तथा विन्यसेत् । खगमेवं चतुर्धा विन्यसेत् । के शिरसि वक्त्रे हृत्कटीपादेषु(?) भूतानि विन्यसेत् । अनन्तगुलिकाभ्यां नमः शिरसि । वासुकिशङ्खपालाभ्यां नमो भुजयोः । तक्षकमहापद्माभ्यां नम ऊर्वोः । कार्कोटकमहापद्माभ्यां नमः पादयोः । पूर्वोक्तं ब्रह्ममन्त्रं दक्षिणपार्श्वे व्यापकत्वेन विन्यसेत् । विष्णुमन्त्रं वामपार्श्वे । ओं द्रां द्रीं क्ष्रीं सः इति यस्तार्क्ष्यमन्त्र उक्तः तस्मादेकैकमक्षरं पादगुह्यहृदयमुखमूर्धसु न्यसेत् । व्यालयज्ञोपवीतिनम् उरगब्रह्मसूत्रमित्यर्थः । त्रिशूलं त्रिशिखशूलं गुणमेकशिखशूलं । "अस्थिखट्वाङ्गशूलानि जटानागाजिनोरगाः । भस्महुंकार इत्यष्टौ मुद्रा भैरवभूषणाः" ॥ (१८-२६)

---

1 पाणौ. 2 वह्निं च.

धनाभयौ कपालं च वहन्तं वामबाहुभिः ।

[1]
व्योमरूपाय सर्वव्यापिने रक्ष हंसविद्याधिपतये ठ, ठ ।

विद्याधिपतिरुद्रोऽयं मन्त्रस्सर्वार्थसाधकः ॥२७॥

[2]
ओं क्षि छिन्द पक्षि षङ्ग सूक्ष्मविषं ककद्ध

[3]
भ्रम भ्रामय निकृन्तय विषशत्रुरुद्रो ज्ञापयति स्वाहा ।

विषारिरुद्रनामैष मन्त्रेशः पूर्ववद्भवेत् ।

ओं त्वगसृङ्मांसमेदोमज्जास्थिधातुप्राणगतं निवर्तय विषम्

अनेकक्रीडनकर सर्वकर्मकर रुद्र तिटि वितिटि ठ ठ ॥

[4]
तिटिरुद्रो विसर्पघ्नो विषहृत्पायसादनात् ।

[5] [6]
द्यूतादिक्रीडया वापि तदाचमनयाचनात् ॥२८॥

[7]
ओं चिसि हिर जर्भक्षुद्राश वषहिरर

[8]
अष्टानां नागकुलानां नवानां गोनसानां षोडशपितृकाणाम्

एकविंशतिव्यन्तराणामाहर विषज्वालामुख

[9]
विषभक्षक, विषघातक ह्रीं खेचर,

धनेति । ओं व्योमरूपाय सर्वव्यापिने क्ष क्ष हं स हंस विद्याधिपतये स्वाहा । विद्याधिपतिरुद्रः सर्वार्थसाधकः । ओं क्षि क्षि छिन्द छिन्द पक्षि पक्षि रङ्ग रङ्ग

---

1 व्योमपुपाश र्लव्यापिणे 2 षंज, पूक्ष्म हिरं चतु. 3 ठ ठ.
4 श. 5 क्रियया. 6 तदायमनयाचनात्.
7 आं चिसिहिरजर्भषुद्राशवषहिर. 8 अष्टानां नाजयुषाणां. 9 विषभक्ष.

हूं निर्विषोऽसि ठ, ठ ।

एष विषगर्भरुद्रो गोनसादिविषं हरेत् ।

कार्पासगृहदाहस्य त्रिपुरोपरमस्य वा ॥२९॥

मार्जारकुक्कवाकूनां तथा महिषपोलिणाम् ।

कल्होत्थकथाः[1] कार्या विविधा विषहारिणा ॥३०॥

ओं नमो भगवते पक्षिषुद्राश हिरलुसमुत्थापय,

दष्टं कम्पय, जल्पय, कालदष्टमुत्थापय, अल चयल

मूर्च्छामपहर, षुद्र गच्छ, बन्ध, चट,

चुट्ठ तोल्य मुष्टिना संहर विषम्[2] ॥

सूक्ष्म सूक्ष्म विषं कट्ठु कट्ठु भ्रम भ्रम भ्रामय निकृन्तय निकृन्तय। विषशत्रुरुद्रो ज्ञापयति स्वाहा । विषारिरुद्रः । ओं त्वङ्मांसरुधिरमज्जास्थिस्नायुप्राणगतं निवर्तय, विषमनेकक्रीडन-सर्वकर्मकर रुद्र रुद्र तिटि तिटि वितिटि वितिटि स्वाहा तिटिरुद्रः । तदाचमनयाचनात् तेन मन्त्रेण दष्टं प्रति पानीययाचनादित्यर्थः । तुटि तुटि वितुटि वितुटि स्वाहा । तुटिरुद्र इति व्याख्यानपाठः ॥

ओं चिसीति । ओं किलिविषगर्भरुद्राय हर विषमष्टानां नागकुलानां नवानां गोनसानां षोडशपितृकाणां एकविंशतिव्यन्तराणाम् आहर विषज्वालामुख विषभक्षक विषघातक ह्रीं खेचर हूं निर्विषोऽसि स्वाहा । विषगर्भरुद्रः (कुक्कवाकुः = கோழி) ॥ (२७-३०)

ओं नम इति । ओं नमो भगवते पक्षिरुद्राय विषसुप्तमुत्थापय दष्टं कम्पय कम्पय जल्पय जल्पय कालदष्टमुत्थापयोत्थापय, लल चल चल मूर्छामपर हरापहर रुद्र गच्छ गच्छ बन्ध बन्ध चट चट चुट्ठ चुट्ठ तोल्य तोल्य मुष्टिना संह-

---

1 त्थाः. 2 विषं ठ, ठ.

पक्षिरुद्रमिमं[1] जप्त्वा[2] व्योममुद्रामनुस्मरन् ।

आच्छादनपटाकर्षाद्दष्टमुत्थापयेद्बुधः ॥३१॥

कपोतपारावतयोः कथया शिखिकाकयोः ।

[3]ग्रामदाहादिकथनात् वारणागमनादपि ॥३२॥

ओं नमो भगवते युद्राश र्ल्वहिरोत्सादनकर,

[4]स्थावरजङ्गमकृत्रिमाकृत्रिमविषमुपविषं नाशय,

लालाविषं, दष्टविषं लीढविषं घातकविषं नाशय,

[5]धग भूर्म मर [6]मेघान्धकारादमृतशरधारामाकर्षय

विषं निर्विषीभव, संहर, गच्छ, नाशय ठ ठ ॥

विषोत्सादनरुद्रोऽयं नाम्ना मन्त्री स्मरन्नमुम् ।

कुर्यात् कथां सकान्तस्य मद्यपस्य [7]कपालिनः ॥३३॥

दावाग्निदग्धवृक्षस्थः प्लवङ्गः पतितो भुवि ।

तुषारवृष्टिगर्भेण मरुताप्यायितः शनैः ॥३४॥

संहर विषं स्वाहा इमं पक्षिरुद्रमनुस्मरन् जप्त्वा मुद्रां बद्ध्वा छादनपटाकर्षणात् बुधो दष्टमुत्थापयेत् ॥ (३१-३२)

ओं नमो भगवत इति। ओं नमो भगवते रुद्राय सर्वविषोत्सादनकर स्थावरजङ्गमविषं नाशय नाशय, कृत्रिमाकृत्रिमविषं उपविषं नाशय नाशय। लालाविषं

---

1 बध्वा. 2 बध्वा. 3 कथया.
4 जङ्गमविषं नाशय, कृत्रिमाकृत्रिमविषं नाशय, लालाविषं. 5 डम मड ल्मष.
6 अन्धकारधारां. 7 कलापि नः.

स्निग्धं पत्रप्रसूनाढ्यं[1] वृक्षमारूढवानिति ।

कथा[2] वा विषनाशाय नदीसंपूरणस्य वा ॥३५॥

ओं[3] रुद्र किरातरूपधारिणे लीनविषबन्धोऽसि

मुद्रितोऽसि कीलितोऽसि तिष्ठ माचल सिमि समानय ठ ठ ॥

हन्यात् किरातरुद्रोंऽयं ज्वर[4]बालग्रहादिकान् ।

संस्तम्भस्तोभसङ्क्रामक्रीडाकर्माणि[5] चावहेत् ॥३६॥

शबरस्य क्षुधार्तस्य भार्यापुत्रान्वितस्य च ।

सर्पादनेकथा कार्या तथौदुम्बरभक्षणे ।

शबराहतहस्तीन्द्रमरणे वा विषापहः ॥३७॥

लीढविषं दष्टविषं घातकविषं नाशय नाशय । धग धग दम दम मद मद समर समर, मेघान्धकारादमृतशरधारामाकर्षयाकर्षय । विषं निर्विषीभव संहर संहर गच्छ गच्छ नाशय नाशय स्वाहा । विषोत्सादनरुद्रः । कपालव्रतनिष्ठः कापाली ॥ (३३-३५)

ओमिति । ओं ह्रीं रुद्र किरातरूपधारिणे विषबन्धोऽसि मुद्रितोऽसि कीलितोऽसि तिष्ठ तिष्ठ मा चल मा चल सिमि सिमि सिमिर सिमिर समानय समानय स्वाहा । एष किरातरुद्रः सर्वातङ्कान् हन्यात् ॥ (३६-३७)

---

1 प्रसूनाद्यैः. 2 कथां. 3 ह्रीं षुद्र चिषाटषूपठाषिणे हिरवन्धोलि मुद्रितोऽसि कीलितोऽसि तिष्ठ मा।चल सिमि सिमिरं समानय, ठ, ठ । 4 ज्वल. 5 कर्मणि.

हिरभक्ष रुद्र भक्षय हिरं वस्त्रगतमपहर विषं

नाशय विषमाहराहर, सन्निकाशममृतसदृशं कुरु ।

तद्यथा विस्तरं विषं तुड तुण्डे हर हुङ्कारिणि ठ ठ ।

एष विषभक्षरुद्रो[1] वस्त्रबन्धाद्विषं[2] हरेत् ॥३८॥

नगरध्वंसनं[3] वाथ शूकशाल्यादिभक्षणम् ।

कथा कापालिनीं दुष्टां चाधिकृत्य विषापहा ॥३९॥

निसि[4] टिलि रुद्राङ्कुशमुद्रयाकर्षय अमृतदष्टकान्योजनगतान्

संह्लादय कालदष्टमाहर पूलिनि ठ ठ ।

रुद्राङ्कुशोऽभिहन्तासौ राजिलादिविषं हरेत् ।

बद्धामङ्कुशमुद्रां च सप्त जप्तां विसर्जयेत् ॥४०॥

तया तुन्ना ग्रहग्रस्ताः शीघ्रमायान्ति तं प्रति ।

ऋजुमध्याक्रान्तपूर्वभागा तर्जन्यधोमुखी ॥४१॥

हिरेति । ओं विषभक्षरुद्र भक्षय विषं वस्त्रगतमपहर विषं नाशय विषमाहराहर सन्निकाशममृतसदृशं कुरु । तद्यथाविस्तरं विषं तुद तुण्डे हर हुंकारकारिणि स्वाहा । विषभक्षरुद्रः तस्य शरीरस्थं विषं मन्त्रेण दंश एव संकुचीकृत्य पुनस्तेनैव मन्त्रेण दंशात् स्वीकृत्य वस्त्रे दृढं बद्ध्वा तद्वस्त्रं दूरे प्रक्षिपेत् । एवं कृते विषं नश्यति । (३८-३९)

निसीति । ओं टिलि टिलि टिलि टिलि रुद्र अङ्कुशमुद्रया आकर्षयाकर्षय अमृतदष्टकान् योजनगतान् संह्लादय संह्लादय, कालदष्टमाहर आहर, पूलिनि स्वाहा ।

---

1 विषगर्भ. 2 वस्त्रे बद्धं विषं क्षिपेत्. 3 नगप्रध्वंसनं.

4 निमि निलि पुद्राङ्कुयमुद्रशा चपश अमृत

विज्ञेयाङ्कुशमुद्रेति ज्येष्ठा बद्धाऽपराङ्गुलिः ।

पलाशगुग्गुलुक्षीरवृक्षबिल्वाज्यहोमतः ॥४२॥

अपमृत्युविनाशः स्यात् सततं वाभियोगतः ।

1

स्वेच्छया गृहनागैश्च तत्कन्याभिश्च नित्यशः ॥४३॥

रमते मन्त्रविद्ध्यानजपहोमादितत्परः ।

असिपञ्जरया बद्धः[साध]खादकास्त्रनियोजितः ॥४४॥

स्तंभकानां नरेन्द्राणां मन्त्रान् छिन्द सुरेश्वर ।

तद्यथा किरीटि खादय, च्छिन्द, स्फोटय,

सहस्रखण्डं कुरु, परमन्त्रान् छिन्द, छिन्नोऽसि रैं रां ठ ठ ।

किरीटिरुद्र इत्येष मन्त्रः शत्रुविनाशकृत् ॥४५॥

परसिद्ध्यपहारी स्यात् तदुद्दिश्य जपादिना ।

ओं नमः पिङ्गल महाप्रेताधिपतये षोडश-

ऋजुमध्येति । ऋज्वा मध्यमया आक्रान्तपूर्वभागा । सैवाधोमुखीत्यर्थः । अथवा ऋजुमध्यमया आक्रान्तः पूर्वभागो यस्यास्तर्जन्याः सा ऋजुमध्याक्रान्तपूर्वभागा । आक्रान्तपूर्वभागेत्यस्यैव विवरणम् । अधोमुखीति । ज्येष्ठा बद्धापराङ्गुलिः कनिष्ठानामिके अङ्गुष्ठेनानते इत्यर्थः । अभियोगोऽभ्यासः । (४०-४३)

रमत इति । "असिपञ्जरया बद्धः[साध]खादकास्त्रनियोजितः । स्तम्भकानां नरेन्द्राणां मन्त्रान् छिन्द सुरेश्वर" । तद्यथा —ओं किरीटि किरीटि खादय खादय छिन्द छिन्द, स्फोटय स्फोटय, सहस्रखण्डं कुरु कुरु परमन्त्रान् छिन्द छिन्द, छिन्नोऽसि छिन्नोऽसि रैं रां स्वाहा । किरीटिरुद्रः ॥ (४४-४५)

ओं नम इति । ओं नमः पिङ्गल महाप्रेताधिपतये षोडशसहस्रपरिवार

---

1 ख.

सहस्रपरिवार खुं, वुमुद्धृताङ्गुल्या अमुकं
भक्षय, भक्षापय, महाविषं ठ ठ ॥
नाम्ना पिङ्गलरुद्रोऽयं सर्पक्रीडाकरो मनुः ॥४६॥

विनिर्मितं गोशकृता भुजङ्गं रात्रौ सपत्नाभिमुखं समर्च्य ।
मन्त्रेण शत्रुं मम भक्षयेति तं प्रेषयेत् सोऽपि तथैव कुर्यात् ॥४७॥

अङ्गारेण चिताभुवा विलिखितं पक्केतरे[1] पूर्ववत्
मृत्पात्रे मनुमन्त्रितं द्विरसनं गन्धादिनाऽभ्यर्च्य[2] च ।
शत्रोर्मे भवनं व्रजेत्यभिहिते तस्मिन् पुनः प्रेषिते
तस्य स्यादहिदर्शनं[3] प्रतिपदं नित्यं भयोद्वेगकृत् ॥४८॥

वल्मीकसर्पकरणे गुरुवाञ्छयैकं[4]
खादेदहिः प्रतिदिनं नगरेऽन्यतो वा ।
तेनैव तद्विषलयः क्रियते यथैव
दैत्येश्वरस्य नरकेसरिणा विनाशः ॥४९॥

खुं खुं उद्धृताङ्गुल्यामुकं भक्षय भक्षापय - महाविषं स्वाहा । पिङ्गलरुद्रः । पक्केतरे अपक्के । द्विरसनः सर्पः ॥ (४६-४८)

वल्मीकेत्यादि । वल्मीकसर्पकरणे वल्मीकं लिखित्वा पुनस्तस्मान्निर्गच्छन्तं सर्पं च लिखित्वा मन्त्रेणाभिमन्त्र्य कुत्रचिन्निहिते सति प्रतिदिनमेकं पुरुषं गुरुणा निर्दिष्टं खादति । किमर्थमेतदित्याकाङ्क्षायां न शत्रुर्यदा स्वानुकूलो भवति तदा तद्विषलयश्च

---

1 पक्षे. 2 भ्यर्चितः. 3 दिनं. 4 निजवाजवैकं.

मन्त्रानेकादशैतान् महितगुरुमुखात्साधु संगृह्य लक्षं

जप्त्वा संपूज्य रुद्रं पुनरपि च जपेद्यः शिवाग्रे सहस्रम् ।

सिद्ध्येयुस्तत्र तत्र प्रतिमनुकथिताः सिद्धयस्तस्य सर्वाः

देहान्ते च प्रपद्येत्(?)स्वगृहमिव शिवैकास्पदं रुद्रलोकम् ॥५०॥

ध्यानक्रियाढ्या इति रुद्रमन्त्राः,

समीरिताः कांक्षितकल्पवृक्षाः ।

गोप्याः प्रयत्नेन पुनर्द्विजेन्द्रैः[1],

अमी वहद्भिः परमेश्वराज्ञाम् ॥५१॥

किं नैतेषां रुद्रनाम्नां मनूनां

सामर्थ्यं हि व्यज्यते तावतैव ।

एतैर्भक्ताः केचिदेकादशोच्चै-

रिष्ट्वा रुद्रं रुद्रतां च प्रपेदुः(?) ॥५२॥

इति नारायणीये तन्त्रसारसङ्ग्रहे चतुर्थः पटलः ।

तेनैव मन्त्रेण तेन मन्त्रिणैव क्रियते नत्वन्यस्याशक्यं, किंमित्याकाङ्क्षायां अशक्यमित्याह-यथैवेति ॥ (४९-५०)

ध्यानेति । एतेषां रुद्रनाम्नां मनूनां तावतैव न व्यज्यते किं? केचिद्भक्ताः एतैर्मन्त्रै रुद्रमिष्ट्वा एकादशरुद्रतां प्रपेदुर्यत्तावतैव ॥ (५१-५२)

इति नारायणीयतन्त्रसारसङ्ग्रहव्याख्याने चतुर्थः पटलः

---

1 सदा नरेन्द्रैः.

॥ अथ पञ्चमः पटलः ॥

कवचास्त्रनिरुद्धेऽथ देशे स्थित्वा समाहितः ।

सर्पाह्वानं प्रकुर्वीत शुचिविद्याविशोधितः ॥१॥

पापक्षशचषि ज्वासिणि पापं मे डव ठ ठ ।

कथिता शुचिविद्येयं सर्पेभ्यो[1] रक्षति ध्रुवम् ।

आगच्छन्तु महानागाः अणन्तजुलिय-

हालुयिशङ्खपालतक्षयमहापद्मकार्कोटयपद्माः ।

गरुडस्येयं विद्या हिलिमातङ्गिनि ठठ ।

मन्त्रेण सर्पानाहूय लिंगैर्जानातु दंशकम् ॥२॥

कवचेति । हुंकारफट्काराभ्यां अग्निप्राकाराभ्यां अग्निप्राकाररूपेण विशिष्टदेशस्य रक्षां कृत्वा स्वस्वाधीतमन्त्रकवचास्त्राभ्यां वा कृत्वा शुचिविद्यया चात्मनो व्यापकन्यासं कृत्वा सर्पाणां विशेषपरिज्ञानार्थमागच्छन्तु महानागा इतीमां विद्यां जप्त्वा सर्पाह्वानं कुर्यात् । आगते सति लिङ्गादिनायं सर्पो दंशक इति जानीयात् । तदुक्तं कौटिल्य-मित्यादिना ॥ (१)

पापेति । ओं पापक्षयकरि ज्वालिनि पापं मे दह दह स्वाहा । इयं शुचि-विद्या । आगच्छन्तु महानागा अनन्तगुलिकवासुकिशङ्खपालतक्षकमहापद्मकार्कोटकपद्माः । गरुडस्येयं विद्या । हिलि हिलि मातङ्गिनि स्वाहा ॥ (२)

---

1 सर्वेभ्यो

कौटिल्यं भोगसङ्कोचः श्वासो नेत्रार्धमीलनम् ।

गूहनं स्वल्पचेष्टा च दंशकोरगलक्षणम् ॥३॥

तस्यान्वयं पुनर्ज्ञात्वा लिङ्गस्थानाशनादिभिः ।

नागमन्त्रैस्तु कर्तव्यं तत्तद्दृष्टचिकित्सितम् ॥४॥

रेखाङ्कितगलश्शूलल्लसन्मूर्धा सदाटनः ।

अर्धचन्द्राङ्कितोरस्को नागः कार्कोटकः स्मृतः ॥५॥

सदा निमेषकः कण्ठरेखात्रितयभूषितः ।

मूर्ध्नीन्दीवरचिह्नश्च महापद्म उदाहृतः ॥६॥

पद्मबिन्दुलसन्मूर्धा दक्षिणापाङ्गवीक्षकः ।

शीघ्रगामी च सततं तक्षकस्समुदाहृतः ॥७॥

कृष्णमस्तकलसद्बिन्दुः स्तब्धाक्षश्शेष उच्यते ।

शङ्खाङ्कितशिराः शङ्खपालः पश्यन् मुहुर्मुहुः ॥८॥

वासुकिस्स्वस्तिकशिराः वामपार्श्वनिरीक्षकः ।

पुच्छसञ्चलनः पद्मः पद्मभूषितमस्तकः ॥९॥

शिष्टः सर्वाहिचेष्टाकृच्छिरःकम्पी प्रकोपनः ।

नागानां वंशजास्सर्पाः तत्तल्लक्षणसंयुताः ॥१०॥

पूर्वाह्णचारिणो विप्राः सर्पा ये वायुभक्षकाः ।

धनागारे वनोद्देशे पर्वते च वसन्ति ते ॥११॥

कौटिल्यमिति। नागमन्त्रैः प्रतिनागं वक्ष्यमाणैः। सदाटनःगमनशीलः। शिष्टो गुलिकः। पूर्वाह्णमध्याह्नापराह्णदश दशनाडिकाः। उद्देशः समीपः॥ (३-११)

नृपाः सरोजषण्डादौ रमन्ते मूषिकाशनाः ।
मध्याह्नचारिणो जीर्णसालप्राकारवासिनः ॥१२॥
रथ्यायां चत्वरे वृक्षकोटरे च वसन्ति ये ।
मण्डूकभक्षाः ते वैश्याः[1] सर्पाः सायंचराः स्मृताः ॥१३॥
गोगृहे[2] यज्ञशालायां जीर्णकूपे चतुष्पथे ।
वृक्षे कण्टकसङ्कीर्णे द्वीपे वा जलसन्निधौ ।
वसन्ति वृषलाः सर्पाः सर्वभक्षा निशाचराः ॥१४॥
पुष्पाशी वा द्विजः क्षीराद्याहारः स्यान्नृपोरगः ।
वैश्यो लवणमांसाशी न शूद्रस्याशने स्थितिः[3] १५॥
देवागारे सभास्थाने क्षेत्रे शून्यगृहेऽथवा[4] ।
पलाशाश्वत्थवृक्षे च वसन्ति ब्राह्मणोरगाः ॥१६॥
उदुम्बरवटप्लक्षशिंशुपार्जुनशाखिषु ।
अपस्कर[5]प्रदेशेषु कुड्यादौ[6] च नृपोरगाः[7] ॥१७॥

नृपा इति। षण्डं समूहं । सालं = மதில் । प्राकारं = കിടങ്ങ് । (१२)

रथ्यायामिति। रथ्या = കൈതെരുവ് । चत्वरं = മൂന്നുകൂടിയവഴി । वृक्षकोटरं=பாம்பொந்து । मण्डूकं=தவளை । सायम्=ஸாயாஹ்நம் ॥ (१३)

गोगृहेति । पलाशं = പാശ്ശ് । अश्वत्थं = അരയാൽ । उदुम्बरं = அத்தி । वटं = പേരാൽ । प्लक्षं = ഇത്തി । शिंशुपा = ഇരുവുൾ । अर्जुनं = നീർമരുത് । अपस्करं = കുപ്പ ॥ (१४-१७)

---

1 सैन्याः. 2 गेहे. 3 स्थितः. 4 तथा.
5 अवस्कार 6 कुल्यादौ 7 नृपाह्वयाः

विशो वसन्त्यम्बुतटे तथा कण्टकशाखिषु[1] ।
शूद्रा वसन्ति सर्वत्र सर्वे वल्मीकवासिनः ॥१८॥
विप्रादयो हविः पुष्पहिङ्गुफल्गुषगन्धिनः ।
यदोक्तो यस्य सञ्चारः स एवाहिस्तदा दशेत् ॥१९॥
पूर्वपार्श्वद्वयीपृष्ठेष्वादशन्ति[2] द्विजादयः ।
अशक्तिः पन्नगीदष्टे सर्पदष्टे बलं भवेत् ॥२०॥
पूर्वाह्णे चापराह्णे च दष्टेऽशक्तिर्बलं क्रमात् ।
निशावासरसन्ध्यासु बलवन्तः स्त्रियादयः ॥२१॥
एकाङ्गुलं स्याद्दंशानां मध्यं[3] बालेन दंशिते ।
सर्पेण द्व्यङ्गुलं यूना वृद्धैस्तु[4] त्र्यङ्गुलं तथा ॥२२॥
पूर्वाह्णे बलवान्बालो मध्याह्ने स्याद्बली युवा[5] ।
वृध्द्धोऽपराह्ण इत्येवं विद्याद्रात्रौ च तद्बलम् ॥२३॥
एवं बलानुसारेण कुर्वीत विषनिग्रहम् ।
विप्रराजोरगविषमनुवर्तनया हरेत् ।
अन्यसर्पविषं[6] विद्वान् बलात्कारेण संहरेत् २४॥

विप्रेति । फल्गुषं = மாம்ஸம் । यस्याहेः यस्मिन् काले संचार उक्तः तदा स एव दशेत् ॥ (१९)

पूर्वेति । अन्यदष्टे नपुंसकदष्टे पुरुषे । पूर्वाह्णे च अपराह्णे च क्रमादशक्तिर्बलम् ॥ २०

विप्रेति । अन्यसर्पविषं - वैश्यशूद्रव्यन्तरविषम् ॥ (२४)

---

1 कर्णक. 2 आदिशन्ति. 3 मध्ये. 4 वृद्धेन. 5 युवा फणी. 6 बलं.

खर् छर् अणन्त वृड शाश षु(फु): ठ ठ ।

एतं मन्त्रमयत्नेन भेरीशङ्खादिनिस्वनात् ।

अनन्तान्वयजाताहिदष्टस्याशु विषं हरेत् ॥२५॥

ओं हूं शं वासुकिहृदयाय फुः ठ ठ ।[1]

वासुकेरन्वयविषं हरेदेष तु पूर्ववत् ।

ओं मुं तक्षकहृदयाय फुः ठ ठ ।[2]

अब्रह्मण्यरुतेनैष तक्षकाहिविषं हरेत् ॥२६॥

स्फुर स्फोटय हुं कार्कोटकहृदयाय फुः ठ. ठ ।[3]

छिन्द मुञ्च राहो पद्म हृदयाय फुः ठ. ठ ।[4]

मन्त्रौ कार्कोटपद्माहिविषघ्नौ सर्वथा स्मृतौ ।

ओं हः महापद्महृदयाय फुः ठ ठ ।[5]

महापद्मान्वयविषं हरेन्मन्त्रस्त्वयं[6] परम् ॥२७॥

खर् छरिति। ओं खर् छर् अनन्तहृदयाय फुः स्वाहा ओं हूं शं वासुकिहृदयाय फुः स्वाहा । ओं मुं तक्षकहृदयाय फुः स्वाहा। अब्रह्मण्यरुतं अविधारुतम् । ओं स्फुर स्फोटय फुः कार्कोटकहृदयाय फुः स्वाहा । ओं दह दह पच पच छिन्द छिन्द मुञ्च मुञ्च राहो पद्महृदयाय फुः स्वाहा। ओं हः महापद्महृदयाय फुः स्वाहा । ओं हंसः

---

1 हूं तं हालुयिवृडशाष फुः ठ ठ । 2 मुं टक्षयवृडशाश फुः ठ ठ ।

3 स्फुष स्फोतशषुः (फुः) चार्कोतच वृडशाश षुः (फुः) ठ ठ.

4 डह - पक - विम्द मुञ्ञा - राहो पद्मवृडशाशा षुः (फुः) ठठ.

5 हः मवापद्मवृडशाश षुः (फुः) ठ ठ. 6, मन्त्रमिदं पदम्.

गृहदाहादिकथनात्[1] गीतवाद्यादिनापि वा।

[2] ओं हंसः शङ्खपालहृदयाय फुः ठ ठ।

शङ्खपालान्वयविषं मनुरेष[3] विनाशयेत् ॥२८॥

द्यूते वराटिकोत्तानभङ्गस्तद्विषहामुना।

भुक्त्वैकविंशतिग्रासान् दधिभक्तस्य मन्त्रितान् ॥२९॥

कं देहीत्युदितो दष्टो[4] निर्विषोऽम्भः प्रयच्छति।

यां कामपि[5] कथां तत्र विषघ्नीमथवा वदेत् ॥३०॥

[6] ओं कुक्षिक्षुः गुलिकहृदयाय फुः ठ ठ छिन्द मुञ्च।

[7] शर्करा राजिका वांभो मन्त्रेणानेन[8] मन्त्रितम्।

क्षिप्ता[9] दिगन्तरे सद्यो गौलिकाहिविषं हरेत् ॥३१॥

शङ्खपालहृदयाय फुः स्वाहा। वराटिका कपर्दिका। द्यूतं कुरु। दष्टेन सह मन्त्रं जप्त्वा कपर्दिकाभिः द्यूतं कुर्यात्(?)। ताः कपर्दिका उत्तानेन पतन्ति यदि तदानेन मन्त्रेण ता भिन्द्यादित्यर्थः। अनेन मन्त्रेण मन्त्री (त)द्दधिभक्तस्य एकविंशतिग्रासान् भुक्त्वा कं जलं देहीति गुरुणा उदितो दष्टो निर्विषो भूत्वाम्भः प्रयच्छति। ओं कुक्षिक्षुः गुलिकहृदयाय फुः स्वाहा। अनेन शर्करां जप्त्वा दिगन्तरे प्रक्षिपेत् ॥ (२५-३१)

---

1 कथया. 2 हं स यञ्चवास वृडशाश षुः (फुः) ठ ठ.

3 मन्त्रमेतत् विनाशायेत्. 4 दष्टः. 5 तथा.

6 चुचिक्षुः जुलिच्चवृडशाशषुः (फुः). 7 शर्कराराजिकवाम्भो.

8 मन्त्रिता. 9 क्षिप्तम्.

शुक्लाष्टम्यां त्रिनियुतं सिध्यै नागमनुं जपेत् ।

शेषादिकाले दष्टानामेतैर्वा मन्त्रयेत् क्रमात् ॥३२॥

[1] जय, विजय, अनन्त, ओं स्वाहा ।

[2] अङ्घ्रिर्जङ्घा शिवो नाभिहृद्गलं मुखमूर्ध च ।

गात्राण्येतानि शेषादिनागानां योजयेत्क्रमात् ॥३३॥

अन्तःस्निग्धं नमो नाभिर्नन्दो नाथः शुको मयः ।

एवं शनिक्षपारम्भात् ज्ञेयाः शेषादिनाडिकाः ॥३४॥

शुक्लेति । "शतं सहस्रमयुतं नियुतं प्रयुतं तथा । कोटिरर्बुदवृन्दे द्वे ज्ञेया दशगुणोत्तराः" । जयेति । जय जय विजय विजय अनन्त ओं स्वाहा । जय जय विजय विजय वासुके ओं स्वाहा । जय जय विजय विजय तक्षक ओं स्वाहा । जय जय विजय विजय कार्कोटक ओं स्वाहा । जय जय विजय विजय पद्म ओं स्वाहा । जय जय विजय विजय महापद्म ओं स्वाहा । जय जय विजय विजय शङ्खपाल ओं स्वाहा । जय जय विजय विजय गुलिक ओं स्वाहा ॥ (३२)

अङ्घ्रीत्यादि । अत्र शिवशब्देन लिङ्गमुच्यते गुह्यमित्यर्थः । शनिक्षपारम्भादिति । शनैश्चरवारे रात्रिमारभ्य एवं नाडिकाविभागः । अन्तः षष्ठिर्घटिका अनन्तस्य । स्निग्धं नवतिघटिका वासुकेः । नमः पञ्चाशत्तक्षकस्य । नाभिश्चत्वारिंशत्कार्कोटकस्य । नन्दः अशीतिः पद्मस्य । नाथः सप्ततिर्महापद्मस्य । शुकः पञ्चदश शङ्खपालस्य । मयः पञ्चदश गुलिकस्य इति ॥ (३३-३४)

---

1 गश - हिशश - अनन्त ठ ठ.

2 अङ्घ्रि.

स्वनामवज्जपन्मन्त्रं[1] स्वं स्वं स्थानमधः[2]स्पृशन् ।
शेषादिकाले दष्टानां हरेत् क्ष्वेलं क्रमादिति[3] ॥३५॥

कं खं गं घं ङं, अनन्तविषं संक्षिपहः प्रक्षिपहः ।

मन्त्रं वर्गादिनामाढ्यं[4] न्यासस्थानमकौलिकम् ।
पार्श्वयोः स्पृशता जप्तं वारदष्टं विषं हरेत् ॥३६॥

ओं नमो भगवते गरुडाय, नागशत्रो एह्येहि
भगवन् नागलोकमाक्रम्य, हर, भ्रम, भ्रामय,
हुरु, मुरु, सिलि भूयः कुरु, कुलं गोत्रमुत्सादय,
नागसर्पग्रहादीनन्यांश्च दह दह वध वध, मुह्य मोहय,
नित्यज्वलिततेजःप्रलयनिर्भरवह्निझङ्कारेण
जहि, जातवेदसे स्वाहा ।

स्वनामवदिति । स्वनामयुक्तं पूर्वोक्तं मन्त्रं स्वं स्वं स्थानमधः स्पृशेत् । കീഴ്‌നോക്കിസ്പർശിക്ക ॥ (३५)

कं खमिति । मन्त्रं वर्गादिनामाढ्यं न्यासस्थानमकौलिकमिति । सूर्यवारे दष्टस्यानन्तस्थानाङ्घ्रेः पार्श्वयोर्हस्ताभ्यां स्पृशता कं खं गं घं ङं अनन्तविषं हर संक्षिप हः प्रक्षिप हः इति जपात्तद्विषं हरेत् । सोमवारे दष्टस्य वासुकिस्थानजङ्घायां पार्श्वयोर्हस्ताभ्यां स्पृशता चं छं जं झं ञं वासुकिविषं हर संक्षिप हः प्रक्षिप हः इति जपात्तद्विषं हरेत् । एवं सर्वत्र योज्यम् । महापद्मस्य यरलवाः, शङ्खपालस्य शादिक्षान्ताः वर्गाः ॥ (३६)

ओं नमो भगवत इति । ओं नमो भगवते गरुडाय , नागशत्रो एह्येहि भगवन् नागलोकमाक्रम्य हन हन भ्रम भ्रम भ्रामय भ्रामय हुरु हुरु मुरु सिलि सिलि, भूयः

---

1 जपेन्मन्त्रं. 2 अथ.
3 क्षणादिति. 4 वर्गाहि. वर्गादीनामा.

आकृष्यमाणान् पाशेन सर्पादीन् भयविह्वलान् ।

ध्यायन्पठेदिमं मन्त्रमागच्छन्त्युरगादयः ॥३७॥

तत्रागतेषु तच्छक्त्या सर्पाखुविहगादिषु ।

कञ्चिदेवं वदेन्मन्त्री दंशकाहिमिहानय ॥३८॥

असौ गत्वा तमारुह्य पुनरायाति भृत्यवत् ।

स्वीयं विषं गृहाणेति प्रोक्तः कुर्यात्तथैव सः ॥३९॥

विद्यैषा साधिता यस्य भार्यावद्वशवर्तिनी ।

एवमाद्यद्भुतं कर्म स कुर्यादिन्द्रजालिवत् ॥४०॥

आत्मरक्षा पुरा कार्या सर्पक्रीडां चिकीर्षता ।

शशिदन्तौ[1] पिनाकी च णान्तकुम्भौ च सर्गिण· ॥४१॥

नाभिहृत्कन्धरातालुलल्लाटेष्वंबुजस्थितः[2] ।

न्यस्याथ सर्गिणं[3] कुंभं न्यसेत्सर्वाङ्गसन्धिषु ॥४२॥

अक्षिमातङ्गिनि अक्षिसर्पमुखनिवारिणि,

शाङ्करि, किरातशबरि कुक्कुटमयूरेश्वरि दूषय अङ्गान्(?) हां हूम् ।

कुरु कुलं गोत्रमुत्सादय उत्सादय नागसर्पग्रहादीनन्यांश्च दह दह वध वध मुह्य मुह्य मोहय मोहय नित्यज्वलिततेजःप्रलयनिर्भयवह्निझंकाररंकारेण(?) जहि जहि जातवेदसे स्वाहा । सर्पाखुविहगाद्याह्वानार्थो मन्त्रः । (३७-३८)

असाविति । ठः झः लः तः वः सर्गी कुम्भो वः । अक्षिमातङ्गिनि अक्षिसर्पमुख-निवारिणि शाङ्करि किरातशबरि कुक्कुटमयूरेश्वरि दूषयाङ्गान्(?) हां हूं । “ अङ्गदूषिणी

---

1 जान्तौ 2 स्थितान् 3 सर्गिणः

विद्यया चाङ्गदूषिण्या[1] स्पृशेत् सर्वाङ्गमेतया ।
एवं जप्तमनुर्[2]मन्त्री भुजङ्गैर्नाभिभूयते ॥४३॥
सर्पान्[3] समीक्ष्य संस्तभ्य लिङ्गस्थानाशनादिभिः ।
ग्राह्यान् विज्ञाय तैः क्रीडां विदधीत समाहितः ॥४४॥
ग्राह्याः पद्ममहापद्मशङ्खशेषान्वयोरगाः ।
ह्रस्वदीर्घकृशस्थूलानतिपूर्वानलक्षणान् ।
पञ्चैतान्[4] फणिनो ग्राह्यलक्षणानपि वर्जयेत् ॥४५॥
ग्राह्यस्याहेर्मुखं मन्त्री कलयेद्भारभूतिना ।
हिङ्गुशिग्रुवचाव्योषनीलीदुग्धीशिफासुतान्[5] ।
खार्या हस्ते[6] समालिप्य क्रीडेत् सर्पेण देशिकः ॥४६॥
सर्पेण दंशयेद्दन्तं मार्जारस्य नखं तु वा ।
[7]यमदूती कालरात्री दंष्ट्रे द्वे तु[8] समुत्खनेत् ॥४७॥

विद्यैषा । आत्मरक्षार्थमेतया सर्वाङ्गं स्पृशेत् । सर्पाः एनं न दंशन्ति ॥ (३९-४३)

सर्पानिति । अतिशब्दः पूर्वो येषां ते अतिपूर्वाः तान् । अतिह्रस्वानतिदीर्घानति-कृशानतिस्थूलानित्यर्थः । अलक्षणान् प्रागुक्तलक्षणरहितान् ॥ (४४-४५)

ग्राह्यस्येति । भारभूतिना ऋकारेण । हिङ्गु=காயம் । शिग्रु=முருங்கை வேரின்மேல் தொலி । वचा=வசம்பு । व्योषम्=சுக்கு முளகு திப்பலி । नीली=അമരി । दुग्धी=പേച്ചുര । शिफा ? सुतान्=കടകപ്പാലരി । खारी=காடி । देशिकः साधितमन्त्रः । (४६)

सर्पेणेति । मार्जारदन्तनखस्पर्शात् सर्पस्य दन्ताः समूलाः पतेयुः ॥ (४७)

---

1 सर्पागमे तथा. 2 कल्पसतनुः. 3 संस्तभ्य संवीक्ष्य.
4 पञ्चैव. 5 शिफासुतम्. 6 हस्तं. 7 यमदूतीकालरात्र्यौ. 8 वा.

कृत्वा वक्राङ्गुलिं हस्तमृजुं कृत्वा तु मध्यमाम् ।
तदग्रे पृथिवीं ध्यात्वा न्यस्यास्ये स्तम्भयेदहिम् ॥४८॥

कृत्वा हस्तमनुत्तानमङ्गुलीर्विवृता अपि ।
मध्यमामानतां चैव भुजङ्गस्योन्नतिं हरेत् ॥४९॥

तलं कृत्वा फणाकारं[1] सङ्गतां[2] कुञ्चिताङ्गुलिम् ।
हस्तं भुजङ्गमाकारं ध्यात्वा संस्तोभयेदहिम् ॥५०॥

[3]अङ्गुलीस्फोटनं कृत्वा सर्पस्य मुखपार्श्वयोः ।
शिखिपिञ्छेन वा कुर्यात् सर्पक्रीडां समाहितः ॥५१॥

हनुगण्डगलस्थौल्यं फणाल्पत्वं विवर्णता ।
उद्वर्तनं च दंशोच्छोर्लिङ्गान्येतानि भोगिनः ॥५२॥

पोत्रेणाहिमवष्टभ्य सूकरो नकुलःस्थितः ।
तं दृष्ट्वा वा स्थित इति ध्यानाद्भोगी न गच्छति ॥५३॥

ऊर्ध्वाधःकल्पिताभ्यां तु भू[4]वेश्मभ्यां निरोधितः ।
संयुक्तेन समारेण विद्धः स्तब्धो भवेदहिः ॥५४॥

कृत्वेति । अन्तस्थलकारपृथिवीं(?) मध्यमाङ्गुलिमग्रे सर्पास्ये न्यस्य एवं ध्यात्वाहिं स्तम्भयेत् ॥ (४८)

पोत्रेणेति । सूकरः पोत्रेण मुखाग्रभागेनाहिमवष्टभ्य स्थितः । नकुलो वा तं दृष्ट्वा स्थितः ॥ (५३)

ऊर्ध्वाध इति । संयुक्तः क्षकारः मारः इकारः क्षिकारेण विद्ध इत्यर्थः । (५४)

---

1 फणाकारां 2 सन्नतां 3 अङ्गुलिस्फोटनेनैव. 4 भ्रू.

तारं कुरु पदं कुल्ये वर्मास्त्रं द्वीन्दुविघ्नया[1] ।

प्रादक्षिण्येन सिकताताडितोऽहिर्न गच्छति ॥५५॥

ओं क्षिप ओं स्वाहा । ओं द्रां द्रीं ह्रीं सः ठ, ठ । ओं घ्रीं ह्रीं नमः ।

जपादिना साधित एष मन्त्रो बध्नाति सर्पान् विनतासुतात्मा ।

ओं नमो भगवते रुद्राय सुपर्णपतये प्रेताधिपतये ।

हुलु हुलु गर्ज गर्ज नागांस्त्रासय त्रासय, भ्रामय भ्रामय, मुञ्च मुञ्च,

मोहय, कड्ढ आविश सुपर्ण पतङ्ग गरुडो ज्ञापयति ठ, ठ ।

रसातलक्षोभण एष सिद्धः प्रक्षोभयेत्तार्क्ष्यमनुर्भुजङ्गान् ॥५६॥

वल्मीकादिभुजङ्गस्थानोपान्ते स्थितो जपेदेतम् ।

निर्गच्छेत्तत उरगस्संत्रस्तोऽग्निग्रहस्य[2] च ध्यानात् ॥५७॥

तारमिति । वर्मास्त्रमित्यत्र द्वीन्दुना स्वाहाकारमुच्यते । ओं कुरु कुल्ये हुं फट् स्वाहा । (५५)

ओं क्षिपेति—ओं क्षिप ओं स्वाहा । ओं द्रां द्रीं ह्रीं सः स्वाहा । ओं ह्रीं नमः । एष सर्पान् बध्नाति गरुडरूपः । ओं नमो भगवते रुद्राय सुपर्णपतये प्रेताधिपतये, हुलु हुलु, गर्ज गर्ज, नागान् त्रासय त्रासय, भ्रामय भ्रामय, मुञ्च मुञ्च, मुह्य मुह्य, मोहय मोहय, कड्ढ कड्ढ, आविश आविश, सुपर्णपतङ्गगरुडो ज्ञापयति स्वाहा । पातालगरुडः । (५६-५७)

---

1 बिन्दु. 2 तत्राग्निगृहस्य.

पञ्चावृत्तिर्वर्णवृद्धया विलोमा-

दुक्तो यः स्यात्तार्क्ष्यमन्त्रः क्षिपादिः ।

तज्जप्ताभिः शर्कराभिर्विकीर्णात्[1]

सद्यो गच्छेन्नेत्रकर्णो[2] गृहादेः ॥५८॥

कृष्णाख्या[3] श्रवणान्वितः कुपुटिते ल्ये द्वीन्दुयुक्ते[4] मनुः

भूर्जे रोचनया षडश्रलिखितो मध्यस्थशाखादिकः[5] ।

सर्पान्निर्गमयेद्बिलेषु निहितो[6] देहे तथोच्चाटयेत्

देवीमेथखलेशिरोमनुरयं पूर्वोक्ततुल्यक्रियः ॥५९॥

पञ्चेति । पञ्चावृत्तिरिति विलोमाद्वर्णवृद्धया पञ्चावृत्तिरुक्तः । क्षिपादिस्तार्क्ष्य-मन्त्रोऽयम् । तज्जप्ताभिः शर्कराभिः विकीर्णात् गृहादेर्नेत्रकर्णः सद्यो गच्छेदित्यन्वयः । हा क्षिप ओं स्वाहा, स्वाहा क्षिप ओं स्वाहा, स्वाहा ओं क्षिप ओं स्वाहा, स्वाहा ओं क्षिप ओं स्वाहा स्वाहा ओं क्षिप ओं स्वाहा, हा हा स्वा ओं पक्षि हा हा, हा स्वा स्वा ओं पक्षि हा हा हा, स्वा स्वा स्वा स्वा । ओं ओं ओं ओं [ओं]पक्षि (हा) हा हा हा हा हा, स्वा स्वा स्वा स्वा स्वा, ओं ओं ओं ओं ओं पपक्षिक्षि । असत्संप्रदाय एष पूर्वोक्तेन । शर्करा स्थूलवालुका ॥ (५८)

कृष्णेति । भूर्जपत्रे रोचनया षडश्रे लिखित्वा "कुरु कुल्ये स्वाहा" इत्यस्य मन्त्रस्य एकैकाक्षरमेकैकेऽश्रे लिखेत् । मध्ये ओंकारं, तस्य मध्ये हूंसः, तस्य जीवस्य परितः सर्पानुच्चाटयोच्चाटयेति साधितमेतद्यन्त्रं सर्पानुच्चाटयति । एतद्यन्त्रं "ओं ह्रीं मेथखले स्वाहा" इत्यनेनापि कार्यम् ॥ (५९)

---

1 विकीर्णान्. 2 नैककण्ठो. 3 श्रवणाश्वितः.
4 युक्तो. 5 शाकादिकः. 6 निहतो गेहे.

[1]एकात्मतां यो विनतासुतेन रुद्रेण वा गच्छति मन्त्रसिद्धया ।
उद्दामवीर्यौषधलिप्तहस्तः सङ्क्रीडयेद्धयानपरो भुजङ्गैः ॥६०॥

किञ्जल्कं लिपिपङ्कजस्य विलिखेन्मध्ये स्वरान् केसरे-
 ष्वाप्योदग्यमशक्रदिक्षु विपतेर्मध्ये च वर्णानपि ।
वाय्वग्न्योर्निर्ऋतीशयोर्दिशि दले यादीन् सबिन्दून् वृतां
 लिप्या सर्गिकषाष्टकावृतमिदं[2] यन्त्रं फणिभ्योऽवति ॥६१॥

॥ इति नारायणीयतन्त्रसारसङ्ग्रहे पञ्चमः पटलः ॥

किञ्जल्कमिति । लिपिपङ्कजस्य मध्ये कर्णिकायां किञ्जल्कं क्ष्रौं इति । केसरेषु स्वरान् । नृसिंहबीजस्य मध्ये ओंकारं हकारं वा । तस्य मध्ये जीवम् जीवस्य परितो देवदत्तं पालय पालयेति आप्योदग्यमशक्रदिग्दलेषु क्षिप स्वाहेत्येकैकमक्षरं लिखेत् । मध्ये जीवं । वाय्वग्निनिर्ऋतीशदलेषु यं रं लं वं इति । दलानां परितो लिप्या वृतं तस्य परितोऽष्टदिक्षु षः[क्षः] । इति शम् ॥ (६० - ६१)

॥ इति नारायणीयतन्त्रसारसङ्ग्रहव्याख्याने पञ्चमः पटलः ॥

---

1 एकात्मना. —2 सार्गिकषाष्टिका.

॥ अथ षष्ठो दर्वीकरपटलः ॥

दंशकाहिं दशेत्सद्यो दष्टः काष्ठशिलादि वा ।
विषशान्त्यै दहेद्दंशं ज्वालोल्काकनकादिना ॥१॥

श्रवोमलेन वास्याद्भिर्लिम्पेत्[1] संचूषयेच्च वा ।
दष्टाङ्गं छेदयेद्दंशोपरिष्टात् कलयेद्दृढम् ।
वेधयेच्च सिरां पश्चात् कुर्यात्पानादिकाः क्रियाः ॥२॥

शिरीषबीजपुष्पार्कक्षीरबीजकटुत्रयम् ।
विषं विनाशयेत्पानलेपनस्याञ्जनादिना[2] ॥३॥

सशुण्ठीसिन्धुलशुन[3]लाक्षाहिङ्गुनिशाद्वयम् ।
राजीमातुलमूत्राढ्यं हरेल्लेपादिना विषम् ॥४॥

दंशकेति । काष्ठशिलादि वा तत् स्मृत्य (?) । ज्वाला वह्निशिखा । उल्का = கொள்ளி. श्रवोमलं = செவிக்குறும்பி आस्यापः = வாய்நீர், संचूषणं = കൊച്ചുവെച്ചുവലിക്ക. दंशोपरिष्टात् दंशोपरिभागे । दृढं कलयेत् गाढं बध्नीयात् । सिरावेधः = நரம்பு கீறுதல் ॥ (१-२)

शिरीषेति । शिरीषस्य बीजं पुष्पं च । शिरीषः = தென்மேனிவாகை, अर्कस्य क्षीरं बीजं च । अर्कः = எருக்கு, कटुत्रयं = சுக்கு, மிளகு, திப்பிலி । पानादेः द्रवानुक्तौ सर्वत्र जलमेव ॥ (३)

सशुण्ठीति । शुण्ठी = சுக்கு. सिन्धुः = இந்துப்பு. लशुनं = உள்ளி, लाक्षा = அரக்கு, हिङ्गु = காயம். निशाद्वयं = மஞ்சளும் மர-

---

1 तम्. 2 लेपनस्याञ्जनादिभिः. 3 लशुनी.

व्योषाश्वारी पाठनीलीमूलं तैलान्वितं तथा ।
उच्चटापयसा[1] खार्यां भव्यत्वक् च विषं हरेत् ॥५॥
कतकास्थिरसे वस्तुशकलं[2] भावयेच्चिरम् ।
विषं हरति नस्येन शुष्कं तैलेन मर्दितम् ॥६॥
सहिङ्गुशक्रगोपेन[3] पाणिना वक्त्रनासिके ।
पिधायाधः स्पृशेदेवं त्रिः कुर्याद्विषशान्तये ॥७॥
हिङ्गुपीतार्कपत्राम्भोनस्यादुत्तिष्ठते विषी[4] ।
हिङ्ग्वर्कवज्रीक्षीराभ्यां प्रत्येकं सप्तभावितम् ।
नस्यादिना विषं हन्यात् काकाण्डोदरशोणितम्[5] ॥८॥

மஞ்சளும். राजी = சிறு கடுகு. मातुलं = மாதுள நாரங்கம். मूत्रमित्युक्ते सर्वत्र गोमूत्रं ग्राह्यम् ॥ (४)

व्योषेति । व्योषं = சுக்கு மிளகு திப்பலி. अश्वारिः = கரவீரம். पाठा = பாடா. नीलीमूलं = அவிரிவேர். उच्चटा = களவா-கிழங்கு. भव्यं = பெரு நாரகம் ॥ (५)

कतकेति । कतकास्थिरसः = தேற்றும்பால். भावयेत्-रात्रौ कतकास्थिकषाये प्रक्षिप्य दिवा शोषयेत् । अथवा कतकास्थिरसे चिरं भावयेत् वासयेत् ॥ (६)

सहिङ्ग्विति । हिङ्गु = காயம், शक्रगोपः इन्द्रगोपः कीटविशेषः । तद्द्रजः पाणितलयोः संलिप्य दष्टनासापुटयोश्च निक्षिप्य पाणिना मुखनासिके पिधाय क्षणं स्थित्वा पाणिभ्यामधः स्पृशेत् ॥ (७)

हिङ्ग्विति । पीतार्कपत्रं = பழுத்த எருக்கிலை. वज्री = சதுரக் கள்ளி. काकाण्डं = காக்கைமுட்டை, காக்கைத்தொணியுமாம் ॥ (८)

---

1 उच्चाटा. 2 वस्त्रं. 3 चक्रकोपेन. 4 विषम्. 5 शोषितम्.

क्षीरं हयार्यर्कमूले लवणानि गदालिनौ ।
विषघ्नोऽयं गणो यष्टिबिसक्षौद्रगुडं[1] तथा ॥९॥
गृहधूमनिशायुग्मसहितं तण्डुलीयकम् ।
हरीतकीवचालोध्रहिङ्गुनिम्बदलान्वितम् ॥१०॥
तुषाम्भशिग्रुमूलत्वग्द्रोणाम्भोरामठोषणम् ।
सगुञ्जाहिङ्गुबकुलं शिग्रुत्वग्रससंयुतम् ॥११॥
बाहुवल्लीरसो हिङ्गुवचामरिचमिश्रितम् ।
सगुञ्जास्थिवचावह्निशिखाहिङ्गुशिवोदकम् ॥१२॥
शिरीषाश्वत्रिकटु[2]कवचारम्भाम्बुभाविताः[3] ।
खारीवेगकरञ्जास्थिव्योषनिम्बशलाकयुक् ॥१३॥

क्षीरमिति । क्षीरमित्युक्ते सर्वत्र गव्यं ग्राह्यम् । हयारिः = அலரி. உப்பு, लवणानि सैन्धवादिपञ्चलवणानि = இந்துப்பு, துவர்ச்சியுப்பு, வளையலுப்புப்பு, உவருப்பு. गदः = கோட்டம், अली = கஸ்தூரி. यष्टिः = அதிமதுரம். बिसं = தாமரவலயம். क्षौद्रं = தேன். गुडं = சர்க்கரை ॥ (९)

गृहेति । गृहधूमादिभिः नवभिः श्लोकार्धैः नव प्रयोजनान्याह । गृहधूमः = இல்லநக்கரி. निशायुग्मं = மஞ்சளும் மரமஞ்சளும். तण्डुलीयकं = பெருசீரகம். हरीतकी = கடுக்காய். लोध्रः = பாச்சோற்றி. वचा = வசம்பு. निम्बदलं = வேப்பிலை. तुषाम्भः = நெல்லு வெந்த வெள்ளம். शिग्रुमूलत्वक् = முருங்க வேரின்மேல் தோலி. द्रोणाम्भः = பூத்தும்பைநீர். रामठं = காயம். ऊषणं = குருமிளகு. गुञ्जा = குந்துமணி, वकुलः = எலஞ்சிகுரு.

---

1 यष्टिं. 2 सशिरीषाश्वत्रिकटु. 3 भाविता.

शिरीषपुष्पस्वरसे भावितं मरिचं सितम् ।
योगा नवैते क्ष्वेलघ्नाः पाननस्याञ्जनादिना ॥१४॥

निर्गुण्ड्यग्निकवैकुण्ठबाहुवल्लीरसः समः ।
व्योषहिङ्गुवचायुक्तो विषं नस्यादिना हरेत् ॥१५॥

कोशातकीवचाहिङ्गुशिरीषार्कपयोयुतम् ।
कटुत्रयं समेषाम्भो हरेन्नस्यादिना विषम् । ॥१६॥

रामठेक्ष्वाकुसर्वाङ्गं[1] चूर्णनस्यं विषापहम् ।
विषं हन्ति शिफावह्निशिखाविजयरागयोः ॥१७॥

द्रोणावितानगण्डीररसो नस्याद्विषं हरेत् ।
मातृघाती सुवाकाम्बुभाविता विषनाशिनी ॥१८॥

वाहुवल्ली = பாகற்காய் (കൈപ്പ.) गुञ्जास्थि = குன்னிகுரு (குன்றிமணி). शिवोदकं = மாணுவை மூத்ரம். अश्वः = அமுக்குராம். रम्भाम्बु = வாழைக் கிழங்கின்நீர். खारी = അരിക്കാടി. वेगः = കരിങ്ങവേഗം. करञ्जास्थि = உங் கின் குரு. निम्बशलाका = வேப்பிலை நரம்பு. सितमरिचं = മുരിഞ്ഞാക്കുരു ॥ (१०-१४)

निर्गुण्डीति । निर्गुण्डी = கருநொச்சி. अग्निकः = കപ്പമഞ്ഞൾ. वैकुण्ठः = பூத்தும்பை. कोशातकी = പടൽവീരം. मेषाम्भः = ஆட்டின் மூத்திரம் इक्ष्वाकुसर्वाङ्गं = பேச்சுரைஸமூலம். वह्निशिखा = കപ്പ-മഞ്ഞൾ. विजयरागः = കരളയം ॥ (१५-१७)

द्रोणेति । अवितानं = വിപ്പ. गण्डीरः = അമൽപ്പൊടി. मातृघातिनी = தாய்க்கொல்லி. सुवाकाम्बु = பேய்ச்சுரை நீர் ॥ (१८)

---

1. पञ्चाङ्गपूर्णनस्यं.

इन्द्रवल्ल्यग्निकद्रोणतुलसीदेविकासहा[:] ।
1 तद्रसाक्तत्रिकटुकं चूर्णं भक्ष्यं विषापहम् ॥१९॥

कपोतकपिमार्जारगोधानकुलपोत्रिणाम् ।
2 सखड्गिशिखिनां पित्तं क्षौद्रं शृङ्गस्थितं तथा ॥२०॥

खारीहिङ्ग्वग्निकव्योषनस्यमावेशकृद्भवेत् ।
तगरं केसरं कुष्ठं वचोन्मत्तास्थिचन्दनम् ॥२१॥

तण्डुलाम्बु च तल्लेपो भवेद्विषविसर्पहा ।
पञ्चाङ्गं कृष्णपञ्चम्यां शिरीषस्यायसा[3]पि वा ॥२२॥

इन्द्रेति । इन्द्रवल्ली = ഉഴിഞ്ഞ. देविका = പൂവ്വാങ്കുറുന്തില. सहा = ஓரிலை. देविका = முயல் செவி, सहा = പൂവ്വാങ്കുറുന്തില. कपोत: = புறா. कपि: = குரங்கு मार्जार: = பூனை. गोधा = உடும்பு, नकुल: = கீரி पोत्री = பன்றி. खड्गी = வாள்மான். शिखी = மயில். शृङ्गं गोशृङ्गं । अत्र क्षौद्रं மேல் பொடி स्थाने । सर्वत्र மேல்பொடி പത്തുകാണം (१९-२०)

खारीति । खारी = காடி. हिङ्गु = காயம். अग्निकं = கொடிவேலி. व्योषं = சுக்கு முளகு திப்பிலி. आवेशकृत् = துள்ளுதல் तगरं = தகரம், केसरं = நாகப்பூவிதல்லி. कुष्ठं = கோஷ்டம். उन्मत्तास्थि = ഉന്മത്തിൻകുരു. तण्डुलाम्बु = അരിക്കാടി ॥ पञ्चाङ्गं = வேறும் தோலியும் இலையும் பூவும் காயும். कृष्णपञ्चमी = தேப்பிறைப் பஞ்சமி शिरीष: = നെന്മേനിവാക. अय: = இரும்பு. छायाशुष्का = புடவை கொண்டு

---

1 रुद्रसाक्तं त्रिकटुकचूर्णं. 2 स खड्ग. 3 आयसं विना.

गृहीत्वा मूत्रविष्ठैस्तैर्विषघ्ना गुलिकाः कृताः ।

छायाशुष्काः शक्तिमत्यः सर्वत्र गुलिकाः स्मृताः ॥२३॥

जातवत्सशकृद्वक्रमूत्रवर्तिर्विषं हरेत् ।

हिङ्गूग्रलशुनव्योषधान्याम्लगुलिकास्तथा ॥२४॥

शिरीषकुष्ठश्लेष्मातकरञ्जनतकर्णिकाः ।

मधूकसारव्याघातशव्दिका माक्षिकं वचा ॥२५॥

पित्तानि मेषनकुलबिडालशिखिपोत्रिणाम् ।

तैः कृता गुलिका हन्युः सर्पक्ष्वेलग्रहादिकम्[1] ॥२६॥

शिरीषो माधवी गुञ्जा हेमबीजं वचोषणे ।

त्रपुषार्कनवामूलभृङ्गीमूत्रविषं हरेत् ॥२७॥

வாய்கட்டி உணர்த்தியவை. शक्तिमत्यः = சக்தியுள்ளவை ॥ (२१-२३)

जातेति । जातवत्सशकृत् जातमात्रस्य गोवत्सस्य शकृत् = சாணம், वक्रम् = தகரம், वर्तिः = गुलिका । उग्रा = வசம்பு. धान्याम्लम् = காடி. शिरीषः = வாகை. श्लेष्मातकः = നറുവരി. करञ्जं = ഉങ്ങ്. नतं = தகரம், कर्णिका = കടന്നെഴ്ക്. मधूकसारः = ഇരിപ്പക്കാതൽ. व्याघातः = கொன்றை. शव्दिका = கிலுகிலுப்பை. माक्षिकं = മാക്കീരാ. मेषः = ஆடு नकुलः = கீரி. बिडालः = பூனை. शिखी = மயில் पोती = பன்றி (२४-२६)

शिरीषेति । माधवी = குருக்கத்திமுல்லை, हेमबीजं = പൊന്നത്തക്കര त्रपुषं = பேய்ச்சுரை, नवा = കവിഴാമ. भृङ्गी = കയ്യോന്നി. शृङ्गीति वा पाठः । शृङ्गी कर्कटशृङ्गी ॥ (२७)

---

1 ग्रहादिकाः.

मांसीचन्दनसिन्धूत्थकृष्णायष्ट्यूषणोत्पलैः ।
समूत्रैरञ्जनं सद्यो विषसुप्तप्रबोधनम् ॥२८॥
मेषाम्भःसुरसापुष्पं करञ्जास्थि कटुत्रिकम् ।
द्विनिशे बिल्वमूलं च पूर्ववत्स्यात्तदञ्जनम् ॥२९॥
शिरीषनिम्बनक्ताह्ववेगकोशातकीफलम् ।
सवत्साश्वारिहेमार्कं स्नुहीमूलं विषापहम् ॥३०॥
नतोषणे निशादारुकरञ्जार्कशिलामधु ।
यष्टीशिरीषकृष्णाश्वगणोऽयं विषसूदनः ॥३१॥
शिरीषैलानिशालाक्षामांसीयष्टीहरेणुकम् ।
लवणानि त्रिवृद्यष्टीविशालात्र्यूषणं[1] निशे ॥३२॥

मांसीति । मांसी = ஜடா மாம்ஸி । सिन्धूत्थं = இந்துப்பு । कृष्णा= திப்பிலி । यष्टी = அதிமதுரம் । उत्पलं = கருங்குவளை । मेषाम्भः= ஆட்டின் மூத்திரம் । सुरसापुष्पं = துளசிக்கதிர் । करञ्जास्थि = ഉങ്ങിൻ-കുരു । कटुत्रिकं-त्रिकटुकम् । द्विनिशे =மஞ்சளும் மரமஞ்சளும் । बिल्वमूलं= കൂവളത്തിൻവേര് ॥ (२८-२९)

शिरीषेति । नक्ताह्वम् = மஞ்சள் । वेगः = കരളം । कोशातकी = പുട്ടൽവിരം । वत्सः = കുടകപ്പാലരി । अश्वारि = அலரி । हेम = പൊന്മ-ത്തൻ । स्नुही=சதுரக்கள்ளி । ऊषणं = குருமிளகு । दारु=தேவதாரு । करञ्जः = ഉങ്ങ് । शिला = മനയോല । मधु = தேன் ॥ (३०-३१)

शिरीषैलेति । एला=ஏலரிசி । लाक्षा=அரக்கு । मांसी=ஜடாமாம்ஸி ।

---

1 त्यूषणं.

एतौ समधुमञ्जिष्ठौ गोशृङ्गस्थौ विषापहौ ।

शिलालं चन्दनं कुष्ठं त्वक्पत्रैलाम्रपद्मकम् ॥३३॥

सुरसे भव्यवक्रासृङ्मांसीराजीतृणं शता ।

हिङ्ग्वम्बुरोचनाः स्पृक्का काला च विषहृद्गणः ॥३४॥

कौन्ती कुष्ठनतव्योषसुरसाशारिबाघनाः ।

एलाहिङ्गु[1]वचायष्टिविडङ्गाः सिन्धुमाक्षिके[2] ॥३५॥

पलाशक्षारजे तोये पच्यमाने क्षिपेदिमान् ।

किञ्चि[3]ल्लीढा विषहरी सा शृङ्गस्था रसक्रिया ॥३६॥

हरेणुकं=அரேணுகம் । लवणानि पञ्च । त्रिवृत् = ത്രികോല്പക്കൊന്ന । विशाला = കാട്ടുവെള്ളരി । विशल्येति वा पाठः । विशल्या = മേത്തോന്നി । मञ्जिष्ठा = பஞ்சிட்டி । शिलालमिति । शिला=मनश्शिला । आलं = அரிதாளம், त्वक्=இலவங்கப்பட்டை । पत्रं= பச்சிலை । एला=ஏலரிசி । आम्रं=മുത്തങ്ങ । पद्मकम्=പതിമുകം । सुरसे = கருந்துளசியும் வெண்துளசியும் । भव्यं = വടകപ്പുളിനാരകം । वक्रं = தகரம் । असृक् = குங்குமம் । तृणं= கல்முகப்புல்லு । शता=शतावरी । अम्बु=இருவேலி । रोचना=गोरोचनं । स्पृक्का =ചൊനകപ്പുല്ല് । काला = ഞാഴമ്പൂവ് ॥ (३२-३४)

कौन्तीति । कौन्ती=अरेणुकं । कुष्ठं = கோட்டம் नतं = தகரம் सुरसा = തൃത്താവ് शारिबा = நன்னாரி घनं = മുത്തങ്ങ विडङ्गं = വിഴാലരി सिन्धु = இந்துப்பு माक्षिकं = மாக்கீரக்கல்லு पलाशक्षारतोयं = പ്ലാശുകത്തിച്ചഭസ്മം കലക്കിയ ജലം शृङ्गं = गोशृङ्गं. रसक्रिया = குழம்பு ॥ (३५-३६)

---

1 निशो. 2 मांसिकम्. 3 लीढ्वा.

[1] अङ्गुष्ठेऽङ्घ्रौ सन्धिजानुगुह्यनाभौ च हृत्कुचे ।

[2] कण्ठनासाक्षिकर्णभ्रूमध्यशङ्खेषु मूर्ध्नि च ॥३७॥

दक्षान्यपार्श्वयोः पुंसः पक्षयोः शुक्लकृष्णयोः ।

चरेत्सुधाकलारोहावरोहाभ्यां तिथिक्रमात् ॥३८

सुधारोहावरोहौ तु पार्श्वयोर्व्यत्ययात्[3] स्त्रियः ।

सुधायाः सप्तमे स्थाने कला क्ष्वेलस्य तिष्ठति ॥३९॥

आस्ते यत्रामृतमवयवे तत्र[4] मार्दो[5] विषघ्नः

तस्मिन् दष्टो यदि च गुलिकेनापि न स्याद्विषापत् ।

[6] स्थाने यस्मिन्नपि विषकलामर्दनं तत्र कुर्यात्

क्ष्वेलस्तोभं वितरति मृतिं तत्र दंशः शुभोऽपि ॥४०॥

अङ्गुष्ठेत्यादिना सुधाकलाया आरोहावरोहक्रममाह । सुधाकला अमृतकला । पुरुषस्य दक्षिणपार्श्वे स्त्रियास्तु वामपार्श्वे इति व्यत्ययः । सन्धिः गुल्फसन्धिः । अनुकर्णं ललाटान्ते शङ्खः ॥ (३७-३९)

आस्ता इति । संयोज्यतारा इति, "गुरुर्भोगपरोऽभिज्ञो य यो यो ययायकः" इति संयोज्य, आभिचारी मारणकर्मकारी, अहितपुत्तलीस्थं ; पुत्तली-प्रतिकृतिः, वेधादिकर्म सविषे दुष्टर्क्षगात्रे विदध्यात् । साध्यनक्षत्रवृक्षेण द्वादशाङ्गुलेन साध्यप्रतिकृतिं कृत्वा तद्धृदये जीवं साध्यनामाक्षरवेष्टितं विन्यस्याहितं तत्रावाह्य प्राण-प्रतिष्ठामन्त्रेण यथावत्प्राणप्रतिष्ठां कृत्वा तस्यां वेधादिकं कर्म कुर्यात् । सविषे महामर्मणि

---

1 अङ्गुष्ठो. 2 कर्ण. 3 पक्षयोः. 4 तस्य. 5 मर्दो. 6 यस्मिन्निह.

क्ष्वेले कण्ठगतेऽम्बुदण्डि[1] ससुधं स्मृत्वा गलस्थं भुजेत् (?)

भुक्तं स्याद्विषमन्यथा विषमपि प्रायोऽमृतं स्यात्तथा ।

अश्नन्नेवमहर्निशं बलमनस्तेजोऽङ्गपुष्ट्यादिभाक्

जीवेद्दुःखजरापमृत्युपलितातङ्कादिमुक्तश्चिरम्[2] ॥४१॥

गर्व्यं[3] यदा याति कलासुधायाः

वश्यं तदा स्यात् प्रथमोपभोगः ।

भोगे सुधास्थानविमर्दचुंबौ[4]

वश्याय शुक्लक्षरणाय च स्यात् ॥४२॥

स्थाने यस्मिन् सा सुधायाः कलास्ते तत्स्थान् प्राणान् सन्ततं चिन्तयेद्यः ।

आयुः पुष्टिः श्रीवयस्स्तंभसंपत्तेजोरक्षाकान्तयस्तस्य सन्ति ॥४३॥

संयोज्य तारास्तिथिभिः सहैषु स्थानेषु देहे विधिनाभिचारी ।

दुष्टर्क्षगात्रे सविषे विदध्यात् वेधादिकर्माहितपुत्तलीस्थम् ॥४४॥

वराहरोमध्वजताम्रसूचिस्पर्शोपदेशैः करणावबन्धः ।

नासापुटास्यप्रतिरोधनं च क्ष्वेलं हरेत् ध्वान्तमिवाऽमृतांशुः ॥४५॥

दुष्टर्क्षगात्रे । हन्त्राभिमुखमूर्धानो महाममर्माणि । विपत्प्रत्यर-वध-वैनाशिकस्थाने महामर्म-विषकला च यदा जायते एतत्त्रयं यत्र सहसञ्जातं तत्र वेधादिकं कुर्यात् । (४०-४४)

वराहरोमेत्यादि । करणावबन्धः क्ष्वेलहृत् । करणावबन्धः कीदृग्विशिष्टः; वराहरोमध्वजताम्रसूचिस्पर्शोपदेशः । वराहरोम्णि ध्वजताम्रसूच्या अन्तरा स्पर्शस्योपदेशो यस्मिन् करणावबन्धे स वराहरोमध्वजताम्रसूचिस्पर्शोपदेशः । पद्मासनं दृढं

---

1 कर्ण. 2 जीवे दुःख. 3 गृह्यं. 4 चुम्बो.

मूर्खाणां नामधेयानि षड्विंशदिह लक्ष्यते ।
तेषां यथाक्रमं नाम चिकित्सां च वदाम्यहम् ॥४६॥
कृष्णः श्वेतः शङ्खपालः सर्वकृष्णो वलाहकः ।
काकोदरो महाकर्णो महापद्मः कुलस्थकः ॥४७॥
गिरिकर्णो वातकर्णः चीरकर्णो त्रुटीमुखः ।
कपोतो लोहितश्चाथ वेपथुर्मलकर्दकः ॥४८॥
कुण्डीनसो महाहिश्च कुक्कुटस्तृणशोषकः ।
तित्तिरिः परिसर्पश्च विचित्रकुसुमस्तथा ॥४९॥
अखण्डो दर्भपुष्पश्चेत्येते षड्विंशदीरिताः ।
दष्टस्य चैतैर्वक्ष्यामि चिकित्सां च यथाक्रमम् ॥५०॥

दष्टः स्याद्यदि कृष्णसर्पफणिना सर्वाङ्गकार्ष्ण्यं भवेत्
षट्पादच्छदतोयवेपनवशात्तच्छान्तिरिष्टा बुधैः ।
दष्टः श्वेतभुजङ्गमेन नखरश्यामत्वमुद्भूयते
भास्वत्पत्ररसानुलेपनवशात् तत्क्ष्वेलशान्तिर्भवेत् ॥५१॥
संदष्टस्य तु शङ्खपालफणिना श्यामा भवेयुर्मलाः
संपिष्याशु शिरीषमूलजनितं चर्मास्य संलेपयेत् ।
दष्टः सन्धिषु वेदनाश्च कुरुते चेत्सर्वकृष्णाहिना
लिप्तः कोशवतीरसः प्रकुरुते तस्य प्रशान्तिं जवात् ॥५२॥

बध्वेत्यर्थः । नासापुटास्यप्रतिरोधनं च । एतदपि करणावबन्धस्य विशेषणम् बहुव्रीहिसमासेन । केन प्रकारेण क्ष्वेलं हरेदित्याकांक्षायां ध्वान्तममृतांशुरिव । (४५)

मूर्वाणामिति । षट्पादच्छदतोयं = കഞ്ഞുണ്ണി ഇലനീര് । भास्वत्पत्ररसः = எருக்கிலைச்சாறு ॥ (४६-५१)

सन्दष्टस्येति । शिरीषमूलजनितं चर्म = வாகைவேரின்மேல் தோல் । कोशवतीरसः = പട്ടൽവിത്തിൻനീര് ॥ (५२)

श्यामा भान्ति वलाहकेन फणिना दष्टस्य दन्ता ध्रुवं
सौवीरेण निपाययेत् समरिचां पिष्ट्वाश्वगन्धां जवात् ।
चेत्काकोदरनामधेयफणिना दष्टो मुहुर्जृम्भते
तच्छान्तिस्तु पुनर्नवादलरसस्यालेपनाल्लक्ष्यते ॥५३॥

फेनं कोऽपि भृशं वमेद्यदि महाकर्णेन दष्टस्ततो
मालेयं च निपाययेत् सुविमले तोये तथोशीरकम् ।
श्यामः सान्द्ररसः प्ररोहति महापद्मेन दष्टे तदा
शोफघ्न्याप्यथवाल्पमारिषदलेनालेपनान्याचरेत् ॥५४॥

सन्दष्टस्य कुलत्थकेन फणिना ग्लानिर्गले जायते
सर्वाङ्गे प्रतिलेपयेत लशुनं तत्क्ष्वेलशान्त्यै तदा ।
दष्टश्चेद्गिरिकर्णनामफणिना रूक्षाङ्गको जायते
गोमूत्रेण समं निशान्यदलभस्मालेपयेत्तत्क्षणे ॥५५॥

श्यामेति । सौवीरं = காடி । मरिचं = குறுமிளகு । अश्वगन्धा = அமுக்குராங்கிழங்கு । पुनर्नवादलरसः = തവിഴാമനീര് ॥ (५३)

फेनमिति । मालेयंचन्दनम् । उशीरं=விளாமிச்சை । शोफघ्नी=തവിഴാമ । अल्पमारिषदलं =ചെറുചീരയില ॥ (५४)

सन्दष्टस्येति । निशान्यदलभस्म =കപ്പമഞ്ഞളില കരിച്ച ഭസ്മം । (५५)

दष्टः स्याद्यदि वातकर्णफणिना शुष्काङ्गको जायते
पानात्तस्य कटुत्रयस्य गरलं शीघ्रं प्रतिक्षीयते ।
संदष्टस्य तु चीरकर्णफणिना निःश्वासवृद्धिर्भवेत्
तत्क्ष्वेलप्रशमाय लेपनमथो पानं च शुण्ठ्याचरेत् ॥५६॥
सर्वाङ्गे कुरुते भ्रुटीमुखमहानागेन दष्टे रुजं
पिष्ट्वा नाशकरं तथैव मरिचं पानं तदैवाचरेत् ।
संदष्टस्य कपोतकेन नयनस्योन्मीलनेऽशक्तता
पिष्ट्वा सोमरसं तदीयगरलस्योच्छित्तये लेपयेत् ॥५७॥
सद्यो लोहितदष्टकस्य भवति श्यामं हि दंशस्थलं
लेपं तस्य समाचरेत् प्रशमनायाश्वेव मुञ्जारसैः ।
जृम्भां वेपथुदष्टकस्य कुरुते गात्रे सदा वेपथुं
शोफघ्नीरसलेपनेन गरलं तस्य प्रशान्तं भवेत् ॥५८॥
सन्दष्टो मलकर्दकेन बधिरः सञ्जायते तत्क्षणात्
कर्तव्या त्रिकटु कवोष्णपयसा संपिष्य नस्यक्रिया ।
कण्डूतिः खलु कुण्डिनासगरलेनार्तस्य संजायते
पिष्ट्वा कोशवतीसमीरसखयोर्मूलं समालेपयेत् ॥५९॥

पिष्ट्वेति । सोमरसः = തൊരായം ॥ (५६-५७)

सद्य इति । मुञ्जारसः = முஞ்ஜைச்சாறு । शोपघ्नी = തവിഴാമ ॥ (५८)

संदष्टो मलेति । कोशवती = പട്ടൽവിരം । समीरसखः = கொடிவேலி ॥ (५९)

मूत्रं श्यामतरं महाहिविषवेगार्तस्य संभाव्यते
पीतं नागरकं कणेन सहितं लिंसं च तत्क्षोभहृत् ।
संभूते खलु कुक्कुटाहिगरले कासः सदा वर्धते
कुर्यान्नागरकं कणां च मरिचं संपिष्य पानक्रियाम् ॥६०॥
संभूते तृणशोषसर्पगरले हिक्का च संजायते
पानादाज्यनियोजितस्य मरिचस्यार्तिस्ततः शाम्यति ।
दष्टःसन् परिवर्तनं प्रकुरुते तित्तिर्यहीन्द्रेण वै
पीता शक्रलताऽमृता च विषहृत्तस्यैव विद्वन्मतम् ॥६१॥
दंशे स्यात्परिसर्पकस्य महती काचिच्छिरोवेदना
कुर्यादञ्जलिहस्तलेपमथ तत्पानं च तच्छान्तये ।
कर्ता चेद्वमनं ज्वरं च तनुते वैचित्रपुष्पो विषः
पानं नीपतरोः करोतु परिशिग्रोश्चापि मूलं घृते ॥६२॥
दौर्बल्यं च करोत्यखण्डगरले मध्यप्रदेशे भृशं
लेपः किंशुकचर्मणो गरलहृत्तस्येह संलक्ष्यते ।
संवृद्धं खलु दर्भपुष्पगरलं पृष्ठस्य दौर्बल्यतां
कर्ता तस्य पुनर्नवादलरसं तच्छान्तये लेपयेत् ॥६३॥

॥ इति नारायणीये तन्त्रसारसङ्ग्रहे षष्ठः पटलः ॥

मूत्रमिति । अञ्जलिहस्तः = മുക്കുറ്റി । नीपतरुः = കടമ്പ । परिशिग्रु = പുനർമുരിങ്ങ ॥ (६०-६३)

॥ इति नारायणीयतन्त्रसारसङ्ग्रहव्याख्याने षष्ठः पटलः ॥

॥ अथ सप्तमो गोनसपटलः ॥

संज्ञा गो[1]नसनागानां षोडशेह प्रकीर्तिताः ।
तेषां नाम चिकित्सां च क्रमेणैव वदाम्यहम् ॥१॥

श्वेतश्च कुष्ठकुटिलौ महांध्र भ्रमसूचिनौ ।
तीक्ष्णकृष्णौ पिशाचश्च हेमश्चाथ विसर्पकः ।
पीतनेत्रो रागकुम्भावसृक्शोभावितीरिताः ॥२॥

गोनसनां चिकित्साऽथ व्यस्ताव्यस्ता च कथ्यते ।
श्वेतमण्डलिनो गात्रश्वयथुर्दंशवेदना ॥३॥

शिरोरुक् पार्श्वयोर्वर्णभेद् उर्वारुकं तथा ।
नवाद्भिः कपिनिर्यासं पक्त्वा लिंपेत्सिबेदपि ॥४॥

कुष्ठमण्डलिनः कु[2]ष्ठव्रणानि त्वग्विशीर्णता ।
[3]वेगं कल्के महारक्तपुच्छं वा[4]र्युतं न्यसेत् ॥५॥

व्रीहिस्थं त्रिदिनं कृत्वा खार्या पिष्ट्वा द्रुयं लिपेत् (?) ।

संञ्ज्ञेति । व्यस्ता-भेदेन, अव्यस्ता - सामान्येन, दंशस्थानस्य पार्श्वयोर्वर्णभेदः । उर्वारुकं = வெள்ளரிக்காய் । नवापः = இளநீர் । कपिनिसःर्या = விளாம்பிசின் ॥ (१-४)

कुष्ठेति । वेगः = கருவேலம் । महारक्तपुच्छम् = அரணைவால் ।

---

1 घोणस. 2 कुष्ठ वर्णानि. 3 वेगा कल्के. 4 वारीति.

कुटिलस्य गड्डूनि स्युः दंशस्य परितो रुजा॥६॥

श्लेष्मातकशिरीषत्वक् खार्या लेप्या सगैरिका।

सुगन्धिवेगयोर्मूलमाजेन पयसा पिबेत् ॥७॥

महामण्डलि[1]नो मूर्ध[2]रोगारुच्योर्मनोजलम्।

स्कन्धप्रदेशो वातं च सुपाक[3]मजदुग्धयुक् ॥८॥

कांस्ये पक्वाऽऽशयेत् कोष्णं विषहृच्छर्दिरेचनात्[4]।

सान्ने कुक्षौ तथा तत्स्यात् भुक्तमन्यविषेष्वपि ॥९॥

भ्रममण्डलि[5]नश्चेष्टा नासाहृष्ट्योर्जलस्रवः।

ज्वरः शोफः शिरोरुक् च जम्बूत्वक्[6] पुङ्खमूलयुक् ॥१०॥

खार्या पेया विरायत्वक्[7] कासमूलवरीदले।

सोदुंबरत्वचो लिंपेत् दृग्घ्राणे धूपयेच्च तैः ॥११॥

गड्डूनि सुषिरव्रणानि। श्लेष्मातकः = നറുവരി। शिरीषं = നെന്മേനിവാക। गैरिकं= காவி। सुगन्धि = நன்னாரி ॥ (५-७)

महेति। अरोचकं-अरुचिः। सुपाकम् = பேய்ச்சுரை। आशयेत् = भुक्तमन्नमपक्वं चेत् भक्षयित्वा वामयेत्। अपक्वं चेत् विरेचयेद्वा ॥ (८-९)

भ्रमेति। शोफः = வீக்கம்। जम्बूत्वक् = நாவல் பட்டை। पुङ्खं = വെൺകൊഴിഞ്ഞിൽ। विरायत्वक् = പെരുകിൻവേറിന്റെ തൊൽലി। चिरायत्वगिति वा पाठः; चिरायं = വെള്ളുഴമ। त्वक् = இலவங்கப்பட்டை। कासमूलं = பொன்னாவீரைவேர்। वरीदलं = சதாவரி இலை। उदुम्बरत्वक् = அத்திப்பட்டை ॥ (१०-११)

---

1 महा कुण्डलिनो.　2 मूर्धरोगारोचौ मनोरुजा.　3 सुवाक्.
4 रोचनात्.　5 नेत्रनासा.　6 चिरायत्वक्.　7 चरीदलौ.

सूचिमण्डलिनो दंशादुपर्युपरि तुद्यति ।

बहुमूत्रं पिपासोच्चैः अपाङ्गावरणं दृशोः ॥१२॥

कदलीमूलमाम्रत्वक् दर्भोशीरौ च मस्तुना ।

लिंपेत् पिबेच्च तां तीक्ष्णगोनसस्य सिराः स्फुटाः ॥१३॥

दन्ताः कटकटा जिह्वा निश्चेष्टा नेत्रवेदना ।

वेतसाञ्जनयोर्ध्वमं सराढास्थिगुडं[1] लिहेत् ॥१४॥

वेगाः[2] फल्गुपलाशास्थिखार्या लिंपेत् पिबेदपि ।

कृष्णस्य ज्वरहृच्छैत्यशिरोरोगातपार्तिता[3] ॥१५॥

पथ्यामलकचिञ्चास्थिशुण्ठीः प्रक्षिप्य पाचयेत् ।

प्रस्थांभोऽष्टांशशिष्टं तत् तावदाज्यान्वितं पिबेत् ॥१६॥

दंशोपान्ते व्रणानि स्युर्यदि तस्याग्निदग्धवत् ।

कपोतीरुक्कपित्थास्थिविश्वाभ्रगिरिकर्णिकाः ॥१७॥

सूचीति । कदलीमूलं = வாழைக்கிழங்கு । आम्रत्वक् = மாம்பட்டை । दर्भाः-स्वयं । उशीरं=விளாமிச்சை । मस्तु=தயிர் நீர் । वेतसः=മാററു്വഞ്ഞി । राठास्थि = തൊട്ടുകാരക്കര മലങ്കാരക്കായ എന്നുംപറയും । वेगा = கருடக்கொடி । फल्गु = ഞാഴൽ । पलाशास्थि= பலாசவித்து ॥ १२-१४)

कृष्णस्येति । हृच्छैत्यं=हृदयशैत्यम् = உள்ளக்குளிர். आतपार्तिता = வெய்யிலில் இருப்பதில் ஆவல். चिञ्चास्थि = പുളിങ്കുരു. कपोतीरुक् = ചെമ്പ്രാവള്ളി । कपित्थास्थि=விளாங்கொட்டை । विश्व= சுக்கு । अभ्रं=

---

1 सराठा. 2 वेगा. 3 आतपार्थिता.

खार्या लिंपेत् क्षते शुष्कैर्वर्णैरक्षाश्वमारयोः ।

तण्डुलीभस्मसंयुक्तैरङ्गं लिंपेच्च धूपयेत् ॥१८॥

पिशाचस्य रुजाङ्गानां वैवर्ण्यमतिवेदना ।

असंबद्धवचोऽल्पं च दाहश्चेष्टा पिशाचवत् ॥१९॥

पीतार्कपर्णकृष्णाब्धिफलं नस्येत् सकाञ्जिकम् ।

तण्डुलोग्रलते[1] मूलं वर्तुलस्य च चन्दनम् ॥२०॥

लिंपेदाजेन तक्रेण दहेद्दंशं च सर्पिषा ।

सरक्तपुच्छं श्यामाहिपुच्छं खार्या प्रलेपयेत् ॥२१॥

हेममण्डलिनो जिह्वा शुष्का कुरुकुरायितम्[2] ।

वैवर्ण्यमुदराध्मानं पीतनेत्रे[3] शिरोगदः ॥२२॥

ழுளைத | गिरिकर्णिका = கடளைழக । अक्षः = தான்றிக்காய் । अश्वमारः-करवीरः । तण्डुलीयं = செருவீர(?) அவில்பொரி वा ॥ (१५-१८)

पिशाचस्येति । पीतार्कपर्णं = பழுத்த எருக்கிலை. कृष्णाब्धिफलं = கருத்த கடலக்காய் (?) नस्यं कुर्यात् नस्येत् । काञ्जिकं = காடி तण्डुलं = तण्डुलीलीयकम् = அல்லது அவல் பொரி. उग्रलता = வெம்பாட(?) वर्तुलमूलं = கந்தியாவட்டத்தின் வேர். रक्तपुच्छं = இரு வாலி அரணை வால். श्यामाहिपुच्छं = பச்சிலைப்பாம்பின் வால் ॥ (१९-२१)

हेमेति । कुरुकुरारायितं कुरुकुराशब्दो भवति । उदराध्मानं = வயிற்றுப்பொருமல். मृद्वीका = முந்திரிப்பழம் । कुलुत्थं = முதிர (?) औष्ण्यशैत्ये

---

1 तण्डुलोग्ररतेर्मूलं. 2 कुरुकुरान्वितम् . 3 पीते नेत्रे.

सिञ्चेन्नासादृशोः शुण्ठी मुद्रिका[1] तुलसी मधु ।
कुलस्थ[2]महिषीक्षीरतण्डुलोदनमाशयेत् ॥२३॥

दंशे क्षौद्रोषणं लिंपेद्विसर्पस्याक्षिविभ्रमः ।
वमनारोचकौ दाहः पूर्वाह्णे शैत्यमन्द[3]दम् ॥२४॥

गात्राणां कंपनं जाड्यं विसर्पः पुलकानि च ।
गिरिकर्णिवचाविश्वकुण्डलोषणकाञ्जिकम् ॥२५॥

लिंपेत्सिञ्चेन्नसि क्षौद्रं गिरिकर्णिकया युतम् ।
पीतनेत्रं च बाधिर्यं पाण्डुता नेत्रवेदना ॥२६॥

रोमकूपेष्वसृक्स्रावः सलिलं नेत्रनासयोः ।
अशक्तिरग्निमान्द्यं च लिंपेत् स्वार्या द्विवक्त्रकम् ॥२७॥

नागरं मरिचं चिञ्चा शिग्रुमूलेन वा लिपेत् (?) ।
कोशातकीरसैर्वेगा लाङ्गली जातवत्सविट् ॥२८॥

पेयं लेप्यं च पयसा वचामाज्येन वा पिबेत् ।
रागमण्डलिनः कण्डूनेत्रमान्द्यास्यतिक्तके ॥२९॥

पूर्वाह्णे दाहोऽपराह्णे शैत्यं । विसर्पः । पुलकानि = மயிர்ச்சிலிர்க்கை. कुण्डलं = கூத்தில் குண்டலம் । काञ्जिकं=காடி ॥ (२२-२५)

पीतेति । द्विवक्त्रकं=இருதலைப்பாம்பு । नागरं = சுக்கு । चिञ्चा=புளி कोशातकी = பீர்க்கு । लाङ्गली = மெத்தோன்னி (?) ॥ (२६-२८)

---

1 मृद्वीका. 2 कुलुत्थ. 3 मन्यथा.

निर्वेदो जानुनोः शैत्यं तीक्ष्णाग्निर्देहरक्तता ।
हृदौष्ण्यं रोमविश्लेषः पुष्पमूले शिरीषजे ॥३०॥
लाङ्गलीमूलकोशातिरसाढ्ये पानलेपने ।
खार्या द्विमातुलोन्मत्तकेतकीमूलनागरान् ॥३१॥
लिंपेद्विश्ववचाहिङ्गुवेगास्थिलशुनान्वितम् ।
सार्कपत्रं शक्रवल्लीमूलं[1] लिंपेत् पिबेत्तथा ॥३२॥
कुंभमण्डलिनो वाणी गद्गदा चानुनासिका ।
तृष्णाऽतिवेदना शोफपारवश्ये विजृंभितम् ॥३३॥
ज्वरः शिरोरुक्[2] जाडयं च कंपनं कक्षशीतता[3] ।
रुजा दहनदाहेच्छा श्यावो विश्लेष ओष्ठयोः ॥३४॥
मयूरपित्तं लवणान्युशीरगिरिकर्णिके ।
पिबेल्लिंपेच्च पयसा नीलीपाठाश्ववैरिणाम्[4] ॥३५॥

निर्वेद इति । शिरीषः = நென் மெனிவாக (?) । लाङ्गलीमूलं = பெத் தொன்னிக்கிழங்கு । कोशातकी = பீர்க்கு । खारी = காடி । द्विमातुलं = மாதுளமும் வள்ள நாரகவும் । केतकीमूलं= தாழைவேர் । विश्वं=சுக்கு । वचा= வசப்பு । हिङ्गु=காயம் । वेगास्थि=கருடக்கொடிக்காய் । लशुनं= உள்ளி । तया कार्या ॥ (२९-३२)

कुम्भेति । गद्गदवाणी = தழுதழுத்தப்பேச்சு. अनुनासिका = நாசியால்பேசுதல், विजृम्भितं =மூரிநிவருக (?) शिरोरुजा= தலைநோய् जाडयं जडता । कक्षशीतता = கக்ஷங்கள் இரண்டும் குளிர்ந்திருக்கை, दहन

---

1. मूलनिष्डिकया खार्या 2. शिरोरुजा जाडयं. 3. कुक्षिशीतता.
4 पाठाश्च वैरिणाम्.

मूलं व्योषं च तैलेन पाययेल्लेपयेदपि ।

शिरीषपञ्चकं हिङ्गु सैन्धवं द्विमुखोरगम् ॥३६॥

मूलं निर्गुण्डिकायाश्च[1] खार्या लिंपेत्पिबेदपि ।

असृङ्झण्डडिनो वक्त्रनासिकादेरसृक्स्रवः ।

तन्द्रीदौर्गन्ध्यनिर्वेदाः पारवश्यं च जागरः ॥३७॥

लिहेत्कुष्ठदधिव्योषं सिन्धुतक्रोत्थमाक्षिकम् ।

नीलीमूलं सनीपत्वक् चर्वित्वा तज्जलं पिबेत् ॥३८॥

तत्काथमथवा नीपत्वक्क्षीरं पानलेपनम् ।

मूलैः पुनर्नवागुञ्जामुसलीकिंशुकोद्भवैः ॥३९॥

लेपपानादिकर्माणि कारयेत्सशकृद्रसैः ।

सक्षीरं क्षीरवृक्षाणां कषायं ससिताकणम् ॥४०॥

दाहेच्छा=தீக்காய்வதில் விருப்பம். श्याव = கருவாளிக்குகை (?) ओष्ठ-विश्लेषः=உதடுகள் கூடாதிருத்தல். लवणानि=पञ्चलवणानि । गिरिकर्णिका= ஞெமுகு (?) । नीली=அவிரி. पाठा च । अश्ववैरी=காவீரம் । शिरीषपञ्चकं = शिरीषस्य मूलादिपञ्चाङ्गम् । द्विमुखोरगः = இருதலைப்பாம்பு । निर्गुण्डी = கருநொச்சி ॥ (३३-३६)

असृगिति । तक्रोत्थं=வெண்ணெய் । नीपत्वक्=கடம்பின் தோல் । चर्वित्वा = மென்று । पुनर्नवा=சாரடை । गुञ्जा = குன்றி । मुसली = நிலப்பனை । किंशुकः=முருக்குமரம் । क्षीरिवृक्षः= பால்மரம் । सिता=पञ्चसारः। कणा = திப்பிலி ॥ (३७-४०)

---

1 निर्गुण्डिकायाश्च.

शीतलं पिबतो नश्येदसृङ्मण्डलिनो विषम् ।
शोफमण्डलिनो गात्रगौरवं श्वयथू रुजा ॥४१॥
अशक्तिः स्तंभने दार्ढ्यपारवश्यमरोचकम् ।
स्फिरया[1] याषदोषाभ्यां खण्ड्या पञ्चाम्लचर्मणाम् ॥४२॥
महिषीशकृदुन्मत्तकल्काभ्यां चोपनाहयेत् ।
आभ्रंष्ट व्रीहिशुभ्राश्मकोद्रवं दधिपेषितम् ॥४३॥
जम्बीरकरसे पक्वं शोफहृत् सिन्धुयुग्लिपेत् ।
लेपस्तुषा[2]नालिकेररसैर्मण्डलशोफनुत् ॥४४॥
[3]वातस्थावन्यपार्श्वौ च दृग्योनी शुक्रमम्बुमत् ।
नानन्तबिन्दुमन्त्रोऽयं सर्वमण्डलिदोषहृत् ॥४५॥
सूक्ष्मांभौते मांसदण्डी बाबा[4]संवर्तकस्तथा ।
पञ्चार्णोऽयं शेषमन्त्रो गोनसाखुविषं हरेत् ॥४५॥

शोफेति । स्फिरां=விரக்(?) याषं=கொடித்தூவ்வ(?) दोषा =மஞ்சள் । खण्डी = கணிவெண்ணெய் [?] । पञ्चाम्लं = புளிக்கொடம், புளிவேறு, காரகம், அம்பழம், வள்ளி காரகம் । उन्मत्तः =ஊமத்தை । आभ्रंष्ट ईषद्भृष्टं । शुभ्राश्म = வெள்ளாரங்கல் । जम्बीरः = பெருகாரகம் । तुषा= காடி ॥ (४१-४३)

वातस्थाविति । ओं क्षिप्ये स्वाहा ॥ (४४)

सूक्ष्मेति । इ.=ஹைம், வ. ஹைம் (?) क्षैं इति मन्त्रः इ. हृदयाय नमः=ஹைம்(?) शिरसे स्वाहा । वः शिवायै वषट्=ஹைம் कवचाय हुम् । क्षैं अस्त्राय फट् ॥ (४५)

---

1 खार्या पञ्चाम्लचर्वणात्. 2 लेपात्तुषा. 3 वान्तस्थावन्त्यपश्यौ स. 3 बाबः संवर्तकः

हं हर विषं[1] फुं विषं पक्षि वसुन्धराविवरं गच्छ ठ, ठ, फु ह स्वाहा ।

दष्टो मण्डलिरूपी तु पोत्रिणा धापितो[दंशितो] भिया ।

वह्नौ प्रविष्टस्तं दग्धं ध्यात्वा मन्त्रमिमं जपेत् ॥४६॥

नमो भगवते[2] प्रछेः(?)कसहस्रभुज, सहस्रनेत्र,

उल्कामुखविषं दह विषभोजन वज्रहस्त हन,

हुं खे मुष्टिबन्धेन[3] विषं यरलव पक्षि हुं[4] फट् स्वाहा ।

अङ्गं मण्डलिना दष्टं ध्यात्वा मण्डलिविग्रहम् ।

तं खादन् सूकरो भूत्वा जपेदेनं विषापहम् ॥४७॥

भूम्यां गच्छ हिरमुक्तोऽसि ठ ठ ।

दंशेन निर्गतो वेगान्मूर्धतः कृष्णमूषिकान् ।

डुण्डुभं त्वनुधावन्तं ध्यात्वा टान्तैः प्रशान्तयेत् ॥४८॥

हूं इति । ओं हं हर विषं फु विषं पक्षि पक्षि वसुन्धराविवरं गच्छ गच्छ स्वाहा फुः स्वाहा फुः ॥ (४६)

नम इति । ओं नमो भगवते प्रवेः क सहस्रभुज सहस्रनेत्र उल्कामुख विषं दह विषभोजन विषभोजन वज्रहस्त वज्रहस्त हन हन हुं खे मुष्टिबन्धेन यरलव पक्षि पक्षि हुं फट् स्वाहा ॥ (४७)

भूम्यामिति । भूम्यां गच्छ विषमुक्तोऽसि स्वाहा । प्रशातयेत् क्ष्वेलं कृष्णमूषिकान् प्रति भयादनुधावन्तं डुण्डुभं यात्वा निर्यतो निर्गच्छतः टान्तैः टकारैः डुण्डुभन् = ഠ്ഞ (?) ॥ (४८)

---

1 हं बष हिरं फुं हिरं पक्षि बसुन्धराविवरं गच्छ = ठठ = फु = हस्वा ।
2 भगवते प्रच्छेः पलवस्तभुगलवस्तलेत्र उल्कामुखहिरं दह. 3 बन्धन.
4 फट् ठठ.

स्मरन्नेवं जपेन्मन्त्रं मण्डलीक्ष्वेलशोफहृत् ।

[1]

ह्रां ह्रीं अल्पपक्षिदेव अषहिमहि मत्तमातङ्क ठ ठ ।

तांबूलखादनान्मन्त्रो हरेन्मण्डलिनां विषम् ॥४९॥

दंशकाहिमधोवक्त्रं वमन्तं धूमवद्विषम् ।

दष्टमङ्गं विचिन्त्यैतत् मर्दंस्तद्विषशोफहृत् ॥५०॥

तद्विषी श्वेतपोतिभ्यां भुक्तो मूर्धादिनिर्विषः ।

विण्मूत्रस्तंभने नाभेरधो लेप्या वृषस्य विट् ॥५१॥

सतण्डुलोदका भेकवत्सा वा विसृजेन्मलौ ।

पिण्डारपत्रिकामूलं शीताद्भिः कुक्षिमालिपेत् ॥५२॥

सर्वं स्रवति तलस्थं पुरीषं मूत्रमेव च ।

[2]

चूर्णतक्रोत्थरजनीलोध्रैरादौ प्रलेपयेत् ॥५३॥

ह्रामिति । ओ ह्रां ह्रीं अल्पपक्षिदेव अरवि मरविन्त मान्तपांकः स्वाहा (४९)

दंशेति । दष्टमङ्गं दंशकाहिं विचिंत्य हि तन्मर्दस्तद्विषशोफहृत् । कीदृग्विशिष्टम् अधोमुखं धूमवद्विषं वमन्तं च ॥ (५०)

तद्विषीति । श्वेतपोत्रिभ्यां मूर्धादिभक्षितस्तद्विषी मण्डली विषी निर्विषः स्यात् । (विण्मूत्रेति) वृषस्य विट् । मूषकविष्ठा । भेकवसा=தவளை கைவல (?) मलौ विण्मूत्रौ । पिण्डारपत्रिका=பிண்டாவிசிம்பா ॥ (५१-५२)

सर्वमिति । चूर्णं=பொடி அல்லது சுண்ணம் । तक्रोत्थं=வெண்ணெய் । लोणं=लवणम् । वकुलास्थि=எலஞ்சிகுரு (?) विभीतकं = தான்றி । शतावेली=

---

1 ह्रां ह्रींअल्पपक्षिडेह अहिषिमन्त्तणां काररा. 2 चूर्णं.

लोणस्य पानं[1] लेपश्च मण्डलीक्ष्वेलहृद्[2]भवेत् ।
सस्तन्यं[3] बकुलस्यास्थिनस्यं मण्डलिमोहहृत् ॥५४॥
विभीतक[4]शतावेलीमुसलीवेगजां शिफाम् ।
[5]अम्लेन मेषीतक्रेण तद्दंशोपरि लेपयेत् ॥५५॥
खार्या कपोतीमूलं वा चिञ्चास्थि सतुषं लिपेत् (?) ।
सघृतं वज्रिकामूलं पिबेल्लिंपेच्च तत्क्षते ॥५६॥
वेगापाकल्ययो[6]र्मूलं तत्पर्णरसपेषितम् ।
सदेवदारुमहिषीशकृत्तन्मूत्रपेषितम् ॥५७॥
विषशोफहरावेतौ त्रिशूली गो[7]नसार्तिहृत् ।
ससिन्धुनालिकेराज्यं मुसली[8] क्ष्वेलहृल्लिपेत् (?) ॥५८॥

शतावरी । मुसली=நிலப்பனை । वेगः=நாகளகம் (?) अम्ल=புளி । मेषीतक्रं=ஆட்டுமோர் । कपोतीमूलं=செம்பாவள்ளி । चिञ्चास्थि=புளியங்கொட்டை. तुषं = அரிக்கழுநீர் । वज्री=சதுரக்கள்ளி ॥ (५३-५६)

वेगेति । पाकलं=பேய்ச்சுரை । तन्मूत्रं=महिषीमूत्रं । त्रिशूली=சயம் । नालिकेराज्यं=தேங்காயெண்ணெய் ॥ (५७-५८)

---

1 लेप्यं. 2 नाशनम्. 3 वकुलस्यापि नस्यात्. 4 शतावेरी. 5 आमेन. 6 कुल्ययोः 7 घोणस. 8 मण्डलि.

गृञ्जनं[1] नीलका भव्यं मेषशृङ्गी च यामिनी ।
खार्यैषां[2] मूललेपेन नश्येन्मण्डलिनां विषम् ।
सक्षीरस्फोटिकामूलक्काथः स्तंभविषं हरेत् ॥५९॥
वत्सशिग्रुत्वचौ[3] मूलं नन्द्यावर्तवितानयोः ।
दोर्वल्ली सुरसा याषं[4] द्रोणोन्मत्ते स्फुटा निशा ॥६०॥
वनाम्बा वनकुष्ठं च चिञ्चापत्राणि यामिनी ।
द्वीपिगृञ्जनसप्ताह्वमूलं[5] सिंहीफलं स्थिरा ॥६१॥
त्रीन् योगांस्तद्विषे लिंपेत् खारीतत्तण्डुलान्वितान् ।
निशावसाने[6] लिंपेत[7] तक्कोणाक्षफलास्थि च ॥६२॥

गृञ्जनं । முருங்கை । नीलिका=அவுரி । भव्यं=வடுகபுளி நாரகம் (?) मेषशृङ्गी=கொடிப்பால் । यामिनी=மஞ்சள் । स्फोटिका=எலித்தடி । काथः= கஷாயம் ॥ (५९)

वत्सेति । वत्सेत्यादियोगत्रयं, दोर्वल्ल्यादिद्वितीयं, द्वीप्यादितृतीयं । वत्सं= குடசப்பாலை । नन्द्यावर्तं=நந்தியாவட்டம் । अवितानं=விழு । दोर्वल्ली= கைழு । याषं=கொடித்துவ்வ (?) । द्रोणं=தும்பை । स्फुटं स्फोटिका वनाम्बा= காட்டுழு । वनकुष्ठं=காட்டுக்கொட்டம் । यामिनी = மஞ்சள் । द्वीपी = சிறுவழுதுணை । गृञ्जन=முருங்கை । सप्ताह्व = ஏழிலம்பாலை । सिंही= பெருவழுதிணை । स्थिरा =ஓரிலை ॥ (६०-६२)

---

1 मूलिका. 2 खार्येषां. 3 त्वचौ पर्णं.
4 याषाद्रोणोन्मत्तस्फुटानिशाः । 5 पिप्पलीगृह. 6 विषाव
7 लिंपेच्च

चूर्णं तक्रभवं महातरुशिफापक्कं कदल्याः फलं

तुम्बीहिङ्गुमुनिः शिशोः शिवजलं नीली[1] करञ्जं शिफा ।

चूर्णं नागलतादलं दधिनृपौ लोणस्य पिण्डं त्रयं[2]

योगानामिदमाशु मण्डलिविषं लेपेन निर्मूलयेत् ॥६३॥

कुष्ठोग्रालशुनं सरामठफलं व्योषं पिबेज्जातिका ।

दोर्वल्लीसुरसार्जकाग्निकरसे पित्ताहिदष्टः[3] पुमान् ।

काश्मर्येण च जीवकर्षभयुजा न्यग्रोधशृङ्गं सिता-

मञ्जिष्ठामधुकैश्च संयुतमसौ तत्क्ष्वेलशान्त्यै पिबेत् ॥६४॥

चूर्णेति । चूर्णमित्यादिभिः त्रिभिः पादैः त्रयो योगाः । चूर्णं=நீறு । तक्रभवं = வெண்ணெய் । महातरुशिफा=கள்ளிவேர் । तुम्बी=பேய்ச்சுரை । मुनिः= அடக்காவணியன் (?) शिशोः शिवजलं=बालस्य मूत्रम् । करञ्जः=புங்கு । नागलतादलं=வெற்றிலை । दधि=தயிர் । नृपत्रयं=கொன்னை । लोणस्य पिण्डः= உப்புப்பிடி (மூன்று பிடி உப்பு.) ॥ (६३)

कुष्ठेति । कुष्ठं = கோட்டம் । उग्रा = வசம்பு । लशुनं = உள்ளி । रामठम् = காயம் । फलं=त्रिफला, जातिका = जातिफलम्=अर्जकः=करञ्जम् । अग्निकः = கொடிவேலி । पित्तादिदष्टः=गोनसादिदष्टः । काश्मर्यं = குமிழன் । जीवकं=சீவகம் । ऋषभम्=இடவகம் । न्यगोधशृङ्गं=பேராலமொக்கு । सिता= पञ्चसार । मञ्जिष्ठा = மஞ்சட்டி । मधुकं = அதிமதுரம் । तत्क्ष्वेलं = मण्डलिविषम् ॥ (६४)

---

1 नीली च गुञ्जा. 2 पिण्डत्रयं. 3 पित्तोऽहिदष्टः पीताहिदुष्टः.

कार्पासनीलाजशकृत्तिलानां धूपाद्विषं नश्यति घोनसोत्थम्[1] ।

तथा मृगत्वक्किलपोत्रिविष्ठामयूरपिञ्छैर्विहिताच्च धूपात् ॥६५॥

दोषा भृङ्गी कनककटुकी गायकी मूर्धपुष्पी

कोशातक्यौ दधि च महतीं मण्डलिक्ष्वेलकण्डूम् ।

तेषां लेपः शमयति पुनर्बुद्बुदं तद्विषोत्थं[2]

सद्यो हन्यादजजलशकृत्पोत्रिविष्ठानुलेपः[3] ॥६६॥

दुरालभाकाञ्जिकतण्डुलानि द्रोणं तुषा यामवतीद्वयं च ।

तत्पिण्डिकास्वेदनमाशुकण्डूशोफादिहृन्मण्डलिदष्टकस्य ॥६७॥

कार्पासेति । कार्पासनीलम् = பருத்திப்புடல் (?) अजशकृत् = ஆட்டின் புழுக்கை । मृगत्वक्=மான்தோல் । पोत्रीविष्ठा=பன்றிப்புழுக்கை । मयूरपिच्छं = மயில்பீலி ॥ (६५)

दोषेति । दोषा = மஞ்சள் । भृङ्गी = கஞ்சுண்ணி(?) कनकं = ஊமத்தை । कटुकी=பேய்ச்சுரை । गायकी = கிலுகிலுப்பை । मूर्धपुष्पी = शङ्खपुष्पम् । कौशातकी=கள்புட்டல் பீரம் பெரிதும் சிறிதும் (?) । अजजलशकृत्=ஆட்டின் மூத்திரமும் புழுக்கையும் ॥ (६६)

दुरालभेति । दुरालभा = காஞ்சொறி । काञ्चिकं = காடி । तण्डुलं = செருசீர(?)द्रौणं = தும்பை । तुषा=உமித்தவிடு । यामवतीद्वयं=மஞ்சளும் மாமஞ்சளும் । पिण्डिकास्वेदनं = கழிவேது ॥ (६७)

---

1 घोणसार्थम्. 2 तद्विषार्थम्. 3 विष्टं विलेपः

दुग्धीकिंशुकबाहुवल्लिसुरसाकोशातकाम्भस्समे[1]

पिष्ट्वा यामवतीरसे[2] मृदुशिरो[3]गुण्डीशितिद्रोणयोः ।

तत्पिण्ड्या तुषवारितद्रसयुजा स्वेद्यं विषोत्थं क्षतं

तस्मिन् क्षीरमहीरुहां किसलयं पिष्टं लिपेत्तद्रसैः ॥६८॥

व्योषं तिकल्कं त्रिफला महिष्यास्तक्रोद्भवं सैन्धवमाक्षिके च ।

एतद्विलेपाद्विषजानि नाशं यान्ति क्षणान्मण्डलिनां क्षतानि ॥६९॥

रसे सकल्के शृतमाविताने तैलं क्षते मण्डलिनां निषिञ्चेत् ।

स्नुक्क्षीरगव्येषु घृतं विपक्वं तत्क्ष्वेलहृत् सामयचन्दनेषु ॥७०॥

दुग्धीति । दुग्धी = இலைக்கள்ளி । बाहुवल्ली = கலு । सुरसा = துளஸி । कोशातकं=பீர்க்கு । यामवतीरसः=மஞ்சள் நீர் । गुण्डीमृदुशिरः= கருநொச்சிக்குருத்து । शितिद्रोणमृदुशिरः = கருந்தும்பைக்குருத்து । तुषवारि= அரிக்காடி । तद्रसस्तेषां रसः । तद्रसैः क्षीरमहीरुहां रसैः ॥ (६८)

व्योषमिति । त्रिकल्कं = எள், மஞ்சள், நெய், வேப்பின் தோல் । महिषीतक्रोद्भवं = எருமை வெண்ணெய் ॥ (६९)

रस इति । सर्वत्र स्नेहाच्चतुर्गुणो द्रवः । स्नेहचतुर्थांशं कल्कम् । अवितानं = விரவு । गव्यानि = त्रीणि गोमयस्वरस-क्षीर-दधिमूत्राणि । आमयः = கோஷ்டம் ॥ (७०)

---

1 समैः. 2 रसैः. 3 दलैः.

त्रिवृन्निशायष्टिफलत्रयीस्नुक्क्षीरान्विते गव्यचतुष्कयुक्ते ।
ब्राह्मीरसे साधितमाज्यमुच्चैर्विनाशयेन्मण्डलिनां विषार्तिम् ॥७१॥

हत्वाहिं द्विमुखं विधाय च मृदा कुत्रापि संरक्षितं
कुर्यान्मृद्भवति स्वयं सभुजगाः कालेन वा यावता ।
तामादाय मृदं तदस्थिसहितां चूर्णीकृतां विन्यसेत्
पात्रे मण्डलिदष्टमद्भिरनया लिम्पेत्पुनः पिष्टया ॥७२॥

॥ इति नारायणीये तन्त्रसारसङ्ग्रहे सप्तमः पटलः ॥

त्रिवृदिति । त्रिवृत् = சிவதை । फलत्रयी = त्रिफला । स्नुक्क्षीरं = கள்ளிப்பால் । आज्यरहितं यत तद् गव्यचतुष्कं इत्यनेनोच्यते । उच्चैः= क्षिप्रम् ॥ (७१)

हत्वेति । द्विमुखं=இரண்டு முகமுள்ளது । अहिं सर्पम् । अद्भिः सह पिष्टयानया मृदा मण्डलिदष्टं लिम्पेत् ॥ (७२)

॥ इति नारायणीयतन्त्रसारसङ्ग्रहव्याख्याने सप्तमः पटलः ॥

॥ अथाष्टमो राजिलाहिपटलः ॥

अथ राजिलदष्टेन पेया कृष्णा ससैन्धवा ।

साज्यक्षौद्रशकृत्तोया पुरी च्छ्वाविदुद्भवम् ॥१॥

सकृष्णाखण्डदुग्धाज्यं पातव्यं तेन माक्षिकम् ।

क्षितिभव्यशिफागस्त्यपुष्पवन्दाकदुग्धयुक् ॥२॥

तेन पेयं श्वेतपुङ्खमूलं वा स्वरसान्वितम् ।

[1] द्रोणपुष्पाम्बुमत्तैलं तैलं तिन्त्रिणिमर्दितम् ॥३॥

[2] नस्येद्वा स्नापयेत् क्षीरनवोदेक्षुरसैरमुम् ।

सकुष्ठा रेणुकव्योषवक्रातिविषमाक्षिका[3] ॥४॥

अथेत्यादि । शकृत्तोयं = சாணச்சாறு । श्वावित्=शल्यकः=श्वाविदुद्भवं पुरीतत् = शल्यभृगस्यान्त्रमांसम्=முள்ளம்பன்றிக்குடல் மாம்ஸம் । कृष्णा = திப்பிலி । खण्ड=खण्डशर्करा । दुग्धं=பால் । आज्यं=நெய் । माक्षिकं=தேன் । क्षितिभव्यशिफा = നിലനാരകവേര് । अगस्त्यः=அகத்தி । तत्पुष्पं । तद्वन्दाकं च । वन्दाकं=இத்திக்கண்ணி । श्वेतपुङ्खमूलं=வெண் கொழிஞ்சில் வேர் । स्वरसः=श्वेतपुङ्खरसः ॥ (१-२)

द्रोणेति । द्रोणपुष्पाम्बु=தும்பைப்பூச்சாறு । तिन्त्रिणी=புளி । नवोदं= இளநீர் । अरेणुकं = ஸ்வயம் । वक्रं = தகரம் । अतिविषं = அதிவிடயம் । कटुका = கடுகரோஹிணி । गृहधूमः=ஒட்டடை ॥ (३-४)

---

1 द्रोणं 2 नस्ये द्वे 3 माक्षिकाः,

कटुका गृहधूमाढ्या हन्ति राजिमतां विषम् ।

सविश्वं भव्यवन्दाकं भस्मीकुर्यात् प्रभञ्जनात् ॥५॥

तत्कृतां गुलिकां जिघ्रेत् सक्षौद्रां राजिलान्तकीम् ।

जिघ्रेद्वा नासया दार्वी[1]रोचनासिन्धुजाङ्गलीम् ॥६॥

[2]पिबेद्वा गुलिके ते द्वे व्योषं सवकुलास्थि वा ।

दक्षिणावर्तमूलेन [3]पाननस्ये पयोयुजा ॥७॥

वृश्चिकालीमुनिशिरोमूत्रैर्वा राजिलापहौ[4] ।

धूपो देवीसहापिञ्छखण्डनैस्तद्विषापहः ॥८॥

अञ्जयेत्सोषणं माषं [5]लिपेच्च गृहराजिले ।

कालोदराहिविषहा शारिबा तुहिनान्विता ॥९॥

सविश्वमिति । विश्वं= சுக்கு भव्यवन्दाकं=നാരകത്തിന്മേലിത്തിക്കണ്ണി. प्रभञ्जनात् = വറുകയാൽ. दार्वी = மரமஞ்சள். रोचना = गोरोचना । सिन्धु = இந்துப்பு । गुली = गुलिका, वकुलास्थि = வவஞ்ஞ்குரு(?) ॥ (५-६)

दक्षिणेति । दक्षिणावर्तमूलं=வலம்புரி நந்தியாவர்த்தத்தின் வேர் । पयसः= பால். वृश्चिकाली=തേക്കട. मुनिशिरः=அடக்காமணியின் கூம்பு (?)॥ (७)

धूप इति । देवी = പൂവ്വാങ്കുറുന്തില. सहा = முயல் செவி. पिञ्छं = பீலி खण्डनं=കമ്പാരി. गृहराजिला-कालोदराहिशब्दौ पर्यायवाचिनौ । कालोदराहिः= കരിവഴല. तुहिनं பனிநீர் ॥ (८-९)

---

1 दर्वी. 2 पिबेद् द्वे. 3 पाननस्यौ पयोयुजौ.
4 राजिलापहा. 5 लिंपेत्.

साजेशरेफसद्यो[1]ऽग्निव्योमवह्नित्रिमूर्तिमान्[2] ।
सश्वेताजाग्निवामाक्षो[3] वह्निर्मान्ता इमे त्रयः[4] ॥१०॥
सवर्मास्त्रशिरोमन्त्रो[5] राजिलादिविषं हरेत् ।
विषगर्भादिमन्त्रेण घोनसानां[5] पुरोदितैः ॥११॥
सामान्यैश्चौषधैर्विद्वान् व्यन्तराहिविषं हरेत् ।
व्योषपिञ्छ[6]बिडालास्थिनकुलाङ्गरुहैः समैः ॥१२॥
चूर्णितैर्मेषदुग्धाक्तैर्धूपस्सर्वविषापहः ।
शिखिपित्तवचाहिङ्गुलशुनीनकुलास्थिभिः ॥१३॥

साजेशेति । ओं क्ष्रौं ह्रीं क्ष्रीं हुं फट् स्वाहा । राजिलाहिविषशान्त्यर्थम् ॥ (१०)

विषेति । पुरोदितेन विषगर्भादिमन्त्रेण गोनसानां पुरोदितैर्मन्त्रैरौषधैश्च । सामान्यमन्त्रा गरुडपञ्चाक्षरादयः । व्योषपिञ्छेत्यादीनि सामान्यौषधानि । तैर्व्यन्तराहिविषं हरेत् ॥ (११)

व्योषेति । पिञ्छं=மயில்பீலி विलाळास्थि (बिडालास्थि)=பூனை எலும்பு अङ्गरुहः = மயிர் मेषदुग्धं = ஆட்டின் பால் ॥ (१२)

शिखीति । शिखिपित्तादिभिः स्नुहिवह्निजो धूपो विषहा स्यात् । लशुनी = உள்ளி. स्नुहिवह्निः = கள்ளி வேர் எரித்த தீ ॥ (१३)

---

1 सद्योनि. 2 त्रिमूर्तिमत्. 3 सश्वेतजाग्निवामाक्षौ.
4 त्रयम्. 5 सवर्म्मा. 5 घोणसानां. 6 पिञ्छे.

मरीचतुल्यैर्धूपस्स्याद्विषघ्नः स्नुहिवह्निजः ।

शुण्ठीलोध्रमयूरास्थिबिल्वराजतरुत्वचा ॥१४॥

द्विमुख[1]श्यामकाहिभ्यां धूपौ सर्व[2]विषापहौ ।

पाठानिर्गुण्डिकाङ्कोलपर्णीश्च लशुनं समम् ॥१५॥

शिरीषगुञ्जाबिल्वागकर्णीबीजसमा वचा ।

[3]केतकीमूलवेगास्थिनवातुल्या च लाङ्गली ॥१६॥

[4]चूर्णितैस्तैः कृता धूपास्त्रयस्सर्वविषापहाः ।

कुष्ठोग्रासिन्धुकतकत्वक् समुद्रं फलं नतम् ॥१७॥

शुण्ठीति । राजतरुः=கொன்றை । द्विमुखाहिः=இருதலைப்பாம்பு । श्यामकाहिः = கருமூர்க்கன்பாம்பு ॥ (१४)

पाठेति । पाठा = வட்டத்திருப்பி । निर्गुण्डिका = கருநொச்சி । अङ्कोलः=அழிஞ்சில் । अगकर्णि=கூடனைழக । वचा=வசம்பு । केतकीमूलं= தாழைவேர் । वेगास्थि = கருடக்கொடிக்காய் । नवा = पुनर्नवा । लाङ्गली = கலப்பைக்கிழங்கு ॥ (१५)

कुष्ठेति । कुष्ठादिहिङ्गुपादकान्तमेको धूपः । तत ऊर्ध्वमन्यः । कुष्ठं = கோஷ்டம் । उग्रा=வசம்பு । सिन्धुः=இந்துப்பு । कतकं=தேற்றம்பால் । त्वक्=இலவங்கப்பட்டை । समुद्रफलं=கடலைக்காய் । नतं=தகரம் । शूली= स्वयं गुञ्जाफलं=குன்றுமணி । राजी=சிறுகடுகு । मातृघाती = தாயாரைக் கொல்லி । कुष्ठादिभिः समा तुल्या मातृघातिनी, अर्धपादं च कुष्ठादीनाम् । निर्गुण्डी= கருநொச்சி । त्वक्=இலவங்கப்பட்டை । निम्बास्थि=வேப்பங்கொட்டை । पक्ष=சிறகுகள் । श्येनः = பருந்து । चकोरः =செம்போத்து । कोशात-

---

1 श्यामिका. 2 सर्प. 3 कतकी. 4 पूबितैः.

शूलीगुञ्जाफले[1] राजी शिखिपित्तं च तैः समैः ।
मातृघातीसमार्धं[2] च लशुनं हिङ्गुपादकम् ॥१८॥
निर्गुण्डिकात्वङ्निम्बास्थि पक्षौ श्येनचकोरयोः[3] ।
कोशातकीफलं श्वेता खण्डनं च समा इमे ॥१९॥
कान्तापुष्पं चतुर्भागं षड्भागं वकुलत्वचः[4] ।
लाक्षाष्टभागा च द्वाभ्यां योगाभ्यां धूपयेत्पृथक् ॥२०॥
अपराह्णे प्रदोषे वा[5] सन्ध्ययोरथवा द्वयोः ।
धूपेन धूपयेदेषां दष्टपिष्टेन नान्यदा ॥२१॥
हरिद्रावेग[6]मूलाक्षैः त्रिचतुःपञ्चमुष्टिभिः ।
मुसल्य[7]हतैर्युक्तं चतुर्भागं जलं पचेत् ॥२२॥
तैलेन दष्टं वेगास्थिवासितेन विमर्द्य च ।
कोष्णेन स्नापयेत्तेन तोयेन विषशान्तये ॥२३॥

कीफलं=புட்டல் பீர்க்கு । श्वेता=வெள்ளிலா வேர்வயம்பு । इति केचित् । खण्डनं = கம்பரி காந்தா புஷ்பம்; ஞாழல் பூவு. वकुलत्वक् = எலஞ்சித் தோலி. लाक्षा = அரக்கு ॥ (१५-१९)

हरिद्रेति । हरिद्रा = மரமஞ்சள். अक्षः = தான்றிக்காய். मुष्टिः= பலம். चतुर्भागं जलं पचेत्-यावच्चतुर्भागं स्यात् तावत्पचेत् । कषायद्रव्याच्चतुर्गुणं जलं सर्वत्र । वेगास्थि = കാളക്കര ॥ (२२-२३)

---

1 फलं. 2 समार्धांशलशुनी. 3 कपोतयोः. 4 त्वचम्. 5 च. 6 वेश. 7 प्रहतैः.

वचोग्रवल्लीलशुनसिन्धुचूर्णान्वितैर्जलैः ।

पाचितैः स्नापयेद्दष्टमभ्यक्तं पयसा तथा ॥२४॥

शिरीषास्थिसहागोपीदेवींनिर्गुण्डिकान्वितैः ।

अष्टांशपक्वैरम्भोभिः स्नापयेत्तैललेपितम् ॥२५॥

मुनिपत्रैः कृतस्वेदं दष्टं काञ्चिकपाचितैः[1] ।

एरण्डाङ्कोलनक्ताह्वतिन्त्रिणीमातुलीत्रयम् ॥२६॥

मुसलीलाङ्गलीनिंबशिरीषबकुलानि च ।

पर्णान्येषां च धान्याम्लपक्वानि स्वेदसाधनम् ॥२७॥

धान्यस्वेदमपीच्छन्ति तत्र श्रेष्ठाः प्रियङ्गवः ।

तोयपाके च शस्तानि स्वेदद्रव्याणि सर्वशः ॥२८॥

वचेति । वचादिभिः पाचितैः जलैर्दष्टं तैलाभ्यक्तं स्नापयेत् । तथा पयसाभ्यक्तं च, उग्रवल्ली = வேம்பாடை ॥　　　　(२४)

शिरीषेति। शिरीषास्थि=வாகைவித்து. सहा=மூவிலை. गोपी=நன்னாரி. देवी = பூவ்வாங்குருந்நில காட்டுப்படவல்லி. इति केचित् (?) । निर्गुण्डिका = கருநொச்சி. एभिरष्टांशपक्वैरम्भोभिर्दष्टं तैललेपितं स्नापयेत् ॥　　　　(२५)

मुनिपत्रैरिति । मुनिपत्रं = அகத்தியிலை । काञ्चिकं = காடி. एरण्डं = ஆமணக்கு । अङ्कोलः = அழிஞ்சில். नक्ता = புங்கு तिन्त्रिणी = புளி. मातुलीत्रयं=மாதுளம்பழம் வள்ளிநாரகம் பெருநாரகம் । मुसली = நிலப்பனை । लाङ्गली=மெத்தொன்னி (?) निम्बः=வேம்பு । शिरीषं=வாகை. वकुलं = எலஞ்ஞி । एषां धान्याम्लपक्वानि पर्णानि स्वेदसाधनम् एषां पर्णानि सर्वाणि दष्टस्थानस्वेदनार्थं तोयपाके प्रयोज्यावीत्यर्थः ॥　　　　(२६-२७)

धान्येति । प्रियङ्गुः=தினை. पिण्डारीपत्रिका=பிண்டாரி. செம்பின்னிலை. उत्तमकर्णिका = उत्तमकारिणी धात्री = நெல்லிக்காய். धात्री शिरो नयेत् । शिरस्यामलकलेपं कुर्यादित्यर्थः ॥　　　　(२८)

---

1 पालितैः.

स्नाने स्वेदे च पिण्डारीपत्रिकोत्तमकर्णिके ।
स्वेदादीन्[1] कल्पयेदेवं दिवा[2] धात्रीं शिरो नयेत् ॥२९॥

प्रियङ्गुकोद्रवौ शाली षाष्टिकौ च तदोदनम् ।
मुद्गरेणुकयूषश्च विषार्तस्य विधीयते ॥३०॥

अग्निकं[3] नागरं हिङ्गु लशुनं लवणोषणे[4] ।
योजयेदुपदंशादौ पानीयं च गदान्वितम् ॥३१॥

शूली वैकुण्ठजीवन्तीमुञ्जा[5]पाठाब्जलक्ष्मणा ।
मण्डूकीसुतवार्ताकीपटोलं चोपदंशकम् ॥३२॥

प्रियङ्ग्विति । विषार्तस्य प्रियङ्ग्वादिभिरोदनमन्नं मुद्गरेणुकयूषश्च विधीयते । प्रियङ्गुः = தினை. कोद्रवः = வரகு. शालिः= செந்நெல். षष्टिकं = அறுபது நாள் கொண்டு விளையும் நெல். मुद्गः = சிறுபயறு रेणुकं = பர்ப்படகம் ॥ (३०)

अग्निकमिति । अग्निकादिकमुपदंशादौ गदान्वितं पानीयं च योजयेत् । अग्निकः=चित्रकम् । लवणं = இந்துப்பு. ऊषणं = குறுமிளகு । गदः = கோட்டம் ॥ (३१)

शूलीति । शूली स्वनामधेया । वैकुण्ठं = தும்பை. जीवन्ती = അടക്കൊതിയൻ । पाठा = പാട । अब्जं = தாமரைவலயம் लक्ष्मणा = கண்டங்கத்திரி. मण्डूकी = வால்காரமுத்திள் (?) सुतः = குடசப்பாலை. वार्ताकी = ചെറുവഴുതിന । उपदंशकं-उपदंशसाधनम् । (३२)

---

1 स्वेदादि स्नापयेदेवं. 2 धात्रीशिरा नयेत्. 3 अधिकं 4 लवणोषणौ. 5 गुञ्ज.

तैलवंशकुलुत्थानि[1] शिग्रुनिंबौ[2] च नाशयेत् ।
सर्पिर्गव्यं तक्रमाजं दधि माहिषमुत्तमम् ॥३३॥
माहिषं तक्रमाज्यं च दध्याजं याप्यमुच्यते[3] ।
विषस्तंभकृदन्यत्स्यात्[4] भुक्त्वा[5] भक्ष्यं कटुत्रयम् ॥३४॥
श्वाविट्कूर्ममृगा याप्याः श्रेष्ठौ नकुलकेकिनौ ।
अन्यत्स्यात् स्तंभकृन्मत्स्यं स्तोभकृत्कण्टकं विना ॥३५॥
पिबेन्न मद्यं न तिलानि जक्षेद्[6]ग्राम्यं न कुर्यान्न दिवा स्वपेच्च ।
व्यायामशीलो न भवेन्न कुप्येन्न चातपं यातु सदा विषार्तः ॥३६॥
सदैव भुक्तौ[7] क्रिययैवमुक्तया प्रवर्तते यो विषपीडितः पुमान् ।
विषाणि तस्य स्वयमेव दुर्जयान्यपि प्रणाशं क्रमशो व्रजन्ति हि ॥३७॥

तैलेति । तैलादि नाशयेन्न भक्षयेत् । सर्पिरादिकमुत्तमं श्रेष्ठम् ॥ (३३)

श्वाविट्=മുള്ളൻ । कूर्मः=ஆமை । मृगः=மான் । नकुलः=கீரி. । केकी = மயில் । कण्टकः=कण्टकिमत्स्यः ॥ (३५)

पिबेदिति । मद्यं सुरादि न पिबेत् । ग्राम्यं मैथुनं । व्यायाम आयासः ॥ (३६)

सदैवेति । पाठेत्यादिना महाघृतमाह । पाठा=பாடக்கிழங்கு । शेलु = നറുവരി । शिरीषः = வாகை । पद्मकं=പതിമുകം । किणिही=கிலுகிலுப்பை । कोशातकी = പട്ടൽ പീരം । रोहिणी = கடுகு ரோஹிணீ । स्पृक्का = ചെനേകപ്പുല്ല് । सूर्यलता=വെമ്പാട । मधूकं=ഇരുപ്പക്കാതൽ । मधुकं = அதிமதுரம் । द्राक्षा = முந்திரிப்பழம் । विलङ्ग = വിഴാലരി । अमृत् = ചിററമൃത് शौण्डी=திப்பிலி मातुलः = மாதுள நாரகம். डाडिमः =

---

1 वङ्गकुलस्थानि. 2 शिग्रुनिम्बौ न चाशयेत्. शिग्रु निम्बेन पाचयेत्. 3 माव्य. 4 स्तंभकृदस्य स्यात्. 5 भुक्त्वा. 6 तिलादि खादेत्. 7 भक्तौ. भुक्तया.

पाठाशेलुशिरीषपद्मकिणिहीकोशातकीरोहिणी

[1]स्पृक्कासूर्यलता[2]मधूकमधुकद्राक्षाविडङ्गामृताः ।

शौण्डीमातुलदाडिमाग्निकवरीवेगावचारेणुकं

मञ्जिष्ठाफलिनीवृषाह्वतगरश्रीवेष्टकुष्ठाञ्जनाः ॥३८॥

एला सर्जरसो बलात्रयफले तालीसभूर्जौ तृणं

पत्रं कट्फलकेसरारुणलताकौसुम्भगोरोचनाः ।

मांसी [3]चन्दनकुङ्कुमे त्रिकटुकं तालं बृहत्यौ शिला

पुत्रं जीवघने पुनर्नवयुगं द्वे शारिवे च क्षपे ॥३९॥

காளி மாதுளம் | अग्निकः=கொடிவேலி | वरी=शतावरी | वेगः=കരളകം |
वचा = வசம்பு | रेणुकं=अरेणुकं | मञ्जिष्ठा=மஞ்சட்டி | फलिनी=ഞാഴൽപ്പൂ |
वृषाह्वं = ആടലോടകം | तगरः = தகரம் | श्रीवेष्टकं = തിരുവട്ടപ്പശ |
कुष्ठं = கோட்டம் | अञ्जनं = அஞ்சனக்கல் | एला=ஏலரிசி | सर्जरसः =
വെഞ്ചില്യം | बलात्रयं=வெண்குருந்தொட்டியும், செருகுருந்தொட்டி-
யும். ஆனைக்குருந்தொட்டியும் | फलं=त्रिफला | तालीसं= तालीसपत्रं | भूर्जः=
പൂതണക്കം | तालीसं=பெருந்தேக்கு (?) | भूर्जं=भुजपत्रमिति व्याख्यानपाठः | तृणं=
நான்முகப்புல்லு | पत्रं= பச்சிலை | कट्फलं=കുമിഴ് | केसरं=நாகப்பூவி
கல்லி | अरुणलता=செவ்வெள்ளிக்கொடி | कौसुम्भं=குசும்பா | गोरोचनं=
स्वयम् | मांसी = ஜடாமாஞ்சி | कुङ्कुमं = குங்குமப்பூ | चन्दनं-மும்
रक्तनन्दन-மும் | त्रिकटुकं = சுக்கு மிளகு திப்பிலி | तालं = அரிதாளம் |
बृहत्यौ=വഴുതിനയും ചെറുവഴുതിനയും | शिला = മനയോല | पुत्रजीवः =
പൂത്തിലഞ്ഞി | घनः=മുത്തങ്ങ | पुनर्नवयुगं=തമിഴാമയും ചാരണയും |

---

1 सृक्का. 2 विलङ्गान्विता. 3 कुङ्कुमचन्दने.

निर्गुण्डी शङ्खपुष्पी रजनिकटुकिकाब्राह्मिमण्डूकपर्णी

तुंडी[1]द्रोणा[2]वितानस्वरसयुजि सिताक्षौद्रके[3] सस्नुदुग्धे ।

गव्ये पाठादिकल्के घृतमधिकभिषक्साधितं गोनसादि-

क्ष्वेलं हन्यादशेषं वपुषि दिवि यथा ध्वान्तमुष्णांशुतेजः ॥४०॥

शाकोटार्कलता चतुःक्षितिरुहव्याघातकाश्वद्विषी

क्काथः कल्कमरीचकुण्डलगदोग्रावाकुचीसंयुताः ।

शिग्रुत्वक्[4]स्नुनिशार्ककूलसुरसा[5]शाणवयहेमाज्झटा-

दोर्वल्लीरस एभिरस्यति शृतं तैलं समस्तं विषम् ॥४१॥

द्वे शारिबे=நன்னாரியும் வார்ப்பள்ளியும் । क्षपे=மஞ்சளும் மரமஞ்சளும் । निर्गुण्डी = கருநொச்சி । शंखपुष्पी=स्वयमेव । रजनी = பச்சை மஞ்சள் । कर्किका=பேய்ச்சுரை । ब्राह्मी स्वयं । मण्डूकपर्णी=മുത്തിൾ । तुण्डी=காக்கத்தொண்டி । द्रोणं=தும்பை । अवितानं=വയമ്പ് । स्वरसं=இவற்றின் சாரம் । अधिकभिषक् - श्रेष्ठभिषक् । सस्नुदुग्धे गव्ये अधिकभिषक्साधितं घृतं वपुषि गोनसादि-क्ष्वेलमशेषं हन्यात् । कीदृग्विशिष्टे गव्ये तदाह---पाठादि क्षपान्तं कल्कं निर्गुण्ड्याद्यवितानान्तं स्वरसं सस्नुदुग्धं गव्यं कषायस्थाने ; ईषत् स्नुदुग्धं यस्मिंस्तत् सस्नुदुग्धं क्षीरं । दिवि उष्णांशुतेजः ध्वान्तं यथा तथा । (३७-४०)

शाकोटार्केति । शाकोटं = பறவை । अर्कलता = വെൺപാട । चतुःक्षितिरुहाः = നാല്പാമരം । व्याघातः = கொன்றை । अश्वद्विट् = காவீரம் । अमी कल्कं च कल्कस्थाने चेत्यर्थः । कुण्डली-अमृतम् । गदं=கோட்டம் । उग्रा=வசம்பு । वाकुचि=കാർകോകിലരി । शिग्रुत्वक्=முருங்கைத்தோல் । स्नुक्=கள்ளி । निशा = மஞ்சள் । अर्क = எருக்கு । कूलं = പടവലം । सुरसा =

---

1 तुम्बी. 2 सितेन. 3 दण्डे, 4 तूल. 5 हेमोचटा.

शार्ङ्गेष्टाग्निपटोलपाटल[1]निशाभूनिंबपिण्डीतका
[2]मूर्वानिंबकरञ्जयुग्मसुषवीसैरीयसप्तच्छदाः ।
पाठापङ्कजराजवृक्षकुटजाघोण्टामृताकण्टकीः
तत्काथे नरमाखवादिविविधक्ष्वेलार्दितं शामयेत्[3] ॥४२॥

उन्मत्तं लवणं नागवल्ल्याख्यरससंयुतम् ।
नस्याञ्जनादियोगेन सर्वसर्पविषं हरेत् ॥४३॥

उग्रासिस्वामयं लोध्रं हिङ्ग्वरिष्टं गुडं चतैः ।
शीताम्बुपिष्टैर्नस्यादि विषसुप्तं प्रवोधयेत् ॥४४॥

ത്തൊവ് । शाणक्यं = ചണമ്പയർ । हेमम्=ഉമ്മത്ത് । अञ्झटा = கீழாநெல்லி । दोर्वल्ली=ചെറുകള്ള । शाकोटादीनां चतुर्गुणे क्वाथे शिग्रुत्वगादीनां रसं च कषायसमं संयोज्य शाकोटादीनां कुण्डलादिवाकुचीपर्यन्तानां कल्कं च संयोज्य तस्मिन् तैलं पचेदित्यर्थः ॥ (४१)

शार्ङ्गेष्टेति । शार्ङ्गेष्टा = കരച്ചൂലി । अग्निः = கொடிவேலி । पटोलं स्वयमेव । पाटलं = பாதிரி । निशा = மஞ்சள் । भूनिम्बं = ച്ചങ്ങ । पिण्डीतकं=മലങ്കാര । பேயத்தி என்று சிலர் । मूर्वा=പെരുങ്കുരുമ്പ । निम्बं= വേപ്പ് । करञ्जयुग्मं = ഉങ്ങും ആവലും । सुषवी = പുല്ലാണി । सैरीयं = കരുങ്കുറുഞ്ഞി । सप्तच्छदः=ഏഴിലംപാല । पाठा=வட்டத்திருப்பி । पङ्कजं= தாமரைவலயம் । राजवृक्षः = கொன்றை । कुटजः =குடசப்பாலை । घोण्टा= கமுகு=अमृतकण्डकी=तुवरी चुलीति च । तत्काथे=तैः कृते काथे । आखवं= आखुसम्बन्धि, आखुः = எலி ॥ (४२)

---

1 पाटलि. 2 दूर्वा. 3 शाययेत्.

अर्कस्य पत्रस्वरसेन सार्धं कोशातकीहिङ्गुवचाशिरीषम् ।
आजेन मूत्रेण पिबेत्त्रिहन्याद्विषाणि च स्थावरजङ्गमानि ॥४५॥

मेघनादं समूलं च वेगाकन्दं च नीलिकाम् ।
घृतेन सहितं पीत्वा नाशयेत्त्रिविधं विषम् ॥४६॥

मूलं पत्रं फलं पुष्पं त्वक्सारं वा शिरीषजम् ।
कन्यकायास्तु सर्वं वा देवदाल्यास्तथैव च ॥४७॥

पानाद्यैः सर्वसर्पाणां विषं नश्यति निश्चयः ।
अजास्पृश्यो घृतेनैव पीतः सर्वविषापहः ॥४८॥

शिरीषो नक्तमालश्च जातीकोशातकीरसैः ।
नस्यादिविधिना रक्षेदपि वासुकिदष्टकम् ॥४९॥

पुनर्नवारसेनैव रामठं मर्दितं बुधः ।
नस्यं कुर्वीत सर्वेष्वप्येवं वैकुण्ठजं रसम् ॥५०॥

चणकस्वरसैर्नस्यं सर्वसर्पविषापहम् ।
अर्कपत्रेण लवणं नृमूत्रपरिपेषितम् ॥५१॥

लिम्पेत्सर्वविषं जेतुमिति प्रोक्तं पुरातनैः ।
शिरीषमश्वगन्धां च नीलीमूलं पुनर्नवाम् ॥५२॥

गोमूत्रेण सुसम्पिष्टं लिम्पेत्तद्विषापहम् ।
कटुत्रयं वचाहिङ्गुलशुनं गृहधूमकम् ॥५३॥

अजास्पृश्यम् = ஆடு தீண்டாப்பாளை. (४८)

॥ इति नारायणीयतन्त्रसारसङ्ग्रहव्याख्याने अष्टमः पटलः ॥

खार्या संपिष्य लेपेन सर्वसर्पविषं हरेत् ।

सैन्धवं गृहधूमं च टङ्कणं व्योषमेव च ।

मूत्रपिष्टं विषं हन्यात् लेपनेन न संशयः ॥५४॥

मरिचपिप्पलिहिङ्गुमहौषधं

सगदमर्कपयः परिभावितम् ।

अशनिवह्निसमं सकलं विषं

निखिलमेव निहन्त्यमृतोपमम् ॥५५॥

सर्पगन्धाश्वगन्धा च नीली मरिचमेव च ।

खार्या पिष्ट्वा प्रलेपेन सर्वसर्पविषं हरेत् ॥५६॥

अर्कपत्रं सुवर्णस्य मञ्जर्याः किंशुकस्य च ।

अश्वगन्धस्य तिन्त्रिण्याः सिन्धुवारस्य बुद्धिमान् ॥५७॥

बध्नीयाद्विषशोफेषु महिषच्छगणेन च ।

विषं हन्याच्च सर्पाणां कीटानां च विशेषतः ॥५८॥

अर्काश्वगन्धनिर्गुण्डीधुत्तूरकशिरीषजैः ।

मञ्जर्येरण्डजैः काकमाचीतिन्त्रिणिजैरपि ॥५९॥

पत्रैः किंशुकजैश्चापि स्वेदं कुर्याद्विषापहम् ।

पुण्डरीकोऽहिराजश्च चित्रकः कर्दमस्तथा ॥६०॥

तृणशोषः सर्षपश्च लोध्रपुष्पं तथा कलः ।

श्वेतइन्वाख्यनागश्च लोहिताक्षश्च चक्रकः ॥६१॥

कृत्तिसारः कृष्णराज इत्थं संज्ञास्त्रयोदश ।
पुण्डरीकाहिना दष्टे दंशे शौष्क्यं प्रजायते ॥६२॥
वेगमूर्वाकुटजजं मूलं लिम्पेत्सकाञ्जिकम् ।
अहिराजाहिना दष्टे दंशे शौष्क्यं प्रजायते ॥६३॥
शिग्रुमूलत्वगालेपात् खार्या नश्यति तद्विषम् ।
चिलकस्य भवेद्दंशे नयने चापि शुक्लता ॥६४॥
वचाकणाश्वगन्धानां लेपान्नश्यति तद्विषम् ।
कर्दमाहिकृते दंशे नेत्रयोः शुक्लता भवेत् ॥६५॥
वचया लेपपानादि खार्या तद्विषनाशनम् ।
तृणशोषस्य विण्मूत्रे धावल्यं गरले भवेत् ॥६६॥
पलाशत्वक्समालेपात् खार्या तस्य प्रणाशनम् ।
सर्षपाहिविषोद्भूतौ पुरीषे शुभ्रता भवेत् ॥६७॥
पारिभद्रत्वगालेपात् तस्य शान्तिर्ध्रुवं भवेत् ।
लोध्रपुष्पाहिदंशे तु शुक्लता भवति स्फुटा ॥६८॥
काकादीनां कटूष्णेन वारिणा तत्र पाययेत् ।
कलाहिदष्टस्य भृशं रोमहर्षः प्रजायते ॥६९॥
आज्येन मरिचं पिष्ट्वा पाययेत्तद्विषापहम् ।
श्वेतहन्वहिना दष्टे शरीरे स्तब्धता भवेत् ॥७०॥
क्षीरेण त्रिफलां पिष्ट्वा पाययेत्तस्य शान्तये ।
लोहिताक्षाहिदंशे तु तत्र शोफः प्रजायते ॥७१॥

वह्निकर्णीमूललेपात् स्वार्या तच्छममेष्यति ।

चक्रकाहिकृते दंशे श्लेष्मच्छर्दिस्तु सान्द्रकः ॥७२॥

निर्गुण्डीकर्णिकामूलं पिबेत्तस्य प्रशान्तये ।

कृत्तिसाटाहिना दष्टे नेत्रयोर्गौरवं भवेत् ॥७३॥

मूत्रेण फणिमूलं तु लिम्पेत्तद्विषशान्तये ।

कृष्णराजकृते दंशे तत्र कार्ष्ण्यं प्रजायते ॥७४॥

स्वार्याश्वगन्धामरिचं पिबेत्तस्य प्रशान्तये ।

इति राजिलभेदाश्च तत्र दृष्टेन वर्त्मना ।

चिकित्सालक्षणयुता सङ्ग्रहात्कथिता मया॥७५॥

॥ इति नारायणीये तन्त्रसारसङ्ग्रहे अष्टमः पटलः ॥

॥ अथ मूषिकपटलो नवमः ।

चिकित्सा पृथग[1]गाखूनामुच्यतेऽथ सलक्षणा ।

प्रथमः कुलचन्द्रः स्यात् विषघाती भयानकः ॥१॥

करघ्नः क्रूर उग्रश्च भूतकृत्तीक्ष्ण एव च ।

मेघनादश्च कुमुदः सिम्हास्यस्तु ततः परम् ॥२॥

एकचारी सुनासश्च सुदन्तः सुबलस्तथा ।

सुगर्भश्चेति नामैषां षोडश प्रोच्यते बुधैः ॥३॥

लक्षणं "कुलचन्द्रस्य" रोमाञ्चोऽसह्यवेदना ।

[2]दृक्शोफज्वरशोषाङ्गग्लान्यशक्त्यास्यतिक्तता ॥४॥

द्विनिशापाटलीमूलमारनालेन लेपयेत् ।

सपाटलीदलैः कुर्या[3]द्धूपं मार्जाररोमभिः ॥५॥

लक्ष्मीकार्कोटकीमूलचूर्ण[4]माज्येन भक्षयेत् ।

कदलीफल[5]संयुक्ता भुक्तिस्वस्या घृताप्लुता ॥६॥

चिकित्सेति । द्विनिशा = മഞ്ഞാളും മരമഞ്ഞാളും । पाटलीमूलं = പാതിരിവേർ । आरनालं= കാടി (കാട) । लक्ष्मीः = തിരുതാളി । कर्कोटकीमूलं = കാട്ടുപാവൽക്കിഴങ്ങ് ।
(१-६)

---

1 षोडशाखूनां. 2 दृढोपज्वर. 3 धूमं. 4 लेहयेत्.
5 संयुक्तं.

[1]विषघातिविषे चिह्नं शिरोरुज्ज्वरगौरवे ।
हृत्पीडा तिक्तता स्वार्या शिरीषस्य शिफां लिपेत् (?) ॥७॥
साङ्कोलपर्णैस्तत्पर्णैर्धूपः पुष्पं शिरीषजम् ।
पिष्ट्वा घृतेन पातव्यं भोजयेत्तं घृताप्लुतम् ॥८॥
भयानकस्य वैवर्ण्यं शिरोरुक् क्षुत्तृषा कफः ।
स्वार्याश्वारिबिले लिंपेत् धूपो[2]ऽश्वभुजगत्वचा ।
निशोषणफलं भक्ष्यं सगुडं पयसाशनम् ॥९॥
करम्भस्य क्षुदरुचिः श्वासः शोषो[3]ऽक्षिमन्दता ।
छर्दिः क्लान्तिश्च निर्गुण्डीपल्लवं मस्तुना लिपेत् (?) ॥१०॥
त्रिफलासनसाराढ्या कृष्णा भक्ष्या गुडान्विता ।
गुडेनासनपर्णैश्च धूपो भुक्तिः पयोऽधिका ॥११॥

विषघार्तीति । हृत्पीडा-हृदयवेदना=ഹൃദയവേദന । तिक्तता=आस्यतिक्तता । स्वारी-काटी । शिरीषस्य शिफा = വാകവേർ । अङ्कोलः = அழிஞ்சில் । तत्पर्णं= शिरीषपर्णं शिरीषजं पुष्पं=வாகைப்புஷ்பம் । (७-८)

भयानकस्येति । अश्वारिः=कणवीरम् । अश्वभुजगत्वचा धूपः । भुजगत्वक् பாம்பின்தோல் । फलं = कदलीफलम् ॥ (९)

करम्भस्येति । मस्तु=தயிர்நீர் । असनसारं=വേങ്ങക്കാതൽ. । (१०-११)

---

1 विषघाती. 2 धूपोऽभयफणित्वचा. 3 अग्नि.

क्रूरस्य श्वेतकुष्ठान्तर्दाहौ ज्वरखुदु:खिते ।
नवामूलभयातक्रं पिबेत्तेनैव लेपयेत् ।
साभयेन गुडेन स्याद्धूपस्तक्रेण भोजनम् ॥१२॥
उग्रस्य कुक्षिशब्दोऽङ्गक्षीणता रोचको[1] ज्वरः ।
निर्वेदशूलौ च लिहेत् गुडैलाशुक्तिकारजः[2] ॥१३॥
फल्पुङ्खद्वयीमूलं पूतिकत्वक्प्रसाधिताम्[3] ।
यवागूं पाययेल्लिंपेत् खार्या पुङ्खागकर्णिके ।
गुडनाकुलरोमभ्यां धूपो भुक्तिर्दधिप्लुता ॥१४॥
भूतकस्या[4]रुचिर्निद्रा शिरोरुग्गौरवोष्णते ।
बहुमूत्रं चातपेच्छा यवागूः पाटलीरुहा ॥१५॥
पेयाज्याङ्कोल[5]निर्यासं लिहेत्[6]खार्या च तत्त्वचम्[7] ।
लिम्पेत्[8] पिञ्छोरगाङ्कोलत्वग्धूपस्सूपयुग्भजेत् ॥१६॥

क्रूरस्येति । नवामूलम्=തമിഴാമവേരു് । (१२)

उग्रस्येति । एला=ഏലത്തരി । शुक्तिकारजः=പുക്കിൻ പൊടി । फलं मदनफलम् । पुङ्खद्वयी=കൊഴിഞ്ഞിലും വെൺകൊഴിഞ്ഞിലും । पूतिकं = ஆவல் । पुङ्ख = கொழிஞ்சில் (?) । अगकर्णी = കൊടത്തൈഴക । नाकुलरोम = കീരിരോമം । (१३-१४)

भूतेति । पाटलीरुहा = പാതിരിക്കുമ്പ് । अङ्कोलनिर्यासः तत्त्वक् = அங்கோலத்வக்கு (அழிஞ்சிற்பட்டை) पिञ्छः=மயில் பீலி उरगत्वक्= പാമ്പിൻവള । (१५-१६)

---

1 रोचकौ. 2 गुडैर्वा शुक्तिकारजः. 3 प्रसाधिता. 4 भूतकन्या. 5 पेयाभ्याङ्कोल. 6 लिखेत्. 7 तत्त्वचा. 8 लुम्पेत्.

तीक्ष्णस्यालस्यरोमाञ्चौ[1] दंशे कुरुकुरायितम् ।

बहुव्रणगडुर्मूर्धवेदनापुलकानि च ॥१७॥

गोमूत्रेऽष्टगुणे शब्दि[2]कल्के पक्वं घृतं पिबेत्[3] ।

शब्दिवर्तुलपर्णाहि[4]त्वग्भिर्धूपो निशायुतम् ।

निर्गुण्डीपल्लवं लिम्पेत् भुक्तिराज्यगुडान्विता ॥१८॥

मेघनादस्य हृच्छोषज्वरनिर्वेदबुद्बुदाः ।

विभ्रमो दन्तविश्लेषः करञ्जीमूलमाज्ययुक् ॥१९॥

पिबेत्समूत्रं तत्पर्णं लिंपेद्धूपः[5] फणित्वचा ।

[6]नकुलीरोममार्जारपिञ्जा[7]च(?) दधि भोजने ॥२०॥

[8]कुमुदात् कण्ठकार्कश्यश्यावदाहभ्रमज्वराः ।

[9]अश्विद्विट्पुङ्खपूतीकशिरीषाङ्कोलजां[10] शिफाम् ॥२१॥

कपित्थार्जुनपाटल्याः पर्णं वा खार्थया लिपेत् ।

पूर्वोक्तमनयोः साज्यं पिबेदन्येन धूपयेत् ॥२२॥

तीक्ष्णेति । शब्दी=கொஞு கொஞுப்பு । वर्तुलपर्णं । (१७-१८)

मेघनादेति । कलञ्जी = கழுச்சில் । फणित्वक्=പാമ്പിൻവള്ള । नाकुली-रोमः=കീരിരോമം । (१९-२०)

कुमुदादिति । अश्वी=कणवीरम् । अश्वं=அமுக்கிறான் इति केचित् । द्विपुङ्खं=കൊഴിഞ്ഞിൽ വെളുത്തതും ചുവന്നതും । कपित्थः=விளாமரம் । अर्जुनः =

---

1 रोमाञ्चे. 2 शब्द. 3 लिम्पेत्. 4 वर्णाहि 5 धूपं. 6 नाकुली. 7 त्रिस्व.या (?) 8 कुमुदस्य कुड. 9 अश्वविट्. 10 अङ्कोरुजाः शिफाः.

[1]सूपेन तस्य भुक्तिः स्यात् सिंहास्यस्यारुचिर्ज्वरः ।
ग्लान्यन्तर्दाहशैथिल्यपुलकानि [2]शिरोगदः ॥२३॥
खारीशिरीषसुमनोमूलगो[3]क्षुरसाधितः ।
पेया यवागूः पालाशमूलं दुग्धे पिबेल्लिपेत् ॥२४॥
तत्पर्णैर्धूपयेद्भुक्तिः [4]खार्या स्यादेकचारिणः ।
कण्डूः शिरोरुग्भ्रान्तिरातपेच्छा शनैर्ज्वरः ॥२५॥
पुलकान्यन्तरौष्ण्यं च क्षीरेऽङ्कोलशिफां [5]पिबेत् ।
निशाद्वयं कपिरसैः लिंपेत्पिञ्छ[6]घनान्वितैः ।
कपित्थपर्णैर्धूपः स्यात् भुक्तिराजेन सर्पिषा ॥२६॥
सुनासस्य ज्वरो वेपो रोमाञ्चो ग्रन्थिमूर्धरुक् ।
[7]पिबेदङ्कोलमूलं तत्पर्णैर्धूपः [8]सितोरुखूः ।
[9]साङ्कोलकाश्मरीमूलं पिबेत्तैलेन भोजनम् ॥२७॥

നീർമരുതു് । अनयोः अश्व्यादिकपित्थाद्योः पूर्वोक्तमश्व्यादिकं साज्यं पिबेत्; अन्येन कपित्थादिना धूपयेत् । सिंहास्यस्य सिंहास्यमूषिकास्यारुच्यादय :स्युः । शैथिल्यं सन्धीनां। पुलक=रोमाञ्चः=രോമാഞ്ചം । गोक्षुरः=ഞെരിഞ്ഞിൽ । पलाशः=പ്ലാശ് । तत्पर्ण पलाशपर्ण । एकचारिणः=एकचारिसंज्ञमूषिकस्य । शनैर्ज्वरो मन्दज्वरः । अङ्कोलशिफा= அழிஞ்சில்வேர் । कपिरसः = கபித்த ரஸம் । पिञ्छः=மயில் பீலி । घनः= മുത്തങ്ങ. । (२१-२६)

सुनासस्येति । वेपः=വിറയൽ ।सितोरुखुः = வெள்ளாமணக்கு । (२७)

---

1 धूपेन. 2 शिरोरुजा 3 गोक्षीरसाधिता. 4 घार्या. कार्या. 5 लिहेत्. 6 कृतान्वितैः. 7 लिम्पेत्. 8 स्तुम् (?) रुचम् . 9 काष्ठनिर्मूलं.

सुदन्तस्यास्य माधुर्य[1] पुलकाः पद्मनालवत् ।
वेदना पारवश्याक्षिमान्द्यदेहरुजाः क्षुतम् ॥२८॥
औष्ण्यं तृष्णा शिरोरुक् च तस्य सूपेन भोजनम् ।
साज्या भक्ष्यासनस्य त्वक् लिंपेत्तां वत्रिकाम्भसा ।
तत्पर्णमिश्रैर्धूपः स्यात् शिरीषनकुलास्थिभिः ॥२९॥
चेष्टितं सुबलस्यान्तर्वेदना विषमज्वरः ।
दन्तविश्लेषदाहाङ्ग[2]स्यामभुक्तिर्गु[3]डान्विता ॥३०॥
सैरीयकाश्वतुलसीदुतलं(?) ससितोरुवुम्[4] ।
कपित्थाद्भिर्लिपे[5]त्तेषां मूलं मूत्रेण पाययेत् ॥३१॥
तेषामेव दलै[6]र्धूपः सुगर्भस्य विवर्णता ।
ज्वरो दौर्गन्ध्यमालस्यं कण्डूतिश्च शिरोगदः ॥३२॥

सुदन्तस्येति । पुलकाः पद्मनालवत् =താമരത്തണ്ടിൻെറ മുള്ളുപോലെ രോമാഞ്ചമുണ്ടായിരിക്കക । क्षुतं = തുമ്മൽ । असनत्वक्=വേങ്ങത്തോൽ । वृत्रिका = ചതുരക്കള്ളി. तत्पर्णमिश्रैः वत्रिकापर्णमिश्रैः ॥ (२८-२९)

चेष्टितमिति । सैरेयक = വെങ്കുറിഞ്ഞി । अश्वः = അമുക്കുരം । दूतलः =

---

1 पुलकं.　　2 श्यावाः　　3 गलान्विता
4 सितोरुवुम्.　　5 मूलमन्त्रेण.　　6 सगर्भस्य

व्याघातमूलं[1] रजनी कपित्थदलमूल्युक् ।
मूत्रेण पेयं लेप्यं च धूपो व्याघातपल्लवैः ।
सर्पिषा भुक्तिराखूनां चिकित्सैवं पृथक् स्मृता ॥३३॥

कुस्तुंबुरुनिशायुग्मशिरीषकुसुमैः समम् ।
कान्तापुष्पं पिबेन्मूत्रे समस्ताखुविषापहम् ॥३४॥

[2]सौम्याया वनमालायाः प्रतीच्यं पर्णसप्तकम् ।
सहंसाङ्घ्रिकपित्थत्वक्क्षीरेणाखुविषी पिबेत् ॥३५॥

सतैलकार्पासरसं पिबेदाखुविषातुरः[3] ।
चव्यतापिञ्छयोर्मूलं[4] पृथक् खार्या पिबेदसौ ॥३६॥

निष्पावत्वङ्निशाचूर्णं फलिनीकुसुमं तथा ।
दार्वीकारस्करोद्धूता[5] लेपपानादिनाखुहृत् ॥३७॥

കാട്ടുചീര । सितोरुबूः = വെള്ളാവണക്ക് । व्याघातः=കൊന്ന । (३०-३३)

कुस्तुम्बुर्विति । कुस्तुंबुरुः=കൊത്തമ്പാലരി । कान्तापुष्पं= ഞാഴൽപൂവ്വ് । सौम्यायाः=सौम्यां दिशं प्रति गताया वनमालायाः पश्चिमभागे भवं पर्णसप्तकं । वनमाला= വാർവള്ളി । हंसांघ्रिकं = കാരടമ്പ് । (३४-३५)

सतैलकेति । तापिञ्छः= तमालवृक्षः । തമാലവൃക്ഷം । निष्पावत्वक् = അമരത്തോല് । फलिनीकुसुमं = ഞാഴൽ പൂവ്വ് । (३६-३७)

---

1 मूला. 2 सौम्यायवन 3 विषापहम्
4 पिबेत् खार्या असौ पुमान् 5 कारस्करोद्भूतो

तथा पानात्पयः कृष्णकदलीफलखण्डयुक्[1] ।
कदलीफलमन्तस्थसप्तमत्कुणमाशयेत्[2] ॥३८॥
वनमालावामसप्तपर्णकल्कयुतं तु वा ।
कुण्डलाग्निकयोर्मूलक्काथमाखुविषी पिबेत् ॥३९॥
धूपो धुत्तूरमार्जारविष्ठाडुण्डुभचर्मजः[3] ।
तैलं पञ्चाब्दमूलाढ्ये[4] क्षीरे दशगुणे श्रृतम् ॥४०॥
हरतो द्वाविमावाखुविषं सविषमज्वरम् ।
कृकण्डवनमार्जारमांसयूषं[5] पिबेत् पृथक्[6] ॥४१॥
साजाक्षीरकणा तुण्डी[7] तन्मांसं चात्तु तद्विषी ।
गुडेन त्रिफला भक्ष्या मधुना वा घृतेन वा ॥४२॥

तथेति । कृष्णा = തിപ്പലി । कदलीफलं=കദളിപ്പഴം । कदल्याः पक्व-फलस्यान्तः सप्तमत्कुणान् स्थापयित्वा मन्त्रं जप्त्वा यथा तत्रस्थाः मत्कुणाः न दृश्याः स्युस्तथा भक्षयेत् । मत्कुणः=മൂട്ട । वनमाला सप्तपर्णकल्कं पूर्ववत् । वनमालायाः वाम-सप्तपर्णकल्कयुतं कदलीफलं वा आशयेत् । कुण्डलं = കുന്തൻ കാക്കപ്പനിച്ചി യെന്നും ചൊല്ലും । अग्निकः=കൊടുവേലി । धुत्तूरः = ഉന്മത്ത് । डुण्डुभचर्म= ചേരവള । पञ्चाब्जं = താമര, ആമ്പല്, കരിങ്കുവളം, ചെങ്ങഴിനീര്, നെയ്തൽ ഇവയുടെ കിഴങ്ങ് । (३८-४०)

हरत इति । कृकण्डो वनकुक्कुटः । वनमार्जारः = കൊക്കാൻ । कणा=

---

1 कृष्णा 2 मध्यस्थ । 3 धुर्धूर 4 कल्काढ्य. 5 क्रकण्ड, 6 पृथक् पिबेत्. 7 साजाक्षीरा कणा शुण्ठी

1
अश्वात्वाखुविषी तुण्डीमूलक्काथजमोदनम् ।
2
सकोशातीफलरसे काञ्जिकेऽन्नं श्रुतं तथा ॥४३॥
3
त्रिफलासमवार्ताकमूलचूर्णस्तुदुग्धजाम् ।
4
गुलिकां चूर्णितां साज्ये नाद्यग्रासेन भोजयेत् ॥४४॥

मुस्ता मधुघृतोपेता लीढाखुविषनाशिनी ।
सिक्तं लवणतोयेन निस्तुषं चूर्णितं तिलम् ॥४५॥

सनागरगुडं भक्ष्यं तद्विषारोचकापहम् ।
डुण्डुभस्य घृतं पेयं भक्ष्यं वा तस्य फल्गुषम् ॥४६॥
5 6
विंशत्कुडवतोयस्थकपित्थफलविंशति ।
7
संपच्य कुडवं शिष्टं तदर्धघृतसंयुतम् ।
कासघ्नतण्डुलरजोविद्धमाखुविषी पिबेत् ॥४७॥

उत्तमा कर्णिका तुल्यां जीवन्तीं मौषिके विषे ।
लोणं हेमरसे लज्जापत्रपृष्ठार्पिते न्यसेत् ॥४८॥

തിപ്പലി । तुण्डी=കാക്കത്തൊണ്ടി । तन्मांसं=कृकण्डवनमार्जारमांसम् । अदिक=
ഒതുക്ക कोशातीफलं = പടുവലിരത്തിൻകായ । (४१-४३)

गुलिकेति । संपच्य पक्कावशिष्टं कुडुवं पिबेत् । कीदृग्विशिष्टं तदर्धघृतसंयुतं ।
कासघ्नतण्डुलरजोविद्धं च । कासघ्नतण्डुलं=പൊന്നാവീരത്തിന്നരി । (४४-४७)

उत्तमेति । उत्तमाकर्णिका-उत्तमकारिणी, जीवन्ती=അടകൊടിയൻപാല ।
अत्र पिबेदिति संबध्यते । लज्जापत्रं=തൊട്ടാവാടി(?)ില । लज्जापत्रपृष्ठे हेमरसं लवणरसं च निक्षिप्य

---

1 अश्वाद्राखु. 2 कोशातकी. 3 चूर्णं सुदुग्धजम्. 4 गुलिकाचूर्णित साज्यमाद्य.
5 कुडबतोयं स. 6 विंशतिम्. 7 संपाच्य

निषिञ्चेदङ्गुलीभिस्तत्क्षते मूर्ध्नि सिताश्मजे ।
रसेन स्थल्तालस्य[1] नखात् सिक्त्वा[2] न विन्यसेत् ॥४९॥
शतमूलीशतावर्यौ[3] नाल्किेररजोयुतौ ।
प्रभर्ज्य पिष्ट्वाखुविषक्ष्वयथौ[4] परिलेपयेत् ॥५०॥
चव्यमूलं[5] लिपेत्स्वार्या मूषिकक्ष्वेलजे क्षते ।
तटाकत्वक्फिरामूलसिद्धं तैलं तदौषधम् ॥५१॥
माहिषे[6] मथिते पीत्वा फिरात्पुषतण्डुलम् ।
स्वार्या पुंनागबीजं वा तिष्ठेत्तैलाक्त आतपे ॥५२॥

अङ्गुष्ठानामिकामध्यमाङ्गुलीभिस्तद्व्रणे त्रिवारं निषिञ्चेत् । हेमरसः = ഉന്മത്തിൻരസം मूर्ध्नि सिताश्मजे क्षते च । सिताश्म=ചില്ല് । तथा स्थल्तालस्य रसेन च ; स्थल्तालः= നിലപ്പന. । (४८-४९)

शतमूलीति । शतमूली=കത്തിരിക്കം ആനയടിയൻ । शतावरी=स्वयं । नाल्किेररजः=ചിരട്ടയഴിഞ്ഞ കൊട്ടത്തേങ്ങ. । तटाकत्वक् = കളവായൽ । फिरा=പീരക്ക । अन्यथा च पाठः । तटाकत्वगिति । तटाक=കച്ചൂരിക്കിഴങ്ങ. त्वक् = ഇലവങ്ങം । (५०-५१)

माहिषेति । माहिष=महिषसंबन्धि । मथित = മോർ । फिरा = പെരുക് । त्रपुषं=വെള്ളം । तयोस्तण्डुलं बीजं । पुन्नागबीजं=പുന്നക്കുരു । (५२)

---

1 स्थल्तारस्य. 2 न सिन्यसेत्. 3 शतापद्धौ.
4 विषी श्वयथौ. 5 स्थिरा. 6 महिषी

पुराणविषजानाखुशिशून् कुक्षिगतान् वमेत् ।

दुग्धी मातुलकोशातीमूलं सरजनीद्वयम् ॥५३॥

पीतं तुषांभसा हन्यात् वमनान्मौषिकं विषम् ।

प्रातः कोशातकीबीजं तक्रेण महिषीभुवा ॥५४॥

दुग्धीतुण्ड्योः शिफां खार्या पीत्वा वाखुविषं वमेत्

कौद्रवं[1] तण्डुलं चूर्णैः सार्कक्षीरैर्वि निर्मितम् ॥५५॥

अत्त्वापूपमधूपं[2] वा विषमाखवमुद्गिरेत् ।

शिरीषपर्णक्वाथोत्थां यवागूं पाययेत्पुनः ॥५६॥

मलसङ्गशिरोरोगच्छर्दिकुष्ठारुचिज्वरैः[3] ।

शोफकुक्षिरुताभ्यां च पीडितं तु विरेचयेत्[4] ॥५७॥

वज्रिकाग्निशिखातुण्डीरसेषु गुरुभावितान्[5] ।

शुष्कपूगान् सताम्बूलान् विषघ्नांस्तु रेचकान् ॥५८॥

पुराणेति । दुग्धी = കൊത്തമ്പാലരി । तुषाम्भः = അരികഴുകിയനീർ । कोशातकीबीजं = പുട്ടൽവിത്തിൻകുരു । तुण्डी = തൊണ്ടി । कोद्रवतण्डुलं = വരക് അരി । शिरीषपर्ण=വാകയില । यवागूः=കഞ്ഞി. । (५३-५६)

मलसंगेति । मलसङ्गो मलरोधः । कुक्षिरुतं=വയററിൽമുഴക്കം । वज्रीकं= ചതുരക്കള്ളി । अग्निशिखी=മേത്തോന്നി । तुण्डी=തൊണ്ടി । गुरुभावितान्= अधिकभावितान्-शुष्कपूगः=ഉണങ്ങിയ അടക്ക । (५७-५८)

---

1 कोद्रवतण्डुलचूर्णैः 2 जग्ध्वा धूपमपूपं. 3 रुजाभ्य.

4 विलेपयेत्. 5 वहु.

त्रिपूगसप्तच्छेदाढ्यं सचूर्णं[1] पर्णसप्तकम् ।
भूशिरोलिखितं जप्तं विषघ्नं रेचनं[2] चरेत् ॥५९॥
रेचनं सागरैरण्डबीजतांबूलखादनम् ।
क्षीराष्टांशस्नुदुग्धोत्थतक्रोत्थं रेचनं लिपेत्[3] ॥६०॥
उशीरमार्जुनं[4] बीजं यवलाजं च चूर्णितम् ।
पुराणगुडयुग्भक्ष्यं रेचनादाखुदोषहृत् ॥६१॥
लक्ष्मीबीजं त्रिवृद्युक्तं[5] मूत्रे पीतं विरेचनम् ।
शिरीषचर्म[6] कार्पासं कपित्थाङ्कोल्योर्दलम् ॥६२॥
अर्कपुष्पं च तत्क्वाथैः विरिक्तं स्नापयेद्द्रुतम्[7] ।
जान्तं सतेजो बिन्दुमत् सुधास्रावि समर्पितम्[8] ।
औषधे वा जले[9] क्षीरे पानादाखुविषं हरेत् ॥६३॥

त्रिपूगेति । त्रिपूगसप्तच्छदाढ्यमिति । त्रिपूगः क्रमुकफलत्रयं, सप्तधा च्छित्त्वा सप्तस्वेव ताम्बूलपर्णेषु निक्षिप्य तेषु पत्रेषु भूस्वाहेति लिखित्वा जाप्त्वा, चरेत् = सचूर्णेषु भक्षयेत् । रेचनम्=രെചനം । (५९)

रेचनमिति । सागरैरण्डबीजं=കടലാവണക്കിൻ കുരു । क्षीराष्टांशः= പാലിൽ എട്ടിലൊരുഭാഗം । स्नुग्दुग्धं=കള്ളിപ്പാൽ । तक्रोत्थं = വെണ്ണ । उशीरः=രാമച്ചം । अर्जुनबीजं=നീർമരുതിൻകുരു । लक्ष्मीबीजं=ശ്രീതാളി കുരു । त्रिवृत्=ത്രികോൽപക്കൊന്ന । शिरीषचर्म=വാകത്തൊലി । कार्पासः= പരുത്തിഇല । (६०-६२)

जान्तमित्यादिना मन्त्र उच्यते । श्रु औषधाद्यनेन जात्त्वादद्यात् । मूषिकविषं

---

1 संपूर्ण. 2 रेचकं. 3 लिहेत् 4 मार्जनं 5 बीजत्रिवृद्युक्त
6 पर्ण 7 विषम् 8 स्रावितसर्पितम् 9 जलक्षीरे

षे षे श्वेतमूरिच फः च पिसे पुः चपिसजटारुद्द पिङ्गल फुः

हर विषं हर संहर फुः ।

अर्[1]कपुष्पमधोग्रन्थिदन्तसंख्याभिमन्त्रितम् ।

मौनेन मीलयेदाखुविषेण[2]हारिणा नवे ॥६४॥

ओं नमः सर्वमूरिचेभ्यो विश्वामित्रेभ्यः

विश्वामित्र आज्ञापयति शीघ्रं गच्छन्तु मूषिकाः ठठ ।

आखुक्ष्वेल[3]पहौ वज्रश्रृङ्खलावादिमौ मनू ।

वा भौतिकाढ्यौ खान्ताजौ दण्डिनौ सकलः शशी ॥६५॥

चिन्तामणिरिवाखूनां विषघ्नः स्यादयं मनुः ।

ओष्ठं भुजौ द्वौ क्षतजं[4] णेफुस्तज्जप्तशर्करा: ॥६६॥

दशदिक्षु क्षिपेत् क्षेत्रे वृषाणां मुखबन्धनम् ।

अयषने फुः फियषने फुः ।

एतज्जप्ताः[5] क्षिपेद्यत्र[6] राजीस्तत्राखुनाशनम् ॥६७॥

नश्यति। षेषे इति। रे रे श्वेतमूषिक फुः, कपिले फुः, कपिलजटारूपो गलफुः। हर=विषं हर हर संहर संहर फुः-रुद्रोऽस्य देवता। अनेन द्वात्रिंशद्वारान् जप्त्वा अर्कपुष्पमधोग्रन्थि मौनेन मीलयेत् = (വിഴുങ്ങുക) नमस्सर्वेति। ओं नमः सर्वमूषिकेभ्यो विश्वामित्रेभ्यो विश्वामित्र आज्ञापयति शीघ्रं गच्छन्तु मूषिकाः स्वाहा । वा भौतिकेति। वा भौतिकाढ्याविति। ग्वैं कैं टः। (६३-६५)

चिन्तेति । ओं एकचरणे फुः । वृषमूषिकाः । अयषनेति । अशरणे फुः, विशरणे फुः, राजी = ചെറുകടുക് । नमस्सर्वेति । ओं नमस्सर्वसिद्धानां कुरु कुरु चुरु

---

1 मथो 2 आखारिणं 3 क्ष्वेलावहौ 4 क्षतजोनिणफु.
5 जप्त्वा. 6 यत्र राजीः.

नमः सर्वलिद्धाणां चुघुः कुष्ठ हरु ठठ.

द्वारेषु गुग्गुलुं दग्ध्वा घृताक्तान् सर्षपान् हुनेत् ।

ग्रामे पुरेऽथ गेहे वा म्रियन्ते यान्ति वाखवः ।

लुहर्णदंष्ट्र वज्रदंष्ट्र मत्तवराह कुञ्जरसिंह उद्धत ।

स्थित्वा त्रिसन्ध्यं सप्ताहं सप्तपाठात्तदाखुहृत् ॥६८॥

ओं नमो भगवते वज्रशयमूषिक मृगवराहकण्टके

चरचर भक्षय सन्तु भोः बन्ध आज्ञापयति हुं फट् ठठ ।

सर्पग्रस्तमुखोऽमुना परिवृतो मन्त्रेण पत्रार्पितो

विन्यस्तो भवनान्तरे वृषपरः प्रोच्चाटयेन्मूषिकान् ।

ध्यात्वा सर्पमसं[1]गृहाङ्गमखिलं सान्ताग्नि[2] कान्तं जपेत्

स्तब्धाः स्युर्गृहमूषिका भयवशात् गच्छन्ति चाभ्याशतः[3] ॥६९॥

चुरु हुरु हुरु स्वाहा। लुहर्णेति। ओं सुवर्णदंष्ट्र, वज्रदंष्ट्र मत्तवराह कुञ्जर उद्धतसिंह। ओं नमो भगवते मूषिकमृगवराहकण्टके चर चर भक्षय सन्तु भोः, बन्ध बन्ध आज्ञापयति हुं फट् स्वाहा। पत्रे मूषिकं लिखित्वा तं मूषिकं आस्ये स्वीकृत्य स्वभोगेन तमावृत्य स्थितं सर्पं च लिखित्वा तस्य परितोऽमुं मन्त्रं लिखित्वा प्राणप्रतिष्ठां कृत्वा जप्त्वा गृहे स्थापयेत्। गृहाङ्गमखिलं सर्पमयं ध्यात्वा खमिति जपेत्। भयवशात् गृहमूषिकाः गच्छन्ति=अभ्याशतः। समीपात्। (६६-६९)

---

1 सर्पमयं 2 सान्तानिकान्तां. 3 चाभ्यासतः.

साश्लेषे शशिजे शरासससमये मूषाविले[1] पृष्ठतः

शङ्कुं विध्यतु पारिबाधकमथोवज्रं[2] च सप्ताङ्गुलम् ।

व्याघातीयमथापि वा सवरुणे नश्यन्त्यतो मूषिकाः ,

सर्पिर्डुण्डुभपुच्छवर्तिविहिता[3] ज्वाला च तान्नाशयेत् ॥७०॥

कोशातकीद्वयकरञ्जमधूकवज्री-

बीजक्षपाद्वयमजापशुमूत्रयुक्तम् ।

निर्गुण्डिमूलसहितं गुलिकीकृतं त-

दाखून्हरेद्गृहगतं[4] विषहृच्च खार्याः ॥७१॥

मृद्वीका सितयष्टिमूलसहितं सर्पिस्तथा पाटली

श्वेतार्कोद्भवमूलदारुरजनीदोषाविपक्वं घृतम् ।

मूत्रे साधितमाज्यमन्वितगदे युक्तेऽथवा[5] काश्मरी-

मूलेन द्वितयेन वाऽऽखुविषहृन्त्येतानि[6] सर्पींषि च ॥७२॥

साश्लेषेति । आश्लेषं=ആയില്യം । शशिजो बुधः । शरासससमये धनूराशौ । मूषाबिलं । मूषिकबिलं पृष्ठतः शङ्कुं विध्यतु । പിന്നിൽ മുന്നായികുത്തുക കീഴ്മുഖമാക്കി । पारिबाधकं= കൊന്ന. स्वर्-इति । जप्त्वा एतत्कर्म कुर्यात् । अथवा सवरुणे वरुणं च नयम् । (७०)

कोशातकीति । कोशातकीद्वयं=പട്ടൽപീരം ചെറിയതും വലിയതും । वज्रीबीजं=ചതുരക്കള്ളിക്കായ് । क्षपाद्वयं=മഞ്ഞള്ളും മരമഞ്ഞള്ളും । गृहगतं-गृहस्थितं । (७१)

मृद्वीकेति । मृद्वीका=മുന്തിരിങ്ങ । असितं=കുരുമുളക്. । पाटलि= പാതിരി । श्वेता=വെള്ളിയില । पाठलीश्वेतेत्यत्रापि कषायस्थाने गोमूत्रम् ।

---

1 मूषाविले. 2 पारबाधितमथोवक्तूच. 3 सर्पीड्डुण्डुभ.

4 गृहगतान् . विषहृत्व खार्या. 5 तुला. 6 वा.

काकादिन्याः स्वरसविहितं काकमाच्यास्तथा च

द्वाभ्यां वाज्यं विषमपहरेन्मूषिकाणां स्वकल्कम् ।

कापित्थाद्भिः प्रशृतमथवा शङ्खपुष्प्यास्तथाभ्यां

सर्पिस्तद्वच्छृतमपि[1] घृतं पूर्ववत्तैश्चतुर्भिः ॥७३॥

ब्राह्मीरसस्नुहिपयोगव्यचतुष्केषु साधितं सर्पिः ।

पीतं सशङ्खपुष्पीकल्कं तन्मौषिकं[2] विषं हन्यात् ॥७४॥

साज्यैः कपित्थरम्भाधनदाक्षीणां रसैस्तु कुडवमितैः[3] ।

प्रस्थार्धपयोयुक्तैराखुविषघ्नं घृतं पक्वम् ॥७५॥

इति नारायणीये तन्त्रसारसङ्ग्रहे नवमः पटलः ॥

दारु=ദേവതാരം । रजनी=മഞ്ഞൾ । दोषा=മരമഞ്ഞൾ । काश्मरीमूलेन युक्ते मूलेऽथवान्वितगदे काश्मीरीमूलेन युक्तेः मूले । काश्मरी=കുമിഴ് । (७२)

काकादिन्या इति । काकादिनी = കാക്കത്തൊണ്ടി । काकमाची=കരിന്ത കാളി । आभ्यां प्रत्येकं सर्पिः । द्वाभ्यां काकादिनीकाकमाचीभ्यां वाज्यं घृतं । आभ्यां कपित्थाद्भिः शंखपुष्पाद्भिः सहेत्यर्थः ॥ (७३)

ब्राह्मीति । स्नुहीपयः = കള്ളിപ്പാൽ । गव्यचतुष्कं = गोमयस्वरस·क्षीरदधिमूत्राणि ॥ (७४)

साज्यैरिति । रम्भा कदळी । വാഴക്കിഴങ്ങ് । घनदाक्षी= കഴഞ്ചിവേർ । कुडुवं=നാഴി । प्रस्थार्धं = അര ഇടങ്ങഴി । (७५)

॥ इति नारायणीयतन्त्रसारसङ्ग्रहव्याख्याने नवमः पटलः ॥

---

1 घृतमपि कृतं. 2 वा मौषिकं. 3 कुडव.

॥ अथ लूतादिपटलो दशमः ॥

चिकित्स्या विंशतिर्लूताध्यतस्रोऽन्यास्तु[1] दुर्जयाः ।
हन्त्येका दर्शनात्तासां छायथैका हरेन्नरान्[a] ॥१॥

आत्मानं दर्शयित्वैका गन्धेनैकेति[2] नः श्रुतिः ।
स्पर्शाशनोदकस्त्राबदंशैः[b] स्याल्लूतिकाविषम् ॥२॥

[3]साग्निबिन्दुवियद्देवीदीर्घकोधो[4]ऽग्निसंयुतः ।
विपतिः कर्णचण्डान्तः शुक्लवर्माविकश्च फट् ॥३॥

(म.) त्वस्रपश्मिरादित्योऽग्निः फुः । ओं नमोऽस्तु तेषु द्राश
षु(क्षु)द्राग्नि फुः । दोषक्षयाय फट् ।

लूतामन्त्रा इमे भानुदुर्गा सूर्येन्दुदेवताः ।
पद्मकं पाटली कुष्ठं नताम्बूशीरचन्दनम् ॥४॥

चिकित्स्या इति । साग्निबिन्दुवियत् हंकारः । देवी ह्रींकारः । क्रोधाग्निः हंकारः । तदेव दीर्घयुक्तम् । ओं हं ह्रीं ह क्षिप ओं स्वाहा । हं रवे सह फट् । सहस्ररश्मिरादित्योऽग्निफुः । ओं नमोऽस्तु ते रुद्राय रुद्राग्निफुः । दोषक्षयाय फट् ॥ (१-३)

पद्मकमिति । पद्मकं=പതിമുഖം । पाटली=പാതിരി । कुष्ठं=കൊട്ടം । नतं=തകരം । अंबु=ഇരുവേലി । उशीरः=രാമച്ചം । निर्गुण्डी=കരുനൊച്ചി । शारीबा=നന്നാറി । शेलुः=നറുവരി । (४)

---

1 अन्याश्च । a हनेत् । 2 गण्डेनैकेति । b दंशात् . 3 साहिबिन्दु । 4 क्रोधाग्नि । 5 लूतावमन्त्व उमे भारदुर्गा सूर्येशदेवताः ।

निर्गुण्डीशारिबाशेलुर्लूताविषहरो गणः ।

वचालशुनदोषाभिः समं हिङ्गु तदर्धकम् ॥५॥

शुण्ठीमूत्रेण लेपादिकर्मणा लूतिकां हरेत् ।

वन्ध्यावेगशिफे लिम्पेत् तच्छोफे शीतवारिणा ॥६॥

चिञ्चावन्दाकसंसिद्धं तैलं लूताव्रणं हरेत् ।

तदेव पयसा पिष्टं पातव्यं लूतिकाशने ॥७॥

ताम्बूलं साङ्गमाचर्व्य निष्ठीवेल्लूतिकाव्रणे ।

देवीव्याघ्रपदीपर्ण[1]हिङ्गुतालवचागदाः ॥८॥

पिञ्छोषण[2]नलाराजीस्तैर्धूपो लूतिकाहरः ।

गुञ्जानिर्गुण्डिकङ्कोलपर्णशुण्ठीनिशाद्वयम् ॥९॥

करञ्जास्थि च तत्पक्वः लूतार्तं सेचयेज्जलैः ।

वचेति । वचा=വയമ്പ് । लशुनं=ഉള്ളി । दोषा = മഞ്ഞൾ । हिङ्गु= കായം । वन्ध्या = കാട്ടുപാവൽ । वेग:=കരളകം । चिञ्चावन्दाकं = പുളി-മെലിഞ്ഞിക്കടം । ताम्बूलं साङ्गं = അടക്കയും ന്നൂറുംക്രൂടി । व्याघ्रपदी = പുലിച്ചുവട് । ताल:=അതിതാലം । गद:=കൊട്ടം । पिञ्छं=മയിൽപ്പീലി । ऊषणं=കുരുമുളക് । नवा=തവിഴാമ । राजी=ചെറുകടുക് । करञ्जास्थि = ഉങ്ങിൻകാതൽ । (५-९)

---

1 पर्णैः ।

2 विशोषणेन वा ।

अथ वृश्चिकचिकित्सा

तारं शुक्लस्त्रजौ[1] मन्त्रः स्फुरन्तौ वृश्चिकान् (?) हरेत् ।

(म) षि सि हि सि ले व फुः ठठ । वि सि फुः, कि सि फुः,

ब्रह्मणे फुः, विष्णवे फुः, इन्द्राय फुः,

सर्वेभ्यो देवेभ्यो फुः ठठ ॥

मन्त्रावेतौ प्रयोक्तव्यौ वृश्चिकक्ष्वेलनाशने ॥१०॥

मञ्जिष्ठा चन्दनं दोषे पुष्पे शैरीषकौमुदे ।

शार्ङ्गेष्टा च त्रयो योगा लेपाद्यैर्[2]वृश्चिकापहाः ॥११॥

मोहिन्या उपनाहस्तु तद्दंशे विषनाशनः ।

तद्दंशे वा धमेत् कर्णे न्यस्यास्ये लवणोषणे ॥१२॥

अथेति । ओं सरफुः ओं हिलिहिलिविसेह फुः स्वाहा । ओं हिलिहिलिफुः, चिलिचिलि फुः, ब्रह्मणे फुः, विष्णवे फुः, इन्द्राय फुः, सर्वेभ्यो देवेभ्यो फुः स्वाहा (१०)

मञ्जिष्ठेति । दोषे=മഞ്ഞളും മരമഞ്ഞളും । शैरीषकौमुदे पुष्पे = വാകപ്പൂവും ആമ്പൽപ്പൂവും । शार्ङ्गेष्टा=കരുപ്പൂലി । मोहिनी= ഉമ്മത്ത തീണ്ടാമാങ്ങാവഥ. । लवणं=ഇന്തുപ്പ്. । उषणं=കുരുമുളക് । आस्ये मुखे न्यस्य कर्णे धमेत् दंशे च = ഊതുക । (११-१२)

---

1 शुक्लास्त्रजौ ।

2 लेपादौ ।

अथ गर्दभादिचिकित्सा

(म)[1] उष वष चिषि छिप्द् भिन्द् खङ्गेन
छेदय चक्रेण दारय हुंफट् ठठ।

मन्त्रोऽभिमन्त्रणादेष गर्दभादीन्निकृन्तति।
त्रिफलोशीरमुस्ताब्जमांसीपद्मकचन्दनम् ॥१३॥
अजाक्षीरेण पानादेर्गर्दभादिविषं हरेत्।
लिम्पेदैन्द्रीनिशा[2]शङ्खं पीतं पर्णं च पानसम् ॥१४॥
सद्रोणस्वरसं तैलं किञ्चिच्चूर्णं[3] लिपेत् (?) पिबेत्।
विबेत् सितेहामूलं च त्र्यस्ते[4]ऽनस्थिका हराः ॥१५॥
[5]साक्षिपीलकपित्थार्कवीजव्योषनिशाद्वयम्।
सनक्तमालपूतीकं नाशयेद्गृहगोधिकाम् ॥१६॥

उषेति। ओं दर दर हर हर किरि किरि छिन्द छिन्द भिन्द भिन्द खड्गेन छेदय छेदय चक्रेण दारय दारय हुं फट् स्वाहा ॥ (१३)

अजाक्षीरेणेति। लिम्पेदित्यादि योगलयमनस्थिकाविषहरं ; पानसं पीतं पर्णं= പഴുത്ത പിലാവില. । द्रोणं=തുമ്പ चूर्णं=ചുറ് । सितेहा=വെളുത്ത ഈന്ത് । अनस्थिका=അരണ, പഴുതാര എന്നചിലർ ॥ (१४-१५)

साक्षीति । अक्षिपीलं = കണ്‍വെട്ടിപ്പാല । नक्तमालः = ഉങ്ങ് । पूतिकं= ആവിൽ । गृहगोधिका = പല്ലി । गोपी = നന്നാറി । जलूका = അട്ട । शतपदी=

---

1 ढष वर्ष विर्पि । 2 विशा । 3 किन्ञ्छित् पूर्णं ।
4 त्र्यस्तेन । 5 साहिवील ।

सर्पिर्गोपीनिशालेपो जलूकाविषनाशनः ।
[1]हरेच्छिरीषपञ्चाङ्गव्योषं शतपदी[2]विषम् ॥१७॥

सस्नुक्क्षीरं शिरीषास्थि हरेद्दर्दुरजं विषम् ।
व्योषं ससर्पिः पिण्डीतमूलं मत्स्यविषं हरेत् ॥१८॥

(म) ओं नमो भगवते विष्णवे उप[3]
वष हुं फट् ठठ ।

सर्वेषां कीटजातीनां मन्त्रोऽयं नाशयेद्विषम् ।
क्षारव्योषवचाहिङ्गुविडङ्गं सैन्धवं नतम् ॥१९॥

अम्बष्ठातिविषे कुष्ठं सर्वकीटविषं हरेत् ।
सुतमूलं त्रिवृत्सर्पिः सर्वकीटापहं पिबेत् ॥२०॥

अथालर्कचिकित्सा

[4]जिघांसुं सिंहमात्मानं ध्यात्वा दष्टं च कुक्कुरम् ।
तन्मध्येऽब्धिं च सिंहाब्धि[5]भीत्या धावति तद्द्विषि ॥२१॥

കലിക്കന്നാൻ, തേരട്ട എന്നചിലർ । दर्दुरः = തവള । पिण्डीता = പിണ്ഡാ-ലിച്ചുമ്പ് । (१६-१७)

नम इति । नमो भगवते विष्णवे उप-वष-हुं फट् ठठ । सर्वेषां कीटजातीनां ओं नमो विष्णवे दर दर हर हर हुं फट् स्वाहा । क्षारेति-क्षारं = ചവൽക്കാരം । ഉപ്പുവിശേഷം । वचा = വയമ്പ് । नतं = തകരം । अम्बष्ठा = അമ്പഴം । अतिविषा = അതിവിടയം । सुतमूलं = കടകപ്പാലവേർ ॥ (१८-१९)

जिघांसुमिति । हन्तुमिच्छुः जिघांसुः । आत्मा मन्त्री । कुक्कुरः=श्वा । अनयोरात्म कुक्कुरयोर्मध्यं तन्मध्यम् । "अळर्काधिपते यक्षसारमेय गणाधिप । अळर्कदष्टमेतं मे निर्विषं कुरु मा चिरात् स्वाहा । मत्तालर्कः=വിശപ്പുള്ളനായ പേപ്പട്ടി എന്നും ചൊല്ലും ॥ (२०-२१)

---

1 पिबेच्छिरीष । 2 शतपदीविषे । 3 विष्णु हे हृष खलं ।
4 जिघांसुधीं वियात्मा । 5 सिहाब्धि इत्याधावति ; भीत्या तावति.

तं निरुध्य जपेन्मन्त्री वीजं लिप्यब्जकर्णिकम् ।

[1] अलर्काधिपते यक्षसारमेयगणाधिप ॥२२॥

अलर्कदष्टमेतं मे निर्विषं कुरु मा चिरात्[a] । ठठ ।

मत्तालर्कशिवादीनामेतौ मन्त्रौ विषापहौ ॥२३॥

[b] अवितानदलं क्षीरे पेयं व्योषान्वितं च तत् ।

तच्च व्याघ्रपदीयुक्तं साज्येन पयसा पिवेत् ॥२४॥

यष्टीव्योषात्मगुप्तास्थिधान्यकुष्ठप्रियङ्गवः ।

द्वौ कर्णिकारभागौ तत् पिवेद्गुडपयोयुतम् ॥२५॥

अवितानेत्यादि— अवितानेत्यादिना नवयोगानाह— अवितानदलं क्षीर इत्येकः । अवितानदळक्षीरव्योषाणि द्वितीयः । व्याघ्रपदीयुक्तमवितानदळव्योषं साज्येन पयसेति तृतीयः । यष्टीव्योषात्मास्थीत्यादि पिवेत् । गुडपयोयुतमित्यन्तं चतुर्थः । कोशातकीत्यादि पञ्चमः । व्योषं वेति षष्ठः । अस्यापि पयसा सह प्रयोगः । पल्लादिः सप्तमः । हेमास्थ्यादिरष्टमः । यष्ट्यादिर्नवमः । अवितानं = വിമ്പ് । आत्मगुप्तास्थि = നായ്ക്കുരണക്കുരു । धान्यं = കൊത്തമ്പാലരി । यष्ट्यादियोगे= एकांशाद्द्विगुणं कर्णिकारः । कोशाती = പടൽവിത്തം । वत्सबीजं=കുടകപ്പാലരി । जातीरसः = പിച്ചകനീര് । पललं तिलचूर्णं=എള്ളുവറുത്ത് പൊടിച്ചത് । हेमास्थि=ഉന്മത്തക്കുരു । (२२-२५)

---

1 अलकाडिवहेशक्ष लाप मष । a चिराय । b अपितान ।

कोशातीवत्सबीजार्कमूलं जातीरसः पयः ।

व्योषं वा पललं सार्कक्षीरतैलपयो गुडम् ॥२६॥

हेमास्थि यष्टीव्याघ्रीत्वग्व्योषं दुग्धं गुडं मधु ।

यष्टीव्योषगुडक्षीरं योगास्ते श्वविषापहाः ॥२७॥

कर्णिकारासनौ वीरा गुप्ता त्रिकटु माधवी ।

यष्टीधान्य[1]गुडक्षीरं दष्टो मत्तशुना पिबेत् ॥२८॥

खारीकरञ्जसर्वाङ्गक्काथेन स्नात[2] आतपे ।

[3]तिष्ठेन्मत्तो विमत्तेन शुना दष्टो विषं त्यजेत् ॥२९॥

[4]आलूपीयं लिपेन्मूलं (?) श्वदंशे व्रणरोपणम् ।

तत्पिष्टेन गुडाक्तेन तत्पिधाय[5]ाग्निना दहेत् ।

लेपेन शर्करालर्कदंशे क्षुद्र[6]व्रणं हरेत् ॥३०॥

अथ स्थावरविषचिकित्सा

स्रष्टा सृष्ट्वा प्रजास्तासां रक्षणेऽसृजदोषधीः ।

तद्रक्षार्थं च विदधे सुप्रभां नाम देवताम् ॥३१॥

कर्णिकारेति । कर्णिकारः = കൊന്ന । असनः = വേങ്ങ । वीरा = കോവൽ । गुप्ता = നായ്ക്കുരണ । माधवी = കുരുക്കത്തിമുല്ല । आलूपीयं = ഇറച്ചിപ്പുല്ല് । व्रणरोपणं= പുണർപുളി । शार्करा-पुराणा । क्षुद्रव्रणः = കെട്ടുപുണ്ണ്॥(२६-२९)

स्रष्टेति । स्रष्टा-ब्रह्मा । तद्रक्षणार्थं-ओषधीनां रक्षणार्थम् । ओं नम ओषधीभ्य

---

1 यष्टि यस्य गुल । 2 स्नान आतपे । 3 मत्तोऽपिमत्तोन
4 आलवीयं । 5 तद्विधायां 6 क्षुद्रा

यान्यौषधानि गृह्णन्ते विधानेन विना जनैः ।

तेषां वीर्यं त्वया ग्राह्यमित्यादिष्टा च तेन सा ॥३२॥

तां प्रणम्योषधीं[1] पार्श्वे[2] यवान् प्रक्षिप्य मुष्टिना ।

दश जप्त्वा मन्त्रमिमं नमस्कुर्यात्तदोषधीः[3] ॥३३॥

(म) ओं नम ओषधीभ्यः । ऊर्जावत्यो[a] भविष्यथ । तद्वीर्यैः कृत्स्नीकुरुध्वम् । पच हन दह मारय तुभ्यं नमः ।

अनेनैवोद्धरेदेवमौषधं वीर्यवद्भवेत् ।

एकस्य विधिना योगे तत्सर्वं वीर्यवद्विदुः ॥३४॥

(म) ओं नमो[4] भगवते गरुडाय महेन्द्ररूपाय पर्वतशिखराकाररूपाय संहर मोचय पालय[5] पातय निर्विष विषममृतमाहर[6] सदृशमिमं भक्षय भक्षयामि[7] । मम लल पच क्षिप हर ठठ ।

ऊर्जावत्यो भविष्यथ । तद्वीर्यैः कृत्स्नी कुरुध्वं । पच पच हन हन दह दह मारय मारय तुभ्यं नमः । अनेनैवौषधमुद्धारयेत् । यद्येकस्मिन् योगे बह्न्यौषधानि सन्ति तर्हि तत्र केन प्रकारेणेत्याकाङ्क्षायामाह एकस्येति - एकस्य प्रथमस्येत्यर्थः । (३०-३३)

नम इति । ओं नमो भगवते गरुडाय महेन्द्ररूपाय पर्वतशिखराकाररूपाय संहर संहर मोचय मोचय पालय पालय पातय पातय निर्विष निर्विष विषममृताहार-सदृशमिमं भक्षय भक्षय भक्षयामि[?] मम, मम लल लल पच पच क्षिप क्षिप हर हर स्वाहा ॥ (३४)

---

1 ओषधीपार्श्वे. 2 यद्वा प्रतिक्षिप्त. 3 तक्षौषधम् ।

a ऊर्णाहत्यो ; ऊर्वावत्यो विप्यथ. 4 भगवते जष्ठ दशमावेन्दष्टपाश.

5 चालय पातय निर्विश 6 अमृताहारसदृशं 7 भक्षयामि मलववक्षि पहरं.

मन्त्रेणानेन तार्क्ष्यात्मा संहरेत् स्थावरं विषम् ।

तद्विसयाय भोक्तव्यमपरं[1] भोजयेदपि ॥३५॥

[a]नमः पुरुषसिंहाय नमो नारायणाय च ।

यथासौ नाभिजानाति रणे कृष्णः पराजयम् ॥३६॥

एतेन[b] सत्यवाक्येन प्रसिध्यत्वगदो मम ।

(म) ओं नमो वैडूर्यमात्रे हुलु रक्ष मां सर्वविषेभ्यो[2]

गौरि गान्धारि[3] चण्डालि मातङ्गि[4] ठठ हरि मायि ठठ ।

औषधादौ प्रयोक्तव्यो मन्त्रोऽयं स्थावरे विषे ॥३७॥

भुक्तमात्रे स्थिते क्ष्वेले वान्तं शीताम्बु[c]सेचितम् ।

पाययेत् सघृतं क्षौद्रं विरिञ्च्येच्च[5] तदुत्तरम् ॥३८॥

तार्क्ष्यरूपो भूत्वा अनेन मन्त्रेण स्थावरविषं संहरेत् ॥

नम इति । ओं "नमः पुरुषसिंहाय नमो नारायणाय च । यथासौ नाभिजानाति रणे कृष्णः पराजयम् ॥ एतेन सत्यवाक्येन अगदो मे प्रसिध्यतु" । ओं नमो वैडूर्यमाते हुलु, रक्ष मां सर्वविषेभ्यो गौरि गान्धारि चण्डालि मातङ्गि स्वाहा हरिमायि स्वाहा ॥ (३५)

औषधादाविति---वान्तं छर्दितम् । तदुत्तरं विरिञ्चेत् विरेचयेत् । एषां कोशातक्यादीनां क्वाथोऽथवा यवागूः शीतळा साज्यमाक्षिका सत्युपयुक्ता स्थावरं विषं निश्शेषमपहरेत् ॥

---

1 भुञ्जीयात्. a ओं नम पुष्टर्विं वाशन्तमोणाषाश नाशय ।

b वाक्येन अगदो मे प्रसिध्यतु । 2 मा सर्प सर्पविषेभ्यः ।

3 गान्धारि गान्धारि. 4 मातङ्गि निरेहरिमायि. c गीताम्बु ; वान्तशीताम्बु.

5 विरिञ्चच्युतदुत्तरम् ।

कोशातक्यग्निकः पाठा सूर्यवल्ल्यमृताभयाः ।

शेलुः शिरीषः किणिही काश्मरी यामिनीद्वयम् ॥३९॥

पुनर्नवे बृहत्यौ द्वे शारिबे च कटुत्रयम् ।

एषां यवागूः[1] क्काथोत्था शीतला साज्यमाक्षिका ॥४०॥

उपयुक्ता हरेत् सद्यो निश्शेषं स्थावरं विषम् ॥

सिद्धार्थदोषा[2]वृतमाक्षिकाणां पानं[3] विषं स्थावरमाशु हन्यात् ।

श्लक्ष्णीकृतं ताम्रसुवर्णचूर्णं लीढं सिताक्षौद्रयुतं तथैव ॥४१॥

मञ्जिष्ठांशुमती हरेणुतगरे कुष्ठं बृहत्यौ स्थिरा

यष्टीचन्दनशेलुनागकुसुमं व्योषं विडङ्गोत्पले ।

पत्रं सोच्चटमिन्द्रदारुफलिनी द्वे शारिबे च क्षपे

तैलं तैर्विहितं घृतं च विविधं हन्याद्विषं स्थावरम् ॥४२॥

सूर्यवल्ली = വെറ്റാട । किणिही = കിലുകിലുപ്പ । यामिनीद्वयं = മഞ്ഞളും മരമഞ്ഞളും । (३६-३९)

सिद्धार्थेति । सिद्धार्थः = കടുക് । दोषा= മഞ്ഞൾ । मञ्जिष्ठा = മഞ്ചട്ടി । अंशुमती=ചെറുപുന്നയരി । मञ्जिष्ठा कलशीति वा पाठः । कलशी = മൂവില । स्थिरा = ഓരില । नागकुसुमं पत्रं = പച്ചില । उच्चटं = കരുവിക്കിഴങ്ങ് । इन्द्रदारु = ദേവതാരം, ക്ഷവകം മഞ്ഞളും മരമഞ്ഞളും । कषायस्थानान्युक्तान्येव । कल्कानि ॥ (४०-४१)

---

1 यवागुरेतत्काथोत्था 2 सिन्धूत्थदोषा 3 पानात्

कुष्ठैलामलयजगैरिजं सलोध्रं

पिप्पल्यो मधुकसुवर्चिके च मांसी ।

एषां यत् समधु नतोच्चटं तु चूर्णं

तद्दूषीविषमपहन्ति साधु लीढम् ॥४३॥

अथ प्रत्यौषधमुच्यते

कोशातकीं हन्ति घनं त्रिवृत्कं

[1]वेला [2]दिनेशं पललं हयारिम् ।

पथ्याब्धि[3]कार्पासकमक्षिपीलं

[4]फणीतकं [5]विश्वश्रुतं च वारि ॥४४॥

कुष्ठेति । कुष्ठं = കൊട്ടം । एला = ഏലത്തരി । मलयजः = ചന്ദനം (चन्दनं) । गैरिजं = കാവിമണ്ണ് । लोध्रः = പാച്ചോററി, തിപ്പലികൾ । मधुकं= എരട്ടിമധുരം । सुवर्चिका = തുവർച്ചില ഉപ്പ് । मांसी=മാഞ്ചി । मधु=തേൻ । नतं = തകരം । उच्चटा = കരിക്കിഴങ്ങ് । दूषींविषं=तत्संज्ञम् ।

तदुक्तम्—जीर्णं विषघ्नौषधिभिर्हतं वा

दवाग्निवातातपशोषितं वा ।

स्वभावतो वा स्वगुणैर्वियुक्तं

दूषीविषाख्यं विषमभ्युपैति ॥

अन्यश्च—प्राग्वाताजीर्ण....दिवास्वप्नाहिताशनैः ।

दुष्टं दूषयते धातूनतो दूषीविषं स्मृतम् ॥ (४२)

कोशातकीति । कोशातकीत्यादिना प्रत्यौषधान्युच्यन्ते । घनं कोशातकीं हन्ति । घनं = मुस्ता, कोशातकीदोषं हन्ति । एवं सर्वत्र । त्रिवृत्कं = ത്രികോല്പക്കൊന്ന ।

---

1 एला 2 फलल्लोहधारीम् 3 अक्षिवीलं 4 फणिज्जकं 5 विश्वमृतं

पद्मं हेमविषं क्षिणोति कुसुमं चूतस्य श्रृङ्गी स्नुहीं
छिन्नोत्था[1] वरकं शिरीषकुसुमं जम्बूश्च कारस्करम् ।
चूर्णं पावकविड्गरं[2] तु कदलीपुष्पं गलीमार्द्रकं
भल्लातं द्विजभूरुहश्च चणकादोषं[3] हरेदुच्चटा ॥४५॥
शतधौतं नवनीतं[4] भल्लातकजं विषं हरेल्लेपात् ।
ईदृग्विधं[5] समस्तं शमयति नीली तथा लोध्रम् ॥४६॥

॥ इति नारायणीये तन्त्रसारसङ्ग्रहे दशमः पटलः ॥

वेला = കള്ളിമുള്ള് । दिनेशः = എരുക്ക । पललं = तिलचूर्णं । हयारिः = കരവീരം । पथ्या = കടുക്കാ । अब्धिकार्पासं = കടല്പ്പരുത്തി । अक्षिपीलं = കണ്‍വെട്ടിപ്പാല । फणीतकं = നാഗ്ഗെര്‍ । विश्वश्रृतं वारि = ചുക്കവെള്ളം । पद्मं = താമരവളയം. हेमविषं = ഉന്മത്തവിഷം. चूतस्यकुसुमं = മാമ്പൂവ്. श्रृङ्गी = വള്ളിക്കാഞ്ഞിരം स्नुही = കള്ളി. छिन्नोत्था = അമൃത്. वरकं= तृणधान्यम् । शिरीषकुसुमं = വാകപ്പൂവ്. जम्बूः = ഞാവല്‍. कारस्करः = चूर्णं = നൂറ്. पावकविट् = കരിക്കട്ട. गरं=वेश्यादत्तविषं । "सौभाग्यार्थं स्त्रियो भर्त्रे राज्ञे वारातिचोदिताः । गरमाहारसंपृक्तं यच्छन्त्यासन्नवर्तिनः ।"

नाना प्राण्यङ्गशमलविरुद्धौषधिभस्मनाम् ।
विषाणां चाल्पवीर्याणां योगो गर इति स्मृतः ॥ (४३-४५)

कदळीपुस्पं = മാന്നിപ്പൂവ്. गली=लाङ्गली = മെത്തോന്നി. आर्द्रकं = ഇഞ്ചി. भल्लातः = ചേര്. द्विजभूरुहः = പ്ലാശ്. शणका = ചണംപയറ്. उच्चटा = കരുവിക്കഴഞ്ച് । शतधौतं नवनीतं = നൂറുടെകടഞ്ഞെടുത്തവെണ്ണ. ईदृगिति व्यस्तं वा पाठः । नीली = അമരി. लोध्रः = പാച്ചോറ്റി ॥

॥ इति नारायणीयतन्त्रसारसङ्ग्रहव्याख्याने दशमः पटलः ॥

---

1 छिन्नोत्थापकरं   2 पावविदधरं   3 रणकादोषं
4 पनपौतं नव   5 ईदृग्विधं

॥ अथ बालग्रहपटल एकादशः ॥

अथ जातदिने वत्सं ग्रही[1] गृह्णाति पापिनी[2] ।
गात्रोद्वेगो निराहारो लाला ग्रीवाविवर्तनम्[3] ॥१॥
[4]तच्चेष्टितमिदं तस्या मातृणां च बलिं हरेत् ।
मत्स्यमांससुराभक्तगन्धा[5]सृग्धूपदीपकैः ॥२॥
लिम्पेत्तं धातकीलोध्रमञ्जिष्ठातालचन्दनैः ।
महिषाक्षेण धूपश्च द्विरात्रे[6] भीषणी ग्रही ॥३॥
तच्चेष्टाः कासनिश्वासौ गात्रसंकोचनं मुहुः ।
[7]साजमूत्रैर्लिंपेत् कृष्णासेव्यापामार्गचन्दनैः ॥४॥
गोशृङ्गदन्तकेशैस्तं धूपयेत् पूर्ववद्बलिः ।
[8]ग्रही त्रिरात्रे घण्डाली तच्चेष्टा स्कन्दनं मुहुः ॥५॥

अथेति । गात्रोद्वेगः = അഴലെടുക്ക । लाला = ലാനീര്. । ग्रीवाविवर्तनं = കഴുത്തമറിക്കുക । भक्त चोदनं = അസൃക്ക് = കുങ്കുമം । धातकी = താതിരി । (കാട്ടുമന്താരമെന്നും) താലം = അരിതാലം. महिषाक्षः = ഗുൽഗുലു । केशः = തലമുടി. (१ ५)

---

1 गृही 2 पावनी 3 ग्रीवानिवर्तनम्
4 पठ्येण्टिमिदं 5 गन्धसृग्धूप 6 त्रिरात्रे 7 साजमूत्रे
8 गृहीतिरात्रिं

जृम्भणं स्तनितं त्रासो गात्रोद्वेगोऽप्यरोचकः ।

केसराञ्जनगोहस्तिदन्तं साजपयो लिपेत् (?) ॥६॥

नखराजीनिम्बनलैर्धूपयेच्च बलिं हरेत् ।

ग्रही चतुर्थी काकोली गात्रोद्वेगः[a] प्ररोदनम् ॥७॥

फेनोद्गारो दिशादृष्टिः कुल्माषैः सासवैर्बलिः ।

गजदन्ताहिनिर्मोकराजीमूत्रैः प्रलेपयेत् ॥८॥

[1] सराजिनिम्बपत्रेण मृतकेशेन धूपयेत् ।

[2] हंसाम्बिका पञ्चमी स्याज्जृम्भा श्वासोऽर्ध्ववीक्षणम्[3] ॥९॥

मुष्टिबन्धश्च तच्चेष्टा बलिं मत्स्यादिना हरेत् ।

मेषशृङ्गवचालोध्रशिलातालैः शिशुं लिपेत् (?)॥१०॥

ग्रहीति । स्कन्दनं = പ്രസവിക്ക. जृम्भणं = മൂരി നിവിരുക. स्तनितं = ഉച്ചത്തിൽകരയുക. केसरः = നാഗപ്പൂവിനല്ലി. ॥ (६)

नखेति । दिशादृष्टिः = ദിക്കിൽനോക്കുക. कुल्माषः = പകുതിവേവിച്ച ഉഴുന്ന്. आसवः = सुरा, अहिनिर्मोकः = പാമ്പിൻതോൽ. मृतकेशः = சவமயிர். (७-८)

हंसेति । मत्स्यादिना पापिनीग्रहनिर्दिष्टेन । मेषशृङ्गं = (ആട്ടിൻകൊമ്പ്) ஆட்டின் கொம்பு. शिला = மனச்சிலை. तालः = அரிதாலம். (९-१०)

---

a गात्रोद्वेगमरोचकम् 1 सुराजि 2 हंसापिका

3 अभ्रवीक्षणम्

[1] फट्कारी तु ग्रही षष्ठी हासो मोहः प्ररोदनम् ।

निराहारोऽङ्गविक्षेपो हरेन्मत्स्यादिना बलिम् ॥११॥

राजीगुग्गुलुकुष्ठेभदन्ताज्यैर्धूपलेपने ।

मुक्तकेशी ग्रही बालं दिने गृह्णाति सप्तमे[2] ॥१२॥

[3] नादः प्ररोदनं कासः पूतिगन्धश्च जृम्भणम् ।

[4] धूपो व्याघ्रनखैर्लेपो वचामूत्रत्वगामयैः ॥१३॥

त्रिदण्डी चाष्टमी जिह्वाचालनं कासरोदने ।

[5] दिशानिरीक्षणं देयो मत्स्यादिः सर्वतो बलिः[6] ॥१४॥

वचालशुनसिद्धार्थहिङ्गुभिर्धूपलेपने ।

महामहिषी नवमी (?) तच्चेष्टा त्रासरोदने ॥१५॥

उद्वेजनोर्ध्वनिश्वासौ स्वमुष्टिद्वयखादनम् ।

[7] पत्रचन्दनकुष्ठोग्रासर्षपैर्लेपयेच्छिशुम् ॥१६॥

फट्कारीति । राजी = गुग्गुलुः । कुष्ठे भदन्ताज्यैर्धूपलेपने ॥ (११)

मुक्तकेशीति । पूतिगन्धः = दुर्गन्धः । व्याघ्रनखः = പുലിനഖം. वचा= வசம்பு. मूत्रं = गोमूत्रं । आमयः = கோஷ்டம். (१२-१३)

त्रिदण्डीति । यावत्त्रयोदशाहं तावन्मातृपूजनधूपादिका क्रिया स्यात् । गृह्णातीत्यादि । त्रिविधं पायसं श्वेतरक्तकृष्णवर्णभेदेन । मांसं चतुर्विधं = ചടുത്തും, വൃത്തത്തും പുഴഞ്ഞിയത്തും പച്ചയും. यमदिक् = தெற்கு பாகம். (१४-२०)

---

1 षट्कारी 2 सप्तके 3 दिनं प्ररोदनं 4 धूपैः 5 निशानिरीक्षणं 6 बलिः 7 वक्रचन्दन

[1]कपिरोमनखैर्धूपो दशमी रोदनी ग्रही ।
तच्चेष्टा रोदनं शश्वत् सुगन्धो नीलवर्णता ॥१७॥
धूपो निम्बेन कुष्ठोग्राराजीसर्जरसैर्लिपेत् (?) ।
बलिं च निर्हरेल्लाजकुल्माषवरकोदनैः ॥१८॥
यावत्त्रयोदशाहं स्यादेवं धूपादिकाः क्रियाः ।
गृह्णाति मासिकं[2] वत्सं पूतना शकुनी ग्रही ॥१९॥
काकवद्रोदनं श्वासो गृध्रगन्धोऽक्षिमीलनम् ।
रक्तमूत्रं च तं स्नायेत् गोदन्तनखधूपनम् ॥२०॥
पीतं वस्त्रं दहेद्[3]रक्तस्रग्गन्धौ तैलदीपकम् ।
त्रिविधं पायसं मद्यं तिलं मासं चतुर्विधम् ॥२१॥
[4]करञ्जाधो यमदिशि सप्ताहं तैर्बलिं हरेत् ।
द्विमासिकं च मकुटा[5] वपुः पीतं च शीतलम् ॥२२॥
स्तन्यपानमरोचेन तच्छर्दिर्मुखशोषणम् ।
[6]ग्रीवापवृत्तिर्निष्पन्दः पायसं तण्डुलं तिलम् ॥२३॥
अपूपमोदनं दीपपुष्पगन्धांशुकानि च ।
कृष्णानि दापयेत् तस्या दीपस्तैलेन सर्वतः[7] ॥२४॥

द्विमासिकमिति । अरोचेनं । रोचकेन सह स्तन्यस्य पानं, तच्छर्दिः तस्य स्तन्यस्य छर्दिः । पायसं=पयस्संस्कृतमन्नं । कुसुम्भं = കുസുമ്പ്, (ചപ്പുങ്ങം) लशुनं= ഉള്ളി.
(२२-२४)

---

1 कपिरोम तच्चेष्टा, धूपो निम्बेन इति सार्धः श्लोकः A पुस्तके नास्ति.
2 मासिका 3 ददेत् ? 4 पायसकरञ्जयोयत्सदिक्षि सप्ताहतैः.
5 मकुटं 6 ग्रीवाविवर्तः 7 सर्पगः ।

धूपयेन्निम्बपत्रैस्तं कुसुम्भलशुनीयुतैः[1] ।

तृतीया गोमुखी तस्याश्चेष्टा निद्राल्परोदनम्[2] ॥२५॥

गोगन्धो मधुगन्धो वा विण्मूत्रस्रवणं सदा ।

जपा[3] प्रियङ्गु पललं कुल्माषं शाकमोदनम् ॥२६॥

क्षीरं च पिण्डकं दीपं दत्वा प्राच्यां बलिं हरेत् ।

मध्याह्ने पञ्चपत्रेण स्नातं धूप्येत सर्षपैः ॥२७॥

चतुर्थी पिङ्गला गात्रशोषणं दारुणो[4] रवः ।

विस्रम्भेण पयःपानं पूतिगन्धः सिता तनुः ॥२८॥

भुजस्य कम्पनं तस्याश्चिकित्सा न विधीयते ।

पञ्चमी लटना[5] गात्रसादनं मुखशोषणम् ॥२९॥

अश्रद्धया पयःपानं पीतो वर्णः प्ररोदनम् ।

मत्स्यमांसान्नशाकाद्यैः[6] पिष्टभेदैर्बलिं हरेत् ॥३०॥

मध्याह्ने दक्षिणाशायां षण्मासे पङ्कजा ग्रही ।

तच्चेष्टा रोदनं कुक्षिशूलं च विकृतस्वरः ॥३१॥

तृतीयेति । विस्रम्भेणादरेण पयसः क्षीरस्य पानम् । अत्र पयश्शब्देन स्तन्यस्य ग्रहणम् । (२५-२८)

पञ्चमीति । चोलिका, उल्लासिका, स्वस्तिका, मल्लिका च पिष्टभेदाः । मेषः = ஆடு । सक्तु = മലർത്തവിട് ॥ (२९-३१)

---

1 लशुनीयुतम् । 2 प्ररोदनम् । 3 जपं 4 दारुणा अथ ।
5. लदना ; पटना 6 शाकाद्यैः

शिखिकुक्कुटमेषाणां मांसं सक्तु कुलुत्थकम् ।
माषोदनं सुरापुष्पं गन्धादिस्तैर्बलिं हरेत् ॥३२॥
शीतला सप्तमे मासे निराहारोऽङ्गमोटनम् ।
दन्तवाद्यं जातिगन्धः समांसान्नसुरानिलैः ॥३३॥
पद्मादिपुष्पकुल्माषपिष्टशाकैर्बलिं हरेत् ।
अष्टमी यमुना मोहः स्तनितं मुखशोषणम् ॥३४॥
स्फोटाश्च सर्षपाकाराः सर्वगात्रेषु कम्पनम् ।
न चिकित्सात्र कर्तव्या नवमी कुम्भकर्णिका ॥३५॥
[1]अश्रद्धया पयःपानं तच्छर्दिर्दारुणो ज्वरः ।
[2]रोदनं पाटलीगन्धो मांसं [3]मत्स्यं सुरा [4]पयः ॥३६॥
कुल्माषमन्नं पललं [5]गन्धं पुष्पं च दापयेत् ।
ऐशानीं दिशमाश्रित्य मध्याह्ने बलिमाहरेत् ॥३७॥
तापनी दशमे मासे निराहारोऽक्षिमीलनम् ।
उद्वेजनं च गात्राणां पीतं रक्तमथोदनम् ॥३८॥

शीतलेति । अङ्गमोटनं = ശരീരം വിറക്കുക. पिष्टशाकैः = पिष्टभेदैः, शाकैश्च । दन्तवाद्यमित्यनेन प्रायः सप्तमे मासि दन्तोत्पत्तिरिति सूच्यते ॥ (३३-३४)

---

1 अशुद्धया 2 रोचनं 3 मत्स्यमांसं
4 सुराचयः 5 पुष्पगन्धं च

घण्टा पताका पिष्टोत्[1]तथा मत्स्यं[2] मांसं सुरा पयः ।
[3]उदीच्यां दिशि मध्याह्ने बलिमेभिः समाहरेत् ॥३९॥
बालमेकादशे मासे ग्रही गृह्णाति राक्षसी ।
[4]तच्चेष्टा नेत्रयोरान्ध्यं तस्या नैव[5] चिकित्सितम् ॥४०॥
चपला द्वादशे मासे त्रासः श्वासश्च चेष्टितम् ।
कुल्माषापूपदध्यन्नतिलचूर्णैर्विधानवित् ॥४१॥
माहेन्द्र्यां दिशि मध्याह्ने सप्तरात्रं[6] बलिं हरेत् ।
एताः स्युर्मासिका ग्रह्यः पूतनापदपूर्विकाः ॥४२॥
द्वितीये वत्सरे बालं ग्रही गृह्णाति यातना ।
पतनं रोदनं दाहो निराहारोऽक्षिमीलनम् ॥४३॥
[7]मत्स्यं मांसं तिलं मद्यं गुडान्नं बोलिका दधि ।
कुल्माषलाजौ गन्धादिस्तैः प्राच्यां बलिमाहरेत् ॥४४॥
स्नानं पञ्चदलैर्धूपः केशगोदन्तगोखुरैः ।
तृतीये वत्सरे बालं ग्रही गृह्णाति रोदिनी ॥४५॥
विण्मूत्रं रक्तसंमिश्रं ज्वरो हस्तस्य कम्पनम् ।
प्ररोदनं मुहुर्गात्रं पद्मकेसरसन्निभम् ॥४६॥
गुडोदनं तिलापूपौ कुल्माषः स्विन्नफाल्गुणम् ।
दधि सक्तु फलं लाजाः प्रतिमा शालिपिष्टजा ॥४७॥

---

1 विष्ठोत्था 2 मत्स्यमांसं सुरासवः । 3 सौम्यायां तिथि
4 तच्चिह्नं 5 तस्याह्याय चिकित्सितम् । 6 सप्ताहं 7 मत्स्यमांसं

एभिः सपुष्पगन्धाढ्यैः[1] प्राच्यां दिशि बलिं हरेत् ।

स्नापयेत् पञ्चपत्रैस्तं धूपो राजिफणित्वचा ॥४८॥

चतुर्थे चटकाशोषो[2] ज्वरः सर्वाङ्गसादनम् ।

अवीक्षणमनाहारो वामपादस्य कम्पनम् ॥४९॥

तिललाजान्नकुल्माषमत्स्यमांससुरादधि ।

प्रतिमां फलकस्थां च कौबेर्यां दिशि दापयेत्[3] ॥५०॥

स्नानं पञ्चदलैर्धूपः पिञ्छेन खररोमभिः ।

चञ्चला पञ्चमे वर्षे ज्वरस्त्रासोऽङ्गसादनम् ॥५१॥

बलिः स्यात्तिलकृष्णान्नैः कालानुक्तौ बलिर्निशि ।

धूपयेन्मेषशृङ्गेण स्नानं स्यात् पञ्चपत्रयुक् ॥५२॥

पलाशोदुम्बराश्वत्थवटबिल्वदलं हि तत् ।

धावनी वत्सरे षष्ठे वैवर्ण्यं मुखशोषणम् ॥५३॥

उद्वेजनं मुहुर्मूत्र[4]स्रवणं गात्रसादनम् ।

मूलं[5] तिलं सुरा मत्स्यं मांसमद्यौ पयो दधि ॥५४॥

एभिरिदिति । राज्या फणित्वचा च धूपः ॥ (४८)

चतुर्थ इति । अमुना मन्त्रेण तदाह—ओं कूष्माण्डिनि भगवति रजनि-(रुद्राणि:)समुदितो ज्ञापयति-मुञ्च मुञ्च दह दह सर सर बालकान् गच्छ गछ स्वाहा ॥ राजी=கடுகு । निम्बदळं=வேப்பிலை । गर्जनम्—अट्टहासः । ओं मुञ्च मुञ्च पच पच दह दह जय जय आगच्छागच्छ बालिके स्वाहा । दशम इति । गजद्विजः =गजदन्तः ॥ (४९-६३)

---

1 सगन्धपुष्पाद्यैः 2 चतुर्थी चटकाशोषा 3 वादयेत्
4 बहुमूल 5 तिलं सुरा मत्स्यमांसं

कृसरं पायसं चैभिः सप्तरात्रं बलिं हरेत् ।
स्नानं पञ्चदलैर्धूपो लशुनीकेशराजिभिः ॥५५॥

[1]सप्तमे यमुना छर्दिसरावो ह्यासरोदने ।
मत्स्यमांससुरासक्तुकुसुमं पायसं दधि ॥५६॥

एभिः संवोल्लिकापूपस्त्रिरात्रं चत्वरे बलिः ।
स्नानं पञ्चदलैर्धूपो गोशृङ्गखुररोमभिः ॥५७॥

[2]जातवेदाष्टमे वर्षे निराहारः प्रकोपनम् ।
मत्स्यं मांसं दधि क्षौद्रं घृताक्तं पायसं पयः ५८॥

[3]एतैः सक्तुसरापूपैर्[4]बलिं दत्वार्धरात्रतः ।
चत्वरस्थे तिलैः कुण्डे पञ्चाहममुना हुनेत् ॥५९॥

(म) [5]कूष्माण्डिनि [6]भगवति [7]रुद्राणि समुदितो
[8]ज्ञापय [9]मुञ्च सर [10]बालकाद्गच्छ ठठ ।

राजीनिम्बदलैर्धूपः [11]काकोली [12]नवमे ग्रही ।
तच्चेष्टा गर्जनं त्रासो बाह्वोरास्फोटनं मुहुः ॥६०॥

बलिः [13]स्यात् कृसरायूपसक्तुकुल्माषपायसैः ।
(म) [14]ओं मुञ्च पक डब गश आगच्छ बालिके ठठ ।
अनेन पूर्ववद्धुत्वा कुर्यात् स्नानं सधूपनम् ॥६१॥

---

1 सप्तमे यमुना इत्यारभ्य श्लोकद्वयं A. कोशेनास्ति । 2 जातवेदः 3 एभिः 4 बलिं हृत्वा 5 चूष्माण्डिनि 6 भज हरि 7 षगिणि 8 ज्ञापयति 9 दह सर 10 बालकान् 11 कालिनी 12 नवमी 13 स्यात् कुनराएव 14 मुखबक उव गव

दशमे कलहंसी स्याद्दाहोऽङ्गकृशता ज्वर: ।
[1]बोलिकापूपदध्यन्नै: पञ्चरात्रं बलिं हरेत् ॥६२॥
लेपयेत्तं वचाकुष्ठलशुनै: सर्षपान्वितै: ।
धूपं निम्बदलै: कुर्यात् सगोरोमगजद्विजै: ॥६३॥
एकादशे [2]देवदूती [3]हास: पानाशनं बहु ।
विकारा बहवोऽङ्गानां [4]नृत्तं वल्गनधावने ॥६४॥
यामि यामीति [5]वाङ्मूलस्रवणं स्वगृहेक्षणम् ।
गात्रोद्वेगोऽक्षिरागश्च क्रीडनं निष्ठुरं वच: ॥६५॥
कोद्रवान्नं लाजदधि कुल्माषापूपबोलिका: ।
पक्वमांसं [6]स्विन्नमत्स्यं [7]रक्तपुष्पं हयारिजम् ॥६६॥
बलिस्तै: कुङ्कुमाढ्यै: [8]स्यात् स्नापनं पञ्चपलिकम् ।
[9]धूपयेत्तगरोपेतैर्महिषाक्षनखामयै: ॥६७॥
बालिका द्वादशे वर्षे श्वासो नयनयोर्गद: ।
काकारावश्च [10]तच्चेष्टा शाककुल्माषसक्तव: ॥६८॥

एकादश इति । यामि यामीति वाक् वचनं । निष्ठुरं = परुषम् । हयारि:-करवीर: । महिषाक्षं = गुग्गुलु: । नखम्=नागुणं (?) । आमय: = कुष्ठं ॥ (६४-६७)

बालिकेति । श्वास: = വലിക്ക । काकारावं=कमकरुतं । शष्कुली = ചക്കലി.

---

1 पुलिकापूप 2 देवहूती 3 दाह: 4 नृत्तवद्गान
5 विण्मूत्र 6 स्विन्नमाचं 7 पद्मं पुष्पं 8 स्नानं स्यात् पाञ्चपात्रिकम् ।
9 नखैर्मयै: । 10 शातकुल्माष

[1]बोलिकामोदकापूपशष्कुल्यः सपयोगुडाः ।
[2]पक्वो मत्स्यश्च मांसं च त्रिरात्रं तैर्बलिं हरेत् ॥६९॥
राजीनिम्बदलै[3]र्धूपो वायवी तु त्रयोदशे ।
तच्चेष्टा [4]मुखवाधाङ्गसादनं मुखशोषणम् ॥७०॥
रक्तान्नगन्धमाल्याद्यै र्बलिः पञ्चदलैः स्नपेत् ।
राजिनिम्बदलैर्धूपो यक्षिणी [5]तु चतुर्दशे ॥७१॥
[6]शूलनं ज्वररोदौ च पिबेच्चाभ्यञ्जयेद्घृतम् ।
शाल्योदनं सुरामांसमत्स्यकुल्माषपायसैः ॥७२॥
सलाजकृसरैर्दद्यान्मध्याह्ने त्रिदिनं बलिम् ।
स्नानं पञ्चदलैः कुर्यान्[7]मुञ्चका स्यात्त्रिपञ्चके ॥७३॥
तच्चेष्टासृक्स्रवः शश्वत् कुर्यान्नात्र चिकित्सितम् ।
वानरी [8]षोडशे भूमौ पातो निद्रा सदा ज्वरः ॥७४॥
पायसं बोलिकापूपः कुल्माषः कृसरा सुरा ।
एतैः [9]सफल्गुषैर्दद्यात् प्रदोषे त्रिदिनं बलिम् ॥७५॥

(മുറുക്ക്) अपूपः=അപ്പം । शूलनं=शूलमेव । रोदः= रोदनं । कृसरः = എള്ളുച്ചോറ് । त्रिपञ्चके=पञ्चदशे वर्षे ॥ (६८-७३)

तदिति । ओं नमः सर्वमातृणां हृदयं मोटय मोटय, भञ्ज, भञ्ज, कट्टु कट्टु, स्फोटय स्फोटय, गृह्ण गृह्ण, आकट्टु आकट्टु, विकट्टु-विकट्टु, त्रोटय त्रोटय, एवं सिद्धिं

---

1 मोलिका 2 गुडं मांसं पक्वमत्स्यं 3 पायवी
4 मुखमान्द्य 5 च 6 ज्वरदाहौ 7 मुञ्चतास्र
8 षोडशी 9 संफल्गुषैः

[1] स्नापनं पञ्चपत्रेण धूपनं चन्दनेन च ।
[2] बन्धावती सप्तदशे गात्रोद्वेगः प्ररोदनम् ॥७६॥
मुञ्चामीति वचो हासः[3] स्नापयेत् पञ्चपल्लवैः ।
कुल्माषकृसरापूपतिलपिष्टान्नफल्गुषैः ॥७७॥
सलाजदधिभिः प्राच्यां मध्याह्ने त्रिदिनं बलिः ।
धूपो नखाजगोशृङ्गैः कुमारी बालिकां[4] ततः ॥७८॥
पूर्वाश्च वार्षिका ग्राह्याः कुमारीपदपूर्विकाः ।
तच्चेष्टा वमनं श्वासो निराहारोऽङ्गसादनम् ॥७९॥
नास्ति तस्याश्चिकित्सैवं प्रोक्ता बालग्रहाः पृथक् ।

(म.) ओं नमः सर्वमातृणां हृदयं[5] मोटय[6] भञ्ज पट स्फोटय स्फुर गृह्ण आकट्ठ[7] विकट्ठ लोटय । एवं सिद्धिं ज्ञापयति । हर [8] निर्दोषं कुरु बालकम् बालो वा सर्वग्रहीणामुपक्रम्यतु ।

ज्ञापयति । हर हर, निर्दोषं कुरु बालकं, बालो वा स्त्री पुरुषो वा सर्वग्रहिणामुपक्रम्यतु । ओं चामुण्डे नमो दिव्ये हुं हां हीं अपसरन्तु दुष्टग्रहाः । हूं हूं तथा गच्छन्तु गुह्यका अन्यत्र स्थाने ओं रुद्रो ज्ञापयति स्वाहा ॥ (७४-८०)

---

1 स्नपनं 2 बद्धत्वती, पद्मावती 3 हासैः
4 पालिकां 5 बृडशं; सर्पमातृणां पृदशर्मो नृशं. 6 चतु स्फोतश स्फुष.
7 आचतु विचतु त्रोतश ; आकण्ठ । षविकड्ड त्रोटय. 8 वष निर्दोषं ; नरं निर्दोषं

ओं चामुण्डे नमो दिव्ये हं ह्रीं ह्रीं अपसरन्तु दुष्टग्रहाः ।[1]

हूं तथा[2] गच्छन्तु गुह्यकाः । अन्यत्र स्थाने ओं रुद्रो[3]

ज्ञापयति ठ ठ ।

सर्वबालग्रहेषु स्यान्मन्त्रोऽयं सार्वकार्मिकः ॥८०॥

(म.) ओं चामुण्डे शाबरि[4] चण्डिके भगवति ह्रां ह्रीं हूं मुञ्च ।

रक्षांकुरु । बलिं गृह्ण हुं फट् ठठ ।

बालग्रहेषु बलिदानकृदेष मन्त्रः ।

ब्रह्मा विष्णुश्च रुद्रश्च स्कन्दो वैश्रवणस्तथा ।

रक्षन्तु त्वरिता बालं मुञ्च मुञ्च कुमारकम् । ठठ ॥८१॥

(म.) ह्रीं ह्रीं[5] कूश्माण्डि रागिणि रक्ष भगवति चामुण्डे मुञ्च दह

सर बालकाद्गच्छ, ठठ । कामुण्डे नमो हिज्ये[6] फुः । श्रीं ह्रीं

दुष्टग्रहान् हूं तत्र गच्छन्तु गुह्यकाः यत्र स्वं स्थानं[7] कुरु ।

रुद्रो ज्ञापयति ठठ ।[8] षक्ष मपाडे हणी उज्झि ह गताड

षड्ग्रहैश्च सहितं रक्ष मुञ्च कुमारकम् ह्रीं ठ ठ ॥

ब्रह्मेति । ब्रह्मा विस्णुश्च रुद्रश्च स्कन्दो वैश्रवणस्तथा । रक्षन्तु त्वरिता बालं मुञ्च मुञ्च कुमारकम् ॥ स्वाहा ॥ (८१)

---

1 ओं चामुण्डि यामुषीकन्धिचे. 2 भ्रूंतथा. 3 एवं रुद्रः
4 शाबलि कण्डिच्चे 5 ह्रीं पक्ष भगवति कामुण्डे; ह्रीं ह्रीं चूप्माण्डचालिणी चामुण्डे ।
6 हित्ये फुः ; हद्येशुः ; विद्येफुः ; दिव्ये फुः । 7 ज्ञानं कुरु.
8 षषे पक्षमवोड हणी भ्रीहहीताढषग्रहैश्च.

नीराजनाय वलिकर्मविधौ स्मृतोऽयं

होमं तिलादिभिरनेन करोतु मन्त्री ।

[1]

....

स्यात् सर्वकर्मकृदयं च पराभियोगे ॥८२॥

विद्याबद्धा भूर्जपत्रार्पितैषा

रक्षेद्भूस्तं[2] बाल्माद्यानि गर्भा (?) ।

तज्जताभिः कल्पितौ राजिकाभि-

र्धूपालेपौ सर्वबालग्रहघ्नौ ॥८३॥

ह्रीमिति। ओं ह्रीं कूश्माण्डि रागिणि रक्ष भगवति चामुण्डे मुञ्च मुञ्च, दह दह, सर सर, बाल्कात् गच्छ गच्छ स्वाहा । कामुण्डे नमो नित्ये फुः । श्रीं ह्रीं दुष्टग्रहाय, हूं तत्र गच्छन्तु गुह्यकाः । यत्र स्वं स्थानं कुरु रुद्रो ज्ञापयति, ठठ । स्यात्सर्वकर्मकृदयं च पराभिषेके। ओं चामुण्डे नमो ह्येफुः (विद्येफुः) । श्रीं ह्रीं दुष्टग्रहान् (पाठान्तरं दिव्येफु, विद्येफुः) । हं तत्र गच्छन्तु गुह्यकाः, यंत्र स्वं स्थानं कुरु कुरु रुद्रो ज्ञापयति स्वाहा । क्षूं षक्ष मपाणे हणी डह्गता डष ग्रहैस्तु सहितं रक्ष मुञ्च कुमारकं रक्ष मुञ्च ह्रीं ठठ । विद्या बद्धा भूर्जपत्रार्पितैषा रक्षेत् ग्रस्तं बाल्माप्यापि गर्भे । तज्जताभिः कल्पितो राजिकाभिः धूपालेपौ सर्वबालग्रहघ्नौ ॥ (८२)

ओं क्षू रक्ष रक्ष महादेव नीलग्रीव जटाधर। ग्रहैस्तु सहितं रक्ष मुञ्च मुञ्च कुमारकं । ह्रीं स्वाहा ॥ भूर्जवृक्षस्य पत्रं भूर्जपत्रं ॥ (८३)

---

1 Here one line of this verse is missing.

2 बाल्मारत्यापिदर्भाः ।

चण्डौ सकर्णावनलोऽत्रिनिष्ठो-[1]

द्वान्तं सनासार्धशशी च चण्डः ।

हुं फठ्च्छिरोऽन्ता मनुरेष हन्यात्

बालग्रहान् क्लृप्तजपादिकर्मा ॥८४॥

तारं लुपुश्च मुदकं शिर एभिरर्णैः

शर्क्तिर्वृता च शिशुनामवती शशाङ्कौ[2] ।

अर्धेन्दुकैर्बहिरधोवदनैः परीतौ[3]

चक्रं तदाशु शिशुरोदनमुत्क्षिणोति ॥८५॥

नखदन्तविकारी स्यान्निद्राहीनोऽथवा भयोद्वेगी ।

दुर्गन्धी बहुचेष्टो बालो बालग्रहाविष्टः[4] ॥८६॥

चण्डौ सकर्णाविति । ओं खु (पुं) खुर्दक्षु खुं हुं फट् स्वाहा॥ (८४)

तारेति । षट्सु कोणेषु ओं लुलुपं स्वाहा इति मन्त्रेण वेष्टयित्वा तद्बहिर्वृत्तद्वयं विलिख्य तस्मिन् वृत्तद्वये अधोवदनार्धेन्दुभिः विभूष्य बध्नीयात् । अधोवदनैः कर्णिकाभिमुखैरित्यर्थः । उत्क्षिणोति = നശിപ്പിക്കും । (८५)

नखदन्तेति । मूर्वा = പെരുങ്കുരുമ്പ । तिक्तं = കടുകരോഹിണി । विषमच्छदत्वक् = ഏഴിലമ്പാലത്തൊലി शीतं तत्कालविशेषणम् । वंशत्वक् = മുളന്തോല് जतु = അരക്ക് अरिष्टपत्रं = വേപ്പില. निर्माल्यं शिवनिर्माल्यं = കൂവളത്തിൽ ഇല नरकेशं = തലമുടി (?) गौरराजी = വെൺചെറുകടുക്. (८६)

इति नारायणीयतन्त्रसारसङ्ग्रहव्याख्याने एकादशः पटलः ।

---

1 चण्डैः सकण्ठैः 2 शशाङ्के । 3 परीते 4 बालग्रहाद्येषु

[1] मूर्वा सतिक्ता विषमच्छदत्वक्

प्रोद्वर्तनाद्धन्ति शिशुग्रहार्तिम् ।

सप्तच्छदाश्वत्थमधूकशेलु-

पत्रक्वथाम्भस्स्नपनेन शीतम् ॥८७॥

वंशत्वग्जतुसंयुतं सलशुनं सारिष्टपत्रं घृतं

निर्माल्यं नरकेशसर्पिरगरुत्वग्गौरराजीयुतम् ।

सिद्धार्थो जतुनिम्बपत्रसहितो वंशत्वगाज्यान्वितो

धूपानां त्रयमेतदाशु सकलान् भूतग्रहान्नाशयेत् ॥८९॥

इति नारायणीये तन्त्रसारसङ्ग्रहे एकादशः पटलः ॥

---

1 मूर्छा

॥ अथ उन्मादनिदानादिपटलो द्वादशः ॥

हर्षेच्छाभयशोकादेर्विरुद्धाशुचिभोजनात् ।
गुरुदेवादिकोपाच्च[1] पञ्चोन्मादा भवन्त्यथ ॥१॥
त्रिदोषजाः सान्निपाता आगन्तव[2] इति स्मृताः ।
हसनास्फोटनं[3] नृत्तगीतसंगीतरोदनम् ॥२॥
अस्थाने[4] ह्यङ्गविक्षेपस्ताम्रा मृदुकृशा तनुः ।
जीर्णे बलं च वाग्बह्वी वातोन्मादस्य लक्षणम् ॥३॥
संरम्भामर्षवैदग्ध्यमभिद्रवणतर्जनम् ।
छायाशीतान्नतोयेच्छा रोषः पीतोष्णदेहता ॥४॥

हर्षेति । विरुद्धाशुचिभोजनात् ; विरुद्धभोजनं=विरुद्धरसवीर्यादिभोजनम् । अशुचिभोजनं=मूत्रपुरीषादिभक्षणम् । अशुचीनां गृहे भोजनं वा । त्रिदोषजाः=पृथग्दोषजाताः त्रयः । सन्निपातज एकः । आगन्तुरेकः । इत्येवं ते पञ्च पञ्चप्रकाराः स्मृताः ॥ (१)

हसनेति । आस्फोटनं=परस्परं पाणिद्वयताडनम् । नृत्तसहितं गीतं संगीतम् ॥ (२-३)

संरम्भेति । संरम्भः=अतिसंभ्रमः । अमर्षः = असहनम् । तर्जनं =

---

1 देवारि 2 आगन्तुरिति ते 3 हसनं क्रन्दनं स्फोटगीत
4 असारमन्दविक्षेप

नारीविविक्तप्रियता निद्रा रात्रौ मनाग्वचः ।
लाला छर्दिर्बलं भुक्ते नखादिषु च शुक्लता ॥५॥
एताः पित्तकफोन्मादचेष्टाः श्लोकोदिताः[1] क्रमात् ।
संमिश्रलक्षणोवर्थउन्मादः सान्निपातिकः ॥६॥
आगन्तवो ग्रहा ज्ञेया वक्ष्यमाणाः सुरादयः ।
अमर्त्यबलविज्ञान[2]विक्रमादिसमन्विताः ॥७॥
वातोन्मादे स्नेहपानं पित्तोन्मादे विरेचनम् ।
श्लैष्मिके नस्यवमनमागन्तुष्वखिलाः[3] क्रियाः ॥८॥
सर्वे नश्यन्ति चोन्मादा जपहोमादि[4]कर्मभिः ।
अमटा असुरा नागयक्षगन्धर्वराक्षसाः[5] ॥९॥
[6]हेढ (?) कश्मलनिस्तेजोभस्मकाः पितरः कृशाः ।
विनायकाः प्रलापाश्च पिशाचान्त्यजयोनिजाः ॥१०॥

ചുണ്ടിക്കണ്ടിക്ക । विविक्तः=विजनदेशः । मनाग्वचः=अल्पवचनम् । अमर्त्यबल-विज्ञानविक्रमादिसमन्विताः=अमानुषबलादियुक्ताः ॥ (४-७)

वातेति । एते=अपस्मारादिनवग्रहाः । रुद्रकोपोद्भवाः=दक्षयज्ञे रुद्रकोपो-द्भूताः ॥ (८-१२)

---

1 शोकादिकाः पृथक् । 2 वाग्ज्ञान 3 आगन्तौ त्वखिलाः
4 यमहोमादि 5 गन्धर्वकिन्नराः । 6 हह कश्मलिनस्तेजाः

भूताश्चेति समाख्याता अष्टादश महाग्रहाः ।
अपस्मारो द्विजो ब्रह्मराक्षसोऽप्यनिभुग्विशौ ॥११॥
वृषलो नीचचण्डालौ व्यन्तराश्च नवग्रहाः ।
रुद्रक्रोधोद्भवा एते ह्यन्ये च बहवो ग्रहाः ॥१२॥
बलिकामा रतेः कामा हन्तुकामा इति त्रिधा ।
ग्रहा ज्ञेयास्तथा सौम्या आग्नेया इति च द्विधा ॥१३॥
[1]गृहाश्मकूलशैलाग्रवनोपवनसानुषु ।
सरिद्वापीसरःकूपतटाकोदन्वतां तटे ॥१४॥
सङ्गमे सरिदावर्ते गोकुले शून्यमन्दिरे ।
एकवृक्षे चितास्थाने प्रभ्रष्टे देवतागृहे ॥१५॥
निधिदेशे [2]रसक्षेत्रे [3]बलिद्वारे चतुष्पथे ।
ग्रामसीमान्तरे मातृस्थाने च क्षेत्रतीर्थयोः ॥१६॥
आरामोद्यानयोः सौधप्रासादाट्टालकेषु च ।
क्रीडापरा [4]वसन्त्येषु स्थानेष्वन्येषु च ग्रहाः ॥१७॥

बलीति । अश्मकूलं=കല്ലിടിക്കൊററി । उपवनं=കുറുങ്കാട് । रसक्षेत्रं = കരണി ॥ (१३-१७)

---

1 ग्रहाश्च कूट 2 अरण्यक्षेत्रे 3 बिलद्वारे
4 क्रीडापरावसथ्येऽन्ते

प्रसूतां गर्भिणीं नग्नामृतुस्नातां दुराचरीम् ।
आसन्नपुष्पां कामार्तां मद्यमत्स्यप्रकाङ्क्षिणीम् ॥१८॥
व्यूह्मानां विलासाढ्यां रथ्याचत्वरयोः स्थिताम् ।
प्राप्तप्रथमसंभोगां तैलाभ्यक्तामवर्जिताम् ॥१९॥
हृष्टं क्लिष्टं हतं क्रुद्धं हासितं भीतशोकिनौ ।
शर्वरीस्थितमुच्छिष्टं व्याधितं सकुतूहलम् ॥२०॥
अलाभमूढं पूर्वासनष्टद्रव्यं वियोगिनम् ।
एकाकिनं कान्ततनुं भूषितं च निरायुधम्[1] ॥२१॥
ग्रहा गृह्णन्ति स्त्रीपुंसानीदृशानीश्वराज्ञया ।
अपमानमृणं वैरं विघ्नो भाग्यविपर्ययः ॥२२॥
देवताज्ञा च लक्ष्यन्ते कारणं ग्रहपीडने ।
स्नातः सुगन्धी तेजस्वी हृष्टो देवालये रतः ॥२३॥
अल्पवागल्पविण्मूत्रः स्वल्पभुक्तिरकोपनः[2] ।
गन्धमाल्यप्रियो[3] धीरः सौम्यदृष्टिः सुरग्रही ॥२४॥

प्रसूतामिति । आसन्नपुष्पा=പിണ്ടാരിപ്പാനന്നത്തവൾ । व्यूह्मानां-अन्यैः परिणीयमानाम् । रथ्या=ചെറുതെരുവ് । अलाभमूढं=अर्थितालाभेन मोहयुक्तम् । पूर्वासनष्टद्रव्यं = पूर्वाप्तद्रव्यविनाशवन्तम् । वियोगिनं = प्रियतमारहितम् ॥ (१८-२२)

---

1 निरायुषम् । 2 भुक्तिप्रकोपनः । 3 गन्धमाल्यरतो

देवान् निन्दन् स्तुवन् दैत्यान्[1] ब्रह्मद्विट् जिह्मलोचनः ।
दुष्टात्मा निर्दयो[2] हृष्टो गर्वहासी सविस्मयः ॥२५॥
मुद्रां[3] बन्धन् प्रभूताशी सकम्पाङ्गोऽसुरग्रही ।
पानीयगुडदुग्धादिपिपासुः सृक्किणी लिह्न्[4] ॥२६॥
भुवि प्रसर्पी रक्ताक्षः क्रोधालुरमले[5] वसन् ।
सकम्पाङ्गो[6] दशन् दन्तान् पुष्पे[7] चूर्णागपीडितः ॥२७॥
रक्ताकल्पप्रियो गन्धमाल्येच्छुरनिलाशनः ।
गम्भीरो मद्यमांसाशी त्यागी रक्तास्यनेत्रवान् ॥२८॥
अक्रोधस्तूर्णगन्ताल्पभाषी[8] पक्ष्मग्रहार्दितः ।
अल्पवागन्धमाल्यादिप्रियः सङ्गीतनर्तकः[9] ॥२९॥
पुलिनादौ वसन् जानन् परोक्षं मुखवाद्यक्रमम् ।
पिबेत्[10] क्षीरं हसन् क्रीडन् हृष्टो गन्धर्वपीडितः ॥३०॥
प्रधावन्नात्ममांसं च खादन् मद्यासृजौ पिबन् ।
शून्यग्रामोषितस्ताम्रो निर्लज्जो निष्ठुरः सरुट् ॥३१॥

रक्ताकल्पेति । आकल्पः=अलङ्करणम् ॥ (२३-२८)

अक्रोध इति । पुलिनं=മണൽത്തിട്ട് । (மணல்திட்டு) ॥ (२९-३०)

---

1 दैन्यात् 2 निर्भयो 3 मुद्राबन्धः 4 लिहेत् । 5 अचले. 6 हसन् दान्तान् 7 पुष्पेछन्नागपीडितः । 8 गन्धाक्षभाषी. 9 नर्तनः । 10 पिबन् क्षीरं हसन् क्रुध्यन् .

शौचद्वेषी निशाचारी बलवान् राक्षसग्रही ।

स्मेरास्योऽधोमुखः किञ्चिदपश्यन् छन्नमुष्टिकः ॥३२॥

जानुन्यस्तशिराः[1] क्रूरदृष्टिर्मेढ्रग्रही नरः ।

विट्पङ्कलेपी[2] निश्शौचो भस्मशायी रुदन् हसन् ॥३३॥

स्त्रीद्रोही त्रासयन् जन्तून् सदाश्नन् कलहप्रियः ।

रागी परार्थहृत् क्रुद्धः स्वल्पवाक्कश्मलग्रही ॥३४॥

निस्तेजा विह्वलः पश्यन् निर्निमेषणमब्रुवन् ।

परिहासितवैद्यश्च[3] निस्तेजग्रहपीडितः ॥३५॥

असङ्गतार्थवाग्वेपन्[4] निवपन् तिर्यगीक्षणः ।

भुक्त्वावतृप्तः शुष्काङ्गो[5] निर्मलो भस्मकग्रही ॥३६॥

दर्भेषु[6] निवसन् पिण्डं प्रेतानां सोदककियाम् ।

तिलमांसगुडादीनां काङ्क्षी शान्तः पितृग्रही ॥३७॥

निस्तेजा इति । विह्वलः=भयचञ्चलः ॥ (३१-३५)

असङ्गतेति । निवापः=पितृतर्पणम् ॥ (३६)

---

1 जानुस्तब्धशिराः 2 विट्पङ्कलेही

3 परिभाषति वैद्यं च 4 वाक्कुप्यन्

5 Here the passage प्रधावन् दारुणध्वनिः of verse 38 is misplaced in the book-A

6 दर्भेषु, तिलमांस and एकान्तवासी these three lines are not found in book A.

एकान्तवासी शुष्काङ्गः प्रधावन् दारुणध्वनिः ।
[1]पृष्टो न व्याहरन् भुक्तौ न तृप्यति [2]कुशग्रही ॥३८॥
मार्जन् पादरजो मुञ्चन् [3]शूत्कुर्वन् छर्दयन् सदा ।
दन्तान् कटकटायन् यः स ग्रहः स्याद्विनायकः ॥३९॥
[4]भजन् गात्राणि शुष्काङ्गो नृत्यन् स्वस्थः सकृद्धसन् ।
बहुभुग्बहुभाषी च प्रलापग्रहपीडितः ॥४०॥
खररूक्षस्वरः शून्यभिन्नसेवी प्रलापकः ।
[5]दुर्गन्धी चाशुचिर्लोलः पिशाचग्रहपीडितः ॥४१॥
तर्जयन् लोलरक्ताक्षो लुब्धो विट्पङ्कलेपकः ।
बहुभुक् साङ्कम्पश्च दीनवागन्त्यजग्रही ॥४२॥
बहुभुक् चिन्तितं जानन् पिशिताशी चलेक्षणः ।
निर्मर्यादो [6]मेषगन्धी स्विन्नाङ्गो योनिजग्रही ॥४३॥
प्रहरन् जनमारोहन् वृक्षानु[7]च्चापशब्दवान् ।
सर्वानुकारी विकृतो भवेद्भूतग्रही नरः ॥४४॥
फेनोद्गारी विवृत्ताक्षो निस्संज्ञः [8]पतितो भुवि ।
सङ्कुचन् हस्तपादादि पीताङ्गो [9]दशनान् दशन् ॥४५॥

बहुभुगिति । निर्मर्यादः=आचाररहितः ॥ (३७-४३)
प्रहरन्निति । अपशब्दः=असह्यशब्दः ॥ (४४)

---

1 भ्रष्टः 2 कुशग्रही. 3 शूत्कारन्; जूत्कारं 4 भुञ्जन्
5 दुर्गन्धः 6 मेषगन्धः 7 अपशब्दवाक्. 8 परितः 9 गोदशनां

[1]लब्धसंज्ञः पुनः स्वस्थः स्यादपस्मारवान्नरः ।
शुक्लमाल्यांशुकादी[2]च्छन् [3]पठन् वेदान् कुशादिधृक् ॥४६॥
विप्रानुष्ठानकृच्छुद्धो भजन् देवान् द्विजग्रही ।
प्राय[4]स्तुल्यक्रियो विप्रग्रहेण ब्रह्मराक्षसः ॥४७॥
रक्तपुष्पादिधृङ्नित्यं धावन् वल्गन् हसन् लिखन् ।
[5]सहिष्णुः क्षत्रचेष्टाकृत् गायन् गर्वी नृपग्रही ॥४८॥
जृम्भामाणो [6]हसन् क्रन्दन् आक्रोशन् कर्षको वणिक् ।
नृत्यन्नवाच्यवाक्कुप्यत् दुर्विनीतो [7]विशातुरः ॥४९॥
विण्[8]मूलादिभुगव्यक्तवाङ्मूढस्पृग्प्रवदन् [9]लिखन् ।
विप्रद्विट् स्त्रीप्रियः साङ्गकम्पः स्याद्वृषलग्रही ॥५०॥
मिश्रचिह्नाः स्मृता नीच[10]चण्डालव्यन्तरा ग्रहाः ।
मुञ्चामि किञ्चिद्देहीति ब्रुवन् गायन् [11]हसन् मृदुः ॥५१॥
न मुञ्चामीति वागात्मप्रहर्ता परुषं वदन् ।
सौम्याग्नेयग्रहावेतौ हन्तुकामं विवर्जयेत् ॥५२॥
निपतन् वप्रवृक्षादेर्वन्यागाधाम्भसोर्विशन् ।
विधून्वन् मूर्धजान् हृष्टो वैद्यं पश्यन् प्रभाषति ॥५३॥

निपतन्निति । वप्रं=മതിൽ । अगाधं=अतलस्पर्शनम् ॥ (४५-५३)

---

1 लब्धः संज्ञां 2 इच्छुः 3 परं वेदान् 4 तुल्याकृतिः 5 सविष्णुः 6 धून्वन् 7 विशातुदः । 8 मूलादिजल 9 लिह्न् । 10 चण्डालाप्यन्तरा 11 वसन्

रुदन् नृत्यति रक्ताक्षो हन्तुकामग्रही नरः ।
पश्यन् समन्तादुद्विग्नः शूलदाहज्वरान्वितः[1] ॥५४॥
क्षुत्तृष्णार्तः शिरोरोगी देहि देहीति यो वदेत् ।
उद्विग्नः[2] स्त्रीतनौ क्रीडन् प्रियवाद्यनुपद्रवी[3] ॥५५॥
स्नातो माल्याद्यलङ्कारी रतिं यो याचते शुचिः ।
बलिकामो रतेः कामी चैतौ साध्यौ च मन्त्रिणा ॥५६॥

चेष्टाभिरेवं पृथगीरिताभि-
विज्ञाय भूतान्यखिलानि मन्त्री ।
तेषां चिकित्सां विदधातु तत्त-
द्योग्याभिरव्यग्रमनाः क्रियाभिः ॥५७॥

पश्यन्निति । उद्विग्नः=भयचञ्चलः ॥ (५४-५६)

चेष्टाभिरिति । देहि देहीति यो वदेत् स बलिकामो रतिकामश्च । पृष्टो ग्रहो मन्त्रविदे आत्मानं यथावद्वदेत् । तथा गर्वितः सन्न वदति चेत्, महापातकल्पनेन=ग्रहस्य पञ्चमहापातकोच्चारणेनेत्यर्थः । तथापि न वदति चेत् सत्येन= സത്യത്തോട പിഴച്ചോ, ചൊൽ എന്നു ചൊല്ലുക । तथापि न वदति चेत् शम्भोः शपथेन=മഹേശ്വരനാണെ ചൊല്ലു എന്നു് ചൊല്ലു । तदात्मानमात्माभिप्रायं च वदेदित्यर्थः । ग्रहाविष्टं दृष्ट्वा स्वयमनाकुलः सन् मन्त्रपूतेन वारिणा संप्रोक्ष्य इष्टदेवतामनुसरन् पटेनान्तरितं कृत्वा गन्धाक्षतादिभिः संपूज्य, को भवान् क तव स्थानं किं त्वं प्राप्तः प्रापणे च को हेतुः शीघ्रं ब्रूहीत्युक्ते, यदि गर्वितो न वदति तदा महापातकी भविष्यसीति वदेत् । एवमेकरात्रं द्विरात्रं त्रिरात्रं वा परीक्षेत । पुनरपि न वदति चेत्, सत्येन त्वं ब्रूहीति वदेत् । एवमपि एकरात्रं द्विरात्रं त्रिरात्रं वा परीक्षेत ।

---

1 ज्वरार्दितः । 2 स उद्विग्नः तनौ 3 प्रियवाक्

प्रष्टो महापातकलापनेन[1]

सत्येन शम्भोः शपथेन वापि ।

ग्रहो वदेन्मन्त्रविदे[2] यथाव-

दात्मानमात्मप्रतिवाञ्छितं च ॥५८॥

बलिदानमुखानि तत्तदिष्टा-

न्यथ कर्माणि च देशिको विदध्यात् ।

ग्रहभेदा निजवाञ्छितार्थलाभा-

दुपशाम्यन्त्यखिलाः सुरासुराद्याः ॥५९॥

यदि तेन न शाम्येरन् भूतास्तन्निग्रहे तदा मन्त्री ।

बन्धनताडनदाहाङ्गच्छेदनमुखैः[3] क्रमाद्दण्डैः ॥६०॥

ग्रहभेदानामुक्तो मुद्रामण्डलविधिः पृथक् तन्त्रे ।

स्याच्चेत्तस्मिन्निच्छा स वीक्षितव्यो हि मन्त्रिणा तस्मिन्[4] ॥६१॥

बलिदानादिचिकित्साविदुषा सम्यक् कृतात्मरक्षेण ।

क्रियतां भूतविमोक्षः शनैश्शनैर्देशिकेन्द्रेण ॥६२॥

॥ इति नारायणीये तन्त्रसारसङ्ग्रहे द्वादशः पटलः ॥

पुनरपि न वदति चेत्, भो देवाज्ञामतिलङ्घयसि, सर्वथापि वदेति । एवमुक्ते स आत्मानमात्मप्रतिवाञ्छितं च वदति ॥ (५७-५८)

॥ इति नारायणीयतन्त्रसारसङ्ग्रहव्याख्याने द्वादशः पटलः ॥

---

1 लेपनेन 2 मन्त्रविधेः

3. छेदनाद्यैः 4 तेषु ।

॥ अथ ग्रहध्वंसपटलस्त्रयोदशः ॥

मले द्वयं क्रमाद्विष्णुं[1] विपूर्वं वह्निसुन्दरी ।

तारं विदारी ब्रह्मघ्नी सशिवौ कवचं च फट् ॥१॥

कर्णे[2] जप्याद्ग्रहघ्नः स्यादाद्योऽन्यश्च ग्रहापहः ।

तारं[3] हि द्वयहेतुं च ग्रहादौ सर्वकर्मकृत् ॥२॥

घोषाद्यनुग्रही[4] सर्गी साग्निवायुग्रहस्तथा ।

(म.) नमश्चण्डचामुण्डे[6] वरदे[a] दमने दहने हुं

हन फट् ; ठ ठ ।

आवेशने प्रधानः स्याद्भूतादीनामयं मनुः ॥३॥

मल इति । मले द्वयमिति । अमले विमले स्वाहा । ओं विदारी कुरु हुं फट् ॥ (१)

कर्ण इति । ओं हि हि हे हुं । घोषोऽग्नी तीत्रौ साग्निवायुग्रहो वायुमण्डलमध्यस्थाग्निमण्डलमध्यस्थः ।

नम इति । ओं नमश्चण्डचामुण्डे वरदे दमने दहने हुं हन हन हुं फट् स्वाहा ।

आवेशन इति । अयं मनुः-नमश्चण्ड चामुण्ड इत्यादिः पूर्वोक्तो मन्त्रः । (२-३)

---

1 वनि सुन्दरी 2 जप्यः 3 तारंफी

4 घोषोत्यनुग्रही 5 ग्रहाः 6 कामुण्डे

a हषडेडवणे उवणे हुं परदे दमने दहने हुं.

(म.) नमो भगवते रुद्राय[a] जटामकुटमन्दारकुसुमषट्पद
वज्रतुण्ड नीलाञ्जनसमप्रभ इदं भूतं हन
विलपन्तं खट हुं फट् ठ ठ ।

तज्जसमाषकृसरैस्ताडितो मुञ्चति ग्रहः ।

(म.) नमो भगवते[b] रुद्राय मन्दारविटपच्छत्र
सहस्रज्वालामुखकरचरण रु रु ख हुं फट् ठठ ।

अनेन ताडयेद्ग्रस्तं सर्षपैर्ग्रहशान्तये ॥४॥

(म.) नमो भगवते महेश्वराय[1] महाभैरवदेवाय नमः ।
कासाश[2] महेश्वराय भ्रमरि भ्रामय । सूकरि
भक्षय ठठ ।

[3]अनेन मन्त्री तन्माषं[4] भक्षयेद्ग्रहमुक्तये[5] ।

(म.) नमो भगवते रुद्राय महाभैरवाय ग्रहं नर्तय[6] मोटय
वल्ग क्रीडय हुं उग्र चण्ड हुं फट् स्वाहा ठठ ।

एष भूतपिशाचादौ सर्वकर्मकरो मनुः ॥५॥

नमो भगवत इति । ओं नमो भगवते रुद्राय जटामकुट मन्दारकुसुमषट्पद वज्रतुण्ड नीलाञ्जनसमप्रभ इदं भूतं हन हन विलपन्तं ख ख हुं फट् स्वाहा ।

नम इति । ओं नमो भगवते रुद्राय मन्दारविटपच्छत्र सहस्रज्वालामुख-करच्चरण रु रु प स्व हुं फट् स्वाहा । (४)

नम इति । ओं नमो भगवते महेश्वराय नमः । चालय चालय महेश्वराय भ्रमरि भ्रमरि भ्रामय भ्रामय सूकरि भक्षय स्वाहा ।

---

b पुद्राश गतामचुनमन्दाररुद्राय गतमुचुत मन्दार

c पुद्राश मन्दाष हितयच्छ`सहस्र क्षुद्राश मदिरविष्टपच्छल

1 मपेश्वपाश नमः कासशमपेश्रषाशं भ्रमरि ; पुद्राश मह

2 कासश 3 एतेन 4 तं मन्त्रं 5 ग्रहशान्तये 6 मोहय; मोतश.

(म.) नमो भगवते [1] रुद्राय शूलपाणिने रौद्ररूपाय धर

बन्ध स्तम्भय गतिं छेदय हुं फट् ठठ ।

रज्ज्वा तज्जप्तया स्तम्भं भूरुहं वा प्रवेष्टयेत् ।

तत्र [2] बद्धं भवेद्भूतं निगृहीतं च तद्भवेत् ॥६॥

[3] कुर्यान्मुक्तं च तज्जाप्याद्रज्जुमोक्षस्य मोक्षक्षम् ।

निषिञ्चेन् स्तम्भवृक्षादौ सलिलं तेन मन्त्रितम् ॥७॥

तत्र प्रविष्टं भूतं स्याद्गतं चानागतं वदेत् ।

करोति चेप्सितं सर्वं यत्कृत्यं मन्त्रवादिनः [4] ॥८॥

(म.) नमो भगवते [5] रुद्राय हर रक्ष मां हुं फट् ठठ ।

हयारिपुष्पं तज्जप्तं ग्रहाविष्टशिरो नयेत् ।

मन्त्रिणो वशमायाति ग्रहः कुर्याच्च वाञ्छितम् ॥९॥

नम इति । ओं नमो भगवते रुद्राय महाभैरवाय ग्रहं नर्तय नर्तय मोटय मोटय वल्ग वल्ग क्रीडय क्रीडय हुं उग्र चण्ड हुं फट् स्वाहा । (५)

नमइति । ओं नमो भगवते रुद्राय शूलपाणिने रौद्ररूपाय धर धर बन्ध बन्ध स्तम्भय स्तम्भय गतिं छेदय छेदय हुं फट् स्वाहा । अनेन जप्तया रज्ज्वा स्तम्भं वा वृक्षं वा वेष्टयेत् । तत्रस्थं भूतं बद्धं भवति । निगृहीतं-निश्चेष्टितम् । (६)

नम इति । ओं नमो भगवते रुद्राय हर हर रक्ष रक्ष हुं फट् स्वाहा । तज्जसेना-[6] श्वारिपुष्पेण शिरसि प्रक्षेपात् ग्रहाविष्टो मन्त्रिणो वशमायाति । (९)

---

1 पुद्राशयूसवानिदेषौद्रक्ष्रूवाशढवबन्ध सन्तश, रुद्राशूलपाणिने.

2 बन्धं. 3 कुर्यादुक्तं. 4 वादिना. 5 पुद्रशथष षक्ष.

6 तज्जसेन इति बाक्यपङ्क्तिः B पुस्तके नास्ति ।

(म) नमश्चण्डासिधाराय[a] नमश्चन्द्रार्धसंस्कृतजटाय

गृहाण मोटय आहर[1] संक्रामय लघु रुद्रो

ज्ञापयति हुं फट् ठठ ।

सर्षपैस्ताडितोऽनेन वाञ्छिते[2] संक्रमेद्ग्रहः ।

(म) नमश्चण्डासिधाराय[b] कुण्डमण्डले भूतसमये

तिष्ठ हुं फट् ठठ ।

तन्मन्त्रितशिखाबन्धात् ग्रहार्तेे तिष्ठति ग्रहः ॥१०॥

(म) नमश्चण्डासिधाराय[c] चिलि गच्छ नमो

महाकालाय ठठ ।

एतज्जप्ततिलालेपाद्ग्रहाणां त्रासनं विदुः ।

नम इति । ओं नमश्चण्डासिधाराय नमश्चन्द्रार्धसंस्कृतजटाय गृहाण गृहाण मोटय मोटय आहर [3]आहर संक्रामय संक्रामय लघु रुद्रो ज्ञापयति हुं फट् स्वाहा । [4]अनेन सर्षपैस्ताडनात् ग्रहो वाञ्छिते संक्रमेत् ।

नम इति । ओं नमश्चण्डासिधाराय [5]कुण्डमण्डले भूतसमये तिष्ठ तिष्ठ हुं फट् स्वाहा । अनेन शिखाबद्धग्रहो ग्रहार्तेे तिष्ठति । (१०)

नम इति । ओं नमश्चण्डासिधाराय चिलि चिलि गच्छ गच्छ नमो महाकालाय स्वाहा । [6]तज्जप्ततिलालेपात् ग्रहाणां त्रासनम् ।

---

a. नमंश्चण्डालीढाबाश नमश्चन्द्रार्धसंस्कृतशताशगृहाण-मोतश ; [नमश्चण्डालि-विषाषाशौ मश्चं द्रासं कटगताश गृहाण-मोटय]

1 आविश ; आहिय 2 वाञ्छितं

b नमश्चण्डालीढाषाशचुण्डमण्डले ; [नमश्चण्डालि साषाश चुण्डमुण्ड सेध]

c नमश्चण्डालि घाषा शकिसि गच्छ ; [नमश्चण्डालि दाषाश क्रीसि गच्छ.]

3 आविश आविश. 4 अनेन इति वाक्यपङ्क्तिः B कोशे नास्ति ।

5 कुण्डल कुण्डले. 6 तज्जप्तेति वाक्यं B कोशे नास्ति ।

(म) नमो भगवति रुद्रकालि[a] महाकालि नन्दीश्वरकालि इन्द्रकालि
ब्रह्मकालि परेतकालि भद्रकालि वज्रकालि पर पुर हर तुरु
धुन आवेशय खर्ज गर्ज ग्रह फण कपालेश्वरि शूलधारिणि
ओं क्रों प्रों अट्ट चामुण्डेश्वरि ठठ ।

नृसिंहशक्तिबीजाढ्ये[1] ग्रस्तं तारागते गुणैः[2] ॥११॥
न्यस्य मन्त्रं जपेदेनं ग्रह आविश्य मुञ्चति ।
शूलिनी वज्रगान्धारी महापाशुपतो मनुः ॥१२॥
महासुदर्शनं व्योमव्यापी[3] चिविडनासिकः ।
पातालनारसिंहश्च मन्त्रराजोऽपराजितः ॥१३॥
महाविद्या च मन्त्रेशा ग्रहादीन्नाशयन्त्यमी ।
ग्रहेष्विष्टेन मन्त्रेण निग्राह्येषु तदाचरेत् ॥१४॥

नम इति । ओं नमो भगवति रुद्रकालि महाकालि नन्दीश्वरकालि इन्द्रकालि ब्रह्मकालि परेतकालि भद्रकालि वज्रकालि पर पर पुर पुर हर हर तुरु तुरु धुन धुन आवेशयावेशय खर्ज खर्ज गर्ज गर्ज ग्रह ग्रह फण फण कपालेश्वरि शूलधारिणि ओं क्रों प्रों अट्ट अट्ट चामुण्डेश्वरि स्वाहा ।

नृसिंहेत्यादि । ओंकारं लिखित्वा तस्य मध्ये शूलं लिखित्वा शूलस्योत्तरकोष्ठयोः नृसिंहबीजं शक्तिबीजं च लिखित्वा तत्र ग्रस्तं न्यस्य मन्त्रं जपेत् । ग्रह आविश्य मुञ्चति ॥ (११-१३)

महाविद्येति । तदाचरेत्=निग्रहमाचरेत् । (१४)

---

a पुद्रचालि मवि चि इम पेश्व षचाइ नध्दीश्वष चाइ इन्द्रचाइ ब्रह्मचाइ परेतचालि भद्रचालि वज्रचालि.

1 बीजाढ्यैः 2 गुणे 3 व्यापी च विटनासिकः ।

आवाहितग्रहां [1]शालिपिष्टजां भूतपुत्तलीम् ।
छेदयेत्तीक्ष्णशस्त्रेण कुर्याद्दाहादि वा बुधः ॥१५॥
ग्रस्ताविष्टो ग्रहः क्रन्देन्मा मा छिन्देति [2]भीतवत् ।
साधयेत्तस्य कर्माणि वाञ्छितानि च दासवत् ॥१६॥
अङ्गारेण [3]विषतरोर्[4]भूमावालिख्य वा ग्रहम् ।
वेधयेन्निम्बकीलेन ताडयेद्बन्धयेच्च वा (?) ॥१७॥

(म) नमश्चण्डक्रोधरुद्राय[a] चिलि मिलि
भूतपतिराज्ञापयति ठठ ।
नमो भगवते [b]रुद्राय चिलि हिसे
भूताधिपतिराज्ञापयति ठठ ।

एताभ्यां ग्रहमोक्षाय भूतक्रूरबलिं हरेत् ।
तत् स्यात् सान्नं सक्तुलाजतिलदोषारजोदधि ॥१८॥

आवाहितेति । विषतरुः = കാഞ്ഞിരം । अङ्गारं = കരിക്കട്ട । निम्बः= വേപ്പ്; । कीलं=ആണി । ओं नमश्चण्डक्रोधरुद्राय चिलि चिलि मिलिमि भूतपतिराज्ञापयति स्वाहा । ओं नमो भगवते रुद्राय चिलि हिसे हिसे भूताधिपतिराज्ञापयति स्वाहा । एताभ्यां मन्त्राभ्यां भूतक्रूरबलिहरणात् ग्रहमोक्षः स्यात् । क्रूरमन्नं= सक्त्वादिपञ्चद्रव्यसहितमन्नमित्यर्थः ।

"भूतानि यानीह वसन्ति तानि बलिं गृहीत्वा विधिवत्प्रयुक्तम् ।
अन्यत्र वासं परिकल्पयन्तु रक्षन्तु तान्यद्य नमोऽस्तु तेभ्यः ॥"

अनेन मन्त्रेण ऐशान्यां द्विकुडवान्धसा बलिहरणात् ग्रहशान्तिः स्यात् । (१५-१८)

---

1 ग्रहांशाधि 2 भीतवान् ; भीतवाक् । 3 विषतरौ 4 आलिख्यं

a नमश्चण्डकोड पुद्राशलिसि भूतपतिः, [नमश्चण्डे क्रोड पुद्राश किसि धमिलि.]

b पुद्रा शकिसि, विले भूताधिपतिः [पुद्राश किमि लिले भूताधिपतिः.]

"भूडन्ति शाणी बहलन्निठाणि

बलिं गृहीत्वा विधिवत्प्रयुक्तम् ।

अन्यत्र वासं परिकल्पयन्तु

रक्षन्तु तान्यद्य नमोऽस्तु तेभ्यः" ॥१९॥

दद्यादनेन मन्त्रेण बलिं द्विकुडवान्धसम् ।

स भक्ष्यभूतक्रूरेण ऐशान्यां भूतशान्तये ॥२०॥

ग्रहादिकरणेष्वेवं तत्स्थाने निर्हरेद्बलिम् ।

रक्तमालावृते गेहे सासपर्णे त्रिभूमिके ॥२१॥

व्रीहिश्यामप्रियङ्गूनां तण्डुलैश्चुलुकत्रिकैः ।

सदधिक्षीररक्तोदै न्यस्योर्ध्वादिशृतं[1] चरुम् ॥२२॥

[2]लाजसक्तुं त्रिचुलुकं व्रीह्यादीनां न्यसेद्भुवि ।

दिक्ष्वैशे नैर्ऋते चाथो वह्नौ नीराजितं पृथक् ॥२३॥

[3]तावत्कुसुम्भरक्ताम्भो वायव्येऽष्टशतं तिलान् ।

मुद्गांश्च तण्डुलान् माषान् द्रोणपुष्पाणि च न्यसेत् ॥२४॥

ग्रहादीति । रक्तमालावृते सासपर्णे त्रिभूमिके गेहे सदधिक्षीररक्तोदैः व्रीहिश्यामाप्रियङ्गूनां चुलुकत्रिकैः तण्डुलैः शृतं चरुम् ऊर्ध्वादीन् न्यस्य भुव्येकत्र व्रीह्यादीनां लाजसक्तू त्रिचुलुकं न्यसेत् । अथ अधस्थे भूमिके च दिक्षु ऐशे नैर्ऋते वह्नौ वायव्यां च [4] यावत्कुडवरक्ताम्भो न्यसेत् । [4] तावदिति संख्यावाचि । [4] तावत्कुडवमिति एकोनपञ्चाशत्कुडवमित्यर्थः । कीदृग्विशिष्टं पृथङ्नीराजितम् । [a] एकैकस्यां दिशि न्यासकाले

---

1 च तम् । 2 राजसक्तु 3 यावत्कुडवरक्ता 4 यावत्

a एकैकस्मिन् दिशि

[1]सर्वं नीराज्य कृत्वैवं यजेद्बलिमिनुं जपन् ।

रक्ते तिलादीन् क्षिप्त्वाग्रे लाजसक्तून् क्षिपेत् क्रमात् ॥२५॥

नीराज्य [2]गेहरक्ताभ्यां ग्रस्तं तौ चत्वरं नयेत् ।

गृहान्तर्न्यस्य रक्ताम्भ: सर्वदिक्षु बलिं हरेत् ॥२६॥

शिष्टै: सभूतकूरान्नैर्मन्त्रेणानेन देशिक: ।

(म) ओं [3]णियाकषा षौद्गालगोलग: सदसन्तो विरूपा विश्वरूपा

घोररूपाश्च [4]मृगास्या [5]विहगानना पुष्टिकृतोऽपुष्टिकृत:

कामदाश्च बलिमिच्छन्त: सर्वेभ्यो भूतेभ्यो नमो नम: ।

तारे बीजाङ्ककोणाग्निगेहस्थे रजसार्पिते ॥२७॥

पृथक् पृथङ्नीराजितमित्यर्थ: । एकैकत्र सप्तसप्त कुडवरक्ताम्भ: पृथङ्नीराजितं क्षिपेदित्यर्थ:। वायव्ये अष्टशतमष्टोत्तरं शतं तिलान्=നൂറ്റെട്ട് എള്ളിൻമണി । मुद्गांश्च तण्डुलान् माषान् द्रोणपुष्पाणि च । तत्रैव मुद्गादयोऽप्यष्टोत्तरशतयो: बलिमनुं जपन् भूतानि यानीत्यादि मन्त्रं जपन्, "अग्रे रक्ते तिलान् क्षिप्त्वा लाजसक्तून् क्षिपेत् क्रमात्" इति ऊर्ध्वादिक्रमादित्यर्थ: । ओं निशाचररौद्रा: सन्तोऽसन्त: सदसन्तो विरूपा विश्वरूपा महारूपा घोररूपाश्च मृगास्या विहगानना: पुष्टिकृतोऽपुष्टिकृत: कामरूपाश्च बलिमिच्छन्त: सर्वेभ्यो भूतेभ्य: सर्वगणेभ्यो नमो नम: । अनेन सर्वदिक्षु बलिहरणम् । (१९-२६)

तार इति । रजसा अर्पिते तारे दीपं न्यसेत् । कीदृग्विशिष्टे, बीजाङ्ककोणाग्नि-गेहस्थे, दीपं, कीदृग्विशिष्टं, शरावस्थम् ; कपिलाज्याब्जसूत्रयुक्तं घटेन पिधाय, घटपृष्ठगते

---

1 सर्षं   2 गेहरक्ताभ्यां   3 णियाकषा षोदा: सन्तौ लन्त: सदासन्न: विरूपा
4 मृगार्यस्य   5 पिहगाननां पुष्टिकृत: काम

न्यसेद्दीपं शरावस्थं कपिलाज्याब्जसूत्रयुक् ।
तत्पिधाय[1] घटेनाद्ये स्वयन्त्रे जपया कृते ॥२८॥
घटपृष्ठगते[2] ग्रस्तं न्यस्य चिन्तामणिं जपेत् ।
ग्रहावेशक्विनाशार्थं[3] ग्रस्तं तेनाभिषेचयेत् ॥२९॥
यष्टीर्वैकङ्कती:[4] साध्यदीर्घा गर्तत्रिकोणगा: ।
रक्तमालापरीताङ्गा:[5] कृत्वा ग्रस्तं न्यसेदिह ॥३०॥
कुर्यात्तदूर्ध्वप्रासादं पैशाचीविषवृक्षजम् ।
सहस्रवर्तिज्वालाज्यपात्रं[6] तदुपरि न्यसेत् ॥३१॥
सान्नेन भूतकूरेण तस्मिन्नीराज्य[7] तद्धुनेत् ।
मुष्ट्या सप्ताहुतीस्तेन जपापुष्पाणि सप्त च ॥३२॥

जपया कृते आद्ये [8] स्वतन्त्रे ग्रस्तं न्यस्य चिन्तामणिं जपेत् । जपा=ചെമ്പരത്തിപ്പൂ । आद्ये स्वयन्त्र इति चिन्तामणिविधाने यन्त्रद्वयं वक्ष्यते । [9] तयो: प्रथमे यन्त्र इत्यर्थ: । ग्रहावेशार्थं ग्रहविनाशार्थं च ग्रस्तं तेनाभिषेचयेत् । चिन्तामणिजप्तजलेनाभिषेकात् ग्रहा नश्यन्तीत्यर्थ: ॥ (२७-२९)

यष्टीत्यादि । साध्यदीर्घा:=साध्यसमानदीर्घा: । गर्तत्रिकोणगा:—त्रिकोणगर्तस्य त्रिकोणगता इह गर्ते ग्रस्तं न्यसेत् । पैशाचिकं=കരാള । विषवृक्षं=കാഞ്ഞിരം । सान्नेन भूतकूरेण तं नीराज्य तस्मिन् हुनेत् । तेन-चिन्तामणिमन्त्रेण । प्रासादं चत्वरे संस्थाप्य, नमो भूतेभ्य इत्यनेन मन्त्रेण चत्वरे रक्ताम्भ:पुटितो बलिर्दातव्य: । ओं नमो

---

1 तत्पीडायै 2 घटपुष्पगते 3 विनाशान्तं
4 वय्यङ्कती: 5 परीतारा: 6 ज्वालाढ्यं 7 नीराज्यकं हुनेत्
8 स्वयन्त्रे 9. तयो: प्रथम इति वाक्यं B कोशे नास्ति ।

प्रासादेनाथ नीराज्य ग्रस्तं संस्थाप्य[1] चत्वरे ।

मन्त्रेणानेन दातव्यो रक्ताम्भःपुदितो बलिः ॥३३॥

(म) नमो भूतेभ्यो भूतकृद्भ्यः

योऽरिष्टकृद्भ्यः सर्वेभ्सर्वभूतगणेभ्यो नमो नमः ।

जपाकिंशुकयोः पुष्पैर्ग्रहार्तौ तेन होमयेत् ।

वह्नौ जपात्रिकोणस्थे तद्वन्दाकेन वा हुनेत् ॥३४॥

अपामार्गैर्हुनेत्तेन ग्रस्तं भूत्या च ताडयेत् ।

[2]स्यादावेशकृदाघ्राणात् तज्जप्ता[3] ग्रहिणो जपाः ॥३५॥

जपात्रिकोणगे वह्नौ हुत्वा संपातसाधिता ।

त्रैलोही मुद्रिका जप्ता ग्रहादिद्रोहनाशिनी ॥३६॥

(म) कुसुमवाहिद्ये अमृतश्रेष्ठे ठठ । वीळि टट । खिलि ठठ ।

विलि ठठ । विलि ठठ । हरि ठठ । खिरि ठठ । छिरि ठठ ।

फिरि ठठ ।

भूतेभ्यो भूतकृद्भ्यः सर्वेभ्योऽरिष्टकृद्भ्यः सद्भ्योऽसद्भ्यः सदसद्भ्यः सर्बभूतगणेभ्यो नमो नमः । [4]ग्रहार्तौ जपाकिंशुकयोः पुष्पैश्च चिन्तामणिमन्त्रेण होमयेत् ॥ (३०-३३)

जपेति । तेन=चिन्तामणिमन्त्रेण जपात्रिकोणस्थे जपापुष्पेण त्रिकोणं कृत्वा तस्मिन्नित्यर्थः । तद्वन्दाकेन=ചെമ്പരത്തിമേലിത്തിക്കണ്ണി । [5]चिन्तामणिमन्त्रेण जप्त्वा जपाघ्राणात् ग्रहिण आवेशकृत् स्यात् । मुद्रिका=മോതിരം ॥ (३४-३६)

---

1 तत् स्थाप्य 2 ध्यादाबेशकृताघ्राणा 3 तज्जप्ता

5 ग्रहार्त इति वाक्यं B कोशे न दृश्यते । 6 चिन्तामणि=इदं वाक्यं B कोशे नास्ति

किंशुकार्कापामार्गो[1] विषवृक्षस्तथा वटः ।

इध्माद्येनाग्निमन्यैस्तत्समिद्भिर्ग्रहहृद्धुनेत्[2] ॥३७॥

(म) उत्तिष्ठ पुरुषि किं स्वपिषि[3] भयं मे समुपस्थितम् ।

यदि शक्यमशक्यं वा तन्मे भगवति शमय ठठ ॥३८॥

अनेनानित्यसमिधो[4] मध्याह्ने प्राङ्कणे हुनेत् ।

वृक्षे वृत्तपरिस्तीर्णे मण्डले दर्भमुष्टिना ॥३९॥

निशाचूर्णावृते रक्तगन्धपुष्पार्चितेऽनले[5][6] ।

महत्यां ग्रहपीडायामन्यत्रापि महापदि ॥४०॥

विकिरेद्राजपीडादौ तिष्ठन्नञ्जलिना जलम् ।

अनित्यसमिधो रात्रौ दुर्गास्थाने[7] निरालये[8] ॥४१॥

हुत्वा तद्भसितं जसं सेनादींश्चाटयेत्तथा[9] ।

तन्मन्त्रिताः सिता गुञ्जा विकीर्णाः सैन्यचाटनाः ॥४२॥

कुसुमेति । ओं खुमु खुमु महाविद्ये अमृतश्रेष्ठे स्वाहा । अभिचयनार्थमेष मन्त्रः । (१) ओं खिलि स्वाहा । ओं खिलि हलि स्वाहा । (२) ओं हलि स्वाहा । ओं हलि हलि स्वाहा । (३) ओं खिरि स्वाहा । ओं खिरि खिरि स्वाहा । (४) ओं छिरि छिरि स्वाहा । (५) ओं हरि स्वाहा । ओं हरि स्वाहा । एकैकस्य द्रव्यस्य द्वौ मन्त्रौ । " उत्तिष्ठ पुरुषि किं [10]स्वपिषि भयं मे समुदस्थितं । यदि शक्यमशक्यं वा तन्मे भगवति [11] शमय स्वाहा " । दर्भमुष्टिना वृत्तपरिस्तीर्णे-वृत्ते मण्डले । मध्याह्ने प्राङ्कणेऽनेन मन्त्रेणानित्यसमिद्धोमाद्ग्रहशान्तिः । अनित्यं=താന്നി । परिस्तरणस्य परितो निशाचूर्णावृते निरामये दुर्गास्थाने = ശ്രീകോവിലില്ലാത്തദുർഗ്ഗാലയത്തിൽ । सिता गुञ्जा=വെൺകുന്നി ॥ (३६-४२)

---

1 किंशुकार्का च वामाग्रे 2 अन्यैस्तु 3 स्वविरिभिशं 4 आदित्यसमिधो 5 गन्धमाल्यार्पितानले । 6 पुष्पार्चिते नखे । 7 दुर्गस्थाने 8 निशालये 9 तथा 10 किं सुपिषुषि 11 शमे

(म) भूर्भुवः स्वषे[1] ज्वल प्रज्वल ज्वालामालिनि[2] देवि
सर्वभूतसंहारकारिके वरदे जातवेदसे ज्वल
प्रज्वल हुं फट् ठठ ।

खण्डनैरथ कार्पासबीजैर्वा हुतमेतया ।
वकुलारिष्टयोः पत्रैः सिद्धार्थलवणोषणैः ॥४३॥
क्षीरवृक्षसमिद्भिर्वा साज्यैर्वा ग्रहहृत् पृथक् ।
तिलजेन जयाशेलुस्रुवेण ग्रहहृद्धुतम् ॥४४॥
कुर्याज्जपाभिषेकाद्या ग्रहघ्नीरनया क्रियाः ।

(म) नमो[a] रत्नत्रयाय नमश्चण्डवज्रशृङ्खलाय प्रदीप्ताय प्रज्वलितहस्ताय
प्रज्वलितार्चितदीप्तकेशाय[b] नीलकण्ठाय[3] कृतान्तरूपाय लम्बो-
दराय महाज्ञानवक्त्राय भ्रुकुटीमुखाय चतुर्दंष्ट्राकरालाय[4]

भूर्भुव इति । ओं भूर्भुवः स्वरे ज्वल ज्वल प्रज्वल प्रज्वल ज्वालामालिनि देवि सर्वभूतसंहारकारिके वरदे जातवेदसे ज्वल ज्वल प्रज्वल प्रज्वल हुं फट् स्वाहा । अनेन खण्डनादिहोमाद्ग्रहशान्तिः । खण्डनं=കാവരി । कार्पासबीजं=പരുത്തിക്കുരു । वकुलं=ഇലഞ്ഞി । अरिष्टः=വേപ്പ് । सिद्धार्थः=കടുക് । लवणं=ഉപ്പ് । ऊषणं = കുരുമുളക് । साज्यैः क्षीरवृक्षसमिद्भिः । क्षीरवृक्षं=നാല്പാമരം । तिलजं = എണ്ണ । शेलुः=നറുവരി ॥ (४३-४४)

नम इति । ओं नमो रत्नत्रयाय नमश्चण्डवज्रपाणये महासत्त्वसेनापतये नमश्चण्डवज्रशृङ्खलाय प्रदीप्ताय प्रज्वलितहस्ताय प्रज्वलितार्चितदीप्तकेशाय नीलकण्ठाय कृतान्तरूपाय लम्बोदराय महाज्ञानवक्त्राय भ्रुकुटीमुखाय चतुर्दंष्ट्राकरालाय महाविकृत-

---

1 ज्वस प्रज्वस 2 माच्छिनि

a नमोषणत्तशाशतमश्चाण्डहज्रपानशमबाल्त्व लणापटशेनमश्चण्ड फज्र शृङ्खलाय

b प्रज्वलितगधु प्रज्वला 3 नीलकर्णाय 4 चतुर्दंष्ट्राय करालाय

महाविकृतरूपाय वज्रगर्भाय । एह्येहि कायमनुप्रविश्य शिरसि

गृह्ण । चक्षुषी चालय । हिरि[1] भिरि किं चिरयसि ।

देवदानवगन्धर्वयक्षराक्षसभूतभीषण प्रेतनागपिशाचापस्मारान्

त्रासय, कम्पय, समयमनुस्मर, हन दह पच मथ विध्वंसय,

चण्डासिधाराधिपतिरुद्रो ज्ञापयति हुं फट् ठठ ।

विद्या चण्डासिधारेयं ग्रहघ्नी स्याज्जपादिना ॥४५॥

(म) खङ्गरावणाय[2] विद्महे चण्डेश्वराय धीमहि तन्नो देवः प्रचोदयात् ।

अन्तर्जलजपात् सिन्धोर्मन्त्रोऽयं ग्रहमोक्षणः ।

(म) नमः [a]पशुपतये नमो भूताधिपतये नमो रुद्राय

लब्धखङ्गरावणाय विहर सर[3] नृत्य स्फोटय श्मशानभस्मार्चित-

रूपाय वज्रगर्भाय एह्येति कायमनुप्रविश्य शिरसि गृह्ण गृह्ण चक्षुषी चालय चालय हिरि हिरि भिरि भिरि किं चिरयसि देवदानवगन्धर्वयक्षराक्षसभूतभीषण प्रेतनागपिशाचापस्मारान् त्रासय त्रासय कम्पय कम्पय समयमनुसर हन हन दह दह पच पच मथ मथ विध्वंसय विध्वंसय चण्डासिधाराधिपतिरुद्रो ज्ञापयति हुं फट् स्वाहा । [4]चण्डासिधारा=इयं विद्या जपादिना ग्रहघ्नी ॥ (४५)

खङ्गेति । ओं खङ्गरावणाय विद्महे चण्डेश्वराय धीमहि तन्नो देवः प्रचोदयात् ।

नम इति । ओं नमः पशुपते (तये)नमो भूताधिपतये नमो रुद्राय [5]लब्धखङ्गरावण ल ल ल ल हर हर सर सर नृत्य नृत्य स्फोटय स्फोटय श्मशान[6]भस्मार्चितशरीराय घण्टा-कपालमालधराय व्याघ्रचर्मपरिधानाय शशाङ्ककृतशेखराय कृष्णसर्पयज्ञोपवीतिने चल चल

---

1 गिरि 2 शिङ्जपाहनाशहिदवे चण्डेश्वराय

a नमः पर्युपटशेणमोट्टठाढिपटशेन मोपुद्राश अलब्धखड्ग 3 सर नृत्य श्मशान

4 चण्डासिधारा इति वाक्यं A कोशे नास्ति । 5 अलब्धखङ्ग 6 भस्मार्पित

शरीराय घण्टाकपालमालधराय व्याघ्रचर्मपरिधानाय शशाङ्क-
कृतशेखराय कृष्णसर्पोपवीतिने । चल विले[1] वल्ग अग्निवर्ति-[2]
तकपालिन् हन भूतान् त्रासय मण्डलमध्ये कट्ट रुद्राङ्कुशेन
समयं प्रवेशय आवेशय चण्डासिधाराधिपतिरुद्रो ज्ञापयति
हुं फट् ठठ ।

ग्रहादिनाशनायोक्तो मन्त्रोऽयं खड्गरावणः ॥४६॥

वक्ष्यमाणः शिवः पद्ममध्ये स्थाप्योऽस्य देवता ।

(म) ओं भूताधिपतये ठठ ।

तमिष्ट्वानेन मन्त्रेण पूज्या देव्यः समातरः ॥४७॥

(म) [3]खिं खिन्यै नमः । [4]प्रस्खलिन्यै नमः । चुलुकुण्डायै नमः ।

कृष्णपिङ्गलायै नमः । फल्गुन्यै नमः । टिरिटिल्यायै नमः ।

[5]मत्तपालिकायै नमः । चन्द्राङ्कितजटायै नमः ।

विले विले तत्स तत्स वल्ग वल्ग अग्निवर्तितकपालिन् हन हन भूतान् त्रासय त्रासय मण्डलमध्ये कट्ट कट्ट रुद्राङ्कुशेन समयं प्रवेशय प्रवेशय । आवेशयावेशय । चण्डासिधाराधिपतिरुद्रो ज्ञापयति । हुं फट् स्वाहा । ओं नमः पशुपतये स्वाहा । हृदयाय नमः । ओं नमोभूताधिपतये स्वहा । शिरसे स्वाहा । ओं नमो रुद्राय स्वाहा । शिखायै वषट् । [6] लब्धखड्ग रावण ल ल ल ल हहर हहर सर सर नृत्य नृत्य स्फोटय स्फोटय स्वाहा । कवचाय हुं फट् । ओं चल चल विले विले तत्स तत्स वल्ग वल्ग अग्निवर्तितकपालिन् हन हन भूतांस्त्रासय त्रासय । मण्टपमध्ये कट्ट कट्ट रुद्राङ्कुशेन समयं प्रवेशय प्रवेशय । आवेशयावेशय । चण्डासिधाराधिपतिरुद्रो ज्ञापयति हुं फट् स्वहा । नेत्रत्रयाय वौ षट् ॥

ओमिति । ओं भूताधिपतये स्वाहा । अनेनोपचारान् प्रदापयेत् । अङ्गे प्रथमावृतिः । ओं चुलुकुण्डायै नमः । ओं [7] प्रस्खलिन्यै नमः । ओं कृष्णपिङ्गलायै नमः ।

---

1 विल्य 2 अनिवर्तितकपालिसहन

3 अयं मन्त्रः, चुलुकुण्डायै नम इति B कोश आरभ्यते । 4 पस्खलिन्दी

5 उत्तमपालिकायै 6 अलब्ध 7 प्रबलिन्यै

सौम्येशादिषु पत्रेषु पूज्यास्ता अप्रदक्षिणम् ।

(म) ऐन्द्र्यै नमः, ब्राह्म्यै नमः, वैष्णव्यै नमः,

चामुण्डायै नमः, महेश्वर्यै नमः । कौमार्यै नमः,

वाराह्यै नमः, विनायकाय नमः ।

प्रागीशादि[1] यजेदेतान् लोकेशान् सायुधान् पुनः ॥४८॥

संपूज्य रक्तकुसुमादिभिरेवमीशं नित्यं जपादिविधिना भजते मनुं यः ।
नागो यथा मृगपतेर्विहगेशितुर्वा तद्दृष्टिपातमपि नोत्सहते ग्रहौघः ॥४९॥

घण्टामेखलबद्धचर्मवसनो घण्टास्थिमालाधरः
खट्वाङ्गादिकलक्षणोऽभयवरौ दाता सखट्वाङ्कुशः ।
ज्वालोल्कारसनोपवीतभुजगो[2] विद्युन्निभो भस्मना
लिप्ताङ्गो मणिकुण्डलो दशभुजः पञ्चास्यमूर्धा शिवः ॥५०॥

ओंफल्गुन्यै नमः । सौम्यादिदलाग्रेषु अप्रदक्षिणमेताः । ओं टिरि टिरि टिरिल्लायै नमः । ओं मत्तपालिकायै नमः । ओं खिहन्यै नमः । ओं चन्द्राङ्कितजटायै नमः । ईशादिकोण-दलाग्रेष्वप्रदक्षिणमेताः । ऐन्द्रीं ब्राह्मीं वैष्णवीं च चामुण्डीं च ऐन्द्रादिक्रमात् । पुनरिन्द्रादयः पुनर्वज्रादयः पुनरीशे चण्डीशं च ॥ (४७-४८)

संपूज्येति । नागो गजः । मृगपतेः-सिंहस्य । विहगेशितुर्वेति । तदा नागः-सर्पः । घण्टामेखलबद्धचर्मवसनः-घण्टाभिर्युक्तया मेखलया बद्धचर्मवसनः । गजचर्मव्याघ्रचर्म-खट्वाङ्गादिकलक्षणः । अभयादिभिः सहाष्टबाहोः अभयवरदाता च खट्वाङ्कुशः । चतुर्बाहोः ज्वालोल्कारसनः-ज्वालया सहिता उल्का ज्वालोल्का तत्सदृशजिह्वः ; उपवीतभुजगः-तक्षकोपवीतः । उक्त एष शिवो दशभुजः पञ्चास्यमूर्धा च ॥ (४९-५०)

---

1 वागीशादि 2 उल्लारशना ।

क्रोधाग्नितूर्णे नरसिंहविद्या
मन्त्रावघोरास्त्रसुदर्शनौ च ।
एते ग्रहाक्षेपविधौ प्रशस्ता
होमाभिषेकप्रमुखक्रियाभिः ॥५१॥

पूजा महेशस्य जया बलिश्च
धर्मक्रियासावनिकश्च होमः ।
आदौ चिकित्सां मतिमान्[1] ग्रहाणा-
मेतादृशैः कर्मभिरारभेत ॥५२॥

बीजाङ्कपञ्चशिरसो भुजगस्य भोगे
मन्त्रं नृसिंहमथ पाशुपतं लिखेद्वा ।
पुच्छे च नाम जपहोमसुसाधितं त-
द्यन्त्रं ग्रहार्तिशमनं सकलामयघ्नम् ॥५३॥

क्रोधेति । तूर्णा=त्वरिता । सावनिकहोमः=गणहोमः । (५१-५२)

बीजाङ्केति । भूर्जे [2]पञ्चमुखमहिं विलिख्य, तस्य च पञ्चशिरसि क्ष्रौं इति, तस्य भोगे "उग्रं वीरं महाविष्णुं ज्वलन्तं सर्वतोमुखम् । नृसिंहं भीषणं भद्रं मृत्युं मृत्युं नमाम्यहम्" इति लिखेत् । तस्य पुच्छे ह्रींकारं लिखित्वा, तदन्तर्जीवं, जीवस्य परितो देवदत्तस्य ग्रहपीडां नाशय नाशयेति ॥ (५३)

---

1 मतिमानमीषां 2 पञ्चमुखमहीं

आख्यामौ दण्डिनि क्षे विलिखतु बहिरों वर्म खे क्षे च हुं फट्
छान्तं ये द्वीन्दुमाख्यान्तरितमपि लिखेद्वृत्तयोरन्तराले ।
षट्कोणेष्वग्निमग्रेष्वपि विषमथ तत्सन्धिषु क्षं सबिन्दुं
यन्त्रं भूमण्डलस्थं विधिवदपहरेत् सर्वदुष्टग्रहार्तिम् ॥५४॥

जीवं नाम विगर्भितं[1] कलशगं मध्ये लिखेत्तद्बहि-
र्जीवाढ्याष्टदलान्वितं च कमलं त्रिंशद्दलाढ्यं पुनः ।
शान्तैः कादिभिरक्षरश्चै सहितं पद्माङ्कवेश्मस्थितं
यन्त्रं भूतविषज्वरादिषु हितं संजीवनाख्यं विदुः ॥५५॥

॥ इति नारायणीये तन्त्रसारसङ्ग्रहे त्रयोदशः पटलः ॥

आख्यामाविति । आख्यामौ दण्डिनीत्यादि क्षौंकारं लिखित्वा, तस्यान्तर्जीवं, जीवस्य परितः आख्यां च, क्षौंकारस्य बहिः वृत्तं कृत्वा, ओं हुं खे क्षे हुं फट् जये स्वाहा । तस्याख्यान्तरितेनानेन मन्त्रेण वृत्तस्य परितो वेष्टयित्वा, पुनस्तद्बहिर्वृत्तं, तद्बहिः षट्कोणं, तत्कोणाग्रेषु लं इति, अश्राग्रे मं इति, सन्धिषु क्षं, तद्बहिश्चतुरश्रं, चतुरश्रस्य चतुर्षु कोणेषु लं इति । [2]विधिवज्जपहोमादिकं सुसाधितम् ॥ (५४)

जीवं नामेति । वं इति लिखित्वा, तस्यान्तर्जीवं, तस्य परित आख्यविगर्भितं कलशाकारं, कलशस्य बहिर्वृत्तं कृत्वा, तद्बहिरष्टदलं, दलेषु जीवं, तद्बहिर्वृत्तं, तद्बहिस्त्रिंशद्दलं, तेषु दलेषु कादिशान्तान्यक्षराणि, तद्बहिरर्धचन्द्रं, तस्याग्रद्वये [3]पकारम् । सञ्जीवनं नाम यन्त्रमेतत् ॥ (५५)

॥ इति नारायणीयतन्त्रसारसङ्ग्रहव्याख्याने त्रयोदशः पटलः ॥

---

1 विदर्भितं. 2 विधिवदिति वाक्यं A कोशे नास्ति. 3 वंकारं.

॥ अथ उन्मादध्वंसपटलश्चतुर्दशः ॥

कृष्णा कशेरुखर्जूरा विदारीमधुके[a] वरी ।
शर्करा मधु सर्पिश्च सर्वोन्मादे पिबेदिदम् ॥१॥
चक्रतैलं सधुत्तूर[b]मूलचूर्णं भुवि न्यसेत् ।
सप्तरात्रं तदुद्धृत्य लिम्पेदुन्मादशान्तये ॥२॥
नस्ये जरायुमरिचं खारी वर्त्यार्द्रका[1]म्भसा ।
श्वेतेक्षुचूर्णं ससितं रसं श्लेष्मातकत्वचः ॥३॥
केसरं कर्णिकारस्य कपिलागोमयाम्बु च ।
स्तन्येन पाननस्याभ्यामुन्मादं घ्नन्त्यमी पृथक् ॥४॥
मधूकयष्टिमृद्वीकाकृष्णा[2]खर्जूरचन्दनाः ।
गोपीजलार्द्रस्तन्येक्षुरसाज्यमधुशर्कराः ॥५॥

कृष्णेति । कृष्णा = തിപ്പലി (തിപ്പിലി) । कशेरुः = കരിമുത്തങ്ങ । खर्जूरः=ഈന്തപ്പഴം । विदारी=കരിമുതുക്ക് । मधुकः = ഇരട്ടിമധുരം । वरी= शतावरी । शर्करा=पञ्चसार । मधु=തേൻ । सर्पिः = നെയ്യ് । उन्मादः=भ्रान्तिः= (ഭ്രാന്ത്) । इदमौषधजातं सर्वोन्मादे पिबेत् ॥ (१)

चक्रेति । चक्रतैलं = കന്നലെണ്ണ । धुत्तूरः=ഉന്മത്ത് । भुवि न्यसेत्=भूमौ स्थापयेत् ॥ (२)

नस्य इति । जरायुः=गर्भवेष्टनम् । वर्तिः=गुलिका । आर्द्रकं=ഇഞ്ചി ॥ (३)

मधूकेति । जलं=ഇരുവേലി । अभ्रं=മുത്തങ്ങ (?) ॥ (५)

---

a विदारीमधुकं b सदुर्धूर 1 पथ्यार्द्रक 2 कृष्णकर्पूर

एतैर्नस्यक्रिया कार्या नूतने चित्तविभ्रमे ।

राजी करञ्जव्याघातशिरीषार्कनिशाद्वयम् ॥६॥

प्रियङ्गुत्रिफलादारु हिङ्गुव्योषकुचन्दनम् ।

मञ्जिष्ठोग्राजमूत्रं च तद्गुली ग्रहनाशिनी ॥७॥

पाननस्याञ्जनालेपस्नानोद्वर्तनधूपनात् ।

यष्टीहिङ्गुवचा[1]व्योषशिरीषलशुनामयैः ॥८॥

नस्याञ्जनादि कुर्वीत साजमूत्रैर्ग्रहापहैः ।

[2]शर्वार्यस्कन्दनिर्माल्यं शैवं सर्पिः पुरं वचा ॥९॥

गोपुच्छरोम रोमाजं पत्रे निम्बाधिवृक्षयोः ।

हिङ्गुराजी च तैः सन्ध्यात्रये धूपो ग्रहापहः ॥१०॥

शिखिपित्तं [3]बिडालीविट् गोशृङ्गाज्याजरोमभिः ।

कुक्कुटाण्डवचोन्मत्तमातुलास्थिकटुत्रिकैः ॥११॥

निम्बपल्लववचाराजिहिङ्गुगोमेषरोमभिः ।

हिङ्ग्वग्रावह्निलशुनैर्धूपा एते ग्रहापहाः ॥१२॥

राजीति । प्रियङ्गुः=ഞാഴൽ । कुचन्दनं=रक्तचन्दनम् । उग्रा=വയമ്പ് । गुली=गुलिका ॥ (७)

यष्टीति । शर्वः=शिवः । आर्यः=शास्ता । स्कन्दः=सुब्रह्मण्यः । तेषां निर्माल्यं=बिल्वपत्रादि । शैवं सर्पिः = शिवलिङ्गाभिषिक्तघृतम् । पुरं=गुग्गुलुः । अधिवृक्षः = കാഞ്ഞിരം । राजिः=കടുക് । (८-१०)

शिखीति । बिडालीविट् = പൂച്ചക്കാഷ്ഠം । वह्निः=കൊടുവേലി । लशुनं = വെള്ളുള്ളി ॥ (११-१२)

---

1 वचावक्र 2 सर्पायस्कन्द 3 बिलालीविट्

केशबर्हितुषाहित्वग्बृहत्यौ रोहिणी निशे ।
वचाकार्पासराढास्थि गोशृङ्गं पृषदंशविट् ॥१३॥
निर्माल्योषणवंशत्वक् पद्मदन्ती नखद्विजौ ।
निम्बपत्रजरोमाग्निशिखाज्यलशुनीपुरम् ॥१४॥
गोवालास्थि[a] यवो राजी श्रीवेष्टं दारु हिङ्गु च ।
उलूखले प्रहत्यैतान् बस्तमूत्रेण भावयेत्[1] ॥१५॥
मृत्पात्रे स्थापितैरेभिर्धूपयेद्ग्रहशान्तये ।
ग्रहा[2] गृहाच्च निर्यान्ति विषक्षुद्रौ च नश्यतः[3] ॥१६॥
सर्वे[4] ज्वरादिरोगाश्च योगोऽयं सार्वकर्मिकः[5] ।
कपित्थमूलं पिप्पल्यो गोमूत्रोषणसैन्धवम् ॥१७॥

केशेति । केशः=തലമുടി । बर्हि=മയിൽപീലി । तुषः=ഉമി । अहित्वक्=പാമ്പിൻവള്ള । बृहत्यौ=ചെറുവഴുതിനയും വെലുവഴുതിനയും । कार्पासं = പരുത്തിക്കുരു । राठास्थि=മലങ്കാരക്കായ । निर्माल्यं=शिवनिर्माल्यम् । ऊषणं= കുരുമിളക് । वंशत्वक्=മുളയുടെമൊരി । पद्मं=താമര । दन्ती=ആന । द्विजः= പല്ല് । अग्निशिखा=മേത്തോന്നി । नखं=ആട് ॥ (१३-१६)

कपित्थेति । गोमत्स्यपित्तं = गोपित्तं मत्स्यपित्तं च । आजजलं = अज-मूत्रम् ॥ (१७-१८)

---

a गोपालास्थि 1 मूत्रे प्रभावयेत् 2 ग्रहा ग्रहाश्च
3 नस्यतः 4 सर्वे ज्वराः सर्वरोगाः 5 सार्वकामिकः

गोमत्स्यपित्ताजजलं हिङ्ग्वग्रा[a] लशुनोषणे ।

अनयोर्योगयोर्वर्तिरञ्जनाद्ग्रहनाशिनी ॥१८॥

वन्ध्यामूलं त्रिमधुरैर्धौतं शुष्कं खनेद्भुवि ।

सप्ताहं पुष्पितातोयैः सिक्त्वा तच्छोषयेत् पुनः ॥१९॥

सहिङ्गु लाङ्गलीमूलं तथा नृजलभावितम् ।

गुलिकां कारयेदाभ्यामञ्जयेत् सविषे ग्रहे[1] ॥२०॥

[2]फणीतकजलं हिङ्गु लशुनामलकोषणम् ।

राजी च रोहिणी चैषां[3] चूर्णं नस्यं ग्रहापहम् ॥२१॥

निम्बपत्रास्थिलशुनीलेपः सर्वग्रहापहः ।

मातृघातीभूततरू ग्रहघ्नौ सर्वथा पृथक् ॥२२॥

[4]शिरीषरजनी हिङ्गुयष्टी वक्रवचामयः ।

मञ्जिष्ठाद्विनिशो राजी शिरीषव्योषरामठम् ॥२३॥

वन्ध्येति । पुष्पितातोयैः=रजस्वलामूत्रैः । तथा नृजलभावितामिति । त्रिमधुरैर्धौतं सप्ताहं भुवि सिक्त्वा नृजलभावितं कुर्यात् ॥ (१९-२०)

फणीतकेति । फणीतकं = ഫോർ । मातृघातिनी = തായാരെക്കൊല്ലി । भूततरुः=തവളയരം । वक्रं=തകരം । आमयं=കൊട്ടം । रामठं=കായം ॥ (२१-२३)

---

a लशुनोषणाः; लशुनोषणम् 1 गृहे

2 गृष्णीत (ही) कदले 3 तेषां 4 शिरीषलशुनी

नस्याञ्जनादिना योगौ साजमूत्रौ ग्रहापहौ ।

हिङ्गु दारुनिशाव्योषमञ्जिष्ठा लशुनी वचा ॥२४॥

शिरीषनक्तमालास्थिराजिकाकदलीशिफाः ।

तत्कल्कमूत्ररम्भाम्बुक्वाथं सर्पिर्ग्रहापहम् ॥२५॥

फलं यष्ट्यञ्जनं कुष्ठं कान्तोग्रा पद्मकं बिडम्[a] ।

रोहिणी लशुनं दोषे श्रीवेष्टं चन्दनद्वयम् ॥२६॥

काकोलीनाकुलीद्वन्द्वं व्योषं सर्जरसं तृणम् ।

श्रीपर्णी पौष्करं द्राक्षा जीवकर्षभकौ सिता ॥२७॥

कल्काय योजयेदेतान् तुलामात्रं बलाद्वयम् ।

क्वाथाय च खरोष्ट्रेभमेषमूत्रं घृतोपमम् ॥२८॥

पक्वा घृतेऽवतीर्णेऽग्निहिङ्गुचूर्णपलं[1] क्षिपेत् ।

विशाला त्रिफला कौन्ती देवदार्वेलवालुकम् ॥२९॥

हिङ्ग्विति । फलं यष्टीत्यादिना कल्याणकघृतत्रयमाह । फलं = त्रिफला । कान्ता=തൊഴൽ । गुळं=വിഴാലരി । कुन्दुरुकं=കുന്തുരുക്കം । शिला=മനശ്ശില । ग्रन्थिकं=കാട്ടുതിപ്പലി । मधूकसारं=ഇരിപ്പക്കാതൽ । कर्कोटी=കാട്ടുപാവൽ । राठास्थि=തൊട്ടുകാരക്കുരു । काकोलीद्वयं=काकोली क्षीरकाकोली च । नाकुलीद्वयं = ജീരകവും കരിഞ്ജീരകവും । श्रीपर्णी=കുമിഴ് । पौष्करं=पुष्करमूलं । जीवकः = ജ്ഞഷഭകം (ഇടവം) । बलाद्वयं=വെൺകുറുന്തോട്ടിയും ചെറുകുറുന്തോട്ടിയും । खरादिमूलं प्रत्येकं घृततुल्यम् । अग्निहिङ्गुचूर्णं सहितमेकं पलम् । विशालेत्यादिना

---

a विलम् ।

1 हिङ्गुचूर्णं लवं

स्थिरा गदं रजन्यौ द्वे शारिबे कुष्ठचन्दनौ ।
प्रियङ्गुरेला मञ्जिष्ठा दन्ती दाडिमकेसरौ ॥३०॥
बृहती मालतीपुष्पं तालीसोत्पलकीटहृत् ।
पद्मकं पृश्निपर्णी च तैः कल्कैः कर्षसंमितैः ॥३१॥
युक्ते चतुर्गुणे तोये पुराणं विपचेद्घृतम् ।
पचेत् सर्पिः स्थिरादीनां क्वाथे क्षीरचतुर्गुणे ॥३२॥
वीरा द्विमाषकाकोली स्वयंगुप्तर्षभर्द्धिभिः ।
समेदैरहतैः कल्कैर्ग्रहघ्नं तद्घृतत्रयम् ॥३३॥
लशुनानां शतं त्रिंशत् अभयास्त्र्यूषणं पलम् ।
गोमहिष्योर्दुग्धमूत्रे व्याढके तैः पचेद्घृतम् ॥३४॥
हिङ्गुचूर्णं पलं क्षौद्रं कुडवं च क्षिपेदिह ।
शीते सर्पिषि तत्पाननस्याभ्यङ्गाद्ग्रहापहम् ॥३५॥

घृतान्तरमाह । एल्वालुकं स्वयमेव । स्थिरा = ഓരില । द्वे शारिबे = നന്നാറിയും പാൽവള്ളിയും । प्रियङ्गु=ഞാഴൽ । एला=ഏലത്തരി । दन्ती= നാഗദന്തി । बृहती=വലിയവഴുതിന । मालतीपुष्पं = പിച്ചകപ്പൂവ് । तालीसं=ഇരുവേലി । उत्पलं=കരിങ്കുവലയം । कीटहृत्=വിഴാലരി । पृश्निपर्णी= മൂപ്പിലമഴുതി (?)। कर्षसंमितैः प्रत्येकं कर्षमितैः । तोये=शुद्धतोये । पचेत् । सर्पिरित्यादिना अपरं घृतम् । स्थिरागदं रजन्यौ द्वे इत्यारभ्य पृश्निपर्ण्यन्ताः स्थिरादयः क्षीरचतुर्गुणे घृताच्चतुर्गुणमित्यर्थः । वीरादयोऽत्र कल्के । वीरा=കെമ്മ (?) । द्विमाषं= ഉഴുന്നും കല്ലുഴുന്നും । स्वयंगुप्ता=നായ്ക്കുരണ । ऋषभं=ऋषभकम् । ऋद्धिः= കാട്ടുപാൽ । मेदः=മേദകം । (२४-३३)

पाठापथ्यावचाशिग्रुसिन्धुव्योषैः[1] पृथक् पलैः ।
अजाक्षीराढके पक्कं सर्पिः सर्वग्रहान् हरेत् ॥३६॥
वृश्चिकालीकणाकुष्ठलवणानि च भार्ङ्गिका ।
अपस्मारविनाशाय तच्चूर्णं नसि योजयेत् ॥३७॥
पुष्योद्धृतं[2] शुनः पित्तमपस्मारघ्नमञ्जनात् ।
तेनैव घृतयुक्तेन धूपान्नश्येदपस्मृतिः ॥३८॥
शुनाक्षफलकस्थेन[3] तिलैर्भुक्तैः शकृन्मयैः ।
कृतं तैलमपस्मारान्नाशयेन्नस्यकर्मणा[4] ॥३९॥
वृकविड्धूपोऽपस्मारहर्ता नस्यं च तद्रसैः ।
मृगास्थिना च तत्स्थेन पाननस्यं तदौषधम् ॥४०॥

वृश्चिकालीत्यादि । अपस्मारस्य वृश्चिकाली = തേക്കട । भार्ङ्गी = ചെറുതേക്ക് । पुष्योद्धृतं=पुष्यनक्षत्रे संगृहीतम् । (३७-३८)

शुनेति । अक्षफलकस्थेन शुना भुक्तैः अपानद्वारान्निर्गतैः शकृन्मयैस्तिलैः कृतं तैलं [5]नस्यकर्मणापस्मारं नाशयेत् । वृकविट्= ചെന്നായ്‌വിഷ്ഠ । तद्रसैः= वृकविड्रसैः । मृगास्थिना च तत्स्थेनेति । मृगमांसं वृकस्य दत्वानेन भक्षितमपानद्वारा यदा निस्सार्यते तदा तस्मान्मलादस्थि गृहीत्वा तस्मादस्थ्नः पानं, तेनास्थ्ना नस्यं च । तदौषधं=अपस्मारौषधमित्यर्थः ॥ (३९-४०)

---

1 पारा पथ्या 2 वृष्योद्धृतं 3 फलकस्तेन
4 नाशयेन्नात्र संशयः । 5 नस्यकर्मणेति वाक्यं B कोशे नास्ति ।

उद्वर्त्य शकृता मूत्रैरभिषिञ्चेदपस्मृतौ ।

विदारीकुशकाशेक्षुक्वाथनं पाययेत् पयः ॥४१॥

सयष्टिकूष्माण्डभुवां रसानां

द्रोणे श्रृतं सर्पिरपस्मृतिघ्नम् ।

तथैव मूत्रे दधिदुग्धतक्र-

शकृद्रसाढ्ये विहितं च सर्पिः ॥४२॥

धात्रीद्रोणरसे[1] सयष्टिमधुके यत्सिद्धमाज्यं तथा

ब्राह्मीकास्वरसे च यद्वदवचा शङ्खप्रसूनैर्युते ।

मूत्रे पुङ्गवबस्तयोर्यदपि वा सिन्धूत्थहिङ्गुप्लुते

तत्सर्पिस्त्रितयं ग्रहैः सह हरेत् पानादिनापस्मृतिम् ॥४३॥

उद्वर्त्येति । शकृता=गोशकृता उद्वर्त्य । मूत्रैः=गोमूत्रैः । विदारी=മുളക് । काशः=ആറ്റുവഞ്ഞി । विदारीकुशकाशेक्षुक्वाथेन समं पयः संयोज्य पुनरप्यग्नौ पक्त्वा पयसा समं कृत्वा पाययेदपस्मृतौ[2] ॥ (४१)

सयष्टीति । यष्टिकल्कं द्रोणमानेन कूष्माण्डस्वरस कषायस्थाने । मूत्रं=गोमूत्रम् । धात्री=നെല്ലിക്ക । द्रोण=१६ ഇടങ്ങഴി । यष्टिमधुकं=എരട്ടിമധുരം । गदं=കൊട്ടം । शङ्खप्रसूनं=ശംഖുപുഷ്പം । पुङ्गवः=കാള । बस्तः=ആട് ॥ (४२-४३)

---

1. द्विमुष्टिमधुके

2. अपस्मृतौ इति पदं B कोशे नास्ति ।

यष्टीरामठसैन्धवानि कुडवान्येकैकमुष्ट्रेभयोः

मूत्रं विंशतिभिर्धृतं च कुडवैस्तत्पादकं गोघृतम् ।

तैः कूश्माण्डरसं मितं नवतिभिश्चैतैर्विपक्वं घृतं

घोरैः सार्धमपस्मृतिं प्रशमयेदुन्मादभूतग्रहैः ॥४४॥

मूर्वाढकी शिखिशिखा त्रिवृदग्नि[1]दन्ती-

[2]पूतीकिरातमदयन्त्यपि शारिबे द्वे ।

भार्ङ्गी वरा त्रिकटुकारुणचन्दनानि

सश्रेयसीनि पृथगक्षधृतानि कल्कम् ॥४५॥

यष्टीति । यष्टीरामठसैन्धवानि प्रत्येकं कुडवमितानि । कल्कस्थाने उष्ट्रेभयोर्मूत्रमेकैकविंशतिभिः कुडवैर्धृतं सह चत्वारिंशद्भवेत् । तत्पादकं=तयोः पादकम् । दशकुडवं गोघृतम् । कूष्माण्डस्वरसः तैर्मितः । उष्ट्रेभमूत्रचितं चत्वारिंशत्कुडवम् । एतैर्नवतिभिरिति उष्ट्रेभमूत्रेण तत्पादगोघृतेन कूष्मण्डस्वरसेन च सह नवतिः स्यात् ॥ (४४)

मूर्वेति । मूर्वा=പെരുങ്കുരമ്പ । आढकी=തുവരി । शिखिशिखा=കപ്പമഞ്ഞൾ । त्रिवृत्=ത്രികോല്പക്കൊന്ന । अग्निः=കൊടുവേലി । दन्ती=തുവരി । पूतीकं=ആവിൽ । किरातं=ചുണ്ട । मदयन्ति=താതിരി । द्वे शारिबे=നന്നാറിപാല്പ്പള്ളി । भार्ङ्गी=ചെറുതേക്ക് । त्रिकटुकं=ചുക്കുമുളക തിപ്പലി । अरुणचन्दनं=രക്തചന്ദനം । श्रेयसी=കടുക്ക । अक्षं=മുക്കഴിഞ്ച് । (४५)

---

1 अग्निमखी 2 दन्तीकिरात

तिक्तापौष्करफल्गुमूलकुटजत्वङ्मार्गसप्तच्छदं
[1] व्योषं राजतरोः[a] फलं दशशिफा नीली च दोषाद्वयम् ।
क्वाथाङ्गा द्विपला[2] अमी घृतसमं गव्यं सतक्रं पृथक्
तैः पक्वं घृतमाशु हन्ति सकलान् भूतानपस्मारहृत्[3] ॥४६॥

अष्टपलजीवनीये क्षीरद्रोणे शृतं पुरासर्पिः ।
तावत्तैलं शमयेत् पानाभ्यङ्गादपस्मारम् ॥४७॥

[4] पित्तेषु नकुलगोधाकपित्थपृषदंशनागानाम् ।
सिद्धं राजीतैलं नस्येनापस्मृतिं शमयेत् ॥४८॥

तिक्तेति । तिक्तः = കടുകരോഹിണി । पौष्करं=पुष्करमूलम् । फल्गुः = പെയാത്തി (?) कुटजः = കുടകപ്പാല । त्वक् = ഇലവംഗം । मार्गं=കടലാടി । सप्तच्छदं = ഏഴിലംപാല । व्योषं = കൊടിഞ്ഞൂല്‍ । राजतरुः = കൊന്ന । फलं = മലങ്കാരക്കാ । दशशिफा = ദശമൂലം । नीली = അമരി । दोषाद्वयं = മഞ്ഞളും മരമഞ്ഞളും । अमी (अमूनि) क्वाथाङ्गाः (ङ्गानि) = क्वाथद्रव्याणि । प्रत्येकं द्विपलाः । सतक्रं गव्यं गोमयस्वरसक्षीरदधिमूत्रं पृथक् घृतसमं तैः मूर्वादिभिः तक्रान्तैर्द्रव्यैः पक्वं=सिद्धम् । घृतम् । आशु सर्वान् भूतग्रहान् अपस्मारं च हन्ति॥(४६)

अष्टेति । अष्टपलजीवनीये "जीवन्तीकाकोल्यौ मेदे द्वे मुद्गमाषपर्ण्यौ च । ऋषभकजीवकमधुकं चेति गणो जीवनीयाख्यः" । जीवनीयाख्येऽस्मिन् गणेऽष्टपलपरिमिते क्षीरद्रोणे द्रोणमाने शृतं पुरासर्पिः=पुराणघृतम्=പഴയനെയ്യ് । तावत्तैलं=सर्पिस्समम् । (४७)

पित्तेष्विति । नकुलः=കീരി । गोधा=ഉടുമ്പ് । कपिला=കപിലവര്‍ണ്ണപശു । पृषदंशः=പൂച്ച । मेषः=ആടു । नागः=ആന । राजीतैलं=കടുകെണ്ണ ॥ (४८)

---

1 यांषं a राजतरूफलं; राजतनुः फलं 2 द्विफला
3 अपस्मारजित् । 4 पित्तेषु इति श्लोकः A कोशे पटलस्यान्तिमश्लोकत्वेन विद्यते ।

शतपलकशङ्खपुष्पीकाथे[1] तैलान्विते सकल्काढये ।

पक्कं सर्पिः पानात् सर्वापस्मारनाशकृत् ॥४९॥

लशुनीकुष्ठाजाजीशिग्रुशिलाव्योषहिङ्गुभिः सिद्धम् ।

तैलं मूत्रे[2] बास्ते क्षिणोति नस्यादपस्मारम् ॥५०॥

। इति नारायणीये तन्त्रसारसङ्ग्रहे चतुर्दशः पटलः ।

शतेति । लशुनी=ഉള്ളി । कुष्ठं=കൊട്ടം । अजाजी= ജീരകം । शिग्रुः= മുരിങ്ങ । शिला=मनश्शिला । बास्तं मूत्रं=ആട്ടിൻമൂത്രം । …………नस्यात् अपस्मारं क्षिणोति=नाशयति ॥

॥ इति नारायणीयतन्त्रसारसङ्ग्रहव्याख्याने चतुर्दशः पटलः ॥

---

1 शतफलक

2 तैलं पान्ते मूत्रे

॥ अथामयध्वंसपटलः पञ्चदशः ॥

पर्णैराम्रस्य[1] निर्दोषैरुत्तानैः पयसाप्लुतैः ।

हुनेन्मन्त्री कुबेरादिमन्त्रेण ज्वरशान्तये ॥१॥

(भ) भस्मायुधाय[a] विद्महे एकदंष्ट्राय[b] धीमहि तन्नो ज्वरः प्रचोदयात् ।

सर्वज्वरहृदयाय[c] नमः । उमे क्लिन्ने शिखे दीप्ते चल त्रिनेत्रे

शूलधारिणि अप्रतिहतवाक्ये उमादेवि सर्वभूतं रक्ष

स्वाहों फट् ॥

एभिर्जप्तं पृथग्भस्म विकिरेज्ज्वरितोपरि ।

पर्णैरिति । पर्णैराम्रस्येत्यादिना आमयध्वंसनमाह । कुबेरं ते मुखं रुद्र हृदयाय नमः । नन्दिमानन्दिमावह शिरसे स्वाहा । ज्वरं मृत्युं भयं घोरं शिखायै वषट् । ज्वरं नाशयते ज्वरः कवचाय हुम्[2] फट् । [3]कुबेरं ते मुखं रुद्र नन्दिमानन्दिमावह नेत्रत्रयाय वौषट् । ज्वरमृत्युं भयं घोरं ज्वरं नाशयते ज्वरः अस्त्राय फट् । वेतालर्षिः अनुष्टुप्छन्दः कुबेररुद्रो देवता । शङ्खवत् सितरूपो देवः । साध्यं गृहीत्वा तं क्षीरसागरमध्ये जलान्तर्निक्षिप्य मुहूर्ते [4]गते पुनस्तमुद्धृत्य, पुनरपि निक्षिप्य, पुनरप्युद्धृत्य, एवं तस्य ज्वरं विनाशयन्तं देवं ध्यात्वा इमं मन्त्रं जपेत् । तदानीं ज्वराः सद्य एव शमं यान्ति ॥ (१)

भस्मेति । ओं भस्मायुधाय विद्महे एकदंष्ट्राय धीमहि तन्नो ज्वरः प्रचोदयात् । सर्वज्वरहृदयाय नमः । उमे उमे क्लिन्ने शिखे दीप्ते चल चल त्रिनेत्रे शूलधारिणि अप्रतिहतवाक्ये उमादेवि सर्वभूतं रक्ष रक्ष स्वाहों फट् । [5]एभिर्मन्त्रैर्ज्वरितस्योपरि भस्म विकिरेत् ।

---

1 आम्रास्य a भस्माशुद्यार विद्महे b भवपुत्राय धीमहे
c लर्वज्वरषहफ शश नमः. उमे इच्छे धीप्ते त्रिशूलधारि [इमे क्रीडे इच्छे डीप्तेकस त्रिणेत्रे] 2 फट् इति पदं A कोशे नास्ति । 3 कुबेरणे मुखं
4 मुहूर्तेन 5 एभिरिति वाक्यं B कोशे नास्ति ।

नमो भगवते वीरभद्राय[a] हुलु भूतपतिः ठठ ।

सर्वदैत्यान्तकर[b] चक्रधर ज्वर हुं फट् ठठ ।

रुद्राधोक्षजदैवत्यौ मन्त्रावेतौ ज्वरापहौ ॥२॥

(म) नमो[c] रत्नत्रयाय ज्वरहृदयमावृत्तयिष्यामि भो ज्वर शृणु हन
गर्ज छर्द शर्वज्वर अवट वज्रपाणिराज्ञापयति[1] मम शिरो
मुञ्च कण्ठं मुञ्च बाहुं मुञ्च हृदयं मुञ्च उदरं मुञ्च कटिं मुञ्च
गुह्यं मुञ्च ऊरुं मुञ्च जानुं मुञ्च जङ्घे मुञ्च पादौ मुञ्च
चण्डपाणिराज्ञापयति हुं फट् ठठ ।

दग्धगुग्गुलमस्यैकविंशज्जाप्यात् (?) ज्वरक्षयः ।

तारवर्धी वियत्स्पर्घी त्रिवर्णोऽयं ज्वरापहृत् ॥३॥

नम इति । ओं नमो भगवते वीरभद्राय हुलु हुलु भूतपतिः स्वाहा । ओं सर्वदैत्यान्तकर चक्रधर ज्वर हुं फट् स्वाहा । [2]विष्णुदैवत्यो ज्वरहरः । (२)

नमो रत्नत्रयायेति । ओं नमो रत्नत्रयाय । ज्वरहृदयमावृत्तयिष्यामि । भो भो ज्वर ज्वर शृणु शृणु हन हन गर्ज गर्ज छर्द छर्द शर्वज्वर अवट अवट वज्रपाणिराज्ञापयति मम शिरो मुञ्च मुञ्च मम कण्ठं मुञ्च मुञ्च बाहुं मुञ्च मुञ्च हृदयं मुञ्च मुञ्च उदरं मुञ्च मुञ्च कटिं मुञ्च मुञ्च गुह्यं मुञ्च मुञ्च ऊरुं मुञ्च मुञ्च जानुं मुञ्च मुञ्च जङ्घे मुञ्च मुञ्च पादौ मुञ्च मुञ्च चण्डपाणिराज्ञापयति हुं फट् स्वाहा । [3]अनेन जप्ता गुग्गुलुं दग्ध्वा एकविंशति जपन् [जपात्] ज्वरक्षयः ॥ (३)

तारवर्धीति । ओं ऊं हः । ज्वरादिद्रोहकृत् ॥

---

a हीष भद्राश हुलु b लर्वे ईत्यान्तचष चक्र उष ज्वष [कलथैवद्यान्तचष]

c नमोषणत्रशः ज्वषष्टढशमाहर्त शिष्यामिदो ज्वरशृणु [नमोषणत्रशाश ज्वरवृद्ध शमहर्तयिष्यामि । मेभा (भो) ज्वर शृणु] 1 चण्डवज्रपाणिः

2 विष्णुदैवत्य इति वाक्यं B कोशे नास्ति। 3 अनेन जप्तेति वाक्यं A कोशे नास्ति।

[1] नासास्थि दण्डिवर्णान्त्यं साध्याख्यार्णविदर्भितम् ।

लिखित्वा भूग्रहे सर्वज्वरनाशाय बन्धयेत् ॥४॥

स्वरावृतेन्दुगं मेदो भूवेश्मस्थं ज्वरापहम् ।

[2] महापार्थिवगं साक्षमन्त्यं स्वरवृतं तथा ॥५॥

ऋजुरेखा लिखित्वाष्टौ षट् तिर्यक् च वृतिद्वये[3] ।

[4] नारीराज्यपुटेऽन्त्येन्दुलेख्या नामपदत्रये ॥६॥

पञ्चवर्णं बलिं दत्वा कलयेच्चक्रमर्चितम्[5] ।

त्र्याहिकज्वरदेवादिज्वराभासप्रशान्तये ॥७॥

नासास्थीति । भूग्रहं लिखित्वा, तदन्तर्जीवं, तदन्तस्साध्यनामविदर्भितं साध्यनामवर्णाभ्यामन्तरितं विदर्भो व्यञ्जरीकृतमिति [6](विदर्भोऽभ्यन्तरीकृतमिति वाचस्पति-वचनात्) वचनात् पूर्वं साध्यनामार्णद्वयं विलिख्य, पुनर्मन्त्रार्णमेकं, एवं क्रमेण विदर्भये-दित्यर्थः । [7] ज्वरनाशोऽयम् ॥ (४)

स्वरावृत इति । पूर्वं विन्दुं लिखित्वा, तदन्तः वं इति, तस्यान्तर्जीवं, तस्य परित आख्यां च षोडशस्वरैरिन्दुं वेष्टयित्वा बहिश्चतुरश्रम्[8] ॥ (५)

महापार्थिवगमिति । [9]क्षींकारं लिखित्वा, तदन्तर्जीवं, जीवस्य परित आख्यां च, षोडशस्वरैः क्षींकारं वेष्टयित्वा, तद्बहिश्चतुरश्रसंवृतं ऋजुरेखा इति अष्टौ रेखा ऋजवः षट् तिर्यक् । बहिस्तो विंशतिकोष्ठयुक्ते आवृतैः क्षं इति । तदन्तर्द्वादशपदैर्युक्ते आवृतौ रं इति । अवशिष्टपदस्य मध्ये जीवं, जीवस्य परित आख्याम् । [10] पञ्चवर्णैः सह बलिं दत्वा पूजितं चक्रं गले बन्धयेत् त्र्याहिकज्वरशान्तये ॥ (६-७)

---

1 नासास्थं 2 महापार्थिवमन्त्रेण गं महापार्थिवांसाक्ष 3 वृतद्वये
4 पुटेऽन्त्येणौ 5 च्चक्रमर्पितम् 6 विदर्भ इति वाक्यं A पुस्तके नास्ति ।
7 ज्वरनाशोऽयम् इति A पुस्तके नास्ति । 8 चतुरश्रम् इति व्याख्यात्र दृश्यतेऽसंपूर्णेव ।
9 क्षीरं कारं 10 पञ्चवर्णैः इति वाक्यं A कोशे नास्ति ।

सौम्ययाम्यमुखे तारं लिखेद्वह्निगृहद्वये ।

तारस्य पार्श्वयोरिन्द्रं कोणकोष्ठेषु चानलम् ॥८॥

प्राक्प्रतीच्योर्बहिश्चक्रमङ्कुशद्वयभूषितम् ।

तारपाशाङ्कुशजपाद्बद्धं सर्वज्वरं हरेत् ॥९॥

दिक्षु वज्रद्वयोपेतं[1] महाशक्रगृहं[2] लिखेत् ।

स्थूलत्रयं[3] तस्य कोणेषु मध्ये च सविषं[4] वियत् ॥१०॥

आख्याविदर्भितं चक्रमेतत् सर्वज्वरापहम् ।

बहिर्विदिक्षु[5] क्षियुतं वह्निगेहं शिखाकुलम् ॥११॥

सान्तर्ब्रह्म लिखेद्भित्तौ महाशक्रगृहावृतम्[6] ।

(म) सर्वज्वरविनाशाय[a] ठठ ।

सौम्य याम्यमुख इति । सौम्ययाम्यमुखं वह्निगृहद्वयं लिखित्वा मध्ये तारं तस्य पार्श्वयोः लं इति । तारस्य मध्ये जीवं तस्य परित आख्यां षट्कोणस्य षट्सु कोणेषु रं इति । बहिश्चक्रं-चक्रस्य बहिरित्यर्थः । षट्कोणस्य बहिः प्राक्प्रतीच्योरङ्कुशत्रयं लिखेत् । एकस्योर्ध्वे एकं तदूर्ध्वे चैकं पश्चिमकेऽप्येवं लिखित्वा, 'ओं अक्रों' इति जपात् बद्धं सर्वज्वरं हरेत् ॥ (८-९)

दिक्षु वज्रद्वयोपेतमिति । एकैकस्यां दिशि वज्रद्वितयेन युक्तं पार्थिवमण्डलयुगं लिखित्वा अष्टसु कोणेषु स्थूलत्रयं मध्ये मकारेण युक्तं हकारं हं इति । आख्याविदर्भितविषसहितहकारमध्यस्थजीवस्य परितः ॥ (१०-११)

बहिर्विदिक्ष्विति । भित्तौ वह्निगेहं लिखित्वा, तदन्तः कं इति, तस्य मध्ये जीवं, तस्य परित आख्यां, बह्निगृहस्य परितो ज्वालां, त्रिकोणस्य बहिराग्नेयादिकोणेषु क्षिं,

---

1 वक्रद्वयोपेतं 2 शक्रग्रहं 3 लत्रयं 4 सर्पिषं 5 विविक्षु
6 ग्रहावृतम् a सर्वज्वषहिणायाशा ठठ [र्लबज्वष हिणायणाश........]

शयीत पश्यंस्तच्चक्रं मन्त्रमेतं[1] जपन् ज्वरी ॥१२॥

चतुष्षष्टिपुटे क्षेत्रे षट्त्रिंशच्छूलदीपिते ।

जरानारीत्रपा[2]भानुकोष्ठेषु[3] वृतिषु क्रमात् ॥१३॥

लिखेत् सबिन्दूनन्तस्थान्[4] चक्रं तद्भूस्थमर्चयेत् ।

नश्यन्त्यत्र शयानस्य ज्वराः सर्वे विधानतः ॥१४॥

कुल्याभ्यां साग्रशूलाभ्यां कृत्वा क्रान्तं शशिद्वयम् ।

कुल्यासन्धौ लिखेत्तारं याम्ये कोष्ठद्वये विषम् ॥१५॥

क्षिकाराणां बहिश्चतुरश्रयुगं भित्तौ लिखेत् । [5]एतच्चक्रम् ; वश्यज्वरी इमं मन्त्रं जपेत् । ओं सर्वज्वरविनाशाय स्वाहा । सान्तं ब्रह्मेति केषांचित् पाठः । तेषां सान्तं ब्रह्ममध्य इत्यध्याहारः कार्यः । अन्ताक्षरसहितं ब्रह्म [6](हं कं) लिकं इति ॥ (१२)

चतुष्षष्टिपुट इति । ऋजुतिर्यग्भिर्नवसूत्रैश्चतुष्षष्टिपदं कृत्वा, अष्टाविंशतिपदैर्युक्तायां बहिस्स्थायां आवृतौ यं इति, तदन्तर्विंशतिपदैर्युक्तायां आवृतौ रं इति, तदन्तर्द्वादशपदैर्युक्तायां आवृतौ लं इति, तदन्तश्चतुर्षु पदेषु वं इति, अस्य मन्त्रस्य मध्ये तारं, तस्यान्तर्जीवं, तस्याभित आख्यां, रेखावसाने सर्वत्र शूलानि च । एवं चेत् षट्त्रिंशच्छूलानि स्युः । भूमौ विलिख्य तत्र शयनात् सर्वे ज्वरा नश्यन्ति ॥ (१३-१४)

कुल्याभ्यामिति । कुल्या = रेखा । दक्षिणोत्तरायतां एकां रेखां कृत्वा तथा पूर्वपश्चिमोत्तरायतां च ताभ्यां कुल्याभ्यां आक्रान्तं उद्वयमालिख्य, मध्यस्थे कुल्यासन्धिचतुष्टये ओंकारचतुष्टयम् , ओंकारचतुष्टये जीवं आख्यां च, पूर्ववद्बहिः स्वान्तस्थ-

---

1 जपेत् 2 नृचा भानु 3 कोष्ठासु पृतिषु 4 सबिन्दुरन्तस्थाः
5 एतच्चक्रमिति A कोशे नास्ति । 6 (हं. कं) इति A कोशे नास्ति ।

[1] व्यान्तं सौम्ये च तच्चकं ताम्बूलस्थं भुजेज्ज्वरी (?) ।
कोणकोष्ठस्थशाखादौ शक्रमण्डलसम्पुटे[2] ॥१६॥
हृल्लेखा लिखिता साध्या ज्वराभासविनाशिनी ।
लोहितं साग्नितारं भ्रूमध्यहृन्नाभिषु न्यसेत् ॥१७॥
साङ्गसन्धिषु तं व्याघ्रं ध्यात्वा त्रिस्तत्त्वचं हरेत् ।
[3] अचर्माङ्गं सितं ध्यायेत् त्र्याहिको नश्यति ज्वरः ॥१८॥

(म) नमो भगवते जङ्ग भस्म[a] ज्वल महाभैरव सर्वजन्तु-
विनाशकर सिद्ध विद्ध हुं फट् ठ ठ ।

[4] इष्ट्वाष्टमीचतुर्दश्योरर्कैरीशं जपेदिमम् ।
लक्षं जपान्ते स्नायाच्च तद्धरेद्विषमज्वरम् ॥१९॥

चन्द्रमण्डलयोरन्तरा कोष्ठचतुष्टय एवं मं इति, दक्षिणकोष्ठद्वये ओं इति, सौम्यकोष्ठद्वये ताम्बूले लिखितं जपादिना साधितमेतद्यन्त्रं भुञ्ज्यात् । सर्वे ज्वरा नश्यन्ति । यन्त्रलेखने मन्त्रजपस्यानुक्तिर्यत्र तत्र तस्मिन् यन्त्रे लिखिते नामाक्षराज्जपः ॥ (१५-१६)

कोणकोष्ठस्थेति । चतुरश्रयुगं लिखित्वा, अष्टसु कोणेषु प्रणवं, मध्ये ह्रींकारं, तस्य मध्ये जीवं, तस्य परित आख्यां च । ज्वराभासः=തനൻ്റപനിക്ക ॥ (१६)

लोहितमिति । साग्नितारं लोहितं ; प्रोङ् इति । तं ज्वरिणं व्याघ्रं ध्यात्वा त्रिः तत्त्वचं (त्रिस्तत्त्वचं)=ज्वरितस्य त्वचं हरेत् ॥ (१७-१८)

नमो भगवत इति । ओं नमो भगवते जङ्ग जङ्ग भस्म भस्म ज्वलन ज्वलन महाभैरव सर्वजन्तुविनाशकर विद्ध विद्ध हुं फट् स्वाहा । अर्कैः=अर्कपुष्पैः । अष्टमी-चतुर्दश्योः ईशमिष्ट्वा इमं मन्त्रं लक्षं जपेत् । जपान्ते च स्नातव्यम् । एवं कृते विषमज्वरो नश्यति ॥ (१९)

---

1 घान्तं सौम्ये; घातसौम्ये 2 सत्पुटे 3 अचर्माङ्गासितं
a भस्म ज्वसन्त मवादैषह सर्वजन्तु; असण महाभैरव 4 चतुर्दश्यो रक्ते

[(म) ओं नमो षणतृशाश नमो हज्रश्रृङ्खलाश[1]

अग्निप्राकार दर्शनाय ओं तिष्ठ बन्ध वद्ध महाबलाय।]

चत्वारिंशत्पुटस्याहेः[2] क्रौङ् लेख्यं मूर्धपञ्चके।

अवरोहेण पञ्चार्णानारोहेणापि तावतः ॥२०॥

पुटेष्वेवं[3] लिखेद्वज्रं श्रृङ्खलं नाम पुच्छगम्।

विषमज्वरहृच्चक्रमेतत् सर्वग्रहादिजित् ॥२१॥

(म) नमो भगवते क्षुद्राश[4] बन्ध ज्वर हुं फट् ठठ।

मन्त्र एष शिखाबन्धाज्ज्वरबन्धकरो भवेत्।

शुण्ठपक्वफलं[5] चिञ्चावेष्टितं[6] शिरसि न्यसेत् ॥२२॥

चत्वारिंशत्पुटस्येति। ऋजूः षड्रेखाः तिर्यक् नव रेखाश्च कुर्यात्। एवं कृते सति स्वभोगे चत्वारिंशत्पदैर्युक्तः पञ्चमूर्धा अहिः स्यात्। तस्य मूर्धपञ्चके क्रौङ् इति लिखेत्। चत्वारिंशत्पुटेषु आरोहणावरोहणवज्रश्रृङ्खलामन्त्रं लिखेत्। पञ्चपदैर्युक्ते प्रथमे पङ्क्तौ(?) वामपदमारभ्य दक्षिणपदान्तं, द्वितीयावृत्तौ दक्षिणपदमारभ्य वामपदान्तम्। एवमारोहावरोहः। पुनरप्येवं पुनस्तस्य पुच्छं कृत्वा, पुच्छमध्यगं वकारं लिखेत्। तस्य मध्यगं जीवं, जीवस्य परित आख्यां साधितमेतद्यन्त्रं ज्वरादिजित्। ओं नमो रत्नत्रयाय नमो वज्रश्रृङ्खलाय अग्निप्राकारदर्शनाय तिष्ठ तिष्ठ बन्ध बन्ध महाबलाय स्वाहा। [ओं नमो रत्नत्रयाय नमो वज्रश्रृङ्खलाय अग्निप्राकारदर्शनाय तिष्ठ तिष्ठ बन्ध बन्ध महाबलाय स्वाहा।] हर हर एष साम्प्रदायिकः पूर्वोक्तेन ॥ (२०-२१)

नम इति। ओं नमो भगवते रुद्राय बन्ध बन्ध ज्वर ज्वर हुं फट् स्वाहा। जप्त्वा शिखाबन्धात् ज्वरबन्धो भवेत् ॥

शुण्ठेति। पक्वा, शुण्ठफलं=ചുണ്ടപ്പഴം। चिञ्चावेष्टितं=പുളികൊണ്ട്

---

1 ओं नम षण इति मन्त्रः B कोशे न दृश्यते; अस्य व्याख्यानं च नास्ति।

2 पुटस्यं हे 3 पुरेष्वेवं 4 रुद्राय [क्षुद्राश]

5 शुण्ठा [शूर्णा] 6 चेष्टितं

त्र्याहिकज्वरनाशाय न शाम्येद्यदि तद्भजेत् (?) ।
एकविंशदलं वाथ श्वेतायाः फलपुष्पवत् ॥२३॥
पिबेत् क्षीरेण तत्सिद्धां यवागूं वा दधिप्लुताम्[1] ।
तक्रे[2] वाजे पिबेद्बिल्ववन्दाकौ विषमज्वरी ॥२४॥
मञ्जासुरसयोर्मूले[3] बध्नीयात् त्र्याहिके ज्वरे ।
प्रातः पुण्ड्रक्रियाशौचशिष्टकर्कटमृत्कृतम्[4] ॥२५॥
ससकं गर्तकरिणां कर्णे बद्धं च तं हरेत् ।
प्रातः पिबतु धारोष्णं रजन्या[a] ज्वरपीडितः ॥२६॥

പൊതിഞ്ഞതു് । शिरसि = ചെറുരോമം(?) । त्र्याहिकज्वरः =മൂന്നാംനാൾ കൊണ്ടു് മാറുന്നപനി । (२२)

एकविंशेति । श्वेता=വെള്ളില । श्वेताया एकविंशतिदलं, एकविंशतिफलं, एकविंशतिपुष्पं च क्षीरे क्षिप्त्वा शृतं क्षीरं पिबेत् । तैः सिद्धां क्षीरयवागूं वा दधियवागूं वा । ज्वरो नश्यति ॥ (२३)

तक्र इति । बिल्ववन्दाकौ=കൂവളത്തിന്മേലിത്തിക്കണ്ണി । मञ्जा=समञ्जा= പറയ്ക്കുണ്ട വലിയവഴുതിന । वा सुरसं = തുളസി । त्र्याहिकज्वरः = മൂന്നാടൻ പനി । द्व्याहिकज्वरः=ഒന്നരാടം പനി । कर्कटकं=ഞണ്ടു് । कर्कटकं मृदा शौचं कृत्वा अवशिष्टमृदा पुण्ड्रक्रिया ज्वरहरी । गर्तकरी=കഴിയാന । गर्तकरिणां ससकं वस्त्रस्य शकले दृढं बध्वा, 'ओं नमो भगवते रुद्राय' इत्यनेन मन्त्रेण जप्त्वा कर्णे बध्नीयात् । ज्वरो नश्यति ॥ (२४-२५)

ससकमिति । धारोष्णं=പശുവിൻനറുപ്പാൽ ॥ (२६)

---

1 पाठविप्लुताम् । 2 तत्रैवाज्ये 3 मञ्जासुरस [पंगासुरस]
4 मुञ्चुचा a रजनी

माहेन्द्रगेहं[1] प्राच्याव्य कुल्यान्तः क्षियुतं लिखेत् ।
चितामध्या[2] बहिर्दिक्षु विष्णुमन्तः क्षिकोणतः ॥२७॥
ऊर्ध्वं पञ्चदलाब्जास्ये लिखेन्नाम च मध्यतः ।
अर्कपुष्पं न बलियुक् तद्यन्त्रं श्वासनाशनम् ॥२८॥

(म) किन्नर[a] किंपुरुषगरुडगन्धर्वयक्षराक्षसभूतप्रेतपिशाच -
कासश्वासनिःश्वासोपद्रवं हर पितृपिशाचाय फट् ।

सांङ्क्यं मन्त्रावृतं वज्रं श्वासहृद्भूगृहस्थितम् ।
भुक्तोच्छिष्टान्नमेतेन जप्तं श्वासहृदाशयेत् ॥२९॥

माहेन्द्रगेहमिति । पूर्वपश्चिमायतं सूत्रद्वयं लिखित्वा बहिश्चतुरश्रयुतं चतुरश्रयुगस्य चतुर्षु दिक्षु बहिः अं इति लिखेत् । चतुरश्रयुगस्य कोणतः अन्तः क्षिं इति कुल्यान्तर्मध्ये ऊर्ध्वमुखं पञ्चदलमब्जं कृत्वा, तस्याब्जस्य कर्णिकायां क्षिं इति लिखेत् । तस्यान्तर्जीवं जीवस्य परित आख्यां च । [3]अर्कपुष्पैः सहानेन बलिं दत्वा तद्यन्त्रं धारयेत् । श्वासनाशनम् । ओं किन्नर किंपुरुष गरुड गन्धर्व यक्ष राक्षस भूतप्रेत पिशाच कासश्वासनिःश्वासोपद्रवं संहर संहर पितृपिशाचाय स्वाहा । तद्यन्त्रं धारणात् श्वासान्नाशयेत् । [4] यन्त्रधारणाच्च ॥ (२७-२८)

साङ्क्यमिति । उभयतः शूलं वज्रं लिखित्वा, तस्य मध्ये जीवं, जीवस्य परित आख्यां च । वज्रस्य परितः किन्नरेत्यादिमन्त्रेण वेष्टयेत् । बहिश्चतुरश्रं भुक्तोच्छिष्टान्नम्=എച്ചിൽ ചോറ് । एतेन - किन्नरेत्यादिमन्त्रेण ॥ (२९)

---

1 महेन्द्रगेहं प्राच्याप्य 2 चितामुध्या

a चिन्तषचिवुपु रजपु दजन्धर्व [चिन्नषचिषपु गरुडगन्धर्व]

3 अर्कपुष्पैः इति वाक्यं B पुस्तके नास्ति ।

4 यन्त्रधारणाच्च इत्येतत् B पुस्तके नास्ति ।

निश्वासहारिणी तूर्णा विद्या तद्वत्त्रिकण्टकी ।
सार्कपुष्पकिसलये प्रस्रुतं[1] व्योदनं घटे[2] ॥३०॥
पीतं मण्डं श्वासपीडां वमनेन विनाशयेत् ।
रम्भाफलं मूत्रशृतं निःश्वासं हन्ति भक्षितम् ॥३१॥
कृष्णोपणनिशारास्नाद्राक्षातैलगुडं लिहेत् ।
श्वासवानथवा भार्ङ्गीं सयष्टिं मधुसर्पिषा ॥३२॥
पथ्या तिक्ता कणा भार्ङ्गी याषाज्यमधु वा लिहेत् ।
रम्भाकुन्द[3]शिरीषाणां पुष्पं कृष्णान्वितं पिबेत् ॥३३॥
तण्डुलाद्भिरथोष्णाद्भिः पिबेद्वा भार्ङ्गिनागरे ।
पिबेत् पिपासितः श्वासी दशमूलशृतं जलम् ॥३४॥
धात्रीलाजसिताक्षौद्रतैलाज्यं श्वासकासहृत् ।
तथास्यस्थं वस्त्रवृतं मुस्ता विश्वाभयागुडम् ॥३५॥

सार्केति । पीतं मण्डं वमनेन श्वासपीडां विनाशयेत् । कीदृग्विशिष्टे - [4]घटे प्रस्रुतं व्योदनं-विगतौदनम्। कीदृग्विशिष्टे [5]घटे-सार्कपुष्पकिसलये=अर्कपुष्पकिसलयसहित इत्यर्थः । मण्डं =കഞ്ഞി । प्रस्रुतं=വാർത്തത് ॥ (३०)

रम्भाफलमिति । रम्भाफलं = വാഴപ്പഴം । रास्ना = അരത്ത । भार्ङ्गी = ചെറുതേക്ക് । तिक्ता = പുത്തരിച്ചുണ്ട । याषं = കൊടിത്തൂവ । कुन्दं= മുല്ല । श्वासी पिपासितश्चेत् दशमूलशृतं जलं पिबेत् ॥ (३१-३२)

---

1 प्रस्रुतं [प्रस्यूतं]   2 पुटे   3 रम्भाकन्द
4 पुटे   5 पुटे

क्षौद्राज्यशल्लीभस्म श्वासहिक्काहरं लिहेत् ।

धात्री विश्वसिता कृष्णा मुस्ताखर्जूरमागधीः ॥३६॥

पिञ्छभस्म च हिक्काघ्नं तत्त्रयं मधुना लिहेत् ।

(म) हे[a] तिष्ठ बन्ध वारय निरुन्ध पूर्णमणि ठठ ।

[b]एष स्याच्छर्दिहृन्मन्त्रो भूसद्मस्थो गले स्मृतः ॥३७॥

श्यामाङ्कोलाञ्जनघनं लाजशुण्ठीफलत्रयम् ।

त्वक्पत्रैला[1] च मधुना तत्त्रयं वमने लिहेत् ॥३८॥

लाजं वा[2]म्ररसक्षौद्रकृष्णोषणशिलासमम् ।

(म) ओं[c] पट्टिसिं ठठ । ओं पट्टिषां ठठ ।

छर्द्यतीसारहृन्मन्त्र[d]श्चापानोदानमुद्रया ॥३९॥

शल्लीभस्म=എയ്യൻമുള്ള് ചുട്ടവെണ്ണീറ് । खर्जूरः = ഈന്തപ്പഴം । मागधी = തിപ്പലി । पिञ्छभस्म = പീലിചുട്ടവെണ്ണീറ് । वमनं = ഛർദ്ദിക്ക । धात्र्यादिकृष्णान्तमेकम् । मुस्तादिमागध्यन्तं द्वितीयम् । पिञ्छभस्म तृतीयम् । पिञ्छं = मयूरपिञ्छम् । हे तिष्ठेति । हे हे तिष्ठ तिष्ठ बन्ध बन्ध वारय वारय निरुन्ध निरुन्ध पूर्णमणि स्वाहा । कण्ठे भूगृहं स्मृत्वास्य जपाच्छर्दिर्नश्यति ॥ (३३-३७)

श्यामेति । श्यामा=തൃക്കോൽപ്പക്കൊന്ന । घनं=മുത്തങ്ങ । आम्ररसः = മാങ്ങനീര് । शिला=മനശ്ശില ॥ (३८)

ओमिति । ओं पट्टिसीं स्वाहा । ओं पट्टिषां स्वाहा ॥ छर्द्यतीसारहृत् ॥ (३९)

---

a वे-टिष्ठ-बन्ध-हाषग निष्ठन्ध पूर्णा [पेटीषु बन्ध पारयनिरुन्ध]

b एतत् स्याच्छर्दिहृन्मन्त्रं [एतस्याश्छर्दिहृन्मन्त्रं] 1 तत्रायं

2 वा विरसक्षौद्री c पट्टिरिं [वटि सिं स्वाहा । भवि भूषिं स्वाहा]

d हृन्मन्त्रं

(म) कामकामिले ब्रह्मण्ये सत्यवादिनि न भविष्यसि

विरूपेऽवतर कामं कामिले फुट् ठठ ।

शीताम्बुस्नानपानाद्यैः कामिलां नाशयेन्मनुः ।

श्रौद्रक्षीरनिशाधात्रीमण्डूकीस्वरसं पिबेत् ॥४०॥

लोहधात्रीनिशाव्योषसिताज्यमधुना लिहेत् ।

दशनिष्काञ्झटा[1]शुण्ठी द्विनिष्का च रसं तयोः ॥४१॥

कामिलार्तः पिबेत् पिष्टां स जिघ्रदञ्झटां सदा ।

निषिञ्चेत् कामलार्तस्य शिरसि भ्रमरीरसम् ॥४२॥

(म) हुनु[b] वज्रकामेश्वरि अमुकं हुं हुं ठठ ।

मुटित मुटित सामुटित ठठ । आणि कल्याणि ठठ ।

एते मन्त्रास्त्रयो जाप्याः शिरोरोगहराः स्मृताः ।

रेखाभ्यां साग्रशूलाभ्यामाकम्येन्दुं लिखेद्विषम् ॥४३॥

कामेति । ओं कामकामिले ब्रह्मण्ये सत्यवादिनि न भविष्यसि दीधितिजे [दधिचक्रे] विरूपे ऽवतर कामं कामिले फुः स्वाहा । [2]शीताम्बुपानादिना कामिलां नाशयेत् । मण्डूकी=പാൽക്കാര । सिता=കണ്ടശർക്കര । निष्कं=കഴഞ്ച് । अञ्झटा=കീഴാർനെല്ലി । भ्रमरीरसः=കരിമ്പാനനീർ ॥ (४०-४२)

हुनु इति । ओं वज्रकामेश्वरि अमुकं हुं हुं स्वाहा । अमुकस्थाने रोगिणो नाम । ओं मुटित मुटित लमुटित स्वाहा । ओं आणि आणि कल्याणि स्वाहा । एते

---

a चामचालिखे ब्रह्मण्ये सत्यशमिणि न भविष्यसि [चामि चामिसे ब्रह्मण्ये]

1 छटा शुण्ठी b विभुषाज चामेश्वषि अमुकं [हज्रछज कामेश्वरि अमुकं]

2 शीताम्बु इति वाक्यं B पुस्तके नास्ति ।

कोष्ठेषु तारं मध्ये च चक्रं हस्ततलेऽर्पितम् ।
[1]दृष्टं हन्ति शिरोरोगं चिन्त्यमानं यथामृतम् ॥४४॥
निर्बीजस्यास्य चक्रस्य घान्तं कोणेषु[2] बिन्दुमत् ।
शूलानां मध्यसूचिस्थं नाभ्यन्तं दण्डिमध्यतः[3] ॥४५॥
कालान्तं दण्डिपार्श्वाङ्कं चक्रमाप्यादि मन्त्रयुक ।
न्यसेन्मूर्ध्न्युपधाने वा शिरोरोगस्य शान्तये ॥४६॥

त्रयो मन्त्राः शिरोरोगहराः । पूर्वपश्चिमायतामेकां रेखां कृत्वा, दक्षिणोत्तरायतां च, तथा रेखावसाने वहिः शूलचतुष्टयं च, ताभ्यामाक्रम्य चन्द्रमण्डलद्वयं लिखेत् । चन्द्रमण्डलयोर्मध्ये काष्ठचतुष्टये मं इति लिखेत् । मध्ये प्रणवं लिखित्वा जीवाख्यादि पूर्ववत् । इमं च [4]करजन्यासं हस्ततले लिखित्वा, हस्तममृतमयं स्मृत्वा, शिरसि स्पर्शनात् सद्य एव रोगो नश्यति ॥ (४३-४४)

निर्बीजस्येति । रेखाभ्यामग्रशूलाभ्यामित्यत्र रेखाद्वयं चन्द्रमण्डलद्वयं च तद्वदत्रापि लिखित्वा, चतुर्षु कोणेषु ङ इति रेखावसाने बहिश्शूलचतुष्टयं कृत्वा, शूलानां मध्ये सूचीस्थं नाभ्यन्तं मं इति लिखेत् । मध्यतः पार्श्वाङ्कं दण्डिकालान्तं कालो मकारः । तस्यान्तो यकारः । स पार्श्वाक्षरेणाङ्कितः । खं इति जीवाख्यादि पूर्ववत् । बहिस्स्थचन्द्रमण्डलस्य बहिराप्यादिमन्त्रेण वेष्टयेत् । एवं [5] लिखित्वा मूर्ध्नि वोपधाने वा धारणात् शिरोरोगशान्तिः सद्य एव भवति । केचित् कलान्तमिति पठन्ति । चन्द्रकलानां षोडशत्वात् कलेति षोडशस्वरानाह । स्वराणामन्त इत्यर्थः । क्षं इति ॥ (४५-४६)

---

1 स्पष्टं 2 कोष्ठेषु 3 नाद्यन्तं दधि

4 इदं चक्रं रजन्या हस्ततले लिखित्वा 5 एवं लिखित्वेति वाक्यं B कोशे नास्ति ।

सितासृक्चूर्णवत् सर्पिः पक्त्वा नस्येच्छिरोगदे ।
स्वेदयेत् पायसेनापि कूष्माण्डैरण्डयोः शिफे ॥४७॥
खार्या लिंपेच्छिरोरोगे पारिभद्रत्वचं तथा ।
विश्वोषणनिशाचूर्णवर्त्यस्तैलोक्षिताः पृथक् ॥४८॥
धूमनस्याच्छिरोरोगाः[1] शमयन्ति तथा विषम् ।

(म) यत्रागतासि[a] भद्रं ते तं विन्ध्यं गच्छ सुव्रते । ठठ ।
ओं लु लु सुसुप्तकारि सखिले हि विषं ठठ ।

हृत्क्षोभहृन्मनुः[2] पूर्वो ग्रन्थ्यादीन्नाशयेत् परम् ॥४९॥
चतुरश्रे लिखेद्रेखां ब्रह्मणा स्वरभेदिना ।
परेण लम्बयित्वा तद्गात्रे नश्यति कुञ्चिका[3] ॥५०॥

(म) भिन्द[b] दम कम्पय हुं फट् ठठ । ओं परंचरे
चरंचरे विंषचरे ठठ ।

सितेति । सिता = പഞ്ചസാര । असृक्=കങ്കമം । एरण्डः = ആവണക്ക് । पारिभद्रः = വെള്ളിഞ്ഞ (?) വേമ്പ് । धूमनस्यात् = धूमस्य नस्यात् ॥ (४७-४८)

यत्रेति । ओं यत्रागतासि भद्रं ते तं विन्ध्यं गच्छ सुव्रते स्वाहा । ओं सुसुप्तकारि सखिलेहि विषं स्वाहा । पूर्वो मनुः दृष्टिरोगहृत् परो मनुः ॥ (४९)

चतुरश्र इति । चतुरश्रे स्वरभेदिना ब्रह्मणा रेखां लिखेत् । क का इत्यादि कं कः इत्यन्तम् । परेण-अन्येन । तद्गात्रं लम्बयित्वा कुञ्चिकुति । ओं भिन्द भिन्द दम दम कम्पय कम्पय हुं फट् स्वाहा । ओं परंचरे चरंचरे विंषचरे स्वाहा । [4]अग्निदीपनम् ।

---

1 यथा a यत्राजटालि भद्रतेरं पिण्डच्यं जच्च प्रट्टे ठठ । ओं लुलु प्रचालिष हिसे विहितं ठठ । [छत्राभटाल भद्रत टं विन्ध्यं गच्छा सुप्रते । लुलु प्रचालणा विसचाणा]
2 हृत्कीलाहृन्मनुः 3 कुञ्चिताः । b भिन्द डम चम्पश हुं फट् ठठ । ओं पषं गषे कषम्चषे हबञ्चषे ठठ । [भिन्द मिमंचं पहुं फट्.... । चषं चक्रेकषं गषे तेभ्रे....]
4 अग्निदीपनम् इति B कोशे नास्ति ।

तारं सद्दग्जलं पादं शिरोमारीहरो[1] मनुः ।

आर्की सौम्या शिफा पेया मारीहृत्तण्डुलाम्भसा ॥५१॥

पादोपानच्च पानेन हरेत् सद्यो मसूरिकाम् ।

(म)[2] वां क्लीं हुं क्लीं खं हुं क्लीं हं हुं क्लीं जं हुं क्लीं क्लां ठठ।

षड्गुणाष्टदिवसं त्रिसहस्रं नित्यमक्षवलयेन सुजप्यात् ।

साधितो मनुरयं निजजाप्यस्पर्शनेन सकलामयहृत् स्यात् ॥५२॥

पार्श्वं शक्रशिवार्धचन्द्रिसकलः कुम्भोऽम्बुकालोदकं

येनेयं[3] सहितं क्रमात्त्रयनयुक् पार्श्वं चने[4] ठद्वयम् ।

तज्जप्तं कपिलाघृतं त्रिशतकं पानेन हन्यात् प्लिहा-

हृद्रोगारुचिवाग्विषग्रहणिकोदावर्त[5]शूलोत्सुकान् ॥५३॥

तारं सद्दगिति । ओं विट् स्वाहा । मारीहृत् । मारीहरः - मारी-अतिसारः । उपानत्=ചെരിപ്പ് । वामित्यादि । ओं हां क्लीं हुं क्लीं खं हुं क्लीं हं हुं क्लीं क्लीं स्वाहा । षड्गुणाष्टदिवसं-अष्टचत्वारिंशद्दिवसानित्यर्थः । [6]नित्यं त्रिसहस्रमक्षवलयेन सह संजप्य साधितो मनुः सकलामयहृत् स्यात् ॥ (५०-५२)

पार्श्वमिति । ओं प्लवः । व्योम्नि व्यापिने स्वाहा । त्रिशतकं तज्जप्तं-तेन मन्त्रेण जप्तम् । कपिलघृतं-कपिलवर्णायाः गोः घृतं । पानेन प्लीहादीन् हरेत्-हृद्रोगारुचि वाग्विषग्रहण्युदावर्तच्छर्दिशूलोत्सुकान् हन्यात् । वाग्विषं=നാക്കിറ് । उदावर्तः = रोगविशषः ; उदावर्तसंज्ञः । शूलं=ശോവ് । उत्सुकं=കൊതി ॥ (५३)

---

1 शिरोदारी 2 वां क्लीं हुत् सूक्षिं गं द्रं किं कां फट् । 3 योनेया

4 चनो 5 भावर्त 6 नित्यमिति वाक्यं B कोशे नास्ति ।

प्रातस्त्रिकृत्वश्चुलकाम्बु पीतं
तन्मन्त्रितं स्यात् सकलामयघ्नम् ।
जप्तानि दद्यात् पृथगौषधानि
सर्वेषु रोगेषु मनुद्वयेन ॥५३॥

यस्मिन् वातरुजास्ति वह्निगृहगोदण्डद्येकनेत्रो ज्वलन्
गात्रे तत्र विचिन्तितो हरति तां सूर्यो यथा यामिनीम् ।
ध्यातो हन्ति तथैव नाभिवलये सश्वासकासादिकान्
श्लेष्माणं च गले क्षिणोति जठरे मन्दानलं दीपयेत् ॥५४॥

कटुत्रयी पद्मकदेवदारु-
रास्नाविडङ्गत्रिफलामृतानाम् ।
चूर्णं समांशं सितया च तुल्यं
कासान् हरेत् कृष्णकथेव पापम्[a] ॥५५॥

प्रातरिति । चुलकं=प्रसृतिः । मनुद्वयेन=हां क्लीं प्लुवः व्योम्नि व्यापिनि स्वाहेत्यादिना वा ॥ (५३)

यस्मिन्निति । यस्मिन् गात्रे वातरुजास्ति तत्र विचिन्तित एकनेत्रस्तां हरति । एकनेत्रः=हकारः । कीदृग्विशिष्टः=वह्निगृहगः, दण्डी ज्वलन् । [1]केन प्रकारेण हरतीत्याकाङ्क्षायां, सूर्यो रजनीं यथा तथा; भगवतः कृष्णस्य कथा यथा पापं हरेत् तथा ॥ (५४)

कटुत्रयीति । कटुत्रयी=ചുക്ക മുളക് തിപ്പലി । पद्मकं=പതിമുഖം । देवदारु=ദേവതാരം । रास्ना=അരത്ത । विडङ्गं=വിഴാലരി । कार्पासास्थि=

---

a पापान्

1 केन प्रकारेणेति वाक्यं B कोशे नास्ति ।

कार्पासास्थिशिले कटूनि बदरीपत्रं च भृङ्गीरसे

तद्वर्तिः कुनटी कटुत्रयरविक्षीरान्विता वर्तिका ।

गोपी मागधिका शिलाल[1]विहिता वर्तिः शिलाविश्वयोः

वर्तिश्चापि[2] यथायथं विहितया कासानशेषान् हरेत् ॥५६॥

कर्कोटीतनुका सहा दिनमुखे पीता कटूष्णाम्बुना

तक्रेणानिलगुल्महृच्च मधुना सा मूत्रकृच्छ्रापहा ।

हिक्कां हन्ति घृतेन सा दधिरसे स्यात् कुक्षिरोगान्तकी

नस्येनाचलकर्णिका समधृता सा कण्ठरोगान् हरेत् ॥५७॥

പരുത്തിക്കുരു । शिला=മനയ്ശില । कटुकं=ചുക്കു മുളക് തിപ്പലി । बदरी=ലന്ത । भृङ्गीरसः=കയ്യോന്നിനീർ । कुनटी=മനയോല । रविक्षीरं=എരിക്കിൻ പാല് । गोपी=നന്നാറി । मागधी=കാട്ടുതിപ്പലി । शिला=മനയ്ശില । अलं=അരിതാലം ॥ (५५-५६)

कर्कोटीति । कर्कोटी = ചെറുകയ്യ, കാട്ടുപാവൽ इति केचित् । तनुका = നിലങ്കാരിച്ചുമ । कटूष्णाम्बु = തൈർനീർ । अचलकर्णी = കടഞ്ഞെഴുക് ॥ (५७)

---

1 शिलागविहिता

2 वर्तिश्च क्रियया

उन्नीतमङ्गाश्रयणेन पादात्
काष्ठं निहन्याज्झिणिकां[1] श्रवस्स्थाम् ।
[2]हिक्कां हरेत् स्वागतवाग्ललाटे
न्यस्ता क्षुतं तर्जनिका च वामा ॥५८॥

॥ इति नारयणीयतन्त्रसारसङ्ग्रहे पञ्चदशः पटलः ॥

उन्नीतमिति । किञ्चित्काष्ठशकलमादाय पादादारभ्य आश्रोत्रबिलात् शरीरं स्पर्शयित्वा , एतदूर्ध्वं नीत्वा, तत्काष्ठशकलं श्रोत्रबिले प्रक्षिपेत् । [3]एवं कृते झिणिका नश्यति । झिणिका = കാൽതരിക്ക । स्वागतवाक् = हरियो हरीत्युच्चैः (?) (हरिर्हरिरित्युच्चैः) । एके स्वागतमस्त्विति । क्षुते संजाते सति वामतर्जनीं ललाटे शङ्कुवत् दृढं निदध्यात् । क्षुतं नश्यति ॥ (५८)

॥ इति नारायणीयतन्त्रसारसङ्ग्रहव्याख्याने पञ्चदशः पटलः ॥

---

1 शिणिकाश्रयस्थम् । 2 छिक्कां
3 एवं कृत इति वाक्यं B कोशे नास्ति ।

॥ अथौषधपटलः षोडशः ॥

सिंहीयष्टिनिशायुग्मवत्सककाथसेवनम्[1] ।
शिशोः सर्वातिसारे च स्तन्यदोषे च शस्यते ॥१॥
शृङ्गीं सकृष्णातिविषां चूर्णितां मधुना लिहेत् ।
[2]एकां वातिविषां कासच्छर्दिज्वरवतः[3] शिशोः[4] ॥२॥
बालैः सेव्या वचा साज्या सदुग्धा वाथ तैलयुक् ।
यष्टिकां शङ्खपुष्पीं वा बालः क्षौद्रान्वितां पिबेत् ॥३॥
वाग्रूपसंपद्रक्षायु(दीर्घायु)र्मेधाः श्रीश्च प्रवर्धते ।
वचाजयाग्निशिखा वासा शुण्ठी कृष्णानिशागदम्[5] ॥४॥
सयष्टिसैन्धवं बालः प्रातर्मेधाकरं लिहेत् ।
देवदारुसहाशिग्रुफलत्रयपयोमुचाम् ॥५॥
क्वाथः सकृष्णापृथ्वीका[6]कल्कः सर्वान् कृमीन् हरेत् ।
तापिञ्छपले रजनी सेव्यौ गोपीपयोधरौ ॥६॥

सिंहीति । सिंही = ചെറുവഴുതിന । वत्सकः = കുടകപ്പാലരി । शृङ्गी = कर्कटशृङ्गी = (കർക്കടശൃംഗി) । अतिविषा=അതിവിടയം(?) । एकां श्रेष्ठामतिविषां वा । अग्निशिखा = കൊഴുപ്പാ(?) । वासा = ആടലോടകം ॥ (१-४)

क्वाथ इति । पृथ्वीका = കാട്ടുപയറ് । कल्कं = മേപ്പൊടി । तापिञ्छं = കാരടമ്പു । गोपी = നന്നാരി । मधु = മേല്പൊടിസ്ഥാനെ । वर्त्येति । अर्कमूलं=എരിക്കിൻവേർ । शशविट् = മുയൽ കാഷ്ഠം । तुत्थमग्नौ दग्ध्वा गोमूत्रे

---

1 सेचनम् । 2 पाकां वा 3 ज्वरहृतः;जानुहृतः
4 शिशुः 5 निशागुडम् । 6 मृद्वीका

त्रिफला चेति तत्क्वाथः समधुर्नेत्ररोगनुत् ।

वर्त्यार्कतू [मू] लैः कृतया शशविट्चूर्णगर्भया ॥७॥

आज्याक्तया मषी ग्राह्या सर्वनेत्रामयान्तकी ।

मूले गोमयके खारीस्तन्याज्यजलमाक्षिके ॥८॥

दग्ध्वा निषिक्तमसकृत्तुत्थं[1] स्यान्नयनामृतम् ।

त्रिफलाभृङ्गिविश्वानां रसेषु मधुसर्पिषोः ॥९॥

मेषीक्षीरे च गोमूत्रे सिक्तं नागं हितं दृशोः ।

जातीसिन्धुनिशाकृष्णाकुनटीवरटीगृहम् ॥१०॥

सक्षौद्रं कांस्यताम्राभ्यां निघृष्टं पिल्लहृद्भवेत् ।

लोध्रत्वग्घृतसंभ्रष्टं खार्यं पिष्टं ससैन्धवम् ॥११॥

वस्त्रस्थं श्च्योतयेद्दृष्ट्योरभिष्यन्दमपोहति ।

सतैलं द्रोणपुष्पाम्बु सकृष्णं सशकृद्रसम्[2] ॥१२॥

निक्षिपेत् । एवं सप्तवारं गोमयके = ഗോമയജലേऽपि तथा । पुनः खार्यां तथा । स्त्रीस्तन्ये तथा । आज्ये तथा । जले तथा । माक्षिके च तथा । एवंभूतमेतत्तुत्थं नयनामृतं स्यात् । नागं = കാരീയം । जाती = പിച്ചകപ്പൂവ് । कुनटी = മനയോല । वरटीगृहं = വെട്ടാമ്പോളിയൻകൂട് । पिल्लं = तत्संज्ञकमक्षिरोगम् । श्च्योतयेत् = ഒഴിക്കുക । अभिष्यन्दः = കണ്ണുനീരൊഴുക്കുക । शकृद्रसः = ചാണകനീര് । कर्णविट् = ചെപ്പി । क्षणदान्ध्यं = മാലക്കണ്ണ് ॥ (५-१२)

---

1 असकृत्तुलं 2 सरकृद्रसम् ।

कर्णपीडां[1] च सक्षौद्रमञ्जनात् क्षणदान्ध्यनुत्[2] ।

स्तन्यं शीताम्बुना नस्यात् नासिकासृक्स्रवं हरेत् ॥१३॥

नासाम्बुस्रावहृज्जिघ्रेद्वस्त्रस्थं कारवीरजः ।

रसः ससैन्धवः कोष्णो रम्भागृञ्जनमूलजः ॥१४॥

पृथगार्द्रकजो[3] वापि पूरणात् कर्णशूलहा[4] ।

महिषीनवनीतेक्षुपत्रभस्मानुलेपनम् ॥१५॥

जातीपत्रोषणनिशाकबलं फलमूलयुक् ।

नाशयेदोष्ठजं रोगं योगद्वयमिदं पृथक् ॥१६॥

पुङ्खक्वाथेऽभयाकल्कसिद्धं तैलं द्विजार्तिहृत् ।

धान्याम्लनालिकेराम्भोमूत्रं क्रमुकविश्वयुक् ॥१७॥

कथितं कबलं कार्यमधिजिह्वादिशान्तये ।

साधितं लाङ्गलीकल्के तैलं निर्गुण्डिकारसे ॥१८॥

स्तन्यमिति । कारवी = कृष्णजीरकम् । कौरवीरज इति केचित् पठन्ति । कौरवी = കരക്കത്തിമല്ലി । गृञ्जनं = മുരിഞ്ഞ । आर्द्रकं = ഇഞ്ചി । कर्णशूलं = ചെവിനോവ് । कबलं = വായിൽത്തികൊള്ളുക । फलं = त्रिफला । मूलं = गोമൂത്രം । पुङ्खः = കൊഴിഞ്ഞിൽ ।अभया = हरीतकी । द्विजार्तिः=दन्तपीडा । निर्गुण्डी = കരുനൊച്ചി । गण्डमाला = കണ്ഠമാല് । गलगण्डः = कण्ठरोग-विशेषः ॥ (१३-१८)

---

1 कर्णविड्वाथ 2 क्षणमान्ध्यहृत् । 3 वाथ 4 कण्ठशूलहा ।

गण्डमालागलगण्डौ नाशयेन्नस्यकर्मणा ।

पल्लवैरर्कपूतीकस्नुहीव्याघातजातिजैः ॥१९॥

उद्वर्तनं सगोमूत्रैः सर्वत्वग्दोषनाशनम् ।

वाकुची सतिला भुक्ता वत्सरात् कुष्ठनाशिनी ॥२०॥

पथ्याभल्लातकतिलगुडपिण्डी च कुष्ठजित् ।

व्यञ्जजिच्चूर्णतालोग्रा कुष्ठपीतवटच्छदम्[1] ॥२१॥

तुण्डीरसं सपुष्पाज्यं हरेदर्शः कपालजम्[2] ।

पूतीकवह्निरजनी त्रिफलातिलचूर्णयुक् ॥२२॥

तर्कं गुदाङ्कुरे पेयं भक्ष्या वा सगुडाभया ।

फलदार्वी विशालाभ्रकाथो धात्रीरसोऽथवा ॥२३॥

पातव्यो रजनीकल्कक्षौद्रमिश्रः प्रमेहिना ।

वासागुडूचीव्याघातकाथ एरण्डतैलयुक् ॥२४॥

पल्लवैरिति । सगोमूत्रैः =अर्कादिपल्लवैः उद्वर्तनं, सर्वत्वग्दोषनाशनम् । व्याघातं= കൊന്ന । उद्वर्तनं = മേൽതിരുമ്മുക । वाकुची = കാർകോലരി । पिण्डी = गुलिका । व्यञ्जं=കരുമഞ്ഞ് (?) । चूर्णं = നൂറ് । तालं = അരിതാലം । उग्रा= വയമ്പ് । कुष्ठं = കോഷ്ഠം । पीतवटच्छदं = പഴുത്തപേരാലില । तुण्डीरसः= കാകത്തൊണ്ടിനീർ । पुष्पाज्यं = मधु । कपालर्शः = शिरोरोग-विशेषः ॥

(१९-२२)

पूतीकेति । गुदाङ्कुरः = अर्शः । विशाला = മെത്തുക്ക;കാട്ടുവെള്ളരി । फलं = त्रिफला । अभ्रं = മുത്തങ്ങ । रजनी = മഞ്ഞൾ । प्रमेहिना=प्रमेहयुक्तेन

---

1 पटच्छदम् ।   2 कपोलजम् ।

वातशोणितहृत् पीतः पिप्पली स्यात् प्लिहापहा ।
सेव्या जठरिणा कृष्णा स्नुक्क्षीरबहुभाविता ॥२५॥
पयो वा चव्यदन्त्यग्निविडङ्गव्योषकल्कयुक् ।
ग्रन्थिकाग्न्यभयाकृष्णाविडङ्गाक्ते घटे स्थितम् ॥२६॥
मासं तक्रं ग्रहण्यर्शोगुल्मपाण्डुक्रिमीन् हरेत् ।
फलत्रयामृता वासा तिक्ता भूनिम्बनिम्बजः ॥२७॥
क्वाथः क्षौद्रयुतो हन्यात् पाण्डुरोगं सकामिलम् ।
रक्तपित्ती पिबेद्द्रासास्वरसं[1] ससितामधु ॥२८॥
वरीद्राक्षावचाशुण्ठीसाधितं वा पयः पृथक् ।
वरीविदारीपथ्याश्वबलात्रयनवायुताः ॥२९॥
श्वदंष्ट्रां मधुसर्पिर्भ्यामालिहेत् क्षयरोगवान् ।
पथ्याशिग्रुकरञ्जार्कत्वङ्नवाविश्वसिन्धुयुक् ॥३०॥

गुडूची = അമൃത് । व्याघातं = കൊന്ന । एरण्डतैलं = ആവണക്കെണ്ണ । प्लीहा = प्लीहोदरं ॥ (२२-२४)

सेव्येति । जठरी = महोदरी । कृष्णा = पिप्पली । स्नुक्क्षीरं = കള്ളിപ്പാൽ । ग्रन्थिः = കാട്ടുതിപ്പലി ।अग्निः = കൊടുവേലി ॥ (२५-२६)

फलेति । तिक्ता = കടുകരോഹിണി । भूनिम्बः = പുങ്ങ । निम्बः = വേപ്പ് । वरी = शतावरी । शुण्ठी = ചുക്ക് ॥ (२७-२८)

वरीति । विदारी = പാല്മുതുക്ക് । अश्वः=അമുക്കുരം । बलात्रयं=കുറുന്തോട്ടി വെൺകുറുന്തോട്ടി വെള്ളുരം । नवा = पुनर्नवा । श्वदंष्ट्रा = ഞെരിഞ്ഞിൽ । शिग्र्वादीनां त्वक् । विश्वं = शुण्ठी । सिन्धुः = ഇന്തുപ്പ് ॥ (२९-३०)

---

1 पासास्वरसं

समूलविद्रधिग्रन्थिविड्ग्रहापचिकादिहृत्[1] ।

त्रिवृत्तेजोवतीदन्ती मञ्जिष्ठारजनीद्वयम् ॥३१॥

तार्क्ष्यजं निम्बपत्रं च पिष्ट्वा लिम्पेद्भगन्दरे ।

व्याघातरजनीलाक्षा चूर्णाज्यक्षौद्रसंयुता ॥३२॥

वासोवर्तिर्व्रणे योज्या शोधनी गतिनाशिनी ।

श्यामायष्टिनिशालोध्रपद्मकोत्पलचन्दनैः ॥३३॥

सशारिबैः श्रृतं तैलं क्षीरे स्याद्व्रणरोपणम् ।

श्रीकार्पासदलै[2]र्भस्मफलोषणबलानिशाः ॥३४॥

तप्तपिण्डीस्वेदनं ताम्रे सतैलं स्यात् क्षतौषधम् ।

कुम्भीसारं पयोयुक्तं वह्निदग्धव्रणे[3] लिपेत् (?) ॥३५॥

त्रिवृदिति । त्रिवृत् = തികോല്പക്കൊന്ന । तेजोवती=ചെറുപുന്നയരി । दन्ती = നാഗദന്തി । तार्क्ष्यजं=तार्क्ष्याञ्जनम् । शोधनं= ദോഷം കെടുക്കുന്നതു് । गतिनाशिनी = കുഴിയെ ഒഴിപ്പിക്കുന്നതു് । श्यामा = നാൻ കോല്പക്കൊന്ന । व्रणरोपणं = പുണ്ണൊണങ്ങുന്നതു് ॥ (३१-३३)

श्रीति । श्रीः = श्रीताली । कार्पासदलं = പനത്തിയില । तैः श्रीकार्पासदलैः भस्म । फलं = त्रिफला, ऊषणं = കുരുമുളകു് । ताम्रे = ताम्रपात्रे, कृत्वा, सतैलं तप्तपिण्डीस्वेदनं, पिण्डी = കിഴി । क्षतं=व्रणम् । कुम्भीसारः=പൊൻകാരം । नालिकेररजोघृतं = ചിരട്ടയുഴിഞ്ഞതേങ്ങ ചിരച്ചു് വെന്തതും ? सेकात् । तदेव नाशयेत् = പുണ്ണൊഴിക്കും ॥ (३४-३५)

---

1 पुल्कावचिकादि 2 दले 3 वह्निगन्थव्रणे

तदेव नाशयेत् सेकान्नाल्किेररजोघृतम् ।

दूर्वैल्काजापामार्गपर्णं स्यादस्रबन्धनम् ॥३६॥

तण्डुलाद्भिर्लिपेन्नाभौ तालीमूलं विषूचिहृत् ।

नस्ये भृङ्गाम्बुकोष्णाद्भिः कृष्णाविश्वे पिबेदपि ॥३७॥

विश्वाजमोदसिन्धूत्थचिञ्चात्वग्भिः समाभया ।

तक्रेणोष्णाम्बुना वापि पित्तातीसारनाशिनी ॥३८॥

वत्सकातिविषोदीच्य[1]बिल्वमुस्ताश्रृतं जलम् ।

सामे पुराणेऽतीसारे सासृक्छूले च पाययेत् ॥३९॥

अङ्गारदग्धं स्नुगतं सिन्धुमुष्णाम्बुना पिबेत् ।

शूलवानथवा तद्वत् सिन्धुहिङ्गुकणाभयाः ॥४०॥

वटरोहोत्पलातङ्कलाजचूर्णं मधुप्लुतम् ।

वस्त्रखण्डगतं[2] वक्त्रे न्यस्तं तृष्णां विनाशयेत् ॥४१॥

दूर्वैलेति । दूर्वैल्काजापामार्गपर्णमस्रबन्धनं स्यात् । दूर्वा = കറുക । एलकं = തകര । अजा = ബ്രഹ്മി । अपामार्गः = ചെങ്കടലാടി । अस्रं = रुधिरम् । तालीमूलं = ഈറമ്പനവേർ । नस्ये भृङ्गाम्बु इन्येतदपि विषूच्यामेव । भृङ्गाम्बु = കഞ്ഞുണ്ണിനീര് । विश्वेति । अजमोदः = അയമോദകം । चिञ्चात्वक् = പുലിത്തോൽ । उदीच्यं = ഇരുവേലി । बिल्वं = बिल्वशलाटुः । सामे = आमसहिते पुराणे च ॥ (३६-३९)

अङ्गारेति । सिन्धुः = ഇന്തുപ്പ് । सिन्धुस्नुगतं कृत्वाङ्गारे दग्धमुष्णाम्बुना पिबेत् । वटरोहः = പേരാൽ വിട്ടുവേർ । आतङ्कः = കൊട്ടം । याषं = കൊടിത്തൂവ്വ । जातीदलं=പിച്ചകത്തില । मुखपाकः=വായ്പുണ്ണ് ॥ (४०-४२)

---

1 अतिविषा दीप्या

2 वस्त्रच्छिन्नगतं

याषदार्वीजातिदलद्राक्षामृतफलत्रयैः[1] ।
साधितं समधुकाथकवलं मुखपाकहृत् ॥४२॥

कृष्णातिविषतिक्तेन्द्रदारुपाठापयोमुचाम् ।
काथो मूत्रे शृतः क्षौद्री सर्वकण्ठगदापहः ॥४३॥

पथ्यागोक्षुरदुःस्पर्शराजवृक्षशिलाभिदाम्[2] ।
कषायः समधुः पीतो मूत्रकृच्छ्रमपोहति ॥४४॥

वत्सत्वग्वरणकाथः[3] शर्कराश्मरिवातमुत् ।
ऐन्द्रीमूलं[4] कुबेराक्षीशृङ्गं वा वृद्धिमान् पिबेत् ॥४५॥

शाकोटकाथमुत्क्षौद्रं क्षीराशी श्लीपदी पिबेत् ।
नवनीतं निशापूर्णं पिष्ट्वा लिम्पेच्च श्लीपदे ॥४६॥

कृष्णेति । पयोमुक् = മുത്തങ്ങ । गोक्षुरः = ഞെരിഞ്ഞിൽ । दुःस्पर्शः = കൊടിത്തൂവ്വ । राजवृक्षः = കൊന്ന । शिलाभित् = കല്ലൂർവഞ്ചി । वत्सत्वक् = കടകപ്പാലവേരിന്മേൽതൊലി । वरणं = നീർമാതളം । शर्करा अश्मरी = ലിംഗത്തിൽ അടച്ചിരിക്കും ചരൽ ॥ (४३-४४)

ऐन्द्रीति । ऐन्द्री = ഉഴിഞ്ഞ । कुबेराक्षीशृङ्गं = കഴിഞ്ഞിമൊട്ട് । शाकोटः = ചെറുപരുപ്പ് । उत्क्षौद्रं = उपरि क्षौद्रेण युक्तम् । क्षीराशी = പാൽക്കുട്ടി ഉണ്ണുന്നവൻ । श्लीपदी = ശ്ലീപദമുള്ളവൻ । श्लीपदं = पादवल्मीकः = പെരുങ്കാലുള്ളവൻ ॥ (४५-४६)

---

1 द्राक्षामूलफल
2 शिलादिभिः ।
3 पातनः।
4 ऐन्द्रींमूलैं

[1] नवनीतनिशाक्तां वा कृष्णाकाथरसक्रियाम् ।

नवनीततिलोन्मत्ततिलचूर्णं ससैन्धवम् ॥४७॥

शृते मूत्रे क्षिपेल्लवात् (लेपात्) पादकण्डूतिकं हरेत् ।

मेषार्कस्नुक्पयस्तैलं समधूच्छिष्टसैन्धवम् ॥४८॥

पादरोगं हरेत् सर्पिर्जलकुक्कुटजं तथा ।

पृथगक्षाः फला यष्ट्याः पलार्धं क्रिमिहृत् पयः ॥४९॥

प्रस्थं तदङ्घ्रिक्षौद्राज्यं खलतेः स्याद्रसक्रिया ।

शुण्ठी सौवर्चलं हिङ्गुचूर्णं शुण्ठीरसेऽर्पितम् ॥५०॥

रुजां हरेद्यवकाथे सविड्बन्धामिमां च तत् ।

[2] सौवर्चलाग्निहिङ्गूनां सदीप्यानां रजोयुतम् ॥५१॥

मेषेति । मेषार्कस्नुक् पय इति । मेषपयः, अर्कपयः, स्नुक्पयश्च । मधूच्छिष्टं= മെഴുക് । जलकुक्कुटजं सर्पिश्च । तथा जलकुक्कुटः = കുളക്കോഴി ॥ (४८)

पृथगिति । फला = त्रिफला । त्रिफलायष्ट्यः पृथगक्षप्रमाणाः । पलार्धं क्रिमिहृत् । प्रस्थं पयः । तदङ्घ्रिपादाः = प्रस्थपादाः । सह क्षौद्रमाज्यम् । क्रिमिहृत् = വിഴാലരി । खलतिः = തരുതല (കഷണ്ടി) । रसक्रिया = കഴമ്പ് ॥ (४९)

शुण्ठीति । शुण्ठी= ചുക്ക് । सौवर्चलं = सुवर्चललवणम् । सविड्बन्धामिमां च; तदित्यनेन एतदुक्तम् । तच्छुण्ठ्यादिचूर्णं यवकाथे क्षिप्ता पीतं चेत् विड्बन्धसहितामिमां रुजं च हन्तीति । विड्बन्धः = मलबन्धः ॥ (५०)

सौवर्चलेति । अग्निः = കൊടുവേലി । दीप्यकं………अजमोदकं । बिडं = വിളയുപ്പ് । विडङ्गमिति केचित् ॥ (५१)

---

1 नवनीतनिशाक्ताम् इत्यारभ्य श्लोकद्वयं B कोशे नास्ति.

2 सौवर्चलेति श्लोक एकः B पुस्तके न दृश्यते ।

विडङ्गं दीप्ययुक्तं वा तक्रं गुल्मातुरः पिबेत् ।

धात्रीपटोलमुद्गानां क्वाथः साज्यो विसर्पहृत् ॥५२॥

त्रायन्तीनिम्बदार्वीत्वक्तिक्तामधुकुकूलजः ।

क्वाथो निम्बपटोलाभ्रकषायो वा विसर्पजित् ॥५३॥

शुण्ठीदारुनवाक्षीरक्वाथो मूत्रान्वितः पुरम्[1] ।

सव्योषायोरजःक्षारः फलक्वाथश्च शोफहृत् ॥५४॥

गुडयुक्तस्त्रिवृद्विश्वसैन्धवांशरजोयुतः[2] ।

सत्रिवृद्वा[3] फलक्वाथः सगुडः स्याद्विरेचकः ॥५५॥

धात्रीति = धात्री = നെല്ലിക്ക । त्रायन्ती = ब्राह्मी = ബ്രഹ്മി । दार्वीत्वक् = മരമഞ്ഞത്തൊലി । तिक्ता = കടുകരോഹിണി । कुकूलं = പടവലം । अभ्रं = മുത്തങ്ങ ॥ (५२-५३)

शुण्ठीति । शुण्ठ्यादिभिः क्षीरसहितः क्वाथ एकः । शुण्ठी = ചുക്ക് । दारुः= ദേവതാരം । नवा = पुनर्नवा । मूत्रान्वितं पुरं द्वितीयः । मूत्रं = गोमूत्रम् । पुरं = गुग्गुलुः । फलक्वाथश्च शोफनुत् तृतीयः । फलक्वाथः = त्रिफलाक्वाथः; कीदृग्विशिष्टः = सव्योषायोरजःक्षारः । व्योषं = त्रिकटुकम् । अयोरजः = ഇരുമ്പ്പൊടി । क्षारः = यवक्षारः ॥ (५४)

गुडयुक्त इत्यादि । फलक्वाथो विरेचकः । कीदृग्विशिष्टः = त्रिवृद्विश्वसैन्धवांशानां रजसा युतो गुडयुक्तश्च = മേപ്പൊടി(ഇവ) । अत्र त्रिवृतोऽर्धांशं विश्वं, ततोऽर्धांशं सैन्धवम्, सत्रिवृद्वा फलक्वाथः = त्रिवृता सह फलक्वाथो वा विरेचकः । फलक्वाथः = त्रिफलाक्वाथः ॥ (५५)

---

1 पुनः । 2 गुलसिक्तं 3 धात्रीवृद्धा फलक्वाथः

द्राक्षाकाथस्त्रिवृत्खण्डगुडयुक्तश्च रेचकः ।

धात्रीव्योषविडङ्गैलापत्रमुस्तात्वचः समाः ॥५६॥

अष्टभागं त्रिवृत्खण्डं षड्भागं च द्विसैन्धवम् ।

तच्चूर्णं मधुना लीढ्वा शीताश्चानुलिपेदपः ॥५७॥

[1] खण्डतुल्या त्रिवृत्कृष्णा त्रिवृत्पादं च तद्रजः ।

मधुना पङ्कितं लेह्यमेतौ योगौ विरेचकौ ॥५८॥

फलराठकषायोत्थं पयो वमनकृद्भवेत् ।

शस्तौ कोशातकीक्ष्वाकू वमने राठबीजवत् ॥५९॥

चपला शिशिरे स्थाप्या राठमध्ये सुचूर्णिता ।

उद्धृता [2] मधुमासे सा वामयेद्घ्राणयोजिता ॥६०॥

द्राक्षेति । द्राक्षा = മുന്തിരിങ്ങ । त्रिवृत् = ത്രികോൽപ്പക്കൊന്ന । खण्डं = കൽക്കണ്ടം । गूडं=शर्करा । धात्री = നെല്ലിക്ക । एला=ഏലത്തരി । पत्रं = പച്ചില । त्वक् = ഇലവംഗപ്പട്ട । द्विसैन्धवं =द्विभागसैन्धवम् , तद्रजः = तयोः त्रिवृत्कृष्णयो रजः ॥ (५६-५८)

फलेति । फलराठः = മലങ്കാരക്കുരു । इक्ष्वाकुः = പേച്ചുര । राठबीजवत् प्रयोज्यौ ॥ (५९)

चपलेति । चपला = पिप्पली । चपलाबीजानि राठफलस्यान्तर्बीजं त्यक्त्वा शिशिरकाले राठफलमध्ये संस्थाप्य मधुमासे तान्युद्धृत्य चूर्णयित्वा घ्राणयोजनात् वमनं स्यात् ॥ (६०)

---

1 खण्डतुल्यं त्रिवृत् कृष्णा (त्रिदिवा) 2 मधुना सेव्या

सिन्धुद्विजीरकव्योषदीप्यहिङ्गुरजोयुतम् ।
आज्याक्तं[1] प्रथमग्रासे वह्निकृद्वातनाशि च ॥६१॥

पथ्या शुण्ठी सैन्धवांशस्य कल्कं
पेयं नित्यं सर्वरोगक्षयाय ।
पथ्या कृष्णा दीप्यसिन्धूद्भवानां
कल्कं तद्वत् षट्चतुर्द्व्येकभागम् ॥६२॥

कृष्णा सैन्धवमातुलाज्यमधुभिर्लीढं त्रिदोषं हरे-
द्भल्लास्थ्यमितिले गुडेन सकलव्याधिक्षयायाशयेत् ।
छिन्नागोक्षुरयोर्वरीमुनिशिरोभूतालसंयुक्तयो-
र्लेहः साज्यमधुर्जरापलितजिद्रोगापमृत्यून् हरेत् ॥६३॥

वासावरीयष्टिसिताश्वदंष्ट्रासिन्धूत्थकृष्णात्रिफलामृतानाम्[2] ।
चूर्णं निषिक्तं घृतमाक्षिकाभ्यां नित्योपयोगेन रसायनं स्यात् ॥६४॥

सिन्ध्विति । द्विजीरक = ஜீரகமும் கருஞ்ஜீரகமும் ॥ (६१)

पथ्येति । पथ्याशुण्ठीत्यादिना रसायनान्याह । रसायनं नाम जरापलितरोगापमृत्युजिदौषधम् । कल्कं = മുക്കടി ॥ (६२)

कृष्णेति । भल्लातास्थि = ചേക്കുരു । छिन्ना = ചിററമൃത് । मुनिशिरः = അടക്കാമണിയൻ । भूतालं = നിലപ്പന ॥ (६३)

वासेति । वासा = ആടലോടകം । श्वदंष्ट्रा = ഞെരിഞ്ഞൽ ॥ (६४)

---

1 आज्याक्ते 2 पांशीवरीयष्टिसिताश्व

वाराहीरजसा[1] पिबेत् सह पयः संवत्सरं तद्वनो
लेह्यं वा मधुसर्पिषा समधुपान्[2] प्रातस्तिलान् वा भुजेत् (?) ।
त्रीण्येतानि रसायनं सितकणाविश्वायसां चूर्णवान्[3]
सर्पिस्तैलयुतः फलत्रयरसो[4] दार्वीप्रलेपी तथा ॥६५॥

रजोऽक्षमात्रं मधुपस्य तावत्
खण्डं तिलं चामलकं तदर्धम् ।
तत् पङ्कितं सर्पिषि भक्षयेद्यो
न तस्य[5] रोगा न जरा न मृत्युः ॥६६॥

धात्रीपथ्याक्षचूर्णं पृथगलिकरसे भावितं त्रिंशदंशो[6]
कीटघ्नं लोहचूर्णं दशगुणितदशांशं च ताभ्यां युतं यत् ।

वाराहीति । वाराही = നിലപ്പന । मधुपाः = കഞ്ഞുണ്ണിനീർ । निस्तुषांस्तिलान् मधुपान् रसे क्षिप्त्वा पुनरातपे शोषयित्वा प्रातर्भक्षयेत् रसायनम् । फलत्रयरसश्च तथा रसायनमित्यर्थः । कीदृग्विशिष्टः = सितकणाविश्वायसां चूर्णवान् सर्पिस्तैलयुतो दार्वीप्रलेपी च ॥ (६५)

रज इति । मधुपः = കഞ്ഞുണ്ണി । मधुपस्य रजोऽक्षमात्रं खण्डशर्करा च तावन्मानेन तिलामलकचूर्णं तदर्धम् ॥ (६६)

धात्रीति । धात्रीपथ्याक्षचूर्णं पृथक् त्रिंशदंशम् । पृथक् भृङ्गीरसे भावितं च । कीटघ्नं त्रिंशदंशं दशगुणितदशांशं = त्रिंशदंशमित्यर्थः । तद्वत् लोहचूर्णं त्रिंशदंशमित्यर्थः । ताभ्यां = कीटघ्नलोहचूर्णाभ्याम् । युतं धात्रीपथ्याक्षचूर्णं यत् तद्वर्यमृत-

---

1 वाराहीसहिता 2 समधु वा 3 चूर्णयन्
4 फलत्रययुतो 5 नरस्य रोगाः 6 त्रिंशदंशं

संयुक्तं तत्क्रमाद्र्यमृतहुतभुजां पञ्चभागेन नित्यं

लेह्यं सिक्तं त्रिकालं मधुघृततिलजैः पूर्ववत्तत्फलं स्यात् ॥६७॥

त्रिफलायुता[1] मधुपशर्करया

सकणासिता घृतमधुद्रविता ।

अशितापमृत्युगदहृत्स्मरदा[2]

बलपुष्टिकृज्जित[3]जरापलिता ॥६८॥

हुतभुजां पञ्चभागेन क्रमात् संयुक्तं मधुघृततिलजैः सिक्तम् एतज्जैस्त्रिकालं नित्यं लेह्यम् । [4]तत्फलं = तेषां फलमपि । पूर्ववत् स्यात्; जरापलितजित् स्यादित्यर्थः । एवं धात्रीत्यादिना रसायनत्रयमुक्तम् । यथा दशगुणितदशांशकीटघ्नलोहचूर्णाभ्यां युतम् अलिक-रसे भावितं त्रिंशदंशं धात्रीचूर्णं शतावर्याः पञ्चभागेन युक्तं मधुना सिक्तमेकं रसायनम् । दशगुणितदशांशकीटघ्नलोहचूर्णाभ्यां युतं अलिकरसे भावितं त्रिंशदंशपथ्याचूर्णं गुडूच्याः पञ्चभागेन युक्तं घृतेन सिक्तमपरं रसायनम् । दशगुणितदशांशकीटघ्नलोह-चूर्णाभ्यां युतम् अलिकरसे भावितं त्रिंशदंशमक्षचूर्णं हुतभुक्पञ्चभागेन युक्तं तैलेन सिक्तमन्यद्रसायनम् । अलिकरसः = കഞ്ഞുണ്ണിനീർ । हुतभुक् = കൊടുവേലി । कीटघ्नः = വിഴാലരി । लोहचूर्णं = अयोरजः । त्रिकालं मधुघृततिलजैरिति । मधुयुक्तं प्रातः, घृतयुक्तं मध्याह्ने , तैलयुक्तं सायाह्न इति ॥ (६७)

त्रिफलेति । मधुपशर्करया युता त्रिफला एकं रसायनम् । सकणासिता घृतमधु-द्रविता त्रिफला अपरं रसायनम् । शर्करा = खण्डशर्करा । कणा = पिप्पली । सिता = പഞ്ചസാര । स्मरदा = कामदा । पलितं = നരക്ക ॥ (६८)

---

1 युताथ मधुशर्करया 2 स्वरदा 3 जितज्वर।

4 तत्फलमित्यारभ्य इत्यर्थ इतिपर्यन्तं वाक्यं B कोशे नास्ति।

पथ्याचित्रकशृङ्गबेरमुसलीछिन्नोद्भवानां रज-

स्तुल्यांशं गुडपङ्कितं दिनमुखे लेह्यं जनैर्नित्यशः ।

वृष्यं पुष्टिकरं जरापलितजित्तेजोबलोद्वर्धनं

सर्वव्याधिहरं रसायनमिदं वर्षोपयोगाद्भवेत्[1] ॥६९॥

॥ इति नारायणीये तन्त्रसारसङ्ग्रहे षोडशः पटलः ॥

पथ्येति । पथ्या = हरीतकी = കടുക്ക । चित्रकं = കൊടുവേലി । शृङ्गबेरं = आर्द्रकम् = ചുക്ക് । मुसली = നിലപ്പന । छिन्नोद्भवा = അമൃത് । पादिकमिदं रसायनं वृष्यादिगुणविशिष्टं भवति । वृष्यं = रेतोवर्धकर्म् ॥ (६९)

॥ इति नारायणीयमन्त्रसारसङ्ग्रहव्याख्याने षोडशः पटलः ॥

---

1 वर्षोपभोगात्

॥ अथ क्षुद्रपटलो नाम सप्तदशः ॥

स्तम्भो विद्वेषणोच्चाटावुत्सादो[1] भ्रममारणे ।
व्याधिश्चेति स्मृतं क्षुद्रं तन्मोक्षश्चात्र[2] कथ्यते ॥१॥

मांसाष्टकावृतार्णान्त्ये[3] नाममांसविदर्भितम् ।
साष्टाशा वज्रमैन्द्रं च पार्थिवाहिवृतं[4] लिखेत् ॥२॥

आस्ये च फणिनोरास्यां विभीतफलकेऽर्पितम् ।
गैरिकेण शिलाक्रान्तं निमील्य स्तम्भनं खनेत् ॥३॥

स्तम्भ इत्यादि । स्तम्भः = प्रवृत्तिविनाशः । विद्वेषः = स्निग्धानां परस्परकलहः । उच्चाटः = देशात् देशान्तरप्रेरणम् । पुनरावृत्तिवर्जितो विनाश उत्सादः । भ्रमः = उन्मादः । मारणं = मरणकारि यत् कर्म तत् । व्याधिः=ज्वरादिः । तन्मोक्षः=उपरितन-पटले वक्ष्यमाणः क्षुद्रपरिहारः ॥ (१)

मांसाष्टकवृत इत्यादि । क्षकारं लिखित्वा तन्मध्ये जीवं, जीवस्य परितोऽलङ्कारेण विदर्भितं नाम, क्षकारस्य बहिरष्टदलं पद्मं लिखित्वा, अष्टदलेषु लं इति लिखेत् । पद्मस्य बहिश्चतुरश्रयुगम् अष्टदिक्षु वज्रयुक्तं तद्बहिः वासुकिशङ्खपालाभ्यां वेष्टयेत् । वालं वालेन संयोज्य, आस्यमास्येन च संयोज्य वेष्टनम् । फणिनोरास्ये फणिनोरास्यां च ; मस्तक इत्यर्थः । वासुकि-शङ्खपाल इति । पुनः फणिनोरास्ये चास्याम् , आस्ययोरन्तराल इत्यर्थः । देवदत्तस्य सेनां स्तम्भय स्तम्भयेत्यादि । [5]गैरिकेणाक्षफलके एवं लिखित्वा साधितमेतद्यन्त्रं शिलाक्रान्तं शिवनिर्माल्ये खनेत् । (२-३)

---

1 विद्वेषणोच्चारौ 2 तन्मोषं चात्र वक्ष्यते । 3 मांसाष्टकवृते
4 अहिपूतं 5 गैरिकेणेति वाक्यं B कोशे न दृश्यते ।

साख्यं वस्त्राब्जमध्यस्थं[1] लिखेद्वर्त्म[2] च दिग्दले ।
ग्लं[3] कोणे भूगृहाष्टांशा वज्रान्तःसूचिते[4] च हुम् ॥४॥

वारुणं मण्डलं बाह्ये लिखेद्वस्त्रे निशारसैः ।
विघ्नस्य कुक्षौ विन्यस्य निशापिष्टमयस्य तम् ॥५॥

शरावसंपुटे स्थाप्यं पीतपुष्पैश्च पूजयेत् ।
स्तम्भः स्याद्वृष्टिसेनावाग्विवादगमनादिषु ॥६॥

वसहेति पदं वायुदीर्घान्त्यमनिलः शिरः ।
एतं स्तम्भनकृन्मन्त्रमैन्द्रस्याब्जदलार्पितम् ॥७॥

साख्यमित्यादि । वस्त्रे = प्रेतवस्त्रे । निशारसैः अष्टदलं पद्मं लिखित्वा कर्णिकायाम् आख्यायुक्तं वर्त्म जीवस्य परितः । दिग्दलेषु हुंकारं, कोणदले ग्लंकारं, पद्मस्य बहिः चतुरश्रयुगं साष्टाशावज्रं च कृत्वा, तत्सूचिके = अष्टाशावज्रसूचिके । हुंकारं, तद्बहिः अष्टार्धचन्द्रेण वेष्टयेत् । पुनर्निशापिष्टमयं हतविघ्नं विनायकं कृत्वा, तस्य विघ्नस्योदरे एतद्यन्त्रं विन्यस्य, तं विघ्नं शरावसंपुटे[3] संस्थाप्य, कुक्षिगणपतिमन्त्रेण तं पीतपुष्पैः पूजयेत्। ओं हुं ग्लं कुक्षिगणपतये नमः । [5](कुक्षिगणपतिमन्त्रः । एतद्यन्त्रं सेनाभागे न्यसेत् । सेनायाः स्तम्भो भवति ।) (४-६)

वसहेत्यादि । अष्टदलं पद्मं लिखित्वा, तस्य कर्णिकायां ल लंकारं लिखेत् । जीवाख्यादि पूर्ववत् । "व स ह यक्षाय स्वाहा" । अस्यैकैकमक्षरं दलेषु लिखेत् । तद्बहिः अष्टाशावज्रयुक्तं चतुरश्रयुगम् । [6]स्तम्भनम् ॥ (७)

---

1 वर्माब्ज ; वर्णाब्ज 2 लिखेद्वर्म 3 ग्लों 4 वज्रे तत्सूचिके
3 संपुटेस्थाप्य 5 कुक्षिगणपतिमन्त्र इति वाक्यं B पुस्तके नास्ति ।
6 "स्तम्भनम्" इदं पदं B पुस्तके नास्ति ।

[1] तालेनेन्दुं लिखेद्वस्त्रे वैरिनामेन्दुदर्भितम् ।
सेनामार्गे खनेदेतत् सैन्यस्तम्भनमुत्तमम् ॥८॥
भूसद्मस्थान्त्यगेन्द्वस्थं[2] मांसस्थं नाम पूर्ववत् ।
शमषागलसोमेशयमेदोरुणयोदय ॥९॥
[3] यदयोनिरयक्षेययक्षे[4] पञ्च निरामय ।
चिताङ्गराक्षशृङ्गाभ्यां[5] महिषाश्वशिरोऽन्तरा ॥१०॥

तालेनेति । तालेन = [6]हरितालेन । ठकारं लिखित्वा, मध्ये जीवं, जीवस्य परितो ठकारविदर्भितं वैरिनाम लिखेत् । [7]साधितमेतत् सेनामार्गे खनेत् । सैन्यस्तम्भनम् ॥ (८)

भूसद्मेत्यादि । लंकारं लिखित्वा, तन्मध्ये जीवं, जीवस्य परित आख्यां, लकारस्य बहिः ठकारं, [8](तद्बहिः क्षकारं), तद्बहिश्चतुरश्रयुगं साष्टाशावज्रम् । [9](सैन्यस्तम्भनम्) । " यमराजसदोमेययमेदोरुणयोदय । यदयोनिरयक्षेय यक्षेयश्च निरामय ॥ " दक्षिणोत्तरायतं रेखाद्वयं चिताङ्गाराक्षशृङ्गाभ्यां लिखित्वा, पूर्वपश्चिमोत्तरायतं रेखाद्वयं च, तथा पूर्वपश्चिमोत्तरायतरेखाद्वयाभ्यां [10](दक्षिणोत्तरायताभ्यां रेखाभ्याम्) चाक्रान्तं वृत्तत्रितयं कृत्वा, मध्यखण्डे यकारं लिखेत् । तत्र कोणेषु अन्तर्मुखानि ([11]चत्वारि) शूलानि कुर्यात् । मध्यखण्डस्य पूर्वपदत्रितये अन्तरारभ्य यमराज इति, अग्निकोणपदत्रितये बाह्यादारभ्य सदोमेय इति, मध्यखण्डस्य दक्षिणपदत्रितये बाह्यादारभ्य णयोदय इति, मध्यखण्डस्य पश्चिमपदत्रितये अन्तरारभ्य यदयोनिरिति, वायुकोणपदत्रितये बाह्यादारभ्य रयक्षेय इति, मध्यखण्डस्य उत्तरपदत्रितये अन्तरारभ्य यक्षेयश्च इति, ईशकोणपदत्रितये बाह्यादारभ्य निराम इति, मध्यस्थयकारे जीवादिपूर्ववत् शववस्त्रे महिषमश्वं च परस्पराभि-

---

1 कोलेनेन्दौ 2 अन्त्यगेन्दुस्थ 3 यभयो 4 यश्च
5 अक्षनिम्बाद्भिः 6 अरितालेन 7 साधितमिति वाक्यं B कोशे नास्ति ।
8 तद्बहिः इति वाक्यं B कोशे नास्ति । 9 सैन्यस्तम्भनम् इति B कोशे नास्ति ।
10 दक्षिणोत्तरेति वाक्यं B कोशे न दृश्यते । 11. चत्वारि इति B कोशे नास्ति ।

चतुष्कुल्याशलाके[1] त्रिवर्तुलेऽन्तश्चतुर्गुणे ।
बहिरष्टगुणे वस्त्रे विधिना तं मनुं लिखेत् ॥११॥
शरावसंपुटस्थं तत् स्निग्धयोर्नीतमन्तरा ।
यमराजचक्रनाम[2] श्मशाने द्वेषकृत् खनेत् ॥१२॥
मेरुस्थं स्तम्भकृद्यन्त्रं तत्तु पेषिण्यधः क्षिपेत् ।
ह्स्वा देवी[3] वियत्साग्निदण्डः[4] सर्गी भृगुर्मनुः ॥१३॥
लिखेच्छरावयोरेतत्साध्ययोर्नामदर्भितम् ।
तयोरेकं लिखेद्धेमलेखिन्या रोचनाक्तया ॥१४॥

मुखं लिखित्वा, तयोरन्तरा एतद्यन्त्रं [5](लिखित्वा, शरावसंपुटे संस्थाप्य, पूजाजपादिना साधितं स्निग्धयोरन्तरा नीतं श्मशाने खनेत् । विद्वेषकृत स्यात् ।) लिखेत् । मह्रिषाश्वशिरोऽन्तरा क्षकारं, तस्यान्तर्लिखेदेतद्यन्त्रम् । पेषिणी = (ആട്ടി) । ओं ष्ट्रीं विकृताननाय स्वाहा । अयं यममन्त्रः । ओं ह्रीं कृष्णवर्णाय हृदयाय नमः । ओं विकृताननाय शिरसे स्वाहा । ओं नववस्त्राय पिङ्गलजटामकुटधारिणे शिखायै वषट् । ओं हं सहस्रादित्यतेजसे कवचाय हुं । ओं ह्रीं त्रिनेत्राय वौषट् । ओं हं विकृताननाय हुं अस्त्राय फट् । [6](एष मन्त्रो जपादिना विद्वेषादीन् कुर्यात् ।) ओं धूमान्धकाराय स्वाहा । ओं धूं हृदयाय नमः । ओं मां शिरसे स्वाहा । ओं धा शिखायै वौषट् । ओं काकवधाय हुं । ओं रं नेत्रत्रयाय वौषट् । ओं य अस्त्राय फट् । अयमपि यममन्त्रः । ह्स्वा देवीति । शरावद्वयं गृहीत्वा एकस्मिन् रोचनाक्तया हेमलेखिन्या यज्ञदत्तशब्देन विदर्भितं ह्रीं हुं सं सः इति लिखेत् । अन्यस्मिन् शरावे श्मशानमषीयुक्तेन

---

1 शलाके द्वि 2 यमराट्चक्रनामैतत् 3 ध्रुह्वा देवी ; [गूढा देही]
4 अग्निदण्डी 5 लिखित्वेति वाक्यं B कोशे नास्ति ।
6 एष मन्त्र इति B कोशे नास्ति ।

अपरं काकपक्षेण मषीयुक्तेन तद्द्वयम् ।

निखनेत्तीरयोर्नद्या विद्वेषः स्निग्धयोर्भवेत् ॥१५॥

[1] (म) संमती चेत् मर्कती चेत् सोषेय विद्वेषिणि

विद्वेषकारिणि घोरघोरयोरमुकामुकयोः परस्परं

विद्वेषं चुषु चुषु काकोलूकादिकृतं फुः ।

स काकोलूकपक्षाभ्यां पाणिभ्यां तर्पणात्तथा ।

अलक्तकं भावयित्वा मूत्राभ्यां महिषाश्वयोः ॥१६॥

माहिष्या[2] वसया क्लृप्ता द्दङ्मषी द्वेषकारिणी ।

राजिकानिम्बपत्रोष्ट्रदन्तचूर्णं शिरोऽर्पितम् ॥१७॥

काकपक्षेण देवदत्तशब्देन विदर्भितं ह्रीं हुं सं सः इति लिखेत् । परस्परं विद्वेषं कुरु कुरु इति शरावद्वयेऽपि [3](संपुटीकृत्य जपादिना साधितं तच्छरावद्वयं नद्या उभयतीरयोः निखनेत् ।) हेमलेखिनी = പൊൻമന്നൂചി ॥ (९-१५)

संमतीति । ओं घर्मटिके मर्कटिके घोरविद्वेषिणि विद्वेषकारिणि घोरघोरयोरमुकामुकयोः परस्परं विद्वेषं कुरु कुरु [4](स्वाहा) । काकोलूकादिकृतः फुः । अमुकामुकयोरित्यत्र साध्ययोर्नाम । दक्षिणपाणौ काकपक्षं गृहीत्वा वामपाणावुलूकपक्षं च गृहीत्वा (पाणिभ्यां) व्यत्यासेन [5](तर्पणात् स्निग्धयोः परस्परविद्वेषः स्यात् ।) महिषाश्वयोः मूत्राभ्याम् अलक्तकं भावयित्वा तर्पणात् तथा भवेत् । स्निग्धयोः परस्परं विद्वेषः स्यादित्यर्थः । वायुगेहे त्विति । षड्बिन्दुवृत्तं लिखित्वा, तन्मध्ये जीवं, जीवस्य परितः [6]रकारेण विदर्भितं नामकर्म केवलं वायुगेहस्य बहिरष्टासु

---

1 झर्मति चेमर्ततिचे झोषे विद्वेषिणी
2 माहिष्यं
3 संपुटीकृत्येति वाक्यं B कोशे नास्ति ।
4 स्वाहेति B कोशे नास्ति ।
5 तर्पणात् इति वाक्यं B कोशे नास्ति ।
6 रकारेण (रेफेण) [यकारेण]

शिखिकुक्कुटचूडाभ्यां धूपस्तौ द्वेषकारिणौ ।

वायुगेहे त्वमिदर्भा लेख्याख्या कर्म केवलम् ॥१८॥

लिखेद्विसर्गिणं वायुं बहिरष्टासु दिक्षु च ।

अक्षे[1] चेटिकया यन्त्रमालिख्यालिख्य मार्जयेत् ॥१९॥

तच्चूर्णं मार्जितं मूर्ध्नि क्षिपेदुच्चाटनं रिपोः ।

सधत्तूराम्भसा वह्निविष्ठया ध्वजवाससी ॥२०॥

तदेव यन्त्रमालिख्य कृष्णसूत्रेण वेष्टयेत् ।

एतन्निक्षिप्य काकास्ये प्रच्छन्नं तद्विसर्जयेत् ॥२१॥

शिबिरे वैरिणः सेना सा भीता प्रतिगच्छति ।

सेन्द्रबिन्दुः शशी श्रीमान् लेख्यस्तालेन वाससि ॥२२॥

स एव भगवानन्तस्ताभ्यां नामविदर्भितम् ।

लिखेत्तदन्तस्तत् खन्यात्[2] सेना नायाति तत्पथा ॥२३॥

चितांशुकस्थं तद्भस्म सर्पत्वक्काकपक्षयुक् ।

रक्तसूत्रवृतं गेहे न्यस्तमुच्चाटयेद्रिपुम् ॥२४॥

दिक्षु यं इति लिखेत् । [3](अक्षफलके घटिकया [चेटिकया] यन्त्रमालिख्यालिख्य मार्जयेत् ; मार्जितं तच्चूर्णं मूर्ध्नि निक्षिपेत् । उच्चाटनं वर्णकम् ।) चेटिका = वर्णशिला । धत्तूराम्भः = उन्मत्तजलम् (धत्तूररसः) । वह्निविष्ठा = अङ्गारः । ध्वजवासः = शवपटः । कृष्णसूत्रं = കറുപ്പുനൂൽ । प्रच्छन्नं = गुप्तम् । शिबिरं = सेनानिवेशः ॥ सेन्द्रबिन्दुरिति । तालेन = हरितालेन । वाससि = शवपटे । श्रीमान् सेन्द्रबिन्दुः ।

---

1 घटिकया 2 तद्दिशा ।

3 अक्षफलक इति वर्णकं यावत् B कोशे नास्ति ।

मानुषास्थि चिताभस्म दण्डी रिपुगृहे खनेत् ।
नरास्थिराजिकाकाकपक्षांश्चोच्चाटनद्वयम् ॥२५॥
मूलमश्वितरोर्[1]दुर्गाबीजयुक्तं त्रियश्रकम्[2] ।
उत्सादाय खनेदतिस्तद्बीजं शिवसर्गवान् ॥२६॥

शशी ह्रीं इति लिखेत् । अन्तः ह्रौं इति, तन्मध्ये जीवस्य परितः ह्रीं ह्रौं इति, विदर्भितं नाम लिखेत् । [3]तत् सेनामार्गे खनेत् । तन्मार्गेण सेनां नाशयति स एव भगवान् ठकारः । तद्भस्म = चिताभस्म । दण्डी = ब्रह्मदण्डी ॥ (१६-२५)

मूलमश्वितरोरिति । अश्वितरुः = കാഞ്ഞിരം । [a]स एव विषवृक्षः । विषवृक्षेण त्रिकोणं चतुरङ्गुलं कृत्वा, तस्य कोणत्रितये दुः इति लिखेत् । अन्तरालद्वये 'दुर्गाणिविश्वा-नावेव सिन्धुं दुः' इति लिखेत् । 'दुर्गाणि विश्वानावेव सिन्धुं दुः' इत्येतन्मन्त्रं पुनर-ष्टोत्तरसहस्रं जपेत् । एतद्यन्त्रं यत्र खनेत् तत्र [4]उत्सादः स्यात् । अनेन मन्त्रेण प्रयोगान्तरमाह । लवणोदकं कृत्वा एकस्मिन् पात्रे निक्षिप्य, तत्पात्रं विषतरोः [5]शङ्कुत्रितयेन धृतमग्नौ विन्यस्य, सहस्रं मरिचबीजानि विषतरुणा कृतां दर्वीं च स्वीकृत्य, अमुं मन्त्र-मेकवारं जप्त्वा, विषतरुदर्व्या आलोड्य, एकं मरिचबीजं लवणवारिणि निक्षिपेत् । पुनरपि मन्त्रमेकवारं जप्त्वा, विषतरुदर्व्या आलोड्य, एकं मरीचं निक्षिपेत् । एवमेकैकवारं जप्त्वा, विषतरुदर्व्या चालोड्य, मरिचसहस्रमपि तस्मिन् वारिणि प्रक्षिपेत् । अन्तरान्तरा एकैकवारं मन्त्रजपो दर्व्या आलोडनेन साकं कार्यः । एवं द्विसहस्रे जपेऽतीते सति, पुनस्तदुद्धृत्य चूर्णयित्वा, मन्त्रं नवसहस्रं जपेत् । एवं सिद्धं साधितमेतन्मरिचचूर्णं यत्र प्र क्षिपेत् तत्र [6]उत्सादः स्यात् । (एष प्रयोगः) ॥ (२६)

---

1 कीलमश्वि 2 गुणाश्रकम् । 3 तत् इत्यारभ्य वाक्यद्वयं B कोशे नास्ति ।
a तदेव विषवृक्षः । 4 उन्मादः 5 शङ्कुत्रितयैः 6 उन्मादः

निम्बकीलं[1] विशाखर्क्षे गुणाश्रे[2] निखनेद्गृहे ।
उत्सादकृत् परिद्वन्द्वं वर्मास्त्राद्बिन्दुचित्वया[3] ॥२७॥
चिताग्निदग्धनिम्बस्थवायसागारसाधितम् ।
भसितं द्वारि विन्यस्तं ग्रहोत्सादनमावहेत् ॥२८॥
निक्षिप्तं मूर्ध्नि तत् कुर्याद्विद्वेषोच्चाटने रिपोः ।
आद्यं साहिद्वयं यन्त्रं श्मशाने भसकृत्[4] खनेत् ॥२९॥

(म) नमो भगवते उन्मत्त[5] क्षुद्र भद्राश
भ्रमम भ्रामश अमुकं वित्रासय उद्भ्रामक[6]
भ्रम रुद्र रौद्ररूपेण हुं फट् ठठ ॥

श्मशाने निशि जप्तेन त्रिलक्षं मनुनामुना ।
हुनेच्चिताग्नौ धत्तूरसमिद्भिर्भ्राम्यते रिपुः ॥३०॥

निम्बकीलमिति । विशाखानक्षत्रे गुणाश्रे त्र्यश्रे निम्बकीलमादाय परि परि हुं फट् स्वाहा । एतन्मन्त्रं कोणत्रितये लिखित्वा जपादिना साधितं (कीलं) यत्र खनेत् तत्र [7]उत्सादः स्यात् ॥ (२७)

चिताग्नीति । निम्बस्थवायसागारं = വേപ്പിൻമേൽകാക്കക്കൂട് ॥ (२८)

आद्यं साहिद्वयमिति । ओं नमो भगवते उन्मत्तरुद्राय भ्रम भ्रम, भ्रामय भ्रामय, अमुकं वित्रासय वित्रासय, उद्भ्रामय उद्भ्रामय, रुद्र रौद्ररूपेण हुं फट् स्वाहा । ओं नमो भगवते [8]हृदयाय नमः । उन्मत्तरुद्राय शिरः । भ्रम भ्रम भ्रामय भ्रामय शिखा । अमुकं वित्रासय कवचम् । उद्भ्रामयोद्भ्रामय नेत्रत्रयम् । रुद्र रौद्ररूपेण हुं फट् स्वाहा अस्त्रम् । कैवर्तऋषिः, ककुत् छन्दः । उन्मत्तरुद्रो देवता । पुरश्चरणजपस्त्रिलक्षम् । हेमगैरिकया

---

1 निम्बबीजं 2 त्र्यश्रे 3 चर्मास्त्र 4 भ्रमकृत्
5 उन्मन्त्रष्ट द्राश-भ्रम 6 रा उद्भ्रामय 7 उन्मादः 8 भगवते हृदयम्

हेमगैरिकया[1] क्लृप्तां प्रतिमां हेमसूचिना ।
जप्तेन विध्येत्तत्कण्ठे[2] हृदि वा म्रियते रिपुः ॥३१॥
नश्येत् स व्याधिना तत्तद्दंश[3]मन्यत्र वेधतः ।

(म) [a]कालदंष्ट्रे भयंकरि दर दर मर्द मर्द
संहर संहर हुं फट् ठठ ॥

[4]साङ्गैवं यमविद्योक्ता साध्यं नवचिता मृदौ ॥३२॥
क्लृप्तं पादरजस्सिक्तं रक्तचन्दनलेपितम् ।
रक्तपुष्पार्चितं मन्त्रजप्तां[5] विध्येत कण्टकैः ॥३३॥
नाभिहृत्कण्ठवेधे[6] स्यान्मृतिरन्यत्र[7] तद्गदः ।

क्लृप्तां साकं गैरिकया क्लृप्तामित्यर्थः । हेम= പൊൻമണൽ । गैरिका=ചെങ്കല്ല് ।
[8](अन्यत्र वेधसः तत्तद्गात्रं नश्येत् । सर्वाधिभवे, त्वाम्) ॥ (२९-३१)

कालेति । ओं कालदंष्ट्रे भयङ्करि दर दर मर्द मर्द संहर संहर हुं फट् स्वाहा । ओं कालदंष्ट्रे स्वाहा हृदयम् । भयङ्करि स्वाहा शिरः । दर दर मर्दय स्वाहा शिखा । संहर संहर स्वाहा कवचम् । हुं फट् स्वाहा अस्त्रम् । रुचक ऋषिः, निचृच्छन्दः, यमो देवता । इयं यमविद्या ॥ (३२-३३)

---

1 होमगैरिकया 2 तत्खण्डे 3 तत्तदंश [तत्तद्गात्र]

a चासदंष्ट्रे भसं चषि उष मर्द लंवष हुं फट् [वास उंष्ट्रे भशङ्ग्रही षड्मर्दुर संवषहुं फट्]

4 स्वाङ्गैवं यमविद्योक्ता साध्यं न पचिता मुदा ।

5 मन्त्र जप्य विध्यतु 6 कण्ठवेधस्य मृति

7 अन्यत्र वेगदः । 8 अन्यत्र इति वाक्यं B कोशे नास्ति ।

एषोत्थितो[a] हुलु हुलु ऊर्ध्वरोमा भयङ्करा ३४॥

तमहं शमयिष्यामि सक्तुना सलिलेन च।

यत्रोत्थितो हुलु[1] हुलु तत्रैव[2] प्रतिगच्छताम् ॥३५॥

(म) हुलु हुलु ताम्रनेत्राय ठठ।

आयान्त्यां रिपुसेनायां तन्मुखेऽञ्जलिनामुना।

तिर्ज्वालाभाम्बु विकिरेत् सा भीता प्रतिगच्छति ॥३६॥

तज्जप्तबाणलोष्टादिवेधः सेनानिवारणः।

व्योषापामार्गचूर्णाढ्यमत्युष्णं विकिरेज्जलम् ॥३७॥

यो धत्ते सैन्यनाशाय कर्णी[3] दर्व्या त्रिनेत्रया।

एकाश्विशाखिनो गात्रच्छेदी विषमसंख्यया ॥३८॥

एषोत्थित इति। "एषोत्थितो हुलु हुलु ऊर्ध्वरोमा भयङ्करा। तमहं शमयिष्यामि सक्तुना सतिलेन च॥ यत्रोत्थितो हुलु हुलु तत्रैव प्रतिगच्छताम्।" हुलु हुलु ताम्रनेत्राय स्वाहा। [4]रिपुसेनायाम् आयान्त्यां सत्यां तदभिमुखो भूत्वा, अमुना मन्त्रेण ज्वालामयमम्बु तिर्विकिरेत्। सा भीता प्रतिगच्छति। अपामार्गचूर्णं=കടലാടിക്കതിര്। योधने= युद्धे, वर्धमाने। कर्णी = കടത്തെഴുക്। त्रिनेत्रम् = മൂന്നുകണ്ണോടു-കൂടിയത് ॥ (३४-३७)

एकाश्विशाखिन इति। एकाश्विशाली = ഒരു കാഞ്ഞിരത്തിന്മേൽകയറി നോക്കിയാൽ അണയാത്ത് മറ്റൊരുകാഞ്ഞിരമില്ലാവൂ। एकाकी कार-

---

a एरोत्थिटो बुजु बुलु ऊर्ध्वषोमा दशं चष। [एरो सुल ऊपुल एरात्थितो भूषुः। ऊर्ध्वषोमा भयङ्करः अतः।]

1 हुकुं [हुलु हुलं] 2 प्रतिगच्छति।

3 कण्ठो 4 रिपुसेनायाम् इति वाक्यं B कोशे नास्ति।

छित्त्वा छित्त्वा स्वयं साध्यनाम स्मृत्वामुना हुनेत् ।
ग्रामादिदेशमुद्दिश्य वर्षो मा भूदिति स्मरन् ॥३९॥

अनेन मन्त्रितां रेखां कुर्यात् सा वृष्टिवारणी ।
काकि[a] काकरुते काकि काकपिण्डोपहारिणि ॥४०॥

(म) किलि अमुकस्य हृदयं बन्ध ग्रस गृह्ण
गच्छ ठठ ।

सपादरजसानेन वामतो वामपाणिना ।
उच्चाटनकृदेतेन बलिं सप्तदिनं हरेत् ॥४१॥

यद्रूपं चामुकं पादं यत्र मन्त्रे प्रदृश्यते[1] ।
साध्याभिधानं तद्रूपं तत्र स्थाने न[2] योजयेत् ॥४२॥

स्करवृक्षेण साध्यप्रतिकृतिं कृत्वा, तत्र प्राणप्रतिष्ठादिसकलं च कृत्वा, तस्या गात्राणि च्छित्त्वा [3]छित्त्वा विषमसंख्यानि तच्छकलानि पञ्चसप्तनवरूपाण्यादाय हुनेत् । अन्यथा वा योजना । गात्रच्छेदी = शत्रोर्गात्राणि च्छेत्तुकाम एकाधिशाखिनं जुहुयात् । शेषं पूर्ववद्योज्यम् । "काकिकाकरुते काकि काकपिण्डोपहारिणि" । किलि किलि अमुकस्य हृदयं बन्ध बन्ध गृह्ण गृह्ण गच्छ गच्छ स्वाहा । सपादरजसानेन वामपाणिना वामत एतेन मन्त्रेण सप्त दिनानि भूयो बलिं हरेत् । उच्चाटादिकृत् । यद्रूपं यद्विभक्तयन्तं च ॥ (३८-४०)

---

a चाचि चाचपुटे चंच पिण्डो [चापचाव पुटे चाखेलेह्य जनैर्नित्यशः । वृष्ट्यं वृष्टिकरं जरापलितहृत्तेजोबलोद्वर्धनम् ।

1 मन्त्रेषु दृश्यते । 2 नियोजयेत् । 3 हित्वा

(म) आर्द्रपट[a] आर्द्रपट महापट ओं हुं फट् ठठ।

कृष्णाष्टमीचतुर्दश्योरिष्ट्वा रुद्रं पयोव्रतः[1] ।

पञ्चलक्षं जपेदेतत्ततो नाभिजले स्थितः ॥४३॥

विधाय सशिरो देहं पटेनार्द्रेण तं जपेत् ।

शुष्येत् नटो यावदेव त्रिरात्रं जपतो रिपुः ॥४४॥

महाज्वरेण[2] ग्रस्तः स्यान्म्रियते चार्धमासतः[3] ।

गृध्रकर्णि विरूपाक्षि लम्बस्तनि महोदरि ।

हन शत्रुं त्रिशूलेन कुद्धेऽस्य पिब शोणितम् ॥४५॥

(म) हन-दह पच मथ मारय शोषय उन्मादय नाशय, हुं फट् ।

आर्द्रपेति । ओं आर्द्रपट आर्द्रपट महापट महापट ओं हुं फट् स्वाहा । अस्य जपाच्छत्रुर्म्रियते । ओं गृध्रकर्णि विरूपाक्षि लम्बस्तनि महोदरि, हन शत्रुं त्रिशूलेन कुद्धस्य पिब शोणितम् । हन हन दह दह पच पच मथ मथ मारय मारय शोषय शोषय उत्सादय उत्सादय नाशय नाशय हुं फट् स्वाहा अस्त्रम्[4] । वीरभद्र ऋषिः । अनुष्टुप् छन्दः । गृध्रकर्णी देवता । एवमेकः प्रकारः । सञ्जीविनी हृदयम् । ऊर्ध्वकेशिनी शिरः । प्रज्वलिता शिखे शिखा । मायात्रैलोक्यरूपसहस्रपरिवर्तिनी कवचम् । ताराक्षिनेत्रत्रयं, मारिणि अस्त्रम् । पिप्पलाद ऋषिः । निचृच्छन्दः । भद्रकाली देवता ।

---

a आर्द्रपत महापत ओं । [आद्रबत कम चावतं न ओं]

1 पयोयुतम् । 2 महाग्रहेण 3 म्रियते वार्ध

4 "ओं गृध्रकर्णिन्यै स्वाहा हृदयम् । विरूपाक्ष्यै स्वाहा शिरः । लम्बस्तन्यै स्वाहा शिखा । महोदर्यै स्वाहा कवचम् । हन शत्रुं त्रिशूलेन कुद्धस्य पिब शोणितम् नेत्रत्रयम् । हन हन दह दह पच पच मथ मथ मारय मारय शोषय शोषय उत्सादयोत्सादय नाशय नाशय हुं फट् स्वाहा अस्त्रम् । वीरभद्र ऋषिः । अत्यनुष्टुप् छन्दः । गृध्रकर्णी देवता । एकः प्रकारः । " इति B कोशे पाठः ।

साध्याख्यान्तरितं मन्त्रं कपालान्तर्विलिख्य तम् ।
जपेत्[1] कपालमासीनो दक्षिणामूर्तिमाश्रितम्[2] ॥४६॥
मासेनोच्चाटनादीनि कर्माणि स्युस्तथा जपात् ।
निम्बास्थिनिम्बपत्राद्भिः[3] पिष्ट्वोद्वर्त्य जपन् मनुम् ॥४७॥
स्निग्धयोरन्तरा[4] गच्छेद्विद्वेषः स्यात्तयोर्मिथः ।
हुनेत् पिपीलिकागर्ते सकणैः पादपांसुभिः ॥४८॥
उत्सादय जपेद्वा तदूर्ध्वबाहुरिनोन्मुखः ।
कीलं कारस्करीयं तत्पादे खनत दक्षिणे ॥४९।
उच्चाटो वा महाव्याधिर्मरणं वा भवेदरेः ।

शुष्कान्त्रमांसजठरा कृशदीर्घकाया
दंष्ट्राकरालवदना सकपालशूला ।
वृत्तोग्रपिङ्गनयना ज्वलितोर्ध्वकेशी
व्यादीर्घघोणविकटावतु[5] गृध्रकर्णी ॥ (४१-४५)

साध्येति । प्रथममङ्गावृतिः । महालक्ष्मीपर्यन्ता मातरः । द्वितीयावृत्तौ पुनरिन्द्रादयः पुनर्वज्रादयः । जपादिना उच्चाटनादीनि साधयति । (मन्त्रं जपेत् ।) निम्बास्थि = வேப்பங்குச்சி । निम्बपत्राद्भिः = निम्बपत्रस्वरसैः । मनुं = मन्त्रम् । जपन् स्निग्धयोरन्तरा = मध्ये । गच्छेत् । तयोः मिथो विद्वेषः स्यात् । पिपीलिकागर्ते = എറുമ്പിൻ ഉള്ള । कणं = കമ്പിളി । इनोन्मुखः = सूर्याभिमुखः । कारस्करीयं कीलं = കാഞ്ഞിര ആണി । वामतः = वामपादे चेत् । व्याधिः मरणं वा अरेः भवेत् ॥ (४६-४९)

---

1 कापाल आसीनः 2 आश्रितः । 3 निम्बपत्राणि
4 स्निग्धयोरन्तरं 5 बत गृध्रकर्णी ।

(म) ह्रीं ष्ट्रीं हिचु[1] विकृतानन शत्रुं नाशय
स्तम्भय हुं फट् ठठ ।

चातुर्थिकज्वरेणारि गृह्यते मनसा स्मृतः[2] ॥५०॥

अस्यां पठित[3] मात्रायामरिः शूलरुजाथवा ।

असृक्स्रवायास्थिविद्धां खनेद्गैरिकपुत्तलीम् ॥५१॥

मन्त्रेण सह जप्तव्यं नाम साध्यस्य कर्म च ।

अमुकाया[4] भगं बध्नामीति रक्तेन तन्तुना ॥५२॥

चिताभस्म[5] प्रतिकृतेस्तद्बन्धाद्भगबन्धनम् ।

कीलं गैरिकपुत्तल्या यस्मिन्नवयवे खनेत् ॥५३॥

मन्त्रेणानेन तद्गात्रं नश्येत् सव्याधि वा भवेत् ।

चतुष्कोणाङ्गुलाः कीलाः सर्वे[6] रक्तास्तु खादिराः[7] ॥५४॥

(म) अमुष्य प्राणा[8] उपप्राणा अमुष्य जीव[9]
इह स्थितः । अमुष्य सर्वेन्द्रियाणि वाङ्मनः प्राणा
इहायान्तु ठठ ।

ह्रीमिति । ओं ह्रीं ष्ट्रीं विकृतानन फुः । हुं शत्रुं नाशय नाशय स्तम्भय स्तम्भय हुं फट् स्वाहा । अस्य जपात् शत्रोश्चातुर्थिकज्वरः स्यात् । गैरिकपुत्तलीं खट्वाश्मशानकाली-स्थानादिषु खनेत् । तद्बन्धात् = भगस्थानस्य बन्धात् । चतुःकोणाङ्गुलाः = चतुष्कोणाः चतुरङ्गुलाश्चेत्यर्थः । ओं अमुष्य प्राणा उपप्राणा अमुष्य जीव जीव इह स्थितः । अमुष्य सर्वेन्द्रियाणि वाङ्मनः प्राणा इहायान्तु स्वाहा । अनेन सर्वप्राणप्रतिष्ठा । अमुष्येत्यत्र

---

1 हि शलुं नाशम [हि चु भाणणहुं शत्रुं] 2 स्मृतम् ।
3 हृदि शूल 4 अमुकाय 5 चित्राभस्म प्रतीकारः 6 सर्वेऽनुक्तास्तु
7 खादिकाः । 8 प्राणां इव प्राणाः 9 अमुष्य गीह इह

[1]सजीवानामभूत् साध्या पुत्तली द्वादशाङ्गुला ।

मन्त्रितानेन मन्त्रेण क्रियतां सर्वकर्मसु ॥५५॥

धू [2]घूर्णमावतीशिरो नाम्ना धूमावती मनुः ।

काकं [3]चिताग्निना दग्ध्वा तद्भस्मानेन मन्त्रितम् ॥५६॥

अष्टदिक्षु क्षिपेद्गेहे रिपोरुत्सादनं भवेत् ।

नपुंसकानि वर्णानि विषकोणेषु कोष्ठयोः ॥५७॥

भित्त्वाख्ये च लिखेद्द्विधावृतं षड्बिन्दुकं जपात् ।

चक्रं [4]ताडेतकार्पासयष्ट्या विद्वेषणं द्वयोः ॥५८॥

चितामध्या तले शत्रुनामालिख्यायुतं [5]जपन् ।

प्रतापयेत्तदग्नौ स म्रियते ज्वलितोऽथवा ॥५९॥

स्तम्भनयन्त्रस्य प्राणाः, विद्वेषणयन्त्रस्य प्राणा इत्येवमादयः । यदा प्राणप्रतिष्ठा पुत्तल्यां तदा देवदत्तयज्ञदत्तेत्यादयः ॥ (५०-५५)

धू घूर्णेति । ओं धू धू धूमावती स्वाहा । धू हृदयम् । मा शिरः । व शिखा । ती कवचम् । स्वा नेत्रत्रयम् । हा अस्त्रम् । पिप्पलाद ऋषिः । निचृच्छन्दः । धूमावती देवता । अमुं मन्त्रं जप्त्वा, चिताग्नौ काकं दग्ध्वा, अनेन मन्त्रेण मन्त्रितं तद्भस्म अष्टदिक्षु गृहे विकिरेत् । [6]रिपोरुच्चाटनं स्यात् । नपुंसकानीति । पत्रपुटस्य मध्ये मकारं लिखित्वा, मध्यरेखायां यथा मकारस्य मध्यं भवति तथा मकारस्य कोष्ठयोः साध्ययोर्नाम देवदत्त-यज्ञदत्तयोः परस्परं विद्वेषं कुरु कुरु इति कोष्ठद्वितयेऽपि मकारस्य कोणेषु ङ ञ ण नान्

---

1 सञ्जीवनामहृत्साध्या [सजीवनामहृत्साध्य]

2 धूणेर्मा (धूमेन) मोवति

3 श्रिताग्निना

4 तासेत

5 जपेत् ।

6 रिपोरुत्सादनं [रिपुरुन्मत्तः]

मन्त्राक्षरद्वयादूर्ध्वं योजयेत् साध्यनाम[1] च ।

प्रज्वाल्याग्निं चिताकाष्ठैर्मारणं भस्मना हुतम् ॥६०॥

हृन्मांसैरश्विनीवृक्षवह्नौ होमादसृक् स्रवेत्[2] ।

उन्मत्तः स्याद्धेमवह्नौ भस्मपादरजोहुतात् ॥६१॥

साध्याख्यां सर्षपाज्येन लिख्य (?) निम्बदलैर्हुनेत् ।

गुलिकादिषु कालेषु सप्ताहा[3]न्म्रियते रिपुः ॥६२॥

गुलिकः स्थाविरो[4] योगस्तारा वैनाशिकाः कुजः ।

अष्टमो राशिरित्याद्याः कालाः स्युः क्षुद्रकर्मणि ॥६३॥

लिखेत् । मकारस्य बहिः अष्टदलेषु धूमावत्या एकैकमक्षरं लिखेत् । एतत्पद्मं षड्बिन्दुवृत्तद्वितयेन संवेष्ट्य, पूर्ववृत्तबिन्दुषट्के रं इति लिखेत् । अनन्तरं वृत्तबिन्दुषट्के यं इति बहिर्घर्मटिकामन्त्रेण वेष्टयेत् । एवं लिखितं तत्पत्रपुटं पिष्टैः श्येनाचित्रकलोणपिण्डकनकाम्भोगेहधूमोषणैः विलिप्य, संजप्य, अङ्गुलीभिर्विभिद्य, सरित्तीरयोः निखनेत् । पत्रपुटमध्यस्थां रज्जुं सरिन्मध्ये [5]निखनेत् । एवं कृते सति, स्निग्धयोः परस्परं विद्वेषः स्यात् । उक्तमेतद्यन्त्रं भूमौ विलिख्य, [6]कार्पासेष्टया ताडनाच्च तथा । श्येना=കാട്ടുചേന । चित्रकं=കൊടുവേലി । लोणपिण्डं = ഉപ്പിൻ തരി । कनकं =പൊന്നത്തം । अम्भः= മൂത്രം । गेहधूमः = ഇല്ലിനക്കരി । ऊषणं = തികട്ട । तले= पाणितले । तदग्नौ= चिताग्नौ । साध्यनाम चेति चकारात् कर्म च । भस्म चिताभस्म ॥ (५६-६१)

साध्याख्यामिति । निम्बदलसहस्रकं गृहीत्वा, एकैकस्मिन् दले सर्षपाज्येन साध्याख्यामालिख्य, धूमावतीमन्त्रेण बहुवारं जप्तं निम्बदलसहस्रकं गुलिकादिषु कालेषु हुनेत् । [7](सप्ताहान्म्रियते) । कुजः = ചൊവ്വ ॥ (६२-६३)

---

1 नामतः 2 असृक्स्रवैः । 3 सप्तया 4 स्थविरः

5 निखनेत् इति पदं B कोशे नास्ति । 6 कार्पासेष्ट्या इति पदं B कोशे नास्ति ।

7 सप्ताहादीति वाक्यं B कोशे नास्ति ।

व्योषलिप्तामपामार्गबीजयुक्तामधोमुखीम्[1] ।
साध्यर्क्षवृक्षप्रतिमां कथेत्तोये[2] निवेशिताम् ॥६४॥
तं जपन् भ्रामयेत् कर्ण्या ज्वरेण ग्रस्यते रिपुः ।
प्रादेशोनैरश्विवृक्षसमिद्भिः पलशाखिभिः ॥६५॥
असमाप्रैर्विधायैनां[3] प्रतिमां म्रियते हुनेत् ।
तां स्थाप्य (?) कुण्डे शूलस्थां तथा हेमसमिद्धुनेत्[4] ॥६६॥
उड्डीय वा तां तैलाक्तां[5] सैक्थकीं वा तथा हुनेत् ।
अयःकीलैरथो विद्धां निखनेत्तामधोमुखीम् ॥६७॥

व्योषलिप्तमिति । अपामार्गबीजं = കടലാടിക്കതിര് । साध्यर्क्षवृक्षः = साध्यनक्षत्रवृक्षः । प्रतिमा = पुत्तली । कर्णी = കൊടങ്ങഴക് । एनां साध्यपुत्तलीं भूमावुत्तानां निधाय, खनित्वा (मृदा[6] पिधाय) अश्विवृक्षसमिद्भिस्तत्र हुनेत् । तां प्रतिमां कुण्डे तथा उत्तानां संस्थाप्य हेमसमिद्भिः हुनेत् । तथा म्रियत इत्यर्थः । उड्डीय = കെട്ടിത്തൂക്കീട്ട് । सिक्थकं = മെഴുക് । अयःकीलैः अधोविद्धां = मर्मस्वयःकीलैः प्रोताम् कृत्वा, तां प्रतिमामधोमुखीं निर्माल्ये निखनेत् ॥ (६४-६७)

---

1 बीजलिप्तां (बीजलिप्तामयोमुखीम्)
2 काथतोये
3 उत्तानां मृतये हुनेत् ।
4 हेमसमिद्धुताम् ।
5 तैलोक्तां
6 मृदा पिधायेति B कोशे नास्ति ।

निर्माल्ये गात्रनाशः स्यान्मृतिर्वा वेधदेशतः ।

मन्त्रशूलाङ्कषट्कोणे[1] मध्येऽग्निं नामसन्धिषु ॥६८॥

कुलालमृत्तलस्थेऽस्मिन्नीहाग्रैरमुना हुनेत् ।

महिषीनवनीताक्तैः[2] खण्डनाङ्घ्रिरजोयुतैः ॥६९॥

शेषं पिपीलिकागर्ते रिपोरुच्चाटनं[3] क्षिपेत् ।

सप्तग्रामोत्थवल्मीकमृत्साविषतरुत्वचौ ॥७०॥

कर्ण्यग्निमन्थवन्दाकौ[4] पक्षौ मूकद्विकद्विषोः ।

खरवालं[5] चिताभस्म ब्रह्मदण्डी च मर्कटी ॥७१॥

गृहे वा मूर्ध्नि तच्चूर्णं क्षिप्तमुत्सादनं रिपोः[6] ॥७२॥

मन्त्रेति । शूलाङ्कषट्कोणे = शूलैरङ्किते षट्कोणे । मन्त्रं = धूमावती स्वाहेति एकैकमक्षरं लिखेत् । मध्ये जीवनागसहितं रेफं लिखेत् । सन्धिषु नाम च । कुलालमृत्तलं तस्मिन् । अग्निं निक्षिप्य, खण्डनाङ्घ्रिरजोयुतैः महिषीनवनीताक्तैरीहाग्रैरमुना मन्त्रेण हुनेत् । पिपीलिकागर्ते । शेषम् = अवशिष्टम् । क्षिपेत् । खण्डनं = അരിപ്പൊടി । अङ्घ्रिरजः=ചവിട്ടടിയിലെപ്പൊടി । ईहाग्रं=ഇറങ്ങിയ ചവറ്റ ॥(६८-६९)

सप्तेति । सप्तग्रामैरित्यादिना दशभिरौषधैश्चूर्णमाह । विषतरुः = കാഞ്ഞിരം । अग्निमन्थवन्दाकं = മുഞ്ഞമരത്തിലിത്തിക്കണ്ണി । मूकद्विट् = काकः । द्विकद्विट्= मूकः । മൂകൻ, കൂമൻ । खरवालं = കഴുതവാൽ । ब्रह्मदण्डी = स्वयमेव । मर्कटी = ഞണ്ടുകടിക്കരഞ്ഞ് । दशचूर्णमेतत् ॥ (७०-७२)

---

1 मंत्रं शूलाङ्क 2 महिषी नवनीताग्रैः 3 उच्चाटनात् क्षिपेत् ।
4 कर्णाग्निवनवन्दाकौ 5 खरपालः 6 जसमुत्सादकृद्रिपोः ।

एकाश्विनीवृक्षभवं त्रिकोणं
सप्ताङ्गुलं कीलमधोमुखं यत् ।
आख्यामनुभ्यां लिखितं विदर्भा-
दुच्चाटनायारिपदे खनेत्तत् ॥७३॥

कीलैस्त्रिभिर्विषतरोर्विधृते कपाले
दग्धे सलोणतुषवारिणि तस्य यष्ट्या ।
याः शर्करा मनुजपेन विभर्जितास्ता[1]
उच्चाटयन्ति रिपुसैन्यमतो विकीर्णाः ॥७४॥

श्येनाचित्रकलोणपिण्डकनकाम्भोगेहधूमोषणैः[2]
पिष्टैः पत्रपुटं विलिप्य[3] लिखितं मन्त्राभिधानान्वितम् ।
संजप्याङ्गुलिभिर्विभिद्य निखनेत्ते द्वे सरित्तीरयोः
कुर्यादेतदुमेशयोरपि मिथो विद्वेषणं स्निग्धयोः ॥७५॥

एकेति । एकाश्विनीवृक्षभवं त्रिकोणं सप्ताङ्गुलमधोमुखम् आख्यामनुभ्यां विदर्भालिखितं कीलं यत् तत् खनेत् । വലത്തുകാൽകൊണ്ട് ചവിട്ടുമിടത്ത് । उच्चाटनाय ॥ (७३)

कीलैरिति । सलोणतुषवारिणि विषतरोस्त्रिभिः कीलैः विधृते कपाले दग्धे तस्य यष्ट्या = विषतरुयष्ट्या । मनुजपेन विभर्जितायाः शर्करास्ता विकीर्णाः । अतः=पुरात् । रिपुसैन्यमुच्चाटयन्ति । विषतरुः = കാഞ്ഞിരം, കാഞ്ഞിരക്കോൽകൊണ്ട് ഇളക്കുക । शर्करा = शिलामयी नव ॥ (७४)

श्येनेति । श्येना = ചേന । चित्रकं = കൊടുവേലി । लोणपिण्डं = ഉപ്പിൻതന്ത । कनकाम्भः = ഉന്മത്തിൻനീർ । गेहधूमः = ഇല്ലനക്കരി । ऊषणं = त्रिकटुकम् ॥ (७५)

---

1 विदर्भितास्ताः 2 यत्रकलोण 3 विलिप्य विहिता

विषवृक्षामलकतरूदुम्बरजम्बूश्च खदिरकृष्णौ द्वौ ।
वंशाश्वत्थौ नागो न्यग्रोधपलाशकौ प्लक्षः ॥७६॥
अम्बष्ठश्रीवृक्षावर्जुनवैकङ्कतौ वकुलपिष्टी[1] च ।
सर्जो वञ्जुलपनसावर्कशमीकौ कदम्बचूतौ च ॥७७॥
[2]तालमधूकावेवं नाक्षत्राः शाखिनः प्रोक्ताः ।
आयुष्कामः स्वीयं नक्षत्रतरुं सदा रक्षेत् ॥७८॥

॥ इति नारायणीये तन्त्रसारसङ्ग्रहे सप्तदशः पटलः ॥

विषवृक्षेति । विषवृक्षः =കാഞ്ഞിരം । आमलकः = നെല്ലി । उदुम्बरः = अत്തി । जम्बूः =ഞാവിൾ । खदिरः = കരിങ്ങാലി .... कृष्णः= കരിമരം । वंशः = മുള । अश्वत्थः = അരയാൽ । नागवृक्षः = പുന്നാഗം । न्यग्रोधः = പേരാൽ । पलाशः = പ്ലാശ് । प्लक्षः = ഇത്തി । .... अम्बष्ठा = അമ്പാഴം । श्रीवृक्षः = കൂവളം । अर्जुनः = നീർമരുത് । वैकङ्कतः = വൈയങ്കതവ് । वकुलः = ഇലഞ്ഞി .... विष्टिः=വെട്ടിമരം । सर्जः = പയൻ । वञ्जुलः=ആററു വഞ്ഞി । पनसः = പലാവ് । अर्कः = എരുക്ക് । वह्निः= തീയ്യ് । शमी=वह्निः= कदम्बः = കടമ്പ് । चूतः = മാവ് । तालः = കരിമ്പന । मधूकः = ഇരുപ്പ । नाक्षत्राः शाखिनः = नक्षत्रवृक्षाः ॥ (७६-७८)

॥ इति नारायणीयतन्त्रसारसङ्ग्रहव्याख्याने सप्तदशः पटलः ॥

---

1 वकुलविष्टिसर्जौ ।

2 बिंबमधूकावेवं

॥ अथ क्षुद्रध्वंसपटलोऽष्टादशः ॥

शुक्लाकाशौ सदीर्घाग्निर्भृगुर्वह्निश्च वर्म[1] फट् ।

(म) आचक्राय ठठ, विचक्राय ठठ,[2] सुचक्राय ठठ,

धीचक्राय ठठ, सञ्चक्राय ठठ, ज्वालाचक्राय ठठ ॥

साङ्गं सुदर्शनं क्षुद्रग्रहहृत् सर्वसाधकम् ॥१॥

मूर्धाक्षिमुखहृद्गुह्यपादेष्वस्याक्षरं न्यसेत् ।

चक्राब्जासनमभ्न्याभं दंष्ट्रिणं द्विचतुर्भुजम् ॥२॥

शङ्खचक्रगदापद्ममुसलाङ्कुशपाशिनम् ।

[3] चापिनं पिङ्गकेशाक्षमुग्रं व्याप्तत्रिविष्टपम् ॥३॥

चतुर्भुजं वा तं ध्यात्वा यो जपेत् साधितं[4] मनुम् ।

क्षुद्राः सप्तविधास्तस्य नश्यन्ति विपदस्तथा ॥४॥

शुक्लाकाशाविति । ओं सहस्र ठठ हुं फट् । आचक्राय स्वाहा । हृदयाय नमः । विचक्राय स्वाहा । शिरसे स्वाहा । सुचक्राय स्वाहा । शिखायै वौषट् । धीचक्राय स्वाहा । कवचाय हुम् । संचक्राय स्वाहा । नेत्रत्रयाय वौषट् । ज्वालाचक्राय स्वाहा । अस्त्राय फट् । अहिर्बुध्निः ऋषिः । गायत्री छन्दः । सुदर्शनविष्णुर्देवता । 'मूर्धाक्षिमुखहृद्गुह्यपादेष्वस्याक्षरं न्यसेत्' पाण्याः (पाण्योरङ्गुष्ठादितलान्तं), मूर्धादिपादतलान्तम् अक्षरन्यासः ।

---

1 धर्म फट् ।   2 विचक्रायेत्यारभ्य धीचक्राय ठठ पर्यन्तं A कोशे नास्ति

3 पापिनं   4 पालितं मनुम् ।

गव्योक्षितैरपामार्गैर्हुतं[1] क्षुद्रग्रहापहम् ।

गव्येन क्षीरवृक्षत्वक्क्काथेनाद्भिश्च सेचनम् ॥५॥

चक्रस्य नाभिरन्ध्रस्थमात्मानं वा परं स्मरन्[2] ।

रक्षार्थं[3] तं जपेद्ग्रस्तं चक्रस्थं भ्रामयेद्धिया ॥६॥

नाभिस्थेनाग्निना[4] विद्धो नश्येदाविश्य स ग्रहः ।

पीतं चक्रं घटं रक्तमरं श्याममरान्तरम् ॥७॥

नेमिः श्वेता बहिः कृष्णवर्णा रेखा च पार्थिवी ।

मध्ये तारमरेष्वर्णान् एवं चक्रद्वयं लिखेत् ॥८॥

"[5]कण्वश्च नारदब्रह्मकौशिकव्यासगौतमाः ।
प्रत्यर्णमृषयो ज्ञेया इन्द्राग्नी देवते क्रमात् ॥
अनुष्टुप् च विराडार्या गायत्र्युष्णिगनुष्टुभः ।
छन्दांसि चाथ तत्त्वानि [6]भूरादीनीश्वरश्च षट् ॥"

ऐन्द्रीं दिशं चक्रेण बध्नामि नमश्चक्राय स्वाहा इत्यारभ्य, अधस्ताद्दिशमित्यन्तैर्मन्त्रै र्दिग्बन्धः । त्रैलोक्यं रक्ष रक्ष हुं फट् स्वाहा इत्यग्निप्राकारमन्त्रः । द्विभुजो देवश्चतुर्भुजो वाष्टभुजो वा (दंष्ट्री), शङ्खचक्रगदापद्ममुसलाङ्कुशपाशचापा अष्टबाहोः, शङ्खचक्रगदापद्मानि चतुर्बाहोः, शङ्खचक्रे द्विबाहोः । नाभिः = मध्यप्रदेशः । ग्रस्तं चक्रस्थमित्यादिना परः प्रयोगः ॥ (१-६)

पीतमित्यादि । घटं = कर्णिका । बहिः पार्थिवी रेखा च । कीदृग्विशिष्टा = कृष्णवर्णा । मध्ये तारम् । अरेषु अर्णान्=अक्षराणि । लिखेत् । तारस्य मध्ये अग्निबीजम् । सौम्ये चक्रे कलशम् । दक्षिणे होमः । होमद्रव्याण्याह आज्येत्यादिना । हुतशिष्टमेकैकं द्रव्यं

---

1 सवग्रह 2 स्मरेत् परम् । 3 रक्षार्थं तु
4 नाभिस्थानाग्निना 5 कण्वश्च 6 भूतादीन्

आदावानीय कुम्भोदं सौम्ये चक्रे निधाय तत्[1] ।

इष्ट्वा सुदर्शनं तस्मिन् याम्ये चक्रे हुनेत् क्रमात् ॥९॥

आज्यापामार्गसमिधौ अक्षतास्तिलसर्षपौ[2] ।

पायसं गव्यमाज्यं च सहस्राष्टकसङ्ख्यया ॥१०॥

हुतशेषं क्षिपेत्[3] कुम्भे प्रतिद्रव्यं विधानवित्[4] ।

[5]प्रस्थार्धान्नकृतं पिण्डं कुम्भे तस्मिन्निवेशयेत् ॥११॥

ग्रस्तं नीराज्य कुम्भेन न्यस्येदष्टमराशिके ।

[6]वह्न्यादि सर्वं तत्रैव न्यस्येत् कुम्भस्य दक्षिणे ॥१२॥

(म) नमो[7] विष्णुगणेभ्यः सर्वशान्तिकरेभ्यो

बलिं गृह्णन्तु शान्तये नमः ॥

साध्यं नीराज्य, कुम्भसमीपं नीत्वा, तस्मिन् कुम्भे त्रयोदशाहुतीर्जुहुयात् । देवदत्तत्वग्दोषस्य जीव इह स्थितः । त्वग्दोषस्य सर्वेन्द्रियाणि वाङ्मनःप्राणा इहायान्तु स्वाहा । “ आज्ये हुत[8]:” इत्यनेन मन्त्रेण आज्यहुतशिष्टशेषनीराजनम् । अपामार्गसमिद्धोमानन्तरम् , असृग्दोषस्येति अक्षतहोमानन्तरम् , मांसगतदोषस्येति तिलहोमानन्तरम् , मेदोगतस्येति सर्षपहोमानन्तरम् , अस्थिगतस्येति पायसहोमानन्तरम् , मज्जागतस्येति गव्यहोमानन्तरम् ,

---

1 निधाय च ।

2 अक्षतं तिलसर्षपौ(पी) ।

3 पिबेत्

4 विधानतः ।

5 प्रस्थार्धान्नेत्यस्य पूर्वं मन्त्र एष A कोशे विद्यते :—“ देवदत्तस्य त्वग्दोषहतप्राणा बृहुप्राणां त्वग्दोषमिव बहुहन्वित्र त्वग्दोषसर्वेन्द्रियाजिवार्जित स्वाहा, सबहु प्राणेषु ।”

6 पार्ष्ण्यादिसर्वं[बह्न्यादि सर्वं]

7 नमो विष्णुजनेभ्यः लवचान्तिचषेभ्यः प्रतिगृह्णन्तु

8 आज्येन हुतवेन ।

दद्यादनेन मन्त्रेण हुतशेषान्धसा बलिम् ।
फलकैः कल्पिते पात्रे पलाशक्षीरशाखिनाम् ॥१३॥
गव्यपूर्णे निवेश्यैनं दिक्ष्वेवं होमयेद्द्विजैः ।
सदक्षिणमिदं होमद्वयं भूताग्निनाशनम् ॥१४॥
श्वेतकिंशुकनिर्गुण्डीहेमजज्जीसमिद्धुतम् ।
पृथगेतेन भूतानां किञ्चिन्निग्रहमोक्षणम् ॥१५॥
निशासु विष्णुपञ्चम्यां समिद्भिश्चतुरङ्गुलैः ।
अपामार्गस्य होतव्यं तेन क्षुद्रग्रहापहः ॥१६॥
गव्याक्तैः पललिखितैर्लिप्यर्णैः क्षुद्रहृद्धुतैः[1] ।
[2]हुतैः समिद्भिर्ब्रह्मश्रीप्राप्त्यै पर्वणि तद्धुतम ॥१७॥

शुक्रगतस्येति घृतहोमानन्तरम् । प्राणगतदोषस्येति प्रस्थार्धान्नकृतं पिण्डं [3] सप्तधातुगतदोषस्य प्राणा इत्यादिना नीराज्य, तस्मिन् कुम्भे क्षिपेत् । [4] सुदर्शनस्यैकार्णाहुतिः । [5]द्रव्यहोमात् ·पुरः कलशस्योत्तरभागे पद्मं लिखित्वा, तस्मिन् पूजां कृत्वा, प्रतिकृतिना सार्धं भूतानि यानीति मन्त्रेण नीराज्य, तत्र पद्मे विन्यस्येत् । अष्टदिक्षु सदीपं बलिं विम्यसेत् । नीराज्य पुनरेवाज्यादिद्रव्यहोमः । होमावसाने कुम्भेन ग्रस्तं नीराज्य, तत्रस्थेनाग्निना नीराज्य, साध्यनामाष्टमराशौ कुम्भे न्यस्येत् । कुम्भस्य दक्षिणे वह्न्यादि सर्वं न्यस्येत् । "ओं नमो विष्णुगणेभ्यः शान्तिकरेभ्यः प्रतिगृह्णन्तु शान्तये नमः" । अनेन मन्त्रेण तत्राष्टदिक्षु बहिः बलिं क्षिपेत् । फलकैरित्यादिना प्रयोगान्तरमाह । पलाशक्षीरशाखिनां फलकैः कल्पिते

---

1 क्षुद्रहृद्घृतम् । 2 ब्रह्मसमिद्भिर्ब्रह्मश्री
3 सप्तधागेत 4 सुदर्शनेनैवाहुतिः । 5 द्रव्यहोमानन्तरं

दूर्वाभिरायुषे पद्मैः श्रिये पुत्रार्थ्युदुम्बरैः ।
गोसिद्ध्यै सर्पिषा गोष्ठे[1] मेधायै ब्रह्मशाखिना ॥१८॥
यक्षिप्राप्त्यै वटैः सर्वं द्रव्यमाज्योक्षितं हुनेत् ।
अपामार्गसमित्सर्पिर्गव्ये पक्वं चरुं घृतम् ॥१९॥
हुत्वा संपातितं शेषं[2] तज्जसं प्राशयेच्चरोः ।
क्षुद्रग्रहामयध्वंसी तद्धुत्वा[3] चानुलेपनम् ॥२०॥
हुनेद्गव्याक्तमार्गाग्रसमिदाज्यं चरूद्धृतम् ।
परिस्तीर्णसिताताम्रसूत्रसन्धिस्थितान् घटान् ॥२१॥
क्षीरवृक्षक्वाथपूर्णान् होमकालेऽभिमन्त्रयेत् ।
तत्संख्यया तैः स्नपयेद्द्रव्यशेषपुरस्सरम् ॥२२॥

पात्रे पञ्चगव्यं पूरयित्वा, तस्मिन् गव्ये एनं निवेश्य, अष्टदिक्षु एवं होमयेत् । जज्जी = തെച്ചി । किञ्चिन्त्रिग्रहमोक्षणम् । श्रवणयुतपञ्चमी विष्णुपञ्चमी । केचिदेवमाहुः । एकादशी द्वादशी पौर्णमासी पञ्चमीश्रवणाश्चेति । तेनेति मन्त्रेण । गव्याक्तैरिति । पञ्चाशदपामार्गपर्णेषु लिप्यर्णान् लिखित्वा, चक्रमण्डलस्थेऽग्नौ "ओं अं सहस्रार हुं फट् स्वाहा" इत्यादिमन्त्रेण जुहुयात् । एतद्धुतं क्षुद्रहृत् । ब्रह्मसमित् । പ്ലാശിൻ ചമത । दूर्वा = കറുക । पद्म = താമര । उदुम्बरः = അത്തി । वरः = പേരാൽ । गव्ये पक्वं चरुमेकं हुनेत् ॥

(६-२०)

हुनेदित्यादि । चक्रं लिखित्वा, तस्याष्टदिक्षु शरान् संस्थापयेत् । त्रिगुणितेन सितसूत्रेण अग्निकोणस्थशरादारभ्य एकैकस्मिन् शरे त्रिधा बद्ध्वा, परितस्त्रिवारं वेष्टयेत् । पुनरप्येकहस्तमानात् बहिः शराष्टकं संस्थाप्य एवं रक्तसूत्रेण वेष्टयेत् । बहिस्स्थान्तस्थ-

---

1 काष्ठे 2 तं जप्त्वा 3 अनुलेपयेत् ।

कल्पयेत् साध्यहस्ताप्त्यै[1] तत्सूत्रं ग्रथितं जपात् ।
शस्तोऽत्र दुर्गामन्त्रश्च समिधो वटजास्तथा ॥२३॥
षडरं हेमचक्रं[2] तज्जतं रक्षेच्छिखाधृतम् ।
अत्युच्छ्रिते भृगौ क्षिप्तं[3] तद्भूता मुद्रिका तथा ॥२४॥
शुक्लाष्टम्यां रवौ मेषसिंहचापगते खनेत्[4] ।
क्षेत्रमध्येऽभिजित्काले शिलां श्वेतामुदङ्मुखः ॥२५॥
गव्ये निक्षिप्य तज्जप्तां[5] क्षत्रद्रोहे विनश्यति ।
निखनेदश्विनीवृक्षकीलं स्वोच्चगते रवौ ॥२६॥
अर्धोदये तु दशमे तन्मुखा द्रोहशान्तये ।
पुष्याहिर्बुध्न्यमैत्राणामारांशे युग्मचापयोः ॥२७॥
खनेन्निर्गुण्डिकीले द्वे ग्राह्ये वा मृत्फले भुवः ।
[6]अहिर्बुध्न्यस्य सौम्यांशे सिंहे मृत्स्नाञ्जनं तथा ॥२८॥

शराष्टकसन्धौ कोणचतुष्टये चक्रचतुष्टयं कृत्वा, तस्मिंश्चक्रचतुष्टये क्षीरवृक्षकषायेण कलशान् पूरयेत् । पुनरेकैकं कलशं सहस्रारमन्त्रेणाभिमन्त्रयेत् । मध्यस्थे चक्रे गव्याक्तापामार्गाग्रसमिदाज्यचरुं वृतं प्रत्येकं सहस्रं हुनेत् । एकैकहोमावसाने गव्यशेषेणाभिषिच्य, अग्निकोणस्थकलशेनाभिषेचयेत् । पुनरपि गव्यशेषेणाभिषिच्य निर्ऋतिकोणस्थेनापि; (पुनः पुनरप्येवं वायुकोणस्थेन, पुनरप्येवम् ईशकोणस्थेन) पुनरप्येवं, सितसूत्रं रक्त-

---

1 साज्य 2 हेमपत्रं 3 भृगौ क्षिप्ताः तद्धुता मुद्रिका इव ।
4 हुनेत् । 5 तं जप्ता 6 अहिर्बुध्न्यस्येति सार्धं पद्यं A कोशेनास्ति ।

पितृविष्णुयमादित्यविशाखान्त्याङ्घ्रिगामिषु ।

चापाष्टमकुलीरेषु गृह्णीयान्मृत्फले भुवः ॥२९॥

अधुर्यांश्च तदा मन्त्री वृषादीन्[1] धुरि योजयेत् ।

रोहिण्यार्द्रामघास्विन्दोरुदये स्थापयेत् क्रमात् ॥३०॥

जम्बूकर्णी वटोद्भूता यष्टिः सीमान्तरे भुवः ।

सिंहावलम्बिनो विष्ट्यां भूसुतस्योदये खनेत् ॥३१॥

क्षेत्रे विषतरोः कीलं द्वितालं नामकर्णयुक् ।

झेन्दावेकांशके लब्ध्वा भूः कस्माचित् स्वसाद्भवेत्[2] ॥३२॥

सूत्रं च जप्त्वा, तस्य हस्तादौ कलयेत् = बध्नीयात् । वह्न्यादि सर्वं पूर्ववत् अष्टमराशिके न्यस्येत् बलिना सह । एवं कृते क्षुद्रादयः सर्वे नश्यन्ति । तद्भूता= तन्मन्त्रहुतसम्पातसाधिता । भृगावत्युच्चगे सति क्षिप्ता मुद्रिका च तथा । मुद्रिका= மோதிரம் (മോതിരം) भृगुः = शुक्रः ।

"अजवृषभमृगाङ्गना कुलीरा झषवणिजौ च दिवाकरादितुङ्गाः ।
दशशिखिमनुयुक्तिथीन्द्रियांशैस्त्रिनवकविंशतिभिश्च तेऽस्तनीचाः ॥"

अजः=മേടം । वृषभः = ഇടവം । मृगः=മകരം । अङ्गना=കന്നി । कुलीरः= കർക്കിടകം । झषः=മീനം । वणिक्=തുലാം । एते सूर्यसोमाङ्गारकबुधबृहस्पतिशुक्र-शनैश्चराणामुच्चाः । दशशिखीत्यादयोऽत्युच्चाः । मेषमासि दशमे दिवसे सूर्यस्यात्युच्चप्राप्तिः । वृषभे तृतीयदिवसे सोमस्य । मृगे (चतुर्थ)[अष्टाविंशति]दिवसेऽङ्गारकस्य । कन्यायां

---

1 वृक्षादीन्

2 स्वसा भवेत् ।

वैयाघ्रचर्म कदलीं सप्तकार्षापणैर्मितैः[1] ।

ताम्रैः प्रकल्पितं चक्रं शशरोमद्विजस्त्रियः ॥३३॥

गर्भिण्याः[2] केशमेणस्य रोमवालश्च[3] नीलगोः ।

खरव्याघ्रश्वनागेन्द्रपोत्रीसिंहवृषान्विते ॥३४॥

सूर्यादिवारे निखनेन् स्वोदये द्रोहहृद्भूवि ।

अश्वत्थोदुम्बरप्लक्षखदिरैः कल्पितैः[4] क्रमात् ॥३५॥

वृषाश्वेभोरगान् जम्बूधात्रीनिम्बकपिप्पलैः ।

खरसिंहौ द्विकं कुम्भं[5] धात्रीं चक्रं च तान् खनेत् ॥३६॥

[6] पिष्टैर्दिशासु तत्काले गेहग्रामादिरक्षिता[7] ।

[8] मीन्नसे हन्ति गृल्लका वितिविष्टेर्दिशातिथीः ॥३७॥

पञ्चदशे बुधस्य । कर्कटके पञ्चमे बृहस्पतेः । मीने सप्तविंशे शुक्रस्य । तुलायां बिंशतिदिवसे शनैश्चरस्य च अत्युच्चप्राप्तिः । ते यदा अस्तं यान्ति तदा नीचाः । अष्टमं मुहूर्तमभिजिद्द्विनाडिकामात्रमेकं मुहूर्तं रवौ स्वोच्चगत इत्युक्तम् । स्वोच्चगते कदेत्याकाङ्क्षायाम्, अर्धोदये तु दशम इति । पुष्यं = പൂയം । अहिर्बुध्न्यः = ഉത്രട്ടാതി । चैत्रं = അനിഴം । आरांशे = अङ्गारकांशे । अष्टमं वृश्चिकम् । भूसुतः = ചൊവ്വ । कस्माच्चित् = कस्माच्चित् कारणात् । स्वसाद्भवेत् = स्वाधीना भवेत् । वैयाघ्रचर्म = പുലിത്തോൽ । कदली = कदलीफलम् । सप्तभिः कार्षापणैः कल्पितं

---

1 मितम् ।
2 केशमन्नस्य
3 बालं च
4 कल्पयेत्
5 कुम्भवरं
6 पिष्टेद्दिशासु
7 ग्रामाभिरक्षिताः ।
8 मित्रूसे भन्ति पूल्लका बिति पिष्टेद्दिशासु तान् ।

पानं नेयं नरो[1] नागो नेशा नारी नगात् पुनः ।

एष विष्टिषु तत्कालो विष्टिर्नक्तं दिवा क्रमात् ॥३८॥

न्यग्रोधः किंशुको वेणुर्विषवृक्षविकङ्कतौ ।

धातकी स्नुहिकर्णी च स्थाप्याः सस्यादिके तथा ॥३९॥

गोवराहमृगादिभ्यस्तत्र[2] द्रोहो न जायते ।

टान्तानि सप्त संलिख्य लिखेत्तेषु सुदर्शनम् ॥४०॥

तेनाभिषिच्य बध्नीयाच्चक्रं श्वासज्वरापहम् ।

[3]स्वाख्यादिन्दोर्बहिष्कोणषट्के मन्त्राक्षरं[a] लिखेत् ॥४१॥

चक्रमेकं कार्षापणम् = ८७७७° । गर्भिण्याः द्विजस्त्रियः केशम् । खरल्याश्वनागेन्द्र-पोत्रिसिंहवृषकरणान्विते सूर्यादिवारे स्वोदये वाराधिपेषु उदयमानेषु श्वाविष्टिः । कुम्भधर-द्विकम् । ·द्विकः = काकः । मीखसेहान्तिगृध्नुकाविनिविष्टैर्दिशातिथीन्यत्र हल्भिः दिश उक्ताः । अब्जिस्तिथयः । विष्टिः = नक्तं दिवा । पुनः क्रमात् पानं नेयमित्यादिना तत्काल उक्तः । विष्टिषु तद्दिक्षु वृषादीन्लिखनेत् ॥ (२१-३९)

टान्तानीति । सुवर्णरजतादिभिः षडरं पत्रं (चक्रं) कृत्वा, मध्ये प्रणवं लिखेत् । तदन्तर्जीवम् । तस्य च परित आख्यां, अरेषु सुदर्शनं पूरयित्वा, एतद्यन्त्रं कलशे निक्षिप्य, सहस्रं जप्त्वा, कलशेन तदभिषिच्य, चक्रं कण्ठे बध्नीयात् । श्वास-ज्वरापहः ॥ (४०)

स्वाख्यादिन्दोरिति । षडरं चक्रं कृत्वा, मध्ये ठकारं, तदन्तस्तारं जीवाख्यादि

---

1 नरै नाशो खर नारीनतात् पुनः । 2 तत्तद्द्रोहो

3 साख्यात् a मन्त्राक्षरान्

सन्धिष्वङ्गाद्बहिर्वृत्तान्यत्र[1] षोडशके मनुम् ।

(म) ओं नमो भगवते हालु डेहा

सहुं फट् ठठ ।

पुनर्वृत्तं[2] च भूगेहे लिखेदेतद्यथाविधि ॥४२॥

स्वाख्यातारा[3]द्बहिस्तद्वन्मन्त्राग्नौ[4] स्वरकेसरान् ।

अष्टाक्षरदलं बाह्ये तद्बहिर्वर्गकेसरम् ॥४३॥

षोडशार्णदलं नाम दर्भ[5]व्योमान्त्यवेष्टितम् ।

लिखेत्तद्यन्त्रमेवं वा त्रिः पाशाङ्कुशवेष्टितम् ॥४४॥

क्षुद्रग्रहगदादिभ्यो रक्षेत्तत् सर्वसिद्धिदम् ।

पूर्ववत् । अरेषु सुदर्शनम् , अरसन्धिषु अङ्गानि, तद्बहिर्वृत्तं कृत्वा, षोडशदलानि लिखेत् । ओं नमो भगवते वासुदेवाय हुं फट् स्वाहा । दलेष्वस्य मन्त्रस्य एकैकमक्षरं लिखेत् । (तद्बहिर्वृत्तम् ।) तद्बहिश्चतुरश्रं जपहोमादिना साधितमेतद्यन्त्रं क्षुद्रादिहृत् ॥ (४१-४२)

स्वाख्यातारादिति । पूर्ववत् षडरं चक्रं लिखित्वा, ठकारस्य मध्यस्थतारे जीवादिपूर्ववत् । अरेषु मन्त्राक्षराणि, सन्धिष्वङ्गानि, तद्बहिर्वृत्तं कृत्वा, अष्टदलानि लिखेत् । केसरेषु स्वरान् , दलेषु अष्टाक्षरस्यैकैकमक्षरं, तद्बहिर्वृत्तं कृत्वा, षोडशदलानि केसरेषु कादिसान्तान् (अक्षराणि) लिखेत् । कं खं इत्येकस्मिन् अन्येष्वपि गं घं इत्यादि । ओं नमो भगवते वासुदेवाय हुं फट् स्वाहा । अस्य मन्त्रस्यैकैकमक्षरं दलेषु तद्बहिः ह क्ष इत्यादिभ्यां त्रिर्भितं नाम परितो लिखेत् । तद्बहिः पाशाङ्कुशाभ्यां त्रिर्वेष्टयेत् । साधितमेतत् क्षुद्रादिभ्यो रक्षेत् ॥ (४३-४४)

---

1 वृत्ता पत्र षोडश

2 पूर्ववृत्तं

3 संख्यातारान्

4 मन्त्राङ्गं न स्वरकेसरम् ।

5 दलं दानदर्भव्योम

पञ्चगव्यं शकृदोषा क्रान्त्यपामार्गरोचना: ॥४५॥

क्षीरवृक्षपलाशत्वग्बिल्वपद्मदलादिकम् ।

लक्ष्मी देवी कुशा दूर्वा सुरसा तिलराजिका: ॥४६॥

चन्दनं कुङ्कुमं कुष्ठं वचार्कतुलसी पुरा ।

घटस्थैरीदृशैर्द्रव्यैः साधितं भस्म मन्त्रितम् ॥४७॥

क्षुद्रघ्नमश्रीपापघ्नं रक्षायुःश्रीजयप्रदम्[1] ।

गोबालगर्भिणीभ्रान्तव्याधितादिषु शस्यते ॥४८॥

(म) क्ष्रौं नमो भगवते[a] वीरनरसिंहाय ज्वालामालिने तीक्ष्णदंष्ट्रायाग्निनेत्राय[2] सर्वरक्षोघ्नाय[3] सर्वभूतविनाशनाय सर्वविषविनाशनाय सर्वरोगविनाशनाय (सर्वोपद्रवविनाशनाय) हन दह पच मथ मुञ्च रक्ष हुं फट् ठठ ॥

पञ्चगव्यमित्यादिना भस्मोच्यते । बिल्वपद्मदलादिकमिति पञ्चाङ्गमित्यर्थः । ज्वलिताग्नौ पञ्चगव्येन पूर्णं घटं स्थापयेत् । शकृदादिद्रव्यं तस्मिन्निक्षिप्य सोऽग्निर्यदा घटान्तर्गच्छति, तदा सहस्रं वा द्वादशसहस्राज्याहुतीर्हुनेत् । पुनर्होमसंख्यया जपेत् । (जप्तं भस्म व्याधिनार्तेषु शस्यते ॥ (४५-४६)

क्ष्रौमिति । क्ष्रौं नमो भगवते वीरनरसिंहाय ज्वालामालिने तीक्ष्णदंष्ट्राय अग्नि-नेत्राय सर्वभूतप्रशमनाय सर्वविषविनाशाय सर्वरोगविनाशनाय सर्वरक्षोघ्नाय हन हन दह

---

1 श्रीवल्लभदम् ।

a हीषणद्यलिं वाशज्वा सामासिणे तीक्ष्णदंष्ट्राय [न्नषद्रिंपाश सिंहाशय ज्वालामालिने तीक्ष्ण]

2 दीप्तदंष्ट्राय 3 सर्वज्वरविनाशनाय इति क्वचिदधिकः पाठः ।

मन्त्रोऽयं नारसिंहाख्यः सकलापन्निवारणः ।

जपादिना हरेत् क्षुद्रग्रहमारीविषामयान् ॥४९॥

(म) क्रोधाग्ने[1] कह टच हुं फट् ठठ । अर्चिषे ठठ।

स्वार्चिषे ठठ । ज्वालाधूमाय ठठ । उत्तिष्ठ पुरुषाय

ठठ । धनुर्धराय ठठ । प्रभातनेत्राय ठठ ॥

क्रोधाग्निर्नाम मन्त्रोऽयं साङ्गः सर्वाभिचारहृत् ।

कुण्डे त्रिकोणेऽब्धितरोः समिधा प्राङ्गणे हुनेत् ॥५०॥

प्रदोषे रुद्रपञ्चम्यां क्षिपेद्ग्रहृद्यादिचत्वरे[2] ।

बलिना सह नश्यन्ति क्षुद्रग्रहगदादयः ॥५१॥

दह पच पच मथ मथ मुञ्च मुञ्च रक्ष रक्ष हुं फट् साहा । तीक्ष्णदंष्ट्राय हुं फट् स्वाहा हृदमम् । उग्ररूपाय हुं फट् स्वाहा शिरः । दीप्तरूपाय हुं फट् स्वहा शिखा । ज्वाला-रूपाय हुं फट् स्वाहा कवचम् । ओं क्ष्रौं नेत्रत्रयम् । असुरान्तक रूपाय हुं फट् स्वाहा अस्त्रम् । ब्रह्मा ऋर्षिः । अनुष्टुप् छन्दः । श्रीनरसिंहविणुर्देवता । अयं वीरनसिंहमन्त्रः । सकलापन्निवारणः ॥ (४७-४९)

क्रोधेति । ओं क्रोधाग्ने टक हट कहुं फट् स्वाहा । अर्चिषे स्वाहा हृदयम् । सार्चिषे स्वाहा शिरः । ज्वालापुरुषाय[3] स्वाहा शिखा । उत्तिष्ठ पुरुषाय स्वाहा कवचम् । धनुर्धराय स्वाहा नेत्रत्रयम् । प्रभातनेत्राय स्वाहा अस्त्रम् । पिप्पलाद ऋषिः ।

---

1 क्रोडाग्ने चव तच हुं फट् । [क्रोडाग्ने कह]

2 पण्यादिचत्वरे [वेण्यादिचत्वरे]

3 ज्वालापुरुषाय धूम्राय

[1]
नीपापामार्गकुरवपलाशक्षीरभूरुहः ।

गुग्गुलुस्तिलसिद्धार्थौ गव्ये[a] च क्षीरसर्पिषी ॥५२॥

एतैस्तेन हुतं सर्वैः व्यस्तैर्वा क्षुद्रभूतहृत् ।

अपामार्गाश्विनीवृक्षसमित्क्षीरैः कृतं हुतम् ॥५३॥

यथाक्रमं ग्रहाणां स्यान्मोक्षनिग्रहशान्तिकृत्[2] ।

हुत्वा कृष्णचतुर्दश्यां पूर्वाह्ने पयसामुना ॥५४॥

[3]
संपातयेद्घटजले ग्रस्तं तेनाभिषेचयेत् ।

अश्विनीभूरुहाङ्गारमष्या तत्फलकोपरि ॥५५॥

लिखेद्यमराजचक्रं तन्मध्ये स्थाप्य भूतिनम्[4] ।

कारस्करस्य समिधो हुनेत्तेन[5] ग्रहापहा ॥५६॥

अनुष्टुप् छन्दः । क्रोधाग्निर्देवता[6] ।

ध्येयो रुद्रो दशभुजो भैरवाभरणैर्युतः ।
पाशाङ्कुशो खड्गखेटौ शङ्खश्चैव शरासनम् ॥
दधानमसिखट्वाङ्गौ वरदं चाभयं क्रमात् ।
नीलजीमूतसंकाशं पिङ्गलोर्ध्वशिरोरुहम् ॥
व्याघ्रचर्माम्बरं नानानागैराभूषितं स्मरेत् ।

एष मन्त्रः सर्वाभिचारहृत् । रुद्रपञ्चमी = आर्द्रायुक्तपञ्चमी । तेनेति । मन्त्रेण = अमुना मन्त्रेण । फलकोपरि=अश्विनीवृक्षफलकोपरि । भूतिनं=भूताविष्टम् ॥ (५०-५६)

---

1 निम्बोऽपामार्ग   a गव्यं च क्षीरसर्पिषी ।   2 शान्तिकम्

3 संयातं येद्घट [सम्पातयद्घट]   4 भूतिना ।

5 हुनेत्तन्निग्रहात्   6 क्रोधाग्निरुद्रो देवता ।

(म) [a]ह्रीं स्फुर प्रस्फुर घोर घोरतर तनुरूप चट

प्रचट कह वम बन्ध घातय हुं फट् ठठ ॥

अघोरास्त्रमयं मन्त्रः सर्वोपद्रवनाशनः ।

जपहोमादिना हन्यादाभिचारग्रहामयान् ॥५७॥

ह्रीमिति । ओं ह्रीं स्फुर स्फुर प्रस्फुर प्रस्फुर घोर घोरतर तनुरूप तनुरूप चट चट प्रचट कह कह वम वम बन्ध बन्ध घातय घातय हुं फट् स्वाहा । ओं ह्रीं स्फुर स्फुरके प्रस्फुर प्रस्फुर दृशोः । घोर आस्ये । घोरतर गले[1] । तनुरूप कण्ठे । चट चट हृदि । प्रचट प्रचट [2] नाभौ । कह कह अण्डयोः । वम वम [3] ऊर्वोः । घातय घातय जङ्घयोः । हुं फट् पादयोः । [4] स्वाहा चरणयोः । ओं ह्रीं स्फुर स्फुर शिरः । घोर घोरतर तनुरूप शिखा । चट चट प्रचट प्रचट कवचम् । कह कह वम वम नेत्रत्रयम् । बन्ध बन्ध घातय घातय हुं फट् अस्त्रम् । गालव ऋषिः । त्रिष्टुप् छन्दः । अघोररुद्रो देवता । [[5]अन्यथा वा = अघोर ऋषिः, त्रिष्टूप् छन्दः । अघोररुद्रो देवता ।]

अथ मन्त्री शुचिर्भूत्वा भिन्नाञ्जनगिरि[6]द्युतिम् ।
स्पष्टदष्टाधरोष्ठं तं लसद्दंष्ट्रोत्कटाननम् ॥
[7] संरक्तगन्धवसनमाल्यभूषणभूषितम् ।
दशबाहुं धृतोदग्रपिङ्गलोर्ध्वशिरोरुहम् ॥

---

a. स्फुरं प्रस्फुरं घोरं टष टणु दषू वच टन्न चट कहन्न वमन्न बन्धन्न घातयेण्ण हुं फट् । [ह्रीं स्फुर प्रस्फुर झोष-तर-तनु-रूप....]

1 गले तनुरूप इति B कोशे नास्ति । 2 प्रचट उदरे ।

3 वम वम गुह्ये । 4 स्वाहा चरणयोरिति B कोशे नास्ति ।

5 अन्यथा वेति वाक्यं B कोशे नास्ति । 6 हरिद्युतिम् ।

7 गण्डवसन

पृथङ्मण्डलसंजतैः कलशैर्दशभिः क्रमात् ।

गन्धाम्बुपूरितैः स्नायात् क्षुद्रभूतादिशान्तये ॥५८॥

यां[1] कल्पयन्त्यपामार्गैर्मूलाक्तैर्जुहुयादृचा ।

अपामार्गसमित्सर्पिश्चरुस्सर्पिस्तया हुनेत् ॥५९॥

शूलं [2] मृगं च वेतालं खड्गं डमरुकं क्रमात् ।
दक्षिणैरितरैर्दोर्भिः कपालं चाप्यधस्तनात् ॥
घण्टाखेटकशूलाहीन् बिभ्राणं चोत्तरोत्तरैः ।
[3]वृत्तपिङ्गत्रिणयनं भ्रुकुटीकुटिलोत्कटम् ॥
ज्वलदग्निशिखाकारं घोरैर्भूतैः समावृतम् ।
नूपुरे कटिसूले च तथैवोदरबन्धने ॥
कटकाङ्गदयोः कण्ठे कर्णकुण्डलयोरपि ।
द्वौ द्वावहीन्द्रौ दधतं युद्धसन्नद्धविग्रहम् ॥
लूतावृश्चिकसंसक्त[4]कर्णालम्बितमालिनम् ।
वामपादं पुरस्कृत्य रक्ताब्जेपु च्छदे स्थितम् ॥
ग्रहोरगभयक्षुद्रनिखिलारिनिबर्हणम् ।
कल्पानलसहस्रार्कभासुरं भक्तवत्सलम् ।
ध्यायेद्देवमघोरास्त्रं पूजाहोमजपादिषु ॥ (५७)

पृथगिति । प्रथमावृत्तिरङ्गैः, दशायुधैः द्वितीयावृत्तिः, पुनर्मातृभिः पुनरिन्द्राद्यैः पुनर्वज्राद्यैः पृथङ्मण्डलसंजप्तैः ऋग्वेदोक्तैः । दशमण्डलरूपया ऋचा ॥ (५८)

यामिति । "यां कल्पयन्ति नोऽरयः क्रूरां कृत्यां वधूमिव । तां ब्रह्मणावनिर्निदः प्रत्यक्कर्तारमृच्छतु" । खड्गवेष्टितयोरिति । वह्निकुम्भयोः खड्गवेष्टितयोः सतोः कपालवह्नौ तज्जले सिद्धार्थचरुराजी नवाहुतीः क्षिपेत् । तथा यां कल्पयन्त्यादिकया ऋचा कृष्णाष्टमीचतुर्दश्यन्ते दिनसप्तके सन्ध्यायामेवं [5] हुत्वा, कपालं पृष्ठतः क्षिपेत् ।

---

1 कल्पयन्त्यावामार्गैः 2 मुद्गं च 3 वृत्तलिङ्ग
4 कण्ठालम्बि 5 एवं कृत्वा

खड्गवेष्टितयोर्वह्निकुम्भयोस्तज्जले[1] क्षिपेत् ।
कपालवह्नौ सिद्धार्थश्चसराजी नवाहुतीः ॥६०॥
तथा निर्ऋत्यादीशान्तं सन्ध्यायां दिनसप्तके ।
कृष्णाष्टम्यादिके हुत्वा कपालं पृष्ठतः क्षिपेत् ॥६१॥
समिधः कुरवोद्भूता यथा विद्युदृचा हुनेत् ।
मन्त्रेण पञ्चगव्यादि हुनेत् प्रतिसरादिना ॥६२॥
होमे संपातयेत्तेन त्रैलोकीं[2] करमुद्रिकाम् ।

कपाले वह्निमाधाय चतुरश्रमण्डले स्थापयित्वा, खड्गैर्वेष्टयित्वा, तस्य दक्षिणभागस्थे मण्डले कुम्भं पूरयित्वा, खड्गैर्वेष्टयित्वा, वह्नेः पश्चिमभागस्थेषु नवस्वश्वत्थपत्रेषु चरोर्नवाहुतीः संस्थाप्य, [3]त्रिधा=व्यावृत्त्या दिशान्तं तस्योत्तरभागे नवस्वश्वत्थपत्रेषु पञ्च पञ्च [a]गौरसर्षपबीजानि संस्थाप्य, त्रिधावृत्त्या (?) निर्ऋत्या दिशान्तमेनं संस्थाप्य, स्थापनक्रमात् सप्तविंशत्याहुतीर्हुनेत् । कुम्भस्य पश्चिमभागेऽप्येतान्येवं संस्थाप्य, सप्तविंशत्याहुतीरप्सु हुनेत् । कृष्णाष्टमीमारभ्य कृष्णचतुर्दश्यन्तं सन्ध्यायामेवं हुत्वा, तत्कुम्भं कपालस्थाग्निना सहास्याश्मराशौ चत्वरे नीत्वा, अष्टदिक्षु नमो विष्णुगणेभ्य इत्यनेन बलिं हरेत् । "यथा विद्युद्धतो वृक्ष आमूलात् प्रतिशुष्यति । एवं स प्रतिशुष्यतु यो मे पापं चिकीर्षति" । [b]अनया ऋचा [4] कुरवोद्भूताः समिधो हुनेत् क्षुद्रशान्तये ॥ (५९-६१)

मन्त्रेणेति । प्रतिसरप्रतिधावत्कुमार इव प्रतिग्रहात् मूर्धानमेषां स्फोटय, वधमेषां कुले जहि । प्रतिसरादिनानेन मन्त्रेण पञ्चगव्यादीत्यादिना क्षुद्रकर्माणि पूर्वोक्तानि द्रव्याणि हुनेत् क्षुद्रशान्तये ॥ (६२)

---

1 तज्जलैः 2 त्रैलोहीं
3 त्रिधा इत्यारभ्य स्थापनक्रमात् इति यावत् B कोशे नास्ति ।
a सर्षपबीजान् b अनेन ऋचा 4 ऋचाकुरवोद्भूता

अपामार्गैर्नवशतं[1] मूत्राक्तैः क्षिप्रया हुनेत् ॥६३॥

जुहुयाद्गुग्गुलुं पञ्चगव्याक्तमसपत्नया ।

कर्मभिः सप्तधा क्षुद्रं विनश्येदेवमादिभिः ॥६४॥

गव्येक्षुशालीयवमुद्गमाष-

गोधूमबिल्वास्थितिलाब्जबीजम् ।

पद्मच्छदस्थं विनिधाय ताम्रे

क्षुद्रारि खन्याद्भुवि[2] नागयोगे ॥६५॥

पृथक्छिरःपञ्चकमब्जपत्रं

निश्छिद्रमेकीकृतबन्धनान्तम् ।

गव्यप्रपूर्णं निखनेदनन्त-

स्मृत्या तदा क्षुद्रविनाशि गेहम् ॥६६॥

अपामार्गैरिति । " क्षिप्रं कृत्ये निवर्तस्व कर्तुरेव गृहान् प्रति । पशूंश्चैवास्य नाशाय वीरांश्चास्य निबर्हय ॥ " अनेन क्षिप्राख्यमन्त्रेण (गोमूत्राक्तैः) अपमार्गैः नवशतं हुनेत् । क्षुद्रशान्तिः ॥ " असपत्नं पुरस्तान्नः शिवं दक्षिणतस्कृधि । अभयं सततं पश्चाद्भद्रमुत्तरतो गृहे ॥ " अनेन गुग्गुलुगुलिकां जुहुयात् । क्षुद्रशान्तिः ॥(६३-६४)

गव्येष्विति । गव्यादिस्थापनमन्त्रोक्तैः सर्वैर्मन्त्रैः नागयोग इति अमावास्यान्त्ययामस्य प्रथमा घटिका । सा हि बार्हस्पत्ये । तद्यथा—

" अमावास्यापरे भागे सर्पः कालो भवेद्यदि ।
नक्षत्रमपि सार्पं स्यान्नागयोगः स उच्यते ॥ " इति ।

तदा = नागयोगे ॥ (६५-६६)

---

1 नवशतैः 2 क्षुद्राद्रिव स्यात्

पूषापुष्यपुनर्वसूवसुहरी चित्रा शशी रोहिणी

तारास्तन्तिथयोंऽशुमत्फणियमा दिक्पञ्चदश्यो[1] हरिः ।

वाराणीन्दुसुतेन्दुशुक्रगुरवो युग्मं कुलीरं धनुः[2]

कुम्भान्त्यावपि[3] राशयो निगदिता गव्यप्रयोगाय[4] ते ॥६७॥

मूत्रं प्रस्थं गोमयं स्यात्तदर्धं[5]

क्षीरं प्रस्थार्धं दधि क्षीरतोऽर्धम् ।

आज्यं दध्नोऽप्यर्धमेवं प्रमाणं

स्वीयैर्मन्त्रैर्योजयेत् पञ्चगव्यम् ॥६८॥

पूषेति । पूषा = रेवती । पुष्यं = പൂയം । पुनर्वसू = പുണർതം । वसुः = അവിട്ടം । हरी = തിരുവോണം । शशी = മകീരം । अंशुमान् = सप्तमी । फणी = पञ्चमी । यमः=त्रयोदशी । (ककुप्=दशमी ।) हरिः=द्वादशी । इन्दुसुतः= बुधः । इन्दुः=തിങ്കൾ । शुक्रः=വെള്ളി । गुरुः=വ്യാഴം । युग्मं=മിഥുനം । कुलीरः = കർക്കിടകം । अन्त्यः = मीनम् । एषां =नक्षत्रवारराशीनां । नागयोगे योग उत्तमकालः । एतेषां प्राचुर्यं मध्यमकालः । एकैकमधमः कालः ॥ (६७)

मूत्रमिति । मूत्रं = गोमूत्रम् । स्वीयैर्मन्त्रैरिति =सावित्र्याद्यैः । " सावित्र्या चैव गोमूत्रं गन्धद्वारेति गोमयम् । आप्यायस्वेति च क्षीरं दधिक्राव्णेति वै दधि । शुक्रमसि ज्योतिरसीत्याज्यं स्यात् सर्वकर्मसु " । सावित्री = गायत्री ॥ (६८)

---

1 भिक् पञ्चदश्यः 2 कुलीरो धराः । 3 कुम्भान्त्याविति

4 गव्या प्रयोगाय 5 स्यात् पलार्धं

गोमूत्रं निजवाञ्छया परिमितं तस्यार्धकं गोमयं
मूत्रात् सप्तगुणं पयस्त्रिगुणितं दध्यान्यतुल्यं घृतम् ।
[1]बिल्वाक्षत्रिचतुष्पलैकपलिकैर्गव्यं क्रमाद्गान्वितं
गावः स्युः कपिलासिताहिमनिभा धूम्रारुणाश्च क्रमात् ॥६९॥

मूत्रं द्विभागं शकृदेकभागं पयोऽष्टभागं दधि तत्समानम् ।
क्षीरार्धकं वा चतुरंशमाज्यं गव्यानि सर्वाणि समानि वा स्युः ॥७०॥

॥ इति नारायणीतन्त्रसारसङ्ग्रहेऽष्टादशः पटलः ॥

गोमूत्रमिति । अन्यतुल्यमिति = गोमूत्रतुल्यमित्यर्थः । आद्यतुल्यं घृतमिति च पाठः । बिल्वं=पलम् । कर्षः = पलचतुर्थांशः ॥ (६९-७०)

॥ इति नारायणीयतन्त्रसारसङ्ग्रहव्याख्यानेऽष्टादशः पटलः ॥

---

1 बिल्वार्कत्रिचतुष्पलैः

॥ अथ विनोदपटल एकोनविंशः ॥

कुलिशोऽन्त्रगतं[1] नाम बहिर्मांसाष्टकावृतम्[2] ।

शुद्धस्यापि तुलास्थस्य गुरुत्वं जनयेद्ध्रुवम् ॥१॥

वायुवेश्मनि वायुस्थं बहिरष्टानिलावृतम्[3] ।

नाम कुर्यात्तुलास्थस्य ब्रह्महन्तुश्च लाघवम् ॥२॥

ब्रह्मात्मा[4] वदने न्यस्तो त्रांकारो[5] रसनां दहन् ।

मन्त्रसिद्धिं हरेत् पुंसो वादे च प्रतिभां तथा ॥३॥

कुलिश इति । वज्रं कृत्वा, तस्य मध्ये लकारं लिखित्वा, तदन्तर्जीवम्, जीवस्य परित आख्याम्, वज्रस्य बहिरष्टदिक्षु लकारम् । एतद्यन्त्रं शुद्धस्य = विरिक्तस्यापि तुलास्थस्य गुरुत्वं जनयेत् ॥ (१)

वायुवेश्मनीनि । वायुमण्डलं लिखित्वा, तदन्तर्यकारम्. तन्मध्ये जीवम्, जीवस्य परित आख्याम्, जीवादिवायुमण्डलस्य बहिरष्टदिक्षु यकारम् । (एतद्यन्त्रं ब्रह्महन्तुरपि तुलास्थस्य लाघवं जनयेत्) ॥ (२)

ब्रह्मात्मेति । वदने न्यस्तो त्रांकारो मन्त्रसिद्धिं वादे प्रतिभां च पुंसो हरेत् । कीदृग्विशिष्टो ब्रह्मात्मा ; रसनां दहन् । "प्रज्ञा नवनवोलेखशालिनी प्रतिभा मता" ॥ (३)

---

1 कुलिशेन्द्रगतं

2 मासाष्टकावृतम् ।

3 अष्टानलावृतम् ।

4 ब्रह्माध्वा वदने

5 द्रांकारः

कुर्याद्बर्हिशिखास्यस्था प्रतिवादिनि मूकताम् ।

लाङ्गलीं निखनेन्मूत्रस्थाने निष्षण्डतां व्रजेत् ॥४॥

(म) [a]सप्तमातृगृहे द्वारं स्तम्भयति स्वाहा ।

मूत्रस्तम्भि कर्परस्थि खनेन्मन्त्रेण तद्भुवि ।

शिरीषशाल्मलीवृक्षनिर्यासो [1]बधिरान्धकृत् ॥५॥

कनकद्रवसंयोगादन्नपानादियोजितः ।

शर्करामहिषीक्षीरपानान्मोक्षस्ततो भवेत् ॥६॥

पञ्चाङ्गुलं सर्जकीलं कुलालस्य गृहे खनेत् ।

मन्त्रेण हस्तनक्षत्रे भाण्डा नश्यन्ति तत्रजाः ॥७॥

सरशब्दो दरवदश्चावृत्तः सशिरो मनुः ।

अष्टाङ्गुलं वेतसस्य कीलं भगदिने खनेत् ॥८॥

कुर्यादिति । स्वास्यस्था मयूरशिखापि तथा प्रतिवादिनो मूकतां कुर्यात् । ओं सप्तमातृगृहे द्वारं स्तम्भयति स्वाहा । अनेन[2] अरेः मूत्रभूमौ कर्परस्थि खनेत् । मूत्रं स्तब्धं भवति । मूत्रस्थाने लाङ्गलीं निखनेत् । षण्डतां व्रजेत् ॥ (४)

मूत्रस्तम्भीति । कनकद्रवः = उन्मत्तरसः ॥ (५-६)

पञ्चाङ्गुलमिति । ओं सर सर दर दर स्वाहा । अनेन हस्तनक्षत्रे पञ्चाङ्गुलमब्जकीलं कुलालस्य गृहे निखनेत् । तत्रस्था भाण्डा नश्यन्ति । सर्जः = മരാമരം ।

---

a लसमाहवेद्वाषं स्तम्भ शठी ठठ ।

1 बधिरास्यकृत् ।   2 अनेनेत्यारभ्य व्रजेत् इति पर्यन्तं B कोशे नास्ति ।

कैवर्तभवने तैर्न लभ्यन्ते मत्स्यजातयः ।

बलिनिष्परि[1]शब्दान्ते शिरोमन्त्रो[2]ऽयमत्र हि ॥९॥

मद्यालयोचितं कीलं भरण्यां मनुना खनेत् ।

मद्यनाशाय मन्त्रोऽत्र रिङ्गे युग्मं[3] शिरोऽन्वितम् ॥१०॥

गवास्थि[4] निखनेद्गोष्ठे रोहिण्यां स्यात् पयःक्षयः ।

शिवो दण्डी द्विरभ्यस्तशिरोऽन्तो मनुरत्र हि ॥११॥

एकाङ्गुलमहेरस्थि सर्पर्क्षे निखनेद्गृहे ।

सर्पालयः[5] स्याद्धर्मांशे द्विरुक्तष्टद्वयं (?) मनुः ॥१२॥

तैलहृद्दरीकीलं स्वातौ चक्रीगृहे खनेत् ।

पादकूर्मपुटः[6] पादो दीर्घश्च त्वक्छिरो मनुः ॥१३॥

वेतसः = ഞാറവഞ്ഞി । भगनक्षत्रं = उत्तरम् । ओं बलिनिष्परि स्वाहेति मन्त्रः । कैवर्तः = मत्स्योपजीवी । ओं रिङ्गे रिङ्गे स्वाहा ॥ (७-१०)

गवेति । 'अमुकाया भगं बध्नामि विस्फुरद्बहुशोणितम् । मया ते भगबन्धस्य नास्ति लोके चिकित्सकः ॥ पतिर्वा पतिमात्रो वा ये चान्ये भगमर्दकाः ।' अनेन यस्या वामपादरजांसि चितावस्त्रे केशरज्जुना बध्नाति, आमरणात् तस्या भगबन्धः कृतो भवेदिति । रिङ्गे रिङ्गे स्वाहा । अनेन चिताकीलं भरण्यां मद्यालये खनेत् । मद्यनाशः स्यात् । इति विशेषपाठो व्याख्यातुः । गवास्थीत्यादि । ओं हुं हुं स्वाहा । अनेन

---

1 बलिं निष्पहि 2 शिरोऽन्तो मनुस्त्व 3 रिङ्गे युग्मं 4 गवाक्षि
5 सर्पालयं स्याद्धर्मांशौ द्विरुक्तेरद्वयं मनुः ।

निखनेदुत्तराषाढे हस्तिदन्तं गजालये ।

स मत्तः स्यान्मदद्वन्द्वं विवर्मास्त्रशिरो मनुः ॥१४॥

गोदन्तं निखनेदैन्द्रे गृहं तद्बहुमूषिकम् ।

मुरुद्वन्द्वं[1] चुरुद्वन्द्वं शिरोमन्त्रोऽयमत्र हि ॥१५॥

यन्नामालिख्य चूतस्य पर्णे कृष्णद्विकासृजा ।

क्षिपेत् पुरीषमध्ये तत्तत्खादन्ति मुहुर्द्विकाः ॥१६॥

मांसस्थमन्त्यं[2] झण्डीशबिन्दुमद्वामहस्तके ।

ऊर्ध्वप्रोत्तानजम्भारि चापाभे[3] न्यस्य दर्शयेत् ॥१७॥

रोहिण्यां गोष्ठे गवामस्थि खनेत् । पशुक्षयः । ओं हुं फट् स्वाहा । अनेन एकाङ्गुलमहेरस्थि सर्पर्क्षे गृहे निखनेत् । गृहं सर्पालयः स्यात् । एकाङ्गुलमित्यादि । सर्पर्क्षं = ആയില്യം । ओं हुं हुं फट् फट् स्वाहा । तैलहृदीति । कूर्मपुट[4] इति । ओं चटचटाय स्वाहा । अनेन स्वातौ चक्रीगृहे बदरीकीलं खनेत् । तैलं नश्यति । चक्री= വാണിയൻ । बदरी = ലന്തമരം । स्वाती = ചോതി । चक्रीगृहं = ചക്കാല । चक्री = വാണിയൻ । निखनेदिति । उत्तराषाढं = ഉത്രാടം । हस्तिदन्तः = ആനക്കൊമ്പ് । गजालयः = ആനപ്പന്തി । ओं मद मद हुं फट् स्वाहा । [5]अनेन उत्तराषाढे गजालये हस्तिदन्तं निखनेत् । स गजो मत्तः स्यात् । गोदन्तमिति । गोदन्तः = പശുവിൻ പൽ । ऐन्द्रं = इन्द्रनक्षत्रम् = തൃക്കേട്ട । ओं मुरु मुरु चुरु चुरु स्वाहा । [6]अनेन गृहे इन्दुनक्षत्रे गोदन्तं निखनेत् । गृहं बहुमूषिकं स्यात् । यन्नामेति । यस्य कस्यापि नामेत्यर्थः । कृष्णद्विकासृजा=चूतस्य पर्णे

---

1 तुरुद्वन्द्वं सशिरो मनुरत्र हि । 2 मज्जा रे णीशं बिन्दु 3 चापाहे

4 कूर्मपुट इत्यारभ्य വാണിയൻ यावत् B कोशे नास्ति ।

5 अनेनेत्यारभ्य मत्तः स्यादिति यावत् B कोशे नास्ति ।

6 अनेन गृह इत्यारभ्य बहुमूषिकं स्यादिति यावत् B कोशे नास्ति ।

अशन्युपलवृष्ट्यादि वारयेत्[1] साधकोत्तमः ।
अधोमुखीकृतं हस्तं तदकाले च पातयेत् ॥१८॥
वाताहतं वह्निदग्धं[2] कृत्वा साक्ष्यकरे[3] स्थितम् ।
पुरारिरिव भुञ्जीयादिन्दुसंपुटितं विषम् ॥१९॥

(म) नमो भगवते वायवे[a] मर्दय प्रमर्दय स्तम्भय हिलि
संहर ठठ। नमो भगवते वरुणाय फुस्तं स्तम्भय ठठ ॥

जलाग्निस्तम्भकौ मन्त्रौ द्वावेतौ साधुसाधितौ ।
चूर्णं मण्डूकवसया जलाग्निस्तम्भकृद्भवेत् ॥२०॥

यन्नामालिख्य पुरीषमध्ये खनेत् । द्विकास्तन्मुहुर्मुहुः खादन्ति । द्विकाः = काकाः । मांसस्थमन्त्यमिति ।[4] क्ष्लौं, एतदूर्ध्वप्रोतानेन्द्रायुधसदृशे बाहमस्तके न्यस्याम्बरे दर्शयेत् । अशन्युपलवृष्ट्यादिनिवृत्तिः स्यात् । एवमस्याधोमुखीकृतम् अस्त्रमकाले च तत् पातयेत् । तद्धस्तमकालेऽपि अशन्युपलवृष्ट्यादि पातयेत् । वाताहतमिति । तार्क्ष्यहस्तमध्ये इन्दुं स्मृत्वा, इन्दौ विषं स्थापयित्वा यमिति वायुबीजेन शोषयित्वा, रमिति अग्निबीजेन दग्ध्वा, इन्दुना संपुटीकृत्य, (पुरारिरिव) नीलकण्ठवद्विषं भुञ्जीत । नीलकण्ठमन्त्रसिद्ध एव एतत् कर्म कुर्यात् । इन्दुना = उबीजेन ॥ (११-१९)

नमो भगवत इति । ओं नमो भगवते वायवे मर्दय मर्दय प्रमर्दय प्रमर्दय स्तम्भय स्तम्भय हिलि हिलि संहर संहर स्वाहा । ओं नमो भगवते वरुणाय फु फु स्तम्भय स्तम्भय स्वाहा । एतौ द्वौ मन्त्रौ जलाग्निस्तम्भकौ ॥ (२०)

---

1 साधयेत् 2 सन्निदग्धं 3 तार्क्ष्यकरे

a ओं नमो भगवते हाशहे मर्दश प्रमर्दय [हरा नमो भगवते हर दाशहे मर्दश प्रमर्दय]

4 क्ष्लौं इत्यारभ्य पा।येत् इति पर्यन्तं B कोशे नास्ति ।

(म) [a]श्मशानवासिनि प्रेतमालिनि मां मा पश्यन्तु

मनुष्याः, ठठ ।

एतज्जप्तचिताभस्मत्रिपुण्ड्री नैव दृश्यते ।

मार्जाररुधिरे पद्मसूत्रवर्तिं प्रदीपयेत्[1] ॥२१॥

कटुतैलाञ्जनं ग्राह्यं तेनाक्ताक्षो न दृश्यते ।

मधुकं समधूच्छिष्टं मातुलुङ्गफलान्वितम् ॥२२॥

गुञ्जाफलरसे सप्तदिवसं साधु भावयेत्[2] ।

तद्गर्भवर्तिकादीपो जनयेदन्धतां नृणाम् ॥२३॥

काणतां जनयेद्दीपो निम्बवन्दाकरेणुमान् ।

सप्ताहोर्ध्वं स्थापयित्वा शिलां कोशातकीरसे[3] ॥२४॥

तत्कल्पपुण्ड्रो यत् पश्येत्तद्भोज्यं तिक्ततां व्रजेत् ।

कृष्णा मेषी पयश्शक्रगोपलाङ्गलिकाङ्गुलिम् ॥२५॥

स्पृष्ट्वाङ्गुलिभ्यां तत्स्पृष्टे घटे दध्यादि शोणितम् ।

श्मशानेति । ओं श्मशानवासिनि प्रेतमालिनि मां मा पश्यन्तु मनुष्याः स्वाहा । "[4]एतज्जप्तं चिताभस्मत्रिपुण्ड्रं नैव दृश्यते ।" कटुतैलं=കടുകെണ്ണ । मधूच्छिष्टं=മെഴുക് । काणः=ഒരുകണ്ണ് കരുടൻ । निम्बवन्दाकः=വേപ്പിന്മേലിത്തിക്കണ്ണി । शिला = मनश्शिला । कोशातकी = പട്ടൽ വീരം । शक्रगोपः = कीटविशेषः । लाङ्गली = മേത്തോന്നി । तत्स्पृष्टे घटे दध्यादि शोणितं स्यात् ॥ (२१-२५)

---

a श्मसाणेहालिणि प्रेटमासिणि मां   1 प्रभावयेत्

2 भावितम् ।   3 कोशातकीन्धुतान् । [कोशातकीयुतान्]

4 एतज्जप्तमिति वाक्यं B कोशे नास्ति ।

(म)[a] बलि महाबलि ठठ ।

[1] द्वारेऽलर्कास्थिसंवेशात्तालं विक्रियते मनुः ॥२६॥

रौप्यं स्यात्पारद[b]स्पृष्टं हेमदाहेन[2] पूर्ववत् ।

ताम्रं स्यादायसस्पृष्टं तिन्त्रिणा ताम्रघृष्टया ॥२७॥

शितिका[3]कुसुमं धूमसंपर्का[4]दरुणं भवेत् ।

किञ्चिच्चूर्णं जपापुष्पं पीडितं विसृजेज्जलम् ॥२८॥

तैलं भवेद्घृताकारं[5] किञ्चिच्चूर्णजलान्वितम् ।

क्षुद्रकौशिकतैलाक्तपाणिस्थं लवणोदकम् ॥२९॥

विसृजेदुपलादौ तज्ज्वालारूपेण दृश्यते ।

यन्त्रपलं तन्तुवृत्तं जम्बीरकरसोषितम् ॥३०॥

नवनीतेन संलिप्य न्यसेद्वह्नौ न दह्यते ।

साज्याक्तसूत्रे[6] कांस्येऽन्नं पचेत् सूत्रं न दह्यते ॥३१॥

बलीति । ओं बलि बलि महाबलि स्वाहा । अलर्कः = വിശപ്പുനാ । तालं = താഴ് । विक्रियते = തുറക്കും । पारदः = രസം । तिन्त्रिणी = പുളി । शितिकाकुसुमं = കായാമ്പൂ । चूर्णं = നൂറ് । जपापुष्पं = ചെമ്പരത്തിപ്പൂ । चूर्णजलं = നൂറുകലക്കിയവെള്ളം ॥ (२६-३१)

---

a बसि मवा बसि ठठ ।

b पारत

1 द्वारेऽलक्तास्थि संयोगा तालं षिप्रियते मनोः ।

2 हेमदानेन

3 शीतिका

4 धूम्रसंपृक्तात्

5 जलाकारं

6 सूक्ते

उपरिस्थिरसा वर्तिः साधोज्वाला समुत्पतेत् ।
गन्धाश्मरजसा स्पृष्टं नष्टं दीपं समुज्ज्वलेत् ॥३२॥
गन्धाश्ममिश्रं[1] संपिष्टं नवनीतं न तु द्रवेत् ।
मत्स्यपित्तं शिला तालं तरुणस्य घृतं मदम् ॥३३॥
तद्गुली वल्गा पूर्णल्यान्मुक्तोपमं व्रजेत् ।
नरासृगुषितां वर्तिं तत्तैले दीपयेद्गृहे ॥३४॥
पात्राणि ताम्रकादीनि घटयन्ति परस्परम् ।
धूपान्न दृश्यते चित्रं पृषदंशीजरायुणा ॥३५॥
पुनर्माक्षिकधूपेन दृश्यते तद्यथापुरम् ।
आक्रम्य पर्यटेत्तोये सश्योनाकास्थिपादुकम्[2] ॥३६॥
न दहेद्रसनां वह्निरभयाभक्षणे कृते ।
जरायुमुद्रया शुन्या[3] धारयेत् पद्ममम्बरे ॥३७॥

उपरीति । समुत्पतेत्=स्वयमेव । गन्धाश्मा = गन्धकः । दीपः समुज्ज्वलेत् । शिला=मनश्शिला । तालं = हरितालम् । तरुणं =ചെമ്പോത്ത് । तस्य घृतं मदश्च । मदः = शुक्रम् । पृषदंशी = പൂച്ച । जरायुः = മറുപിള്ള । माक्षिकं = തേൻ ॥ (३२-३५)

आक्रम्येति । सश्योनाकास्थिपादुकं = श्योनाकास्थि पादुकान्तर्निक्षिपेदित्यर्थः । श्योनाकः = പലകപ്പയ്യാന । अभया = കടുക്ക । पद्ममम्बरे धारयेत् ॥ (३६)

न दहेदिति । शुन्या जरायुयुक्तया मुद्रया । जरायुः = മറുപിള്ള ।

---

1 गन्धाश्मरजसा पिष्टं 2 पादुके ।

3 शून्यः ; शून्या

आस्यस्थ[1] डौण्डुभं दन्तं सलिलान्तर्निवासयेत् ।
गन्धाश्माङ्कोल्लतैलाक्ते निस्सारे शुष्ककाष्ठके ॥३८॥

अतितप्ताज्यहोमेन ज्वलत्यह्नाय पावकः ।
कर्पूरं जलुका भेकतैलं पाटलिमूलयुक् ॥३९॥

पिष्ट्वालिप्य पदद्वन्द्वे चरेदङ्गारके[2] नरः ।
सदाभद्रामूल्युता[3] चर्व्यते धवला शिला ॥४०॥

शक्रवल्ल्या[4] बलाया वा कृत्वा वस्त्रं रसोषितम् ।
चरेदपक्वश्येनादिकण्डूतिर्नैव विद्यते ॥४१॥

पुनर्नवामूलल्लतापलपिष्टान्वितां[5] पचेत्[6] ।
आलूपादेः[7] शिफाशाखापत्रं तक्रोत्थवद्द्रवेत् ॥४२॥

मुद्रा=മോതിരം । डौण्डुभं दन्तम्=ചോരപ്പല്ല് । गन्धाश्मा=गन्धकः (३७-३८)

अतितप्तेति । जलूका=അട്ട । भेकः=തവള । अङ्गारकं=കനൽ ॥ (३९)

सदेति । सदाभद्रा = ചെറൂള । धवलशिला = വെള്ളാരങ്കല്ല് । शक्रवल्ली = ഉഴിഞ്ഞ । बला=കുറുന്തോട്ടി । चरेत् = भक्षयेत् । श्येना=ചേന । कण्डूतिः = ചൊറി ॥ (४०-४१)

पुनर्नवेति । पुनर्नवामूलपिष्टयुक्तम् आलूपादेः शिफामूलं पचेत् । पुनर्नवालता-पिष्टयुक्ताम् आलूपादेः शाखां पचेत् । पुनर्नवापत्रपिष्टयुक्तम् आलूपादेः पत्रं पचेत् । तदा तक्रोत्थवन्नवनीतवत् द्रवेत् । पुनर्नवा=തവിഴാമ । आलूपं =ഈഴവച്ചെമ്പ് ॥ (४२)

---

1 आत्मस्यस्थं धौ इभ तथा 2 अङ्गारगः 3 मूलयुताश्चर्यन्ते धवलाः शिलाः । 4 शक्रपल्या 5 मूल्युता 6 पिबेत् । 7 आलुवादे

पाणिस्थं वृषवन्दाकं द्यूते वितनुते जयम् ।

गच्छेत् [1] स कपिनिर्यासे आक्रम्याच्छत्रपादुके ॥४३॥

दृश्यतेऽग्निर्निशि [2] ध्वान्ते श्वेताश्मद्वयघर्षणात् ।

सफणित्वग्वर्तिदीपः कुर्यात् सर्पाकुलं गृहम् ॥४४॥

पेषिणीमुत्क्षिपेद्गोविट्[3]प्रस्थबन्धावलम्बनात् ।

तिष्ठेच्चिरं नालिकेरशाखापांसुषु पावकः ॥४५॥

[4] पञ्चास्थित्वग्रजोमिश्रं नालिकेरघृतं नयेत् ।

लक्ष्मीश्लिष्टरसाभ्यक्तशिरसाहिं प्रधारयेत् ॥४६॥

पाशारासंज्ञसंज्ञानाच्छुद्धतोयं घनीभवेत् ।

जलमिश्रं निशापिष्टं संग्रहेत् कोकिलास्थिभिः ॥४७॥

कुरण्टबीजपूल्या वा रक्ता दोषा निशायुता ।

इरिणं वा सचिञ्चाया पूर्वा [5] रात्रिर्भविष्यति ॥४८॥

पाणिस्थमिति । वृषवन्दाकं=ആടലോടകത്തിന്മേലിത്തിക്കണ്ണി । कपि-निर्यासः=വിളാംപശിനി । अच्छत्रपादुके= കുടമയില്ലാത്തമെതിയടി ॥(४३)

दृश्यत इति । ध्वान्तं = കാളരാത്രി । श्वेताम्भः = വെള്ളാരങ്കല്ല് । फणित्वक् = പാമ്പിൻവള । वर्तिः = തിരി । उत्क्षिपेत् = എടുക്കുക ।

---

1 कविनिर्तासे 2 दृश्यते निर्निशि 3 विड्बद्धपस्थावलंबनात् ।

4 पञ्चास्थीत्यारभ्य रात्रिर्भविष्यतीत्यन्तं श्लोकत्रयमपि B कोशे नास्ति ।

5 पूर्वात्रि भविष्यति ।

छन्न: सूक्ष्मकपित्थचाथ पटहो गर्भस्थदीपः क्वचि-

[1]न्निक्षिप्तो भवनान्तरे वितनुते ज्योत्स्नाप्रकाशं निशि ।

भित्तिस्थं प्रमदाजरायुविहितो धूपः परं रोदये-

च्चित्रं गुग्गुलुधूपनेन सहसा तद्रोदनं मुञ्चति ॥४९॥

उदरयन्त्रितवह्निशिखोज्ज्वलः पिबति तोयमथोवदनो घटः ।

[2]मुसलयोर्द्वयमृच्छति सङ्गतिं शिरसि शिल्पिदलार्पणतो मिथः ॥५०॥

पुंसि भेकवसयाक्तलोचने भाति वेणुरनिलाशनोपमः ।

[3]यः शिलार्जककविलिप्तविग्रहः प्रांशुतां स तु परेषु गच्छति ॥५१॥

[4]मायूरपित्तकृकलासपदेन्द्रगोप-

[5]कारञ्जबीजतुषतोयगुलिं कटिस्थाम् ।

हेमावृतां वहति यः स तु योजनानां

सद्यः शतं व्रजति पक्षिपतिर्दिवीव ॥५२॥

पेषणी = അമ്മി । प्रमदाजरायुविहितो धूपो भित्तिस्थ चित्रं परम् अत्यर्थं रोदयेत् ॥ (४४-४९)

उदरेति । शिल्पिदलं स्वयमेव । भेकवसा = തവളനെയ്യ് । अनिलाशनः = सर्पः । शिला = मनश्शिला । अर्जकः = കഞ്ജകം । कपिः = कपित्थम् । प्रांशुता = दीर्घता ॥ (५०-५१)

मायूरेति । मायूरपित्तं=മയിൽപിത്തം । कृकलासपदं=ഓന്തിൻകാൽ । हेमावृतां=പൊന്നുകൊണ്ട് ആവരണംചെയ്തതു് । पक्षिपतिः=गरुडः ॥ (५२)

---

1 भवनान्तरेऽपि तनुते 2 द्वयमिच्छति 3 शिलाजतु

4 कृकलासवसा 5 तटस्थाम् ।

त्रियूषयुक्तं[1] सरमाजरायुलेपं नरः पाणितले निधाय ।

महीरुहं यः स्पृशति प्रकामं फलप्रसूनानि पतन्ति तस्मात् ॥५३॥

प्रत्यग्रकुम्भजठरे बहुभाविते‌ऽर्क-

क्षीरेण वारि निहितं मथितोपमं स्यात् ।

क्षीराक्तशुष्ककपिबीजरजोविकीर्णे

पात्रे प्रयाति निहितं मथितं दधित्वम् ॥५४॥

कूर्मपादशिरसी सहस्रपा-[2]

न्मातृवाहकशिरःकृताञ्जलिः ।

तद्रजश्छुरितहस्तमर्दना-

दङ्गनास्तनतटं तिरोभवेत् ॥५५॥

॥ इति नारायणीये तन्त्रसारसङ्ग्रहे एकोनविंशः पटलः ॥

त्रियूषेति । सरमा = शुनी । प्रत्यग्रः = പുതിയത് (नूतनः) । मथितं = മോർ । कपिबीजं = വിളാംകുരു ॥ (५३-५४)

कूर्मपादेति । ആമയുടെകാലും തലയും । सहस्रपात् = തേരട്ട, കലിക്കന്നാൽ. ഇങ്ങിനെ ചിലർ । मातृवाहकशिरः = അച്ചിന്റെ തല । कृताञ्जलिः = മുക്കുററി, ഇവ പൊടിച്ച് കയ്യിൽപുരട്ടി സ്തനതടത്തിൽ തലോട്ടുക എന്നാൽ ഇരണ്ടുമുലയും ॥ (५५)

॥ इति नारायणीयतन्त्रसारसङ्ग्रहव्याख्याने एकोनविंशः पटलः ॥

---

1 प्रत्यूषयुक्तसमराजा रायुले

2 सहस्रवाक्

॥ अथ विष्णुपटलो विंशः ॥

वक्ष्ये मन्त्रं चतुर्वर्गसिद्ध्यै त्रैलोक्यमोहनम् ।

(म) ओं नमः पुरुषोत्तम अप्रतिरूप[a] लक्ष्मीनिवास सकलजगत्क्षोभण सकलस्त्रीहृदयविदारण त्रिभुवनमन उन्मादकर सुरासुरमनुज-सुन्दरीजनमनांसि तापय दीपय शोषय मारय स्तम्भय त्रासय भ्रामय द्रावय आकर्षय परमसुभग सर्वसौभाग्यकर सर्वकामप्रद अमुकं हन चक्रेण गदया खड्गेन सर्वबाणैर्भिन्द पाशेन कटु शूलेन ताडय किं तिष्ठसि तावद्यावत्समीहितं मे सिद्धं भवतु हुं फट् नमः । नमस्त्रैलोक्यमोहन हृषीकेश अप्रतिरूप मन्मथ सर्वस्त्रीहृदयाकर्षण आगच्छ नमः ।

साङ्गाक्षिव्यापकन्यास[1]मूलमन्त्रमितीरितम् ॥१॥

वक्ष्य इति । ओं नमः पुरुषोत्तम अप्रतिरूप लक्ष्मीनिवास सकलजगत्क्षोभण सकलस्त्रीहृदयविदारण त्रिभुवनमन उन्मादकर सकलसुरासुरमनुजसुन्दरीजनमनांसि तापय तापय दीपय दीपय शोषय शोषय मारय मारय स्तम्भय स्तम्भय त्रासय त्रासय भ्रामय भ्रामय द्रावय द्रावय आकर्षयाकर्षय परमसुभग सर्वसौभाग्यकर सर्वकामप्रद अमुकं हन हन चक्रेण गदया खड्गेन सर्वबाणैः भिन्द भिन्द पाशेन कटु कटु शूलेन ताडय ताडय कुरु कुरु किं तिष्ठसि तावद्यावत् समीहितं मे सिद्धं भवतु हुं फट् नमः । ओं नमः पुरुषोत्तम अप्रतिरूप लक्ष्मीनिवास हृदयम् । सकलजगत्क्षोभण सर्वस्त्रीहृदय-दारण शिरः । त्रिभुवनोन्मादकर शिखा । सुरासुरमनुजसुन्दरीजनमनांसि तापय तापय दीपय दीपय शोषय शोषय मारय मारय स्तम्भय स्तम्भय भ्रामय भ्रामय द्रावय द्रावय आकर्षयाकर्षय कवचम् । परमसुभग सौभाग्यकर सर्वकामप्रद अमुकं हन हन चक्रेण

---

a ओं नमः पुरुषोत्तमाप्रतिपूवसक्ष्मिणीहालल्यसमजत्क्षोभतसकलस्त्रीहृदयविदारण [ओं नमः पुरुषोत्तमाप्रतिरूपसाक्षिणि हावल दस जगत्क्षोभण सर्वस्त्रीहृदयदारण]

1 न्यास मम मूलमितीरितम् ।

इष्ट्वा यवयवाग्वाशी विष्णुं तन्मन्दिरे स्मरन् ।

मन्त्रं संजप्य पञ्चाशत्सहस्रमभिषिच्य च ॥२॥

कुण्डेऽग्नौ दैविके वह्नेर्मुखं कृत्वा शतं हुनेत् ।

पृथग्दधि घृतं क्षीरं चरु साज्यं पयः श्रृतम् ॥३॥

द्वादशाहुतिमूलेन सहस्रं चाक्षतांस्तिलान् ।

तावन्मधुत्रयं पुष्पं फलं दधि समिच्छतम् ॥४॥

कृत्वा पूर्णाहुतिं शिष्टं प्राशयेत् सघृतं चरुम् ।

संभोज्य विप्रानाचार्यं तोषयेत् सिध्यते मनुः ॥५॥

गदया खड्गेन सर्वबाणैर्भिन्द भिन्द पाशेन कटु कटु अस्त्रम् । कुरु कुरु किं तिष्ठसि । तावद्यावत् समीहितं मे सिद्धं भवतु हुं फट् नमः नेत्रम् । ओं नमस्त्रैलोक्यमोहन हृषीकेश अप्रतिरूप मन्मथ सर्वस्त्रीहृदयाकर्षण आगच्छागच्छ नम इति व्यापकमन्त्रः । अन्यथा चाङ्गन्यासः । ओं नमः पुरुषोत्तम त्रिभुवनोन्मादकर हुं फट् हृदयम् । सकलजगत्क्षोभण लक्ष्मीदयित हुं फट् शिरः । त्रिभुवनोन्मादकर शिखा । सुरासुरमनुजसुन्दरीजनमनांसि तापय तापय दीपय दीपय शोषय शोषय मारय मारय स्तम्भय स्तम्भय भ्रामय भ्रामय द्रावय द्रावय आकर्षयाकर्षय कवचम् । परमसुभग सौभाग्यकर अमुकं हन हन चक्रेण गदया खड्गेन सर्वबाणैर्भिन्द भिन्द पाशेन कटु कटु अस्त्रम् । कुरु कुरु किं तिष्ठसि तावद्यावत् समीहितं मे सिद्धं भवतु हुं फट् नेत्रम् । ओं नमस्त्रैलोक्यमोहन हृषीकेश अप्रतिरूप मन्मथ सर्वस्त्रीहृदयाकर्षण आगच्छागच्छ नमः । वत्स ऋषिः कामो वा नलकूबरो वा । अत्युत्कृजिश्छन्दः । त्रैलोक्यमोहनविष्णुर्देवता । पञ्चाशत्सहस्रजपं पुरश्चरणम् । दैविक इति एकदेवतोद्देशेन योनिमन्त्रेणोत्पातितः नास्मिन्नग्नावित्यर्थः । दधि घृतं क्षीरं पृथक् शतं हुनेत् । पयः श्रृतं (साज्य)चरुं मूलेन द्वादशाहुतीः । अक्षतांस्तिलान् सहस्रम् । तावन्मधुत्रयं मधुरत्रयं पुष्पं फलं दधि च सहस्रं समिधां मूलेन पूर्णाहुतिः ॥ (१-५)

स्नात्वा यथावदाचम्य वाग्यतो यागमन्दिरम् ।
गत्वा पद्मासनं बद्ध्वा शोधयेद्विधिना[1] वपुः ॥६॥
रक्षोविघ्नादिहृद्दिक्षु न्यसेदादौ सुदर्शनम्[2] ।
रसं सदण्डं नाभिस्थं धूम्रं चण्डानिलात्मकम्[3] ॥७॥
अशेषं कल्मषं देहाद्विश्लेषयदनुस्मरेत् ।
साम्रानुग्रहबिन्द्वन्त्यं रक्तं हृत्पङ्कजे[4] स्मरेत् ॥८॥
ऊर्ध्वाधस्तिर्यगुत्थाभिर्ज्वालाभिः कल्मषं दहेत् ।
दण्डी कुम्भः सितो मूर्ध्नि ध्यातव्यः प्लावयन्[5] वपुः ॥९॥
अमृतैर्बहिरन्तश्च सुषुम्नामार्गगामिभिः ।
एवं शुद्धतनुः प्राणानायमेन्मनुना त्रिधा ॥१०॥
[6] (विन्यस्येन्न्यस्तहस्ताङ्गशक्तिर्मस्तकवक्त्रयोः ।)
गुह्ये गले दिक्षु हृदि कुक्षौ देहे च सर्वतः ॥११॥

स्नात्वा यथावदित्यादि । सदण्डं रसं यं साम्रानुग्रहबिन्द्वन्त्यं क्ष्रौं दण्डी कुम्भः पमम् । सुषुम्नामार्गगामिभिरमृतैर्बहिरन्तश्च वपुः प्लावयन्, न्यस्तहस्ताङ्गः=हस्तन्यासाङ्गन्यासं च कृत्वा, "त्रैलोक्यमोहनाय विद्महे स्मराय धीमहि तन्नो विष्णुः प्रचोदयात्" । परिच्छदं= उपकरणम् । देवं द्विभुजं चतुर्भुजम् अष्टभुजं वा ध्यायेत् । वामहस्ते धनुः दक्षिणहस्ते पञ्च बाणान् द्विबाहोः ; शङ्खचक्रगदापद्मानि चतुर्बाहोः ; शङ्खचक्रधनुःखड्गगदामुसलाङ्कुशपाशान् अष्टबाहोः । परिच्छदाः = चक्राद्युपकरणानि । बन्धुरां = सुन्दराम् । मदनमोहनसंतापनसंस्तम्भनशोषणानि पञ्च बाणाः । स्वेन दण्डिनेति । स्वस्वाद्यक्षरेण

---

1 विधिना पुरा । 2 न्यदर्शनम् । 3 चण्डानलात्मकम् ।
4 हृत्पद्मगं 5 प्लावयेत् 6 विन्यस्येदिति श्लोकार्धं A कोशे अधिकः पाठः ।

आवाह्य ब्रह्मरन्ध्रेण हृत्पद्मे सूर्यमण्डलात् ।

तारेणेष्ट्वा धियात्मानं स्मरेत्तं सर्वलक्षणम् ॥१२॥

(म) त्रैलोक्यमोहनाय विद्महे स्मराय धीमहि

तन्नो विष्णुः प्रचोदयात् ।

आत्मार्चनाभिर्द्रव्याणि प्रोक्षयेच्छुद्धयेऽमुना ।

तया हुतं च तत्स्नानं पापहृत्तज्जपोऽर्थदः ॥१३॥

कृत्वात्मपूजां विधिना स्थण्डिले तं समर्चयेत् ।

धर्मादिकल्पिते पीठे पद्मस्थं गरुडोपरि ॥१४॥

सर्वाङ्गसुन्दरं रक्तं प्राप्तलावण्ययौवनम् ।

मदाघूर्णिततामाक्षमुदारं स्मरविह्वलम् ॥१५॥

दिव्यमाल्याम्बरालेपभूषणं सस्मितााननम् ।

विष्णुं[1] नानाविधानेकपरिवारपरिच्छदम् ॥१६॥

लोकानुग्राहिणं सौम्यं सहस्रादित्यतेजसम् ।

पञ्चबाणधरं प्राप्तकामैक्यं द्विचतुर्भुजम् ॥१७॥

बिन्दुयुक्तेन श्रीं श्रियै नम इति । स्वशब्देन दण्डिनेति। केचिदाहुः स्वं श्रियै नम इति। ओं महासुदर्शन महाचक्रराज धग धग सर्वदुष्टभयङ्कर छिन्द छिन्द भिन्द भिन्द विदारय विदारय परमन्त्रान् ग्रस ग्रस भक्षय भक्षय भूतानि त्रासय त्रासय हुं फट् स्वाहा। ओं नमो भगवते पाञ्चजन्याय महाशङ्खाय क्षुभितसमुद्राम्भोददुन्दुभिनिर्घोषाय नमः। ओं

---

1 विष्वङ्नाना

देवदानवगन्धर्वयक्षनागादियोषिताम् ।
सहस्रैर्मदकामार्तैर्भूषितैः परिवेष्टितम् ॥१८॥
चक्रं शङ्ख[1] धनुः खड्गं गदां मुसलमङ्कुशम् ।
पाशं च बिभ्रतं (?) देवीमुखासक्तेक्षणं यजेत् ॥१९॥
आवाहादिविसर्गान्तं व्यापकन्यासविद्यया ।
श्रियं वामोरुजङ्घाभ्यां नीलकुञ्चितमूर्धजाम् ॥२०॥
ईषन्मन्दालसां ताम्रदृष्टिं पीनोन्नतस्तनीम् ।
[2]तद्गात्रस्पर्शसंजातस्वेदरोमाञ्चबन्धुराम् ॥२१॥
आश्लिष्यमाणां कामार्द्रगुह्यामिन्दुनिभाननाम् ।
[3]काञ्चीकुण्डलहाराद्यैर्दिव्याकल्पैरलङ्कृताम् ॥२२॥
साब्जवामकरां[4] पीतां श्लिष्यन्तीं पाणिना पतिम् ।
पश्यन्तीं तमपाङ्गेन पूजयेत् स्वेन दण्डिना ॥२३॥

खड्ग खड्ग तीक्ष्ण छिन्द छिन्द खड्गाय नमः । ओं शार्ङ्गाय सशराय स्वाहा । " ओं भूतग्रामाय विद्महे चतुर्विधाय धीमहि तन्नो ब्रह्मा प्रचोदयात् " । ओं संवर्तकमुसल पोथय पोथय हुं फट् स्वाहा । ओं पाशबन्धन कट्ट कट्ट । तर्जय तर्जय (नमः) । एते चक्रशङ्खखड्गशरशार्ङ्गगदामुसलपाशाङ्कुशमन्त्राः ॥ धर्माय नमः । ज्ञानाय नमः । वैराग्याय नमः । ऐश्वर्याय नमः । अधर्माय नमः । अज्ञानाय नमः ।

---

1 शङ्खं तथा मुसल

2 गोत्रस्पर्शनसंजात

3 कुञ्चीकुण्डल

4 वामकरां भीतां

तां वैष्णवीं महामायां विभूतिं[1] विकृतिं विदुः ।
श्रीवत्सकौस्तुभाविष्टां[2] स्तनस्योपरि वक्षसि ॥२४॥
वनमालां गले चान्यत्पीतवस्त्रादि चार्चयेत् ।

(म) महासुदर्शन महाचक्रराज[3] धग सर्वदुष्टभयङ्कर छिन्द विदारय परमन्त्रान् ग्रस भक्षय भूतानि त्रासय हुं फट् ठठ ।[4] खड्गाय नमः । शार्ङ्गाय सशराय ठठ । भूतग्रामाय विद्महे चतुर्विधाय धीमहे तन्नो ब्रह्मा प्रचोदयात् ठठ । संवर्तकमुसल पोथय हुं फट् ठठ । पाशा बन्धन आकर्षय हुं फट् ठठ । अङ्कुशेन कटु तर्जय ॥

क्रमाद्भुजेषु मन्त्रैः स्वैरेभिरस्त्राणि पूजयेत् ॥२५॥

(म) पक्षिराजाय[5] ठठ ।

अवैराग्याय नमः । अं सूर्यमण्डलाय नमः । उं सोममण्डलाय नमः । मं वह्निमण्डलाय नमः । अं आत्मने, अं अन्तरात्मने, परमात्मने, विमलायै, उत्कर्षिण्यै, ज्ञानायै, क्रियायै, योगायै, प्रह्व्यै, सत्यायै, ईशानायै, अनुग्रहायै, पक्षिराजाय नमः । नम इति सर्वत्र योज्यम् । एवं पीठपूजां कृत्वा, तस्मिन् आवाह्य, अर्घ्यादि सर्वमुपचारमन्त्रेण प्रदद्यात् । ओं श्रीं श्रियै नमः । वामोरुणि ? (वामोरौ) स्वं श्रियै नम इति केषांचित् । अष्टसु भुजेषु अस्त्राणि पूर्वोक्तैर्मन्त्रैः

---

1 बिभ्रतीं प्रकृतिं 2 कौस्तुभाविष्टा
3 महासुदर्शन चक्रराजग सर्वदुष्टभयङ्कर विन्दविदारय
4 जलचराय खड्ग छिन्द खड्गाय नमः । 5 पक्षिराजाय स्वाहा ।

अनेन मनुना तार्क्ष्यं पीठकृत्सौ[1] यजेत् पुरः ।
पूजयेत् कर्णिकान्तःस्थमङ्गषट्कं यथाविधि ॥२६॥
शक्तीरग्रादिपत्रेषु लक्ष्म्याद्या धृतचामराः ।
मदाघूर्णिततात्राक्षीर्दिव्यरूपाः स्मरार्दिताः ॥२७॥
अतीवालङ्कृताः सौम्याः स्मेरवक्त्राः क्रमाद्यजेत् ।
सानन्तश्चर्यधियोऽन्यादिस्वरेण स्वेन दण्डिना ॥२८॥
पीते लक्ष्मीसरस्वत्यौ रतिप्रीती जपारुणे ।
कीर्तिशान्ती[2] सिते श्यामे तुष्टिपुष्टी[3] स्मरेदिति ॥२९॥
लोके शान्तं यजेदेवं विष्णुमिष्टार्थसिद्धये ।
ध्यायन्मनुं जपेत्तेन जुहुयाच्चाभिषेचयेत् ॥३०॥

संपूज्य, किरीटाय नमः, वनमालायै नमः, तत्तत्स्थाने कर्णिकायां षडङ्गानि पूजयेत् । [4]बिन्दुयुक्तेन स्वेन स्वनामाद्यक्षरेण, बिन्दुयुक्तेन स्वशब्देन वपाशक्तीः पूजयेत् । दलाग्रेषु (क्रमात्) लां लक्ष्म्यै नमः, सिं सरस्वत्यै नमः, प्रें प्रीत्यै नमः, कैं कीर्त्यै नमः, शों शान्त्यै नमः, तों तुष्ट्यै नमः, पुं पुष्ट्यै नमः । अन्यथा केषांचित् पाठः । लां लक्ष्म्यै नमः, स्वीं सरस्वत्यै नमः, (सूं रत्यै नमः), स्वें प्रीत्यै नमः, स्थैं (स्वैं) कीर्त्यै नमः, स्थों (स्वों) शान्त्यै नमः, स्वौं तुष्ट्यै नमः, स्वं पुष्ट्यै नमः, पुनश्चक्राद्यस्त्राणि अष्टदिक्षु पूजयेत् । पुनरिन्द्रादयः, पुनर्वज्रादयः ॥ (६-३०)

---

1 पुरा ।
2 कीर्तिकान्त्यौ
3 तुष्टिपुष्ट्यौ
4 बिन्दुयुक्तेनेति वाक्यं B कोशे नास्ति ।

काम[1] स्वनासा वामाक्षी हृषीकेशो नमं (?) हि तत् ।

एतज्ज[2]पादिना सर्वान् कामान् पूर्ववदावहेत् ॥३१॥

तोयैः समोहिनीपुष्पैः नित्यं तेन च तर्पयेत् ।

ब्रह्मा सशक्रः श्रीदण्डी बीजं त्रैलोक्यमोहनम् ॥३२॥

मन्मथस्य च कामांस्तज्जपपूजादिना ददेत् (?) ।

[3]हास्वाय भालुवनजपीगो मन्त्रः श्रियावहः ॥३३॥

कामं सनासेति । ओं क्लीं हृषीकेशाय नमः । क्लां हृदयम् । क्लीं शिरः । क्लूं शिखा । क्लैं कवचम् । क्लौं नेत्राभ्याम् । क्लः अस्त्रम् । वत्स ऋषिः । गायत्री छन्दः । हृषीकेशो देवता । एतत्पूजादिना सर्वान् कामानावाहयेत् । मोहिनी = തിരുതാളി ॥ (३१)

तोयैरिति । ब्रह्मा सशक्र इति । क्लीं=त्रैलोक्यमोहनबीजमेतत् ; कामबीजं च ॥

मन्मथस्येति । हास्वायेत्यनेन मतिलोभाद् गोपीजनवल्लभाय स्वाहा इति गोपालमन्त्र उक्तः । आचक्राय स्वाहा हृदयम् । विचक्राय स्वाहा शिरः । सुचक्राय स्वाहा शिखा । त्रैलोक्यरक्षणचक्राय स्वाहा कवचम् । असुरान्तकचक्राय स्वाहा अस्त्रम् । नारद ऋषिः । पङ्क्तिश्छन्दः । श्रीकृष्णो देवता । "गवां संदोहनकृते वत्ससंदोहमध्यगम् । वेणुगानविनोदेन रममाणं विलासिनम् ॥ लेलिह्यमानं गोवत्सैर्गोपकन्याभिरावृतम् । ससुरासुरगन्धर्वमुनिविद्याधरादिभिः ॥ वृन्दशो देवदेवेशं वन्द्यमानं स्मरन् यजेत् ॥" अङ्गैः प्रथमावृतिः । रुक्मिणीसत्यभामानग्नजितीसुनन्दामित्रविन्दासुलक्षणाजाम्बवतीसुशीला इत्येता देवपत्न्यो द्वितीयावृतौ । शङ्खचक्रगदाशार्ङ्गमुसलानन्दकं तथा । पाशाङ्कुशौ च तृतीयावृतौ । अष्टदिक्षु पुनरिन्द्रादयः । पुनर्वज्रादयः । विष्वक्सेनाय नमः । सर्वकामदाय नमः । [4]एष मन्त्रः सर्वकामप्रदः स्यात् ॥ (३३)

---

1 सनात्या वामाक्षो हर्षौ केशा रसो नमः । 2 तत्तत्पूजादिना
3 हास्वाय भालखं जन्गी गोनूत्रं मन्त्रो वहः । 4 एष मन्त्र इति B कोशे नास्ति ।

तं जप्यात्[1] पूर्यते पात्रं भिक्षोरन्नं च सिध्यति ।

उत्तिष्ठादिरमाहस्तपर्यायः[2] सशिरो मनुः ॥३४॥

(म) भीषय हुं त्रासय हुं प्रमर्दय हुं रक्ष प्रध्वंसय हुम् ।

प्रोक्तं साङ्गमिदं विष्णुहृदयं सर्वसाधकम् ।

नाभिमात्रोदके नद्यां स्थित्वा सूर्योन्मुखो[3] जपेत् ॥३५॥

ऊर्ध्वबाहुरिदं नित्यं सान्नाद्यं तद्गृहे सदा ।

त्रिलक्षं यो हुनेत्तेन[4] पद्मैराज्याभिघारिकैः ॥३६॥

तत्कुले न दरिद्रः स्याद्बिल्वलक्षहुतात्तथा ।

तण्डुलैः पूगपुष्पाद्यैर्मधुराक्तैः श्रिये हुनेत् ॥३७॥

पद्मसूत्रं भुजे बद्धं तज्जप्तं सर्वतो[5]ऽवति ।

दूर्वायुतहुतात्[6] साज्यादपमृत्युर्विनश्यति ॥३८॥

युधि लक्षाज्यहोमेन जयेद्रोगैश्च मुच्यते ।

जपाभिषेकपूजादिक्रियास्तस्येप्सितप्रदाः ॥३९॥

उत्तिष्ठेति । उत्तिष्ठ श्रीकर स्वाहा । भीषय भीषय हुं हृदयम् । त्रासय त्रासय हुं शिरः । प्रमर्दय प्रमर्दय हुं शिखा । रक्ष रक्ष प्रध्वंसय प्रध्वंसय कवचम् । हुं फट् अस्त्रम् । वामदेव ऋषिः । श्रीकरविष्णुर्देवता । मूले कल्पतरोरित्यादिना ध्यानम् । अथवा—
"क्षीराब्धौ हेमपुलिने दिव्योद्याने मनोरमे । अधस्तात् कल्पकतरोर्हेमसिंहासनाम्बुजे ॥
ध्यायेत् तार्क्ष्यसमारूढं तप्तहाटकसन्निभम् । शङ्खचक्रगदाब्जानि धारयन्तं चतुर्भुजम् ॥
दिव्यपीताम्बरधरं विचित्रमकुटोज्ज्वलम् । विचित्रहारकेयूरमत्स्यकुण्डलमण्डितम् ॥

---

1 तज्जप्यात् पूर्यते   2 पर्यायं च शिरोयुतः ।   3 स्वर्योन्मुखः
4 तेन आज्याद्यैराभिघारिकैः ।   5 सर्वतः पतिः ।   6 पूर्वायुतहुतात्

मूले कल्पतरोः पयोजलनिधौ तार्क्ष्यासनस्थं हरिं

पीतं चक्रगदाब्जशङ्खविलसद्बाहुं यथोक्तं स्मरेत् ।

पार्श्वस्थौ च निधी श्रियं रतिधृती कान्तिं च दिक्ष्वच्युतं

लोके शान्तमिति प्रपूज्य विधिवन्मतं तदग्रे जपेत् ॥४०॥

रौप्ये[1] शान्तिहिरण्मयेन सकलान् कामान् प्रवालैर्धनं

पद्माक्षैरहितक्षयं[2] कुशमयैः पापच्युतिं ग्रन्थिभिः ।

पुत्रं जीवफलैः प्रजाः सुयशसे शङ्खैः श्रियं मौक्तिकैः

सौभाग्यं स्फटिकैश्च मुक्तिमखिलैः सर्वं जपात् प्राप्नुयात् ॥४१॥

(म) नमो भगवते वराहरूपाय भूर्भुवः पतये

भूपतित्वं मे देहि ददापय ठठ ।

नानारत्नप्रभोद्भासिकटकाङ्गुलिवेष्टनम् । श्रीवत्सकौस्तुभोरस्कं वनमालाविराजितम् ॥ सर्वाङ्गसुन्दरं ध्यात्वा नित्यं संपूजयेद्धरिम् " ॥ केसरेष्वङ्गानि । पुनर्दिक्पत्रेषु श्रीरति धृतिकान्तयः । कोणदलेषु वासुदेवसङ्कर्षणप्रद्युम्नानिरुद्धाः । पुनरिन्द्रादयः । पुनर्वज्रादयः । एतद्यन्त्रं सर्वकामप्रदम् । ईशाक्षं = रुद्राक्षम् । प्रवालं कुशमयैर्ग्रन्थिभिः पापच्युतिः ॥ (३४-४१)

नम इति । ओं नमो भगवते वराहरूपाय भूर्भुवःस्वःपतये भूपतित्वं मे देहि ददापय स्वाहा । ओं हृदयम् । भूः शिरः । भुवः शिखा । स्वः कवचम् । सुवः अस्त्रम् । भार्गव ऋषिः । अनुष्टुप् छन्दः । श्रीवराहमहाविष्णुर्देवता ।

---

1 रौप्येशाक्षहिर 2 पद्माक्षैरहित

a षषं वब्रूपाशभूर्भुहस्सः पट शी भूपतित्वं [विषा चापूपाशभूर्भुवःस्वःपतये भूतपतिस्वं मेदे हि द दापय]

वाराहोऽयं मनुरभिहितो व्याहृतिस्तारपूर्व-

स्तत्पञ्चाङ्गो नियुतजपतो भूमिलाभं स कुर्यात् ।

एतं नित्यं जपति विधिवद्यो वराहीकृतात्मा

सत्सिद्धीनां स भवति निधिर्निम्नगानामिवाब्धिः ॥४२॥

वर्णात्ताक्ष्यनिभोऽथवा घननिभो विष्णुर्वराहाननो

गात्रैः पोत्रमुखादिभिः पृथुतरैर्व्याप्य त्रिलोकीं स्थितः ।

दंष्ट्रासीनवसुंधरो धृतगदाशङ्खाब्जचक्रायुधो

ध्यायेत् स्वैक्यमुपागतो वितनुते कामानिहामुत्र[1] च ॥४३॥

या भूर्विप्रतिपद्यते[2] त्रिमधुरैस्तस्या मृदा[3] सिक्तया (?)

नित्यं भौमदिने जुहोतु मनुना स्वैरेण[4] सा भुज्यते ।

भुञ्जीताथ[5] परिग्रहेन्मनुजपादुक्तेषु योगेषु त-

न्मृत्स्नां[6] तत्फलमेव वोक्षति[7] गतो द्रोहस्ततो नश्यति ॥४४॥

जान्वोरापादमुद्यद्दिनकरहिमगुप्रख्यमाजानुनाभेः

कण्ठादानाभिवह्निप्रभमथ शिरसश्चागलं नीलवर्णम् ।

मौलेर्व्योमाभमाकङ्करलसदरिशङ्खासिखेटागदाश-

क्त्याख्येष्टाभीतियुक्तं[8] प्रणमत वसुधोल्लासिदंष्ट्रं वराहम् ॥

घनः = सजलोऽम्बुदः । [9]"सजलाम्बुवाहनिभमुद्यतदोःपरिघं धराधरसमानतनुम् । सितदंष्ट्रिकाधृतभुवं त्वथवा प्रविचिन्तयेत् सपदि कोलममुम्" ॥ दंष्ट्रासीनवसुन्धर इत्यनेन धरामन्त्रेणैव कुर्यादित्यर्थः । [10]अस्य जपात् भूलाभो भवति । भौमदिनं = ചൊവ്വ । स्वैरेण = सुखेनैव । उक्तेषु योगेषु क्षेत्रद्रोहशान्तिकरेषु तन्मृत्स्नां भुञ्जीयात् । परिग्रहेद्वा, तत्फलं परिग्रहेद्वा ॥ (४२-४४)

---

1 कामानशेषानिह । 2 या भूतिः प्रतिपद्यते स्त्रि 3 तस्या मुदा 4 सैरेण वा 5 भुञ्जीताप्यथवा हरेन्मनु 6 मृत्सां 7 एव वाक्षितिगतो 8 भीतिमाद्यं 9 सजलाम्बु इति पद्यं B कोशेनास्ति । 10 अस्येति वाक्यं B कोशे नास्ति ।

(म.) नमो भगवत्यै[a] धरण्यै धरणिधरे ठठ ।

[b] मन्त्रो भूहृदयाख्य एष निखिलो वाराहवत् सिद्धिदो
भूवृद्धिं कुरुते हुतेन चरुणा साज्येन पुष्पैः श्रियम् ।
पुष्टिः स्यान्मधुरत्रयस्य[1] हवनात्तेनाज्यहोमाद्धनं
तत्कामानखिलान् करोति च जपध्यानाभिषेकार्चनैः ॥४५॥

वारे भृगोरुषसि तेन च साध्यभूमेर्मृल्लोलितेन पयसा जुहुयात् सहस्रम् ।
जप्त्वा हुतं च समृदा चरुणा विधाय क्षेप्यो बलिः[2] स्वपुरतोऽक्षरसंख्यया[3] स्यात् ॥४६॥

॥ इति नारायणीये तन्त्रसारसङ्ग्रहे विंशः पटलः ॥

नम इति । ओं नमो भगवत्यै धरण्यै धरणिधरे स्वाहा । ओं नमो हृदयम् । भगवत्यै शिरः । धरण्यै शिखा । धरणिः कवचम् । धरे नेत्राभ्यां वौषट् । स्वाहा अस्त्रम् । ब्रह्मा ऋषिः (वराहो वा) । निचृच्छन्दः । धरणिर्देवता ॥ ध्यानम्—

"श्यामलवर्णां कोमलमूर्तिं कुवलयदलदृशमभिनववयसम् ।
हेमकिरीटां स्वाभरणाढ्यां [4]करधृतकमलां कुवलययुगलाम् ॥
क्रौञ्चपदालीचित्रपटान्तस्तरलितसुरसरिदुपमितवसनाम् ।
पिञ्जरगन्धस्रक्परिबर्हां प्रणमत भुवमिह मुररिपुदयिताम् ॥"

प्रथममङ्गैः पुनर्दिक्पत्रेषु वासुदेवसङ्कर्षणप्रद्युम्नानिरुद्धान् कोणेषु श्वेतरक्तसितस्वच्छवर्णान् जलाग्निवाय्वाकाशात्मकान् पुनरिन्द्रादयः पुनर्वज्रादयः । अस्य जपात् भूलाभः । भृगोर्वारे = शुक्रवासरे । उषसि साध्यभूमौ मृल्लोलितेन पयसा सहस्रं जुहुयात् । पुनर्हुतसंख्यया जप्त्वा, अक्षरसंख्यया (स्वपुरस्तात्) बलिः क्षेप्यः ॥ (४५-४६)

॥ इति नारायणीयतन्त्रसारसङ्ग्रहव्याख्याने विंशः पटलः ॥

---

a ढषण्यै ढषणिढषे ठठ । [धरण्यै ष फ षे ढ ।] b मन्त्रं भूहृदयाख्यमेतत् अतुलं
1 मधुरत्र भवनो 2 बल स्वपुर 3 संख्यया च । 4 करधृतकलमां

॥ अथ श्रीदेवीपटल एकविंशः ॥

बकः सवह्निर्वामाक्षो दण्डी स्यात् सर्वसिद्धिदः ।

(म.) महाश्रिये महाविद्युत्प्रभे ठठ । श्रिये देवि विजये ठठ ।

गौरि महाबले बन्ध ठठ । धृतिः स्वाहा[1] हुं । महामाये

पद्महस्ते[2] हुं फट् । श्रियै ठठ । श्रीं फट् ।

अस्याङ्गानि द्विधोक्तानि तयोरेकं समाश्रयेत्[3] ॥१॥

त्रिलक्षमेतत्तोयस्थो जप्त्वा पद्माक्षमालया ।

उदङ्मुखोऽभिषिक्तश्चैलक्षजापेन सिध्यति ॥२॥

त्रिलक्षमक्षसूत्रेण योजयेच्छ्रियमर्चयेत् ।

श्रीवृक्षे विष्णुगेहे वा ससहस्रं लभेद्वसु[4] (?) ॥३॥

[5] स तण्डुलैः पट्टबन्धे चिताग्नौ नियुतं हुनेत् ।

राजसामन्तनगरग्रामादिवशकाम्यया ॥४॥

हुनेल्लक्षमशोकाग्नौ तण्डुलैर्मधुरोक्षितैः ।

आज्याक्तैस्तण्डुलैर्लक्षं जुहुयात् खदिरानले ॥५॥

बक इति । श्रीं महाश्रिये महाविद्युत्प्रभे स्वाहा हृदयम् । श्रियै देवि विजये स्वाहा शिरः । गौरि महाबले बन्ध बन्ध स्वाहा शिखा । धृतिः स्वाहा हुं कवचम् ।

---

1 धृतिः ह महाक्षये पद्महस्ते 2 श्रिये य श्रिये कट् ।

3 सदाश्रयेत् । 4 लभेद्बलः । 5 तण्डुलैः पट्टबन्धेच्छुरकीग्नौ नियुतं

राजवश्यो भवेद्वद्धिः श्रीश्च स्यादुत्तरोत्तरम् ।

सर्षपाम्भोऽभिषेकेण नश्यन्ति सकला ग्रहाः ॥६॥

बिल्वलक्षहुताल्लक्ष्मीर्वित्तवृद्धिश्च जायते ।

बिल्वमिश्रहविष्याशी बिल्वच्छायोषितश्च यः ॥७॥

मासद्वयं[1] हुनेन्नित्यं तत्फलैरथवाम्बुजैः ।

प्रत्यक्षा तस्य राजश्रीः षण्मासादपि राज्यभाक्[2] ॥८॥

नन्द्यावर्तस्य कुसुमैः हुत्वार्थं याचितं लभेत् (?) ।

कार्योद्देशो न तैर्हुत्वा गमनं सार्थकं भवेत् ॥९॥

पूजयेच्छुक्रवारादिदिनेषु विधिवच्छ्रियम् ।

शक्रवेश्म[3] चतुर्द्वारं हृदये चिन्तयेदथ ॥१०॥

वलाकीं वामनां श्यामां श्वेतपङ्कजधारिणीम् ।

ऊर्ध्वबाहुद्वयां ध्यायेच्छ्रीदूतीं द्वारि पूर्वतः[4] ॥११॥

ऊर्ध्वीकृतेन हस्तेन रक्तपङ्कजधारिणीम् ।

श्वेताङ्गीं दक्षिणद्वारि चिन्तयेद्वनमालिकाम् ॥१२॥

महामाये पद्महस्ते हुं फट् अस्त्रम् । अथापरं पञ्चाङ्गम् । श्रियै स्वाहा हृदयम् । श्री फट् शिरः । श्रीं नमः शिखा । श्रियै प्रसीद नमः स्वाहा कवचम् ।

---

1 सामाययं हुनेत्
2 अतिराजभाक्
3 चक्रवेश्म
4 द्वारपूर्वतः ।

हरितां दोर्द्वयेनोर्ध्वमुद्वहन्तीं सिताम्बुजम् ।
ध्यायेद्विभीषिकां नाम श्रीदूतीं[1] द्वारि पश्चिमे (?) ॥१३॥
तथाब्जमाल्यधृग्ध्यायेत्[2] क्षौद्राभान्मत्र शाङ्करीम् ।
यथोक्तरूपां लोकेशां[3] मण्डलोपरि चिन्तयेत् ॥१४॥
तन्मध्येऽष्टदलं पद्मं स्मरेत्त्रिरुपमं महत् ।
सङ्कर्षणो वासुदेवः प्रद्युम्नश्चानिरुद्धकः ॥१५॥
ध्येयास्ते पद्मपत्रेषु शङ्खचक्रगदाधराः ।
अञ्जनक्षीरकाश्मीरहेमाभाः पीतवाससः ॥१६॥
आग्नेयादिषु पत्रेषु गुग्गुलश्च कुरण्टकः ।
दमकः शललिश्चेति हस्तिनो रजतप्रभाः ॥१७॥
हेमकुम्भधरा ध्येयाः कर्णिकायां[4] श्रियं स्मरेत् ।
चतुर्भुजां सुवर्णाभां सपद्मोर्ध्वभुजद्वयाम् ॥१८॥
दक्षिणाभयहस्तां तां वामहस्तवसुप्रदाम् ।
श्वेतगन्धांशुकां हेमरूप्यमालांसधारिणीम् ॥१९॥

श्री फट् अस्त्रम् । मङ्कण ऋषिः । पङ्क्तिश्छन्दः । श्रीर्देवता । (अस्य जपात् श्रीः स्यात् ।) श्रीवृक्षः=കൂവളം । चतुर्भुजामित्यादिना ध्यानमाह । तां कर्णिकायाः

---

1 श्रीमूर्तिं
2 अथाब्जमाल्यधृग्ध्येया
3 यथोक्तरूपान् लोकेशान्
4 पत्रिकायां श्रियं

पद्ममालाधरां देवीं सुमुखीं मकुटोज्ज्वलाम् ।
स्वतेजसा जगत्सर्वं ज्वलयन्तीमलङ्कृताम् ॥२०॥
इत्येवं ध्यानमात्रेण[1] श्रीः प्रसादं करोति हि ।
श्रियं सपरिवारां यो नित्यं विधिवदर्चयेत् ॥२१॥
तस्य हस्तगतं मन्ये दृष्टादृष्टफलद्वयम् ।
श्रीकामो न जले नग्नः प्रविशेन्नाशुचिः स्वपेत् ॥२२॥
प्रत्यक्षतैलं नाभ्यज्यातिलाक्तो न च भक्षयेत् ।
द्रोणाब्जपुष्पश्रीवृक्षपर्णानि[a] च न धारयेत् ॥२३॥
न जिघ्रेन्नाक्रमेच्चाब्जं तद्बीजं न च भक्षयेत् ।
नास्यान्मलिष्ठो न च्छिन्द्याद्बिल्वं भूमौ शयीत न ॥२४॥
मुखे न लिम्पेद्रजनीं न छिन्द्यान्न लिखेन्मुधा ।
लवणामलके वर्ज्ये नागादित्यतिथौ क्रमात् ॥२५॥
पञ्चम्यामुत्तरे च स्त्रीवर्जं प्रत्यङ्मुखो भुजेत् (?) ।
बिल्वेन[2] मार्जयेद्दन्तांस्त्रिसन्ध्यं प्रणमेच्च तम्[3] ॥२६॥

प्रथममन्त्रैर्दिग्वेषु वासुदेवादीन् आग्नेयादिकोणेषु (रजतप्रभान्) गणान् । (गुग्गुलुश्च कुरङ्गकः दमकः शलरुश्चेति), तद्बहिः पूर्वादिद्वारेषु बलाकयादीः । बलाकीं=वनमालि

---

1 ध्यानमन्त्रेण
2 बिल्वैर्न मार्जयेत्

a पर्णान् मूर्ध्नि न धारयेत् ।
3 ताम् ।

प्रातर्भक्ष्याखिलास्ते च धार्या लक्ष्मीं च भक्षयेत् ।

धारयेन्मूर्ध्नि तत्पुष्पमुत्तरे मधुरं भुजेत् ? ॥२७॥

पायसं बिल्वबीजं च भक्षयेच्छुक्ल[1]पर्वणि ।

श्रीसूक्तं च जपेन्नित्यं शक्त्या तेनाभिषेचयेत् ॥२८॥

आवाहादिविसर्गान्तमृग्भिस्तस्यार्चयेच्छ्रियम् ।

सर्पिषान्नेन साज्येन पायसेनाथवाम्बुजैः[2] ॥२९॥

नन्द्यावर्तैः फलैर्बैल्वैः पत्रैर्वा जुहुयात् पृथक् ।

(म) [a]शुद्धवाससे ह्रा श्रियै नमः । फ्लौ मोत ठठ ॥

कण्ठमात्रोदके स्थित्वा जप्त्वैतन्नियुतत्रयम् ॥३०॥

पाद्यादि दत्त्वा तत्पर्णै[3]र्यो लक्ष्मीं नित्यमर्चयेत् ।

स प्रत्यक्षधनेशः स्याज्जपहोमादितत्परः ॥३१॥

काम् । विभीषकां=शाङ्करीम् । एता द्विबाहवः(?)। पुनरिन्द्रादयः । पुनर्वज्रादयः । उत्तरे= ഉത്രം നക്ഷത്രത്തിൽനാൾ । ओं शुद्धवाससे (नमो वह्रा महा) श्रियै नमः । पूर्ववदङ्गानि ऋष्यादयश्च । (अस्य जपात् धनेशसमा श्रीः स्यात् ।) ॥ (१-३१)

---

1 छद्मपर्वणि ।

2 अथ पङ्कजैः

a युद्धहाल्लेमवं श्रिये लमः । [अथ ह्रा लेल नमो महाश्रिये नमः ।]

3 तद्वर्णैः

(म) पतौ[a] मोत भवे श्रिये श्री नमः ।

पतौ मोत ठठ । पतौ मोत भवे ठठ ।

पतौ मोतभवे श्रिये श्री नमः ॥

श्रीरेखा नाम विद्येयममोघा स्वाङ्गसंयुता ।

यो वत्सरं जपेदेनां प्रातः संपूज्य पद्मिनीम् ॥३२॥

नित्यं द्वादशसाहस्रं श्रीमतां सोऽग्रणीर्भवेत् ।

मासत्रयं[1] तथा जप्याद्ग्रामो विप्रस्य सिध्यति ॥३३॥

पञ्चसंवत्सरजपात् परराज्यं लभेन्नृपः (?) ।

यावज्जपेदिमां विद्यां फलं तावद्ददाति सा ॥३४॥

(म) पद्मप्रभे[b] पद्मसुन्दरि धर्मज्ञे ठठ ॥

विद्यां जपेज्जाप्यहुतादिसिद्धां[2]

क्रुद्धस्य पत्युर्नयनाग्रवर्ती[3] ।

प्रसीदतीष्टं च करोति सास्यै[4]

दद्याच्च सा कल्पलतेव कामान् ॥३५॥

पताविति । पतौ मोत भवे श्रियै तमः । पतौ मोत स्वाहा शिरः । पतौ मोत भत्रे श्री शिखा । पतौ मोतभवे श्रिये श्रीकवचम् । पतौ मोतभवे श्रियै श्रीनमः अस्त्रम् । (श्रीरेखा नाम विद्यैषा ।) द्वादशसहस्रजपात्तु धनेशसमश्रीः ॥ (३२-३४)

पद्मेति । पद्मप्रभे पद्मसुन्दरि (पद्म) धर्मज्ञे (जे) स्वाहा । जपादिना सिद्धामिमां विद्यां (क्रुद्धस्य) पत्युः पुरतः स्थित्वा जपेत् । स (पतिः) प्रसीदति (इष्टं करोति च) ॥ (३५)

---

a पटौ मोट भहे श्रिये[पतौ मोतभवेच्छ्रिये श्रीं नभः ।] 1 मासद्वयं
b पद्मप्रभे पद्मलुन्दपि दर्म ठठ [पद्मप्रभे पद्मलुनषि धर्मिष्ठे]
2 विद्यां स्मरेत् 3 नयनाङ्गवर्ती । 4 मोऽऽस्यै

मेषौ[1] विषं दन्ति सवह्निपृष्ठं

वियत्सकालं तनये च मन्त्रः ।

नित्यं जपादिक्रियया समस्तं

करोत्यसौ काङ्क्षितमर्थजातम् ॥३६॥

हृद्ब्रह्मा विषमांसौ वासिन्यै द्वयं च दशवर्णा[2] ।

विधेयमिन्दिरायाः स्वस्या[3] एतानि चाङ्गानि ॥३७॥

(म) देव्यै नमः । पद्मिन्यै नमः । विष्णुपत्न्यै

नमः । वरदायै नमः ॥

सिद्धं मन्त्रमिमं त्रिलक्षजपतः सन्ध्यालये यो जपे-

द्दारिद्र्यात् स विमुच्यते यदि[4] च तां ध्यायैत्तदा किं पुनः ।

यो नद्यां निजकण्ठमात्र[5] उदके स्थित्वा त्रिलक्षं जपे-

दाढ्यः स्याद्धनधान्यराशिभिरसौ ब्रह्मश्रियं[6] च द्विजः ॥३८॥

मेषावित्यादि । नमो ब्रह्मतनये । जपात् समस्तान् कामान् करोति ॥ (३६)

हृद्ब्रह्मेति । नमः कमलवासिन्यै स्वाहा । देव्यै नमः हृदयम् । पद्मिन्यै नमः शिरः । विष्णुपत्न्यै नमः शिखा । वरदायै नमः कवचम् । कमलायै नमः नेत्राभ्यां

---

1 मैषाद्विषं

2 पञ्चदशवर्णा ।

3 तस्यां एतानि

4 यदि सदा

5 कर्णमात्र

6 ब्रह्मश्रियौ

नन्द्यावर्तप्रसूनैर्यजति भगदिने पावके तां सहस्रैः

पञ्चम्यां वा सरोजैः श्रियमतुलफलैः[1] पौर्णमास्यां च बैल्वैः ।

एवं संवत्सरं यश्चरति करगता[2] तस्य देवी भवेत् सा

पूर्वाह्णे वत्सरं यो जपति दशशतं सोऽपि जायेत धन्यः ॥३९॥

मन्त्रैरेतैर्विधिवदनिशं पूजिता श्रीर्विदध्यात्

सार्धं द्रव्यैर्द्रविणतनयैर्विघ्नरोगोपशान्तिम् ।

श्रीमन्त्राणां[3] वशयति भृशं यः पुमानेकमेषां

कश्चिद्रिक्तो[4] न भवति कुले तस्य सत्यं वचो मे ॥४०॥

श्रीकामव्रतचरणं मुकुन्दभक्तिः

श्रीसेवा सितकुसुमादिधारणं च ।

कर्माणि प्रतिदिनमीदृशानि यस्य

सम्पद्भिः स सकललोकमूर्ध्नि तिष्ठेत् ॥४१॥

॥ इति नारायणीये तन्त्रसारसङ्ग्रहे एकविंशः पटलः ॥

वौषट् । कमलरूपायै नमः अस्त्रम् । सन्ध्यात्रये त्रिलक्षजपात् दारिद्र्यनाशः । भगदिनं= ११७० । वृद्धैर्वर्धितैर्द्रव्यपुत्रैः सार्धम् । रिक्तः=दरिद्रः ॥ (३७-४१)

॥ इति नारायणीयतन्त्रसारसङ्ग्रहव्याख्याने एकविंशः पटलः ॥

---

1 अतनुफलैः [अथ च फलैः]

2 वरदा तस्य

3 श्रीमन्त्राणां पाति च

4 कश्चिद्भूमौ

॥ अथ दुर्गापटलो द्वाविंशः ॥

[1] विषाहिमज्जाकालोऽग्निरत्रिनिष्ठोऽनिल[2]द्वयम् ।

(म) महिषमर्दिनि स्वाहा । महिषहिंसके नमः । महिषशत्रो

शर्वरि हुं फट् । महिषं हेषय हुम् । महिषं हन

देवि हुं । महिषनिषूदिनि हुं फट् ॥

दुर्गाहृदयमित्युक्तं साङ्गं सर्वार्थसाधकम् ॥१॥

यजेद्यथोक्तां तां देवीं पीठे [3]श्वेताब्जमध्यगाम् ।

(म) दुर्गायै नमः । वरवर्णिन्यै नमः । [4]आर्यायै नमः ।

कनकप्रभायै नमः । कृत्तिकायै नमः । अभयप्रदायै नमः ।

[5]कन्यायै नमः । सुरूपायै नमः ।

पत्रस्थाः पूजयेदेता [6]मूर्तीराद्यैः स्वरैः क्रमात् ॥२॥

विषाहीति । महिषमर्दिनि स्वाहा । महिषहिंसके नमः हृदयम् । महिषशत्रो शर्वरि हुं फट् शिरः । महिषं हेषय हेषय हुं फट् शिखा । महिषं हन हन देवि हुं फट् कवचम् । महिषनिषूदिनि हुं फट् अस्त्रम् । अच्छावाक ऋषिः । प्रकृतिश्छन्दः । श्रीदुर्गा देवता ।

---

1 विषं हि 2 अत्र निष्ठो निरद्वयम् । [अत्रिनिष्ठो निठद्वयम् ।]

3 तेनाब्जमध्य[पीताम०ज]

4 आर्यायै नमः । कनकप्रभायै नम इति B कोशे नास्ति ।

5 कन्यायै नम इति B कोशे नास्ति । 6 शक्तीराद्यैः

(म) चक्राय नमः । शङ्खाय नमः । गदायै नमः ।

खड्गाय नमः । शराय नमः । धनुषे नमः ।

अङ्कुशाय नमः । खेटाय नमः ॥

पूज्यायाधैरमी दुर्गा लोके शान्तं यजेदिति ।

दुर्गायागोऽयमायुःश्रीस्वात्मरक्षाजयादिकृत् ॥३॥

ससाध्यनाम्ना मन्त्रेण तिलहोमो वशीकरः ।

गौरराजीहुताद्रोगनाशः पद्महुताज्जयः ॥४॥

दूर्वाभिः शान्तिकृत् साज्यैः पालाशैः पुष्टिकृद्धुतम् ।

काकपक्षहुतात्[1] द्वेषो मृतिरूषणहोमतः ॥५॥

जलभवगदे खेटं धनुर्दधतीं भुजै

रथपदनन्दकौ शरमपि चाङ्कुशं स्वरुणाम्बराम् ।

मरकतरुचिरां त्रिणेत्रां मकुटभूषितां

महिषशिरोगतां स्मरेदखिलार्थसिद्धिदाम् ॥

प्रथममङ्गैः, अ आ दुर्गायै नमः । इ ई वरवर्णिन्यै नमः । उ ऊ आर्यायै नमः । ऋ ॠ कनकप्रभायै नमः । ऌ ॡ कृत्तिकायै नमः । ए ऐ अभयप्रदायै नमः । ओ औ ओं कन्यायै नमः । अं अः सुरूपायै नमः । द्वितीयावृतौ यं चक्राय नमः । रं शङ्खाय नमः । लं गदायै नमः । वं खड्गाय नमः । शं शराय नमः । षं धनुषे नमः । सं अङ्कुशाय नमः । हुं खेटाय नमः । तृतीया वृतौ पुनरिन्द्रादयः । पुनर्वज्रादयः ॥ (१-५)

---

1 काकलक्ष [काकपद्म]

ग्रहक्षुद्रभयातङ्कान् सर्वानेष मनुर्हरेत् ।

(म.) ज्वल[a] ज्वल शूलिनि दुष्टनिग्रहे हुं फट् ठठ । शूलिनि दुर्गे हुं फट् शूलिनि वरदे[1] हुं फट्[2] । शूलिनि विन्ध्यवासिनि हुं फट् । शूलिनि असुरमर्दिनि युद्धप्रिये[3] त्रासय हुं फट् । शूलिनि देवसिद्धसुपूजिते नन्दिनि रक्ष महायोगेश्वरि हुं फट् ।

अमोघा कथिता दुर्गाविद्यैषा स्वाङ्गसंयुता ॥६॥

सन्ध्याहोमेन दूर्वाभिः सर्वकार्याणि साधयेत् ।

सर्षपैः सतिलैः साध्या नामवन्मारणं हुतम् ॥७॥

तिलैः समधुरैरर्कसमिद्भिर्वा हुतं वशेत् ।

तज्जप्तास्त्रधरो गच्छेद्युद्धे जयति पार्थिवः ॥८॥

ज्वलेति । ओं ज्वल ज्वल शूलिनि दुष्टनिग्रहे हुं फट् स्वाहा । शूलिनि दुर्गे हुं फट् हृदयम् । शूलिनि वरदे हुं फट् शिरः । शूलिनि विन्ध्यवासिनि हुं फट् शिखा । शूलिनि दुर्गे असुरमर्दिनि युद्धप्रिये त्रासय त्रासय हुं फट् कवचम् । शूलिनि देवसिद्धपूजिते नन्दिनि रक्ष रक्ष महायोगेश्वरि हुं फट् अस्त्रं फट् । दीर्घतमा ऋषिः । ककुप् छन्दः । शूलिनी दुर्गा देवता । प्रथममङ्गैः । ओं दुर्गायै नमः । वरदायै नमः । विन्ध्यवासिन्यै नमः । असुरमर्दिन्यै नमः । युद्धप्रियायै नमः । देवसिद्धसुरपूजितायै नमः । नन्दिन्यै नमः । महायोगेश्वर्यै नमः । द्वितीयावृतौ पुनश्चक्रशङ्खखड्गगदाशरकार्मुकशूलपाशान् । तृतीयावृतौ पुनरिन्द्रादयः । पुनर्वज्रादयः । (एतं मन्त्रं जप्त्वा उपलनिक्षेपात्

---

a जंल-चूलिनि दुष्टनिग्रहे [ज्रेंस सूसिगिधुष्टगंह हुं फट्]

1 स्वरदे 2 ललिनि 3 देवयुद्धप्रिये

तज्जप्तसायको विद्धः सेनामुच्चाटयेद्रिपोः ।
धनधान्यसमृद्धिः स्यादुच्चैर्नित्याज्यहोमतः ॥९॥
गच्छन्ति कपिकाकाद्यास्तज्जप्तोपलताडिताः ।
ग्रहा वातादिरोगाश्च नश्यन्त्येतत्प्रयोगतः ॥१०॥
शूलिनी नाम विद्यैषा सर्वोपद्रवनाशिनी ।
तारं दुर्गे द्वयं वह्निरन्त्यं ढान्तं सदक्छिरः ॥११॥

(म) दुर्गे रक्षिणि फट् ।

रक्षाकरीयमुदिता जय दुर्गाङ्गसंयुता ।
श्यामां त्रिलोचनां दुर्गां ध्यात्वात्मानं चतुर्भुजाम् ॥१२॥
शङ्खचक्रौ सशूलासिं वहन्तीं रौद्ररूपिणीम् ।
युद्धे च व्यवहारादौ जयेन्मन्त्रं जपन्नरः ॥१३॥

कपिकाकाद्या गच्छन्ति ।) "अरिदरखड्गगदाशरकार्मुकशूलपाशकरां शिवां शतमखनील रुचिरां मकुटादिविभूषणैः समलङ्कृताम् । अयुग्मदृशीं सुमुखीं मृगराजांसस्थां लसत्कनकाम्बरां स्मरतु जपादिषु तामथवा सचतुर्भुजाम् ॥" (६-१०)

तारमिति । ओं दुर्गे दुर्गे रक्षिणि स्वाहा । ओं हृदयम् । दुर्गे शिरः । दुर्गे शिखा । रक्षिणि कवचम् । स्वाहा नेत्रत्रयम् । ओं दुर्गे दुर्गे रक्षिणि स्वाहा अस्त्रम् । (रक्षिणि स्वाहा अस्त्रमिति च पाठः ।) नारद ऋषिः । गायत्री छन्दः । जय दुर्गा देवता । अन्नतु शङ्खचक्रमासीना त्रिशूलमपि या दधती श्रुतिभुजैर्नवघननीलकान्तिः अरुणत्रिणयना । निशुम्भमाथिनी कनकविभूषणा भगवती पिशङ्गवरमाल्यगन्धवसना (अस्य जपाद्युद्धादिषु जयः स्यात्) ॥ (११-१३)

जयार्थी पूजयेन्नित्यं खड्गं च च्छुरिकां तथा ।

(म) नमो भगवति ज्वालामालिनि[a]

गृध्रगणपरिवृते ठठ ॥

युद्धाय तं जपन्मन्त्रं गच्छन्[1] जयति योधकः ॥१४॥

शक्तिं ज्वालमुखीं द्वीन्दुं दीपतैलाक्तवान्निशि ।

जपेद्गुरुदिनं देवी प्रत्यहं षट्पणान् ददेत् ॥१५॥

श्रीकामशक्तिबीजात्मा श्रीकरो वश्यकृन्मनुः ।

यजेत्तेन[2] चतुष्पत्रे मण्डलस्थोऽम्बुजे स्थिताम् ॥१६॥

पीतां पद्मधरां देवीं तद्दूतीश्च कृताञ्जलीः ।

सौम्यां[3] च घृणिनीं सूर्यामादित्यां[4] च प्रभावतीम् ॥१७॥

नम इति । ओं नमो भगवति, ज्वालामालिनि, गृध्रगणपरिवृते स्वाहा । ओं नमः हृदयम् । भगवति शिरः । ज्वालामालिनि शिखा । गृध्रगणपरिवृते कवचम् । स्वाहा अस्त्रम् । (अस्य जपाद्युद्धादिषु जयः स्यात् ।) शक्तिमिति । ह्रीं ज्वालामुखि स्वाहा । गुरुदिने त्रयोविंशतिदिवसं निशि नारिकेलतैलाक्तवान् सहस्रं रात्रौ जपेत् । देवी प्रत्यहं षट्पणं दद्यात् ॥ (१४-१५)

श्रीकामशक्तीति । ओं श्रीं क्लीं ह्रीं उत्तिष्ठ श्रीकर स्वाहा । ह्रीं श्रीं क्लीं ओं । अन्यथा वा योजना । श्रीकामशक्तिबीजात्मा, श्रीकरो मनुः, श्रीकरः वश्यकृच्च । श्रीं ह्रीं क्लीं । पीता पद्मधरा-बाहुद्वयेन पद्मयुगमुद्वहन्ती देवी चतुष्पत्रमण्डलस्था । चतुर्षु पत्रेषु कृताञ्जलीस्तद्दूतीः सौम्यादिप्रादक्षिण्येन घृणिनीं सूर्याम् आदित्यां प्रभावती पुनरिन्द्रादयः पुनर्वज्रादयः ॥ (१६-१७)

---

a नमो भगवति ज्वासामालिनि

1 गच्छेत्

2 यजेदेनां

3 सौम्यादिघृणिनीं

4 आदित्यं च

बिल्वास्थिमज्जमिश्राज्यसिक्तैर्बिल्वदलैर्हुनेत् ।
सापामार्गास्थिचूर्णेन[1] जुहुयान्मधुरेण[2] च ॥१८॥
तारादिवह्निजायान्ता वरे[3] मध्यस्थिता सुधा ।
[म) वसुधारे[4] श्रिये धनकरि[5] धान्यकरि ठठ ॥
द्वावेतौ वसुधाराया मूलसाध्याभिधौ मनू ।
त्रिलक्षजप्तं सन्ध्यासु नित्यं साध्यमनुं जपेत् ॥१९॥
यजेच्च मध्यरात्रे तां मण्डले[6] गन्धलेपिते ।
प्रणम्य बुद्धान् पञ्चाष्टौ बोधिसत्त्वांश्च सौगतान्[7] ॥२०॥
त्रांकारोत्थे[8] हिरण्यादौ वंकारोत्थाम्बुजासने[9][10] ।
(म) ओं स्वभावशुद्धाः सर्वधर्माः स्वभावशुद्धोऽहं
मूर्धादिव्यापिहस्ताभ्यामनेन त्रिः स्पृशेद्वपुः ।
मैत्रीकरुणा मुदितोपेक्षा मनसि भावयेत् ।
ओं हुं त्रां अं खः हुम् ॥

तारादीति । ओं वसुधारे स्वाहा । मूलमन्त्रः । श्रियै श्रीकरि धनधान्यकरि स्वाहा । साध्यमन्त्रः । वसुधारे स्वाहा हृदयाय नमः । ओं श्रीं वसु स्वाहा भुवः । ओं वसुश्रिये स्वाहा । उपहृदयस्वापहृदयाय नमः । ओं वसु स्वाहा भुवः । हृदयाय नमः । ओं वसु स्वाहा वसुश्रिये स्वाहा । शिरसे स्वाहा वषट् । शिखायै वषट् । ओं वसु स्वाहा हुं फट् । अस्त्राय फट् । बुद्धमुनि ऋषिः । उष्णिक् छन्दः । वसुधारा

---

1 पूर्णेन 2 मधुरत्रयैः । 3 परे
4 श्रीशे क्षी च षिढण ढाण्यच षि टठ । 5 धनकरि धनकरि धान्यकरि
6 तन्मण्डले 7 बोधिसत्त्वाश्च सौगताः
8 त्रातारोऽर्घ्ये 9 लङ्कारोत्थां 10 अम्बुजासनः ।

अङ्गुष्ठादितलान्तं[1] त्रिर्बीजान्येतानि विन्यसेत् ॥२१॥

(म) ओं सर्वतथागताः[2] शंसिताः सर्वतथा-

गतानां सर्वसिद्धयः संपद्यन्ताम् ।

सर्वतथागताध्यातिष्ठन्ताम् ॥

नाभिहृन्मस्तकेष्वेतैः कुर्यात्तस्यास्त्रिरञ्जलिम् ।

(म) ओं वसुधारेऽधितिष्ठस्व[3] माम् ॥

अनेन प्रणमेन्मूर्ध्नि न्यस्तेनाञ्जलिना च ताम् ॥२२॥

(म) ओं समये सौम्ये समयङ्करि महासमये ठठ ॥

अनेन समयीमुद्रामूर्ध्वमुत्क्षिप्य[4] दर्शयेत् ।

तथैव वज्रमुद्रां च कलितां[5] साध्यमुद्रया[6] ॥२३॥

(म) ओं श्रिये[7] धनकरि धान्यकरि एह्येहि अगच्छ वसुधारे ठठ ॥

श्रीर्देवता । त्रिलक्षजपात् सिद्धिः । साध्यमन्त्रस्य जपो विहितः । साध्ये विनियोगः । मध्यरात्रे गन्धलेपिते मण्डले देवीं जपेत् पूर्वम् । पञ्चबुद्धेभ्यो नमः । अष्टबोधिसत्त्वेभ्यो नमः । इति प्रणम्य स्वयं सौगतो भूत्वा, त्रांकारोच्चारणेन च हिरण्यादि मनसा सङ्कल्प्य, तत्र वंकारेणाम्बुजं बुद्ध्योत्पाद्य, तत्रासीनं पूजयेत् । सौगतान्=सुगतशिष्यान् । पञ्च भूताः प्रधानभूताः बोधिसत्त्वाः तच्छिष्या इत्यर्थः । ओं स्वभावशुद्धाः सर्वधर्माः । स्वभावशुद्धोऽहम् । अनेन मूर्धादिव्यापि वपुः त्रिः स्पृशेत् । मैत्र्यादिकं मनसा भावयेत् । सुखितेषु, मैत्री दुःखितेषु करुणा, आर्तेषु मुदिता, पापेषूपेक्षा । ओं हुं त्रां अं खं हुं एतानि षड्बीजानि । उभयोस्तलयोः (करयोः) अङ्गुष्ठादितलान्तं न्यस्य । "ओं सर्वतथा-

---

1 तलान्तं तु 2 सर्वं तथा हताः संश्रिताः 3 अतितिष्ठस्व

4 समयामुद्रां 5 कलिकां 6 साध्यविद्यया ।

7 ओं श्रीशे श्री चषि दण ढाण्य चषि एह्येहि

आवाहयेदाकनिष्ठं[1] भवनान्मुद्रयामुना ।

सिंहासने कल्पतरोरधस्स्त्ये[2] कमलोपरि ॥२४॥

भास्वत्कञ्चुलिकां चित्रवसनां मकुटोज्ज्वलाम् ।

सौम्यामुदारां हेमाभां सकलाकल्पभूषिताम् ॥२५॥

वसुवर्षिघटस्याङ्घ्रिं[3] वामजान्वात्तपाणिना ।

वहन्तीं[4] दाडिमं वामपाणिना चारुणोत्पलम् ॥२६॥

रत्नवर्षिघटीगर्भनालनिर्गतवल्लरीम् ।

ध्यात्वा भगवतीमर्घ्यपाद्ये दत्त्वादिविधया ॥२७॥

अमिताभं यजेद्बुद्धं कल्पवृक्षेऽम्बुजस्थितम् ।

यथावद्वसनं पीतं ध्यानिनं सशिरश्शिखम् ॥२८॥

यागेश्वरं[5] च तत्पार्श्वे साभयं साम्बुजं सितम्[6] ।

सशिरोऽजिनोत्तरीयं पद्मासीनं कपर्दिनम् ॥२९॥

गताः शसिना " इति नाभौ। बन्धेनाञ्जलिना देवीं प्रणम्य, " सर्वतथागतानां सर्वसिद्धयः संपद्यन्ताम् " इति हृदि । शिरसि बद्धेनाञ्जलिना प्रणम्य, " ओं वसुधारे अधितिष्ठस्व मामिति " मूर्ध्नि बद्धेनाञ्जलिना देवीं प्रणमेत् । ओं समये सौम्ये समयङ्करि महासमये स्वाहा । अनेन समयीमुद्रामूर्ध्वमुत्क्षिप्य दर्शयित्वा साध्यमन्त्रेण वज्रमुद्रां च दर्शयित्वा कल्पतरोरधस्त्ये शाक्ते पीठे कमलोपरि "ओं श्रिये श्रीकरि धनधान्यकरि एह्येहि आगच्छा-

---

1 अकनिष्ठाद्भुवनात्

2 अधस्थे

3 वसुवर्षी [वसुवर्ष]

4 वहन्ति वा हिमं

5 लोकेश्वरं

6 स्थितम् ।

वज्रिणां वामपार्श्वे च वज्रहस्तं किरीटिनम् ।

नाभिस्थवामपाणिं च श्यामं साकल्यमब्जगम् ॥३०॥

(म) ओं[1] वं ठठ । ओं सुं ठठ । ओं धां ठठ ।

ओं रें ठठ । ओं वसुधारे ठठ । ओं वसुन्धरि ठठ । ओं

वसुमति श्रिये ठठ । ओं वसुधारिणि ठठ ॥

दिग्विदिक्षु यजेदेतैर्मूलेनाभ्यर्च्य मध्यतः ।

तिष्ठन्त्योः पार्श्वयोः पद्मे श्रीरूपे श्रीमहाश्रियौ ॥३१॥

वसुवर्षिघटीहस्तयुग्मे संपूजयेत्[2] पुरः ।

(म) ओं[3] धरणि वारिणि ठठ ।

नैवेद्यममुना देव्यै मोदकादियुतं ददेत् (?) ।

सुमनोधूपगन्धादि धूपनैवेद्ययोरपि ॥३२॥

गच्छ भगवति वसुधारे स्वाहा " इत्यनेन मन्त्रेण देवीमावाहयेत् । भास्वदित्यादिना ध्यानमाह । कञ्चुलिका-ചേലക്കള്ള । दाडिमं=മാതളനാരങ്ങ । वसुवर्षिघटस्थदक्षिणपादां वामजानुं संकुच्य स्थितां दक्षिणे दाडिमं वामे रक्तोत्पलम् । (रत्नवर्णघटीगर्भनालनिर्गतवल्लरी ।) अग्रतः मूलमन्त्रेण उपचारान् दद्यात् । देव्याः पुरस्तात् कल्पकवृक्षस्याधस्तात् अम्बुजे देव्यभिमुखमासीनममितप्रभं सशिरश्शिखं ध्यानिनं यथावद्वसनं बुद्धं पूजयेत् । बुद्धशास्त्रोक्तवसनं यथावद्वसनम्=എല്ലാടവും മൂടിയതു് । तस्य दक्षिणपार्श्वे

---

1 ओं पा ओं वसु.... ओं धान्यै.... ओं रेचे ओं वसुधे वसुधामि वसुमति श्रिये ओं वसुधारिणि

2 संपूजयेत्ततः ।

3 ओं वारिणि धारिणि ठठ ।

मुद्रां प्रदर्शयेन्मन्त्रैश्चतुर्भिर्वसुधादिभिः ।
नैवेद्यममुना[1] चापि सामान्यं[2] चादिविद्यया ॥३३॥
चक्रं मणिः खड्गमश्वो गजः स्त्रीपुरुषाविति ।
ध्यायेत्तदग्रे सप्तैतान् रत्नाख्यानम्बुजासनान् ॥३४॥
तत्पार्श्वयोर्यक्षराजान्नागराजांश्च भावयेत् ।
ऊर्ध्वतो देवपुत्रांश्च तत्सेवार्थमुपागतान् ॥३५॥
संपूज्यैवं[3] साध्यमनुं शक्त्या जप्त्वा विसर्जयेत् ।
दारिद्र्यव्याधिदुःखघ्नी सा देवी सर्वकामदा[4] ॥३६॥
अञ्जलिः[5] सान्तराङ्गुष्ठा मुद्रा समयसंज्ञिता ।
तिस्रः पुष्पादिका[6] मुद्रास्तस्यास्तर्जादिसर्जनात्[7] ॥३७॥
कनिष्ठानखरे ज्येष्ठा पिहिते वज्रलक्षणा ।
शेषाङ्गुल्यश्च तिस्रः स्युर्दीपमुद्रेयमिष्यते ॥३८॥

साभयं साम्बुजं सितं । शिरोऽजिनोत्तरीयं पद्मासीनं कपर्दिनं योगेश्वरं पूजयेत् । सशिरोऽजिनोत्तरीयं = തലയോടുകൂടി തോൽകൊണ്ടു മൂടിയിരുന്നാൽ । तस्य=बुद्धस्य वामपार्श्वे वज्रहस्तं किरीटिनं नाभिस्थवामपाणिं श्यामं साकल्पमब्जगं (अश्वितं) वज्रिणं पूजयेत् । नाभिस्थवामपाणिं=[8]ध्यानमुद्रयेत्यर्थः । साकल्पं=आभरणयुक्तम् । ओं वं स्वाहा । ओं वं सुधारे स्वाहा । ओं वसुन्धरि स्वाहा । ओं वसुमति श्रियै स्वाहा । ओं वसुधारिणि स्वाहा । देव्याः परितो दिग्विदिक्षु यजेदेताः । देव्याः पार्श्वयोः वसुवर्षिघटीहस्तयुग्मे श्री-महाश्रियौ पूर्वमेव पूजयेत् । यक्षराजेभ्यो नमः । तेषां दक्षिणपार्श्वे नागराजेभ्यो नमः । तेषां वामपार्श्वतो देव्या ऊर्ध्वतो देवपुत्रेभ्यो नम इति । पुनरिन्द्रादयः । पुनर्वज्रादयः । ओं

---

1 अमुना चापि 2 सामान्यः शार्वि विद्यया ।
3 संपूज्य संसाध्यमनुं 4 सर्वमन्त्रदा । 5 अञ्जलिः कातराङ्गुष्ठ
6 पुष्पादिता 7 सर्जारिसर्जनात् । 8 ध्यानमुद्रया

पत्राञ्जलिस्तु पार्श्वस्थज्येष्ठा मुद्रा निवेद्यके ।
सामान्या चाञ्जलिर्ज्ञेया निर्गताग्राङ्गुलीमुखम्[1] ॥३९॥
मध्या तृतीयपर्वस्था कुब्जतर्जाग्रकाञ्जलिः ।
ईषद्विनिर्गताङ्गुष्ठा मुद्रा वाहनसंज्ञिता ॥४०॥
जपेत् साध्यं जलस्थोऽर्धरात्रे मासं लभेद्वसु (?) ।
जप्त्वा[2] दिवा तिलैरर्धरात्रे होमान्नृपोऽर्थदः ॥४१॥
घृताक्तैर्गौरसिद्धार्थैर्हुताद्राजा वशी भवेत् ।
(म) ओं[a] श्रिये श्रीकरि धनकरि धान्यकरि पुष्टिकरि
ऋद्धिकरि अविघ्नकरि सर्वकामदे ठठ ॥
एष जाप्याभिषेकाद्यैः साध्यवत् सिद्धिदो मनुः ॥४२॥
अशोकाधो वटाधो वा तिष्ठन्तीमरुणांशुकाम् ।
भूषितां सुन्दरीं यक्षीं श्यामां मुक्तशिरोरुहाम् ॥४३॥
वटस्थां पूजयित्वा तां पुरो लक्षं जपेन्मनुम् ।

धरणी धारिणिस्वाहा इति नैवेद्यमन्त्रः । एवं यजनात् सा देवी सर्वकामदा स्यात् । कनिष्ठानखरे ज्येष्ठा पिहिते । कनिष्ठानखरे द्वे ज्येष्ठया पिहिते । वज्रलक्षणौ=वज्रवद्व्यत्यस्ताविल्यर्थः । सा वज्रहस्ता मुद्रा । कनिष्ठानखर इत्येतत्पदं सप्तम्यन्तम् । पार्श्वस्थज्येष्ठापत्राञ्जलिनिवेद्यके मुद्रा ॥ (१८-४१)

ओमिति । ओं श्रिये श्रीकरि धनकरि धान्यकरि पुष्टिकरि ऋद्धिकरि अविघ्नकरि (सर्वकरि) स्वाहा । अङ्गादिकं प्राग्वत् । सर्वकामप्रदम् ॥ (४२–४३)

---

1 अङ्गुलीर्मिथः । 2 जप्ता दिवा

a ओं श्रीशे श्रीधषि ढण चषि ढण्य चषि पुष्टिचषि ऋद्धि चषि अविघ्न चषि सर्पचषि ठठ । [श्रीशेत्रि चषि फणभूषिता करि पुष्टिकरि ऋद्धिकरि अविघ्नकरि सर्वकरि ।]

कामलाभाय मन्त्रोऽयं स्वाहायेजपिनन्दिन[1] (?) ॥४४॥

(म) नन्दिनि विजये स्वाहा ।

भुवनेशो भूतदण्डी कलान्तान्तं सयोनिकम् ।

तत्पञ्चमं तदन्तं[2] सरुद्रं सामन्तमालयम् ॥४५॥

रामाख्या दीर्घमाद्यं च कोपतत्त्वं हरान्तयुक् ।

एतत्फलान्तं[3] तारादिमन्त्रं विद्याद्दशाक्षरम्[4] ॥४६॥

फट्काराद्यन्तयोर्देव्या युक्तं तद्वीर्यवद्भवेत् ।

त्रोतलां[5] त्वरिता तूर्णेत्येवं विद्येयमीरिता ॥४७॥

नवमान्तं तृतीयादि यदस्या वर्णसप्तकम् ।

तेनाङ्गानि द्विवर्णानि कर्तव्यानि[6] विजानता ॥४८॥

शिरोऽन्ते मस्तके कण्ठे हृदि नाभौ च गुह्यके ।

उर्वोश्च जानुनोर्जङ्घाद्वये चरणयोः क्रमात् ॥४९॥

कामलाभायेति । नन्दिनविजये स्वाहा । कामलाभाय । भुवनेश इत्यादिना त्वरितामन्त्रमाह । ओं ह्रीं हुं खे च छे क्ष स्त्री हुं क्षे फट् । देव्या युक्तम् । "शिरोऽन्ते मस्तके कण्ठे हृदि नाभौ च गुह्यके । ऊर्वोश्च जानुनोर्जङ्घाद्वये चरणयोः क्रमात् ।" अक्षराणि न्यस्येत् । च छे हृदयम् । छे क्षः शिरः । क्ष स्त्रि शिखा । त्रि हुं कवचम् ।

---

1 भास्वायै जपि निन्द(दिनः) ।
2 तदन्तं च सरुद्रं सातमालयम् ।
3 एतत्पठन्ताराभि [एतत्पडन्तं]
4 विद्यादशाक्षरम् ।
5 त्रोतला त्वरितौत्तर्णे
6 कर्तव्यान्युपदेशतः ।

न्यस्ताङ्गोऽन्यस्य[1] मन्त्रार्णान् समस्तव्यापकं न्यसेत् ।
पार्वती शबरीवेषा वरदाभयदायिका ॥५०॥
मायूरवलया पिञ्छमौलिः किसलयांशुका ।
सिंहासनस्था मायूरच्छत्रा बर्हिध्वजान्विता ॥५१॥
त्रिनेत्रा श्यामला रम्या वनमालाविभूषिता ।
बिम्बोष्ठी बर्बराकेशी रक्तान्तायतलोचना ॥५२॥
पीनोत्तुङ्गस्तनी चारुवक्त्रा सर्वाङ्गशोभिता ।
विप्राहिकुण्डला राजनागकेयूरसंयुता ॥५३॥
वैश्यनागकटीबन्धा वृषलोरगनूपुरा ।
एवं रूपाम्बिका भूत्वा तं मन्त्रं नियुतं जपेत् ॥५४॥
ईशः किरातरूपोऽभूत् पुरा गौरी च तादृशी ।
तामेनां त्वरितां ज्ञात्वा जपेद्ध्यायेद्यजेदपि ॥५५॥

हुं क्षे नेत्रत्रयम् । क्षे फट् । अस्त्राय फट् । किरातरुद्र ऋषिः । अतिच्छन्दः । त्वरिता देवता । पार्वतीत्यादिना ध्यानमाह । लक्षजपात् सिद्धिः । अष्टसिंहधृतासनमध्यस्थपद्म-कर्णिकायां देवीम् आवहयेत् । दलेष्वङ्गानि गायत्रीं प्रणीतां च पूर्वादिक्रमादर्चयेत् । प्रथमावृतौ श्रीं हुं रावायै नमः । श्रीं खेचर्यै नमः । श्रीं चण्डायै नमः । श्रीं छेदिन्यै

---

1 न्यस्ताङ्गो न्यस्तमन्त्रार्णान्

जपेत्तां यद्यदुद्दिश्य तत्तदह्नाय सिध्यति ।
विशेषतोऽप्ययं मन्त्रो ग्रहक्ष्वेलामयान् हरेत् ॥५६॥[1]
यजेत्तां पद्ममध्यस्थामष्टसिंहधृतासने ।
दलेष्वङ्गानि गायत्रीं प्रणीतां चार्चयेत् क्रमात् ॥५७॥[2]
हुंरावां खेचरीं चण्डां छेदिनीं यक्षिणीं श्रियम् ।[3]
हुंकारीं क्षेमकारीं च दलाग्रेष्वभिपूजयेत् ॥५८॥
फट्कारीं चाग्रतो देव्याः श्रीबीजेनार्चयेदिमाम् ।[4]
लोकेशायुधवर्णास्ताः फट्कारी तु धनुर्धरा ॥५९॥[5]
जया च विजया द्वास्थे पूज्ये सौवर्णयष्टिके ।
किङ्करो बर्बरो मुण्डो लकुटी च तयोर्बहिः ॥६०॥
इष्ट्वैवं सिद्धये द्रव्यैः कुण्डे योन्याकृतौ हुनेत् ।[6]
हेमलाभो हुताद्धान्यैर्गोधूमैः पुष्टिसंपदः ॥६१॥

नमः । श्रीं क्षपण्यै नमः । श्रीं श्रियाख्यायै नमः । श्रीं हुंकार्यै नमः । श्रीं क्षेमकार्यै नमः । लोकेशायुधवर्णयुक्ता दलाग्रेषु । द्वितीयावृतौ (पूजयेत्) । देव्या अग्रतः फट्कारी धनुर्धरा पूज्या । पुनः जया विजया च द्वास्थे (सौवर्णयष्टिके) पूज्ये । जयायै नमः । विजयायै नमः । ओं किङ्कर रक्ष रक्ष त्वरिताज्ञायां स्थितो भव फट् । अनेन तयोर्जया-

---

1 गरक्ष्वेला 2 गलेष्वङ्गानि 3 क्षपणीं
4 इमाः । 5 धमुर्धरः । 6 सिद्धयो:

यवैर्धान्यं तिलैः सर्वं सिद्धार्थैरीतिनाशनम् ।
तण्डुलैरक्षयो माषैर्मूकता कोद्रवैर्गदः ॥६२॥
अक्षैरुन्मत्तता शत्रोः शाल्मलीभिश्च मारणम् ।
जम्बूभिर्धनधान्याप्तिरिक्षुभिर्वाञ्छितागमः ॥६३॥
रक्तोत्पलैर्महापुष्टिस्तुष्टिर्नीलोत्पलैरपि ।
कुमुदैर्जनवात्सल्यं वकुलैरतुलं[1] यशः ॥६४॥
मल्लिकाभिः पुरक्षोभः कुन्दपुष्पैर्महोदयः ।
अशोकैः पुत्रलाभः स्यात् पाटलीभिः शुभाङ्गता ॥६५॥
आम्रैरायुर्नलैर्लक्ष्मीर्बिल्वैः श्रीश्चम्पकैर्धनम् ।
इष्टं मधूकपुष्पैश्च चूतैः[2] सर्वं हुतालभेत् (?) ॥६३॥

विजययोर्बहिरग्रतः किङ्करं लगुडयुक्तं पूजयेत् । किराततरूपः शिवः किङ्करः । लगुडः= കുറവടി । किङ्कराश्चत्वार इति केचित् । त्वरितामन्त्रस्य माहात्म्यमित्थमिति वक्तुं न शक्यते । स्मरणादेव सर्वरोगापमृत्युजित् । पञ्चरमाह । " हुंरावा मस्तके चास्तु खेचरी गलमण्डले । चण्डाख्या हृदि जीवा तु च्छेदनी नाभिमण्डले । क्षपणी कटिसंस्थाने क्रियाख्या[3] चोरु युग्मके । हुंकारी जानुदेशे तु [4]क्षेमा जङ्घागता तथा ॥ फट्कारी पादयोः [5]स्यात्तु सर्वाङ्गेषु जया पुनः । विजया सर्वतत्त्वेषु महारक्षाविधायिनी ॥ ब्राह्मी ममाग्रतः स्यात्तु पृष्ठतः स्यात्तु शाङ्करी । कैमारी पार्श्वयोस्तिष्ठेदथोर्ध्वे विष्णुरूपिणी ॥ जले रक्षतु वाराही स्थले रक्षतु वासवी। अटव्यां पर्वते दुर्गे सर्वरक्षां करोतु मे ॥ वज्रिणी पूर्वतस्तिष्ठेदाग्नेय्यां स्याच्च पद्मिनी । दण्डिनी याम्यदिग्भागे

---

1 अतुलैः
2 बिल्वैः सर्वं
3 स्त्रियाख्या
4 क्षेमे
5 स्थातु

यावच्छक्ति [1]हुताज्जपादपि तथा संसाधिता विद्यया
[2]त्रैलोहीकरमुद्रिका विधिकृता भूतादिपीडाहरी ।
साख्या शक्तिबहिर्दशारलिखिता सा वह्निगेहद्वये
नेन्द्रेणापि वृतेष्टदा भुजगता रक्षाकरी स्यादपि ॥६७॥

भूर्जे सकारकपुटे जपशूल्दीप्ते
कोणेषु तारमुदरे विहितस्य [3]नाम्ना ।
फट् स्याद्दिशासु लिखिता च यथा तथैषा
नामार्णयुक् प्रतिपुटं हरति ग्रहार्तिम् ॥६८॥

खड्गिनी राक्षसाल्ये । पाशिनी वारुणे चास्तु वायव्ये ध्वजिनी तथा । सौम्ये कौमोदकी चास्तु शूलिनी चास्तु शाङ्करे ॥ अधस्ताच्छङ्खिनी तिष्ठेत् तिष्ठेदूर्ध्वं च पद्मिनी । त्वरितापञ्जरस्थोऽहं विद्यया परिरक्षितः ॥ न मे भीत्युद्भवे किञ्चित् कारणं परिविद्यते । पञ्जरं त्वरितायास्तु कीर्तितं सर्वशान्तिदम् ॥ " इति त्वरितापञ्जरविधानम् ॥ नलः=൩൦൨൦൭ ।
साख्या शक्तीति । शक्तिं लिखित्वा, तन्मध्ये जीवम्, जीवस्य परित आख्याम्, शक्तेः ह्रीं रकारस्य बहिः [4]दलदशकं च लिखित्वा, दलेषु एकैकमक्षरं लिखेत् । तद्बहिः [5]षट्कोणान्, षट्सु कोणेषु रंबीजं, तद्बहिश्चतुरश्रं, तस्य चतुर्षु कोणेषु लकारम् । भुजगता सापि इष्टदा [6]रक्षाकरी स्यात् ॥ (४४-६७)

भूर्जे सकारकपुट इति । पूर्वपश्चिमायता दक्षिणोत्तरायताश्च द्वादश रेखाः कृत्वा, मध्यखण्डे ह्रींकारं, तदन्तः जीवादि च, बाह्यस्थेशकोणे पदादारभ्य बाह्यस्थनिर्ऋतिकोण-पर्यन्तमधिकाराद्दशकमेवं लिखेत् । ह्रींकारस्य [7]चतसृषु दिक्षु स्थिते पदचतुष्टये फट्कारं बहिस्स्थेशकोणलिखितस्य तारस्य दक्षिणभागस्थे पदपञ्चके हुं खे च छे क्षः इति,

---

1 युतात् 2 त्रैलोकी 3 नाम ।
4 दश दलं 5 षट्कोणम् 6 रक्षाकारी
7 चतुर्षु दिक्षु (?)

यत्रोतलायास्तु दशाक्षराया
बीजं द्वितीयं[1] सतृतीयषष्ठम् ।
त्रिकण्टकी[2] नाम तदाशु सिध्येत्
त्रिलक्षजाप्येन समग्रशक्तिः ॥६९॥

लिखेत् । क्षकारस्य पश्चिमभागस्थे पदत्रितये त्रि हुं क्षे इति लिखेत् । आभ्यन्तर-द्वितीयतारादारभ्य पूर्वलिखितहुमाद्यैर्द्वितीयावृतिः कल्प्या । आभ्यन्तरतृतीयतारस्य पूर्वदिक्स्थपदत्रितये हुं खे च लिखित्वा, छेत्याद्यैः तृतीयावृतिः । आभ्यन्तरचतुर्थतारस्य पूर्वदिक्स्थपदद्वये हुं खे इति लिखित्वा च, आद्यैश्चतुर्भिः आभ्यन्तरपञ्चमतारस्य पूर्वदिक्स्थपदत्रितये हुं खे च लिखित्वा, छे आद्यैः पञ्चमावृतिः । एवमीशखण्डार्धे मन्त्रस्थ-फट्कारान्तं पञ्चमावृतिः । पुनरग्निकोणे निर्ऋतिकोणे वायव्यकोणे ईशानकोणे चैवमेव लिखेत् । एवं चेन्मन्त्रस्य चत्वारिंशदावृतिः स्यात् । [3]स्वरेखाग्रेषु सर्वत्र शूलानि च कुर्यात् । ([4]साधितमेतद्यन्त्रं गले बन्धनात् ग्रहार्तिं हरति ।) उदरे लिखितस्य नाम्नो दिशासु यथा फट् स्यात् तथा प्रतिपुटं लिखितैषा ग्रहार्तिं हरति । ह्रींकारान्तर्नाम (युक्तं) चेत्यन्वयः । अथवैवं लिखेत् । मध्यपदस्य [5]चतसृषु दिक्षु पूर्ववत् फट्कारं, बहिस्स्थेषु चतुर्षु कोणेषु तारम्, अत्रापि तारस्य दक्षिणभागस्थे पदपञ्चके हुं खे च छे क्ष इति, क्षकारस्य पश्चिमभागस्थे पदत्रितये त्रि हुं क्षे इति । ([6]द्वितीयावृत्तौ च छे क्ष, स्त्री चतुर्थावृतौ च छे क्ष स्त्री हुं, पञ्चमावृतौ छ क्ष स्त्री हं क्षे इति ।) अनेन प्रकारेणाग्निकोणे निर्ऋतिकोणे वायव्यकोणे च लिखेत् । एवं चेत् मन्त्रस्य विंशदावृतिर्भवति । एवं साधितमेतद्यन्त्रं यथोक्तफलसिद्धिदम् ॥ (६८)

यत्रोतलाया इति । हुं क्षे क्षः । त्रिकण्टकीमन्त्रः । शिरोललाटास्यहृत्सु नाभिगुह्योरुजानुषु अङ्घ्र्योश्च त्वरितावर्णान् [7]मुक्ततारान् नव न्यस्येत् । ओं हुं खे च

1 बीजद्वितीयं 2 सकण्टकी 3 स्वोऽग्रेषु
4 साधितमेतद्यन्त्रं इति वाक्यं B कोशे नास्ति । 5 चतुर्षु दिक्षु (?)
6 कुण्डलान्तर्विद्यमाना द्वितीयावृतौ इति पङ्क्तिः B कोशे नास्ति ।
7 युक्ततारान्

आनाभेरसिता गलान्तमरुणा शुभ्रानना भीषणा

दंष्ट्रादन्तुरितैश्चतुर्भिरसितैः कुक्षौ परीता मुखैः ।

बाहुभ्यां धृतदीपिका त्रिनयना[1] शङ्खारिहस्ता स्मृता

स्वैक्येनेन्दुलसत्कपर्दवलया देवी ग्रहादीन् हरेत् ॥७०॥

त्रिकण्टकीरूपधरः कराभ्यां

त्रिशूलमुद्रां कलितां यथावत् ।

प्रदर्शयेन्मन्त्रजपाद्ग्रहार्ता-

नाविश्य नश्यन्ति ततो ग्रहाद्याः ॥७१॥

तत्सप्तमं नवमसम्पुटितं समस्त-

माकर्षयेत् त्रिनियुतेन जपेन सिद्धम् ।

पुष्पादिदातुरमुना वशगा भवेत् स्त्री

तस्यास्त्रिपञ्चमपुटो विषहा च षष्ठः ॥७२॥

क्षे छ क्षः हृदयम् । ओं हुं खे च छे क्ष शिरः । ओं हुं खे च छे क्ष स्त्री शिखा । ओं हुं खे च छे क्ष स्त्री हुं कवचम् । ओं हुं खे च छे क्ष स्त्री हुं क्षे फट् अस्त्रम् । त्रिलक्षजपात् सिद्धिः । तद्दशांशः पद्मैर्होमः । पूजादिकं सर्वं त्वरितावत् । ध्याने तु विशेषः । तदाह आनाभेरिति । अस्य मन्त्रस्य जपात् ग्रहादयः सर्वे नश्यन्त्येव ॥ (६९-७१)

तत्सप्तममिति । ओं क्षे स्त्री क्षे । अमुना मन्त्रेण जप्त्वा पुष्पादिदातुः स्त्री सद्यो वशगा भवति । तस्या इति । खे क्ष छे (क्ष्वे क्षः छे) जपादिना

---

1 दीपकान्तिनयना

सम्यगेव मुदिता त्वरिता सा

वाञ्छितार्थसुरभिर्वरविद्या ।

यामुपास्य विधिवन्निरपायां

सिद्धिमाप नरवाहनदत्तः ॥७३॥

॥ इति नारायणीये तन्त्रसारसङ्ग्रहे द्वाविंशः पटलः ॥

सर्वविषहा । नरवाहनदत्तः = महादेवेन नरो यस्य वाहनत्वेन दत्तः सः; वैश्रवण इत्यर्थः ॥ (७२-७३)

॥ इति नारायणीयतन्त्रसारसङ्ग्रहव्याख्याने द्वाविंशः पटलः ॥

॥ अथ शिवपटलस्त्रयोविंशः ॥

सद्यान्तदण्डीसाजेशपावकश्चतुराननः[1][2] ।
सर्वार्थसाधकमिदं बीजं पिण्डाख्यमुच्यते ॥१॥
स्वयं दीर्घस्वराढ्यं[3] तु बीजेष्वङ्गानि सर्वतः ।
पिण्डं चन्द्रेन्द्रगेहस्थं कुलिशाकारमुज्ज्वलम् ॥२॥
पीतं चिन्तितमश्वादौ सैन्यस्तम्भकरं[4] भवेत् ।
सोमेन्द्रवह्निपुरगं मूर्ध्नि ध्यातं तथाकृति ॥३॥
विद्विषत्सर्व[5]मत्तेभमहिषादिनिवारणम् ।
तदेवाग्निसमप्रख्यं परसैन्ये विचिन्तयेत् ॥४॥
यायात् पराङ्मुखी पिण्डज्वालादग्धारिवाहिनी ।
भेदं परकृते स्तम्भे करोत्येवं विचिन्तितम् ॥५॥
अनिलानलसंयुक्तं ध्यानात् स्तोभं करोति तत् ।
प्रयान्ति हित्वा तं ग्रस्त[6]मार्तनादा ग्रहादयः ॥६॥
एतद्रोचनयालिख्य पटादौ[7] यत्र पूज्यते ।
त्यजन्तिं गेहं तच्चोरक्षुद्रभूतोरगादयः ॥७॥

सद्यान्तेत्यादिना वज्रमन्त्र उच्यते । ज्भ्रौं ज्भ्रां हृदयम् । ज्भ्रां शिरः । ज्भ्रुं शिखा । ज्भ्रैं कवचम् । ज्भ्रौं नेत्रत्रयम् । ज्भ्रः अस्त्रम् । अङ्गिरा ऋषिः । दैवी गायत्री

---

1 सद्यात्तमन्धि 2 हवकः 3 दीपस्वराढ्यं 4 स्तम्भमरं
5 सर्प 6 स्वग्रस्तं 7 पादादौ

उद्यन्तं[1] स्तम्भयत्यस्त्रमैन्द्रस्थं तदहीनपि ।
वारुणान्तर्गतं पिण्डं तेजोऽनुग्रहवर्जितम् ॥८॥
दष्टोत्तमाङ्गविन्यस्तं विषनाशं करोति तत् ।
पद्ममध्ये लिखेदिन्दौ पिण्डान्तर्नामजीवमुक्[2] ॥९॥
विपतिस्तार्क्ष्ययन्त्रोक्त्या लेख्या यरलवास्तथा ।
त्रिर्महामायया पद्मं वेष्टयेद्बिन्दुयुक्तया ॥१०॥
गोमयाम्बुयुजा यन्त्रमेतद्रोचनया लिखेत् ।
भूर्जे सुवर्णलेखिन्या जातरूपेण[3] वेष्टयेत् ॥११॥
हेम्ना च जपपूजाभ्यां हवनेन च साधयेत् ।
आयुष्यं पावनं पुष्टिलक्ष्मीसौभाग्यवश्यकृत् ॥१२॥
चोरव्याल[4]मृगारण्यसलिलादिभयापहम् ।
पुत्रदं गर्भरक्षाकृद्ग्रहसर्वामयापहृत् ॥१३॥
क्षुद्रापहमिदं[5] यन्त्रं विद्यात् सर्वार्थसाधकम् ।
उत्तमाङ्गस्थितं तत् स्याल्लोकवश्यम[6]नुत्तमम् ॥१४॥

छन्दः । वज्रं देवता ।

वज्रं तु देवता ध्येयं कालाग्निसदृशप्रभम् ।
षट्कोटियुक्तं तीक्ष्णाग्रं शितधाराभिरन्वितम् ॥

---

1 इत्यन्तं 2 पिण्डान्तं नाम बीजयुक् । 3 जतुरौप्येण
4 व्याघ्रमहारण्य 5 इदं मन्त्रं(?) 6 लोकवन्द्यं

शिवान्तं[1] पाशपुटितं पिण्डं वश्यं सदा जपेत् ।

वातानीतपतत्पत्रे[2] काकपक्षेण कल्पितम् ॥१५॥

बिन्द्वन्तस्स्थेन्दुरहितं यन्त्रमुच्चाटनं रिपोः ।

क्रोधाग्निपुटितं मन्त्री पिण्डमुच्चाटने जपेत् ॥१६॥

आकाशः[3] साग्निकर्णार्धचन्द्रः क्रोधाग्निरुच्यते ।

तद्वन्निम्बदले तत्स्थकाकगेहाग्निविष्ठया ॥१७॥

लिखित्वा[4] शाश्वतो येषां विरोधः स्यात्तदङ्गजैः ।

धूपः प्रशस्यते द्वेषे क्रोधान्तरिततज्जपात् ॥१८॥

तद्वन्निम्बदले लिख्य (?) विषासृक्सहितं हुनेत् ।

सप्तरात्रं चितावह्नौ सहस्रावृत्तिमारणम् ॥१९॥

सर्वास्त्रशस्त्रप्रत्यर्थिविदारणविधिक्षमम् ।

लक्षजापः पुनः कुर्याद्दशांशं च तिलैर्हुनेत् ॥

तेजोऽनुग्रहवर्जितं ज्झम् । पद्ममध्य इति भूर्जेऽष्टदलं पद्मं लिखित्वा तस्य कर्णिकायां ठंकारम्, ठंकारस्यान्तः पिण्डमन्त्रम् । तन्मध्ये जीवादि । पश्चिमादिदिक्षु क्षिप ओं स्वाहा इति । वाय्वादिकोणेषु यं रं लं वं इति । पद्मस्य बहिः ह्रींकारेण वेष्टयेत्त्रिः । एतद्यन्त्रं गोमयाम्बुयुजा रोचनया सुवर्णलेखिन्या लिखेत् । सकलामयादिहृत्, क्षुद्रापहम्, सर्वार्थसाधकं च। शिखान्तमिति। ओं ज्झ्रों, आं वषट् । वश्यम्। वातनीतेति। बिन्दुना रहितं मध्यस्थेन्दुना च । क्रोधाग्नीति । हुं ज्झ्रौं हूं उच्चाटने । तद्वदिति । क्रोधाग्निपुटितं पिण्डमेव येषां सत्त्वानां परस्परं शाश्वतो विरोधः । तेषामङ्गजै ।

---

1 शिखान्तं पाश पुभतं

2 वातनीतापतत्पत्रे

3 आकाशसाधिकर्णार्धं

4 लिखितं

दीर्घक्रोधाग्निपुटितं[1] पिण्डबीजं तदा भवेत् ।
अमृताद्यन्तसंरुद्धं शान्त्यर्थं तं जपेन्मनुम्[2] ॥२०॥
ब्रह्ममज्जाविषाग्नित्वक्सद्यान्तार्घीशबिन्दुमान्[3] ।
पावकः काङ्क्षितानर्थान्[4] दद्याच्चिन्तामणिर्यथा ॥२१॥
शराग्निशूलभुजगौ परशुं करवालकम् ।
कपालं च धनुर्बिभ्रन्[5]महारुद्रोऽस्य देवता ॥२२॥
ज्वलत्त्रिकोणगं रक्तं तत्[6] स्मरेद्ग्रस्तमस्तके ।
निग्रहः स्यात्तथा[7] साध्यशिरस्स्थं वशयेदपि ॥२३॥
शुक्लं क्षरति रक्तं वा तद्वर्णं योनिचिन्तितम् ।
बीजं स्वनामयुक्तं चेत् सा वश्या च भवेद्वधूः ॥२४॥

अङ्गजः = ഓരമ । तत्स्थकाकगेहं = तत्र विद्यमानं काकानां नीडम्; വേപ്പിന്മേൽ കാക്കക്കൂട് । हुं ज्म्रौं हूं अनेन हुनेत् । विषं = अष्टविषम् । दीर्घक्रोधाग्नीति । ठं ज्म्रौं ठं । (१-२०)

ब्रह्मेति । क्ष्म्रौं, चिन्तामणिमन्त्रः । चिन्तामणिर्यथा = चिन्तामणिरत्नवदित्यर्थः । क्ष्म्र्यां हृदयम् । क्ष्म्र्यीं शिरः । क्ष्म्र्यूं शिखा । क्ष्म्र्यैं कवचम् । क्ष्म्र्यौं नेत्रत्रयम् । क्ष्म्र्यः अस्त्रम् । तुम्बुरुः ऋषिः । गायत्री छन्दः । महारुद्रो देवता । शराग्नीत्यादिना ध्यानमाह । अथवा—"शिवः सदारुणाम्भोजे स्थितो ध्येयोऽरुणद्युतिः । शरशूलाग्नि-नागांश्च टङ्कं च करवालकम् । कपालं कार्मुकं बिभ्रदष्टबाहुस्त्रिलोचनः । रक्ताकल्पः कृत्तिवासाः कपर्दी चन्द्रशेखरः । रौद्रप्रसन्नवदनो धीरः सर्वाङ्गसुन्दरः ॥" इति ।

---

1 तथा। 2 जपेत् पुनः । 3 सद्यान्तां लीश
4 काङ्क्षितान् सर्वान् 5 तनुं बिभ्रत् 6 रक्तं स्मरेत् 7 तदा

वह्निलिङ्गस्थमात्मानं वह्निवायूदरे स्मरेत् ।
रक्षा स्यात्तत्त्रिकोणस्थं ज्वलन्नाभेरधः[1] स्मृतम् ॥२५॥
प्रासादबीजवन्मन्दं दीपयेदुदरानलम् ।
स्वस्थावेशकरं तत् स्याद्दशसाहस्रकाज्जपात्[2] ॥२६॥
कृष्णं[3] कर्णे स्मृतं कुर्याद्बाधिर्यं नयनेऽन्धताम् ।
कुक्षौ शूलकरं ध्यातं मरुन्मण्डलवर्ति तत् ॥२७॥
शरीरेऽग्निमयं ध्यातं बीजं तद्दाहमावहेत् ।
हृदि वाय्वग्नियुक्तं तद् ध्यातं नारीवशावहम् ॥२८॥
ग्रहाः सर्वे ज्वराः सर्वे शलभा मत्कुणा वृषाः ।
एवमादीन् हरेद्ध्यातं बीजं तत्कालवर्जितम् ॥२९॥

ज्वलत्त्रिकोणमिति । केसरेष्वङ्गानि ॥ "जया च विजया चैव अजिता चापराजिता । दुर्गा च सुभगा चैव कराली मोहिनी तथा ॥" दिक्पत्रेषु ब्रह्माण्यै नमः । माहेश्वर्यै नमः । कौमार्यै नमः । वैष्णव्यै नमः । वाराह्यै नमः । इन्द्राण्यै नमः । महाकाल्यै नमः । गणपतये नमः । वीरभद्राय नमः । तृतीयावृतौ पुनरिन्द्रादयः । पुनर्वज्रादयः । तद्वर्णः शुक्लवर्णः । शुक्लक्षरणे वह्निलिङ्गस्थं वह्निमयज्योतिर्लिङ्गमध्यगतोऽहमिति । वह्निलिङ्गस्थं वह्निमण्डलस्थं वा । प्रासादबीजवत् । प्रासादबीजमध्ये एवं कुर्यादित्यर्थः । शलभः= ഈയ്യാമ്പാററ । मत्कुणः=മൂട്ട । कालो मकरः ॥ (२१-२९)

---

1 ज्वलनादेरधः

2 दशसाहस्रिकां जपेत् ।

3 कृष्णं कण्ठे

अनूर्ध्ववह्नौ[1] बीजस्य साध्यनाम लिखेद्द्विषे ।
भूर्जरोचनया लिङ्गे प्रतिमायां तु तन्न्यसेत् ॥३०॥
अभ्यर्चितं[2] तदा तत् स्यात् कुपितस्य प्रसादनम् ।
भैरवाननसंस्थं तन्मुखबन्धकरं भवेत् ॥३१॥
कुम्भे त्रिमधुरापूर्णे विन्यस्तं तत् समर्चितम् ।
क्षुत्पिपासाज्वरादीनां शमनं पुष्टिकारणम् ॥३२॥
मूर्ध्नोऽवतारि[3] षट्कोणे ध्यातं तन्त्रिविषापहम्[4] ।
अनूर्ध्वाग्निविषं बीजं शङ्खाभं प्रस्नुतामृतम् ॥३३॥
वामहस्ते गले ध्यातं विषमृत्युजरापहम् ।
वह्निमण्डलयुग्मस्थं तद्बीजमशिखानलम् ॥३४॥
कोणेष्वग्निमिदं यन्त्रं विधिवद्भूगृहे[5] लिखेत् ।

अनूर्ध्वेति । अनूर्ध्ववह्नौ = ऊर्ध्ववह्निवर्जिते । क्ष्म्रचौं बीजमकारे साध्यनाम लिखित्वा, मृत्तिकादिभिः कृते शिवलिङ्गे विन्यस्य, अभ्यर्थितं प्रतिमायां विन्यस्य वा । भैरवप्रतिमाया आननं भैरवाननम् = ചത്തപട്ടിവായ് ॥　　　　(३०-३२)

अनूर्ध्वाग्नीति । अनूर्ध्वाग्निविषं = ऊर्ध्वाग्निना विषेण च रहितम् । वह्निमण्डलमध्यस्थमिति । षट्कोणं लिखित्वा, तन्मध्ये क्ष्म्र्यौं इति लिखेत् । तन्मध्ये जीवाख्यां षट्कोणेषु बीजस्योर्ध्वाग्नीति यथावद्बीजं लिखेत् । कोणेषु षट्सु रेफादिहलः, सन्धिषु

---

1 हनूर्ध्ववह्नेः　　　　2 सदा कुर्यात्

3 मूर्ध्नो वकारी　　　　4 तन्त्रिर्विषापहम् ।

5 एतदनन्तरं "बीजं सोर्ध्वाग्निकोणेषु अनलादिहलो लिखेत्" इति पङ्क्तिः A कोशे अधिका विद्यते ।

स्वरौ सन्धिषु तारेण भूगृहेण च वेष्टयेत् ॥३५॥

पिण्डवत्[1] साधितं यन्त्रद्वयं तत् सर्वसाधकम् ।

अन्त्यं समरयार्घीशबिन्दुषण्णादमैश्वरम् ॥३६॥

लक्ष्मीकरं जगद्वश्यं विषग्रहगदादिहृत् ।

क्षुद्रघ्नं पावनं रक्षाकरमापद्भयापहम् ॥३७॥

मूलं[2] जभमहोपेतं देवीबीजान्यमन्दिरम् ।

क्रमाद्बीजानि दूतीनामूष्माणो बिन्दुशेखरः[3] ॥३८॥

न्यस्याङ्गुलीषु[4] मूलं तद्धस्तयोर्व्यापकं न्यसेत् ।

कनिष्ठादितलान्तं तदङ्गान्यस्य शिवप्रदः[5] ॥३९॥

कनिष्ठादौ न्यसेन्मूलं मुष्टिनावयवेषु च ।

पादादि न्यस्य मूर्धादितलाभ्यां व्यापकं न्यसेत् ॥४०॥

ऊकारम् ओकारं च । एतत्तारेण भूगृहेण च वेष्टयेत् । साधितमिति । अष्टोत्तर-सहस्रसंपातेन साधितं तावज्जलाम्बुभिः साध्यमभिषिच्य बध्नीयात् ॥ (३३-३५)

अन्त्यमिति । क्ष्म्यौं । षण्णादमन्त्र[6] एषः । क्ष्म्यां हृदयम् । क्ष्म्यीं शिरः । क्ष्म्यूं शिखा । क्ष्म्यैं कवचम् । क्ष्म्यौं नेत्रत्रयम् । क्ष्म्यः अस्त्रम् ॥ (३६-३७)

मूलमिति । ज्म्र्यूं, भ्म्र्यूं, ब्म्र्यूं, चम्र्यूं, ह्र्यूं । देवीबीजानि । अमन्दिरं क्षकार-रहितम् । शं षं सं हं दूतीबीजानि । कनिष्ठाद्यङ्गुलीषु न्यसेत् । शिवप्रियाः- देव्यः । अङ्घ्रिषु-जानुगुह्यनाभिहृत्कण्ठमुखाक्षिमूर्धसु मूलं न्यस्य, पुनर्हस्ततलाभ्यां मूर्धादिपादान्तं व्यापकं

---

1 साधिकयन्त्रं　　2 मूलं जञ्चा मे होपेत　　3 शेखरम् ।

4 न्यस्ताङ्गुलीषु मूलान्तं　　5 शिवाप्रियः ।　　6 मन्त्रमिदम् । (?)

षडङ्गान्यस्य मूर्धास्य हृन्वभ्यङ्गे शिवप्रियः ।

न्यस्यैवं हृदि देवेशं साङ्गं संपूज्य चेतसा ॥४१॥

गन्धादिना यजेन्मूर्ध्नि शिवं वक्त्रे जयां हृदि ।

विजयामजितां नाभौ गुह्यके चापराजिताम् ॥४२॥

आत्मन्येवं समाराध्य स्थण्डिले चार्चयेच्छिवम् ।

धर्मं ज्ञानं च वैराग्यमैश्वर्यं पीठपादुकाः[1] ॥४३॥

अधर्मादीनि गात्राणि न्यसेत् कोणेषु दिक्षु च ।

नासादिभिः स्वराद्यन्तैश्चतुर्भिश्च क्रमाद्बुधः ॥४४॥

तन्तूंस्त्रिवर्णान् सत्त्वादिगुणान् पीठे[2] दृशा न्यसेत् ।

अध ऊर्ध्वच्छदे मायाविद्ये लक्ष्म्या शिवेन च ॥४५॥

तदन्तेनाम्बुजं न्यस्य शक्तीर्दिक्केसरेषु च ।

वामा ज्येष्ठा च रौद्री च भगाद्यैरिति कल्पितम् ॥४६॥

योगपीठं समभ्यर्च्य तत्रावाह्य हृदा शिवम् ।

देवीर्जयाद्या दिक्पत्रे दूतीरैशादिपत्रके ॥४७॥

न्यस्य, ज्म्यूं शिवाय नमः मूर्ध्नि, । भ्म्यूं जयायै नमः हृदि । म्म्यूं अजितायै नमः नाभौ क्ष्मयूं अपराजितायै नमः गुह्ये । ऋं ओं धर्माय नमः । ॠं ज्ञानाय नमः । ऌं वैराग्याय नमः । ॡं ऐश्वर्याय नमः । अं अधर्माय नमः । आं अज्ञानाय नमः । अं अवैराग्याय नमः । अः अनैश्वर्याय नमः । पीठगान् तन्तुरूपेण स्थितान् सितरक्तकृष्णान्

---

1 पादपीठगान्   2 पीठं

सुभगा दुर्भगा पश्चात् कराला मोहिनीति च ।
न्यस्येन्द्रादीन् स्वदिक्ष्वीशान् गन्धाद्यैः साङ्गमर्चयेत् ॥४८॥

नमोऽन्तान् नामबीजान्ते तेषां न्यासादिषूहयेत् ।
जपं स्नानं हुतं पूजा ध्यानं यन्त्रस्य धारणम् ॥४९॥

एकैकमपि सिद्धयै स्यात् किं पुनः सर्वकारिणः[1] ।

रक्तानुलेपसुमनोवसनादिभूषः
सौम्यश्चतुर्भुजमुखो ललितोऽरुणो यः ।
खट्वाङ्गशूलसहितं[2] चिपिटाग्रनासं
ध्यायेत्तमङ्कुशकपालधरं[3] महेशम् ॥५०॥

[4] रक्ता रक्तानुलेपांशुककुसुमधराः स्वेदकम्रा द्विहस्ताः
देव्यस्ताम्बूलमुख्यो मदनमदहृता[5] वल्लकीं वादयन्त्यः ।
तादृग्रूपाश्च दूत्यो रचितकरपुटाः किञ्चिदानम्रवक्त्राः
शर्वाद्यभ्यन्तसंस्था[6] ज्वलदनलशिखाभासुराः शक्तयः स्युः ॥५१॥

सत्त्वरजस्तमोगुणान् दृशा इकारेण न्यसेत् । इं सत्त्वाय नमः । इं रजसे नमः । इं तमसे नमः । इ मायायै नमः । उं विद्यायै नमः । ऊं पद्मायै नमः । पूर्वदक्षिणपश्चिमोत्तरकेसरेषु शक्तिचतुष्टयं पूजयेत् । एं वामायै नमः । ऐं ज्येष्ठायै नमः । ओं रौद्र्यै" नमः । औं उच्छुष्मायै नमः । एवं पीठपूजां कृत्वा, क्ष्मयूं हृदयाय नमः । क्ष्मयूं इत्यावाह्य, भूषान्तं मूलेन संपूज्य परिवारान् पूजयेत् । प्रथमम् अङ्गैर्दिग्दलेषु देव्यः । कोणदलेष्वीशाद्यन्तं सुभगा दुर्भगा करवाला मोहिनीत्येता दूत्यः । रक्तानुलेपसुमन इत्यादि

---

1 सर्वकारिणा । 2 खट्वाङ्गपाश 3 अङ्कुशपलाशकपाल
4 रक्तां रक्तानुलेपां 5 मदमदन 6 सर्वाद्यभ्यन्त

[1]मध्ये शिवः केसरगाः स्वराः स्यु-

र्देव्यः सदूत्यो निजपत्रगाश्च ।

वर्गावृतं यन्त्रमिदं यथावत्

क्लृप्तं[2] करे यस्य स एव धन्यः ॥५२॥

घोषः सदन्तान्तनिशाकरार्धः

प्रसादनामा वरदः शिवोऽयम्[3] ।

अङ्गानि दीर्घा इह मूर्तयोऽन्याः

सद्यावसाना[4] मनुरेष साध्यः ॥५३॥

अस्त्रं विन्यस्य पूर्वं निजकरतलयोः पृष्ठयोश्चापि मूर्तीः[5]

साङ्गं न्यस्येत् कनिष्ठाद्यथ शिवमुदितं व्यापकं पञ्च मूर्तीः[6] ।

मूर्धास्ये हृद्गुह्याङ्घ्रिष्वपि शिरसि हृदोर्ध्वादिवक्त्राणि पञ्च

न्यस्येदङ्गं यथावत् पुनरखिलतनौ व्यापि मूर्धादिमूलम् ॥५४॥

ध्यानम् । मध्ये शिव इति । भूर्जे अष्टदलं पद्ममालिख्य, कर्णिकायां मन्त्रः । तदन्त-जीवादि । दिग्दलेषु देवीबीजानि । कोणेषु दूतीबीजानि । केसरेषु स्वरान् । बहिर्लिप्यावृतं जपादिना साधितं धारयेत् ॥ (३८-५२)

घोष इति । हौं प्रसादमन्त्रः । हां हृदयम् । हीं शिखा । हैं कवचम् । हौं नेत्रत्रयम् । हः अस्त्रम् । वामदेव ऋषिः । पङ्क्तिश्छन्दः । शिवो देवता । अस्त्रमन्त्रेण करशुद्धिं कृत्वा, करमूले मूलेन व्यापकं च कृत्वा, हों ईशाय नमः । हैं

---

1 मध्ये शिरः 2 स आप धन्यः । 3 शिवो यमः ।

4 स योऽवसानः 5 मूर्त्यै 6 मूर्त्यै ।

धर्माद्यैर्हृदयेन पूर्वविधिना योगासने कल्पिते

1 दीप्ते मण्डलशक्तिभिश्च विधिना शम्भुं यथोक्तं यजेत् ।

मूर्त्यङ्गानि यजेद्यथाविधि पुनः पूज्या हृदो विद्यया

विद्येशाः सगणेशलोकपतयः पञ्चाक्षरोक्तिः क्रमात् ॥५५॥

ध्यानार्चनाहोमजपाभिषेकै-

र्नित्यं यथावद्विहितैरनेन ।

तुष्टः शिवो भक्तजनप्रसादी

दृष्टानदृष्टांश्च करोति कामान् ॥५६॥

॥ इति नारयणीये तन्त्रसारसङ्ग्रहे त्रयोविंशः पटलः ॥

तत्पुरुषाय नमः । हुं अघोराय नमः । हीं वामदेवाय नमः । हं सद्योजाताय नमः । कनिष्ठाद्यङ्गुलीषु न्यसेत् । पुनरङ्गानि । पुनर्देहे व्यापकम् । मूर्धास्यहृद्गुह्याङ्घ्रिषु मूर्तयः । पुनरूर्ध्वपूर्वदक्षिणोत्तरपश्चिमवक्त्रेषु मूर्तयः । हृदयबीजेन सह पुनरङ्गानि । ईशानतत्पुरुषाघोरवामदेवसद्योजाताख्यैः प्रथमावृतिः । अङ्गैः द्वितीयावृतिः । पुनरनन्तादयः । पुनरिन्द्रादयः । पुनर्वज्रादयः । (५३-५६)

॥ इति नारायणीयतन्त्रसारसङ्ग्रहव्याख्याने त्रयोविंशः पटलः ॥

---

1 जसे [ज्ञसे]

॥ अथ स्कन्दादिपटलश्चतुर्विंशः ॥

तारं वचन्नाभिजले शिवयोनियुते नमः ।

मन्त्रदेवो गुदः शक्तिः कुक्कुटाब्जाभयाद्दधत् ॥१॥

रक्तो रक्तांशुको मुक्ताप्रचुराकल्पभूषितः ।

कराङ्गन्यासवर्त्तेन[1] कर्णिकायां यजेदमुम् ॥२॥

(म) ओं जयन्ताय नमः[2] । अग्निवेश्याय नमः ।

कृत्तिकापुत्राय नमः । भूतपतये नमः ।

सेनान्ये नमः । गुहाय नमः । हिरण्यशूलाय

नमः । विशालाक्षाय नमः ।

[3]सशक्तिवज्रान् पत्रस्थान् यजेदेतांश्चतुर्भुजान् ।

तारं वचदिति । ओं वचद्भुवे नमः । "मूर्धास्ये हृदये नाभौ गुह्ये पादद्वये न्यसेत् ।" [4] षडक्षराणि ओं वं हृदयम् । ओं चत् शिरः । ओं भुं शिखा । ओं वे कवचम् । न्नः अस्त्रम् । न्म नेत्रत्रयम् । सनत्कुमार ऋषिः ब्रह्मा विश्वामित्रो वा । गायत्री छन्दः , उष्णिग्वा । गुहो देवता । अक्षरलक्षजपः । पुरश्चरणम् । अङ्गैः प्रथमावृतिः । जयन्ताय नमः । कृत्तिकापुत्राय नमः । भूतपतये नमः । सेनान्ये नमः । गुहाय

---

1 न्यासवर्तेन

2 नम इति पदं A कोशे अग्निवेश्ययेत्यादिपदानामनन्तरं नास्ति ।

3 स्वशक्तिवक्रान्

4 षडक्षरान्

(म) ओं देवसेनायै नमः । विद्यायै नमः । मेधायै
नमः । प्रज्ञायै नमः । शक्तये नमः । कुक्कुटाय
नमः । मयूराय नमः । द्विपाय नमः ॥

एते दिक्कोणगाः पूज्या लोकेशान्ते यजेदिति ॥३॥

श्रीरक्षाजयपुत्रायुर्विद्यार्थादीन्[1] ददेद्गुरुः ।
भृगुर्दीर्घाम्बुमान् साक्षात्[2] सान्तमेषं विषं शिरः ॥४॥

नमः स्कन्दो निजाङ्कस्थः किङ्किणीकादिमाञ्छिशुः ।
कम्पयन् कामदं वृक्षं तत्फलैः पतितैर्भुवि ॥५॥

हेमरत्नादिभिः पूर्णमात्मानं भावयन्मनुम्[3] ।
जपेत्तस्याशु वर्धन्ते धनधान्यादिसंपदः ॥६॥

सातिथीगान्तघोषौ द्वौ[4] दण्डिनावं ततस्तयोः ।
नमः पराय[5] गोप्त्रे स्यादेकेनार्घ्यं यजेत्तयोः ॥७॥

नमः । हिरण्यशूलाय नमः । विशालाक्षाय नमः । मेधायै नमः । प्रज्ञायै नमः । शक्तये नमः । कुक्कुटाय नमः । मयूराय नमः । द्विपाय नमः । तृतीयावृतौ पुनरिन्द्रादयः पुनर्वज्रादयः ॥ (१-३)

भृगुरिति । स्वामिन् स्वाहा । नमः स्कन्द इत्यादि । ध्यानम् ॥ (४-६)

सातिथीति ओं धृं नमः पराय । गोप्त्रे ओं हृं नमः । पराय गोप्त्रे रेवन्ताय नमः हृदयम् । महाशास्त्रे शिरः । गोप्त्रे शिखा । प्रभवे कवचम् । दीप्त्रे नेत्रम् ।

---

1 पुत्रार्यवीर्यादीनि 2 साक्षं 3 भावयेत्
4 घोषौ द्वौ दण्डिनावन्तक 5 पदाय

वामे भार्यां प्रभां पुत्रं सत्यकं दक्षिणेऽर्चयेत् ।

(म) ओं घोषपतये नमः । मधुकराय[1] नमः ।

शाम्बालिने नमः । छुरिकायै[2] नमः । खड्गाय

नमः । धनुषे नमः । बाणाय नमः[3] ॥

[4]आद्यांल्लीन् पूजयित्वाग्रे दिक्ष्वङ्गादीन् यजेत् परान् ॥८॥

(म) ओं गोप्त्रे नमः । पिङ्गलाक्षाय नमः ।

[5]वीरसेनाय नमः । शाम्भवाय नमः ।

त्रिनेत्राय नमः । शूलिने नमः । दक्षाय

नमः । भीमरूपाय नमः ॥

एतैः स्वनामभिर्मन्त्रैर्गोप्त्रादीन् पूजयेत् क्रमात् ।

पार्श्वस्थविघ्नं स्कन्दं[6] च शास्तारं पूजयेदिति ॥९॥

प्रशास्त्र अस्त्रम् । रेवन्त ऋषिः । देवी गायत्री छन्दः । शास्ता देवता । वामे प्रभां दक्षिणेऽपत्यकम् । घोषपतये नमः । मधुकराय नमः । शाम्बलिने नमः । देवस्याग्रे छुरिकायै नमः । खड्गाय ममः । धनुषे नमः । बाणाय नमः । चतुर्दिक्षु पुनरङ्गावृतिः । ओं गोप्त्रे नमः । पिङ्गलाक्षाय नमः । वीरसेनाय नमः । शाम्भवाय नमः । द्विनेत्राय नमः । शूलिने नमः । दक्षाय नमः । अभिरूपाय नमः । अष्टदलेषु पुनरिन्द्रादयः पुनर्वज्रादयः ॥ (७-९)

---

1 माधूकराय 2 छुरिकायै [क्षुरिकाय ।]

3 बाणाय नम इति A कोशे नास्ति ।

4 आद्यानिति श्लोकार्धं A पुस्तके न दृश्यते । गोप्त्रे, पिङ्गलाक्षाय इत्यपि तत्पुस्तके नास्ति ।

5 (व) रसेनाय नमः । 6 स्कन्दं वा

शास्तारं मृगयाश्रान्तमश्वारूढं गणावृतम् ।

पानीयार्थं वनादेतं ध्यात्वा मृगयुरूपिणम् ॥१०॥

मध्याह्ने सक्तु दत्वास्मै पुनरञ्जलिना जलम् ।

विकीर्य नवभिर्मन्त्रैस्तद्गणानपि तर्पयेत् ॥११॥

विश्रान्ताय ततस्तस्मै स्वकार्याणि निवेदयेत् ।

प्रीतचेतास्तथेत्युक्त्वा स तु यात इति स्मरेत् ॥१२॥

(म) रेवन्ताय नमः । शास्त्रे नमः । गोप्त्रे नमः ।

प्रभवे नमः । दीप्त्रे नमः । प्रशास्त्रे नमः ॥

[1] पूर्वोक्तबीजमन्त्रावेष्वाद्यं पदविपर्ययात् ।

मूलं पराय गोप्त्राधिपतये हृदयं तथा ॥१३॥

(म) भूतनाथाय विद्महे भवपुत्राय धीमहि तन्नः शास्ता

प्रचोदयात् । शास्तृपारिषदेभ्यो[2] नमः ॥

अथ तर्पणमुच्यते शास्तारमिति । मृगयाश्रान्तमित्याद्युक्तप्रकारेण शास्तारं ध्यात्वा तर्पयेत् । मध्याह्ने सक्तुं च दत्वा, रेवन्तं तर्पयामि । महाशास्तारं तर्पयामि । गोप्तारं तर्पयामि । प्रभुं तर्पयामि । दीप्तारं तर्पयामि । प्रशास्तारं तर्पयामि । हुं नमः पराय गोप्त्रे तर्पयामि । भूतनाथाय विद्महे भवपुत्राय धीमहि तन्नः शास्ता प्रचोदयात् तर्पयामि । शास्तृपारिषदेभ्यस्तर्पयामि । आर्यं तर्पयामि । शास्तारं तर्पयामि । गुहासनं तर्पयामि ।

---

1 पुर्वोक्तबीजेति श्लोकः A कोशे नास्ति ।

2 पार्षदेभ्यः

एभिः साध्यादिभिर्मन्त्रैर्बलिं वास्मै[1] हरेन्निशि[2] ।

(म) नमो[3] भगवते भूतनाथाय शास्त्रे महाशास्त्रे

गोप्त्रे वरदाय स्वाहा ।

इष्टदा वरदा जानि इष्टान्नेन बलिं हरेत् ॥१४॥

(म) महाशास्त्राय नमः । भूताधिपतये नमः । रुद्रसुताय

नमः । पञ्चकेश्वराय नमः । साधवे नमः ।

हरेद्वा[4] दिक्षु मध्ये च मन्त्रैरेभिर्बलिं हरेत्[5] ।

शाबालिनो गणाः सर्वे कोटिकोटिविभाजिताः ॥१५॥

सेनान्यं तर्पयामि । भूतवल्लभं तर्पयामि । रुद्रजं तर्पयामि । लोकपूजितं तर्पयामि । नीलाश्वं तर्पयामि । श्वेतमाताङ्गं तर्पयामि । पीतानुलेपिनं तर्पयामि । कामिनं तर्पयामि । वरदं तर्पयामि । श्यामिनं तर्पयामि । रक्तमालाधरं तर्पयामि । शूरं तर्पयामि । अमायं तर्पयामि । मातृगणप्रियं तर्पयामि । कालवाससं तर्पयामि । गणाध्यक्षं तर्पयामि । खड्गहस्तं तर्पयामि । सहजायं तर्पयामि । जनावेशनं तर्पयामि । साधुं तर्पयामि । संसाररक्षकं तर्पयामि । शास्तृपारिषदेभ्यः सर्वेभ्यो भूतेभ्यस्तर्पयामि ॥ (१०-१४)

अथ रात्रौ बलिं च कुर्यात् । चतुरश्रे स्थण्डिले तं पूजयित्वा, अभीष्टेनान्नेन महाशास्त्रे नमः । मध्ये भूताधिपतये नमः । रुद्रसुताय नमः । साधवे नमः ।

---

1 सार्यादिभिः

2 वासिन्

3 नमो भगवत इति मन्त्रः, इष्टदा इति श्लोकश्च B पुस्तके नास्ति ।

4 हरवा दिक्षु

5 बलिं सदा ।

भवन्तु सहिताः सर्वे तेभ्यस्ताभ्यो नमो नमः ।

(म) नमोऽस्तु भीमवक्त्रेभ्यो[1] विरूपेभ्यो[2] विविधाकृतिभ्यः

स्थिरेभ्यः चलेभ्यः[3] वरदेभ्यश्च[4] निषा ? नमः ।

प्रागणेभ्यो[5] बहुरूपेभ्यो विश्वरूपेभ्यः सद्भ्योऽसद्भ्यः

सदसद्भ्यः सर्वगणेभ्यो नमो नमः ।

दक्षिणगणेभ्य[6] इत्यादि । उदग्गणेभ्य इत्यादि ।

सर्वेभ्यः पिङ्गलेभ्यो महागणेभ्यो घोरेभ्यो[7] मृगयुभ्यो

विनायकेभ्यो मूकेभ्यो बधिरेभ्योऽन्धेभ्यो जडेभ्यः

स्थूलेभ्यः कृशेभ्यो दीर्घेभ्यो ह्रस्वेभ्यः स्त्रीभ्यो

नपुंसकेभ्यः सद्भ्योऽसद्भ्यः सदसद्भ्यः सर्वगणेभ्यो

नमो नमः ।

इष्टैर्बीजादिभिः[8] शास्तुर्बलिं दत्वार्चनक्रमात् ॥१६॥

दिक्षु पुनः "शाम्बालिनो गणाः सर्वे कोटिकोटिविभाजिताः । भवन्तु सहिताः सर्वे तेभ्यस्ताभ्यो नमो नमः" ॥ अष्टदिक्षु नमोऽस्तु । भीमरूपेभ्यो भीमवक्त्रेभ्यो विविधाकृतिभ्यः स्थिरेभ्यश्चपलेभ्यो वरदेभ्यो बहुरूपेभ्यो विरूपेभ्यः सद्भ्योऽसद्भ्यः सदसद्भ्यः सर्वगणेभ्यो नमो नमः । दक्षिणगणेभ्य इत्यादि । पश्चिमगणेभ्य इत्यादि । उदग्गणेभ्य इत्यादि । सर्वेभ्यः पिङ्गलेभ्यो महाशान्तेभ्यो घोरेभ्योऽघोररूपेभ्यो मृगयुभ्यो विनायकेभ्यो बधिरेभ्यो मूकेभ्योऽन्धेभ्यो जडेभ्यः स्थूलेभ्यः कृशेभ्यो दीर्घेभ्यो ह्रस्वेभ्यः स्त्रीभ्यो नपुंसकेभ्यः सद्भ्योऽसद्भ्यः सर्वगणेभ्यो नमो नमः । चतसृषु[9] दिक्षु अग्रे पुनः

---

1 भीमरूपेभ्यः 2 विरूपेभ्य इति B केशे नास्ति । 3 बलाभ्यः
4 वरदेभ्य इति B कोशे नास्ति । 5 प्राणेभ्यः ।
6 एवं दक्षिणपश्चिमोदग्गणेभ्य इत्यादि । सर्वाभ्यः पिङ्गलाभ्यः ।
7 घोररूपेभ्यः 8 हित्वा यथाक्रमम् । 9 चतुर्षु दिक्षु(?)

अन्येषां च बहिर्मन्त्रैरेभिर्निशि बलिं हरेत्[1] ।

पूजया तर्पणेनेष्टो बलिना च गणेश्वर ॥१७॥

शास्ता संसारद्रौस्थित्यं नाशयेत् सर्वकामदः[2] ।

नाभिस्थानात्तदण्डोऽयं[3] भूताधिपतये च हृत् ॥१८॥

शास्तृमन्त्रोऽयमिष्टानि कुर्याद्बलिजपादिना ।

वह्निः सभौतिकस्तोयमाषाढी भगवान्मनुः ॥१९॥

अधस्स्थितं कल्पतरोः शास्तारं वसुदायिनम् ।

ध्यात्वा लक्षं जपेदेतं मन्त्रं चामीकराप्तये ॥२०॥

तारं क्षौं क्षेत्रपालाय हृदाभ्यर्च्याञ्जनासितम् ।

विवृताक्षं महाकायं मूर्ध्नि[4] पिङ्गशिरोरुहम् ॥२१॥

शास्तृपारिषदेभ्यः[5] सर्वेभ्यो नमो नम इति बलिं हरेत् । एवं तर्पणबलिदाने कुर्यात् । ओं नमो भगवते भूतनाथाय शास्त्रे महाशास्त्रे गोप्त्रे वरदाय नमः स्वाहा । अनेन प्राङ्कणे वामदोष्णा बलिहरणाच्छास्ता प्रसीदति । भां भूताधिपतये नमः ॥ (१५-१८)

वह्निरिति । रैवते नमः । ओं ऐरेवते नमः । उपदेशः । शास्तृपञ्चाक्षरी । रै हृदयम् । व शिरः । ते शिखा । न कवचम् । मः अस्त्रं । रैवन्त ऋषिः । पङ्क्तिश्छन्दः । शास्ता देवता । अर्चनादि पूर्ववत् ॥ (१९-२०)

तारमिति । ओं क्षौं क्षेत्रपालाय नमः । अक्षरसहस्रजपः । पुरश्चरणम् । क्षां हृदयम् । क्षीं शिरः । क्षूं शिखा । क्षैं कवचम् । क्षौं नेत्रत्रयम् । क्षः अस्त्रम् । बटुक ऋषिः । गायत्री छन्दः । क्षेत्रपालो देवता ।

---

1 नित्यं बलिं

2 सर्वकामदम् ।

3 नाभिस्सानन्तदपडो भू॥धिपान्ते तये च हत् ।

4 ऊर्ध्वपिङ्ग

5 पार्सदेभ्यः

कपालिनं गदापाणिं सर्पसर्वाङ्गभूषणम् ।

दंष्ट्राकरालवदनं क्षेत्रपालं निरंशुकम्[1] ॥२२॥

(म) एह्येहि[a] दुरु मुरु भञ्ज हन विघ्न महाभैरव क्षेत्रपाल बलिं गृह्ण ठठ ॥

सिद्धेनानेन मन्त्रेण तत्कपाले बलिं हरेत् ।

वामदोष्णाष्टदिक्स्थानामन्येषां चानलादिभिः[2] ॥२३॥

(म) अनलाय[3] ठठ । अग्निकेशाय ठठ । कालाय ठठ । पिशिताशनाय ठठ । महाक्रोधाय ठठ । घण्डारवाय ठठ । पिङ्गलाक्षाय ठठ । ऊर्ध्वकेशाय ठठ ॥

गृहरक्षासमृद्धिश्रीजयान् कुर्यादयं बलिः ।

व्यालम्बोग्रजटाधरं त्रिनयनं नीलाञ्जनाद्रिप्रभं
दोर्द्वन्द्वस्थगदाकपालमरुणस्रग्वस्त्रगन्धोज्ज्वलम् ।
घण्डाशृङ्खलमेखलाध्वनिमिमं हुङ्कारभीमं विभुं
वन्दे मण्डलिताहिकुण्डलधरं तं क्षेत्रपालं सदा ॥

एह्येहि दुरु दुरु मुरु मुरु भञ्ज भञ्ज हन हन विघ्न विघ्न, महाभैरव क्षेत्रपाल बलिं गृह्ण गृह्ण स्वाहा । प्राङ्गणे स्थण्डिले पूजयित्वा, अनेन मन्त्रेण कपाले सकृद्बलिं हरेत् । अनलाय स्वाहा । अग्निकेशाय स्वाहा । करालाय स्वाहा । घण्डारवाय स्वाहा । महाक्रोधाय स्वाहा । पिशिताशनाय स्वाहा । अष्टदिक्षु तद्बहिः । हेतुकाय नमः । त्रिपुरान्तकाय नमः । अग्निवेतालय नमः । अग्निजिह्वाय नमः । कालाय नमः । करालाय नमः । स्कन्दरूपाय नमः । अभिरूपाय नमः । अष्टदिक्षु ॥ (२१-२३)

---

1 क्षेत्रपाल निरङ्कुशम् । a एह्येहि डुवु-मुषु भञ्ज (एह्येहि पिसहा मुरु भञ्ज) । 2 च नखादिभिः । 3 अनलाय स्वाहा । अग्निकेशाय स्वाहा, करालय स्वाहा । घण्टरवाय स्वाहा । महाक्रोधाय स्वाहा । पिशिताशनाय स्वाहा । पिङ्गलाक्षाय स्वाहा ।

कुम्भस्थोऽग्निशिखो[1] मीनः शिवास्त्रान्तनिरोधितः ॥२४॥

(म.) ओं दीप्तफट्[2] । जलफट् । ज्वालिनि फट् ।

तटफट् । हन फट् । सर्वज्वालिनि फट् ।

अङ्गान्येतानि देवोऽस्य[3] दण्डीशो जटिलोऽरुणः ।

शूली परशुकमण्डल्वक्षमाली त्रिलोचनः ॥२५॥

(म.) चण्ड फट् ।

पुष्पैः स्वभुक्तैरेतेन[4] वामदोष्णा समर्चयेत् ।

त्रिलक्षजपसिद्धेन तेन कर्म समाचरेत् ॥२६॥

नदीसैकतगां[5] कृत्वा पुत्तलिं शालिपिष्टजाम्[6] ।

दक्षिणं पादमारभ्य[7] छित्त्वा छित्त्वा तया हुनेत् ॥२७॥

प्रज्वाल्याग्निमपामार्गैरेवं वश्यो भवेद्द्विजः ।

दीप्तवह्नौ चिताकाष्ठैः प्रतिकृत्या तथा हुनेत् ॥२८॥

राजा वशी भवेदेवं वश्यः[8] स्याद्वैश्यशूद्रयोः ।

सतिलैस्तण्डुलैर्हेमकाष्ठाग्नौ जुहुयादरेः ॥२९॥

कुम्भस्थ इति । ऊर्ध्वं फट् । दण्डीशमन्त्रः । ओं दीप्तफट् हृदयम् । ज्वलफट् शिरः । ज्वालिनि फट् शिखा । तटफट् कवचम् । हनफट् नेत्रत्रयम् । सर्वज्वालिनि फट् अस्त्रम् । चण्डकौशिक ऋषिः । बृहती छन्दः । चण्डेश्वरो देवता ।

---

1 दान्तः शनान्तास्त्रनिरोधितः । 2 दीप्ता षट् ज्वालामालिनि फट् ।
3 देवस्य 4 स भुक्तैः 5 नदीः सैकत
6 शालिपिष्टिताम् । 7 पादमाश्रित्य 8 वश्यं स्यात्

उन्मादाय पयोहोमात्तच्छान्तिः खदिरानले ।
मारणं तीक्ष्णतैलेन विषवृक्षानले[1] हुतम् ॥३०॥
प्रियङ्गुवह्नौ तत्पुष्पैः सर्पिषा वा हुताद्भवेत् ।
पुरक्षोभः[2] प्रसूनैस्तद्वर्णैः सप्तदिनं हुनेत् ॥३१॥
लभेत्तद्रुचिवासोऽप्यमृणहा कामदो मनुः ।
खान्तं स्वान्तविषं सबिन्दुसकलं बिन्द्वायुतं[3] केवलं
पञ्चैतानि पृथक् फलं विदधते बीजानि विघ्नेशितुः ।
(म) गणं जयाय ठठ । एकदंष्ट्राय हुं फट् । अचलकर्णिने
नमो नमः । महोदराय नमः । दण्डाय[4] हुं फट् ॥
तेषां तुल्यमिहाङ्गपञ्चकमिदं[5] षड्लक्षजाप्येन यत्
बीजं सिध्यति कामदं गणपतेस्तेनार्चयेत्[6] कर्णिके ॥३२॥
(म) ओं गणाधिपतये नमः । गणेश्वराय[7] नमः ।
गणनायकाय नमः । गणक्रीडाय नमः ।

त्रिलक्षजपः । पुरश्चरणम् । ओं चण्डफट् । स्वभुक्तैः स्वात्मन्याराधितैः तमर्चयेदनेन मन्त्रेण ॥ (२४-३१)

स्वान्तमिति । गं ग्लुं गः । गौं गः । इति पञ्च बीजानि । सामान्यं चाङ्गम् । गणं जयाय स्वाहा हृदयम् । एकदंष्ट्राय हुं फट् । स्वाहा शिरः । अचलकर्णिने नमो नमः । स्वाहा शिखा । गजवक्त्राय नमो नमः । स्वाहा कवचम् । महोदराय दण्डाय हुं फट् स्वाहा अस्त्रम् । गणक ऋषिः । निचृद्गायत्री छन्दः । गणपतिर्देवता । षड्लक्षजपात्

---

1 वृषवृक्षानले 2 परक्षोभः 3 विन्दौ युतं
4 भण्डाय हुं 5 इदं दंष्ट्राय मल्हेक्ष 6 गणपतिं
7 गणेश्वरायेति A कोशे नास्ति ।

मूर्तीरेता दिग्दलेष्वर्चयित्वा कार्या पत्रेष्वङ्गपूजा यथावत् ।

(म) वक्रतुण्डाय नमः । एकदंष्ट्राय नमः । महोदराय

नमः । गजवक्त्राय नमः । लम्बोदराय नमः ।

विकटाय नमः ॥ विघ्नराजाय नमः ।

धूम्रवर्णाय नमः ॥

एते पूज्या दिग्विदिक्ष्वेवमिष्ट्वा लोकाशान्तं दर्शयेत्तस्य मुद्राम् ॥३३॥

मध्येऽनामा[1] निर्गताङ्गुष्ठकाग्रा मुष्टिर्मुद्रा तस्य चाधस्त्यमध्या[2] ।

होमोपेतोऽसौ[3] चतुर्थ्यामवश्यं यागः कार्यस्तस्य सर्वार्थसिद्ध्यै ॥३४॥

ध्यायेत् स्वैक्येन देवं बृहदुदरतनुं तं चतुर्बाहुमेकं (?)

दन्तं पाशाङ्कुशाभ्यां गजमुखमरुणं दन्तभक्ष्ये दधानम् ।

साध्यं पाशाङ्कुशाभ्यामिह विधिवदुपानीय तस्योपरिस्थो

वश्याकाङ्क्षी जपेत्तं सपदि विधिरयं हन्ति रुष्टस्य रोषम् ॥३५॥

सिद्धिः । गणाधिपतये नमः । गणेश्वराय नमः । गणनायकाय नमः । गणक्रीडाय नमः । दिग्दलेषु दलेषु पुनरङ्गानि । वक्रतुण्डाय नमः । एकदंष्ट्राय नमः । महोदराय नमः । गजवक्त्राय नमः । लम्बोदराय नमः । विकटाय नमः । विघ्नराजाय नमः । धूम्रवर्णाय नमः । अष्टदिक्षु पुनरिन्द्रादयः । पुनर्वज्रादयः ॥ (३२-३४)

ध्यायेदित्यादिना ध्यानम् । विधिवदिति । पाशेन कण्ठे बद्ध्वा, अङ्कुशेन ललाटे संविध्य,

---

1 मध्या तर्जा

2 अथास्तु मध्यम् ।

3 होमेपेतो

दन्तेनारुणचन्दनेन च कृतं श्वेतार्कमूलेन वा

निम्बेनेभहतेन वा गणपतिं स्पृष्ट्वोपवासान्वितः ।

शीतांशुग्रहणे[1] सदा जपत[2] तद्बीजं शिखायां धृतं

कुर्यात् स व्यवहारवादसमरेषूच्चैर्जयं च श्रियम् ॥३६॥

वश्यं चिताभस्म शिरोविकीर्णं

ललाम गोरोचनया कृतं च ।

आज्याब्जसूत्रेण मषी[3]कृतार्क-

तूलाज्यकालक्तयुजा च वश्यम् ॥३७॥

राज्ञः सुरामांस[4]हुतेन पत्नी

वश्या[5] हुतैः कृष्णतिलैरमात्यः ।

वेश्याङ्गना तण्डुललोणहोमात्

कन्या हुतैर्मातुलजैश्च पुष्पैः ॥३८॥

दधिमध्वाज्यनिषिक्तैर्मार्गसमिद्भिः कृतं हुतं वश्यम् ।

यत्किञ्चिद्भक्ष्यहुताद्वशगाः स्युः प्राणिनः सर्वे ॥३९॥

स्वान्तिकमानीय। ललामं=തൊടുകുറി । नवनीतेति । गकारद्वयं व्यत्यस्तमुखं लिखित्वा, तदन्तः ह्रींकारं, तदन्तर्जीवाख्यादि । बीजयुगस्य बहिः त्रिकोणं, कोणेषु तद्बीजम्, त्रिकोणस्य बहिः गणपतिबीजेन मालावद्वेष्टयेत् । एवं लिखित्वा, प्राणप्रतिष्ठामन्त्र-

---

1 शीतांशूग्रगणे 2 जपतु

3 मषीकृतामुलज्याक्तकालक्तादवश्यम् ।

4 मांसहतेन 5 वश्या भवेत्

नवनीते बीजयुगं व्यत्यस्तमुखं लिखेत् स्वसाध्याख्यम्[1] ।
वश्यं स्यात्तद्भुक्तं कार्योऽयं विधिरपूपे वा ॥४०॥
कर्मभिरुक्तैर्भजते यस्तज्जपतर्पणादिभिर्नित्यम्[2] ।
विघ्नाः[3] संक्षीयन्ते वर्धन्ते संपदश्चास्य ॥४१॥

मुक्तोष्ठदन्तौ[4] तु मघौ महेन्द्रः
स दीर्घवेधा रसमिन्द्रयुग्मम् ।
एतस्य वैघ्नस्य मनोः समस्तं
पूर्वोक्तवत् कर्मफलं च विद्यात्[5] ॥४२॥

घोषो[6] भृगुः साषढिट्टक्[7] पिशाची
मांसं सदक्खे[8] शिर एष मन्त्रः ।
उच्छिष्टविघ्नेश इति प्रतीत-
स्तत्कर्म कुर्यादशुचिर्जपादीन् ॥४३॥

मष्टोत्तरशतं जपेत् । चतुश्चत्वारिंशद्वारं मालामन्त्रं जपेत् । चतुर्वारमृचं जपेत् । रात्रौ मध्यमे यामे एतत् कर्म कुर्याद्वश्यम् । [9]मुक्तोष्ठदन्ताविति । मेघोल्काय स्वाहा । विघ्नेश मन्त्रः ॥ (३५-४२)

घोषो भृगुरिति । हस्तिपिशाचिलिखे स्वाहा । हस्तिर्हृदयम् । पिशाची शिरः ।

1 ससाध्याख्यम् । 2 तज्जलतर्पणादि 3 विघ्नानि
4 युक्तौष्ठदन्तौ 5 सिध्येत् । 6 योषो भृगुः
7 साषढिमत् 8 मांसासदक्खे 9 युक्तोष्ठदन्ताविति ।

साध्याख्या[1] मनुपत्रहृत्प्रतिवपुः कृत्वा मधूच्छिष्टजं
भूमिस्थं खदिरानले तदुपरि क्षिप्ते हुतं वश्यकृत् ।
मन्त्रं नामविगर्भितं जपतु तद्भूर्जे तथा धारयेत्
सप्ताहं नरसर्पिषा निशि हुनेद्वश्यं[2] विदुस्तत् त्रयम् ॥४४॥

तत्सप्तजप्तं तिलजानुलेपं नेत्राञ्जनं वा भुवि वश्यमुत्तमम् ।
उच्चाटनायास्थि कपेः खनेद्गृहे क्षेत्रे तथा सस्यविनाशनाय च ॥४५॥

॥ इति नारायणीये तन्त्रसारसङ्ग्रहे चतुर्विंशः पटलः ॥

ल्खे शिखा । स्वाहा कवचम् । सं हः अस्त्रम् । किङ्किन्ध ऋषिः । विराट् छन्दः । उच्छिष्टगणपतिर्देवता ॥ (४३-४५)

पाशाङ्कुशाढ्यो ह्यरुणश्च नग्नो
ध्येयो निजाङ्गैः सहितो गणेशः ॥

॥ इति नारायणीयतन्त्रसारसङ्ग्रहव्याख्याने चतुर्विंशः पटलः ॥

---

1 पत्रभूक् प्रतिवरं 2 हुनेद्भूस्यं

॥ अथ मार्ताण्डभैरवादिपटलः पञ्चविंशः ॥

घोषोऽसृक्प्राणमन्वर्घी[1] दण्डी मार्ताण्डभैरवः ।
धर्मार्थिकाममोक्षाणां कर्ता बिम्बपुटीकृतः[2] ॥१॥

(म)[3] मिह मिह्न टि । सूर्याय
भास्कराय भानवे रवये दिवाकराय नमः ।

ह्रस्वाः स्युर्मूर्तयः[4] पञ्च प्रांशवोऽङ्गानि[5] तस्य च ।
पादं[6] द्वितीयं तेजोदृग्दण्डी बिम्ब इति स्मृतः[7] ॥२॥

संमृज्य[8] हस्तौ वस्त्रेण शोध्ये पृष्ठतले तयोः ।
अङ्गुष्ठादौ न्यसेन्मूर्तीर्मध्यमाद्यनुजान्ततः ॥३॥

अङ्गानि न्यस्य मूलेन व्यापी सृष्ट्या न्यसेत्तनौ ।
पञ्च मूर्तीः[9] शिरोवक्त्रहृद्गुह्याङ्घ्रिषु विन्यसेत् ॥४॥

घोषोऽसृगिति । ह्रौं ह्रां हृदयम् । ह्रीं शिरः । ह्रूं शिखा । ह्रैं कवचम् । ह्रौं नेत्रत्रयम् । ह्रः अस्त्रम् । ह्रीं ह्रौं । एवमुत्कृष्टतरः । ह्रं ठ्रं सूर्याय नमः । ह्रीं भास्कराय नमः । ह्रूं भानवे नमः । ह्रैं रवये नमः । ह्रौं दिवाकराय नमः । करयोरङ्गानि न्यसेत् । तले नेत्रं च देहे व्यापकं कृत्वा, शिरोवक्त्रहृद्गुह्याङ्घ्रिषु पञ्च मूर्तीर्न्यसेत् । पुनर्नेत्रान्तमङ्गानि न्यस्य पीठकल्पनायाः ।

---

1 प्राणमन्वर्पी 2 पुटीकृते । 3 मिह इति मन्त्रोऽयं B कोशे नास्ति ।
4 प्रस्वाः स्युः 5 प्रांशवो गागिं 6 शीतस्य च वा तद्विनयं तेजो दृग्दण्डी
7 बिम्बमिति स्मृतम् । 8 संपूज्य 9 पञ्च मूर्तिः

अङ्गानि[1] न्यस्य नेत्रान्तं साक्षाद्देवो भवेत् स्वयम् ।
संकल्प्य विधिवत् पीठं दीप्तादिनवशक्तिमत् ॥५॥
न्यस्येदुषां प्रभां सन्ध्यां प्रज्ञां दिक्ष्वब्जकर्णिके ।
दण्डी दीर्घस्वनामादिवर्णैरावाहयेत्ततः ॥६॥
सिन्दूरारुणमीशानं वामार्धदयितं रविम् ।
पाशाङ्कुशधरं देवं साक्षमालं कपालिनम् ॥७॥
खड्गाङ्गाब्जारिशक्तींश्च[2] दधानं चतुराननम् ।
हृत्पद्मस्थमुदाराङ्गं स्मेरवक्त्रं ग्रहैर्वृतम् ॥८॥
अष्टबाहुं द्विषट्काक्षं पद्मस्थं[3] रविमण्डले ।
यजेद्यथोपचारं तं बिम्बेन हृदयेन च ॥९॥
अर्घ्यं च विधिवद्दद्यान्मूलेन तपनोदये ।
सूर्यं च भास्करं भानुं रविं दिक्षु दिवाकरम् ॥१०॥
विदिक्षु च यजेद्देताः[4] पूर्वोक्ताः पञ्च मूर्तयः ।
यजेद्यथावदङ्गानि नेत्रमीशानगोचरे ॥११॥

दीप्ता सूक्ष्मा जया भद्रा द्विभूतिर्विमला तथा ।
अमोघा विद्युता चेति नवमी सर्वतोमुखी ॥

इति नव शक्तयः । उं उषायै नमः । प्रां प्रभायै नमः । सं सन्ध्यायै नमः । प्रां प्रज्ञायै नमः । कर्णिकायां चतसृषु[5] दिक्षु एवं पूजां कृत्वा, तस्मिन् पीठे आवाह्य, हृदयेन सह बिम्बमन्त्रेणोपचारान् कल्पयेत् ।

---

1 मूर्त्यन्तं 2 शक्तीति 3 पद्मस्थे 4 यजेद्देतैः 5 चतुर्षु दिक्षु (?)

शुक्रः कुजो बुधो राहुर्गुरुर्मन्दः शशी ध्वजः ।

एतेऽर्चनीयाः पूर्वादिपूर्वपत्रेऽरुणं यजेत् ॥८२॥

दण्डिना स्वादिवर्णेन[1] पुनः स्यादायुधार्चनम् ।

अर्ध्यप्रदानमेवं[2] तं यजेन्मार्ताण्डभैरवम् ॥१३॥

आरोग्यमायुः श्रीर्विद्या कान्तिः पुष्टिर्धनं यशः ।

सौभाग्यं शक्तिरैश्वर्यं रक्षा मेधा वचो द्युतिः ॥१४॥

सिध्यन्त्येवंविधाः कामा मन्त्रस्यास्य प्रभावतः ।

महामांसमहातैलतिलैर्व्याघातपूर्वकैः ॥१५॥

सूर्यं च भास्करं भानुं रविं दिक्षु दिवाकरम् ।
विदिक्षु च यजेदेताः पूर्वोक्ताः पञ्च मूर्तयः ॥

पुनरङ्गावृतिः । ईशो नेत्रम् ।

"शुक्रः कुजो बुधो राहुर्गुरुर्मन्दः शशी ध्वजः ।
एतेऽर्चतीयाः पूर्वादिपूर्वपत्रेऽरुणं जपेत् ॥"

दण्डिना खादिवर्णेन सह पुनरायुधार्चनम् । पाशाय नमः । अङ्कुशाय नमः । अक्षमालायै नमः । चक्राय नमः । शक्तये नमः । अष्टदिक्षु पुनरिन्द्रादयः । पुनर्वज्रादयः ।

"सिन्दूरारुणमष्टबाहुमरुणैराकल्पकैर्भास्वरं
वामार्धाङ्गनिवेशितस्वदयितं त्र्यक्षैश्चतुर्वक्त्रकैः ।
सत्पाशाङ्कुशमक्षसूत्रममलं युक्तं कपालं क्रमात्
खङ्गाङ्गे जलजं दधानमथ तच्चक्रं च शक्तिं स्मरेत् ॥"

---

2 यादिवर्णेन 3 अर्घ्यप्रधानमेवं

अनेन लक्षहोमेन निधिर्गुप्तोऽपि लभ्यते ।

व्रीहिसर्पिर्बिल्वतिलैर्लक्षहोमाल्लभेन्निधिम् (?) ॥१६॥

गन्धाश्मेभगदं पङ्कं कृकवाकुशिरोरुहम् ।

मृतचीरवसाहस्तिच्छत्रं[1] मूलं सितार्कजम् ॥१७॥

वर्तिरेतैः[2] कृता गुप्तं विधानं दर्शयेद्भुवि ।

एकपादेन तिष्ठन्तो यत्र ध्यायन्ति पक्षिणः ॥१८॥

पादाहता[3] ध्वनेद्भूर्वा भौमेयं तत्र निर्दिशेत् ।

अप्ररोहस्य वृक्षस्य प्ररोहाश्च तद्भवेत् ॥१९॥

अन्यैश्च लक्षणैर्विद्वान् शास्त्रान्तरविकल्पितैः ।

ज्ञात्वा विधानमेतेन विधिना तत् समुद्धरेत् ॥२०॥

ज्ञानमात्रे धने मन्त्री लाजैः समधुरत्रिकैः ।

हुत्वा[4] पञ्च सहस्राणि सुखं तद्द्रव्यमुद्धरेत् ॥२१॥

एवं संपूज्य, रवेरुदयेऽर्घ्यं प्रदद्यात् । महामांसं=नरमांसम् । महातैलं=नरतैलम् । पूर्वकैरेवमादिभिः । गन्धाश्म=गन्धपाषाणम् । कृकवाकुशिरोरुहम्=പൂവൻകോഴിയുടെ പൂവ് (ആൺകോഴിക്കട്ടമ । मृतचीरवसा = ശവപ്പുടവയുടെ കര । अथवा तद्वस्त्रं तद्वसा च । हस्तिच्छत्रं = ആനപ്പിണ്ടിയിൽ മുളച്ചകുൻ । निधानं=निधिः । एकपादेन = ഒരു കാലിന്മേൽ നിന്ന് । ध्यायन्ति = ध्यायन्तीव । भौमेयं विधिः । अप्ररोहस्य = വിട്ടുവേരില്ലാത്തവററിന്റെ (?) । प्ररोहः = വിട്ടുവേർ (?) । विकल्पितैः अनेनैव अनेनैवेति ॥ (१-२१)

---

1 मृतोच्चिरवसाहस्तिच्छत्रमेलं सिनाकुजम् ।

2 वर्तिरेकैकता गुप्त

3 पादाहतात् ध्वनिरुर्वो

4 हुनेत् पञ्च

45

अनेनैव हि सिध्यन्ति खिलखड्गादिसिद्धयः[1] ।
सदीर्घाग्निवियद्दण्डी हृल्लेखा सकलो भृगुः ॥२२॥
(म) ह्रं अर्काय भूर्भुवः स्वरे ज्वालिनि हूं[2] ह्रः ह्रां ॥
प्रयोजनादितिलकः साक्षान्ताङ्गः[3] स्मृतो मनुः ।
पद्मासनोऽरुणो रक्तवस्त्रः स्वद्युतिबिम्बगः[4] ॥२३॥
उदारः[5] पद्मदृग्दोर्भ्यां सौम्यः सर्वाङ्गभूषितः ।
रक्ता हृदादयः सौम्या वरदाः पद्मधारिणः ॥२४॥
विद्युत्पिङ्गनिभं[6] त्वस्त्रमुग्रदंष्ट्रं भयापहम् ।
श्वेतः सोमोऽरुणाङ्गारः शुद्धकांस्यनिभो बुधः ॥२५॥
पीतो बृहस्पतिः शुक्रः शुक्लो नीलश्शनैश्चरः ।
कृष्णाङ्गारनिभो राहुर्धूम्रः केतुरुदाहृतः ॥२६॥
वामोरुन्यस्ततद्धस्ता[7] दक्षहस्ताभयप्रदाः ।
स्ववर्णवस्त्राद्या दण्डिस्वनामाद्यर्णबीजकाः ॥२७॥

सदीर्घाग्निवियदिति । ह्रां ह्रीं सः । प्रयोजनादिति । लकनामा मन्त्रः । ह्रं अर्काय हृदयम् । भूर्भुवः स्वरे शिरः । ज्वालिनि शिखा । हूं कवचम् । ह्रः अस्त्रम् । ह्रां नेत्राभ्याम् । पद्मासन इत्यारभ्य अर्धकायः । कृताञ्जलिरित्यन्तेन तत्प्रतिपत्तिरुच्यते । पूर्वान्ताङ्गुष्ठतर्जनी=अङ्गुष्ठादितर्जन्यन्तम् । बीजैस्त्रिभिरिति एकैकबीजेन एकैकं प्राणायामं कुर्यादित्यर्थः ॥ पूर्वं पीठपूजां कृत्वा देवं पूजयेत् । पीठपूजाप्रकारः—ह्रं अर्काय

---

1 बिलखड्गादि
2 ज्वालिनि हुं रत् भा ।
3 स्वाक्षान्ताङ्गः स्मृतो
4 सुद्विितिबिम्बकम् ।
5 उदारपद्मधृक्
6 उग्रदंष्ट्रभयावहम् ।
7 तदवस्था

ग्रहाः सर्वे शनिर्दंष्ट्री राहुस्तु विकृताननः ।

आताम्रनेत्रो रक्तभ्रूरर्धकायः कृताञ्जलिः ॥२८॥

अस्त्रेण हस्तौ संशोध्य पूर्वान्ताङ्गुष्ठतर्जनी[1] ।

न्यस्याङ्गुलीषु पञ्चाङ्गं लोचनं तलयोर्न्यसेत् ॥२९॥

मूलं[2] च व्यापकं बीजैस्त्रिभिः प्राणान् समायमेत् ।

व्यापकं न्यस्य मूर्धादि मूलमङ्गानि कल्पयेत् ॥३०॥

प्रक्षाल्य पात्रमन्त्रेण मूलेनापूर्य वारिणा ।

गन्धपुष्पाक्षतान्न्यस्य[3] दूर्वाग्रन्थिं च मन्त्रयेत् ॥३१॥

आत्मानं[4] तेन संप्रोक्ष्य पूजाद्रव्यं च तद्भुवम् ।

प्रभूतं विमलं सारमाराध्यं परमं सुखम् ॥३२॥

पीठाङ्घ्रीन् कल्पयेदेतान् हृदा मध्ये विदिक्षु च ।

पीठोपरि हृदाब्जं च केसरेष्वष्टशक्तयः ॥३३॥

दीप्ता सूक्ष्मा जया भद्रा विभूतिर्विमला तथा ।

अमोघा विद्युता चेति मध्येऽर्च्या सर्वतोमुखी ॥३४॥

प्रभूताय नमः । ह्रूं अर्काय विमलाय नमः । ह्रैं अर्काय साराय नमः । ह्रैं अर्कायाराध्याय नमः । ह्रः अर्काय परमसुखाय नमः । मध्ये कोणेषु आधारशक्त्यै नमः । अनन्ताय नमः । पृथिव्यै नमः । धर्माय नमः । ज्ञानाय नमः । वैराग्याय नमः । ऐश्वर्याय नमः ।

---

1 पूर्वोर्ध्वाङ्गुष्ठ

2 मूले च

3 पुष्पाक्षतं न्यस्य

4 आत्मानन्देन संप्रोक्ष्य

(म) रां रीं रूं रें रैं रों रौं रं रः ।

बीजान्येतानि शक्तीनां पीठमेवं कृतं यजेत् ।
आवाह्योपहृदा सूर्यं स्थापयेत् कर्णिकोपरि ॥३५॥
दद्यात्तेनैव पाद्यादि सर्वं यावद्विसर्जनम् ।
स्वकान्तौ दण्डिनौ चण्डौ मज्जादशनसंयुतौ[1] ॥३६॥
मांस दीर्घाभिपाख्यायुरेतत्तस्योपहृद्विदुः ।
एतच्च साधयेत् कामानभिषेकजपादिना ॥३७॥
वह्नीन्द्ररक्षोमरुतां[2] दिक्षु पूज्या हृदादयः ।
स्वमन्त्रैः कर्णिकान्तस्था दिक्ष्वस्त्रं पुरतश्च दृक् ॥३८॥
पूर्वादिदिक्षु संपूज्याश्चन्द्रज्ञगुरुभार्गवाः ।
आग्नेयादिषु कोणेषु कुजमन्दाहिकेतवः ॥३९॥
स्नात्वा विधिवदादित्यमाराध्यार्घ्यपुरस्सरम् ।
हुतान्तमैशे निर्माल्यं तेजश्चण्डाय दीयताम् ॥४०॥

अधर्माय नमः । अज्ञानाय नमः । अवैराग्याय नमः । अनैश्वर्याय नमः । अनन्ताय नमः । हृं अर्काय नमः । पद्माय नमः । ओं रां दीप्तायै नमः । रीं सूक्ष्मायै नमः । रूं जयायै नमः । रें भद्रायै नमः । रैं विभूत्यै नमः । रों विमलायै नमः । रौं अमोघायै नमः । रं वैद्यु-

---

1 मज्जादर्शानसंयुता ।

2 वह्नीशरक्षौ मरुता

[1] प्रस्थोद्वहं त्रिकावैकं पात्रं ताम्रमयं शुभम् ।
संपूर्य गन्धतोयेन रोचनादि[2] च विन्यसेत् ॥४१॥
रोचनाकुङ्कुमाश्चारिरक्तगन्धकुशाक्षताः ।
वेणुबीजयवाः शालिश्यामाकतिलराजिकाः ॥४२॥
[3] जपापुष्पान्विता एते ग्राह्याः सौरेण संभवाः ।
जप्त्वार्घ्यं किञ्चिदाराध्य सूर्यं च स्मृतिपूर्वकम् ॥४३॥
उत्थाप्यैतच्छिरो यावज्जानु[4] स्पृष्टमहीतलः ।
दद्यादर्घ्यं दिनेशाय साधकः सर्वसिद्धये ॥४४॥
स्वविद्यामन्त्रितैः कुम्भैरर्चनाक्रमकल्पितैः ।
नवभिः स्थापयेत् साध्यं ग्रहशान्त्यादिसिद्धये ॥४५॥
यः सूर्यं भजते भक्त्या मन्त्रेणानेन नित्यशः ।
दीक्षितो मुनिपर्यन्तं[5] सर्वमिष्टं स साधयेत् ॥४६॥
संग्रामविजयं साग्निवियद्दौ षष्ठबिन्दुमत् ।
[6] तस्य मूर्धादिपादान्तमूलं प्रसृतमुद्रया ॥४७॥

तायै नमः । रः सर्वसिद्धिदायै नमः । एवं पीठपूजा । तस्मिन् पीठे देवमावाहयेदनेन । हं खं खं खषोल्काय नमः । उपह्नन्मन्त्रः । उपचारांश्चानेन दद्यात् । ' अग्नीशरक्षोमरुतां दिक्षु पूज्या हृदादयः ।' पुरतो नेत्रम् । पूर्वादिदिक्षु चन्द्रादयः । कोणेषु कुजादयः । पुनरिन्द्रादयः । पुनर्वज्रादयः ॥ (२२-४६)

संग्रामविजयमिति । ह्रौं संग्रामविजयमन्त्रः । ह्रां हृदयम् । ह्रीं शिरः । ह्रूं शिखा । ह्रैं कवचम् । ह्रौं नेत्रत्रयम् । ह्रः अस्त्रम् । ह्रं खषोल्काय । ह्रां अर्काय ।

---

1 प्रस्थद्वयं त्रितं वैकं 2 रोचनादींश्च 3 जला पुष्पान्विता
4 जानुपृष्ठ 5 मुक्तिपर्यन्तः 6 न्यस्य मूर्धादिपादान्तं

अङ्गानि च यथान्यायमात्मानं भावयेद्रविम् ।

ध्यानं वश्येऽरुणं स्तम्भे पीतमाप्यायते सितम् ॥४८॥

अभिचारविधौ कृष्णं मोहने शक्रचापवत् ।

योऽभिषेकजपध्यानपूजहोमपरः सदा ॥४९॥

तेजस्वी सुभगः श्रीमान् स युद्धादौ जयं लभेत् (? ।

ताम्बूलादाविदं न्यस्य जप्त्वा[1] दद्याद्वशीकरम् ॥५०॥

न्यस्तबीजेन हस्तेन स्पर्शनं वश्यकृद्विदुः ।

भवेल्लोकप्रियो देही तत् सदा मनसा स्मरन् ॥५१॥

इत्याद्यङ्गानि । याज्ञवल्क्य ऋषिः । गायत्री छन्दः । सविता देवता । प्रयोजनतिलकवत्पूजा । चतुरश्रं त्रिमेखलं कुण्डं हस्तमानेन कृत्वा, अग्निजननमग्निमुखं च कृत्वा, परिस्थापनां पूर्वं दक्षिणभागे कलशं पूरयित्वा, आकृष्णेनेत्यनेन सहस्रमर्कसमिधो हुनेत् । तावज्जप्तेन तेन कलशेन ग्रस्तमभिषेचयेच्च । धेनुर्दक्षिणा । एवं कृते [2] सूर्यबाधाया विमुच्यते । एवं तस्मिन्नभावेव एकैकदिनमन्येषां ग्रहाणां तत्तत्समिद्भिर्होमं कुर्यात् । सोमाङ्गारकबुधबृहस्पतिशुक्रशनैश्चरराहुकेतवो ग्रहाः ।

"अर्कः पलाशखदिरावपामार्गोऽथ पिप्पलः ।
उदुम्बरशमीदूर्वाकुशाश्च समिधः क्रमात् ॥"

"धेनुः शङ्खस्तथानड्वान् काञ्चनं वा सखी हयः ।
कृष्णागौरायसश्छाग एता वै दक्षिणाः स्मृताः ॥"

आकृष्णेन, आप्यायस्व, अग्निमूर्धा दिवः । उद्बुध्यस्व, बृहस्पते अतियत, । शुक्रं ते अन्यद्यजनम् । शन्नो देवीरभिष्टये । कया निश्चित्र आभुवत् । केतुं [3]कृण्वन्न केतवे । नवग्रहाणां मन्त्राः । स्वविद्याब्दोक्ताः । एवं कृते ग्रहाणां वैषम्यं नश्यति ॥ (४७-५१)

---

1 जपन् 2 सूर्यबाधात् (?) 3 कृण्वन्नकेतये

[1] [2]
ब्रह्मान्तो दण्डिनी मज्जा कान्तान्तं कामठद्वयम् ।

(म) शुष्करूपाय ठठ । शुष्मतेजसे ठठ ।

शुष्मकाराय ठठ । शुष्मबलाय ठठ । शुष्म हुं फट् ठठ ॥

एष सूर्यमनुः साङ्गः कथितः सर्वसिद्धिदः ॥५२॥

अनेन बहुभिः प्राप्ताः खेचरत्वादिसिद्धयः ।

का कथा तस्य मन्त्रस्य धनारोग्यादिसाधने ॥५३॥

[3]
रक्तगन्धान्वितैरिष्टैर्घृणिजप्तैर्घटोदकैः ।

हस्तेऽर्कवारे सप्तम्यां प्लावयेत् सर्वसिद्धये ॥५४॥

[a]
(म) उत्तिष्ठ पुरुष हरि पिङ्गलदेहि दापय ठठ ॥

कृत्तिकायां प्रतिपदि नित्यं वा शालिभिर्हुनेत् ।

शमीसमिद्भिरन्नेन सदन्ना वा धनेच्छया ॥५५॥

ब्रह्मान्त इति । ओं खषोक्ताय स्वाहा । शुष्सरूपाय हृदयम् । शुष्मतेजसे शिरः । शुष्मकराय शिखा । शुष्मबलाय कवचम् । शुष्म हुं फट् अस्त्रम् । ओं घृणिः सूर्य आदित्यः । घृणिमन्त्रः ॥ (५२-५४)

उत्तिष्ठेति । उत्तिष्ठ पुरुष हरिपिङ्गलदेहि ददापय स्वाहा । कृत्तिकायां प्रतिपदि शाल्यादिभिर्द्रव्यैः हुतात् समृद्धिः । ज्योतिष्कं-൦൨൭൪൬൩ मलक्षयः=पाप्मक्षयः ।

---

1 दान्तेनी 2 मज्जा णा अण्णा

3 रक्तगन्धा सितैरिष्टै

a उत्तिष्ठ पुष्टखषि षिङ्गसडे विड्डा वश ठठ । [उत्तिष्ठ पुरुष हरि....
लोहितपिङ्गलाक्ष देहि]

सिध्येदाज्यहुतादिष्टं[1] ग्रामं पद्महुताल्लभेत् (?) ।
ज्योतिष्कतैलहोमेन[2] धनधान्यजयावहः ॥५६॥
वायसस्य[3] बृहत्पिण्डं परराज्यं जयेन्नृपः ।
मेषीघृताक्तमांसैरप्यश्वत्थसमिधो[4] हुनेत् ॥५७॥
इष्टकन्याप्तये सर्पिर्हुतेन[5] स्यान्मलक्षयः ।
घृतान्नहोमोऽन्नेन श्रीधनधान्यजयावहः ॥५८॥
पायसस्य बृहत्पिण्डं तुरगाग्निमुखे हुनेत् ।
[6]सौवर्णाश्वत्थकल्पद्रुमकुहरमुखे ताडनान्निष्पतन्तं[7]
तज्ज्वालादीप्तवक्त्रं धृततुरगतनुं[8] रोमकूपोद्गमाभिः ।
वर्षन्तं रन्ध्रदेशैर्धनमभिलषितं पावकं सुप्रधानं
ध्यायन्नग्रे धनाय प्रतिपदि जुहुयात्तन्मुखे वायसे वा ॥५९॥

तुरगाग्निमुखे= तुरगरूपस्य अग्नेर्मुखे । तुरगः= अश्वः । शिखी=अग्निः । रिक्तातमः= दारिद्र्यदोषः । अजीर्तिः=अजीर्णम् vide ॥ (५५-६०)

---

1 वर्महुतात्
2 'धनधान्यजयावहः । वायसस्य बृहत्पिण्डम् ' इति B कोशे नास्ति ।
3 पायसस्य
4 मेषीघृताक्तामासेकमश्वत्थं
5 स्वात्मलक्षणः ।
6 सौवर्णाश्वत्थेतिपद्यं B कोशे न दृश्यते ।
7 ताडरात्
8 धृतदुरग

एकाहुत्या शिखी तुष्टो नाशयेद्रिक्ततातमः[1] ।
आरोग्यकामस्तज्जप्ता आहारान्[2] भक्षयेत सदा ॥६०॥
आजीर्तिर्नश्यति[3] क्षिप्रं तज्जप्तोदकपानतः ।

(म.) चितिपिङ्गलदल[4] दह पच सर्वज्ञ

आज्ञापयति ठठ ॥

प्रक्षिप्याग्निं स्वबीजेन[5] दीपयेन्मनुनामुना ॥६१॥
अग्निं प्रज्वलितं वन्दे जातवेदो[6]हुताशनम् ।
सुवर्णवर्णममलं समिद्धं विश्वतोमुखम् ॥६२॥
कुर्यात सन्निहितस्याग्नेरुपस्थानमनेन च ।

(म.) अग्नये नमः । वैश्वानराय नमः । जातवेदसे नमः ।
हुताशनाय नमः । हुतवर्त्मने[7] नमः । हुतवहाय नमः ।

अथ होमविधिः । चिदिति । इषुमात्रे स्थण्डिले केनापि शकलेन त्रिकोणं कृत्वा, तन्मध्ये रं बीजं विलिख्य, शकलं निरस्य, अप उपस्पृश्य, रं बीजेन अग्निं निक्षिप्य, चितिपिङ्गल हन हन दह दह पच पच सर्वज्ञ आज्ञापयति स्वाहा । अनेन दीपयेत् । "अग्निं प्रज्वलितं वन्दे जातवेदोहुताशनम् । सुवर्णवर्णममलं समिद्धं विश्वतोमुखम् ॥" अनेनोपस्थानं कुर्यात् । पुनः परिसमूह्य परिस्तीर्य पर्युक्षमर्चयेत् । अग्नये नमः । वैश्वानराय नमः । जातवेदसे नमः । हुताशनाय नमः । [8]हुतवर्त्मने नमः । हुतवहाय

---

1 रिक्ततां ततः । 2 नाहारान् 3 अकीर्तिः
4 चितिपिङ्गलं हन पत च सर्वज्ञः 5 प्रक्षिप्ताग्निस्वबीजेभ बीजयेत्
6 जातवेदं 7 हुतवर्त्माय 8 हुतवर्त्माय

देवमुखाय नमः । सप्तजिह्वाय नमः । अमीभिरष्टदिक्षु
अग्निराराध्यः सर्वसिद्धये । वैश्वानर जातवेद
इहावलोहिताक्ष सर्वकर्माणि साधय ठठ ॥

अनेनैकसमिद्धोमादग्निः सन्निहितो भवेत् ॥६३॥
सर्वहोमविधौ तद्वदेष मन्त्रोऽपि सिद्धिदः ।

(म.) भूर्भुवः स्वः अग्निर्जातवेद[1] इहावह
सर्वकर्माणि साधय ठठ ।

एतत्कृष्णचतुर्दश्यां व्याहृत्याद्ययुतं जपेत् ॥६४॥
न्यग्रोधसमिधो व्रीहितिलराजीघृतान्विताः ।
सपायसघृता नित्यं पञ्चभिर्मनुभिर्हुनेत्[2] ॥६५॥

नमः । देवमुखाय नमः । सप्तजिह्वाय नमः । एतैरष्टदिक्षु, वैश्वानर जातवेद इहावलोहिताक्ष, सर्वकर्माणि साधय स्वाहा । अनेनैकसमिधं हुनेत् । एवं कृते सर्वद्रव्यहोमेष्वधिकारः । पूर्वं प्रणवव्याहृतिः । सप्तजिह्वाङ्गमन्त्रैः पुनरुत्तिष्ठ पुरुष हर पिङ्गल देहि देहि ददापय स्वाहा । अनेन त्रिवारं होमः । गुरुभ्यः स्वाहा । परमगुरुभ्यः स्वाहा । परमेष्ठिगुरुभ्यः स्वाहा । महागुरुभ्यः स्वाहा । शैवगुरुभ्यः स्वाहा । ऐं वागीश्वर्यै स्वाहा । क्षें क्षेत्रपालाय स्वाहा । नं नारदाय स्वाहा । पं पूर्वसिद्धेभ्यः स्वाहा । वैष्णवे पुनर्महागणपतये नमः । ओं स्वाहा । ओं श्रीं स्वाहा । ओं श्रीं ह्रीं स्वाहा । ओं श्रीं ह्रीं क्लीं स्वाहा । ओं श्रीं ह्रीं क्लीं ग्लौं गं महागणपतये व र द व र द सर्वजनं मे स्वाहा ।

---

1 अग्निर्जाठहेड हवा हव लर्व चर्माणि लाडक्ष ठठ ।
2 पञ्चभिः कर्मभिः

अग्न्यादिषु दिगन्तेषु तिथिष्वष्टोत्तरं शतम् ।

एकादश्यां पुनर्भोज्या विप्रा गौर्दक्षिणारुणा ॥६६॥

ततो नित्यं भजेन्मासात् समृद्धिर्महती भवेत् ।

अष्टोत्तरसहस्रं वा तैर्द्रव्यैः सप्तभिः पृथक् ॥६७॥

प्रतिपद्येत जुहुयादनुक्तं कर्म पूर्ववत् ।

एकादशाहुतीर्नित्यं व्रीहिभिर्वत्सरं हुनेत् ॥६८॥

अष्टासहस्रं मासैकं व्याघातसमिधो हुनेत् ।

पलाशकुसुमैः फुल्लैर्दधिक्षौद्रघृतोक्षितैः ॥६९॥

द्वादशाहं हुनेत्तावत् पायसं[1] वा फलं तथा ।

कपिलाज्येन वा मासं हुनेदष्टोत्तरं शतम् ॥७०॥

अष्टासहस्रं सप्ताहं बन्धूककुसुमैर्हुनेत् ।

तावत्क्षीरैस्तदाहरो हुनेन्मासं तथा फलम् ॥७१॥

व्याहृत्यादि भजेदेतन्मन्त्रं रिक्तो हुतादिना ।

पौर्णमास्यां वचा जप्ता मेधाकामेन भुज्यताम्[2] ॥७२॥

ओं श्रीं ह्रीं क्लीं ग्लौं गं गणपतये वरद वरद सर्वजनं मे वशमानय स्वाहा। एवं दशाहुत्या हुनेत् । सर्वजनं मे वशमानय स्वाहेति एकाहुत्या नवाहुत्या वा समस्तेन च चतुर्वारं पुनरभिप्रेतमन्त्रस्य पीठमन्त्रैः सकृद्धुत्वा, द्रव्याणि हुनेत् ॥ (६१-७१)

व्याहृत्यादि भजेदिति । ओं भूर्भुवः स्वः । अग्निर्जातवेद शहावह लोहिताक्ष सर्वकर्माणि साधय स्वाहा । सर्वकामप्रदः । अग्न्यादिदिगन्तेषु प्रतिपदादिदशम्यन्तेष्वित्यर्थः ।

---

1 पायसैर्वा

2 भक्ष्यताम् ।

नित्यमाज्याक्तदूर्वाणामायुषैकादशाहुतीः ।
सशक्तिं स्वस्तिकं रक्तं साभयं वसुदायिनम्[1] ॥७३॥
दीप्तवह्निं ज्वलत्केशमकुटं सर्वतः स्मरेत् ।
आवहन्त्या तिथौ वह्नेः प्राजापत्येन वा हुनेत् ॥७४॥
सदध्नान्नेन नित्यं वा सर्वकामप्रसिद्धये ।
व्याहृत्यार्काज्यशाल्याज्यैः श्रीकरं प्रतिपद्धुतम् ॥७५॥
दीर्घोऽग्निरन्त्यं[2] सामादिदण्डिनौ तौ श्रिये नमः ।
पञ्चम्यामुत्तरायुग्मे नित्यं वा सप्तसंख्यया ॥७६॥
अनेनार्कसमिद्धोमो धनधान्यादिवर्धनः ।
जयसिद्धिकरोऽसौ स्यादारम्भे युद्धयात्रयोः ॥७७॥
पृष्ठं सनासिकादण्डं बृहस्यान्ते तथे च हृन् ।
उष्णीषिणं सुवर्णाभं सुमुखं वसुदायिनम् ॥७८॥

एषु पञ्चस्विष्टेन मन्त्रेण वैश्वानर इत्येतन्मन्त्रं स्वशक्त्यादि च पञ्चसु स्मरेत् । उत्तिष्ठ पुरुष चित्पिङ्गल अग्निं प्रज्वलितं वैश्वानर भूर्भुवः स्वरग्निर्जातवेद इति पञ्च मन्त्राः । आवहन्तीति तैत्तिरीयोपनिषत्सु प्राजापत्य प्रजापते न त्वदिति व्याहृत्यार्काज्यशाल्याज्यैः प्रतिपद्धुतं श्रीकरम् ॥ (७२-७५)

दीर्घोऽग्निरिति । रां क्ष्रौं श्रिये नमः ॥ पृष्ठमिति । बृहस्पतये नमः । बृहस्पति-

---

1 वरदायिनम् ।

2 दीर्घकाग्निदन्त्यं वामादिभिण्डिमौ केतौ श्रिये नमः ।

गोशृङ्गं रत्नसंपूर्णं दधानं देवमन्त्रिणम् ।

ध्यात्वा संमोहिनीपुष्पैर्यो जलैस्तस्य तर्पयेत् ॥७९॥

स्ववारे मनुना सोऽस्मै वसु दद्याद्वचस्तथा ।

भगी कुम्भो निरुदकं दीर्घमारुतिसायहृत् ॥८०॥

व्याख्यातारं स्मरन्[1] व्यासं जपेन्मन्त्रमिमं सदा ।

व्याख्या श्रीः कविता मेधा ज्ञानं चैतत्फलं विदुः ॥८१॥

वा कूर्मः पार्श्वरुक् शुक्रं ते केशान्तेऽमृते प्लवः ।

पुरन्ता दशवर्णेयं विद्या मुख्या सरस्वती ॥८२॥

अक्षारलवणभुग्यो नित्यं संवत्सरं जपेदेनाम् ।

स भवेदतिमेधावी तत्संजप्ताम्बुपानतः ॥८३॥

मन्त्रः । अष्टसहस्रजपः । पुरश्चरणम् । उष्णीषणमित्यादि । ध्यानम् । संमोहिनी—
തിണ്ടാമാഴ്ചകി ॥ (७६-७९)

भगी कुम्भ इति । वें वेदव्यासाय नमः । प्रकृतिसहस्रजपः । पुरश्चरणम् । "मुनिप्रज्ञोपेतं मुदितमुखमम्भोजरुचिरद्युतिं व्याख्यामुद्राकलितविलसद्दक्षिणकरम् । परज्ञाने + + + दृढकलितकक्षं कविवरं समासीनं व्यासं स्मरत निरतं पुण्यचरितम् "। अस्य मन्त्रस्य जपात् व्याख्याफलं स्यात् ॥ (८०-८१)

वा कूर्म इति । ओं वाचस्पते अमृते प्लवः । पुः तिथिलक्षजयः पुरश्चरणम् । अस्य जपात् कवित्वं स्यात् । कपिलाज्ययुक् । ब्राह्मीरसचुलकं तया जप्तं यस्त्रिवर्षं प्रभाते

---

1 स्मरेत्

मूलाशी तिथिलक्षं जप्त्वा योऽङ्कोल्लसर्पिषा जुहुयात् ।
अष्टसहस्रं वेत्ति स भूतं भव्यं भविष्यच्च ॥८४॥

ब्राह्मीरसस्य कपिलाज्ययुजः प्रभाते
जप्तं तया पिबति यश्चुलकं त्रिवर्षम् ।
संचोदितं स खलु धारयति त्रिरुक्तं
पञ्चाब्दतो मुखधृतं न च विस्मरेत्तत् ॥८५॥

तत्पल्लवादनमपि स्मृतमेवमेत-
ज्जप्तं सुवीरजमपास्यति नेत्ररोगम् ।
भौमेयदेशगमितः कलशोऽम्बुपूर्ण-
स्तन्मन्त्रितः स्रवति वारि च कल्पमानः ॥८६॥

आवृत्त्या कलशोऽत्रिशब्द उदितः[1] पञ्चान्तको निस्स्वरो
वा रुद्रोऽनुदिनं[2] द्वयं मनुरयं वागीश्वरीति स्मृतः ।
स्वच्छा पुस्तकलेखिनीयुतकरा श्वेतांशुकाद्या सुता[3]
जिह्वाग्रे कवितामनन्यसदृशीमह्नाय कुर्वीत सा ॥८७॥

पिबति संचोदितं धारयति=അഞ്ചുരു ചൊന്നതുമവൻ । यः पञ्चाब्दतः पिबति स त्रिरुक्तं=മൂന്നുരു ചൊന്നതുമവൻ । एवं मुखधृतं तत् कदाचिदपि न विस्मरेत् । तत्पल्लवादनं ब्राह्मीदलभक्षणमेतज्जप्तमेवं स्मृतम् । सुवीरजं=सौवीराञ्जनम् ॥ (८२-८६)

आवृत्त्येति । वद वद वाग्वादिनि स्वाहा । वागीश्वरीमन्त्रः । ऐं क्लीं वद

---

1 कलशात्रिशब्द उदितं   2 गं भौ वा रुं बो दिनि द्वयं

3 श्वेतांशुकाढ्या स्मृता

दशाक्षरोऽयं दशलक्षजाप्यात् सिद्धोऽम्बुपानाच्च पुराज्यहोमात् ।

वाक्छुद्धिसिद्धिप्रतिभानमेधाप्रज्ञादि कुर्यात् सततं जपाच्च ॥८८॥

सार्धेन्दुः शिरसि कपोल्योः परान्तः[1]

कामाख्यं मनुसहितं च सर्गिशुक्रम्[2] ।

एषा सा त्रिभुवनमोहिनीति रूढा

वागीशी वशयति या जगत्समस्तम् ॥८९॥

न्यस्य मन्त्रमिममक्षरक्रमाद्

गुह्यके च हृदये च मूर्ध्नि च ।

पुस्तकं जपकृतिं[3] च बिभ्रतीं

चिन्तयेच्छशिनिभां सरस्वतीम् ॥९०॥

वद वाग्वादिनि स्वाहा । सों क्लीं ऐं । विशेषमेतत् (?) । दशलक्षजपः । पुरश्चरणम् । स्वच्छेत्यादिना ध्यानम् । पुरेणाज्येन वा । पुरं=गुग्गुलुः । प्रतिभानं=प्रतिभा । मेधा=धारणशक्तिः । प्रज्ञा=बहुश्रुतत्वम् ॥ (८७-८८)

सार्धेन्दुरिति । ऐं क्लीं सौं ह्रें ह्रीं ह्रो उपदेशः । ह स्क्ले । हं स्क्लीं, ह स्क्लां, षट्कूटमन्त्रः । हं स्क्लैं ह स्क्लीं हं स्क्लौं, शक्तिमन्त्रः । हं स्क्ल्यं, ह स्क्ल्यीं, ह स्क्ल्यौं, अस्यैव विशेषः । गुह्यके हृदये मूर्ध्नि अक्षराणि न्यसेद्वागीश्वर्याः । चकारालिपिन्यासः ।

---

1 परान्ता

2 सर्गशुक्रम् ।

3 जलपटीं च

एनां यः प्रयुतं जपेत् स कवितां प्राप्नोत्यतुल्यं[1] यशो

लोकव्यापि च तस्य चाप्रतिहता[2] वाचः समस्तप्रियाः ।

यः कुर्यान्नियुताभिषेकमनया[3] स स्याज्जगत्[4]प्राभृतं

तद्वार्तापि मनोहरी हुतविधेः सा सर्वसंपत्करी ॥९१॥

(म.)[5] नमो भगवति वद वाग्देवते ठठ ॥

श्वेतांशुकादिममलां रुचिरां त्रिनेत्रां

पद्माक्षपुस्तकवराभयचिह्नहस्ताम्[6] ।

वाग्देवतां कमलसन्निहितां कवित्व-

वाग्बुद्धिदां स्मरतु मन्त्रमिमं जपेच्च ॥९२॥

ऐं क्लीं सौः अ ऐं क्लीं सौः । आं ऐं क्लीं सौः । ऐं क्लीं सौः । इ ऐं क्लीं सौः । ऐं क्लीं सौः । ई ऐं क्लीं सौः । ऐं क्लीं सौः । एवं स्वेषु स्थानेषु अस्या अक्षराणि सह न्यसेत् । जपकृतिः=रुद्राक्षमाला । अक्षरमयो मौक्तिकपटो वा ॥ (८९-९१)

नम इति । ओं नमो भगवति वद वद वाग्देवते स्वाहा । श्वेतांशुकादिममलामिति ध्यानम् ॥ (९२)

---

1 अतुल्यां

2 न प्रतिहता

3 नियताभिषेकं

4 सर्वं जगत्

5 ओं नमो भगवति देवः वा देवी हः ।

6 पद्माक्षसूत्रकवराभय

खड्गीशो यः प्रांशुकः सान्तवेधाः
कर्णान्तस्थो[1] यश्च दण्डी भुजङ्गः[2] ।
साम्भो[3] दन्तो बिन्दुमान्यो भृगुर्वा
वागीश्वर्यास्त्रीणि[4] बीजान्यमूनि ॥९३॥

॥ इति नारायणीये तन्त्रसारसङ्ग्रहे पञ्चविंशः पटलः ॥

खड्गीश इति । वाग्रूपाया देव्या बीजान्यमूनि त्रीणि, ऐं क्लीं सौः । वद वद वाग्देवते स्वाहा । सौः क्लीं ऐं । अ आ इ ई उ ऊ ऋ ॠ ऌ ॡ ए ऐ ओ औ अं अः । ऐं क्लीं सौः । वद वद वाग्देवते स्वाहा । सौः क्लीं ऐं । क ख ग घ ङ । एवं च ट त प यादिवर्गान्तमपि । यवर्गान्ते च वागीश्वरी योज्या । यथापूर्वं ऐं क्लीं सौः । वद वद वाग्देवते स्वाहा । सौः क्लीं ऐं क्षः कः हः सः । एवकान्तं । ऐं क्लीं सौः । वद वद वाग्देवते स्वाहा । सौः क्लीं ऐं क्षः कः हः सः एवकान्तम् । ऐं क्लीं सौः । वद वद वाग्देवते स्वाहा । सौः क्लीं ऐं । अः अं औ ओ ऐ ए ॡ ऌ ॠ ऋ ऊ उ ई इ आ अ । ऐं क्लीं सौः । वद वद वाग्देवते स्वाहा । सौः क्लीं ऐं । लिपिसमस्तमनुलोमेन । अन्ते च मन्त्रः । एवं त्रिवारं जप्तमम्भो नित्यं पिबेत् । अनेन मूकस्यापि कवित्वं स्यात् । आद्यन्ते वागीश्वर्या संरुद्धां लिपिं त्रिवारं जपेदित्यन्ये । अत्र - वावाग्देवते इत्यत्र, वाग्वादिनि स्वाति दृश्यते। अ कां रं । अ खां रं हे अ गां रं । अ घां रं । अ ङां रं । आ चां रं एवं क्षान्तम् । पुनः आ कां रं । आ खां रं । आ गां रं । आ घां रं । अ डां रं पुनः इ कां रं । इ खां रं एवं ककारादि क्षकारान्ता अ इत्यन्तेषु स्वरेषु योज्यः ॥

ककार - चकार - ठकार - तकार - पकाराः । यकारादिरपि । एवं सर्वत्र योज्यम् ॥

॥ इति नारायणीयतन्त्रसारसङ्ग्रहव्याख्याने पञ्चविंशः पटलः ॥

---

1 वर्णान्तस्थः 2 भुजङ्गम् । 3 साम्भोदगन्ता बिन्दुमान् 4 वागीशस्य

॥ अथ मृत्युञ्जयादिः षड्विंशः पटलः ॥

सशिवं वामदोर्मध्यं बिन्दुमत्सकलो भृगुः ।

ताविन्दुमण्डले ध्यायेदात्मनोऽधस्तथोपरि ॥१॥

श्च्योतद्भिः सर्गबिन्दुभ्याममृतैः प्लावयेद्वपुः ।

क्षुद्रमृत्युजरारोगग्रहक्ष्वेलादिशान्तये ॥२॥

मृत्युञ्जयमिदं[1] प्राहुरेतद्देवादि[2] तारकम् ।

तारनालं द्वितीयं तत्पत्रमन्त्यं च कर्णिका ॥३॥

ऊर्ध्वाधोमुखमेवं स्यान्मन्त्रार्णैरम्बुजद्वयम् ।

सम्पुटीकृत्य युग्मेन तयोरात्मानमब्जयोः ॥४॥

सशिवमिति । जूं सः । जूंकारमिन्दुमण्डले, आत्मनोऽधः कल्पयेत् । सःकारमिन्दुमण्डले, आत्मन उपरि कल्पयेत् । एवं सर्गबिन्दुभ्यां श्च्योतद्भिरमृतैरात्मनो वपुः प्लावयन्निमं मन्त्रं जपेत् । मृत्युञ्जयद्व्यक्षरम् । जूं एकाक्षरमृत्युञ्जयम् । कहोल ऋषिः । देवी गायत्रीछन्दः । मृत्युञ्जयरुद्रो देवता । सां हृदयाय नमः । सीं शिरसे स्वाहा । सूं शिखायै वषट् । सैं कवचाय हुम् । सौं नेत्रत्रयाय वौषट् । सः अस्त्राय फट् । पादादिगुह्यान्तं अथमार्णं विन्यसेत् । गुह्यादिकण्ठान्तं द्वितीयम् । कण्ठादिमूर्धान्तं तृतीयम् । ओं जूं सः । देवदत्तशर्माणं पालय पालय । ह्लादय ह्लादय सः । जूं ओं, ओं जूं सः । ईं स्रौं । मृत्युञ्जयपञ्चाक्षरम् । ओं जूं सः । ईस्रौं । देवदत्तशर्माणं पालय पालय । ह्लादय ह्लादय स्रौं ईं सः । जूं ओं, उपदेशः । एवं जपादायुषो वर्धनं स्यात् ॥

---

1 मृत्युञ्जयमिति   2 एतदेवादितारवम् ।

दण्डिनं कुम्भमिन्दुस्थं चिन्तयेत् कर्णिकाद्वये ।

तत्र स्रवत्सुधाधारापूर्णमात्मवपुः स्मरन् ॥५॥

जपेत् क्रमोत्क्रमा[1]न्मन्त्रं मध्ये साख्यं फलं तथा ।

ध्यानं तत्प[2]लितध्वंसि वयस्तम्भि च पावनम् ॥६॥

गुडूचीशकलैर्नित्यं जुह्वतश्चतुरङ्गुलैः ।

क्षीरार्कैर्मनुनानेन विनश्यन्त्यपमृत्यवः ॥७॥

पायात् पाण्डरपुडरीकपुटयोरूर्ध्वाधरोत्फुल्लयो-
मध्ये सम्पुटचन्द्रमण्डलगतश्चाष्टाब्दबालाकृतिः ।
स्वासीनः शरमौक्तिकाक्षवलये शूलं दधत् षड्भुजो
दक्षोऽन्यत्र सुधाकपालकलशो मुद्रापमृत्युञ्जयः ॥

अथवा

पुटितनलिनसंस्थं मौलिबद्धेन्दुलेखा-
गलदमृतजलार्द्रं चन्द्रवह्न्यर्कनेत्रम् ।
स्वकरकलितमुद्रापाशवेदाक्षमाला-
स्फटिकरजतमुक्तागौरमीशं नमामि ॥

ओं सहस्रज्वलनमृत्युनाशन स्वाहा । गायत्रीजपावसाने संध्ययोर्दक्षिणाभिमुखः सन्निमं मन्त्रं जपेत् त्रयोदशवारम् । मृत्युनाशः स्यात् । द्वादशवारादासन्नमृत्योः पुरुषस्य जपकाले द्वादशाक्षरं स्यात् । एकादशमासादेकादशाक्षरम् । एवं त्रिंशाद्दिनादासन्नमृत्यो

---

1 क्रमोत्कमात् इत्यस्यानन्तरं मन्त्र इत्यस्य च पूर्वं A पुस्तके अधोनिर्दिष्टं पद्यं विद्यते-

"धवलकलशचन्द्रद्वंद्वमध्योपविष्टं
हरिणपरशुपाणिं साक्षमालाकपालम् ।
अमृतकिरणचूडं पाण्डुराकल्पवर्णं
स्रवदमृतजलार्द्रं नौमि मृत्युञ्जयं तम् ॥"

तदेतत्पद्यं दृश्यतां व्याख्याने चास्ति समुद्धृतम् ।

2 कलितध्वंसि पयस्कं मित्रपावनम् ।

दूर्वाणामथ काश्मर्यसमिधां वा हुतात्तथा ।

सहस्रज्वल[1] नीमृत्युनाशिनी स्वादि पूर्ववत् ॥८॥

(म) सहस्रज्वलनि[2] मृत्युनाशनि रं ठठ ॥

जपेत्तन्मृत्युनाशाय सन्ध्ययोर्दक्षिणामुखः ।

अत्रिः सवह्निर्वामाक्षबिन्दुरिन्द्राय हृद्युतः[3] ॥९॥

(म) द्रां हृदयाय नमः । द्रीं शिरसे स्वाहा । द्रूं शिखायै वषट् ।

द्रैं कवचाय हुम् । द्रौं नेत्राभ्यां वौषट् । द्रः अस्त्राय फट् ।

अङ्गिरा[4] ऋषिः । गायत्री छन्दः । इन्द्रो देवता । कं कार्ति-

केयाय नमः । रं अग्नये नमः । गं यमाय नमः । क्षं निर्ऋतये

नमः । वं वरुणाय नमः । यं वायवे नमः । सः सोमाय

नमः । ईं ईशाय नमः । अं[5] अनन्ताय नमः ॥

रेकादशाक्षरं स्यात् । अन्याक्षराणि विस्तरिष्यन्ति । अस्याष्टऋष्याद्यं पूर्ववत् । ध्याने विशेषः ।

धवलकमलचन्द्रद्वन्द्वमध्ये निषण्णं

हरिणपरशुपाणिं साक्षमालाकपालम् ।

अमृतकिरणचूडं पाण्डराकल्पवर्णं

स्रवदमृतजलार्द्रं नौमि मृत्युञ्जयेशम् (१-८)

जपेदिति । द्रीं ईन्द्राय नमः । द्रां हृदयाय नमः । द्रीं शिरः । द्रं शिखायै वषट् । द्रं कवचत् । द्रौं नेत्रत्रयम् । द्रः अस्त्रम् । अङ्गिरा ऋषिः । गायत्री छन्दः । इन्द्रो देवता । अयुतजपः । पुरश्चरणम् ।

---

1 अयमर्धश्लोकः B कोशे नास्ति । 2 स्वस्रज्वसणमृत्युणायणि ठठ ।

3 हृद्युतम् । 4 अङ्गिरा इत्यादिकं B कोशे नास्ति ।

5 अ अनन्तायेति B कोशे नास्ति ।

मूलाङ्गपरिवाराः[1] स्युरेते[2] मन्त्राः शचीपतेः ।

संशोध्यास्त्रेण कलशमैन्द्रस्थे न्यस्य पङ्कजे ॥१०॥

मूलेनापूर्य गन्धाद्भिरासनं तत्र कल्पयेत् ।

हृत्पद्मे पूजयित्वेन्द्रं मनसावाहयेद्धटे ॥११॥

पीतवर्णं सहस्राक्षं वज्रपद्मधरं विभुम् ।

नैवेद्यान्तं तमर्घ्यादि साङ्गं विधिवदर्चयेत्[3] ॥१२॥

नियुतं वायुतं मूलं जपेत् साज्यैस्तिलैर्हुनेत् ।

तेनाभिषेचयेद्राज्यभ्रष्टं तत् सोऽचिराल्लभेत् ॥१३॥

तथाभिषिक्ता अन्येऽपि प्राप्नुयुः परमां श्रियम् ।

पीतवर्णं चतुर्बाहुं वज्रपद्माङ्कुशाभयान् ।
दधतं चारुसर्वाङ्गं पीताकल्पविभूषणम् ॥
किरीटकर्णिकाहारकेयूराद्यैर्विभूषितम् ।
हेममण्डलमध्यस्थं हेमसिंहासनाम्बुजे ॥
शच्या देव्या समासीनं मरुद्भिश्चाप्युपस्थितम् ।
स्कन्दानलयमाद्यष्टलोकपालैर्निषेवितम् ॥

अंगैः प्रथमावृतिः । कं कार्तिकेयाय नमः । रं अग्नये नमः । गं यमाय नमः । क्षं निर्ऋतये नमः । वं वरुणाय नमः । यं वायवे नमः । सं सोमाय नमः । ईं ईशाय नमः । द्वितीयावृतौ पुनर्वज्रादयः । भद्रमण्डले कलशं पूरयित्वा, अयुतं वा नियुतं वा जपेनाभिषिञ्चेत् ॥ (९-१३)

---

1 परिहाराः 2 तत्तन्मन्त्राः शतक्रतोः ।

3 अर्पयेत् ।

व्योमाग्निपदमावृत्तं[1] कलशेन्द्रे[2] शशिद्वयम् ॥१४॥

सन्ध्यारम्भे गृहीताम्भो गुरो रात्रिं जपेदिदम् ।

सरस्सहस्रं तेनाभिषिञ्चेच्छुक्रदिनोदये ॥१५॥

नवांशुकस्रग्गान्धाद्यैर्[3]घटोपान्ताधिवासितैः ।

आदावन्ते च सेकस्य साध्यं साधु विभूषयेत् ॥१६॥

फलं पूर्वोक्तमेव[4] स्यात् कन्या चानेन दीयते ।

(म) माणिभद्र[5] महासेन जंभाल्य जलजलेन्द्राय माणिभद्राय नमः ।

पूर्णभद्राय नमः । चेलिमालिने नम । शिबिकुण्डलिने नमः ।

नरेन्द्राय नमः । चरेन्द्राय नमः ।

मूलमन्त्रं षडङ्गं च जंभलस्यैवमीरितम्[6] ॥१७॥

जप्त्वायुतत्रयं मूलं तदर्थं बिल्वपत्रकैः ।

तत्समिद्भिस्तदर्धं वा हुत्वा तेनाभिषेचयेत् ॥१८॥

व्योमाग्नीति । हर हर वज्रे स्वाहा । वज्रदैवत्यो मन्त्रः । गुरोरात्रिमित्यत्र कालाध्वनो-रत्यन्तसंयोग इति द्वितीया । गुरुवारे रात्रे ससदेत्यर्थः (?) । गुरुवारे सन्ध्यारम्भे कलशं पूरयित्वा, सप्तविंशतसहस्रं जप्त्वा, अनेन शुक्रदिनोदये साध्यमभिषिञ्चेत् । अनेन कन्या दीयते ॥ (१४-१६)

माणिभद्र इति । माणिमहासेन, यक्षाधिपतये जम्भलाय जलजलेन्द्राय स्वाहा । माणिभद्राय नमः हृदयम् । पूर्णभद्राय नमः शिरः । चेलिमालिने नमः शिखा । शिबिकुण्डलिने नमः नेत्रत्रयम् । नरेन्द्राय नमः कवचम् । चरेन्द्राय नमः अस्त्रम् ।

---

1 शुक्रदिनोदये—व्योमाग्निपदमावृत्तं 2 कलशोज्रो 3 सुगन्धाद्यैः
4 पूर्वोक्तमेवं 5 मानिभद्रमवालेण रक्षाढिपटशे गंभकाशज्जळजळेन्द्राश ठठ ॥
6 जंभलस्येव चेरितम्

अङ्गुष्ठान्तं[1] कनिष्ठादिमूलं भित्त्वा न्यसेत् करे ।
तर्जन्यन्तं न्यसेदङ्गं[2] ज्येष्ठादितलयोर्दशः[3] ॥१९॥
मूर्धास्य हृद्गुह्यपादे मूलमन्त्रपदैर्न्यसेत्[4] ।
न्यस्य नेत्रान्तमङ्गानि तदात्मा तर्पयेदमुम् ॥२०॥
श्वेतपद्मस्थितो हारपट्टकेयूरकुण्डली[5] ।
रक्ताकल्पप्रियो[6] देवः पिङ्गाक्षस्त्रिमुखस्त्रिपात्[7] ॥२१॥
एवं ध्यात्वा समभ्यर्च्य प्रभोः शिरसि तर्पयेत् ।
चक्रेणायं हतो मूर्ध्नि हेतुना केनचित्पुरा ॥२२॥

कनिष्ठाद्यङ्गुलिन्यासो मूलपञ्चपदैः स्मृतः ।
ज्येष्ठादितर्जन्यन्तं स्यान्न्यासोऽङ्गानां तलेदशः ॥
अस्य हृद्गुह्यपादेषु विन्यस्य पदपञ्चकम् ।

पुनरङ्गानि—

श्वेतपद्मस्थितं सौम्यं पीताभं द्विभुजं प्रभुम् ।
रक्ताकल्पस्फुरन्मौलिं मणिकुण्डलमण्डितम् ॥
हारकेयूरकटककटिसूत्राद्यलङ्कृतम् ।
त्रिपादं तुन्दिलं ध्यायेत् पूजादौ मन्त्रसिद्धये ॥

अङ्गैः प्रथमावृतिः । पुनरिन्द्रादयः । पुनर्वज्रादयः । अयुतत्रयजपः । पुरश्चरणम् । [8]तदर्धं होमः । बिल्वपत्रैर्बिल्वसमिद्भिर्वा पुनरभिषेकश्च । असौ केनचिद्धेतुना मूर्ध्नि

---

1 अङ्गुष्ठादिकनिष्ठान्तं मूलं
2 न्यसेदङ्गात्
3 दशम् ।
4 मूलमन्त्रपदा
5 पदकेयूर
6 रक्तातल्प
7 त्रिशिरः ।
8 तदर्थं

तत्क्षते तर्पणात् किञ्चिद्वेदना तस्य शाम्यति ।

ततः प्रीतमना भूत्वा जम्भलो वसु यच्छति ॥२३॥

षट्कोणे मण्डले देवं माणिभद्रादिभिर्वृतम् ।

यः पूजयेद्यथायोगं स भवेद्धनधान्यवान् ॥२४॥

राजावर्तनिभः पूर्वः पूर्णभद्रस्तु रक्तभाः ।

चेल्मिाली जपावर्णो मेघाभः शिबिकुण्डली ॥२५॥

नरेन्द्रः शुकतुण्डाभश्चरेन्द्रः शक्रचापभाः[1] ।

सर्वे ते क्षौमवसना रक्तमाल्यानुलेपनाः ॥२६॥

रक्ताभरणबद्धाङ्गाः खड्गतोमरधारिणः ।

अर्घ्यप्रदानं[2] नैवेद्यं पायसं च तदर्चने ॥२७॥

देवमभ्यर्च्य विधिना तत्पुरस्ताज्जपेन्मनुम् ।

अयुतं मानसं भूयस्तदर्धं पूर्ववद्धुनेत् ॥२८॥

दिने दिने पञ्चपणं साधकाय ददाति सः ।

वटमूलेऽयुतजपात्तथा निधिमवाप्नुयात् ॥२९॥

सन्ध्ययोस्तर्पयेन्मन्त्री जलैः प्रतिदिनं विभोः ।

अन्यदा च जलस्पर्शे दातव्यं चुलुकाष्टकम् ॥३०॥

य एवं वर्तते नित्यं तं मुञ्चति दरिद्रता ।

चक्रेण हतः । तस्मान्मूर्ध्नि तत्क्षते तर्पणाद्वेदना शाम्यति । ततोऽस्मै प्रीतो वसु यच्छति । यथावत् समभ्यर्च्य पायसं निवेद्य, पूजान्ते तत्पुरस्तात् मनुमयुतत्रयं जपेत् । तदर्धं बिल्वपत्रैस्तत्समिद्भिर्वा हुनेत् । एवं कृते साधकाय देवः पञ्च पञ्च पणं ददाति ॥

---

1 चक्रचाप 2 प्रधानं

ह्रींकारेणाम्बुजं[1] सृष्ट्वा तस्योपरि निशाकरम् ॥३१॥
अंकारेण तदुपरि जंकारेण च जम्भलम् ।
सबीजपूरं नकुलं दधानं सवराभयम् ॥३२॥
चतुर्भुजमिमं ध्यात्वा तस्योपरि विचिन्तयेत् ।
दक्षिणोत्तरपार्श्वस्थे मण्डले शशिसूर्ययोः ॥३३॥
विद्युद्भिन्नमहामेघ[2]वर्षितां वृष्टिमादरात् ।
पिबन्तौ चातकौ ध्यात्वा पार्श्वयोस्तर्पयेत्तथा ॥३४॥

(म.) [a]जम्भलेन्द्राय जम्भलाय ठठ ॥

पूर्वोक्तवत्सिद्धिकरो मन्त्रोऽयमपि जाम्भलः ।
[3]व्योमवायौ युतं दण्डी धनान्ते पतये च हृत् ॥३५॥

(म) ज्लुं जम्भलाय नमः । म्लुं माणिभद्राय नमः ।
प्लूं पूर्वभद्राय नमः । श्लुं शिविकुण्डलाय नमः ।
कुं मुखे चेलुमालिने नमः । च्लीं चरेन्द्राय नमः ।
म्लीं नरेन्द्राय नमः । न्लीं नलकूबराय नमः ।

ह्रीमिति । ह्रींकारेणेत्यादिना तर्पणान्तरमाह । ह्रीं पद्माय नमः । अं सोमाय नमः । तदुपरिजं जम्भलाय नमः । इति चतुर्भुजं तमावाहयेत् । बीजपूरनकुल-वराभयांस्तस्य चतुर्षु बाहुषु । तस्य=जम्भलस्य । उपरि दक्षिणोत्तरपार्श्वस्थे शशिसूर्ययोर्मण्डले विद्युद्भिन्नमहामेघवर्षितां वृष्टिमादरात् पिबन्तौ चातकौ ध्यात्वा, पार्श्वयोस्तर्पयेच्चातकाख्ययोः वसु यच्छति साधकाय । जम्भलेन्द्राय जम्भलाय स्वाहा ॥ "जम्भलाख्यो मनुरयं जपाद्यैः सर्वसिद्धिदः" ॥ (३१-३४)

व्योमवायौ युतमिति । ह्लौं धनपतये नमः । वैश्रवणमन्त्रः । पुं पूर्णभद्राय नमः हृदयम् । श्लुं शिबिकुण्डलाय नमः । क्लुं चेलिमालिने नमः शिखा । च्लीं चरेन्द्राय नमः

---

1 अम्बुजं न्यस्य 2 महाघन a गंभलेन्द्राशम्भकाश ठठ । 3 व्योमवायौ

लम्बोदरो गणपतिः पीताकल्पांशुकादिभृत् ।
रत्नपूर्णौ दधत्कुम्भकरण्डौ च हिरण्मयौ ॥३६॥
हेमाम्भोमध्यतो ध्येयस्तद्रूपैर्जम्भलादिभिः ।
प्रागादिस्थैः [1]स्मृताः पूज्यास्ते हुनेच्च तिलादिना ॥३७॥
[2]पूजयेच्चाथ वित्तेशं पद्मादिनिधिभिर्वृतम् ।
निधी पद्ममहापद्मौ तथा मकरकच्छपौ ॥३८॥
[3]मुकुन्दकुन्दनीलाश्च शङ्खः स्यादष्टमो निधिः ।
निधानमेतत्कौबेरं धनधान्यादिवर्धनम् ॥३९॥

(म) [4]वैश्रवणाय ठठ । पक्काशनाय ठठ ।
पिङ्गलाय विविधाय विविधाधिपतये कुबेराय
कुबेराधिपतये ठठ ॥

[5]एभिर्वटसमिद्धोमो व्याहृत्यन्तैर्धनावहः ।
[6]हुतैस्तद्वत्तिलैः साज्यैर्बिल्वैर्वा पायसेन वा ॥४०॥

कवचम् । मॄीं नरेन्द्राय नमः अस्त्रम् । न्लीं नलकूबराय नमः नेत्रम् ॥ करण्डः = ചെപ്പ് । करण्डकं वा । केसरेष्वङ्गानि । " जम्भलां च जलेन्द्रं च नरेन्द्रं घेल्मिाल्निम् । विकुण्डलं पूर्णभद्रं चरेन्द्रं नलकूबरम् ॥ " द्वितीयावृतौ पुनरिन्द्रादयः । पुनर्वज्रादयः । वैश्रवणाय स्वाहा । पक्काशनाय स्वाहा । पिङ्गलाय स्वाहा । विविधाय स्वाहा । विविधाधिपतये स्वाहा । कुबेराय स्वाहा । कुबेराधिपतये स्वाहा । भूः स्वाहा । भुवः स्वाहा । सुवः स्वाहा । भूर्भुवः सुवः स्वाहा । एभिरेकादशभिर्नित्यं वटसमिद्धोमो जयावहः ॥ (३५-४०)

---

1 वृतः 2 पूजयेच्चापि 3 मुकुन्दनन्दिनौ नीलशङ्खाचौ
4 हैश्रहनाश ठठ । 5 हिवि (हावि) वेट 6 हुतं तद्वत्

[1]कुम्भाजौ साक्षिकर्णौ स ढान्तं ठान्तं लिठद्वयम् ।
हेमभूक्रमुकाराममध्ये कल्पलताश्रिते ॥४१॥
भद्रासने स्थितं ध्यायेदेककुण्डलिनं विभुम् ।
[2]भुग्ननासं सुवर्णाभं महाकायं महोदरम् ॥४२॥
इतराङ्घ्रिसमाक्रान्तैकोरुस्तम्भं सितान्नम् ।
देव्योः पार्श्वस्थयोः स्निग्धदृष्टिं सुबहुभूषणम् ॥४३॥
तदग्रे पार्श्वतः[3] पुत्रनकुलौ दारपार्श्वयोः[4] ।
दूत्यौ चामरहस्ते च पूर्वादौ धनदादयः[5] ॥४४॥
पार्श्वयोः पूर्णभद्रस्य श्रीपुष्टी शङ्खपद्मकौ ।
निधी धनेशपार्श्वस्थौ द्वारिस्थे[6] द्वारपालिके ॥४५॥
ध्यात्वैवं तान्[7] समभ्यर्च्य श्लोकेन प्रणमेदमुम् ।
[8]पूगारामकृतावास पद्महस्त वरप्रद ॥४६॥

कुम्भाजाविति । विकुण्डलि स्वाहा । वि हृदयम् । कु शिरः । ण्ड शिखा । लि कवचम् । स्वा अस्त्रम् । हा नेत्रम् । हेमभूरित्यादि ध्यानम् । कल्पलतायै नमः । तस्मिन् भद्रासने आवाह्य, मूलेनोपचारान् प्रदद्यात् । अङ्गैः प्रथमावृतिः । [9]वचद्भुवे नमः । नकुलाय नमः । अग्रे पार्श्वयोः पद्मप्रभायै नमः । पद्महस्तायै नमः । अजितायै नमः । पद्मप्रभाया दक्षिणे अपराजितायै नमः । पद्महस्ताया वामे वैश्रवणाय नमः ।

---

1 कुम्भाजो साक्षिकर्णौ द्रौ उन्तरान्तलिरद्वयम् । 2 भग्ननाभं 3 पार्श्वयोः
4 द्वारपार्श्वतः । 5 धनदान्वयः । 6 वारिस्थे
7 तत् समभ्यर्च्य 8 पूर्णाराम 9 पचद्भुवे

यक्षव्रातपरीवार विकुण्डलि नमोऽस्तु ते ।

(म) कल्पलतायै नमः । भद्रासनाय नमः । मूलमन्त्रः । वचद्भुवे नमः । नकुलाय नमः । पद्मप्रभायै नमः । अजितायै[1] नमः । अपराजितायै नमः । वैश्रवणाय नमः । माणिभद्राय नमः । पूर्णभद्राय नमः । जम्भलाय नमः । श्रियै नमः । पुष्ट्यै नमः । शङ्खनिधये नमः । पद्मनिधये नमः । पुष्पनिधये[2] नमः । जयायै नमः । विजयायै नमः ॥

द्वादशकृत्वो देवस्य पुत्रस्य नकुलस्य च ॥४७॥
चतुष्कृत्वः परेषां[3] त्रिर्मन्त्रैरेभिर्बलिं हरेत् ।
मासं षण्मासमब्दं वा य एवं निर्हरेद्बलिम् ॥४८॥
स भवेद्धनधान्याढ्यो वित्तेशस्य[4] समाश्रयात् ।

माणिभद्राय नमः । पूर्णभद्राय नमः । जम्भलाय नमः । चतुर्दिक्षु पश्चिमदिक्स्थितस्य धनदस्य पार्श्वयोः शङ्खपद्मनिधी । तद्बहिस्स्थपार्श्वयोः जयायै नमः । पुनरिन्द्रादयः । पुनर्वज्रादयः । एवं समभ्यर्च्य तं प्रणमेदनेन—

"[5] पूगारामकृतावास पद्महस्त वरप्रद ।
यक्षव्रातपरीवार विकुण्डलि नमोऽस्तु ते "॥　　　(४१-४८)

---

1 अजितायै नम इति A कोशे नास्ति ।

2 पुष्पनिधये नम इति B कोशे नास्ति ।

3 परैः षड्भिर्मन्त्रैः

4 वित्तशः स्यात् समात् त्रयात् ।

5 पूर्णराम [पूराराम]

श्रीकण्ठमेदोषधिवह्निशब्दे-[1]

नावर्तिते नेन्दुयुगान्वितेन ।

इष्टोदये वैश्रवणं वटाधो

द्रौणैर्हविर्भिः सगुडैः पयोऽन्नैः[2] ॥४९॥

जपेत्तदग्रेऽष्टसहस्रमेतं

मासं हुनेत्तावदिहार्धमासम्[3] ।

ज्योतिष्कतैलेन च मध्यरात्रे

हुनेत्ततोऽङ्कोलघृतैः[4] सहस्रम् ॥५०॥

कर्णपिशाचीमन्त्रमितीमं

सिध्यति कर्णे शंसति यक्षः ।

कोऽपि धनेशाज्ञापितमिष्टं[5]

भूतभविष्यद्द्रव्यमशेषम् ॥५१॥

श्रीकण्ठमेद इति । अवतर अवतर स्वाहा । अव हृदयम् । तर शिरः । अव शिखा । तर कवचम् । स्वाहा अस्त्रम् । वटाधो द्रोणपुष्पैर्वैश्रवणमिष्ट्वा, सगुडं पयोऽन्नं निवेदयित्वा, तदग्रे अष्टसहस्रं जपेत् मासं यावत् । तत ऊर्ध्वमासि ज्योतिष्मतीतैलेन प्रतिदिनमष्टोत्तरसहस्रं हुनेत् । ततो मध्यरात्रे अङ्कोलघृतं सहस्रं जुहुयात् । एवं कृते मन्त्रः सिध्यति ॥ (४९-५१)

---

1 श्रीकर्णिमेदोषधि 2 द्रोणैर्हविः स्यात्सगलं पयोऽन्नम् । [हविर्भिः सगुणैः]
3 हुतोवदिहोर्ध्वमासे । 4 अङ्कोलघृतं 5 आज्ञापितुमित्थं

शुक्लं कर्णाढ्यं सयोनिश्च नाभि-

स्ताभ्यां रुद्धौ मांसवह्निस्थपार्श्वौ[1] ।

मन्त्रोऽष्टार्णोऽयं[2] ठकारद्वयान्तौ

दिव्याकल्पा यक्षिणी देवतास्य[3] ॥५२॥

मध्याह्ने बदरीकदम्बकुसुमैरिष्ट्वा वटाधो दिशे-[4]

न्माषान्नं तिलपिष्टयुग्धनपतेरेवं त्रिलक्षं जपेत् ।

अङ्कोलाज्यहुते सहस्रयुगले जप्ते[5] भवेद्यक्षिणी

प्रत्यक्षं[6] रमतां तयेष्टकरणे तां कल्पयेद्वा बुधः ॥५३॥

शुक्लं कर्णाढ्यमिति । सुलभे स्वाहा । शुक्लं कणान्तमिति व्याख्यानपाठः[7] । अस्या यक्षिणी देवता ।

प्रतप्तकनकप्रख्या नवयौवनशालिनी ।

पीनोत्तुङ्गस्तनी चारुधम्मिल्लरुचिरालका ॥

शारदेन्दुमुखाम्भोजा नीलेन्दीवरलोचना ।

सुभ्रूः सुदन्तनासोष्ठा सुभुजा सुन्दरोदरी ॥

सुपीनश्रोणिजघना सूरुजङ्घाङ्घ्रिपङ्कजा ।

सर्वाङ्गसुन्दरी चित्रवसनाभरणोज्ज्वला ॥

---

1 " वह्निस्थपार्श्वौ" " मन्त्रोऽष्टार्णः " इत्यनयोर्मध्ये " सुलभे सुप्रभे स्वाहा " इति A कोशे मन्त्ररूपः कश्चिदधिकः पाठः ।

2 अष्टार्णो यर्णिकारद्वयान्त

3 देवतास्याः

4 ददेत् (?) ।

5 कृते भवेत्

6 प्रत्यक्षारमतां

7 'व्याख्यानपाठः' इति किंव्याख्यानान्तरमिति न सूच्यते ।

तर्पिता जपहुतादिभिरेषा
यक्षिणी वदति कर्णगतेष्टम् ।
ओजसा सयशसा सविद्यया[1]
वित्तवृद्धिमतुलां च विदध्यात् ॥५४॥

(म) त्रिजट[a] लम्बोदर वामन पटु कथय
कथापय हुं फट् ठठ ॥

भक्ष्यादिना[2] वामनमर्चयित्वा
यो मन्त्रमेतं जपति त्रिलक्षम् ।
तस्याशु[3] मन्त्रस्मरणेन कश्चित्
कर्णे वदेत् प्रत्यहमीप्सितानि ॥५५॥

प्रसाधनकराभ्यां तु दूतीभ्यां समुपस्थिता ।
लेख्या चित्रपटे सम्यक् पूजनीया न (त) यक्षिणी ॥

प्रत्यक्षः स्यात् पुनस्तया रमतां बुध इत्यनेन मन्त्रेणैव तत् कर्म कुर्यात् ॥ (५२-५४)

त्रिजटेति । त्रिजट लम्बोदर वामन पटु कथय कथय कथापय कथापय हुं फट् स्वाहा । मन्त्रस्मरणफलमाह भक्ष्यादिनेत्यादिना[b] ॥ (५५)

---

1 सह विद्या

a त्रिगतसंबो संहामण पपु कथय [त्रिजभसत्रोध महामनर्कः स कथय हुं]

2 भक्त्यादिना

3 कस्याशु

b इत्यादि ।

(म) नमः[a] कर्णपिशाचि वरकनकवज्रवैडूर्यमुक्ताभरण-
निर्मलालङ्कृतशरीरिणि एह्येहि आगच्छ त्रैकालिक-
दर्शिनि मम कर्णे प्रविश्यातीतानागतवर्तमानं
कथय रुद्रो ज्ञापयति ठठ ।

मन्त्रं जपेल्लक्षमिमं[1] शिवाग्रे
तमर्चयन्[2] यः सकलाधिकारः ।
होमाभितृप्ता मनुदेवतास्य
कर्णे वदेत् काङ्क्षितमर्थजातम् ॥५६॥

॥ इति नारायणीये तन्त्रसारसङ्ग्रहे षड्विंशः पटलः ॥

नम इति । ओं नमः कर्णपिशाचि वरकनकवज्रवैडूर्यमुक्ताभरणनिर्मलालङ्कृतशरीरिणि एह्येहि आगच्छागच्छ त्रैकालिकदर्शिनि मम कर्णे प्रविश्यातीतानागतवर्तमानं कथय कथय रुद्रो ज्ञापयति स्वाहा । शिवमिष्ट्वा शिवाग्रे इमं मन्त्रं लक्षं जपेत् । मनुदेवता काङ्क्षितमर्थजातं = अर्थसमूहम् । कर्णे वदेत् ॥ (५६)

॥ इति नारायणीयतन्त्रसारसङ्ग्रहव्याख्याने षड्विंशः पटलः ॥

---

a नमः पर्णपियालि हषचण चह दैदूयमुक्ताभरण [नमः कर्णपिशाचीवरचरणवज्र वैदूर्यशरीरे मुक्ताभरण]

1 लपेलक्षं   2 समर्चयन्

॥ अथ शक्त्यादिपटलः सप्तविंशः ॥

हृल्लेखाशक्तिदेव्याख्यो[1] घोषोऽग्निः श्रीन्दुखण्डवान्[2] ।

एकलिङ्गे[3] सुरागारे दक्षिणामूर्तिमाश्रितः ॥१॥

बद्धपद्मासनो भस्मशायी च कुशविष्टरः ।

कृष्णाष्टमीं[4] समारभ्य यावत् स्यात्तच्चतुर्दशी ॥२॥

नित्यमिष्ट्वा शिवं शक्तिं जपेन्मासंसहस्रकम् ।

दधिक्षौद्रघृताभ्यक्तव्याघातसमिधो हुनेत् ॥३॥

तदन्तेऽष्टसहस्राणि ध्यायेत्[5] सर्वेश्वरीमुमाम् ।

रत्नसिंहासनासीना रत्नश्रीपादपीठिका ॥४॥

मुग्धेन्दुशेखरा[6] स्निग्धकुन्तला[7] मणिकुण्डला ।

सर्वावयवसंपन्ना सर्वाभरणभूषिता ॥५॥

रक्तमाल्यांशुकालेपा[8] हेमपट्टावृतोदरी ।

चामराभ्यां वीज्यमाना सर्वराजपरिच्छदा ॥६॥

हृल्लेखेति । ह्रीं ह्रां हृदयम् । ह्रीं शिरः । ह्रूं शिखा । ह्रैं कवचम् । ह्रौं नेत्रत्रयम् । ह्रः अस्त्रम् । शिवालये दक्षिणामूर्तिमाश्रितः = दक्षिणामूर्तिस्थानमाश्रितः । कृष्णाष्टमी

---

1 शक्तिबीजाख्यः 2 त्रीन्दुखण्ड

3 अकलिङ्गे 4 कृष्णाष्टम्यां

5 ध्यायन् 6 खण्डेन्दु 7 स्निग्धकुण्डला

8 रक्तमाल्येत्यारभ्य सार्धश्लोकः (वा चतुर्भुजा इति पर्यन्तम्) A कोशे न दृश्यते ।

मुक्तादामलसत्कण्ठी द्विभुजा वा चतुर्भुजा ।

रक्ता पाशाङ्कुशधरा साभया वरदायिका[1] ॥७॥

जपहोमार्चनध्यानेष्वेवं[2] ध्येया सदाम्बिका ।

रक्तहृत्पङ्कजे ध्याता सा भवेत् सर्वकामदा ॥८॥

तत्सिद्धः सर्वशास्त्रज्ञः सर्वव्याधिविवर्जितः ।

चिरं जीवेल्लभेत् (?) सिद्धिमीप्सितान्तं जपन् सदा ॥९॥

चोरव्याघ्रोरगादिभ्यः स्मरणादस्य नो भयम् ।

क्रुद्धस्यास्य[3] जपेदेतज्जपन् राजकुलं व्रजेत् ॥१०॥

नित्यं सौभाग्यदं पञ्चविंशज्जप्ताभिषेचनम् ।

मेधावी च भवेद्ब्राह्मी तावज्जप्ताम्बुपानतः ॥११॥

जिह्वाग्रे न्यस्य तज्जप्तं वाक्सिद्धिकविताकरम् ।

तज्जप्तमञ्जनं वश्यं कर्पूरागरुसंयुतम् ॥१२॥

स्वासृग्भस्मारुणालेपो वश्यं च तिलकक्रिया ।

कृकलासवसासाध्यपादपांसुः कुलालमृत् ॥१३॥

समारभ्य कृष्णचतुर्दश्यन्तं माससहस्रकं द्वादशसहस्रकं जपेत् । रत्नसिंहासनासीनामित्यादिना ध्यानम् । स्वासृक् = തന്റെ വിരലിന്മേലുള്ള രക്തം ।

---

1 वसुदायिका ।

2 होमार्चनेष्वेवं ध्येया ध्याने

3 क्रुद्धस्याग्रे

तैः कृतां प्रतिमां मूत्रस्थाने खन्याद्वशीक्रिया ।
भक्षितार्कदिने वश्यं[1] पुत्तली शालिपिष्टया ॥१४॥
तज्जापाच्च[2] रतिर्विश्यमुक्तिः स्पर्शेक्षणं तथा ।
मधुरत्रयसिक्तानामश्वत्थसमिधां हुतात्[3] ॥१५॥
ब्राह्मणं वशयेत्तद्वत्पद्मानां होमतो नृपम् ।
राजपत्नीं पलाशेन मन्त्रिणं कुमुदेन च ॥१६॥
वैश्यं तैलेन लवणैः शूद्रं तद्वच्च तद्वधूम् ।
अश्वत्थसमिधा[4] वैश्यां रण्डामेरण्डहोमतः[5] ॥१७॥
साङ्ख्यं पत्रमजाक्षीरे न्यस्य दर्व्या विघट्टयन् ।
तत् क्राथयेन्मध्यरात्रे तज्जपन्नेति काङ्क्षितम् ॥१८॥
जानुमात्रे जले स्थित्वा निश्चलो[6] मीलितेक्षणः ।
जपेत् सहस्रं तद्रात्राविष्टामाकर्षयेत् स्त्रियम् ॥१९॥
कण्ठमात्रोदके स्तित्वा पश्यन्नम्बुगतं रविम् ।
त्रिसहस्रजपाच्छक्तः कन्यामाकर्षयेद्बुधः ॥२०॥

अरुणालेपः । रण्डा = विधवा । शक्तेर्हृल्लेखायास्त्रिसहस्रजपात् कन्यामाकर्षयेत् । अङ्गैः प्रथमावृतिः । अनङ्गरूपायै नमः । अनङ्गमदनायै नमः । मदनातुरायै नमः ।

---

1 नित्यं पुत्तली
2 तज्जसमैथुनं
3 हुनेत्
4 व्याघातसमिधि वेश्यां
5 रण्डांहेरण्ड
6 निश्चले

श्रीर्भवेत्तस्य भुञ्जीयाद्योऽन्नं सप्ताभिमन्त्रितम् ।

यथावद्दासने क्लृप्ते यजेत्तामिष्टसिद्धये ॥२१॥

अर्धनारीश्वरं वाथ पाशाङ्कुशवराभयम् ।

जपाहेमनिभं सिद्धरूपा[1]कारविभूषणम् ॥२२॥

(म) अनङ्गरूपायै नमः । अनङ्गमदनायै नमः ।

[2]मदनातुरायै नमः । पवनवेगायै नमः ।

भुवनपालायै नमः । सर्वशिशिरायै नमः ।

अनङ्ग[3]रेखायै नमः ॥

अङ्गलोकेशमध्यस्था दिग्विदिक्षु यजेदिमाः ।

मध्ये षट्पत्रपद्मस्य लिखेद्देवि दलेषु च ॥२३॥

स्वरावृतमिदं यन्त्रं धारयेत् पुत्रकामिनी ।

पवनगायै नमः । भुवनपालायै नमः । सर्वशिशिरायै नमः । अनङ्गरेखायै नमः । पुनरिन्द्रादयः । पुनर्वज्रादयः ॥ (१-२२)

मध्ये षट्पत्रपद्मस्येति । षड्दलं पद्मं लिखित्वा, मध्ये दलेषु ह्रींकारं, मध्यस्थह्रींकारे जीवादि, बहिः स्वरेण वेष्टयेत् ॥ (२३)

---

1 रूपागारं

2 अनङ्गमदनातुरायै

3 अनङ्गरेखायै नम इति A पुस्तके नास्ति ।

त्रिकोणसंपुटस्थस्य शक्तिबिंबस्य[1] रन्ध्रयोः ॥२४॥

साध्यसाधकयोराख्ये[2] लिखेत् पार्थिववेश्मनि ।

विधिवत् कल्पितं यन्त्रं धारयेद्वश्यमुत्तमम् ॥२५॥

बाह्यस्थरेखामध्यस्थमान्तरस्याश्रमीदृशे ।

शक्रवेश्मत्रये शक्तिर्वश्यं[3] स्यात् कुम्भवेष्टिता ॥२६॥

नित्यमन्मथबीजं[4] ते विषमलिद्रवे नमः ।

हूतिसूतिपुटो देवी वाग्रुद्धः सर्वकामदः ॥२७॥

रात्रिकूराङ्गसंस्थैः स्ववर्णैः[5] स्वेन च वाग्मिना ।

न्यस्यांशषट्कं[6] वाचैव पुनश्चाङ्गनि विन्यसेत् ॥२८॥

त्रिकोणसंपुटस्थस्येति । षट्कोणमध्ये ह्रींकारं, तद्रन्ध्रयोः साध्यसाधकयोराख्ये षट्कोणेषु रं इति, षट्कोणस्य बहिश्चतुरश्रम् ॥ (२४-२५)

बाह्यस्थेति । चतुरश्रं कृत्वा, चतुरश्रस्य दिक्षु कोणं यथा स्यात्तथा तदन्तश्चतुरश्रं, तदन्तरपि तथा वज्रलाञ्छितान् कृत्वा, मध्ये ह्रींकारं, तदन्तर्जीवादि शक्रवेश्मनो बहिर्वकारेण वेष्टयेत् । ह्रींकारस्य बहिरिति केचित् ॥ (२६)

नित्यमन्मथेति । हूतिः-स्वाहाकारः । सूतिः-प्रणवः । ओं ह्रीं ऐं नित्य-क्लिन्ने मदद्रवे स्वाहा । ओं नित्यहृदयम् । ओं क्लिन्ने शिरः । ओं मदशिखा । ओं द्रवे कवचम् । ओं ह्रीं स्वाहा अस्त्रम् । नित्यक्लिन्ने मदद्रवे स्वाहा नेत्रत्रयम् । ओं ऐं हृदयम् । ओं ऐं शिरः । ओं ऐं शिखा । ओं ऐं कवचम् । ओं ऐं अस्त्रम् । ओं ऐं नेत्रत्रयम् । काम ऋषिः । शकरी छन्दः । नित्या देवी देवता ॥ (२७-२८)

---

1 शक्तिबीजस्य
2 साधकयोराख्यां
3 शक्तिवश्या
4 मन्मथबीजेन विषमन्त्र........मनुः ।
5 संस्थैश्च स्वर्णस्थेन च पाणिना ।
6 न्यस्याङ्गषट्कं वाचेव

स्मृत्वा सुराब्धिमध्यस्थं त्रिकोणं दीपमुज्ज्वलम् ।
तन्मध्यवर्ति चोद्यानं तदाकारं मनोरमम् ॥२९॥
कल्पवृक्षं तत्र हृद्यं वायुपुष्पलताकुलम् ।
गायत्कोकिलभृङ्गीकमर्धोदितदिवाकरम् ॥३०॥
ज्योत्स्नोद्भासितपूर्णेन्दुं मेघबृन्देन दुर्दिनम् ।
तन्मध्ये स्थण्डिले हैमे रक्तयोन्यासने[1] यजेत् ॥३१॥

(म) ओं ओं द्राविणि वामायै नमः । ओं ईं आह्लादकारिणि, ज्येष्ठायै नमः । ओं उँ क्षोभिणि रौद्यै नमः । ओं ऐं गुह्यशक्तये नमः ।

कोणेष्वैशादिमध्ये च तत्र शक्तीर्न्यसेदिमाः ।
तत्रावाह्यार्चयेन्नित्यां पाशाङ्कुशकपालिनीम् ॥३२॥
[2]पार्श्वस्थकल्पकतरुं वादयन्तीं च वल्लकीम् ।
रक्तमाल्यांशुकालेपां त्रिनेत्रामर्धचन्द्रिणीम् ॥३३॥

स्मृत्वा सुराब्धीत्यादि । स्थलं प्रति प्रतिपत्तिः । योन्यासनं=त्रिकोणासनमित्यर्थः । ओं आं द्राविणि वामायै नमः । ओं ईं आह्लादकारिणि ज्येष्ठायै नमः । ओं ऊँ क्षोभिणि रौद्यै नमः । ओं ऐं गुह्यशक्तये नमः । ईशादिकोणेषु मध्ये च । अत्र तस्मिन् पीठे नित्यं देवीमावाह्य पूजयेत् । पाशाङ्कुशेत्यादिना ध्यानम् । अङ्गैः प्रथमावृतिः । इं नित्यायै नमः । ईं सुभद्रायै नमः । ऊँ मण्डलायै नमः । ऊँ नरवीरिण्यै नमः । ओं सुभगायै

---

1 रक्तं योन्यासने न्यसेत् । 2 पाणिस्थकल्पकतरुं

किञ्चित् खिन्नां जपारक्तां सुमुखीं मदविह्वलाम्[1] ।

मदाघूर्णिततात्राक्षीं कान्तां सर्वाङ्गभूषिताम्[2] ॥३४॥

(म) इं नित्यायै नमः । ईं सुभद्रायै नमः ।

उं मङ्गलायै नमः । ऊँ नरवीरिण्यै नमः ।

ऐं सुभगायै नमः । एं दुर्भगायै नमः ।

ओं मनोन्मन्यै नमः । औं दुर्द्रवायै नमः ॥

एभिर्वीणाकरा दूत्यः पूज्याः पूर्वादिलोहिताः ।

(म) हं[3] क्लीं अनङ्गाय नमः । हं[4] क्लीं स्मरणाय नमः ।

हं क्लीं मन्मथाय नमः । हं क्लीं कामाय नमः ।

हं क्लीं स्मराय नमः ॥

दिक्ष्वग्रे च यजेदेतैः पञ्च कामान् सबाणधीन् ॥३५॥

नमः । ऐं दुर्भगायै नमः । ओं मनोन्मयै नयः । ओं दुर्द्रवायै नमः । द्वितीयावृतौ । हक्लीं मन्मथाय नमः । हक्लीं कामाय नमः । चतुर्दिक्षु हक्लीं स्मराय नमः । अग्रे जं रत्यै नमः । जां विरत्यै नमः । अनङ्गस्य पार्श्वयोः जिं प्रीत्यै नमः । जीं विप्रीत्यै नमः । स्मरस्य पार्श्वयोः जुं मत्यै नमः । जूं दुर्मत्यै नमः । मन्यथस्य पार्श्वयोः जों धृत्यै नमः । जौं विधृत्यै नमः । कामस्य पार्श्वयोः जं तुष्ट्यै नमः । जः वितुष्ट्यै नमः । स्मरस्य पार्श्वयोः पुनरिन्द्रादयः, पुनर्वज्रादयः ।

---

1 स्मरविह्वलाम् ।

2 भूषणाम् ।

3 ह्रीं अनङ्गाय

4 हिं । अस्मिन् मन्त्रे एवमेव हं स्थाने सर्वत्र हिं इति A कोशे विद्यते ।

पाशाङ्कुशधनुर्बाणपाणीन् रक्तान् सुभूषितान् ।

(म) जं रत्यै नमः । जां विरत्यै नमः । जिं प्रीत्यै नमः ।

जीं विप्रीत्यै नमः । जुं मत्यै नमः । जूं दुर्मत्यै नमः ।

जों धृत्यै नमः । जौं विधृत्यै नमः । जं तुष्ट्यै नमः ।

जः वितुष्ट्यै नमः ॥

एभिर्वीणाकरा रक्तास्ता देवीः पार्श्वयोर्यजेत् ॥३६॥

तां लोकेशां तदिष्ट्वैवं योनिमुद्रां प्रदर्श्य च ।

जपेत् सुधीः शतं मन्त्रं लिप्यर्णान्तं क्रमोत्क्रमात् ॥३७॥

क्लिन्ने वागङ्कुशौ[1] नित्यशब्दः कालश्च तद्द्रवे[2] ।

विद्येशी शक्तिरुद्दिष्टा साङ्गा स्यादिष्टसिद्धिदा ॥३८॥

[3]रणसिन्धुचरत्पोतमासपत्राब्जयोनिगा ।

पाशाङ्कुशधनुर्बाणबीजपूरकपालधृक् ॥३९॥

" अङ्गुष्ठौ विधिवत् कुर्यात् कनिष्ठामूलसंस्थितौ ।
हस्तौ तु मुकुलीकृत्य योनिमुद्रा प्रकीर्तिता ॥ "

लिप्यर्णान्तं क्रमोत्क्रमादिति । ओं ऐं नित्यक्लिन्ने मदद्रवे ह्रीं स्वाहा । अं ओं ऐं नित्यक्लिन्ने मदद्रवे स्वाहा । एवं आं इत्यादि । पुनः क्षकारादिक्रमेण च ॥ (२९-३७)

क्लिन्ने वागिति ओं ह्रीं क्लिन्ने ऐं नित्यमदद्रवे ह्रीं आह्लादिनि हृदयाय नमः । क्लिन्ने शिरः । क्लेदिनि शिखा । नित्यकवचम् । मदनेत्रत्रयम् । द्रवे अस्त्रम् । नेत्रं विना मदद्रवेत्यस्त्रं वा । काम ऋषिः । जगती छन्दः । सर्वज्ञा शक्तिर्देवता । रत्नसिन्धु-

---

1 पाङ्ग कुशो नित्य 2 दद्रवे ।

3 रक्तसिद्धचलत्प्रोतमासपत्राब्जयोनिजा ।

नित्यैषा पूर्ववद्रूपा पूज्या दूत्यश्च पत्रगाः ।

हृल्लेखा क्लेदिनी नन्दा क्षोभिणी मदनातुरा ॥४०॥

निरञ्जना रागवती चाष्टमी मदनावती ।

खेखला द्राविणी बेगवती कामाश्च ताः स्मृताः ॥४१॥

नतौ साक्षित्वचौ क्लिन्ने कालोऽत्रिश्चन्द्रबेरिशरः । (?)

कामदेवा त्रिभुवनमोहिनी शक्तिपूर्विका ॥४२॥

पूर्वोक्तरूपामभयपाशाङ्कुशकपालिनीम् ।

नित्यां देवीं स्मरेन्मन्त्रं जपेदेतं यजेच्च ताम् ॥४३॥

मधूकपुष्पैर्जुहुयात्तैर्मन्त्रैः सिद्धये पृथक् ।

यः पञ्चकर्म कुर्यात्तैर्मन्त्रैः स स्याज्जगत्प्रियः ॥४४॥

चरदित्यादि ध्यानम् । चरत्=गच्छत् । मासपत्रं=द्वादशपत्रम् । पत्रगाः=द्वादशपत्राब्जान्तस्त्रिकोणगाः । प्रथमावृतिरङ्गैः । हृल्लेखायै नमः । क्लेदिन्यै नमः । नन्दायै नमः । निरञ्जनायै नमः । रागवत्यै नमः । मदनावत्यै नमः । मेखलायै नमः । द्राविण्यै नमः । भगवत्यै नमः । कामाय द्वादशदलेषु द्वितीयावृतौ पुनर्मातृभिः । पुनरिन्द्रादयः, पुनर्वज्रादयः ॥ (३८-४१)

नताविति । ओं ह्रीं नित्यक्लिन्ने मदद्रवे स्वाहा । ऋष्याद्यं प्रथमनित्यावत् ।

गन्धाद्यैररुणतरैर्विभूषिताङ्गीं
रत्नाभामभयकपालशूलहस्ताम् ।
ध्यायेत्तां करकलिताङ्कुशां त्रिनेत्रां
धम्मिल्ले धृतकलशेन्दुपारिजाताम् ॥

पञ्चकर्म = तर्पण - जप - होम - सपर्या - यन्त्रधारणानि ॥ (४२-४४)

50

वरपाशाङ्कुशकरा[1] मद्यपूर्णकपालभृत्[2] ।
नित्या भूत्वा जपेत् कामबीजमिष्टार्थसिद्धये ॥४५॥
न्यस्तमन्त्राङ्गुलीं बद्ध्वा[3] क्षोभिणीं नामयुक्कलाम् ।
शय्यागतस्मरं[4] नित्यामिष्टाकर्षणकृज्जपः[5] ॥४६॥
तासु नित्यासु यः सिद्धः क्षोभयेत् सोऽखिलं जगत् ।
मन्त्रा न सन्ति नित्याभिः समाः श्रीवश्यकारिणः ॥४७॥
कलासनस्थो नकुली[6] वामनेत्रार्धचन्द्रवान् ।
लिपिर्भिन्ना मनुर्जप्तो[7] लोकक्षोभकरो भवेत् ॥४८॥
रक्तपद्मासनं रक्तवस्त्रमाल्यानुलेपनम्[8] ।
यथोक्तरूपं कम्राङ्गं कामं स्वैक्येन[9] चिन्तयेत् ॥४९॥

वरेति । वरपाशाङ्कुशेत्यादिना नित्यान्तरमाह । क्लीम् ॥ (४५)

न्यस्तमन्त्राङ्गुलीमिति । नित्यामन्त्राक्षराणि दशस्वङ्गुलीषु विन्यस्य, तले साध्याय नाम च विन्यस्य, क्षोभिणीमुद्रां बद्ध्वा नित्यामन्त्रं जपेत् ।

"हस्तौ संयोज्य तर्जन्यौ प्रसार्य च समाहितः ।
अङ्गुष्ठौ मध्यमासक्तौ कुर्यात् संक्षोभिणी स्मृता ॥" (४६-४७)

कलासनस्थ इति । ककारलकारासनस्थः । अं ह् क्लीं आं ह् क्लीं इत्यादि मनोजसः यथोक्तरूपं = त्रैलोक्यमोहनमन्त्रोक्तरूपं साध्यहृदं पञ्चबाणेन विद्ध्वा, तन्मन्त्रं त्रिसन्ध्यं जपेत् । "मदनो मोहनश्चैव स्तम्भनोन्मादनौ तथा । शोषणश्चेति पञ्चैते

---

1 अङ्कुशधरा 2 कपालिनी । 3 जप्त्वा
4 शय्याशतस्मरं 5 जपेत् । 6 लकुली
7 लिपिभिन्नो मनोजसो 8 रक्तवज्रामाल्या 9 कामान् स्वैक्येन

जपेद्वश्याय तद्बीजं कुर्यात् पूजादिकर्म च ।

साध्यहृद्विद्धबाणस्तत्त्रिसन्ध्यं वश्यकृज्जपेत् ॥५०॥

(म) नमः[a] कामाय सर्वगणविजयाय सर्वजन-

संमोहनाय प्रज्वलिताय सर्वजनस्य

हृदयं मयि गतं कुरु ठठ ॥

एतज्जपादिना तन्त्रं[1] वशयेत् सकलं जगत् ।

तारे तु युग्मं[2] रेद्विन्दुर्नवार्णो वश्यकृन्मनुः[3] ॥५१॥

(म) अर्धनारीश्वराय[4] उमामहेश्वराय गङ्गाधराय

वाग्देवाय गणनाथाय समस्तनारीरूपश्रिये

भूतनाथाय विश्वेश्वराय ठठ ॥

कामबाणाः प्रकीर्तिताः ॥" ओं नमः कामाय सर्बजनविजयाय सर्वजनसंमोहनाय प्रज्वलिताय सर्वजनस्य हृदयं ममात्मगतरसं कुरु कुरु स्वाहा । एतन्मन्त्रं जपादिना सकलं जगद्वशयेत् ॥ (४८-५०)

तार इति । श्रं तारे तु तारे तुरे स्वाहा । अर्धनारीश्वराय स्वाहा । उमामहेश्वराय स्वाहा । गङ्गाधराय स्वाहा । वाग्देवतायै स्वाहा । गणनाथाय स्वाहा । समस्तनारी-रूपाय स्वाहा । श्रिये स्वाहा । भूतनाथाय स्वाहा । सर्वेश्वराय स्वाहा । व्याहृतिपञ्चिभैर-

---

a नमः चामाशार्लवगणहि गशा लर्वगणचन्मोवणाशप्रज्वलिदाशर्लवगणस्य हृदयं ममात्मगतरसं ठठ ।

1. मन्त्रं 2 रे बिन्दु न वर्णे 3 वश्यकृन्मनः ।

4 अर्धार्णाक्षीश्वषा ह्रा ठठ । उमामवेश्वषाश ठठ । जाजा स ष श ठठ । वाग्देवतायै ठठ । गणनाथाय ठठ ।

[1]
अमापर्वणि सूर्येन्दुयोगे व्याहृतिपञ्चिमैः ।

मन्त्रैरमीभिर्वश्याय गुडाक्तैर्जुहुयात्तिलैः ॥५२॥

द्वेषाय तद्वियोगे च तैलाक्तैः सर्षपैस्तथा ।

पाशाङ्कुशाभ्यां श्रीशक्ति कामबीजं क्रमोत्क्रमात् ॥५३॥

स्थितं पुटितमष्टार्णं स्त्रीयन्त्रं कर्षणं विदुः ।[2]

(म) नमो[3] भगवति मातङ्गेश्वरि सर्वजनमनोहरि
सर्वमुखरञ्जिनि सर्वराजवशङ्करि सर्वस्त्री-
पुरुषवशङ्करि सर्वदुष्टमृगवशङ्करि सर्व-
सत्त्ववशङ्करि अमुकं वरमानय ठठ ॥

ध्यात्वा मातङ्गिकामेतद्वश्यार्थी सन्ध्ययोर्जपेत् ॥५४॥

गायत्रीं वीणया कृष्णवसनां शङ्खकुण्डलाम् ।

श्यामामलङ्कृतामेतत्सर्ववश्यं सदा जपात् ॥५५॥

मीभिर्मन्त्रैः अमापर्वणि=अमावास्यायां गुडाक्तैः तिलैर्जुहुयात् । सूर्येन्दुयोगे अमावास्यारम्भे वश्याय । अमावास्यायां सूर्येन्दोर्वियोगे द्वेषाय प्रतिपदारम्भे ॥ (५१-५२)

पाशाङ्कुशाभ्यामिति । आं श्रीं ह्रीं क्लीं क्लीं ह्रीं श्रीं क्रौं स्त्रिया आकर्षणमेतत् । स्त्रियं श्रियादिषड्बीजैर्वेष्टयित्वा पाशाकारेण पाशमन्त्रेण कण्ठे बद्ध्वा । अङ्कुशाकारेण अङ्कुशमन्त्रेण ललाटे विद्ध्वा, प्रतिकूलां स्त्रियं प्रसह्याकर्षयति । यन्त्रं = पीडनम् ॥ (५३)

नम इति । ओं नमो भगवति मातङ्गेश्वरि सर्वजनमनोहरि सर्वमुखरञ्जिनि सर्वराजवशङ्करि सर्वस्त्रीपुरुषवशङ्करि सर्वदुष्टमृगवशङ्करि सर्वसत्त्ववशङ्करि अमुकं वशमानय स्वाहा । गायत्रीमित्यादि ध्यानम् ॥ (५४-५५)

---

1 अमावास्यायां   2 स्त्रीयन्त्राकर्षणं

3 नमो भगवति भाटं जेषि लर्ब्भगमणोवर्ल्वमुखषञ्जिणि सर्वराजवशङ्करि

(म) [1] नम उच्छिष्ट चण्डालि मातङ्गि

सर्ववशीकरिणि ठठ ॥

भुक्त्वा विचिन्त्य मातङ्गीं व्योमस्थां विद्ययानया ।

उच्छिष्टेनान्धसा दद्याद्बलिं [2] तस्यै दिने दिने ॥५६॥

तद्रूपी तां जपन् दृष्टो यैर्यान् वाथ स पश्यति ।

ते वश्याः स्युः सभां गच्छेत्तदात्मा पूज्यते तया ॥५७॥

(म) [a] ह्रीं गौरीं रुद्रदयिते योगेश्वरि हुं

फट् ठठ ॥

वामोरुलिखितं नाम साध्याया वामपाणिना ।

विधायैनां जपेद्विद्यां नृवश्यो दक्षिणां विदुः ॥५८॥

(म) [3] हर दह मुञ्च मुमुक्षि अमुकं मे

वशमानय ठठ ॥

नम इति । ओं नम उच्छिष्ट चण्डालि मातङ्गि सर्ववशीकरिणि स्वाहा । उच्छिष्टो भूत्वा=उच्छिष्टेनान्धसा बलिं दत्त्वा यं पश्यति स एनं स्निह्यति ॥ (५६-५७)

ह्रीमिति । ओं ह्रीं गौरि रुद्रदयिते योगेश्वरि हुं फट् स्वाहा । प्रयोगः—वामोरु लिखितमिति ॥ (५८)

हरेति । हर हर दह दह वध वध मुञ्च मुञ्च मुमुक्षि मुमुक्षि अमुकं मे वशमानय स्वाहा ॥ (५९)

---

1 नम इच्छिष्ट कण्डासि माटं जिलकर्ष हैशषिणि ठठ । 2 तस्य

a ह्रीं जौषिपुद्रड शिटे शोजेश्वषि हुं फट् ठठ !

3 वष - सव - हठ - मुञ्च - मुमुक्षि

विष्णुमन्दिरजाप्येन सिद्धया विद्ययानया ।
जप्तं नेत्राञ्जनं वश्यं तथा स्यात्तिलकक्रिया ॥५९॥

(म) वश्यमुखि[a] राजमुखि
रागवश्यमुखि ठठ ॥

मुखक्षालनमेतेन कुर्वन् सर्वप्रियो भवेत् ।

(म) उत्तिष्ठ सहदेवि[b] किं स्वपिषि ।
यदि शक्यमशक्यं वा सर्वजनं[1]
मे वशमानय ठठ ॥

देवीमनेन शिरसि धारयेत् स्निह्यते जनैः ॥६०॥

(म) नयनमनोहरि[c] ठठ । नयनातिमनोहरि ठठ ॥

एतद्देवीसमिद्धोमभस्मलेपाद्वशीकरम् ।

वश्येति । ओं वश्यमुखि राजमुखि राजवश्यमुखि स्वाहा ॥

उत्तिष्ठेति । उत्तिष्ठ सहदेवि किं स्वपिषि यदि शक्यमशक्यं वा सर्वं मे वशमानय स्वाहा ॥ (६०)

नयनेति । नयनमनोहरि हर हर नयनानि मनोहरि स्वाहा । भस्मलेपः ।

---

a इश्यमुच्छिषागमुच्छिषागहश्य मुच्छि ठठ ।
b ल्वडेहि चिं स्वपिषि
1 सर्वं मे
c णशणमगो वपिवष नयनातिमनोहरि

(म) चामुण्डे खेलिनि आस्वादयाकर्षय आकर्षिणि

पञ्चविंशा विनियमे अमुकं वशमानय ठठ ॥

तज्जप्तं प्रथमग्रासमत्तु साध्यो वशी भवेत् ॥६१॥

(म) नमो भगवते रुद्राय[1] जटिने शूलिने स्वप्नमन्युपतये

तेन रूपेण मम रूपं दर्शय अमुकस्य हृदयं हन दह

पच वशमानय ठठ ॥

पृथङ्मानसहस्रार्कपुष्पैस्तन्मन्त्रितैः शिवम् ।

इष्ट्वा सिद्धेन मन्त्रेण घृतहोमो वशीकरः ॥६२॥

(म) चामुण्डे[2] अमुकं दह । पच मम

वशमानय ठठ ॥

व्याख्यापाठस्त्वन्यथा 'नयनमनोहरि नयनमनोहरि स्वाहा 'इति ॥ चामुण्ड इति । ओं चामुण्डे हलि हलि आस्वादयास्वादय, आकर्षिणि पञ्च पञ्च पिशाचिनि अमुकं मे वशमानय स्वाहा । अदनं=भक्षणम् ॥ (६१)

नमो भगवत इति । ओं नमो भगवते रुद्राय जटिने शूलिने स्वप्नमन्युपतये तेन रूपेण मम रूपं दर्शय दर्शय अमुकस्य हृदयं हन हन दह दह पच पच वशमानय स्वाहा । पृथक् पृथङ्मन्त्रितैर्द्वादशसहस्रार्कपुष्पैः शिवमिष्ट्वा सिद्धेन ॥ (६२)

---

a कामुण्डे वसि आस्वाडश आकर्षिणिपञ्चपिशाचिनि

1 क्षुद्राशशतिने शूलिने

2 कामुण्डे

सन्ध्यात्रये गुरुदिनं जप्त्वैतद्गुरुसंख्यया ।

जुह्वतो लवणैः सिद्धैः पुंसस्साध्यो वशी भवेत् ॥६३॥

(म)[1] चामुण्डेश्वरि चण्डालिनि अमुकं दह

पच शीघ्रं वशमानय ठठ ॥

समन्तकाष्ठलवणैः कार्पासास्थितुषान्वितैः ।

पादपांसुभिरेतेन सप्ताहाद्द्वादशोद्धृतम् ॥६४॥

(म) नमः[2] कृष्णशबराणां विविरि चले चित्ते

रेतर्मोचय ठठ ॥

रक्ताश्वमारिणीपुष्पं भ्रामयेत् सप्तमन्त्रितम् ।

प्रत्यक्षं सुदृशः सा स्याद्वश्या शुक्रं क्षरेदपि ॥६५॥

चामुण्ड इति । ओं चामुण्डे अमुकं दह दह पच पच मम वशमानय स्वाहा । त्रयोविंशद्दिनं त्रयोविंशद्वारं सन्ध्यात्रये लवणहोमः ॥ (६३)

चामुण्डेश्वरीति । ओं चामुण्डेश्वरि चण्डालि अमुकं दह दह पच पच शीघ्रं वशमानय स्वाहा । कार्पासास्थि=പരുത്തിക്കുരു तुष=ഉമി ॥ (६४)

नम इति । नमः कृष्णशबराणां विविरि चले चले चित्ते विविरि रेतर्मोचय स्वाहा । सुदृशः प्रत्यक्षं सप्ताभिमन्त्रितम् । रक्ताश्वमारिणी=രക്തകരവീരം । (रक्तकरवीरः) ॥ (६५)

---

1 चामुण्डेश्वषि कण्डासि अमुकं दह

2 नमः चृष्णाय बषानां दिषि चले

(म) शबराणां[1] नमः असमे कुसुमे ठठ ॥

तत्सप्तजप्तं वश्यार्थी दद्यात् पुष्पफलादिकम् ।

(म) मुहि पुहि ठठ ॥

कृतिवारमिदं जप्त्वा स्त्रीयोनौ वश्यकृज्जपेत् ॥६६॥

नामाङ्ककर्णिके भूर्जे रोचनाचन्दनार्पितम् ।

अङ्कुशास्यं चतुष्पत्रमाज्यस्थं पद्ममर्चयेत् ॥६७॥

वश्यं यन्त्रमिदं विद्यामिष्टामाकर्षयेदपि ।

अर्धनारीश्वरः साग्निषष्ठो दण्ड्यन्तराह्वयः[2] ॥६८॥

चिताङ्गारार्चितो[3] वस्त्रे योनिस्थो भर्तृरञ्जकः ।

(म) निकुदे वरदे वरकोकिले चण्डालि ठठ ॥

वामहस्ते मन्त्रवृतं नाम नीलीरसार्पितम् ॥६९॥

साध्यं[4] हृदि न्यसेच्छ्ध्रन्मन्त्रस्मृत्या[5]नुरञ्जनम् ।

शबराणामिति । शबराणां नमः । असमे कुसुमे स्वाहा । सप्तमन्त्रितं पुष्पादि दद्यात् ॥ मुहीति । मुहि मुहि पुहि पुहि स्वाहा । कृतिवारं=അറുപത്താറ । कूपारनाम मन्त्रो वा ॥ (६६)

नामाङ्ककर्णिके इति । भूर्जे रोचनया चतुर्दलं क्रूं पद्मं लिखित्वा, पत्रेषु क्रों कारं मध्यस्य ह्रींकारं मध्ये जीवादि ॥ (६७)

अर्धनारीश्वर इति । चितावस्त्रे चिताङ्गारेण भ्रूंकार लिखित्वा, तन्मध्ये जीवादि एतद्योनौ स्थापयेत् ॥ (६८)

निकुद इति । निकुदे वरदे वरकोकिले चण्डालि स्वाहा । वामहस्तेन नीलीरसेनैतन्मन्त्रावृतं नाममन्त्रविदर्भितं लिखित्वा जप्त्वा न्यसेत् ॥ (६९)

---

1 शबषानां नमः
2 दण्डयन्तरां पयः ।
3 चिताङ्गारार्पितः
4 साध्या हृदि
5 मन्त्रं स्मृत्वा

प्रांशुर्ब्रह्मा दृशा युक्तो मनोरञ्जनिरद्वयम् ॥७०॥
लाक्षया लिखितं वामहस्तेऽष्टदलपङ्कजे ।
वश्यं स्याद्दर्शितं यन्त्रं[1] पूर्ववच्च क्रियापि च ॥७१॥
षोडशाष्टारयोर्मन्त्रौ[2] चक्रयोर्द्वाविमौ तथा ।
संलिख्य भूर्जपत्रादौ[3] धारयेद्वश्यमुत्तमम् ॥७२॥
मन्त्रौ विविक्ते[4] कुड्यादाविमौ संलिख्य साधकः ।
पश्यन्नेव जपेन्मौनी तूर्णमायान्ति[5] काङ्क्षिताः ॥७३॥
योनौ विन्यस्य तक्रोत्थं कृत्वा मन्त्राभिमन्त्रितम् ।
तज्जसं[6] कज्जलं न्यस्य नेत्रयोः सुभगा भवेत् ॥७४॥

प्रांशुर्ब्रह्मेति । कामिनी रञ्जिनी स्वाहा । लाक्षया वामहस्तेऽष्टदलपङ्कजे लिखितं दर्शयेत् ॥ (७०-७१)

षोडशाष्टारयोरिति । वृत्तं लिखित्वा तत्परितोऽष्टारं तद्बहिर्वृत्तं कृत्वा षोडशारं विलिख्य, मध्येऽष्टारे कामिरञ्जिनी स्वाहेति लिखेत् । षोडशारे तु तिक्त देवर देवर कोकिले चण्डालि स्वाहेति लिखेत् ॥ (७२-७३)

योनाविति । षोडशाक्षरेण वाष्टाक्षरेण वा सप्ताभिमन्त्रितं नवनीतं योनौ विन्यस्य, उद्धृत्य । कज्जलं=मषीं कल्पयेत् ॥ (७४)

---

1 मन्त्रं 2 षोडशाक्षरयोः 3 भुजपत्रादौ 4 रात्रौ विविक्ते
5 आयाति काङ्क्षितम् । 6 तत्कृतं

क्षौद्राक्तैर्लवणैः शुद्धैर्जुहुयात् सप्तसंख्यया ।
रात्रौ लवणमालेण वश्यायैतज्जपेदपि ॥७५॥

क्षौद्राक्तैरिति । अत्र लवणमन्त्र उच्यते :—

"लवणाम्भस्तु तीक्ष्णोऽसि उग्रं हि हृदयं तव ।
लोणस्य पृथिवी माता लोणस्य वरुणः पिता ॥

लवणैर्हूयमाने तु कुतो निद्रा कुतो रतिः ।
लोणमन्नं पाचयति लोणं छिन्दति भिन्दति ॥

असुकस्य हि गात्राणि दह मांसं तथा दह ।
मेदश्चापि दहास्थीनि अस्थिभ्यो मज्जकां दह ॥

यदि वा योजनशते नदीनां वा शतान्तरे ।
तं दग्ध्वा नय मे शीघ्रं अग्नेर्लोणस्य तेजसा ॥

या रात्रिः शल्यविद्धस्य शूलेष्वारोपितस्य च ।
सा ते रात्रिर्महारात्रि याने रात्रिर्महायशाः ॥"

चिटि चिटि चण्डालि महाचण्डालि अमुकं मे वशमानय स्वाहा । "लवणाम्भस्तु तीक्ष्णोऽसि उग्रं हि हृदयं तव । लोणस्य पृथिवी माता लोणस्य वरुणः पिता ।" हृदयाय नमः । एवं सर्वत्र योज्यम् । अङ्गिरा ऋषिः । अनुष्टुप्छन्दः । अग्निर्देवता ।

"त्रिलोचनो मेषगतः शुभाङ्गः स्रुवं च शक्तिं वरदाभये च ।
भुजैर्दधत् कुङ्कुमपिङ्गवर्णो विभूषितोऽग्निर्धवलाम्बराद्यैः ॥"

अस्य काले देवता चेत्तदेवं ध्यानम् ।

काली कालघनोपमा त्रिनयना शूलासिखट्वाङ्गका
नागं दक्षिणतोऽन्यतो डमरुकं मुंडं च खेटं करैः ।
बिभ्राणास्त्रकपालकं च विलसद्दंष्ट्राहिभूषोज्वला
वेतालोपरि संस्थिता भगवती ध्येयातिनीलाम्बरा ॥

वश्ये लवणमंत्रेण समो मन्त्रो न विद्यते ॥ (७५)

अन्तस्थासनमेकैकं द्वादशस्वरभेदितम् ।

भुवनाधिपतिं साध्यनामाक्षरविदर्भितम् ॥७६॥

वातेशेन्द्रयमारम्या लिखेत् पङ्क्तिचतुष्टये ।

मध्ये च वामेतरयोः शक्तिं पाशाङ्कुशौ लिखेत् ॥७७॥

पङ्क्तिमध्यदलाग्रेषु[1] नाम वामाक्षिवेष्टितम्[2] ।

स्वाख्याविदर्भया लिप्या वायव्यादिषु वेष्टयेत्[3] ॥७८॥

घटाकारमिदं यन्त्रं पद्मस्थं कमलाननम्[4] ।

पुष्यर्क्षस्याष्टमे भागे पटे नीलिरसोषिते ॥७९॥

लिखेदनामरक्तेन लाक्षेन्द्रियमदैः सह ।

लिखेत्तद्वामभागे[5] वा साध्ययोः सैक्थिकीं तनुम् ॥८०॥

अन्तेति । अन्तस्थानमित्यादिना घटार्गलं मन्त्रमाह । पूर्वपश्चिमायतां दक्षिणोत्तरायतां च कुल्यां कृत्वा, तथा पुनः शशनिऋतिगां अग्निवायुगां च । पुनरेकैककुल्यायां द्वादश द्वादशाक्षराणि नामाक्षरविदर्भितानि द्वादशस्वरभेदितानि अन्तस्थासनगानि लिखेत् । "य र ल वाः" अन्तस्थाः । कुल्याद्वये षट् षडक्षराणि सर्वत्र पङ्क्तिद्वयाकारेण पुनर्नामाक्षरलयं पुनर्ह्रकारं पुनर्नामाक्षरं लं इत्यादि ह्लं ह्लां इत्यादि वायव्याग्नेयान्तः । ह्रं ह्रामित्यादि । ईशानादि निऋत्यन्तं ह्रं ह्रां इत्यादि । तस्य वाम-दक्षिणपार्श्वयोः अं क्रों कुल्या रेखा । तदग्रेषु दलानि कृत्वा, तेषु इकारवेष्टितं नाम लिखेत् । वहिर्लिप्या स्वाप्या विदर्भया, तद्बहिः घटाकारेण वेष्टयेत् । घटवक्त्रे घटाभिमुखं पद्मं, घटपृष्ठे च तथा । पुष्यर्क्षस्य-पुष्यनक्षत्रस्य अष्टमे भागे लिखेत् । सिक्थकग्रथिते साध्याय हृदि

---

1 वहिर्मध्ये दलाग्रेषु 2 वामाक्षवेष्टितम् । 3 तद्वायव्यादि वेष्टयेत् ।

4 कमलासनम् । 5 वामबाहे वा

हृदयस्थिततद्यन्त्रां[1] स्थापयेन्मधुरत्रये ।
काञ्जिकाधो निधायैतां रक्तपुष्पैः समर्चयेत् ॥८१॥
बलिं दद्याच्च सप्ताहादुच्चैः सा वशगा भवेत् ।
तापयेत् पुत्तलीं[2] वाम्नौ यथासौ न विलीयते ॥८२॥
मध्यस्थाप्यं[3] जपेन्मन्त्रं पाशशक्त्यङ्कुशात्मकम् ।
राजीलवणहोमेन रम्भापि वशगा भवेत् ॥८३॥
पादेनाक्रम्य तद्यन्त्रं शय्यास्थो वा जपेन्मनुम् ।
सर्वस्त्रीहृदये तिष्ठेदेतन्मन्त्रं सदा जपन्[4] ॥८४॥
तद्यन्त्रं धारयेद्वामबाहौ[5] वश्यमनुत्तमम् ।
व्योमब्रह्मेन्द्रलोकेशवह्निवामाक्षिबिन्दुमत् ॥८५॥
कर्णिकायां लिखेत् साख्यं कामिनीं च दलाष्टके ।
मूलं मासकलापत्रेष्वालिखेत् स्वरभेदितम्[6] ॥८६॥

गुलिकीकृत्य संस्थापयेत् । सिक्थकं=മെഴുക് । इन्द्रियं=शुक्रम् मदः=ആനമദജലം । अनामरक्तं=മോതിരവിരലുകളുടെ രക്തം । वामभागे वा साधकस्य वामनासापुटे यदा वायुसंचारः तदा पुष्यर्क्षमनपेक्ष्यम् । काञ्जिकं=കാടി । यथासौ न विलीयते= ഉരുകാത്തവണ്ണം ॥ (७६-८२)

मध्येति । मध्यस्थाप्यमित्यादिना प्रयोगान्तरमाह । आं ह्रीं क्रीं स्वाहा । राजी= ചെറുകടുക് । रम्भा नामाप्सरसां श्रेष्ठा ॥ (८३-८४)

व्योमेति । व्योमेत्यादिना कामार्गलं यन्त्रमाह । इन्द्रलोकेशो ल्कारः । अष्टदलं पद्मं लिखित्वा, कर्णिकायां ह्क्लीमिति, तन्मध्ये जीवादि, दलेषु कामिनीत्यादि अष्टाक्षरं,

---

1 कृत्वा हृदिस्थं तद्यन्त्रं
2 पुत्तलीं वह्नौ
3 मध्यस्थाख्यं
4 जपेत् ।
5 वामभागे
6 स्मरभेदितम् ।

दन्तपत्रेषु तद्भिन्नं वर्णैः सान्तैश्च कादिभिः ।

वेष्टयेन्मन्दिरेणैतद्बहिः शक्त्याङ्कुशेन च ॥८७॥[1] [2]

यन्त्रं धटार्गलेनैतत्तुल्यं कामार्गलं विदुः ।

मेषौ सदृकूचलौ क्लिन्ने काल्णान्तौ (?) द्रवे च हृत् ॥८८॥

(म)[3] नित्यायै हुं नित्ये ठठ । नित्ये क्लिन्ने हुं ।

नित्याक्लिन्ने नमः स्वाहा । मदद्रवे नमः ।

सदाक्लिन्नैवमाख्याता दुर्गा विद्याङ्गसंयुता ।[4]

[5] एनां जपेद्यामवलोक्य सा स्त्री

[6] क्षीरे तया जप्तजलं पिबेद्यः ।

लिम्पेत्तनौ वा स जनाक्षिहृद्यः

तज्जप्तगन्धादिविभूषितश्च ॥८९॥

तद्बहिर्द्वादशदलेषु ह्क्लीं ह्क्लीं इत्यादि योज्यम् । तद्बहिः षोडशदलेषु ह् क्लैं ह् क्लौं इत्यादि योज्यम् । तद्बहिः क्षकारेण वेष्टयेत् । तद्बहिः शक्त्यङ्कुशाभ्याम् ॥ (८५-८७)

मेषौ सदृगिति । नित्यक्लिन्ने मदद्रवे नमः । नित्यायै हुं हृदयम् । नित्ये स्वाहा शिरः । नित्यक्लिन्ने हुं शिखा । नित्यक्लिन्ने नमः कवचम् । स्वाहा नेत्रम् । मदद्रवे नमः अस्त्रम् । झटि ऋषिः । त्रिष्टुप् छन्दः । दुर्गा देवता । सदाक्लिन्ना दुर्गा जपादिना वश्यकरी ॥ (८८-८९)

---

1 मदिरेणौतत् 2 पाशाङ्कुशेन च ।

3 सा नित्यायै हुं नित्यै स्वाहा । नित्यं क्लिन्ने स्वाहा । नित्यक्लिन्ने हं नित्यक्लिन्ने नमः ।

4 दृश्यां विद्याङ्गः 5 हि ना जपेद्यां 6 क्षरेत्तया

[1] ध्येकद्वयैकमिति च क्रमेण

मात्राक्षराढ्याष्टदलं सरोजम्[2] ।

वश्यं यथावत्कलितं भुजादौ

जप्तं तथा स्यात् कुसुमादिदत्तम् ॥९०॥

(म) देवि[3] देवादिदेवि महादेवि सर्वजनस्य

मुखं ममात्मगतं कुरु ठठ ॥

प्रक्षाल्यन्मुखमनेन विलेपनादि

कुर्याच्च वश्यमनुना सिकतातलस्थाम् ।

लक्ष्मीं यजेदहितिथौ कुसुमैः सहस्रैः

प्रातः कृताञ्जलिभिवैः कनकांशुकार्थम्[4] ॥९१॥

(म) नमश्चण्डालि[5] हिलि अमुकं

वशमानय ठठ ॥

ध्येकद्वयेकैकमिति । अष्टदलपद्मं कृत्वा, कर्णिकायां जीवादि । नित्य एकदले क्लीं । एकस्मिन् । ले म अपरस्मिन् । शिष्टेष्वेकैकं जपादिना साधितं वश्यम् ॥ (९०)

देवीति । देवि देवि महादेवि सर्वजनस्य मुखं ममात्मगतं कुरु कुरु स्वाहा । अनेन मुखप्रक्षाल्नविलेपनादि कुर्यात् । अहितिथिः=पञ्चमी । कृताञ्जलिः=[illegible] ॥

नम इति । ओं नमश्चण्डालि हिलि हिलि अमुकं वशमानय स्वाहा । एतं मन्त्र

---

1 ध्येयं द्वयैकैकमिति

2 मन्त्रोऽक्षराढ्याष्ट

3 डेहि डेहि महाडेहि देवासिदेवि

4 कनकाङ्कुशार्थम् ।

5 नमश्चण्डासिविसि अमुचं हयमाणश ठठ ॥

भूर्जे विलिख्य कटुकं मनुनामयुक्ते

तत्सिक्थकप्रतिकृतेर्हृदि ताम्रसूचीम् ।

गुह्ये[1] खनेच्च दहनार्चिषि तापयेत्तां

सन्ध्यासु सप्तदिवसाद्वशमेति साध्या ॥९२॥

(म) देवश्री[2] भूतश्री यक्षि महायाक्षि

पद्मावति भगवति अमुकं मे

वशमानय ठठ ॥

नक्षत्रवृक्षफलकायुगलं समन्त्रं

माहेन्द्रसद्मगतसाधकसाध्यनाम ।

स्वीये[3] फले परिनिधाय गुहादिगुप्ते

संस्थापयेत्[4] भवति वश्यमनुत्तमं तत् ॥९३॥

भूर्जे विलिख्य प्रतिकृतेर्हृदि संस्थाप्य, तां सूचीं तस्या गुह्ये खनित्वा, अग्निज्वालायां प्रतिकृतिं तापयेत् । ॥ॐ॥ (९२)

देवश्रीति । देवश्री देवश्री भूतश्री भूतश्री यक्षि यक्षि महायक्षि पद्मावति भगवति अमुकं वशमानय स्वाहा । साध्यसाधकयोर्नक्षत्रवृक्षफलकायां महेन्द्रमण्डलं कृत्वा, साधकनाम षष्ठ्यन्तं विलिख्य, मन्त्रेण वेष्टयित्वा, स्वर्क्षवृक्षे परस्मिन् साध्यनाम द्वितीयान्तं विलिख्य, मन्त्रेणावेष्ट्य, साधकफलोपरि साध्यफलकं निधाय, सुगुप्तं स्थापयेत् ॥ (९३)

---

1 वने च भवनेर्चिषि

2 डेहश्री भूटश्री शक्षि मवाशाक्षि पद्मावति । 3 स्वीयं वरोपरि निपाय कुहाभिगुप्ते

4 संस्थापयेद्वश्यं

(म) नमो भगवति उच्छिष्ट हृदयाय[1]

कुरु चुं हुरु ठठ ॥

पूर्वोक्तयैष वशकृत् क्रियया मनुः स्या-

दुद्दिश्य यां जपति लक्ष्मिमं[2] स वश्यः[3] ।

उच्छिष्टनामकमिमं[4] पवनस्य मन्त्र-

मुच्छिष्टतामुपगतो मतिमान्नियुज्यात् ॥९४॥

(म) नमो मातङ्गानां नमो मातङ्गीनां नमो

मातङ्गकुमाराणां नमो मातङ्गकुमारीणां

तद्यथा चुरु कुरु[5] ठठ ॥

नमो भगवतीति । ओं नमो भगवति उच्छिष्टहृदयाय कुरु कुरु कुन्दुरु कुन्दु कुन्दुरु स्वाहा । उच्छिष्टो भूत्वा जपेत् । एष [6]उच्छिष्टपवनमन्त्रः ॥ (९४)

नम इति । ओं नमो मातङ्गानां, नमो मातङ्गीनां, नमो मातङ्गकुमाराणां, नमो मातङ्गकुमारीणां, तद्यथा कुरु कुरु चुरु चुरु स्वाहा । नागाङ्कमस्तकमित्यादिना प्रयोगमाह । वल्मीकजं प्रतिवपुरिति । वल्मीकमृदा प्रतिकृतिं कृत्वा, तन्मस्तके

---

1 उच्छिष्ट ब्रुडाशाश चुपु चुन्दुरु कुषु कुन्पुषु ठठ ।

2 मन्त्रमिदं सवश्यः ।

3 स वश्या

4 नामकमिदं

5 चषु कुषु

6 एतदुच्छिष्टपवनमन्त्रम् ।

नामाङ्कमस्तकमधोवदनं विधाय[1]
वल्मीकजं प्रतिवपुः पुनरङ्घ्रिणा तत् ।
आक्रम्य तं जपतु सप्तदिनं त्रिसन्ध्यं
साध्यो वशीभवति वामपदेन तु स्त्री ॥९५॥

[2]श्रीकण्ठान्तः सदण्डः सहितसकलभुक् सर्घबिन्दुः स्वयंभू-
रेतौ पाशाङ्कुशौ द्वौ भुवनवशकरौ शक्तिराभ्यां च रुद्धा ।
अम्भोधारा इवाभ्रं प्रयुतजपवशीभूतमेतत् त्रिवर्णं
[3]मन्त्रः सिद्धिं प्रदद्यात् प्रतिदिनमखिलस्त्रीनराकर्षणाद्याः ॥९६॥

॥ इति नारायणीये तन्त्रसारसङ्ग्रहे सप्तविंशः पटलः ॥

साध्यनाम लिखित्वा, अधोवदनं विधाय। കമ്പ്ളത്തിട്ട് । आक्रम्य = ചവിട്ടിട്ട് । सप्तदिनं त्रिसन्ध्यं जपतु ॥ (९५)

श्रीकण्ठान्तरिति । आ ह्रीं क्रों, पाशाङ्कुशलयक्षरीवश्ये (?) तूत्तमा । प्रयुतं= दशलक्षं । पुरश्चरणम् ॥ (९६)

॥ इति नारायणीयतन्त्रसारसङ्ग्रहव्याख्याने सप्तविंशः पटलः ॥

---

1 निधाय 2 श्रीकण्ठान्तं सदण्डं 3 मन्त्रं

॥ अथ वश्यपटलोऽष्टाविंशः ॥

प्रक्षाल्याम्युष्णया [1]खार्या योनिं गन्धाम्भसा पुनः ।
दद्यादिष्टं ततो धूपं तेन स्त्री सुभगा भवेत् ॥१॥

क्षीरवृक्षकषायेण [2]धातकीसलिलेन वा ।
[3]भगस्य बहुशौचेन सुयोनिर्जायतेऽङ्गना ॥२॥

फलत्रयकषायेण वराङ्गं क्षालयेत् सदा ।
दुर्गन्धाद्यपनोदाय [4]जीर्णे स्यान्मधुराशना ॥३॥

प्रक्षाल्येत्यादि । खारिः = കാടി । गन्धाम्भः = चन्दनादिगन्धद्रव्यसिद्धजलम् । दद्यादिष्टं ततो धूपमिति बहुप्रकारा धूपा आगमप्रसिद्धाः । तेषामन्यतमं वाञ्छितं कुर्यात् ॥

"गन्धादिवासितो धूमो धूप इत्युच्यते बुधैः ।"
"क्लिन्नपिच्छिलपूत्यल्पं विशालं स्त्रवणं श्लथम् ।
अमांसं कर्कशं रोम भगदोषा दश स्मृताः ॥"

एतद्रहितत्वं भगस्य सौभाग्यम् ॥१॥

क्षीरवृक्षेति । क्षीरवृक्षः=നാല്പാമരം । धातकी=താതിരി । वराङ्गं=भगम् । जीर्णे = പചിക്കുമ്പോൾ । कल्काढ्यं = कल्कयुक्तम् । जातीपुष्पं = പിച്ചകപ്പൂവ് ॥

(२-३)

---

1 वार्या (?)
2 कषायेण शौचात् स्यात् सुभगा वधूः ।
3 उष्णाम्भोबहुशौचेन
4 जीर्णे मधुरभोजिनी ।

स्त्रीजातिपुष्पकल्काढ्यतैललेपात् सुयोनिका ।
पलाशपुष्पं काश्मर्यपत्रमर्जुन[1]चर्म च ॥४॥
योनिः स्वल्पायते नार्यास्तेषां लेपादिकर्मणा ।
वन्ध्याक्षास्थिरजःक्षौद्रलेपादल्पं भगं भवेत् ॥५॥
[2]वेतसीमूलतोयेन शौचात् स्याद्योनिशुष्कता ।
वकुलाशोककाश्मर्यप्रसूनोद्वर्तनात्तथा ॥६॥
मण्डूकचूर्णतैलाभ्यां [3]लिप्तं तच्छिथिलीभवेत् ।
सौराष्ट्री क्षौद्रलेपात् स्त्री [4]बहुभुक्तापि कन्यका ॥७॥
तथैवाखुवसातैलवार्ताकरसम्रक्षणात् ।
श्लेष्मातकफलं पिष्ट्वा सातसीपुष्पगुग्गुलु ॥८॥
मूलेन तत्कृतो लेपो योनिबन्धकरो भवेत् ।
सौराष्ट्रीखदिरक्षौद्रलेपात् स्याद्योनिबन्धनम् ॥९॥
अन्तस्स्थ[5]वृत्रभिद्गोपचूर्णालक्तकवर्तिका ।
ज्वलिता कपिलाज्याक्ता [6]योनिबन्धं निवर्तयेत् ॥१०॥

पलाशेति । पलाशः=പ്ലാശ് । काश्मर्यं=കുമിഴ് । अर्जुनः=നീർമരുതു് । योनिः स्वल्पायते । ചെറുതാം । वन्ध्या=കായ്ക്കാപ്പാവൽ । वेतसीमूलतोयं= वेतसमूलक्काथः ॥ (४-६)

सौराष्ट्रीति । സൗരാഷ്ട്രി=ചെറുവട്ടപ്പയർ (?) । ബഹുളത്താ(?) ചിരളക്കാതാ(?) । बहुभिः पुरुषैर्भुक्ता वा । म्रक्षणं = തിരുമ്മുക । वृत्रभिद्गोपं= ഇന്ദ്രഗോപപ്പുഴു । अलक्तकवर्तिका=योनिभङ्गं निवर्तयेत् । कीदृग्विशिष्टा । अन्तस्स्थ-वृत्रभिद्गोपचूर्णा कपिलाज्याक्ता ज्वलिता च ॥ (७-१०)

---

1 पत्रवर्जनचर्म च । 2 वेतसमूलक्काथेन 3 लिप्तं तं शिथिली
4 बहुभर्तापि 5 वृत्रहद्गोष 6 योनिभागं

द्राक्षां समधुकां खार्यां पिष्ट्वा[1] क्षीरे पिबेद्वधूः ।
पुष्पं गच्छति नस्येन[2] चूतत्वक्स्वरसेन च ॥११॥
निम्बपत्रैर्भुजङ्गत्वक्छ्लेष्मातकदलान्वितैः ।
[3]वराङ्गं धूपयेन्नारी रजःपतनकाङ्क्षिणी ॥१२॥
असृग्दरस्य मन्त्रेण मन्त्रिताः सप्त शर्कराः ।
वस्त्रस्थाः कलयेद्धौतौ[4] रजःपातो निवर्तते ॥१३॥
[5]चूर्णं कृष्णजलूकायाः साध्यशुक्लेन लेपिता ।
नेत्रखण्डेन संयोज्य वर्तिं कुर्वीत साधकी ॥१४॥
शुष्कस्यानडुमेढ्रस्य द्वारे वर्तिर्निवेश्यताम्[6] ।
कारस्करसमुद्गान्तर्न्यस्य तां संवृणो[7]त्वथ ॥१५॥
अनुत्थितिः स्यात्तस्यास्मिन् विवृते[8] तु तदोत्थितिः ।
वचाश्वमूलबृहतीफलकुष्ठांश्च सर्षपान् ॥१६॥

पुष्पमिति । पुष्पं=തീണ്ടാരിരക്തം । " ओं नवसागरपर्यन्तवातपित्तश्लेष्मनिबन्धिनि स्वाहा " । असृग्दरमन्त्रः । शर्करा=स्थूलवालुका ॥ ॥११-१३॥

चूर्णमिति । कृष्णजलूकायाश्चूर्णं=കറുത്ത അട്ടക്കരി । साध्यशुक्लानुलेपिता नेत्रखण्डेन संयोज्य वर्तिं कुर्वीत । साध्यशुक्लं=തെച്ചവസ്ത്രഖണ്ഡത്തിൽ കറുത്തട്ടപ്പൊടിയിട്ടു് തിരച്ചിക്കിരയാക്കുക ॥ नेत्रं=वस्त्रम् । പിന്നെ എരുതിന്റെ വരണ്ട ലിംഗദ്വാരത്തിൽ വെച്ചു പിന്നെ ലിംഗത്തെ കാഞ്ഞിരച്ചെപ്പിൽവെച്ചു അതിനെ മൂടുമ്പോൾ ലിംഗത്തിന്റെ

---

1 पिष्टां 2 स्वरसास्यवान् । 3 पराङ्ग
4 रजःपातं निवर्तयेत् 5 पूर्ण 6 वर्तिं निवेश्य ताम्
7 स वृणोतु सा । 8 विवृते च तदुत्थितिः ।

पिष्ट्वा क्षीरेण लिप्तोऽङ्गे सदा स्यादुद्धतो ध्वजः ।

क्षौद्राब्जकेसरालेपान्नाभिमूले[1] तथा भवेत् ॥१७॥

कुष्ठवत्सकबस्ताम्भोलेपनं लिङ्गबृंहणम् ।

वचाश्वकुष्ठबृहतीराजीलेपाच्छिवो[2] महान् ॥१८॥

[3]पलाशाश्वारिनिर्यासकृष्णालेपादसौ[4] दृढः ।

स्नुहिजं गव्यमाजं च क्षीरं संयोज्य पादयोः ॥१९॥

संलिप्य भोगः कर्तव्यः शुक्रस्तम्भनमिच्छता ।

[5]श्वेतेषुतुम्बिकामूलं न्यस्यास्ये तत्तुषाम्भसा ॥२०॥

पिष्ट्वा गुह्ये च संलिप्य भोगः शुक्रनिवारणः ।

(म) गजाश्ववृषभाणां[a] रोमबन्धनाय ठठ ॥

गजाश्वयोर्मुखे रोम लब्ध्वा लम्बितलिङ्गयोः ॥२१॥

तथाविधस्य लाङ्गूले मुखे च वृषभस्य तु ।

रोमभिस्तैः[6] कृतं रज्जुवलयं जप्तमर्चितम् ॥२२॥

അന്തഃഠിതിയും തുറക്കമ്പോഠം ഉതഠിതിയും വതം । अश्वमूलं = കണവീരത്തിൽവേര് । ध्वजः=लिङ्गम् । तथा भवेदुत्थितः स्यात् । शिवशब्दो लिङ्गपर्यायः ॥ (१४-२०)

गजाश्वयोति । गजाश्ववृषभाणां रोमबन्धनाय स्वाहा । तथाविधस्य=लम्बितलिङ्गस्य । वृषणस्य बृंहितलिङ्गयोरित्यपरे ॥ (२१-२२)

---

1 क्षौद्राज्य केसर 2 लेपाच्छिफो 3 त्रिफलाश्वत्थनिर्यास

4 शिवो दृढः । 5 श्वेतशरपुङ्खमूलं

a गजाश्व हरभातां पोमबन्धाश ठठ । [गुम्ठी गजाश्व वृषभाणां रोमखण्डनाय ठठ ।]

6 तं कृतं रज्जुवलयं

प्रकोष्ठे निक्षिपेत्तेन मनुना शुक्रवारणम्[1] ।

शुण्ठीपारावतशकृत् कुष्ठं मधु वचाञ्जनम् ॥२३॥

गोरोचना च तैर्लिप्तः शिवो योषित्प्रियो भवेत् ।

आतङ्ककपिनिर्यासमरिचैर्[2]मधुपेषितैः ॥२४॥

कदलीफलतोयाढ्यैर्लिप्तः संद्रावयेद्वधूः[3] ।

मागधी मधुकं क्षौद्रं हरिद्रा बृहतीफलम् ॥२५॥

बस्तमूत्रेण पिष्ट्वा तु मेढ्रलेपो वशीकरः ।

पिप्पली तण्डुलान्यष्टौ मरिचानि च विंशतिः ॥२६॥

[4]बृहतीरसलेपेन वश्यं स्यान्मरणान्तिकम् ।

पटोलमूलत्रिकटुक्षौद्रलेपस्तथा भवेत् ॥२७॥

(म) सरिणि[5] लिङ्गिनि ठठ ॥

जप्तेनानेन मनुना मधुना लेपयेद्बुधः (?) ।

ध्वजमालिप्य यां भुङ्क्ते सा नारी नान्यमिच्छति ॥२८॥

शुण्ठीति । शुण्ठी=ചുക്ക് । पारावतशकृत्=മാടപ്രാവിൻ വിഷ്ഠം । आतङ्कः=കൊട്ടം । कपिनिर्यासः=कपित्थवसा । कदलीफलतोयं= കദളിപ്പഴത്തിൻ നീർ । मागधी=തിപ്പലി । हरिद्रा=മഞ്ഞൾ । बस्तमूत्रं=കറിയാടിൻമൂത്രം । बृहतीरसः=ചെറുവഴുതിനിങ്ങനീർ (२३-२७)

सरणीति । ओं सरणि लिङ्गिनि स्वाहा । हिमं=चन्दनम् । भूमिकदम्बः= ആനയടിയൻ ॥ (२८-३०)

---

1 शुक्रवारिणा ।
2 निर्यासमधुकैर्मधुवेष्टितैः ।
3 संद्रावयेद्वशेत् । [स तापयेद्वधूः । स तापयेद्वशे ।]
4 बृहतीफलं च तन्त्रे पात् वश्यं
5 सरणि लिङ्गिनि शिरो मनुजप्तेन

हिमं कपित्थस्वरसं मागधी मधुकं मधु ।
तेषां लेपः प्रयुक्तस्तु दम्पत्योस्तुष्टिमावहेत् ॥२९॥
रसं भूमिकदम्बस्य शर्करामधुसंयुतम् ।
योनौ प्रलेपयेन्नारी पतिस्तिष्ठति दासवत् ॥३०॥
काकजिह्वा वचा कुष्ठं रेतश्चटकमस्तकम्[1] ।
शङ्खपुष्पो शमीपुष्पं वचा शुक्लकृताञ्जलिः ॥३१॥
श्वजिह्वावीर्यविण्मूत्रकाक्षिकीटमदान्विता ।
सुगन्धिकुष्ठतगररेतोमण्डूकपत्रयुक् ॥३२॥
श्वजिह्वामदनेलाम्भोमलक्षतजसंयुता ।
श्वेतार्कमूलमधुकवचावीर्यासृगामयम् ॥३३॥
शुनः कपेर्वाशोकस्य चूर्णं शुक्रमलान्वितम् ।
अञ्जली सैन्धवक्षौद्रतालरेतोगुडान्विता ॥३४॥
[2]वस्त्रस्थाधोमुखी भुक्त्वा वीर्येणाधोगतान्विता ।
दन्तकाष्ठं करञ्जस्य लीढं सप्ताहभक्षितम् ॥३५॥

काकजिह्वेति। रेतः=शुक्रम्। चषकमस्तकं=തിപ്പലി। कुक्षिकीटः=उदरक्रिमिः। मण्डूकपत्रं=मण्डूकशिरः। मदः=रेतः। क्षतजं=रक्तम्। वीर्यं=रेतः। अञ्जलिः=

---

1 रेतश्च गतमन्तिकम् ।

2 वस्त्रस्थेति श्लोकार्धं B कोशे नास्ति ।

दशैतान् भक्ष्यपानादौ येजितान् भोजयेत् पृथक् ।

स्त्रीणां नृणां च तुल्याः स्युरेते योगा वशीकराः ॥३६॥

स्वेदासृङ्[1]मूत्रविड्वीर्यदृग्घ्राणास्यश्रवोमलाः ।

[2]कक्षाङ्गमलनेत्राम्बुमुखपुष्परजोयुतम् ॥३७॥

सम्भवात् पूर्ववद्युक्तं वशीकरमिदं भवेत् ।

[3]समूलतूलधुत्तूरक्काथे सिक्थ्वा पयः पचेत् ॥३८॥

तत्स्थेन नवनीतेन सर्वगात्राणि लेपयेत् ।

[4]माषैरुद्वर्त्य तत्सर्वं मूलं विन्यस्य तत्फले ॥३९॥

क्षिप्त्वा तद्भुवि मूत्रेण भावयित्वा तदानयेत् ।

भोज्यं तत्पूर्ववद्युक्तं मलैर्वश्यमिदं परम् ॥४०॥

[5]पीतोद्गीर्णेन पयसा कूष्माण्डे दधि कल्पयेत् ।

तदाज्य[6]तक्रं तत्पात्रं वश्यं सेकोपदंशकम् ॥४१॥

ഉക്കററി । तालं=हरितालम् । एते योगा वशीकराः स्युः ॥ (३१-३६)

स्वेदासृगित्यादिना त्रयोदश मलान्युच्यन्ते । पूर्ववत् भक्ष्यपानादौ युक्तमिदं वशीकरणं भवेत् । समूलेति । मूलर्युक्तं तत् फलं पूर्ववद्भोज्यम् । इदं परं वश्यम् ॥(३६-४०)

पीतेति । पीतोद्गीर्णं=पूर्वं पीतं पश्चादुद्गीर्णम् । छर्दितम् । कूष्माण्डे = कूष्माण्डान्तः । कूष्माण्डं = കുമ്പളങ്ങ । आज्यं तक्रं च सेकस्थाने । कूष्माण्डमुपदंशस्थाने ॥ (४१)

---

1 दीर्घाणां स्युः श्रवे मलम् ।
2 कक्षाङ्गमूल
3 धूर्मल रूपधुर्धूर
4 माषेणोद्वर्त्य तत्सर्वमूलं
5 पीत्वोद्गीर्णेन
6 तदाज्यतक्रवत्पात्रं

सश्यामिका चिताहेम्नि पात्रे सप्तदिनं स्रवेत् ।

तदुद्भूतं ससिन्ध्वम्भो वश्यं स्याल्लवणीकृतम् ॥४२॥

ध्मातश्चटचटरणच्चर्वणाद्वशगो भवेत् ।

सहदेवी सहा लाक्षा पुत्रा जारीकृताञ्जलिः ॥४३॥

एतच्चूर्णं शिरः क्षिप्तं लोकवश्यमनुत्तमम् ।

दर्वीकराहिशिरसा स्वपाचमलसंयुतम्[1] ॥४४॥

धूपितं कुसुमं गन्धं वस्त्रं वा वशकृद्भवेत् ।

त्रिफला चन्दनक्वाथप्रस्थं द्विकुडवे पृथक् ॥४५॥

भृङ्गहेमरसं दोषा तावती चुलुकं मधु ।

[2] एतैः पक्वनिशा च्छाया शुष्कलेप्यानुरञ्जनी ॥४६॥

सश्यामिकेति । पात्रे श्यामिकाहिं चितोद्भवं हेम च निक्षिप्य, सप्त दिनानि तस्मिन् पात्रे मूलस्रावं कुर्यात् । पुनस्तत् क्वाथयित्वा, तदुत्थितं लवणं सैन्धवेन संयोज्य भक्ष्यादौ दद्यात् । चटचटरणच्चर्वणात्=चट चटेति शब्दयुक्तं यथा भवति तथा साध्यबुद्ध्या यत्किंचिद्द्रव्यभक्षणात् ॥ (४२)

सहदेवीति । पुंत्र जारी=പുത്രംചാരി । दर्वीकराहिशिरः=മൂർഖൻപാമ്പി
ന്റെ തല । मूलविड्वीर्यासृङ्क्षेत्रमलानि=पञ्च मलानि ॥ (४३-४५)

भृङ्गेति । दोषा तावती=द्विकुडवप्रमाणा । एतैः पक्वा=छायाशुष्का निशालेप्या अनुरञ्जनी ॥ (४६)

---

1 स्वपञ्चमलसंयुजा

2 एतैः पक्वा च गुलिका सा लेप्याप्यनुरञ्जनी ।

[1] राजा देवी शिला राजी पुङ्खगोबाष्पकन्यका ।

जटाकान्त्यंशुमद्धीता मोहिनीन्द्राजदुग्धिका ॥४७॥

[2] कालाग्निविश्वनेत्रादिमन्वीशा हि दशेषवः ।

वेदच्छिद्ररसेनेन्दुतिथिभागा नृपादयः ॥४८॥

कलाकोष्ठार्पितेष्वेषु चतुष्कं समलं विशेत् ।

सर्वे योगाश्चतुस्त्रिंशद्भागास्ते क्रमयोजिताः[3] ॥४९॥

श्रीदेवी कुमुदं परावतशक्रद्धुत्तूरविष्णुप्रिया-

स्तन्यं तद्गुल्किकान्वितं मलयजं लिप्तं[4] तनौ वश्यकृत् ।

मञ्जिष्ठानतशुभ्रभास्करशिफाकुष्ठैः समांशैः समं

रक्तं चन्दनमेभिरङ्गरचितं पुण्ड्रं च वश्यं भवेत् ॥५०॥

राजेति । राजा देवीत्यादिना उक्तान्येतानि यानि षोडशौषधानि तानि षोडशसु कोष्ठेषु बाह्यावृतौ अन्तश्चतुष्के च ईशादिप्रदक्षिणक्रमाद्विन्यस्य, पुनर्यथा एकैकं चतुष्कं चतुस्त्रिंदद्भागं भवति तथा गृहीत्वा, पञ्चमलैः संयोज्य, भक्ष्यादौ प्रदद्यात् । एवं चेद्वशीकराश्चतुर्दश योगाः स्युः ॥ (४७-४९)

श्रीदेवीति । श्रीदेवी = പവ്വാങ്കുരന്തില । विष्णुप्रिया = विष्णुक्रान्ता । शुभ्रभास्करशिफा = വെള്ളെരുക്കിൻവേര് ॥ (५०)

---

1 राजदेवी शिखाजारी पुंवशो बाष्पकन्यका ।

2 कलाग्निविश्वनेत्राग्नि(दि) मदिशाभिदशेषवः ।

3 क्रमयोगिनम् ।

4 लिप्तं स्तने

मूर्खाहिशोषितशिरोबहुभावितेन

क्लृप्तं[1] ललाम तिलजेन सरोचनेन ।

कृष्णाद्वयालवलिनीनतरोचनाश्व

लालाम्बुरोध्रविहितं तिलकं च वश्यम् ॥५१॥

असिततुलसी मांसी नीलोत्पलं पशुरोचना

गदगजमदौ स्पृक्का जातीत्वचासुरदारवः ।

अगरुतगरा वेलापत्रं तृणं सितराजिका

मलयजशिला[2]काश्मीरोत्थाश्वकेसरपद्मकाः ॥५२॥

तुल्यानेतानुदयति विधौ चन्द्रवारे सपुष्ये

चन्द्राम्भोभिर्ललितवपुषा कन्यया पेषयित्वा[3] ।

कुर्यात् प्रातस्तिलकरचनां तेन पिष्टेन नित्यं

तत् स्याल्लक्ष्मीकरमतितरां स्त्रीनराणां च वश्यम् ॥५३॥

मूर्खाहीति । तिलजेन क्लृप्तं ललाम वश्यम् । कीदृग्विशिष्टेन तिलजेन । मूर्खाहिशोषितशिरोबहुभावितेन सरोचनेन । मूर्खाहिः = മൂർഖൻപാമ്പ് । लालाम्बु = आस्यजलम् ॥ (५१)

असितेति । असिततुलसी=कृष्णतुलसी । स्पृक्का=ചൊനകപ്പുല്ല് । एला= ഏലത്തരി । पत्रं = പച്ചില । तृणं = നാന്മുഖപ്പുല്ല് । सितराजिका = വെളുത്ത കടുക് । काश्मीरोत्थं = कुङ्कुमम् । अश्वकेसरं = കണവീരത്തിൻ പൂവിനല്ലി । पद्मकं = പതിമുഖം । विधौ=चन्द्रे । उदयति । सपुष्ये=चन्द्रवारे । പൂയവും തിങ്കളാഴ്ച്ചയും കൂടിയദിവസം । चन्द्राम्भः=പനിനീർ ॥ (५२-५३)

---

1 तिलकेन 2 मलयजशिखा 3 वेष्टयित्वा ।

पत्रेन्दू मदकेसराम्बु नरजः कुष्ठासृजौ रोचना

सौवीरागरु[1]चन्दनद्वयनताः क्षीरद्रुमाणां पयः ।

[2]पूर्णमेभिरलक्तकेन रचितां वर्तिं[3] घृते कापिले

क्षिप्त्वा साग्निशिखाग्रया वितनुतां वश्यं[4] यथा कज्जलम् ॥५४॥

[5]दुग्धं वातिकसर्पमूर्धनि हितं काष्ठैश्चतुरशाखिनां[6]

सौवीरं वशकृत् सदुग्ध[7]विटपित्वग्रोचनाचन्दनैः ।

लक्ष्मीकैरवजातिनागफलिनी बिल्वासृगम्भोत्पलै[8]-

र्वर्तिस्थैः सघृतैः करोतु विधिवद्वश्याय चक्षुर्मषीम् ॥५५॥

पत्रेति । पत्रं = പച്ചില । इन्दुः = कर्पूरम् । मदः = അനമദം । केसरं = നാഗപ്പൂവിനല്ലി । अम्बुजरजः = താമരപ്പൂവിനല്ലിയുടെ പൊടി । असृक् = कुङ्कुमम् । सौवीरं=सौवीराञ्जनम् । नतं = തകരം । साग्निशिखाग्रया = अग्रे अग्निज्वालायुक्तया । कज्जलं = मषी ॥ (५४)

दुग्धमिति । सुगन्धिविटपित्वग्रोचनाचन्दनैः वातिकसर्पमूर्धनि निहितं चतुरशाखिनां काष्ठैर्दग्धं सौवीरं वशकृत् । वातिकसर्पः = दर्वीकरसर्पः । फणी । चतुरशाखी = നാല്പാമരം । सौवीरं=सौवीराञ्जनम् । सदुग्धविटपत्वक्=നാല്പാമരത്തിൻതൊലി । मष्यन्तरमाह लक्ष्मीकेसरेत्यादिना । जाती = पिच्चका । असृक्=कुङ्कुमम् ॥ (५५)

---

1 सौराष्ट्रागरु
2 चूर्णमेभिः
3 पर्ति
4 पश्यन् तया कज्जलम् ।
5 दग्धं वार्तिक
6 चतुरशालिनां
7 सुगन्धिविटपि
8 अब्जोत्पलैः

काकाशितं तक्रभवं महिष्याः
शकृन्मये द्वे च शिरःकपाले ।
आताम्रसूत्रं च यथावदेतैः
कृता मषी वश्यकृदीक्षणस्था ॥५६॥

कुङ्कुममेला केसरकुष्ठौ सिन्धुनतागरुचन्दनमिन्दुः ।
अञ्जनमेभिस्तुल्यममीषां चूर्णमिहाक्षिगतं भुवि वश्यम् ॥५७॥

सहादेवी मूर्वा[1] मधुपमुसली विष्णुदयिता
सदाभद्रा[2] लक्ष्मी शतमखलता चाञ्जलिकरी ।
य एतान् प्रातः स्वे शिरसि कलयेच्छ्रीपरिकरा-
नयत्नं[3] तस्येदं भुवनमखिलं तिष्ठति वशे ॥५८॥

॥ इति नारायणीये तन्त्रसारसङ्ग्रहेऽष्टाविंशः पटलः ॥

काकेति । काकाशितं = शकृन्मयं महिष्यास्तक्रोद्भवं = എരുമവെണ്ണ കാക്കെതീററി കാക്കെച്ചമാക്ക । शकृन्मयं = കാക്കക്കാഷ്ഠം.................. द्वे शिरःकपाले च । कपालं=नरशिरःकपालम् । एकस्मिन् कपाले नवनीतं प्रक्षिप्य, आताम्रसूत्रकृतां वर्तिं प्रज्वाल्य उपरिस्थमन्यत् कपालं कुर्यात् । तस्मिन् कपाले मषीं गृहीत्वा अञ्जयेत् ॥ (५६)

मष्यन्तरमाह कुङ्कुममित्यादिना । एभिः = कुङ्कुमादिभिः । तुल्यम् अञ्जनम् ॥ (५७)

सहेति । सहादेवीत्यादिना दशपुष्पाण्याह ॥ (५८)

॥ इति नारयणीयतन्त्रसारसङ्ग्रहव्याख्यानेऽष्टाविंशः पटलः ॥

---

1 दूर्वा   2 शताभा लक्ष्मी   3 अयत्ना

॥ अथ स्त्रीपटल एकोनत्रिंशः ॥

प्राक्प्रत्यक्संस्थितं कुर्याद्वर्तुलं मण्डलत्रयम् ।

पद्मस्थं वरदं शुभ्रं पद्महस्तमलङ्कृतम् ॥१॥

साध्यरूढाङ्कमावाह्य सोमं प्राच्येऽथ मण्डले ।

आद्ये निषण्णो मध्यस्थैः पूजाद्रव्यैस्तमर्चयेत्[1] ॥२॥

सोमाय हृदयान्तेन भृगुणा दत्तदण्डिना ।

रोहिणी रेवती रात्रिर्ज्योत्स्नादीन्[2] पृथगायजेत् ॥३॥

कृत्तिकां भरणीमार्द्रां कलां[3] कोणदलेषु च ।

रौप्येण चषकेणास्मै क्षीरेणार्घ्यं यथाविधि ॥४॥

विद्यामन्त्रेण दातव्यं पौर्णमास्यां विधूदये ।

प्रागिति । प्राक्प्रत्यक्संस्थितं = കിഴക്കം പടിഞ്ഞാറുമായിട്ട് മൂന്നു മണ്ഡലമിടുക । पूर्वमण्डलस्थं सोमं पूजयेत् । न्सां सोमाय नमः । सां हृदयम् । सीं शिरः । सूं शिखा । सैं कवचम् । सौं नेत्रम् । सः अस्त्रम् । साध्यारूढाङ्कं = साध्यया प्रियया आरूढाङ्कम् । अथवा साध्यामिति जापकाभिप्रेतं फलमुच्यते । स्वाङ्कारूढाभिप्रेत-फलकमित्यर्थः ॥ अथवा साध्याया आरूढाङ्कं प्रथममङ्गैः । रोहिण्यै नमः । रत्यै नमः । ज्योत्स्नायै नमः । दिग्दलेषु कृत्तिकायै नमः । भरण्यै नमः । आर्द्रायै नमः । कलायै नमः ।

---

1 समर्चयेत् ।

2 ज्योत्स्नादिव्यत्रगायजेत् ।

3 मखा (मघां)

एवं यः कुरुते भक्त्या दीयते तस्य कन्यका ॥५॥

लक्ष्मीः पुष्टिः कुटुम्बश्रीः सौभाग्यं चास्य वर्धते ।

(म) रक्ष[a] गजकर्णिनि विद्ये विद्यामालिनि

चन्द्रिणि चन्द्रमुखे ठठ ।

द्विनामान्तरितं मन्त्रं पत्रे लिख्य (?) तदासनः ॥६॥

जपेद्‌द्वादशसाहस्रमेतदेकदिनेन यः ।

ज्येष्ठामाराध्य शक्रर्क्षे कन्या तस्याशु दीयते ॥७॥

आदौ नवार्णरहितं विद्यामन्त्रमिमं[b] विदुः ।

कामाय[1] कामदायेति मन्त्राभ्यां मधुसर्पिषा ॥८॥

नमोऽस्तु माधवायेति मनुना[2] चोत्तरत्रये ।

प्रदोषे कन्यया स्पृष्टो हुनेत् सा लभते वरम् ॥९॥

कोणदलेषु पुनरिन्द्रादयः । पुनर्वज्रादयः । एवं पूजयित्वा दद्यादर्घ्यं द्रव्यैः सहेत्यर्थः ॥ (१-५)

रक्षेति । रक्ष रक्ष गजकर्णिनि विद्ये विद्यामालिनि चन्द्रिणि चन्द्रमुखे स्वाहा । पूर्वो ज्येष्ठामन्त्रः । परो विद्यामन्त्रः ॥ द्विनामेति । द्विनामान्तरितं = कन्यावरयोर्नाम विदर्भितम् । तदासनः=तदुपरिस्थितः । शक्रर्क्षे=തൃക്കേട്ട ॥ (६-७)

आदाविति । कामाय स्वाहा । कामदाय स्वाहा । माधवाय नमोऽस्तु । उत्तरत्रयं=ഉത്രം, ഉത്രാടം, ഉത്രട്ടാതി ॥ (८-९)

---

a षक्ष जगचर्णिनी ह्दिये ह्दियामासि चन्द्रिणि [गणकर्णिनि विद्ये विद्यामालिनि]

b मन्त्रमिदं 1 रामाय 2 मननं

हरिद्रामलकं मुस्ता तुलसी बिल्वपल्लवम् ।

दूर्वा तण्डुलसिद्धार्थकृसरं पद्मकेसरम् ॥१०॥

एभिः प्रमार्ष्टि गात्राणि चत्वारिंशद्दिनानि या ।

ससकृत्वः प्रतिदिनं सा कन्या प्राप्नुयात् पतिम् ॥११॥

एतदुद्वर्तनं श्रेष्ठं श्रीकरं व्याधिपापहृत् ।

कन्याप्रदाने यत् प्रोक्तं तद्विवाहे च शस्यते ॥१२॥

(म) [a]चामुण्डे कालि कुमारि भगं मे प्रयच्छ ठठ ॥

जप्त्वायुतं मनुं नित्यमेकविंशतिमन्त्रितम् ।

अन्नपिण्डं ददेत् (?) मासं कन्यार्थी व्यञ्जनान्वितम् ॥१३॥

(म) [b]कमले भद्रहासे रोहिणि मोहिनि कन्येयं

मे भार्या भवतु ठठ ॥

मन्त्रं जप्त्वायुतं रक्तहयारिकुसुमैर्हुनेत् ।

सहस्रैर्मधुरासिक्तैः कुमारीं लभते नरः ॥१४॥

हरिद्रेति । हरिद्रा=മഞ്ഞൾ । सिद्धार्थः=കടുക് । कृसरः=तिलौदनम् । पद्मकेसरः=താമരയല്ലി ॥ (१०-१२)

चामुण्ड इति । ओं चामुण्डे कालि कालि कुमारि भगं मे प्रयच्छ स्वाहा । अयुतजपात् सिद्धिः । अनेन यां कांचित् कुमारीं तत्र संस्थाप्य, तां चामुण्डां सङ्कल्प्य, तस्यै अन्नपिण्डं दद्याद्व्यञ्जनान्वितम् । व्यञ्जनं=കറി ॥ (१३)

कमल इति । ओं कमले भद्रहासे रोहिणि मोहिनि कन्येयं मे भार्या भवतु स्वाहा । अयुतजपात् सिद्धिः ॥ (१४)

---

a कामुण्डे पाशिळि चुमाषि भजं मे प्रयच्छ ठठ ।

b चमसे भद्रपाले षोविनि मोविनि चल्ये शं मे भार्या भवतु ठठ ।

विदारीं सोच्चटां[1] माषां (?) चूर्णीभूतां सशर्कराम् ।

मथितां यः पिबेत् क्षीरे स नित्यं स्त्रीशतं व्रजेत् ॥१५॥

गुप्तामाषतिलव्रीहिचूर्णं क्षीरसितान्वितम् ।

साज्यकादल[2]शष्कुल्यो वृष्या भक्ष्याः पयो[3]ऽनुपाः ॥१६॥

शतमूलीमाषगुप्ता गोक्षुरे[4]क्षुरकौ तिलम् ।

तच्चूर्णं सितया तुल्यं वृष्यं क्षीरे पिबेन्निशि ॥१७॥

लीढ्वा साज्यमधूर्यष्टिं वृष्यामनु पिबेत् पयः ।

साज्यक्षौद्रां लिहेद्वृष्यां विदारीं स्वाम्बुभाविताम् ॥१८॥

वृष्यं पयः पिबेद्गुप्ताबीजचूर्णं सितान्वितम् ।

मातुलुङ्गस्य बीजानि गो[5]मूत्रे भावितान्यथ ॥१९॥

विदारीमिति । विदारी=മുതക്ക് । उच्चटा=കരവിക്കിഴങ്ങ് । माषः= ഉഴുന്ന് । शर्करा=खण्डशर्करा । गुप्ता=നായ്ക്കുരണക്കുരു । कदली=कदलीफलम् । शष्कुली = अपूपविशेषः । शतमूली = शतावरी=ശതാവരി । इक्षुरः = വയൽച്ചുള്ളി । स्वाम्बुभाविता=विदारीस्वरसभाविता । वृष्यं=रेतोवर्धनकरं पयः पिबेत् । अनुपानं पयः ॥ (१५-१९)

---

1 वोचटां

2 साज्यां कल्ल्यः

3 पयो वचा [पयो तु वा] ।

4 गोक्षुरेक्षुरसौ

5 स्वमूत्रे

उष्णेन वारिणा पिष्ट्वा पाययेद्रागशान्तये[1] ।
वटाङ्कुरमशोकोदङ्मूलं कृष्णपशोः[2] पयः ॥२०॥
ऋतौ पिबेत् स्त्रीगर्भाय नाभिमात्रजले स्थिता ।
अश्वत्थवंशदर्भाणामङ्कुरं[3] वैष्णवीश्रियोः ॥२१॥
मूलं मूर्वा शिफा[4] चैतत्क्षीरेण तु सुतार्थिनी ।
कल्पिता वटदुग्धेन व्रीहिलाजरजोमयीः ॥२२॥
मीलयेद्गुलिकास्तिस्रो घृताक्ताः पुत्रकामिनी ।
कौन्ती लक्ष्मीशिफा धात्रीबीजलोध्रवटाङ्कुरम् ॥२३॥
साज्यक्षीरमृतौ पेयं पुत्रार्थं त्रिदिनं स्त्रिया[5] ।
पुत्रार्थिनी पिबेत् क्षीरे श्रीमूलं सवटाङ्कुरम् ॥२४॥
[6]श्रीवटाङ्कुरदेवीनां रसं नस्येत् पिबेच्च सा ।
[7]श्रीपद्ममूलयुक्क्षीरमश्वत्थोत्तरमूलवत् ॥२५॥
मूत्रं क्षपारसोपेतं प्रसूनमसनोद्भवम् ।
तरुणं पयसा युक्तं कार्पासफलसप्तकम् ॥२६॥

वटाङ्कुरेति । वटाङ्कुरः= പേരാലിൻ വിട്ടുവേർ കരുതികെചിൽ(?) उदङ्मूलं=വടക്കോട്ടുപോയവേർ । ऋतौ=स्नानानन्तरकाल एव । तरुणं=ഇളയവ ।

---

1 पाययेद्द्रोहशान्तये । 2 कृष्णवशापयः । 3 अश्वत्थे 4 मूलं दूर्वा खिला चेति 5 स्त्रियः । 6 त्रिवटा 7 त्रिपद्म

अपामार्गस्य पुष्पाग्रं नवं समहिषीपयः ।

शिरीषपलस्वरसक्षीराज्यानां त्रिकं समम् ॥२७॥

बलाद्वययुतं तैलं शर्करागोपयोघृतैः ।

तुषाग्निदग्धपीतार्कपलतोयान्वितं पयः ॥२८॥

ससर्वाङ्गासहाश्वत्थवन्दाकं[1] वा पयोऽन्वितम् ।

नवैते विधिवत्पीता योगाः स्युः पुत्रदायिनः ॥२९॥

वसुधां न स्पृशेत् पद्भ्यां न तिष्ठेत्तद्दिने सदा ।

अश्नीयादौषधे जीर्णे सक्षीरं घनपेशलम्[2] ॥३०॥

एवं नीत्वा दिनं नारी भर्त्रा[3] सा निशि गम्यताम् ।

[4]दक्षिणेन शयेत् किञ्चित् पुंगर्भेच्छुः कुटुम्बिनी ॥३१॥

नस्येन च प्रयोक्तव्यं सघृतं तत्तदौषधम् ।

पुत्रार्थं दक्षिणे घ्राणे सुतायै वामतः स्मृतम् ॥३२॥

गर्भदोषहरं क्षीरे कतकास्थि पिबेद्वधूः ।

गर्भो न तिष्ठेद्यस्याः सा दध्ना वन्ध्यारजो लिहेत् ॥३३॥

पुष्पाग्रं=കതിരുടെഅഗ്രം । अपामार्गः=കടലാടി ॥ (२०-३२)

गर्भदोषेति । कतकास्थि=തേററാമ്പരൽ । वन्ध्यारजः=കാട്ടുപാവൽ പൊടി । लोध्रः=പാച്ചോററി । प्रियङ्गुः=തിന । धातकी=താതിരി ।

---

1 वन्दाकवचयोर्युतम् ।

2 घृतपेशलम् ।

3 भर्तारं

4 दक्षिणौ न शयेत्

[1] शर्करोत्पलयष्ट्याह्वलोध्रचन्दनशारिवाः ।

स्रवमाणे स्त्रिया गर्भे पातव्यास्तण्डुलाम्भसा ॥३४॥

[2] शारिबाचन्दनद्राक्षासिद्धकाथं पयोयुतम् ।

ससितं शीतलं गर्भस्रावारम्भे पिबेद्वधूः ॥३५॥

लाजयष्टीसिताद्राक्षाः क्षौद्रसर्पिषि वा लिहेत् ।

प्रियङ्गुर्धातकीपुष्पं पिप्पल्यौ मधुकं पयः ॥३६॥

तत्कषायं पिबेच्छ्रीतं गर्भिणीकुक्षिशूलनुत् ।

तद्वन्नीलोत्पलक्षौद्रमृद्वीकापानतः फलम् ॥३७॥

[3] करङ्कीभूतगोमूर्धा सूतिकाभवनोपरि ।

तत्काले निहितो नार्याः सुखप्रसवकारकः ॥३८॥

[4] आटरूषकजं मूलं पर्णं वा पप्फणोद्भवम् ।

नाभेरधः समालिप्य प्रसूते प्रमदा सुखम् ॥३९॥

गजस्य लण्डच्छत्राकं सुखप्रसवकृत्तथा ।

लाङ्गल्याः काकमाच्या वा मूलं लिम्पेत् सकाञ्जिकम् ॥४०॥

पिप्पल्यौ=തിപ്പലിയും അത്തിത്തിപ്പലിയും ॥ (३३-३७)

करङ्कीति । करङ्कीभूतं = കട്ടാനതം । तत्काले = प्रसवकाले । आटरूषकं = आटलोटकम् (ആടലോടകം) । पप्फणं = പാവട്ട । गजस्य लण्डच्छत्राकं =

---

1 शर्करोपल 2 द्राक्षालोध्र

3 कीकरंभूतगोमूर्धा 4 अगरूदङ्कजं मूलं पर्णं पापस्तनोत्दनः ।

प्रसूते मूढगर्भापि नारी सह जरायुणा ।

मूढगर्भा पिबेद्यष्टिं माहिषाज्ये सचन्दनाम् ॥४१॥

भस्मना लिखितां सास्यां हृल्लेखां शक्रवेस्मनि[1] ।

दर्शयेत् फल्कास्थितां प्रमदां प्रसवार्थिनीम् ॥४२॥

(म) योगेश्वराय यो गोप्ताय अमृताशनाय नमः ॥

विलोमलिखितो मन्त्रो मूर्ध्निस्थः स्यात् प्रसूतये ।

लिप्तं तैलं तथा मृत्युंजयजप्तं विलोमतः ॥४३॥

(म) क्षिप[2] निक्षिप उत्पथ मामपथ मुञ्च ठठ ॥

ആനപ്പിണ്ടിയിൽ മുളച്ചുകുന്ന് = काकमाची = കരിന്താളി ॥ (३७-४१)

भस्मना लिखितामिति । फलकायां भस्म निक्षिप्य रजनीखण्डेन ह्रींकारं लिखित्वा, तन्मध्ये जीवादि च, बहिश्चतुरश्रं लिखित्वा, फलकां शोधिते स्थले संस्थाप्य, शक्तिमावाह्य, पूजयेत् । पुनस्तां फलकां स्पृष्ट्वा, अष्टोत्तरसहस्रं जप्त्वा, प्रसवकाले तस्याः प्रदर्शयेत् ॥ (४२)

योगेश्वरायेति । योगेश्वराय योगाप्ताय अमृताय नमः । विलोमलिखितं=प्रतिलोमलिखितम् । मृत्युञ्जयजप्तं=मृत्युञ्जयमन्त्रेण जप्तम् ॥ (४३)

क्षिपेति । क्षिप निक्षिप उत्पथ मामपथ मुञ्च मुञ्च स्वाहा । अनेन जप्तमौषधं

---

1 तत्र वेश्मनि ।

2 क्षिपन्निक्षिप

औषधं वारि वा पीतं तज्जप्तं स्यात् प्रसूतये ।
तज्जप्तैर्विषमे गर्भे निषिञ्चेज्जठरं जलैः ॥४४॥
तन्मन्त्रणाच्च निर्यातो विषमा विषकण्टकौ[1] ।
पीत्वा शीतांशुचिह्नास्रमृतौ सूते न कामिनी ॥४५॥
गुडं पुराणं शाल्मल्याः पुष्पं वा पयसा पिबेत् ।
ऋतौ निम्बेन वा योनिं धूपयेद्गर्भशङ्किनी ॥४६॥
रसाञ्जनान्वितं मूलं तनयस्य समाक्षिकम् ।
असृग्दरातुरा[2] नारी पिबेत्तण्डुलवारिणा ॥४७॥
खुविष्ठां पयसा पिष्ट्वा पिबेद्रक्तस्रुतौ वधूः ।
बलावृषवरीच्छिन्नाबन्धुसेव्यमयूरकाः[3] ॥४८॥
उदुम्बरं च तत्क्वाथः क्षौद्री हन्यादसृग्दरम् ।
गोपीमधुककल्काढ्यं गोशीर्षक्वाथजं[4] घृतम् ॥४९॥

वारि वा तैलं वा पीतं प्रसूतये स्यात् । गर्भे सर्वत्र तज्जपः कार्यः । विषमस्थिता = विषकण्टकप(व)चितजपान्निर्यातः ? ॥ (विष्कम्भवद्विषमस्थित्या निर्यातः ।) (४४)

पीत्वेति । शीतांशुचिह्नास्रं = മുയലിൻ രുധിരം । गुडं पुराणमित्यादिना गर्भनाशार्थमाह ॥ (४५-४६)

रसाञ्जनेति । रसाञ्जनं=स्वयमेव । തനയൻ = കടകപ്പാലരി । खुविष्ठा= आखुविष्ठा=മൂഷിക വിഷ്ഠ । बलावृषेत्यादिना रुधिरस्रावनाशकान्याह । वृषं= ആടലോടകം । वरी=शतावरी । छिन्ना=ചിററമൃത് । बन्धुः=ചെമ്പരത്തി ।

---

1 विषकुण्डके । 2 असृग्दरकशा
3 वृषापलापरिच्छिन्नो बन्धुलेप्यमयूरकाः । 4 चन्दनक्वाथजं

सक्षौद्रशर्करं सद्यो रक्तस्रावमपोहति ।

त्वगेलापिप्पलीवांशीशर्कराद्विगुणोत्तराः ॥५०॥

साज्यक्षौद्रं लिहेद्रक्तस्रावघ्नाश्च क्षयापहाः[1] ।

रक्तशुक्लजपापुष्पं रक्तशुक्लस्रुतौ पिबेत्[2] ॥५१॥

प्रातः क्षीरेण तन्मूलक्वाथं[3] वा सपयो निशि ।

प्रसूनं नारिकेलस्य दग्ध्वाङ्गारे मृदावृतम् ॥५२॥

तत्तोयं सपयः शुक्लस्रावघ्नं साञ्जनं पिबेत् ।

वराङ्गान्तर्गतो ध्मातः स्वसद्मस्थोऽग्निरुज्ज्वलः ॥५३॥

रुधिरं स्रावयेत्तस्य शान्तिकृच्चन्द्रमा भवेत् ।

शक्रेः[4] स्वसद्मगो वाथ पीतो वा पयसा युतः ॥५४॥

सेव्यं=രാമച്ചം । मयूरकं=ചെറുകടലാടി । मयूरशिखा वा । उदुम्बरं=അത്തി । क्षौद्री=क्षौद्रयुक्ता । गोपी=നന്നാറി । मधुकं=എരട്ടിമധുരം । गोशीर्षं=ചന്ദനം । त्वक्=ഇലവംഗം । एला=ഏലത്തരി । वांशी=പഴയ കവുളപ്പൊടി । जपा=ചെമ്പരത്തി । नाळिकेरपुष्पं=തെങ്ങിൻ പൂക്കല ॥ (४७-५२)

वराङ्गेति । वराङ्ग=योनिः । तस्य=रुधिरस्रावस्य, स्वसद्मगतः शक्रो वा शान्तिकृत् । സുതൻ = കടകപ്പാലരി ॥ (५३-५४)

---

1 कफावहाः ।

2 रक्तं शुक्लं ऋतौ पिबेत् ।

3 तन्मूलं क्वाथं वा

4 शक्रं स्वसद्मगोपाथ पीतं वा पयसा सुतम् ।

केसरं बृहतीमूलं गोपी यष्टितृणोत्पलम् ।

साजक्षीरं सतैलं तन्म्रक्षणं रोमजन्मकृत् ॥५५॥

शीर्यमाणेषु केशेषु स्थापनाय[1] भवेदिदम् ।

तैलं वचा शिला तालं मञ्जिष्ठा योनिकेशहृत् ॥५६॥

तैलं पलितकृत्सिद्धं[2] तिलैः स्नुक्क्षीरभावितैः ।

मासेन निम्बतैलस्य नावनं पलितापहृत् ॥५७॥

धात्रीभृङ्गरसप्रस्थस्तैलं च क्षीरमाढकम् ।

यष्ट्यञ्जनपलं तैलं तत् केशाक्षिशिरोहितम् ॥५८॥

सभव्या विस्रहृत्पथ्या सतक्रं मदनास्थि च ।

नाशयेदास्यदौर्गन्ध्यं चर्वितं तिन्त्रिणीफलम् ॥५९॥

केसरमिति । केसरः = नागकेसरः । बृहतीमूलं = ചെറുവഴുതിനവേര് । गोपी = നന്നാറി । यष्टी = എരട്ടിമധുരം । तृणं = നാന്മുഖപ്പുല്ല് । उत्पलं = ചെങ്ങഴിനീർക്കിഴങ്ങ് । शिला = मनश्शिला । तालं = हरितालम् । योनिकेशः = गुह्यरोम ॥ (५५-५६)

तैलमिति । स्नुक्क्षीरं = കള്ളിപ്പാല് । पलितं = നര । निम्बतैलं = വേപ്പെണ്ണ । नावनं =नस्यम् । भृङ्गरसः = കഞ്ഞുണ്ണിനീർ ॥ (५७-५८)

सभव्येति । भव्यं = പെരുനാരകം । पथ्या = കടുക്ക । विस्रहृत् = വാനാററമിളപ്പിക്കം । मदनास्थि = മലങ്കാരക്കായ് । तिन्त्रिणीफलं =

---

1 स्थापनं च

2 सिद्धं तैलैः

अलम्बुषा मातुलजम्बुपत्रं

जातेः सपत्रं कुसुमं रजन्यौ ।

पक्वं[1] सुपाशासुरसाह्वयैस्तै-

स्तैलं हरेदास्यगतं विगन्धम् ॥६०॥

मञ्जिष्ठकामलयजोत्पलगैरिकैः स-

यष्टीकपद्मकसुवीररजसेव्यदुग्धैः ।

लेपः कृतो हरति दुर्जयमण्डरोगं[a]

क्वाथेन दुग्धतरुजेन कृतश्च सेकः ॥६१॥

तुरगार्कशिफात्रुटीनिशा-[2]

द्वयहंसाङ्घ्रिभिराश्रृतं घृतम् ।

उपसेचनतो विनाशये-

दुपदंशस्तनविद्रधिक्षतान् ॥६२॥

ഇളമ്പളിഞ്ഞ । स्वयमेव । अलम्बुषा = പേച്ചുര । विगन्धं = दुर्गन्धम् ॥ (५९-६०)

मञ्जिष्ठेति । मञ्जिष्ठा = മഞ്ചെട്ടി । मलयजं=ചന്ദനം । उत्पलं = ചെങ്ങഴനീർക്കിഴങ്ങ് । गैरिकं=കഷായക്കല്ല് । सुवीरजं=അഞ്ജനക്കല്ല് । सेव्यं । രാമച്ചം । अन्धुरोगः = लिङ्गरोगः (अण्डरोगः=वृद्धिः) । दुग्धतरुः= നാല്പാമരം ॥ (६१)

तुरगेति । तुरगः=कणवीरा (मनश्शिला) । अर्कशिफा= എരുക്കിൻകരുന്ന് त्रुटिः = ഏലത്തരി । हंसाङ्घ्रिः = നിലമ്പരണ്ട । उपसेचनं = ഒഴിക്കുക । उपदंशक्षतः=दन्तक्षतः । स्तनविद्रधिक्षतः = മുലക്കുരു ॥ (६२)

---

1 पक्वं सखरं

a दुर्जयमण्डुरोगम् [दुर्जयमन्धुरोगम् ?] ।

2 तुरगकीशेफातुरिनिशाद्वयहंसाङ्घ्रिभिरावृतं घृतम् ।

शुभ्राश्मनीलेक्षुगुडं तुषाम्भ-

स्तोदम्नवल्मीकतृणानि शुण्ठी ।

वंशस्य चर्म[1]व्रणपल्लवौ च

हरन्ति लेपात् स्तनविद्रधिं ते ॥६३॥

आतङ्कसेव्यौ तगरं प्रियङ्गु-

क्षीरं वचा चन्दनमुत्पलं च ।

एषां विलेपः कुचरोगमस्येत्

पादाहतिं मातृसुतापतेश्च ॥६४॥

मधुकुवलययष्टीयामिनीनिम्बपत्रै-

स्तिलजमुपशृतं यद्व्रणकृत्तन्मुखस्य ।

मधुकमरुणवल्लीकुङ्कुमं रक्तगन्धं

पयसि सुशृतमाजे तैलमेभिस्तथैव ॥६५॥

शुभ्रेति । शुभ्राश्म=വെള്ളാരങ്കല്ല് । तोदम्न=വിഴാലരി । वल्मीकं= പുററുമണ്ണ് । तृणं = നാന്മുഖപ്പുല്ല് । वंशस्य चर्म = മുളമൊരി । व्रणपल्लवं = ചെരില ॥ (६३)

आतङ्केति । आतङ्कः=കൊട്ടം । प्रियङ्गुः=ഞാഴൽ पा । दाहतिं मातृसुता-पतेश्चेति । मातृपतेः सुतापतेश्च । पादाहतिः अथवा मातृसुता=भगिनी । ज्येष्ठा कनिष्ठा वा ; तस्याः पतेः पादाहतिः पदाक्रमणम् । स्तनरोगं नाशयेत् । अरुणवल्ली = ചെറുവള്ളിക്കൊടി ॥ (६४-६५)

---

1 चर्मप्रणवल्लपौ च

बृहत्यपामार्गमरीचकृष्णा-
स्तुरङ्गराजीतगरामयानाम्[1] ।
लेपादजाक्षीरयुतामुरोज-[2]
वृद्धिर्वधूनामचिरेण नश्येत् ॥६६॥

बलावचानागबलागदानां
लेपः पयस्वीनवनीतयुक्तः ।
प्रवर्धयेदूरुकुचौ वधूनां
तैलाक्षसर्पिर्विहितश्च लेपः ॥६७॥

॥ इति नारायणीये तन्त्रसारसङ्ग्रहे एकोनत्रिंशः पटलः ॥

बृहतीति । बृहत्यपामार्गेत्यादिना स्तनशान्तिकराण्याह । बृहती=ചെറുവഴുതിന । तुरङ्गः=अश्वमार । राजी=ചെറുകടുക് । आमयः=കൊട്ടം ॥ (६६)

बलेति । बलावचेत्यादिना तद्वृद्धिकरणमाह । नागबला=ആനക്കുറുന്തോട്ടി । अगदं=കൊട്ടം । पयस्वीनवनीतयुक्तो लेपः । तैलादिविहितो लेपश्च । अक्षः=താന്നി ॥ (६७)

॥ इति नारायणीयतन्त्रसारसङ्ग्रहव्याख्याने एकोनत्रिंशः पटलः ॥

---

1 तरङ्गराजी
2 क्षीरयुजा

॥ अथ गवादिपटलस्त्रिंशः ॥

हरिद्रा राजवृक्षत्वक् चिञ्चा लवणलोलिता ।
पीता खारी[1] जयेदाशु गवामुदरबृंहणम् ॥१॥
क्षीरे पिष्टं तिलं पाठा कार्पासदलसंयुतम् ।
तक्रेण सहितं पीतं नाशयेद्गोविषूचिकाम् ॥२॥
सलिलं नारिकेलस्य खारीक्षीरं बलारसः ।
चतुष्टयमिदं पानात् करीषास्रं हरेद्गवाम् ॥३॥
वचा लशुननिर्गुण्डी दीप्यकं सफणीतकम् ।
खार्यां कूष्माण्डपूयाभे करीषे पाययेत् पशुम् ॥४॥
कूष्माण्डस्य फलानां यत्तैलक्षीरान्वितं रसम् ।
जलार्द्रच्छगणोद्गारे पाययेत्तं पशुं बुधः ॥५॥
(म) [a]सहस्ररश्मिरादित्योऽग्निः ठठ ॥

हरिद्रेति । हरिद्रा=മഞ്ഞൾ । राजवृक्षः=കൊന്ന । क्षीरपिष्टं=क्षीरेण सह पिष्टम् । करीषास्रं=करीषसहितमस्रम् । दीप्यकं=അയമോദകം । फणीतकं=ചേർ । कूष्माण्डपूयाभे=കുശ്മാണ്ഡത്തിന്റെ കടൽക്കണക്ക് ഇരിപ്പു । जलार्द्रच्छगणोद्गारे=जलवदार्द्रगोमयोद्गारे । उद्गारः=उद्गिरणं छर्दिः ॥ (१-५)

सहस्रेति । ओं सहस्ररश्मिरादित्योऽग्निः स्वाहा । पशोर्नामाक्षरेण ग्रथितमिमं

---

1 खारी खरेदाशु

a लवस्र वशिषा डि अल्याग्निः ठठ ।

पत्रे लिखितमेतद्गाः पालयेत् कल्पितं गले ।

(म) अष्टमातृपरिपाल्यति[a] ठठ ॥

कारस्करमयी घण्टाजठरे लिखितो मनुः ॥६॥

गोकण्ठे धातकीरज्ज्वा बद्धो गोमारिकां हरेत् ।

(म)[b] नमो भगवते वज्रहुंकारदर्शनाय ओं चुकु मिलि

मेलि सिद्धि गोमारि वज्रिणि हुं फट् । अस्मिन्

ग्रामे गोकुलस्य रक्षां कुरु । शान्तिं कुरु ठठ ।

"घण्टाकर्णरवो येन जनः प्रोक्तो महाबलः ॥७॥

मारीनिर्णाशनकरः स गाः पातु जगत्पतिः ।" ठठ ॥

"[1] गवामयनयज्ञेन येन चेष्टः क्रतुः पुरा॥८॥

अनन्यो[2] देवदेवस्य वचनानि पशोः सर ॥ ठठ" ।

मन्त्रं पत्रे लिखित्वा, गोकण्ठे बध्नीयात् । ओं अष्टमातृपरिपाल्यति स्वाहा । गोनामान्तरितममुं कारस्करघण्टाजठरे लिखित्वा बध्नीयात् । ओं नमो भगवते वज्रहुंकारदर्शनाय ओं चुलु चुलु मिलि मिलि मेलि मेलि सिद्धि सिद्धि गोमारि वज्रिणि हुं फट् । अस्मिन् ग्रामे गोकुलस्य रक्षां कुरु कुरु शान्तिं कुरु कुरु स्वाहा ॥

घण्टाकर्णरवो येन जनः प्रोक्तो महाबलः ।

मारीनिर्णाशनकरः स गाः पातु जगत्पतिः ॥ स्वाहा ॥

गवामिति । 'गवामयनयज्ञेन येन चेष्टः क्रतुः पुरा । अनन्यो देवदेवस्य वचनानि पशोः सर स्वाहा । यत्किंचित् = तृणादि ॥ (६-८)

---

a अष्ट माहषि पास शठि ठठ ।

b नमो भगवते ह्वज्र पुं चाष डर्शणश ओं चुकु मिलि

1 जहामशणगञ्जेगशेणशष्टः क्रटुः पुषा अनन्यादेवदेवस्य वचनानि पशोप्मश ।

2 अचिन्त्या देवदेवस्य

तत् सप्तजसं यत्किंचिद्भुक्त्वा गौर्वशगा भवेत् ॥९॥

(म) नमो भगवते विष्णवे[1] पशूनां पतये दम ठठ ।

अङ्गुष्ठतर्जनीभ्यां गोघ्राणे संगृह्य नामयेत् ।

मन्त्रेणानेन वश्याः स्युः पशवोऽश्वादयस्तथा ॥१०॥

(म) नमो भगवते गणपतये[2] शूर्पकर्णाय ठठ ॥

चरणाङ्गुष्ठयुग्मेन हस्तिनः कर्णमूलयोः ।

[3]मर्दयेन्मनुनानेन वशगा स्युः करेणवः ॥११॥

विज्ञाप्य रवये कार्यं गोमध्ये[4] मन्त्रनामवत् ।

दक्षदोष्णा खनेदस्थि[5] खनित्वान्येन पृष्ठतः॥१२॥

नमो भगवत इति । ओं नमो भगवते विष्णवे पशूनां पतये दम दम स्वाहा ॥ (९-१०)

नम इति । ओं नमो भगवते गणपतये शूर्पकर्णाय स्वाहा ॥ (११)

विज्ञाप्येति । विज्ञाप्येत्यादिना मुष्टित्रयमाह । सिद्धादि द्वितीयम्। विटपादि तृतीयम् । बाहुद्वयेन पशोरस्थि गृहीत्वा, दक्षिणे स्थितं पशोरग्रे खनेत् । वामपाणिस्थं पशोः पृष्ठे तत् खनेत् ॥ (१२)

---

1 विष्णहेप यूणां पागदे

2 जलपाशे शूर्पचर्णाय ठठ ।

3 संगर्दे मनुना [संमर्देन्मनुना]

4 गोरग्रे भन्त्रिनामवत् ।

5 खनेदन्येन

स्निग्धे[1] शुष्कं च नष्टं त्रिः क्रिमिस्थाने क्षमी क्षयेत् ।
विटपं[2] सासपर्णं त्रिः तत्स्थाने भुवि वाहतम् ॥१३॥
भूस्पृङ्नीत्या[3] न्यसेद्धूमे तत्त्रयं क्रिमिनाशनम् ।

(म) कालदण्डि[4] चोटय हुं फट् ठठ ॥

कृष्णाष्टमीं समारभ्य सहस्रं तज्जपेत् सुधीः ॥१४॥
यावत् पञ्चदशीं तस्यां कृत्वा वर्तुलमण्डम् ।
तन्मध्ये चषकं न्यस्य गन्धपुष्पादिनार्चयेत् ॥१५॥
कन्यया[5] लङ्घयित्वा तं जपेन्मन्त्रमिमं पुनः ।
गच्छेत्युक्त्वा जपेत्तावद्यावन्निर्याति मण्डलात् ॥१६॥

सिद्धमिति । क्रिमिस्थाने क्षमी क्रोध स्त्रिरीक्षयेत् (?) । स्निग्धं स्मृत्वा पूर्वं स्निग्धं-स्नेहयुक्तं शुष्कं स्मृत्वा, पुनः शुष्कं=വരളുക । नष्टं स्मृत्वा पुनः = നശ്ശിമൊഴിക(?) । अथवा क्रिमिस्थाने क्षमी क्षयेत् । त्रिरीक्षयेदिति णिजन्तम् । विटपमिति सासपर्णं विटपम् । क्रिमिस्थाने आहत्य भूमौ च त्रिवारमेवमाहत्य भूस्पृङ्नीत्या धूमे न्यसेत् ॥ (१३)

कालदण्डीति । ओं कालदण्डि हुं फट् स्वाहा । मण्डले चषकं न्यस्य, तस्मिन् ज्येष्ठामावाह्य, गन्धपुष्पादिभिः संपूज्य, तच्चषकं संस्पृशेत् । सहस्रवारं जप्त्वा, तच्चषकं कन्यया [6]लङ्घयित्वा, गच्छेत्युक्त्वा गदा मण्डलान्निर्याति तावज्जपेत् ॥ (१४-१६)

---

1 सिद्धं
2 सासपत्रिस्थं
3 दुस्पृङ्नीत्वा
4 पालडण्डि हुं फट् ठठ ।
5 लम्बयित्वा
6 लम्बयित्वा

एवं सिद्धेन मन्त्रेण कुर्वीत चषकक्रियाम् ।

(म) ओं[a] नीलकण्ठ श्रीकण्ठ अमर भ्रमर

छत्रधरपिङ्गलाक्षि कामरूपिणि

अरण्यवासिनि खोट् ठठ ॥

मेषो विषं सदशनमुमायै गिरिरद्वयम् ॥१६॥

[1]स्तेये सन्दिग्धनामार्णान्मन्त्राक्षरविदर्भितान् ।

लिखित्वाम्नौ क्षिपेत्[2] पत्रं चोरनाम न दह्यते ॥१७॥

(म) जोळे[b] माळे फोप्पे वहे कहे चोररटे एळे मेळे

जोळे माळे आळे जंभे स्तंभे मोहे स्वाहा ॥

अनया विद्यया जप्ताः शर्करा नव निक्षिपेत् ।

अष्टासु दिक्षु कुड्ये च चोरस्तत्र विशेद्गृहम् ॥१८॥

ओमिति । ओं नीलकण्ठ श्रीकण्ठ अमर भ्रमर च्छत्रधर पिङ्गलाक्षि कामरूपिणि अरण्यवासिनि खोट् स्वाहा ॥

मेषो विषमिति । नम उमायै गिरिः स्वाहा । स्तेये सन्दिग्धानां नामाक्षराणि मन्त्राक्षरैर्विदर्भीकृत्य लिखित्वा, जप्त्वा कुम्भे निक्षिप्य जपेत् । तान्येकस्मिन् । तदा यस्मिन् पत्रे चोरस्य नाम तत्र दह्यते ॥ (१६-१७)

जोळे माळ इति । ओं जोळे माळे फोप्पे वहे कहे चोररटे एळे मेळे जोळे माळे आळे जंभे स्तंभे मोहे स्वाहा । " हेलकी नाम विद्यैषा सर्वोपद्रवनाशिनी " ।

---

a ओं णीसचण्ड श्रीलण्ठ अमष भूमष छत्र उष पिङ्गलाक्षि

1 स्तेये स्तन्निग्धनामा 2 ददेत् पत्रं

b गोल माल फेप्पे पट्टे मट्टे कोषढ षट्टे एकमेळे जोळे माले जाले स्तंभे

समन्त्रे फलके तारावृक्षयोः शास्तुरग्रतः ।

खनित्वा निर्दिशे[1]त्तत्र बलिं रुष्टः प्रसीदति ॥१९॥

[a](म) ज्वालाय मार्गशीर्षाय मृग्य लम्भय वृद्धिमुपगूहय

प्रसादय आकर्षय लल प्रज्वल सर्ववशंकरि

हुं सर्वप्रसादिनि ठठ ॥

[2]अनेनायुतजसेन सप्त ज[3]प्तं शिरीषजम् ।

कीलं प्रदक्षिणं नीत्वा क्षेत्रमध्ये खनेन्निशि ॥२०॥

ऊनविंशघटीकायां चोरस्तम्भो भ[4]वेत्ततः ।

सिन्दूराभा विवस्त्रा मणिकनकमिलद्भूषणा मुक्तकेशी
पीनश्रोण्यूरुरम्या मणिमयरुचिमत्पादुकाक्रान्तपादा ।
शिञ्जन्मञ्जीरकान्ता तनुतरविलसन्मध्यतुङ्गस्तनीका
सुभ्रूनेत्राखिलेन्दुद्युतिमुखकमला हेलकी पातु युष्मान् ॥
भद्रकालीपरिचरां ध्यात्वेत्थं मन्त्रदेवताम् ।
खैन्येनाशासु मध्ये च प्रक्षिपेन्नव शर्कराः ॥
जपित्वाष्टोत्तरशतं चोरा न प्रविशन्ति तत् ।

तत् प्रदेशं (स्थानम्) ॥ (१८-१९)

ज्वालायेति । ज्वालाय मार्गशीर्षाय मृग्य लम्भय लम्भय वृद्धिमुपगूहय उपगूहय प्रसादय प्रसादय आकर्षयाकर्षय लल लल प्रज्वल प्रज्वल सर्ववशङ्करि हुं सर्वप्रसादिनि स्वाहा । अयुतजपात् सिद्धिः । रात्रौ न्यूनविंशद्धटिकायां शिरीषजं कीलं प्रदक्षिणं नीत्वा क्षेत्रमध्ये खनेत् ॥ (२०)

---

1 निर्हरेत्तत्र a ज्वासाशमार्गग्रोर्षाशमृग्य लं भश वृद्धिमुपगूहय

2 एतेनायुत 3 जप्त्वा 4 भवेद्ध्रुवम् ।

संयुक्तं साक्षिमुग्धेन्दुमेषसर्गान्वितं विषम् ॥२१

अन्त्यं सकर्णमषधी स सूक्ष्मः क्षतजादिहृत् ।

दर्पणाङ्गुष्ठविधे द्वे यक्षिणीशान्तदेवते[1] ॥२२॥

(म) नमो भगवते अङ्गुष्ठकालि[2] दशकालि

चण्डालकालि ठठ ॥

अङ्गुष्ठादर्शविधे द्वे यथा भैरवराक्षसी ।

(म) स्वस्ति[3] किष्किन्धां गच्छ प्रकट पराक्रमी-

त्यर्कमण्डलोपजीवितः स श्रीहनूमान् आज्ञापयति ॥

मूषिकपतङ्गपिपीलिकामत्कुणशरभकरभबककीटगन्धि-

कापीडितैर्न स्थातव्यम् ; आज्ञामति क्रममाणस्य

शरीरनिग्रहं समावर्तयति ॥

तस्य वानरसिंहस्य क्रममाणस्य सागरम् ॥२३॥

संयुक्तमिति । क्षि नमः । अन्त्यमिति क्षुतिर नमः (?) ॥ (२१-२२)

नम इति । ओं नमो भगवते अङ्गुष्ठकालि महाकालि दशकालि चण्डालकालि स्वाहा । ओं विद्याधरगमनाय स्वाहा । पूर्वस्य राक्षसी, अपरस्य भैरवः । ओं स्वस्ति किष्किन्धां गच्छ प्रकट पराक्रमीत्यर्कमण्डलोपजीवितः स श्रीहनूमान् आज्ञापयति । मूषिकपतङ्गपिपीलिकामत्कुणशरभकरभबककीटगन्धिकापीडितैः न स्थातव्यमाज्ञापयति । "तस्य वानरसिंहस्य क्रममाणस्य सागरम् । कक्षान्तरगतो वायुर्जीमूत इव गर्जति "॥ नर्दति

---

1 शास्तृदेवते ।

2 अङ्गुष्ठचाळिमहाचाळि दशचाक्षि कण्डासचाळि ठठ ।

3 स्वास्ति कष्किडां जच्छे प्रयतपरक्रमीत्यर्कमण्डलोपजीवितः ।

कक्षान्तरगतो वायुर्जीमूत इव गर्जति[1] ।

(म) नर्दति हुं फट् नमः ॥

मन्त्रं पत्रे समालिख्य जप्त्वा तन्निखनेद्भुवि ॥२४॥

सस्ये कीटप्लवङ्गाखुपिपीलादिर्विनश्यति ।

(म) नमो[a] भगवति रक्तचामुण्डे हंसचामुण्डे
अपि च सुपि च छिन्द भिन्द दह
चारिमुच्चाटय हुं फट् ॥

भस्म मातुल्नाशाय मन्त्रेणानेन मन्त्रितम् ॥२५॥

किञ्चित् सस्यं विमुच्यान्ते प्रादक्षिण्यात् क्षिपेद्भुवि ।

[2] पुले पले तथा नेले नाभिः सार्घीकरः शिरः ॥२६॥

शान्तिकृद्वातमन्त्रोऽयं तज्जप्ते न दहेच्छिखी ।

हन्यात् स मन्त्रणाद्वातमाकर्षेच्च तिलाहुतैः ॥२७॥

हुं फट् नमः । तं मन्त्रं पत्रे समालिख्य जप्त्वा अर्ककुजयोरेकस्मिन् प्रदक्षिणं नीत्वा निखनेत् । हनूमद्दैवत्यम् ॥ (२३-२४)

नम इति । ओं नमो भगवति रक्तचामुण्डे हंसचामुण्डे अपि चापि च सुपि च सुपि च छिन्द छिन्द भिन्द भिन्द दह दह स चारिमुच्चाटय हुं फट् ॥ प्रादक्षिण्यान्निक्षिपेत् । मातुलः=൧൦൭ി ॥ (२६)

पुल इति । ओं पुले पले नेले भूः स्वाहा । मन्त्रणाद्वातो नश्यति । तिलाहुत्या आकर्षणं च ॥ (२६-२७)

---

1 नर्दति ।

a नमो भगवति चक्रकामुण्डे हंसकामुण्डे अपि च

2 वळे तथा नळे

(म) [a]खुरि प्रभञ्जनि सुकेशिनि ठठ ॥

सन्ध्यां पश्यन् स्वकेशस्पृग्जपेदाकर्षणं[1] मनुम् ।
स्वनामान्तरितं मन्त्रं भूर्जे रोचनयार्पितम् ॥२८॥
वेष्टितं सितसूत्रेण न्यसेदश्वत्थकोटरे ।
तावदस्य भवेत् पुष्टिस्तद्यावत्तत्र तिष्ठति ॥२९॥
स साध्यनामवश्यं तं न्यग्रोधे स्थापितं तथा ।
दीर्घाम्भोयुजवेवेहः कवचं सकलं वियत् ॥३०॥
स्ववर्णवत्सकपिलाघृतं राजीघृतान्वितम् ।
तज्जप्तं चरणाभ्यङ्गे न खेदं जनयेत् पथि ॥३१॥
तज्जप्तान् स्थापितान् व्रीहीन् भक्षयन्ति न मूषिकाः ।
बध्नीयान्नारिकेलादि तज्जप्तारुणतन्तुना ॥३२॥
तत्फलानि न खादन्ति जन्तवो मूषिकादायः ।

खुरीति । ओं खुरि खुरि प्रभञ्जनि सुकेशिनि स्वाहा । पुष्टिः=शरीरपुष्टिः । यन्त्रास्थापनं न्यग्रोधकोटरे वा ॥ (२८-३०)

दीर्घाम्भ इति । ओं वायुजवे खे हः, हुं, ह । सवर्गः=समानवर्गः । कपिला= ഗോരോചനാവർണ്ണമുള്ള പശു । राजीघृतं= കടുകെണ്ണ ॥ (३१-३२)

---

a घुहि प्रभंजणि लुचेयिणि ठठ ।

1 मतम् ।

विसरेति[1] पदाघोषो वह्निः सर्गो भुजाष्टमः ॥३३॥

तन्मन्त्रितशमीकाष्ठभस्मदिग्धेन पाणिना ।

दक्षेण वश्यः स्यान्मृष्टो वामेनोद्घाटितस्तथा ॥३४॥

तद्भस्मप्रोक्षणात् पण्यद्रव्यं गृह्णाति कोऽपि न ।

तद्भस्मपुण्ड्क्रियया सुदान्ताः स्युर्वृषादयः ॥३५॥

(म) असुराणां[a] वीरे वीरवति लते लावति

पूर्णे सरुरू ठठ ॥

ज्येष्ठामन्त्रेण सिद्धार्थैः ऋणनाशाय होमयेत् ।

(म) नमो भगवति महेश्वरि[b] अन्नपूर्णे ठठ ॥

जपेद्ग्रामप्रवेशे तल्लभतेऽन्नं सहायवत् ॥३६॥

विसरेति । विसररजः=शमीकाष्ठभस्म = വഹ്നിമരം ചുട്ട ഭസ്മം । दक्षं = വലത്തേത് । पुण्ड्ं = तिलकम् ॥ (३३-३५)

असुराणामिति । असुराणां वीरे वीरवति लते लावति पूर्णे सरुरू स्वाहा ॥ ओं नमो भगवति महेश्वरि अन्नपूर्णे स्वाहा ।

रुद्रताण्डवविलोकनलोलां भद्रवक्त्रनयनां भवकान्ताम् ।
अन्नदाननिरतां जननीं तां चिन्तयेदुषसि चित्रदुकूलाम् ॥

अस्य जपान्मृष्टान्नसिद्धिः ॥ (३६)

---

1 वासरेति पदाघोषः

a अलुषानां हीषे हीषहटि लते लतावति

b महेश्वषि

(म) यक्षसेनापतये[a] माणिभद्राय किणिहि ठठ ॥

एकविंशतिसंजप्तदन्तकाष्ठानुधावनात् ।

[1]भोजनं कामितं मन्त्री लभते प्रतिवासरम् ॥३७॥

(म) इति[b] मिति तिमि काकतुण्डिनि ठठ ।

नमो[c] रत्नत्रयाय पिङ्गलाय अनले कुनले गृद्ध

पिण्डं पिशाचिनि ठठ ॥

भुक्तोच्छिष्टेन भक्तेन सप्तकृत्वो बलिं हरेत् ।

मन्त्रोरेकेन लभ्येत सप्ताहाद्वसनद्वयम् ॥३८॥

नमः शम्भवे[d] त्रिणेत्राय पिङ्गलाय महात्मने ।

वामाय वामदेवाय स्वप्नाधिपतये नमः ॥३९॥

यक्षेति । ओं यक्षसेनाधिपतये माणिभद्राय किणिहि किणिहि स्वाहा ॥ (३७)

इतिमितीति । इति मिति मिति मिति मिति काकतुण्डिनि स्वाहा । ओं नमो रत्नत्रयाय पिङ्गलाय अनले कुनले गृद्ध [2]पिण्डं पिशाचिनि स्वाहा ॥ (४०)

नमः शम्भव इति । ओं नमः शम्भवे त्रिणेत्राय पिङ्गलाय महात्मने वामाय

---

a शक्षलेणाढिपटशेमाणिभद्राशचिनिवि ठठ ।

1 ओदनं कांदिकं

b इटि मिटि चाचदुण्डिणि ठठ । [उत मिति चामुण्डिनि ठठ ।]

c षणत्रशाश पिङ्गलाश उन्नसे चुणसे गृद्ध पिण्डं

d शंभहे त्रिनेत्राश पिङ्गसाक्ष्व वात्मणे वा माश वामधेहाश स्वाप्नाढिपटशे णमः । शङ्कराय ।

2 पिण्डां

(म) नमश्शङ्कराय ॥

आचक्ष्व देवदेवेश प्रसन्नोऽस्मि[1] वृषध्वज ।

स्वप्नेषु सर्वकार्याणि हृदयस्थानि यानि मे ॥ ठठ ॥४०॥

कृष्णाष्टमी शिवतिथिश्च तयोः प्रदोषे

लक्षं जपेत्तमभिपूज्य शिवं तदग्रे ।

इष्टेश्वरं निरशनो निशि दक्षिणादि-

मूर्तौ स्वपेत् कुशगतश्च जपन् स्मृतार्थः ॥४१॥

स्वप्ने दृष्टः प्रीतचेता महेश-

स्तानि ब्रूते यानि कार्याणि काङ्क्षेत् ।

वर्षादर्वाङ्मन्त्रिणा प्रार्थितं यत्

स्वप्ने तद्वत्तत् परस्यापि कुर्यात् ॥४२॥

(म)[a] नम उमापतये सर्वसिद्धिदेहाय देवानुचरमहा-
यक्षसेनाधिपतये इदं मे कार्यं कथय कथापय
तद्यथा कथापयति ठठ ॥

मौनी पुरोद्धूपितमूर्तिरेनं

जप्त्वा स्वपेत् कोऽपि वदेत् स्मृतार्थम् ।

वामदेवाय स्वप्नाधिपतये नमः शङ्कराय ॥ "आचक्ष्व देवदेवेश प्रसन्नोऽस्मि वृषध्वज । स्वप्नेषु सर्वकार्याणि हृदयस्थानि यानि मे" स्वाहा । कृष्णचतुर्दश्यां लक्षजपात् सिद्धिः॥

नम इति । ओं नम उमापतये सर्वसिद्धिदेहाय देवानुचरमहायक्षसेनाधिपतये इदं मे कार्यं कथय कथापय तद्यथा कथापयति स्वाहा । पुरोद्धूपितमूर्तिः गुग्गुलुधूपित-

---

1 प्रणतोऽस्मि तवान्तिकम् ।

a नम उमाविठलेर्ल्वलिद्धि सेवाशडे हाणचष मवाशक्ष लेणा ढिपठशे इदं मे कार्यं

(म) अशुद्धे[a] शुद्धरूपे शुद्धयोगिनि महानिद्रे ठठ ॥

जप्तान् क्षिपेच्छुभ्रतिलाननेन

गेहेऽतिनिद्रा जनतां न मुञ्चेत् ॥४३॥

(म) भ्रमरकेशि[b] भ्रममातः भ्रम संभ्रम विभ्रम

मुह्य मोहय ठठ ॥

दुर्गा कृष्णाभ्रकेशी प्रसृतबहुभुजा निःस्वपत्सिंहरूढा

निद्रात्मा स्वैक्यमेतद्गृहमनुपरितः सप्तकृत्वो[1] विकीर्य ।

प्रादक्षिण्येन माषान् जनमिह शयितं पूर्वमावृत्य[2] केशै-

रन्तस्थो मन्त्रमेनं जपतु न च गृहं निद्रया मुच्यते तत् ॥४४॥

विग्रहः ॥ अशुद्धे शुद्धरूपे शुद्धयोगिनि महानिद्रे स्वाहा । शुभ्रतिलं=വെളുത്തെള്ളു് । जनता=जनसमूहः ॥ (४३)

भ्रमरेति । भ्रमरकेशि भ्रममातः भ्रम संभ्रम विभ्रम मुह्य मोहय स्वाहा । भ्रमदुर्गा ।

दुर्गा कृष्णेति । प्रसृतबहुभुजा=प्रसृताष्टादशभुजा । निद्रात्मा=निद्रास्वरूपा । पूर्वं माषान् विकीर्य=क्षिप्त्वा । गृहमनु=गृहस्य समीपे । परितः=समन्तात् । इह=अस्मिन् गृहे । शयितमेनं जनं स्वकेशैः स्वभुजैश्च आवृत्य=आलिङ्ग्य च । अन्तस्थः=गृहान्तस्स्थितः एतं मन्त्रं जपेत् । अन्तस्था इति दुर्गाया विशेषणं वा ॥ ओं भ्रम ते मातः भ्रम दुर्गे देवदत्तं भ्रम भ्रम स्वाहा । भ्रमदुर्गा द्विभुजा । तस्या वामहस्ते कपालं साग्नि दक्षिणहस्ते तीचहुकम् (?) । അത തീചട്ടകംകൊണ്ടു കപാലസ്ഥാഗ്നി അവന്റെ വായിലിടുന്നപ്രകാരം ധ്യാനം ചെയ്തു് ജപിക്കുക ॥ एवं कृते शत्रोरुन्मादः स्यात् । उपदेशः ॥ (४४)

---

a अयुद्धे युद्धरूपे शुद्धशोजिणि मवाणिद्दे । b भ्रमचेयि भि मामान भ्रमलं

1 अशुद्धे इति मन्त्रः, जप्तान् इति पद्यार्धं च A कोशे न स्तः ।

2 सर्वमावृत्य

57

(म) प्राञ्जलि[1] अजिते महातेजे ठठ ॥

तज्जाप्यात् सितरक्तसूत्ररचिता रज्जुर्वलीसङ्ख्यया

बद्धानेन च मन्त्रितज्वरहरी सर्वापदां नाशिनी ।

पद्मं तेन कलादलं परिवृतं तद्वच्च भूर्जे मनुः

सङ्ग्रामव्यवहारयोः स जयकृद्गोरोचनास्थापितः ॥४५॥

श्रीशब्दो गान्तढान्तौ दशनभगयुतौ दीर्घवर्मेन्दुयुग्मं

वश्यं प्रत्यक्षजसं तदरुषि[2] रुधिरं स्रावयेत् पाणिशब्दात् ।

तोयाद्येतेन जसं शमयति रुधिरस्रावमेतत् सहस्रं

जप्ता[3] तालस्य पत्रं हरति च नवमाश्च्योतनान्नेत्रपुष्पम्[4] ॥४६॥

प्राञ्जलीति । ओं प्राञ्जलि अजिते महातेजे स्वाहा । बलिसङ्ख्यया= त्रयस्त्रिंशत्संख्यया । पद्मं तेनेति षोडशदलं पद्मं कृत्वा कर्णिकायां ह्रींकारं, तदन्तर्जीवादि, प्रतिदलमिमं द्वादशाक्षरं मन्त्रं लिखेत् । पद्मस्य बहिरनेन मालावद्वेष्टयेत् । बहिश्चतुरश्रम् ॥ (४५)

श्रीशब्द इति । श्रीघोणे हुं स्वाहा । प्रत्यक्षजसं तद्वश्यं तालपत्रं तालपत्ररसः । तेनाश्च्योतनान्नेत्रपुष्पनाशः ॥ (४६)

---

1 प्राञ्जसि अगिटे मवाटे जे ठठ । [प्रसासि अमिटे मार्टे गेरेक]

2 तदरुभि रुधिरं

3 जसं

4 नवमद्योतनात्

[1] पृष्ठं समांसश्रवणान्तदण्ड

संजप्य बीजानि वपेत् समृद्ध्यै ।

क्षेप्याणि धान्यानि च यानि पात्रे[2]

दैत्येडचवारप्रतिपन्मघासु[3] ॥४७॥

कुम्भान्तस्साग्निलक्ष्मीर्जलमृदकमस्त्रकर्णयुक्तं[4] सयोनी-

चण्डेन्द्रौ दीर्घमर्मेन्दुयुगलमपि[5] तत्साधितं सूर्यमन्त्रम् ।

नारीं[6] वा पूरुषं वा पशुमथ च परं[7] वार्थमुद्दिश्य नष्टं

सूर्योद्यद्वक्त्रस्सहस्रं जपतु सपदि तत् साध्यमायाति वस्तु ॥४८॥

सश्रीरेखे दीर्घवर्गेन्दुयुग्मं

मन्त्रं सौरं पुष्टिकृन्नित्यजाप्यात् ।

इष्ट्वा सूर्यं तन्मुखो यो जपेत्तत्

स्वेष्टं सद्यः सर्वमाकर्षयेच्च ॥४९॥

पृष्ठमिति । ब्रूं बीजवापनार्थः । दैत्येडचवारं =വെള്ളിയാഴ്ച । प्रतिपत् = പ്രതിപദം । मघा=മകം ॥ (४७)

कुम्भान्तरिति । श्रीबभ्रुखेले हुं स्वाहा । श्रीहृदये । बभ्रु शिरः । खेले शिखा । हूं कवचम् । स्वाहा अस्त्रम् । लक्षजपात् सिद्धिः ॥ (४८)

सश्रीरेख इति । श्रीरेखे हूं स्वाहा ॥ (४९)

---

1 पूजाण्डयुक्तं जगचण्डबीजं संजप्य बीजानि वचेत् 2 धान्यपाले

3 दैत्यस्य वाराप्रतिवामखासु । 4 जलमुदक 5 वर्मेन्दु

6 नारीं वास्तपुरुषं वा 7 पशुमपि च परं

कृष्णो ब्रह्मा शपरमरुणः[1] कुन्दभा दण्डिनी श्री-

रेकीभूतं त्रिनियुतजपात् सिद्धमेतद्विषघ्नम् ।

जाप्यध्यानादिभिरनुदिनं दातृसौभाग्यलक्ष्मीं

योनौ ध्यातं वशयति वधूं स्रावयेद्वापि शुक्रम् ॥५०॥

साग्निबिन्दु गगनं घृतमच्छं[2]

भुक्तिमुक्तिसुखदं हृदयाब्जे ।

एतदेव च जपारुचियोनौ

ध्यातमाशु वशयेन्मदिराक्षीम् ॥५१॥

॥ इति नारायणीये तन्त्रसारसङ्ग्रहे त्रिंशः पटलः ॥

कृष्णो ब्रह्मेति । क्षीं ब्रह्मा । ककारः । कृष्णं शपरं षकारोऽरुणः । शेषं = शुक्रम् । त्रिनियुतजपात्सिद्धिः ॥ (५०)

साग्निबिन्दुगगनमिति । हुं जपारुचि = ചെമ്പരത്തിപ്പൂപ്പോലെ । मदिराक्षी = स्त्री ॥ (५१)

॥ इति नारायणीयतन्त्रसारसङ्ग्रहव्याख्याने त्रिंशः पटलः ॥

---

1 शिवपरमरुणं कुन्दगा गण्डिनी 2 स्मृतमच्छं

॥ अथ युद्धादिपटल एकत्रिंशः ॥

[1]
यदा जन्मर्क्षगश्चन्द्रो भानुः सप्तमराशिगः ।
पौष्णः कालः स विज्ञेयस्तदा श्वासं परीक्षयेत् ॥१॥
[2]
पादार्धाहरहोरात्राण्येकनाड्यां स्थितोऽनिलः ।
नाममारप्रियो ज्ञेयः समाः संजीवयेत् क्रमात् ॥२॥
द्वित्रिचतुर्दिनादष्ट षट्चतुर्वत्सरं तथा ।
माननाकः शुकी नारी स्मरचोरसुरादिनाम् ॥३॥
त्रिद्व्येकवत्सरं षट्[3] त्रिद्व्येकमासं च जीवयेत् ।
तिथिकाष्ठेषु[4] त्रिद्व्येकाद्दिनं जीवेत्ततोऽधिकात् ॥४॥

यदेति । यदा जन्मर्क्षग इत्यादिना वायुपरीक्षार्थमाह— नामपञ्चाशत् । मारपञ्चविंशतिः । प्रियो द्वादश । ज्ञेयो दश । मानपञ्चदिनानि । नाकदशदिनानि । शुकीपञ्चदशदिनानि । नारीविंशतिदिनानि । स्वरपञ्चविंशतिदिनानि । चोरषड्विंशतिदिनानि । सुरासप्तविंशतिदिनानि । त्रिस्त्रिवर्षाणि । द्विर्वर्षद्वयम् । एकमेकवर्षः । ततः षण्मासम् । ततस्त्रिमासम् । ततो द्विमासम् । तत एकमासम् । ततोऽधिकादिति । त्रिद्व्येकातिथिकाष्ठेषु दिनं जीवेत् । त्रिद्व्येकादित्यत्र व्यत्यासेन । तथा च वायोरष्टाविंशतिदिनवहे तिथिदिनं । पञ्चदश दिनानि जीवेत् । एकोनत्रिंशद्दिनवाहे काष्ठादीनां दश दिनानि जीवेत् । त्रिंशद्दिनवाहे इष्टदिनं पञ्च दिनानि जीवतीत्यर्थः । त्रैराशिकमादिति । त्रिंशद्दिनेष्वप्यनुक्तेषु अहस्सु षडहादिषु त्रैराशिकक्रमादायुः कल्प्यम् । ഇച്ഛയും ഫലവും തമ്മിൽ ഗുണിച്ചിട്ട് വിരിച്ചു ॥ प्रमाणं=കൊണ്ട് । सर्वत्र गणितप्रक्रिया त्वियम् ।

---

1 यथा
2 पादादिनाहोरात्राण्येक
3 षड्द्विः द्व्येकमासं
4 द्वि द्व्येकदिनं

आयुःकालेष्वनुक्तेषु कल्प्यं त्रैराशिकक्रमात् ।

स्वच्छायां वीक्ष्य[1] निमिषं पश्येन्निर्मलमम्बरम् ॥५॥

स्वच्छाया दृश्यते[2] स्वच्छा पापघ्नात्मानुकारिणी ।

सा चेच्छिरोभुजायुग्मदेहार्धाङ्घ्रिद्वयैर्विना ॥६॥

षट्त्र्येकमासमासार्धदशपञ्चदिनान्मृतिः ।

ललाटे[3] मुकुलीं बद्ध्वा न्यस्य नासाग्रलोचनः[4] ॥७॥

अधोऽग्रं मुकुलं पश्येत् कदलीकुसुमोपमम् ।

दृश्यते द्वादशदलान्यभ्यासं तस्य मन्त्रिणः ॥८॥

यदाप्येकदलं नष्टं रुद्रमासं स जीवति ।

द्विहीनं दशमासं च क्रमादेवं प्रकल्पयेत् ॥९॥

हरितोपातमुद्वीक्ष्य फलमात्रं विनिर्दिशेत् ।

इदमाप्तमितीह व्यपदेशः तत्प्रमाणमाप्तम् ॥ (१-४)

स्वच्छायामिति । आत्मानुकारिणी = आत्मसदृशी = ണ്ടൊത്ത । सा छाया शिरोहीना दृश्यते चेत् षण्मासं जीवति । दक्षिणहस्तहीना चेत् त्रिमासम् । वामहस्तहीना चेदेकमासम् । देहार्धहीना चेन्मासार्धम् । दक्षिणपादहीना चेद्दश दिनानि । वामपादहीना चेत् पञ्च दिनानि ॥ (५-६)

ललाट इत्यादि । सूर्यचन्द्रात्मकावित्यादि । जलक्षीरन्तैरिति । प्रथमदिवसे

---

1 वीक्ष्यानिमिषं

2 स्वच्छायाया दृश्य तेचेत्

3 ललाटीं मुकुलीं बद्धां

4 नासाग्ररोचनम् ।

तद्वदेकदलं पश्येत्तदा मासैकजीवितम् ।

न स्याद्दिनैकमासेऽस्मिन् दले छिद्रैकदर्शनम् ॥१०॥

द्विच्छिद्राद्द्विदिनं चैव छिद्रवृद्ध्या दिनक्षयः ।

सूर्यचन्द्रात्मकौ कृष्णशुक्लपक्षौ करौ स्मरेत् ॥११॥

क्षालयेत्तौ जलक्षीरघृतैः शश्वत्त्रिवासरम् ।

कनिष्ठामूलपर्वादिज्येष्ठोर्ध्वान्तेषु[1] पर्वसु ॥१२॥

तिथीन्नियोज्य[2] तौ लाक्षारसेन परिरञ्जयेत् ।

यत्रेक्ष्यते नीलबिन्दुस्तिथौ तत्र मृतिर्भवेत् ॥१३॥

सोत्पन्नमासे कृष्णायां सप्तम्यां समुपोषितः[3] ।

स्नातो मन्त्री घृतक्षीरदधिमध्वम्भसां क्रमात् ॥१४॥

पलानि पञ्चपञ्चाशद्घटस्थान्यभिमन्त्रितैः ।

संस्थाप्य देवमीशानं गन्धाद्यैर्विधिवद्यजेत् ॥१५॥

प्रदक्षिणं चाष्टशतं कृत्वानुज्ञाप्य सिद्धये ।

कौशिक्या[4] पक्षलेखिन्या भूर्जे लेख्या निजासृजा ॥१६॥

जलेन, द्वितीयदिवसे क्षीरेण, तृतीयदिवसे घृतेन ॥ (७.१३)

सोत्पन्नमास इत्यादि । घृतक्षीरमध्वम्भसां पञ्चामृतानि यानि तानि प्रत्येकं पञ्चपञ्चाशत्परिमितानि । कौशिकः=ஆந்தை । पुत्तली=स्वप्रतिमा । अपरे=पृष्ठभागे ।

---

1 ज्येष्ठोद्यान्तेषु 2 तिथिर्नियोज्य

3 समपोषितः । 4 कौशिकीपत्रलेखिन्या

पुत्तली[1] लम्बितभुजा निजनामाङ्कमस्तका[2] ।

पादजङ्घाकटीनाभौ स्तने वामकरे परे ॥१७॥

अन्त्याद्यालिख्य वर्णान्॥ नमन्तं शिरसि न्यसेत् ।

कृत्वैवं विधिनापूज्य तां तदग्रे स्वपेत् कुशे ॥१८॥

पादौ व्यपगतौ स्यातां यदि सप्तसमात्यये[3] ।

अष्टमे वत्सरे मासे चाष्टमे दिवसे मृतिः ॥१९॥

एवं स्थानक्रमादायुःक्षयं विद्वान् प्रकल्पयेत् ।

गुरोः सिद्धं कपालादिमन्त्रेशं द्वादशाक्षरम्[4] ॥२०॥

भूर्जे निजासृजालिख्य न्यसेदन्तश्शरावयोः ।

संपूज्य जप्त्वा[5] तं मन्त्रं गुप्ते तं स्थापयेन्निशि ॥२१॥

प्रातरादाय तत् पश्येद्बीजानि द्वादश क्रमात् ।

नश्येद्यदर्णं[6] तद्वर्षे तन्मासे तद्दिने मृतिः ॥२२॥

अन्त्या=दीक्षादि । नमन्तं=तमन्तम् ॥ (१४-१९)

एवमिति । कपालादिमन्त्र उच्यते । "कपालज्वलितपिङ्गललोहित" इति ॥ (२०-२२)

---

1 स्वप्रतिमालम्बिभुजा

2 निजानाताङ्कमस्तका ।

3 सप्तदिनान्त्यये ।

4 मन्त्रे शब्दा दशाक्षरम् ।

5 जप्ता

6 दृश्येद्यदर्णं

अरुन्धतीं ध्रुवं व्योमसरितं यो न पश्यति ।
यः पश्येच्छर्दिविण्मूत्रान् रत्नरौप्यहिरण्यवत् ॥२३॥
गन्धर्वादिपुरं हैमवृक्षादीन् वा य ईक्षते ।
यत्पदं पांसुपङ्कादावर्पितं खण्डितं भवेत् ॥२४॥
अमेघे व्योम्नि यः पश्येद्विद्युतं दक्षिणागताम् ।
सलिले शक्रचापं वा तस्यार्वाग्वत्सरान्मृतिः ॥२५॥
काकारुणकपोतादीन्[a] य आरोहति निर्दयः ।
कृष्णा स्त्रीर्यच्छिरश्छिन्द्यात् स्वप्ने तस्याचिरान्मृतिः ॥२६॥
ऊर्ध्वाधःखनितापाङ्गमर्देऽन्यत्र न दृश्यते (?) ।
ज्योतिश्चेत् षट्त्रिकद्व्येकमासिकं तस्य जीवितम् ॥२७॥
दर्पणे[1] वा जले रूपं विकृतं स्वं[2] य ईक्षते ।
यस्याङ्गं शवगन्धं वा मासार्धं तस्य जीवितम् ॥२८॥

अरुन्धतीमित्यादि । व्योमसरित्=आकाशगङ्गा । पदं = ചവിട്ടടി । खण्डितं=മുറിഞ്ഞതു് । अरुणः = ചെമ്പോത്തു് । ऊर्ध्वाधःखनिलापाङ्गमर्दे, अन्यत्र ज्योतिर्न दृश्यते चेत् षट्त्रिद्व्येकमासिकं तस्य जीवितम् । खनिला = കനീനികം, (കണ്ണിന്റെഅരികെ മൂക്കിന്റെ അണയത്തേതും) । अपाङ्गः=കടക്കണ്ണു് । विकृतं=विकारयुक्तम् ॥ (२३-२८)

---

a कपोतादि यमारोहति

1 सर्पेण वा जले

2 स्वयमीक्षते ।

58

कर्णोष्ठौ[1] चलतः स्थानाद्यस्य वक्रा च नासिका ।
कृष्णा जिह्वाञ्चलो[2] मेरुः षट्सप्ताहं स जीवति ॥२९॥
जिह्वाग्रं दृष्टपूर्वं यो न पश्येत् स त्रिवासरम् ।
रुद्धश्रवाः कर्णघोषमशृण्वन्नाशु गच्छति ॥३०॥
लिङ्गप्लवाज्जले दीपे शान्ते निर्गन्धतस्तथा ।
हानेरिन्द्रियशक्तीनां जायायाः परिवर्तनात् ॥३१॥
हृद्घोषाश्रवणात् सेतुबन्धादर्शनतो मृतिः ।
अङ्गुष्ठगुल्फदोर्मध्यमणिबन्धध्वजादिषु[3] ॥३२॥
वायोरस्फुरणान्मृत्युः पांसुवर्षाच्च पृष्ठतः ।
अदर्शनेन सूर्येन्द्वोः पुरुषस्याचिरान्मृतिः ॥३३॥
दिवा सरश्मिः शीतांशुर्विरश्मिश्च दिवाकरः ।
द्विधाभूतौ[4] च तौ दीपौ ज्वाल्याधस्त्ययान्वितः ॥३४॥

कर्णोष्ठाविति । अञ्चलो मेरुः । मेरुलिङ्गम् । जिह्वाग्रं दृष्टपूर्वं=जिह्वाग्रं यः सहसा न पश्येत् स त्रिवारं न पश्येत् । कर्णघोषमशृण्वन् आशु गच्छति । संयमिनीमिति शेषः ॥ (२९-३०)

लिङ्गेति । लिङ्गप्लवं=ലിംഗം പൊങ്ങുക । परिवर्तनं=തരിക്ക । हृद्घोषः=हृदयशब्दः । सेतुबन्धादर्शनं=പുരികക്കൊടി കാണാതാകുക । पृष्ठतः पांसुवर्षं=പിന്നിൽനിന്നു പൊടിവീഴുക । पुरुषस्याचिरान्मृतिः=मृत्युः समीपस्थः स्यात् । तौ=

---

1 कर्णोष्ठोपल्लतत्स्थानाद्यस्य 2 जिह्वाचलः
3 मध्यमणिं चण्डद्विजादिषु । 4 द्विधा दीपौ च

चन्द्रादित्यावसृक्सिक्तौ तद्रूपं वा वियत्तलम् ।
यस्यैवं प्रतिभासः स्यात्तस्य मृत्युः पुरः स्थितः ॥३५॥
षट्त्रिकद्व्येकमासार्धमासपञ्चाहजीवितः[1] ।
नष्टं पूर्वादिदिक्ष्वन्तः[2] छिद्रितं धूमसङ्कुलम् ॥३६॥
भाति बिम्बं क्रमाद्भानोरायुर्ज्ञात्वैवमात्मनः ।
दानक्षेत्रप्रवेशादि कुर्याद्युद्धादि कर्म च ॥३७॥
तार्क्ष्यो मार्जारसिंहौ[3] श्वा सर्पाखुकरिणः शशः ।
प्रागाद्यास्तेऽष्टवर्गाश्च जयादीन् तेन कल्पयेत् ॥३८॥

सूर्यचन्द्रौ, द्विधाभूतौ=खण्डितौ । अधस्तच्चया ज्वालयान्वितो दीपः । तद्रूपं वा वियत्तलं=असृङ्मयम् ॥ (३१-३५)

षडिति । षट्त्रिकद्व्येकमासार्धमासपञ्चाहजीवितः । पूर्वादिदिक्ष्वन्तनष्टं छिद्रितं धूमसङ्कुलं च भानोर्बिम्बं भाति । आयुर्हीनस्य क्रमादेतानि षट् लक्षणानि स्युः । एवं क्रमादात्मन आयुर्ज्ञात्वा दानादिकर्माणि कुर्यात् । युद्धं=അങ്കക്കളിക ॥ (३६-३७)

तार्क्ष्य इति । तार्क्ष्य इत्यादिना युद्धादेर्जयादिज्ञानोपायार्थमाह=पूर्वाग्नेयदक्षिणनैर्ऋतदिक्षु तार्क्ष्यमार्जारसिंहशुनः कल्पयेत् । पश्चिमादिचतसृषु दिक्षु सर्पाखुकरिशशाश्च अ क च ट त प य श वर्गाश्च दिक्षु स्थापनीयाः । तेन जयादिं कल्पयेत् । केन प्रकारेणेत्याशङ्कायां तार्क्ष्यसर्पौ मार्जाराखू सिंहगजौ श्वशशौ च परस्परं शत्रवः । यस्य नाम्नि तार्क्ष्यवर्गवर्णनामा च यः । यस्य नाम्नि सर्पवर्गवर्णनामादयश्च तत्र तार्क्ष्यवर्णनामाचययुक्तस्य जयः । एवमन्येष्वपि जयापजयौ कल्पयेत् । तत्स्थानस्थित्या च जयापजयौ कल्पयेत् । यदि दुर्बलं रक्षितुमिच्छेत्तर्हि तं जयस्थाने स्थापयेत् ॥ (३८)

---

1 जीवितुः । 	2 दिक्ष्वन्तः 	3 सिंहौ च सर्पाखुकरिण

रम्या सप्तजगड्मा[1] च त्रीते शागैर्विवर्धितैः ।
वामाञ्झलौ[2] हुनाहृत्त्वा वर्गेष्वकडमादिषु ॥३९॥
काकश्च[3] खरधुर्येभसिंहकेतुशिखिध्वजैः ।
ऊर्ध्वोर्ध्वबलिभिः शिष्टैर्द्वयोर्विद्याद्बलाबलम् ॥४०॥

रम्या इति । अथान्य उपायो वक्ष्यते रम्या सप्तेत्यादिना । साध्यसाधकयोर्नामद्वये स्थिता अचो हलश्च ये ते क्रमेण भूमौ पृथग्लेखनीयाः । तत्र अ क डादिक्रमेण द्वादशसङ्ख्यावशात्ता विभज्य रम्यादिसङ्ख्यया वर्धयेत् । ऋ ॠ ऌ ॡ इति वर्णचतुष्टयं परित्यज्य, अकारादिविसर्गान्त एको [4]द्वादशवर्गः । ककारादिङकारान्तो द्वितीयः । डादिभान्तो वर्गस्तृतीयः । मादिहान्तश्चतुर्थः । तत्र द्वादशसङ्ख्यासम्पत्त्यर्थं ऋ ॠ ऌ ॡ इति वर्णा योजनीयाः । रम्या इत्यादयः सङ्ख्यावाचिनः । र द्वौ । म्या एकम् । स सप्त । प चत्वारि । ज अष्टौ । ग त्रीणि । ड सप्त । म पञ्च । त्री द्वौ । ते षट् । श पञ्च । ग त्रीणि । एतैर्विवर्धिता नाम अचो हलश्च हुना अष्टसङ्ख्यया हृत्वा शिष्टैर्द्वयोर्बलाबलं जानीयात् । यत्तदेवदत्तयज्ञदत्तौ साध्यसाधकौ तत्र दकारं, रं द्विसङ्ख्यया वर्धयेत् । एकारमेकसङ्ख्यया वर्धयेत् । पकारं सप्तसङ्ख्यया वर्धयेत् । अकारं चतुस्सङ्ख्यया, दकारमष्टसङ्ख्या, अकारं त्रिसङ्ख्यया, तकारं सप्तसङ्ख्यया, अकारं पञ्चसङ्ख्यया । यज्ञदत्तनाम अचो हलश्च अनेनैव प्रकारेण वर्धयित्वा, हुना अष्टसङ्ख्यया हृत्वा, शिष्टैर्द्वयोर्बलाबलं जानीयात् । कीदृग्विशिष्टैः 'काकश्च खरधुर्येभसिंहकेतुशिखिध्वजैः' । केन प्रकारेणेत्याकाङ्क्षयाम् , ऊर्ध्वोर्ध्वं = बलिभिरिति । एवं मानवशात् साध्यसाधकयोर्बलाबलं ज्ञात्वा, स्थानस्थित्यादिना जयादिकं कल्प्यम् । शिखिध्वजः = धूमः ॥ (३९-४०)

---

1 सवजगत्मा [सवजगत्साम]

2 नामाञ्झलादिना शिष्टैः द्वयोर्विद्यात्

3 काकश्चेति श्लोकः A पुस्तके नास्ति ।

4 वर्गः ।

नामाचो द्विगुणा वर्णास्त्रिघ्नान् याः सार्धदीर्घकाः ।

सप्तार्वाग्द्विगुणाः सर्वे पूर्यन्तेऽर्धं तदूर्ध्वतः ॥४१॥

हृत्वाद्रिणा तान्[1] शिष्टानां वैषम्याधिक्यतो जयः ।

दुष्टाः सूर्यस्थितास्तारास्ततस्त्रिस्त्रिविभागतः[2] ॥४२॥

दुष्टाः शुभाश्च विज्ञेयास्तारायाभिजितः[3] क्रमात् ।

नामाच इति । उपायान्तरमाह नामाचो द्विगुणा इत्यादिना । साध्यसाधकयोर्नामाक्षराणां मध्ये ह्रस्वस्वरात् द्विगुणाः कर्तव्याः । द्विसङ्ख्यया वर्धनीया इत्यर्थः । अर्धमात्रैः ककारादिभिः सह दीर्घस्वरास्त्रिघ्नाः, त्रिगुणिताः कर्तव्याः । तदाकारादयोऽर्धाधिकमात्रा दीर्घस्वराः । षण्मात्रा इत्यर्थः । सप्तमाक्षरादर्वाक् श्लेषवृद्धिः । सप्तमाक्षरादूर्ध्वं किं कर्तव्यमित्याकाङ्क्षायामाह द्विगुणाः सर्वे पूर्यन्तेऽर्धम् । तदूर्ध्वत इत्यन्वयः । अर्धं पूर्यन्ते । सप्तमाक्षरादूर्ध्वमर्धमात्राः कर्तव्या इत्यर्थः । एवं कृते सति सर्वा अक्षरसङ्ख्याराशीकृत्य, अद्रिणा=सप्तसङ्ख्यया । अपहृते सति, वैषम्याधिक्यतो जयः । वैषम्यमयुग्मतः । युग्माक्षरसङ्ख्यावता पराजयः ॥ (४१)

दुष्टा इति । उपायान्तरमाह [4]दुष्टाः सूर्यस्थिता इत्यादिना । [5]दुष्टाः सूर्यस्थितास्ताराः । यस्य जन्मकाले यस्मिन्नक्षत्रे सूर्यः स्थितस्तस्य तन्नक्षत्रं दुष्टम् । तत ऊर्ध्वं त्रित्रिविभागेन दुष्टानि च नक्षत्राणि क्रमेण भवन्ति । उत्तराषाढश्रवणयोर्मध्ये अभिजिन्नाम नक्षत्रं स्वस्य दुष्टर्क्षे आरभेत । शुभर्क्षे नारभेत ॥ (४२)

---

1 तां छिन्नां वैषम्या

2 सूर्यस्थितातारात्

3 ताराः साभिजितः

4 दृष्टाः

5 दृष्टाः

तारकाश्चन्द्रजन्मर्क्षाद्[1]गङ्गातालतलाम्भुना ॥४३॥

विभेद्यद्‌द्विचतुष्षष्ठा दुष्टा तारागणाः स्मृताः ।

त्रिभूगृहे न्यसेदृक्षानागत्यागमनेन च ॥४४॥

[2]आगतौ मध्यतश्चैकं बहिर्दिग्गतयोर्जपः ।

वर्ज्याः सर्वे चतुर्थर्क्षा (?) जन्मर्क्षाद्योधनाय च ॥४५॥

[3]कण्टको विष्णुरान्ता च नेलं कारण्डकः शिवः ।

सारसश्च भगः[4] केकी सद्यो नन्दादिका[5] अमी ॥४६॥

तारका इत्यादि । चन्द्रजन्मर्क्षात् यस्मिन्नक्षत्रे चन्द्रो जातस्तच्चन्द्रजन्मर्क्षम् । तस्मान्नक्षत्रादारभ्य सप्तविंशतिनक्षत्राणि वक्ष्यमाणसङ्ख्यया विभजेत् । तामेव सङ्ख्यामाह गङ्गेति । गं = त्रयम् । गा = त्रीणि । ता = षट् । ल = त्रयम् । ता=षट् । ला = त्रयम् । नू = त्रयम् ॥ (४३)

त्रिभूगृह इति । त्रिभूगृह इत्यादिना प्रकारान्तरमाह । एकैकस्य अन्तरन्तः पार्थिवमण्डलत्रयं लिखेत् । पूर्वादिदिक्षु चत्वारि दिक्सूत्राणि लिखित्वा, साधकजन्मनक्षत्रादीनि अभिजिता सहाष्टाविंशतिनक्षत्राणि बहिरारभ्य सूत्रसन्धौ न्यसेत् । बहिरारभ्यान्तरागतौ मध्य एकां न्यसेत् । पुनर्गतौ मध्ये च । पुनः कोणाद्बहिर्गत्वा दक्षिणदिशान्तः प्रवेशयेत् । तदानीमपि मध्यत एकम् । एवं क्रमान्नक्षत्रेषु न्यस्तेषु सत्सु बहिर्गतस्य च जयः । बहिर्गतो नक्षत्रजातस्य दिग्गतनक्षत्रजातस्य च जय इत्यर्थः । वर्ज्याः सर्व इत्यादि जन्मनक्षत्रात् प्रभृति चतुर्थं चतुर्थनक्षत्रं युद्धाय सर्वदा वर्जयेत् ॥ (४४-४५)

कण्टक इति । कण्टक इत्यादिना पक्षिचक्रमाह । पूर्ववत्=दक्षिणपश्चिमोत्तरमध्यकोष्ठेषु क्रमात् कण्टकादयः स्थाप्याः । कण्टकः = മരംകൊത്തി । आन्ता स्वयमेव ।

---

1 तालल्ताम्भुना ।

2 आगतो

3 कण्टकाः [कुण्डको]

4 भगी

5 नन्दादिगा

प्राग्याम्यारव्योत्तरामध्यकोष्ठस्थाः कण्टकादयः ।
स्वतिथौ प्रथमे[1] यामे स्वीयोऽन्येषां वरे[2] क्रमात् ॥४७॥
आवृत्त्या बाल[3]तरुणराजवृद्धमृताश्च ते ।
तेषां क्रियाशनं यानं बोधः सुप्तिर्मृतिः क्रमात् ॥४८॥
भोक्तुस्त्रिस्थः पुनर्भुङ्क्ते[4] बालाद्याश्चाधमादयः ।
त्रयो वृद्धमृतावन्यौ[5] क्रमाद्दुष्टातिनिन्दितौ ॥४९॥
षट्कोणेषु खले रुद्रस्तिष्ठेत्त्रित्रितिथिक्रमात् ।
विवर्ज्य[6] कोणमैशान्तं दृष्टिपातं विवर्जयेत् ॥५०॥
त्रिंशद्भक्ते खलेऽग्न्यादिस्थितासु तिथिषु क्रमात् ।
अहोरात्रेण सर्वज्ञः स्वस्थानात् पर्यटेत् खलम् ॥५१॥

कारण्डकः=കാരണം (?) । सारसः=പണ്ടാരക്കോഴി । केकी=മയിൽ । विष्णुः= अकारः । नेत्रं=इकारः । शिवः = उकारः । अगः=एकारः । सद्यः = ओकारः । प्रतिपदादिपञ्चम्यन्तास्तिथयो नन्दभद्रजयरिक्तपूर्णाः षष्ठ्यादिदशम्यन्ता एकादश्याः पञ्चदश्यन्ताश्च । तथा एतेषां कण्टकादीनां चय एवम् । एवं बालकुमारराजवृद्धमृतान् तिथिक्रमेण रुद्रः परिवर्तते । एवं च सति तिथित्रये षट्कोणेषु रुद्रः प्रदक्षिणक्रमात् परिवृतो भवति । यस्मिन् तिथ्यर्धे ईशस्तिष्ठति तत् परिवर्जयेत् । एवं सर्वत्र योज्यम् ॥ (४६-५१)

---

1 प्रथमो यामः स्वीये
2 परे क्रमेत् ।
3 बालकुमार
4 पुनर्भुक्तबाल्याद्याश्चागमादयः ।
5 मृतापत्यौ
6 कोणमैशं तत्

वारेषु प्रागुदग्वह्निरक्षोयाम्याप्यवायुषु ।
उदेत्यश्वपथाप्नोति[1] वामेनाहिर्दिशो दिने ॥५२॥
योजयेद्वह्निदुर्गादिब्राह्म्यादीनां[2] तिथिद्वयम् ।
राहूक्ताश्च दिशोऽष्टम्यां दिक्छार्वी तिथिरष्टमी ॥५३॥
पादहीनाश्चतुर्नाड्यः स्वदिक्षूद्यन्ति ताः क्रमात् ।
रक्षेत् कुजस्थितं[3] गात्रं प्रायस्तत्रायुधं पतेत् ॥५४॥

वारेष्वित्यादि । वारेष्वित्यादिना राहुचक्रमाह । अहिर्वारेषु प्रागुदग्वह्निरक्षोयाम्याप्यवायुषु उदेत्यश्वपथा दिश आप्नोति । अश्वपथा=കതിരപ്പാച്ചൽപോലെ (?) । अर्कवारे पूर्वस्यां दिशि उदेति । सोमवारे उत्तरस्यां दिशि । भौमवारे आग्नेय्याम् । बुधवारे नैर्ऋत्याम् । बृहस्पतिवारे दक्षिणस्याम् । शुक्रवारे पश्चिमायाम् । शनिवारे वायव्यामुदेति, वसति । पादहीनं चतुर्नाडिकामात्रं तत्र तस्याः । स्थितः । अर्कवारे पादहीनचतुर्नाडिकामात्रम् । अर्कदिशि तिष्ठेदित्यर्थः । एवमन्यवारेष्वपि ॥ (५२)

योजयेदिति । योजयेदित्यादिना मातृचक्रमाह । वह्न्यादिदुर्गादितिथिद्वयं ब्राह्म्यादीनां मातॄणां योजयेत् । वह्न्यादि प्रतिपदादि । दुर्गादि । नवम्यादि । अत्रापि राहोरुक्तम् । एवं दिशः प्रागुदग्वह्निरक्षोयाम्याप्यवायवः । ब्रह्माणी प्रतिपदि पूर्वस्यां दिशि पादहीनचतुर्नाडिकामात्रमुदेति । पुनः सा उदगादिदिक्षु गच्छति । पुनर्द्वितीयाया माहेशी उदग्दिशि तावत्कालमुदेति । पुनः सा वह्न्यादिप्राक्पर्यन्तासु दिक्षु गच्छति । पुनस्तृतीयायां कौमारी वह्निदिशि तावत्कालमुदेति । पुनः सा रक्षोदिगादि याम्यपर्यन्तासु गच्छति । अन्यासु तिथिष्वप्येवमेव । "ब्रह्माणी माहेशी कौमारी वैष्णवी च वाराही । इन्द्राणी चामुण्डी सुमहायक्षी च मातरः प्रोक्ताः ॥" अष्टम्याः शार्वी दिक् । अष्टमी तिथिः । अष्टम्याः महायक्ष्याः प्रागुदगित्याद्यत्र दिङ्नोक्ता । तस्मात् यदि शार्वी दिक् । तस्या एषैव तिथिरष्टमी । एतासां मातॄणामुदयः परिहर्तव्य इत्यर्थः । कुजस्थितं गात्रं रक्षन् । किमर्थमित्याकाङ्क्षायां प्रायस्तत्रायुधं पतेत् । कुजस्थितिर्जननात् ज्ञातव्यम् ॥ (५३-५४)

---

1 उद्देत्यश्च पथाप्नोति 2 योजयेदग्निदुर्गादि 3 कुशास्थितं

त्रीण्यास्ये द्वे दृशोः कण्ठे चत्वारि त्रीणि बाह्वोः ।

एकद्विपार्श्वे चत्वारि पादयोर्भानुजन्मतः[1] ॥५५॥

ज्ञात्वायुर्जयनक्षत्रवेलास्थानानि[2] योधयेत् ।

जटाधरा जटाग्रन्थिः क्षीरे पीते भयं हरेत् ॥५६॥

ऐन्द्री जटाधरा मूलं प्रियङ्गोः पायसं तथा ।

करद्विटपुटः पुट्टे पिच्छे शब्दो भयावहः ॥५७॥

अष्टपत्राम्बुजे[3] न्यस्तो धरणेन जपेन च ।

लिखेत् सनाम षण्णादं भूसद्मस्थाम्बुजोदरे ॥५८॥

(म) ओं सि[a]द्धचामुण्डे ठठ ॥

त्रीणीति । त्रीण्यास्य इत्यादिना नक्षत्रकल्पनामाह ।

" जन्मादिके मुखे त्रीणि दृशोश्चत्वार्यथो गले ।

अतुष्कं भुजयोः षट्कं पार्श्वे द्वावष्ट पादयोः" ॥

" जन्म सम्पद्विपत् क्षेमः प्रत्यरः साधको वधः ।

मैत्रं परममैत्रं च जन्मादीनि पुनः पुनः " ॥

वधवैनाशिकादिनक्षत्रस्थानं प्रयत्नेन गोपायेदित्यर्थः । ज्ञात्वेत्यादिना उक्तार्थोपसंहारं करोति । वेला=कालः ॥ (५५)

जटेति । जटाधरा जटाग्रन्थिः=പനം കലച്ചിൽ । भयं हरेत् । प्रियङ्गोः पायसं = തിനപ്പാൽച്ചോറ് ॥ (५६)

करद्विरिति । करपुटे पिच्चे स्वाहा । जपात् जयावहः । अथवाष्टदलं पद्मं लिखित्वा, दलेष्वस्यैकैकमक्षरं लिखेत् । कर्णिकायां षण्णादबीजमध्ये बीजादि लिखेत् ॥ (५७)

लिखेदिति । लिखेत् सनामेत्यादिना वीरपट्टयन्त्रमाह । भूर्जपत्रादावष्टदलं पद्मं

---

1 भानि जन्मतः । 2 वेधस्थानानि 3 अष्टपत्राम्बुजं

a ओं लिद्धकामुण्डे ठठ । [ओं लिड कामुण्डे]

पृथग्दलेष्विमं मन्त्रं सर्वं चाग्निगृहं पुनः ।

(म) रां रीं रूं रैं रौं रः ॥

साध्यार्णान्तरितैरेभिस्तत्संपेप्य निशाकृता ॥५९॥

[1] हांकारैः सर्गिकोपैश्च वेष्टयेदन्तरालयोः ।

लिप्यावृतमिदं वीरपट्टं द्वीन्दुगृहस्थितम् ॥६०॥

मस्तके धृतमात्मानं रक्षेच्छत्रुं च मोहयेत् ।

एतदेव भुवि न्यासात् पृतनास्तम्भनं विदुः ॥६१॥

पिण्डसंजीवनादीनि मूर्ध्नि यन्त्राणि धारयेत् ।

[2] बाणोऽयमेको हन्तारेः स[3]कृष्णेशतिथौ कुजे ॥६२॥

अर्कोदये कृतं तेन वल्यं शस्त्रवारणम् ।

लिखित्वा, तस्य कर्णिकायां षण्णादं, षण्णादस्य मध्ये जीवाख्यां, ओं सिद्धचामुण्डे स्वाहा । दलेष्वस्या अक्षराणि बहिश्चतुरश्रचतुष्कोणेषु लंकारं, चतुरश्रस्य बहिः षट्कोणं, षट्कोणेषु रां रीं रूं रैं रौं रः इति लिखेत् । बीजान्तरालप्रदेशे साध्यार्णैः पूरयेत् । तद्बहिः निशाकृता वेष्टयेत् । निशाकृत्=अर्धचन्द्रः । अर्धचन्द्रस्यान्तरालयोः हांकारैः सर्गिकोपैश्च वेष्टयेत् । तद्बहिश्चतुरश्रकोणद्वितय इत्यर्थः । एकस्मिन् कोणे हांकारैः, एकस्मिन् क्षकारैः, हांकारक्षकारयारन्तरालप्रदेशे साध्यनामार्णैः पूरयेत् । अर्धचन्द्रस्य बहिर्लिप्या वेष्टयेत् । तद्बहिश्चतुरश्रयुगं लिखेत् ॥ (५८-६१)

बाण इति । एको बाणो यः स अरेर्हन्ता । बाणः=ഒരു കോഴിത്തൂവൽ. കൃഷ്ണേശതിഥൗ കുജേ अर्कोदये तेन बाणेन कृतं वल्यं शस्त्रवारणम् । कृष्णेशतिथिः=कृष्णचतुर्दशी । कुजः=ചൊവ്വാ ॥ (६२)

---

1 हुंकारैः 2 बाणो एको 3 स कृष्णेगकतिथौ

वज्रिका[1] लाङ्गली दन्ती त्रिशूली दयिता हरेः ॥६३॥

संमोहिनी तथा राजमोहिनी च द्विकादनी[2] ।

योगिनी समयादत्ता[3] क्रमादेता हिमाम्भसा ॥६४॥

पिष्ट्वा तनौ पृथग्लिम्पेत्तत्काले शस्त्रवारिणीः ।

एताभिर्वा समस्ताभिर्लेपयेद्गुलिकाः कृताः ॥६५॥

(म) नमो भगवद्भ्यः सर्वास्त्रविसर्गेभ्यो[4]

मां रक्षन्तु भगवन्तो ठठ ॥

शस्त्राणि वारयति लक्षजपेन मन्त्रः[a]

सोऽसौ सुसाधितशरच्छुरिकादिकानि ।

कर्पूरचन्दनहिमाम्बुजपाविदारी-

जारीगदागरुकृतश्च तथा विलेपः ॥६६॥

वज्रिकेति । वज्री = ചതുരക്കള്ളി । हरेर्दयिता=विष्णुकान्तिः । संमोहिनी = മുമ്മത്തം । राजमोहिनी = स्वयमेव । द्विकादनी = കാക്കത്തൊണ്ടി । योगिनी समयादत्ता = योगिनीकाले कुलक्रमात् स्वीकृता । हिमाम्भः = പനിനീർ । एताभिः समस्ताभिः कृतां गुलिकां लेपयेद्वा ॥ (६३-६५)

नम इति । ओं नमो भगवद्भ्यः सर्वास्त्रविसर्गेभ्यो मां रक्षन्तु भवन्तः स्वाहा । लक्षजपात् सिद्धिः । जपा = ചെമ്പരത്തി । जारी = പുത്തഞ്ചാരി । गदः = കൊട്ടം ॥ (६६)

---

1 विरीता लाङ्गली

2 द्विकाक्षिनी

3 मोहिनी समये दत्ताः

4 सर्वास्त्रहिलोंम्यो

a मन्त्रमेतत् सुसाधितमसि

जम्बीरकाम्भोरसनागकेली-[1]

शिखानुलेपः क्षतजास्रवारि ।

तथा शिलावल्कलगर्दभासृक्-

श्यामाक्षिकर्णीकृकलासलेपः ॥६७॥

पत्रे द्वे निम्बपत्रं सकनककदलीपकमुत्तानपर्णी

पुत्रं जारीज्झटा च त्रपुसतुरगयुग्दाडिमं कर्णिकारम् ।

श्वेता पुङ्खा च दुग्धान्यजमहिषगवां नालिकेरस्य वैषा-[2]

मालेपः शस्त्रजालं नयति बहिरसृक्स्रावणं वारयेच्च ॥६८॥

जम्बीरेति । जम्बीरकाम्भः = പെരുനാരകനീർ । रसः = पारदः । नागं = നാകം । केकिशिखा = मयूरशिखा । क्षतजास्रवारि = क्षतजवारि अस्रवारि च । क्षतजं = रक्तम् । शिला = मनशिशला । वल्कलं=ഇരുമ്പനകലച്ചിൽ । गर्दभासृक् = കഴുതരുധിരം । श्यामं = നാൽകോൽപാക്കൊന്ന । अक्षि = കൺവെട്ടി । कर्णी = കടഞ്ഞെഴുക് । कृकलासः = ഓന്ത് ॥ (६७)

पत्र इति । पत्रे द्वे = ഉങ്ങും പച്ചിലയും । कनकः = പൊന്മത്ത । उत्तानपर्णी = स्वयमेव । इज्झटा = കഥിവി । तुरगयुक् = കണവീരം രണ്ടും । अजमहिषगवां नालिकेरस्य च दुग्धानि । एषां पत्रादीनामालेपः । शस्त्रजालं बहिर्नयति ; असृक्स्रावं वारयेच्च ॥ (६८)

---

1 जम्बीररम्भारस

2 श्वेतासु वा च दुग्धानि

श्रीपर्णीजं कृत्तिकायां गृहीतं

प्राच्या मूलं मूर्ध्नि पाणौ च बद्धम् ।

श्यैनं शौकं वा पयः पीतशेषं

मूर्ध्नि न्यस्तं वारयेच्छस्त्रजालम् ॥६९॥

मूलं सशुङ्गं[1] पयसेन्द्रवल्ल्याः

पीत्वोत्तमाङ्गे कलयेत् करे वा ।

श्वेतं मृणालं सितगोपयोयुक्

पिबेच्च युद्धेऽस्त्रनिवारणे द्वे ॥७०॥

शतमूलीभूततरू[2] नन्द्यावर्ताश्वकर्णिकामूलम्[3] ।

पद्मं च बस्तमूत्रे तल्लेपः शस्त्रवारणकृत् ॥७१॥

श्रीपर्णीजमिति । श्यैनं पीतशेषं = श्येनेन पीतशिष्टम् । शौकं पीतशेषं = शुकेन पीतशिष्टम् । पयः = जलं वा क्षीरं वा ॥ (६९)

मूलमिति । इन्द्रवल्ल्याः सशुङ्गमूलम् । इन्द्रवल्ली = ഉഴിഞ്ഞ । शुङ्गं = മൊട്ട് । मूलं=വേർ । मृणालं=താമരവളയം । सितगोः पयः=വെളുത്തപശുവിൻപാൽ ॥ (७०)

शतमूलीति । शतमूली = കുഞ്ഞി(?) । भूततरुः = കാവത്ത് । नन्द्यावर्तः= നന്ത്യാർവട്ടം । अश्वकर्णिका = കതിരച്ചെവിമരുത് । बस्तः = ആട് ॥ (७१)

---

1 मूलं सतुङ्गं

2 भूततन्

3 नन्द्यावर्ता च कर्णिका

सजटाभारीं पाठामूलं गोचन्दनां सशतमूलीम् ।

लिप्तां नवाम्बुपिष्टां शस्त्राणां वारणीमाहुः ॥७२॥

श्वेतेपुपुङ्खस्य शिफा मुखस्था

निवारयेदात्मनि बाणपातम् ।

आसीनमास्ये विषवृक्षजातं

संमोहिनीमूलमसिं रुणद्धि ॥७३॥

कालो दारुकवामकर्णसहितं डान्तं[1] विसर्गी भुजः

साध्यार्णान्तरितं मनुं शशिनिभं भेकानने न्यस्य[2] तम् ।

बद्ध्वास्यं विषशाखिनो जलयुते पात्रे विधायावृते

स्थित्वा तत्र विलेपनादि कुरुतां शत्रौ जिते तं त्यजेत् ॥७४॥

सजटेति । जटाभारी=ഈർപ്പന । गोचन्दना=स्वयमेव । തൊഴൽപ്പൂവ് । नवाम्बु=ഇളനീർ ॥ (७२)

श्वेतेप्विति । श्वेतेपुपुङ्खशिफा=വെൺകൊഴിഞ്ഞിലിൻ വേര് । आस्ये आसीनं विषवृक्षजातं संमोहिनीमूलमसिं रुणद्धि । विषवृक्षजातं संमोहिनीमूलं = കാഞ്ഞിരത്തിന്മേൽമുളച്ച തിണ്ടാമ്പുളിവേര് ॥ (७३)

काल इत्यादि । मण्डूकः साध्यार्णान्तरितमेतं मन्त्रं पत्रे लिखित्वा, भेकानने न्यस्य, तस्यास्यं बद्ध्वा, जलपूरिते विषवृक्षपात्रे तं मण्डूकं न्यस्य, विषवृक्षविनिर्मित-पिधानेन पिधाय, तस्मिन् पात्रे स्थित्वा, विलेपनाद्यलङ्कारान् कुर्यात् । एवमलङ्कृतो नरो यत्र गच्छति तत्र जय एव स्यात् । शत्रौ जिते सति, तं मण्डूकं पुनस्त्यजेत् ॥ (७४)

---

1 घान्तं विसर्गी

2 न्यस्यताम् ।

रेखालिवृत्तजलुकाहरिगोपवह्नि-

तुम्बीभिरग्निमणिकालघुदंष्ट्रिभिर्वा ।

पिष्टैर्विलिप्तवदनैश्छुरिकादिभिर्यत्

[1] क्लृप्तं क्षतं नयति तत्पुरुषं यमाग्रम् ॥७५॥

मत्तश्च [2] वामदंष्ट्रा छिन्द्यात् खादेन वक्त्रगं शस्त्रम् ।

शतमूली सितपुङ्खा युक्ता वा नागगर्भस्था ॥७६॥

॥ इति नारायणीये तन्त्रसारसङ्ग्रहे एकत्रिंशः पटलः ॥

रेखालीति । रेखाली = ചെവ്വരിവണ്ട് । वृत्तजलूका = जलूकाविशेषः । हरिगोपः=इन्द्रगोपः । वह्निः = कലിക്കന്നൻ । तुम्बी=തുമ്പി । अग्निः=ऊर्णा । मणिकं=കന്മട്ടിക്ക । लघुदंष्ट्री = കൊതുക് । विलिप्तवदनैः = പെൺവായിൽ തേപ്പൂ ॥ (७५)

मत्तश्चेति । വിശപ്പ്പുനായുടെഇടത്തെപ്പല്ല് । शतमूली =കഞ്ഞിരിക്ക വേര് । सितपुङ्खा = വെൺകൊഴിഞ്ഞിൻവേർ ॥

ഇവമൂന്നും ഈയംകൊണ്ട പൊതിവൂ, യുദ്ധകാലത്തിങ്കൽകയ്യിൽ പിടിച്ചിരിക്കുന്നവൻ കാണാതെ സഹസാകടിക്ക എന്നാൽ അവൻെറ ആയുധം സഹസാ മുറിഞ്ഞുപോം ॥ (७६)

॥ इति नारायणीयतन्त्रसारसङ्ग्रहव्याख्याने एकत्रिंशः पटलः ॥

---

1 क्षिप्तं क्षतं

2 वामदंष्ट्रो निशि स्यात् खादेन

॥ अथ हरिहरपूजादिपटलो द्वात्रिंशः ॥

हरिपूजा

[1] तारं मेषो विषं दन्ती नरौ दीर्घौ यणो रसः ।

(म) "ओं नमो नारायणाय ।" क्रुद्धोल्काय ठठ ।

महोल्काय ठठ । वीरोल्काय ठठ । द्यूल्काय[2]

ठठ । सहस्रोल्काय ठठ ॥

एवमष्टाक्षरो मन्त्रो वैष्णवः साङ्गमीरितः ॥१॥

स्नात्वात्मशुद्धिं कृत्वादौ[3] क्रमात्तेनार्चयेद्धरिम् ।

कनिष्ठादिनदन्तानामङ्गुलीनां[4] त्रिपर्वसु ॥२॥

ज्येष्ठाग्रेण क्रमात्तारुद्धानष्टाक्षरान् (?) न्यसेत् ।

[5] तर्जन्या तारमङ्गुष्ठे तले मध्ये मया च तत् ॥३॥

तलेऽङ्गुष्ठे च तद्वच्च तारा (?) बीजान्तरं न्यसेत् ।

रक्तगौरौ धूम्रहरी ज्योतीरूपास्त्रयः[6] सिताः ॥४॥

तारं मेष इति । "ओं नमो नारायणाय" । क्रुद्धोल्काय स्वाहा हृदयम् । महोल्काय स्वाहा शिरः । वीरोल्काय स्वाहा शिखा । द्यूल्काय स्वाहा कवचम् । सहस्रोल्काय स्वाहा अस्त्रम् । साध्यनारायणोऽन्तर्यामी ऋषिः । देवी गायत्री छन्दः । परमात्मा देवता । करन्यासस्तावत् पूर्वमङ्गानि करयोर्न्यसेत् । दक्षिणकनिष्ठादिवाम-

---

1 तारा मेषो विषं दन्ती नरो दीर्घौ ययौ रसम् ।

2 'द्यूल्काय ठठ' इत्येतत् A कोशे नस्तिते ।

3 कृत्वा च

4 तमन्तानां

5 तर्जन्या तारमिति एकः श्लोकः B कोशे नास्ति ।

6 रूपाः स्थितास्त्रयः ।

एवंरूपानिमान् वर्णांस्ताररुद्धान् न्यसेत् क्रमात् ।

हृदास्यनेत्रमूर्धाङ्घ्रिजानुगुह्यकनाभिषु (?) ॥५॥

अङ्गानि च न्यसेद्बीजन्यासार्वाक्करपादयोः[1] ।

यथात्मनि तथा देवे न्यासः कार्यः करं विना ॥६॥

हृदादिस्थानिमान् वर्णान् गन्धपुष्पैः समर्चयेत् ।

धर्माद्यङ्घ्रावधर्मादि गात्रे पीठेऽम्बुजं न्यसेत् ॥७॥

पत्रकेसरकिञ्जल्कव्यापिसूर्येन्दुतेजसाम्[2] ।

मण्डलत्रितयं तारभेदांस्तत्र न्यसेत् क्रमात् ॥८॥

गुणांश्च तत्र सत्त्वान्तान्[3] केसरस्थाश्च शक्तयः ।

(म) विमलायै नमः । उत्कर्षिण्यै नमः ।

ज्ञानायै नमः । क्रियायै नमः ।

योगायै नमः । प्रह्वयै नमः । सत्यायै

नमः । ईशायै[4] नमः । अनुग्रहायै नमः ॥

कनिष्ठान्तमक्षरान् ? (अक्षराणि) न्यसेत् । सर्वाङ्गुलीनां मूलपर्वणि अन्तःपर्वणि चाग्रे न्यासः । ओं ओं नमः । इत्यादि दक्षिणहस्ताङ्गुलीषु चतुर्णामक्षराणां न्यासानन्तरम् अङ्गुष्ठद्वये च पुनरपि करयोस्तलेऽङ्गुष्ठे च तद्वत् । पुनर्वामकराङ्गुलिपर्वसु रादिबीजानि न्यसेत् । पुनर्व्यापकं पुनश्च ऋष्यादयः । "रक्तो गौरो धूम्रहरिज्ज्योतीरूपाः सितास्त्रयः" । अक्षराणां वर्णा इमे । धर्माय नमः । ज्ञानाय नमः । वैराग्याय नमः । ऐश्वर्याय नमः । अधर्माय नमः । अज्ञानाय नमः । अवैराग्याय नमः । अनैश्वर्याय नमः । अनन्ताय नमः । पद्माय नमः । आं सूर्यमण्डलाय नमः । उं सोममण्डलाय नमः । मं वह्निमण्डलाय

---

1 करदेवयोः । 2 सूर्योजादाहिनाम् 3 सत्त्वाद्यान् 4 ईशानायै

शक्तीः पूर्वादिमध्यान्तं विमलाद्या न्यसेदिमाः ॥९॥

[1]योगपीठे समभ्यर्च्यात्र यजेदावाहितं हरिम् ।

चतुर्भुजं सुवर्णाभं पीतवस्त्रं किरीटिनम् ॥१०॥

वनमालाकौस्तुभाभ्यां दीप्तं मकरकुण्डलम् ।

केयूरादिभिराकल्पैः श्रीवत्साङ्कं विभूषितम् ॥११॥

कम्राङ्गं वरदं सौम्यं शङ्खचक्रगदाधरम् ।

पाद्यार्घ्याचमनस्नानं वस्त्रे पीते च भूषणम् ॥१२॥

एतत्पञ्चोपहारान्तं [2]सर्वं मूलेन दीयताम् ।

वासुदेवादयः पूज्याश्चत्वारो दिक्षु मूर्तयः ॥१३॥

विदिक्षु श्रीसरस्वत्यौ रतिशान्ती च पूजयेत् ।

शङ्खचक्रगदापद्ममुसलं खड्गचापयुक् ॥१४॥

नमः । सं सत्त्वाय नमः । रं रजसे नमः । तं तमसे नमः । विमलायै नमः । उत्कर्षिण्यै नमः । ज्ञानायै नमः । क्रियायै नमः । योगायै नमः । प्रह्व्यै नमः । सत्यायै नमः । ईशायै नमः । अनुग्रहायै नमः । एवमर्चिते पीठे हरिमावाह्य 'जितन्ते' इत्यनेन उपचारान् कल्पयेत् । अङ्गैः प्रथमा वृतिः । वासुदेवसङ्कर्षणप्रद्युम्नानिरुद्धान् दिक्षु; विदिक्षु च श्री-सरस्वत्यौ रति-शान्ती च पूजयेत् । अग्रे गरुडाय नमः ।

"शङ्खचक्रगदापद्ममुसलं खड्गशार्ङ्गयुक् ।
वनमालान्वितं दिक्षु विदिक्षु च यजेत् क्रमात् ॥"

पुनः सोमेशमध्ये विष्वक्सेनाय नमः । पुनरिन्द्रादयः । पुनर्वज्रादयः ।

---

1 योगपीठं

2 सर्वमूलेन

वनमालान्वितं दिक्षु विदिक्षु च यजेत् क्रमात् ।
आद्यावृतेर्बहिस्तार्क्ष्यं देवस्य पुरतोऽर्चयेत् ॥१५॥
विष्वक्सेनं च सोमेशमध्ये[1] द्यावरणाद्बहिः ।
इन्द्रादींश्च स्वदिक्ष्वेते सर्वे सरसिजासनाः ॥१६॥
एवमाराध्य विधिवद्भक्तो विष्णुं विसर्जयेत् ।
ऐहिकाद्द्विगुणा सिद्धिरस्य पारत्रिकी मनोः ॥१७॥

अथ हरपूजा

मेषः सर्गी त्रिषं साक्षमस्थि दीर्घोदकं शिरः ।
[a]एष पञ्चाक्षरो मन्त्रः शिवदश्च[2] शिवात्मकः ॥१८॥
[b]मन्त्रमेनमुपासीथास्तारकादिद्विजन्मनः ।
निष्कलः सकलश्चेति विज्ञेयो द्विविधः शिवः ॥१९॥

अर्कौघाभं किरीटाञ्चितमकरलसत्कुण्डलं दीप्तिराज-
त्केयूरं [c]कौस्तुभाभाशबलरुचिरहारांशुपीताम्बरं च ।
नानारत्नांशुभिन्नाभरणशतयुजं श्रीधराश्लिष्टपार्श्वं
वन्दे दोस्सक्तचक्राम्बुरुहदरगदं विश्ववन्द्यं मुकुन्दम् ॥ (१-१७)

मेषः सर्गीति । ओं नमः शिवाय । तच्छक्तिभूतः, तस्य निष्कलस्य शक्तिभूतः ।

---

1 सीमेशं मध्ये
a एतत् पञ्चाक्षरं मन्त्रं शिवदं च शिवात्मकम् ।
2 शिवः पञ्चशिवात्मकम् ।
b मन्त्रमेतदुपास्येतदुपास्येत तारकादिद्विजन्मभिः ।
c शबलिद्शबल

निष्क्रियं[1] निर्गुणं शान्तमानन्दमजमव्ययम् ।
अजरामरमव्यक्तमज्ञेयममलं[2] ध्रुवम् ॥२०॥

ज्ञानात्मकं परं ब्रह्म स्वसंवेद्यं हृदि स्थितम् ।
सत्यं बुद्धेः परं नित्यं निर्मलं निष्कलं स्मृतम् ॥२१॥

तच्छक्तिभूतः सर्वेशो भिन्नो ब्रह्मादिमूर्तिभिः ।
कर्ता भोक्ता च संहर्ता सकलः स जगन्मयः ॥२२॥

मन्त्रार्णाः पञ्च भूतानि तन्मात्रा विषयास्तथा ।
प्राणादिवायवः पञ्च ज्ञानकर्मेन्द्रियाणि च ॥२३॥

आस्तां वाग्विस्तरः सर्वो[3] विद्यात् पञ्चाक्षरात्मकम् ।
गव्येन प्रोक्षयेद्दीक्षास्थानमस्त्रेण[4] शोधितम्[5] ॥२४॥

तत्र संभृतसंभारः शिवमिष्ट्वा विधानतः ।
मूलमूर्त्यङ्गविद्याभिस्तण्डुलक्षेपणादिकम् ॥२५॥

कृत्वा चरुं पचेत् क्षीरे पुनस्तद्विभजेत्त्रिधा ।
निवेद्यैकं परं हुत्वा सशिष्योऽन्यद्भजेद्गुरुः ॥२६॥

हृदा जप्तं तैः स्वप्नैः शुभैः सिद्धिः । पुनर्मण्डलार्चनं कुर्यात् । कृष्णासितश्यामरक्तपीता मन्त्रार्णाः । [a]दण्डिनस्तान्यक्षराणि अङ्गानि स्युः । पूर्वादिमूर्तयश्च ते स्युः । पूर्वादिस्तत्पुरुषादिरित्यर्थः । नं हृदयाय नमः । मां शिरसे स्वाहा । शिं शिखायै वषट् । शं कवचाय हुम् । यं अस्त्राय फट् । वामदेव ऋषिः । पङ्क्तिश्छन्दः । सदाशिवो देवता । नं तत्पुरुषाय

---

1 निष्कलं 2 अचलं 3 सर्वं
4 दीक्षास्थानं मन्त्रेण 5 अस्त्रेण वेष्टितम् a तानक्षरान्

आचम्य सकलीकृत्य दद्याच्छिष्याय देशिकः ।
दन्तकाष्ठं हृदा जप्तं क्षीरवृक्षादिसंभवम् ॥२७॥
संमार्ज्य दन्तांस्तच्छित्वा प्रक्षाल्याथ[1] क्षिपेद्भुवि ।
दिक्षु पूर्वाद्यधोऽन्तासु तदग्रपतनं[2] क्रमात् ॥२८॥
वृद्धिं तपो[3] मृतिं वित्तक्षयं शान्तिं गदं धनम् ।
सुखं वृद्धिं[4] परं दुःखं फलान्येतानि शंसति ॥२९॥
[5] ततस्तं शिष्यमाचान्तं शिखाबन्धादिरक्षितम् ।
कृत्वा वेद्यां सहानेन स्वपेद्दर्भास्तरे गुरुः ॥३०॥
स्वप्नान् समीक्षितान् शिष्यः प्रभाते श्रावयेद्गुरुम् ।
[6] शुभैः सिद्धिः परैर्मुक्तिस्तैः पुनर्मण्डलार्चनम् ॥३१॥
भद्रकं मण्डलं सर्वसिद्धिदं विधिवद्विदुः ।
स्नात्वाचम्य मुदा देहं मन्त्रैरालिप्य कल्पिते ॥३२॥

नमः । यं अघोराय नमः । शिं सद्योजाताय नमः । वां वामदेवाय नमः । यं ईशानाय नमः । इति मूर्तयः ॥ करयोर्मध्यमादिकनिष्ठान्तमङ्गानि न्यसेत् । पुनस्तद्वन्मूर्तीश्च न्यसेत् । पुनर्व्यापकम् । सर्वतः शिवं पादगुह्यहृद्वक्त्रमूर्धसु न्यसेत् । पुनरक्षराण्यपि तेष्वेव स्थानेषु । पुनरङ्गानि । पुनः ऋषिः छन्दो देवता च । धर्माय नमः । ज्ञानाय नमः । वैराग्याय नमः । ऐश्वर्याय नमः । अधर्माय नमः । अज्ञानाय नमः ।

---

1 प्रक्षाल्यैतत् 2 तस्याग्रपतनक्रमात् । 3 तृतिं पित्तक्षयं
4 सुखमृद्धिं परा दुःखं 5 पुनस्तं 6 शुभैः सिद्धं

शिवतीर्थे पुनः स्नायादघमर्षणपूर्वकम्[1] ।
हस्ताभिषेकं कृत्वाथ यायात् पूजागृहं बुधः ॥३३॥
मूलेनाब्जासनं कुर्याद्रेचपूरककुम्भकान् ।
आत्मानं योजयित्वोर्ध्वे शिखान्ते द्वादशाङ्गुले ॥३४॥
संशोष्य दग्ध्वा स्वतनुं प्लावयेदमृतेन च ।
ध्यात्वा दिव्यवपुस्तस्मिन्नात्मानं पुनरानयेत् ॥३५॥
कृत्वैवमात्मनः शुद्धिं न्यासकर्म समाचरेत् ।
क्रमात् कृष्णसितश्यामरक्तपीतास्तु नादयः[2] ॥३६॥
मन्त्रार्णा दण्डिनोऽङ्गानि ते स्युः पूर्वादिमूर्तयः ।
मध्यमादिकनिष्ठान्तं न्यस्याङ्गान् (?) सर्वतः शिवम् ॥३७॥
न्यसेत् पञ्चाक्षरात्[3] पादगुह्यहृद्वक्त्रमूर्धसु ।
व्यापकं न्यस्य मूर्धादिमूलमङ्गानि च न्यसेत् ॥३८॥
वृषकेसरिभूतेभरूपान् धर्मादिकान् क्रमात् ।
पीताङ्गीम् कोणतो रक्तश्यामपीतसितां न्यसेत् ॥३९॥

अवैराग्याय नमः । अनैश्वर्याय नमः । अं सूर्यमण्डलाय नमः । उं सोममण्डलाय नमः । वं वह्निमण्डलाय नमः । सं सत्याय नमः । रं रजसे नमः । तं तमसे नमः । वामायै नमः । ज्येष्ठायै नमः । रौद्र्यै नमः । काल्यै नमः । कलविकरिण्यै नमः । विकलिन्यै

---

1 पुनः स्नानं
2 पीतास्वनादयः ।
3 मन्त्राक्षरान् पाद

साख्यामन्त्रैर्न्यसेद्गात्राण्यधर्मादीनि[1] दिक्षु च ।
तत्स्थे पद्मे ससूर्यादिमण्डले त्रिगुणान्विते ॥४०॥
न्यसेत् क्रमेण वामादिनवशक्तीर्यथाविधि ।

(म) वामायै नमः । ज्येष्ठायै नमः । रौद्र्यै नमः ।
काल्यै नमः । कलाविकलिन्यै नमः ।
बलविकलिन्यै नमः । बलप्रमाथिन्यै नमः ।
सर्वभूतदमन्यै नमः । मनोन्मन्यै नमः ॥

श्वेता रक्ता सिता श्यामा पीता वह्निनिभासिता ॥४१॥
कृष्णारुणा च ताः शक्तीर्ज्वालारूपा यजेत्[2] क्रमात् ।
वर्मास्त्रं[3] तेन मूलेन संप्रोक्ष्यैवं प्रकल्पितम् ॥४२॥
अनन्तयोगो पीठायेत्यपि पीठं प्रपूजयेत् ।
पुनरावाहयेत्तत्र[4] हृत्पद्माद्विधिना शिवम् ॥४३॥

नमः । बलविकलिन्यै नमः । बलप्रमथिन्यै नमः । सर्वभूतदमन्यै नमः । मनोन्मन्यै नमः ।

'श्वेता रक्ता सिता श्यामा पीता वह्निनिभासिता । कृष्णारुणाच ताः शक्तीर्ज्वाला रूपा यजेत् क्रमात् ॥' एवमर्चिते पीठे मूलेनावाह्योपचारान् प्रदद्यात् ।

---

1 गात्रं धर्मादीनि
2 स्मरेत् क्रमात् ।
3 वर्मास्त्रान्तेन
4 तत्र छद्म वावद्यनासिवम् ।

उदारं त्रिदृशं[1] सौम्यं सर्वाभरणभूषितम् ।
यजेन्मूलेन विधिवत् पाद्यादि (?) परमेश्वरम् ॥४४॥
पत्रेषु मूर्तयः पञ्च स्थाप्यास्तत्पुरुषादयः ।
ललाटदृग्जटाभारमुग्धचन्द्रादिसंयुताः ॥४५॥
योगी तत्पुरुषः[2] श्वेतः पूर्वे पूज्याश्चतुर्भुजाः ।
अघोरोऽष्टभुजः कृष्णो दंष्ट्री याम्ये चतुर्मुखः ॥४६॥
चतुर्बाहुमुखः पीतः सद्योजातस्तु पश्चिमे ।
वामदेवः[3] स्त्रीविलासी चतुर्वक्त्रभुजोऽरुणः ॥४७॥
स्फटिकाभं चतुर्बाहुं परश्वेणधरं विभुम् ।
साभयं वरदं देवं जटाबद्धेन्दुशेखरम् ॥४८॥

'योगी तत्पुरुषःश्वेतः पूर्वे पूज्याश्चतुर्भुजाः ।
अघोरोऽष्टभुजो दंष्ट्री कृष्णो याम्ये चतुर्मुखः ॥
चतुर्बाहुमुखः पीतः सद्योजातश्च पश्चिमे ।
वामदेवः स्त्रीविलासी चतुर्वक्त्रभुजोऽरुणः ॥
सौम्ये पञ्चेश ईशानः शार्वे दशभुजः [4]सितः ।'

---

1 त्रिनशं
2 तत्पुरुषश्वेतं पूर्वपूज्यश्चतुर्भुजम् ।
3 वामदेवी
4 स्थितः ।

सौम्ये पञ्चास्य ईशानः शार्वे (?) दशभुजः सितः[1] ।

इष्ट्वाङ्गानि यथान्यायमनन्तं सूक्ष्ममेव च ॥४८॥

शिवोत्तमं[2] चैकनेत्रं दिक्षु पूर्वादि पूजयेत् ।

एकरुद्रं त्रिमूर्तिं च श्रीकण्ठं च शिखण्डिनम् ॥४९॥

ऐशादिषु विदिक्ष्वेते विद्येशाः कमलासनाः ।

श्वेतः पीतोऽसितो रक्तो धूम्रो रक्तोऽ(?)रुणः सितः (?) ॥५०॥

ईदृग्वर्णास्त्रिनयना नागाकल्पाः[3] कपर्दिनः ।

शूलाशनिशरेष्वासबाहवश्चतुराननाः ॥५१॥

उमा चण्डेशनन्दीशौ महाकालो गणेश्वरः ।

वृषो भृङ्गिरिटिस्कन्दावेवमुक्तान् गणेश्वरान् ॥५२॥

प्रसिद्धरूपान्[4] सौम्यादीन् पूजयेत् स्वस्तिकासनान् ।

कुलिशः शक्तिदण्डौ च खङ्गं पाशाङ्कुशौ गदाम् ॥५३॥

शूलं[5] चेत्यमरेन्द्रादियागान्तेऽस्त्राणि पूजयेत् ।

एवं सावरणं शम्भुं भक्त्या परमया भजेत्[6] ॥५४॥

अङ्गे द्वितीयावृतिः । तृतीयावृतौ अनन्ताय नमः । सूक्ष्माय नमः । शिवोत्तमाय नमः । एकनेत्राय नमः । दिक्षु एकरुद्राय नमः । त्रिमूर्तये नमः । श्रीकण्ठाय नमः । शिखण्डिने नमः । ईशादिकोणेषु "श्वेतःपीतोऽसितो रक्तो धूम्रो रक्तोऽ(?)रुणोऽसितः(?) । ईदृग्वर्णास्त्रिनयना नागाकल्पाः कपर्दिनः । शूलाशनिशरेष्वासबाहवश्चतुराननाः ॥"

---

1 स्थितः । 2 योजयेत् । 3 नानाकल्पाः
4 प्रदिग्धरूपाः 5 शूलं चैक्यमरेन्द्रादि 6 यजेत् ।

ततोऽधिवासितं शिष्यं पाययेद्द्रव्यपञ्चकम् ।
आचान्तं प्रोक्ष्य नेत्राद्यैर्नेत्रं नेत्रेण बन्धयेत् ॥५५॥
द्वारं प्रवेशयेच्छिष्यं मण्डपस्याथ दक्षिणम् ।
शोषादिना कुशासीनं तत्र त शोधयेद्[1]गुरुः ॥५६॥
क्ष्मादितत्त्वानि (?) संगृह्य[2] परमार्थे लयक्रमात् ।
पुनरुत्पादयेच्छिष्यं सृष्टिमार्गेण देशिकः ॥५७॥
न्यासं शिष्यतनौ कृत्वा तं प्रदक्षिणमानयेत्[3] ।
पश्चिमद्वारमानीय क्षेपयेत् कुसुमाञ्जलिम् ॥५८॥
यस्मिन् पतन्ति पुष्पाणि तन्नामास्य विनिर्दिशेत् ।
पार्श्वे यागभुवां[4] खाते कुण्डे सन्नाभिमेखले ॥५९॥
शिवाग्निं जनयित्वेष्ट्वा पुनः शिष्येण चार्चयेत् ।
नैवेद्यं[5] तु स्वयं दत्त्वा बहिर्दिक्षु बलिं हरेत् ॥६०॥

उमायै नमः । चण्डेश्वराय नमः । नन्दिने नमः । महाकालाय नमः । गणपतये नमः । वृषाय नमः । भृङ्गिरिटये नमः । स्कन्दाय नमः ।

"उमा चण्डेश्वरो नन्दी महाकालो गणेश्वरः ।
वृषो भृङ्गिरिटिः स्कन्द उत्तरादिक्रमेण च ॥"

चतुर्भुजाश्चतुर्वक्त्राः । पुनरिन्द्रादयः । पुनर्वज्रादयः ।

बिभ्रद्दोर्भिः कुठारं मृगमभयवरौ सुप्रसन्नो महेशः
सर्वालङ्कारदीप्तः सरसिजनिलयो व्याघ्रचर्मान्तवासाः ।
ध्येयो मुक्तापरागामृतरसकलिताद्रिप्रभः पञ्चवक्त्रः
त्र्यक्षः कोटीरकोटीघटिततुहिनरुचिः कालतुङ्गाहिमौलिः ॥

---

1 शोषयेत् 2 संहृत्य 3 आनयन् ।
4 यागभुवः 5 निवेद्यं नु

[1]ध्यानैरातनितं शिष्यं संगृह्य प्रलयक्रमात् ।
पुनरुत्पाद्य तत्पाणौ[2] दद्याद्दर्भांश्च मन्त्रितान् ॥६१॥
पृथिव्यादीनि तत्त्वानि जुहुयाद्धृदयादिभिः ।
एकैकस्य शतं हुत्वा व्योममूलेन होमयेत् ॥६२॥
हुत्वा पूर्णाहुतिं कुर्याद्[3]द्रस्त्रेणाष्टाहुतिं पृथक् ।
प्रायश्चित्तविशुद्ध्यर्थं ततः शेषं समापयेत् ॥६३॥

माहेन्द्रे भवने सरोजमुषितं[4] शुक्लादिवर्णैर्लिखेत्[5]
किञ्जल्कैः सकुशैः शशाङ्कधवलैस्तच्चोच्छ्रितं[6] तण्डुलैः ।
हैमं रूप्यमयं तु ताम्रमथवा धौतं घटं वेष्टितं
सूत्रैश्चन्दनचर्चितं[7] जठरतः संजसकूर्चं[8] न्यसेत् ॥६४॥

"पृथिव्यादीनि तत्त्वानि जुहुयाद्धृदयादिभिः ।" पञ्चभिरङ्गैः शतं हुनेदित्यर्थः । पुनर्व्योममूलेन प्रासादमन्त्रेणाष्टोत्तरशतम् अष्टोत्तरसहस्रं वा हुनेत् । पुनः पूर्णाहुतिं हुत्वा, अस्त्रेणाष्टाहुतीः प्रायश्चित्तविशुद्ध्यर्थम् ; प्रायश्चित्तार्थं विशुद्ध्यर्थं च ॥ (५८-६३)

माहेन्द्र इति । माहेन्द्र इत्यादिना दीक्षाकलशमाह । किञ्जल्कः = कर्णिका ॥ (६४-६६)

---

1 ध्यानेनात्मनि संहृत्य
2 तत्प्राणान्
3 असूनष्टाहुतीः क्रमात् ।
4 सरोजमुदितं
5 शुक्लादिपूर्णे
6 तस्योच्छ्रिते तण्डुलैः
7 चन्दनचर्मितं च रसं धूपं सकूर्चं
8 संजसकूर्मं

तोयैर्गन्धयुतैः मपूर्य[1] सुमनोरत्ने सहेमाक्षते

क्षिप्त्वा चूतसुपल्लवाङ्कितमुखे[2] देवेशमावाहयेत्[3] ।

दृष्ट्वा तं विधिवत्[4] प्रणम्य गिरिशं साष्टाङ्गकं सादरं

स्थित्वाग्रे तदनु स्तुवीत परया भक्त्या शिवप्राप्तये ॥६५॥

एवं[5] देवस्य पूजा स्फुटमिति कथिता याभिषेकावसाना

कर्तव्या सेयमन्यैर्मनुभिरपि तथा काङ्क्षितार्थानुकूलैः ।

आचारान्वादयेत्तं गुरुरघरहितान्[6] वित्तशाठ्यं विनास्मै

देया वासोऽङ्गुलीयक्षितिकनकमुखा दक्षिणा दीक्षितेन ॥६६॥

तन्त्रज्ञानभुवा मदेन कवितागर्वेण वा भूयसा

कीर्तिर्व्यापनकाङ्क्षयाथ[7] वचसां शश्वत्प्रवृत्त्या च न ।

षट्कर्माण्यखिलानि नैव कथितान्येकत्र तत्संग्रहात्

तुष्टिः स्याद्विदुषामिति स्फुटधिया[8] तन्त्रं मयैतत् कृतम् ॥६७॥

तन्त्रज्ञानभुवेति । स्फुटधिया मया एतत्तन्त्रं कृतम् । तन्त्रज्ञानभुवा मदेन, भूयसा कवितागर्वेण वा, कीर्तिर्व्यापनकाङ्क्षया, वचसां शश्वत्प्रवृत्त्या स्वभावेन च न । एतदेव प्रयोजनम् । अखिलानि षट्कर्माणि । अन्यशास्त्रेष्वेकत्र नैव कथितानि । तत्संग्रहात् विदुषां तुष्टिः स्यादिति ॥ (६७)

---

1 प्रसूर्य सुमनोरत्नैः सहेमाक्षतैः
2 पूतसपल्लव
3 तत्रेशमावाहयेत् ।
4 विधिवद्विधानविहितं कुम्भं
5 दीक्षा पञ्चाक्षरस्य स्फुटमिति
6 अघरहिता वित्तशाम्येन तस्मै
7 कीर्तिर्व्यापन
8 स्मृतधिया

क्ष्वेलाग्नेरम्बुवर्षो ग्रहणजतिमिरस्यांशुमान्व्याधिनाम्नां

दुष्टानां भूमिपालः पुनरभिचरणग्राहसङ्घस्य सिन्धुः ।

नर्मालेख्यस्य भित्तिः पवनपथतलं काम्यनक्षत्रराशे-

[1]र्भूयान्नस्तन्त्रमेतज्जगति चिरतरं प्राभृतं देशिकानाम् ॥६८

ग्रामो यस्य शिवास्पदं शिवपुरं श्लाघ्यो निलातीरजो

नाथो मुण्डमुखाल्यस्य जनको नारायणो वेदवित् ।

यस्योमा जननी पतिप्रियगुणा यस्यापि गौरी स्वसा

तत्तुल्यः परमेश्वरः शिवपरो[2] यस्याभवन्मातुलः ॥६९॥

नानाजातिक्रियाढ्यान् जगति बहुविधान् मन्त्रवादाननेकान्[3]

[4]आलोक्यालोच्य कर्माण्यभिमतमखिलं सारमादाय तेभ्यः ।

तेन श्लोकैः सहस्रद्वितयपरिमितैस्तन्त्रमेतत् प्रणीतं

[5]निष्पैशुन्येन तन्त्रेष्वनिशमनिमिषाक्षेण नारायणेन ॥७०॥

क्ष्वेलाग्नेरिति । ग्रहणतिमिरस्यांशुमान् = ग्रहणतिमिरस्य सूर्य इत्यर्थः । पवनपथतलं = आकाशम् । मन्त्रसिद्धा आचार्याः देशिकाः ॥ (६८)

ग्राम इति । शिवपुरं = ചൊകിരം (?) निला = പൊൻ (?) । मुण्डमुख = മുണ്ടമുക (?) तत्तुल्यः = जनकतुल्यः ॥ (६९)

---

1 स्थेयान्नः

2 शिवपुरे

3 मन्त्रपादान्

4 आलोच्यालोड्य

5 निष्टै शून्येषु तन्त्रेषु

एतस्मिन् मन्त्रवादे[1] भुवनहितकरे सर्वमन्त्रार्थकोशे
नाम्ना नारायणीये प्रचुरपरिचयः श्रद्दधानः पुमान् यः ।
संप्राप्ताशेषकामः स भुवि चिरतरं कामचारी चरित्वा
दिव्यानिष्टांश्च भोगाननिमिषपतिवत् प्राप्नुयाद्दिव्यदेहः ॥७१॥

॥ इति नारायणीये तन्त्रसारसङ्ग्रहे द्वात्रिंशः पटलः ॥

॥ तन्त्रसारसङ्ग्रहः समाप्तः ॥

नानेति । आलोक्य = നോക്കീട്ട് । अनिमिषपपिः=इन्द्रः (७०-७१)

॥ इति नारायणीयतन्त्रसारसङ्ग्रहव्याख्याने द्वात्रिंशः पटलः ॥

---

1 मन्त्रपादे

APPENDIX

॥ अनुबन्धः ॥

॥ गारुडमन्त्रः ॥

चन्द्रमण्डलसंकाशं सूर्यमण्डलसंस्थितम् ।

पृथ्वीमण्डलमुद्रायां बद्धो हुं फट् स्वाहा ॥

ओं नमो भगवते तत्त्वगरुडाय, अमृतकलशसंभवाय, विष्णुवरवाहनाय, वज्रनखाय, वक्रतुण्डाय, वज्रपक्षाय, अलङ्कृतशरीराय, त्रैलोक्यपरिपूजिताय । एह्येहि महागरुड । दुष्टनागान् छिन्द । आविश्य हुं फट् स्वाहा । महाराक्षसविषं छिन्द । ओं तार्क्ष्यं गरुडवेगम् । नक्ताह्वम् । नक्ताह्व=വൃങ്ങ് (?) । स्पृक्का=ചോനകപ്പുല്ല് । पिण्डीतकं=മലങ്കാര । घोण्टा=കൊട്ടം । കാഞ്ഞൊട്ടി, മുറംപാവൽ, അശപം, അമുക്കുരം, കരകം, കതക്കൊത്തി, ജീവനീയം, പല്ലാനി, അജാജി = അയമോദകം, താപിഞ്ഛം = കായാവ്, സ്ഥലസാരം = നിലമ്പരണ്ട । സിതോരുവൃ = വെള്ളാവണക്ക് । ഭ്രനതരു = കാവള (?) ഫല്ഗു = ഉഴലപ്പാറകം പൃശ്നിപർണ്ണി = ഓരിലപഴത്തി । തണ്ഡുലീയം = ചെറുചീര. ചണകാ = കാട്ടുപയറ് = ശൃംഗീ = കർക്കടകശൃംഗീ । ദധീ = ചതുരക്കള്ളി । നീപം = നീർമ്മരുത് । ശിംശപം = ഇരുപൂൾ । വിജയരാഗം = അമൽപ്പൊരി । ഗണ്ഡീരം । അമർച്ചക്കൊടി । ഖണ്ഡീ = പുടയാവള്ളി । പാകലം = പേച്ചുര । വനകുഷ്ഠം = കൺകൊട്ടപ്പാല । അർജ്ജകം = ചെമ്പി । മൃൽപപുഷ്പി । കടലാടി. സൌരമുഷ്ടി = ചെറുവട്ടപ്പയർ । നേത്രഖണ്ഡം । വസ്ത്രഖണ്ഡം । മോചനീ । നൊങ്ങണംപുല്ല് । ത്രപാ = തൊട്ടുകാര । പാരിഭദ്രികം = വെൺമുരിഞ്ഞ । മോഹിനീ = വാസവദത്ത, വീരം = പൊന്നാവീരം । പലലം = തിലചൂർണ്ണം । കളഞ്ജം = കഴഞ്ചി. ശ്രേയസീ = അത്തിത്തിപ്പലി ।

ഗുരുചരണകടാക്ഷോപേക്ഷയാ സ്വേച്ഛയാ വാ
കരണകലിതകാമ്യാദ്യാധിനാ വ്യാധിനാ വാ ।
കമലനയനകാന്താ ചിന്തയാനന്തയാ വാ
കരകൃതമപരാധം ക്ഷന്തുമർഹന്തി സന്തഃ ॥

॥ ദശപുഷ്പം ॥

പൂർവ്വാംകുറുന്തല മുയൽച്ചെവി നല്ലദൂർവ്വാ
കഞ്ഞുണ്ണിയും പനയുമാദരവോടുവിഷ്ണു ।
നല്ലൂളതാളി മടവുള്ളുഴിഞ്ഞകുററി
ഇച്ചൊന്നപുഷ്പമിഹ പത്തപി പാപഹംപോൽ ॥

ശ്രീശങ്കരാജവരുണാംബുജബാണവിഷ്ണു
പ്രാണേശകൃഷ്ണസുരരാൾ തുരഗാധിരൂഢാഃ ।
പുഷ്പാധിപാഃ പ്രതിദിനാ പ്രദിശന്തുദേവാ
വിദ്യായുരർത്ഥ സുഖവശ്യയശാംസിമുക്തിം ॥

ഒന്നുമൂന്നു പതിമൂന്നു നാലേഴപി ചതുർദ്ദശ. പതിനെട്ടു പന്ത്രണ്ട് പത്തുപുഷ്പത്തിനിക്രമാൽ. ഇങ്ങിനെ കണക്കാക്കി എടുത്തുകൊൾക, ഗുളികയാക്കി തിലകം തൊടുക നിത്യവും നല്ലതെന്നറിക ।

INDEX

॥ विषयाणां वर्णानुक्रमणिका ॥

द

म

श

ह

ERRATA

शोधनसूची

[भूमिकायाः, तन्त्रसारसङ्ग्रहस्य च पठनात् पूर्वं तयोर्निपतिता मुद्रणदोषा अस्मिन् शोधनपत्रे निर्दिष्टरीत्या कृपया पाठकैरवश्यं प्रथमं शोधनीयाः ।]

(भूमिकायां दृश्यमाना अंशाः)

पुटः	पङ्क्तिः	अंशः	शुद्धः पाठः
11	17	आमुष्मिकानिः-	आमुष्मिकानि
15	8	बलवान्-	बलवान्
,,	15	तत्त्म्व	तत्त्वम्
,,	19	विशिष्यैष	विशिष्य
18	1	one उत्तरतन्त्रम् is to be omitted.	
21	11	मुह	मुहु
,,	28	भेषजजं	भेषजं
22	13	शाखित्यपि	शालिन्यपि
23	2	चिकित्स	चिकित्सा
24	2	अवगम्येत ।	अवगम्येरन् ।
,,	5	विषप	विषय
,,	13	धात्वन्तार	धात्वन्तर
26	16	विरणात्मकेषु	विवरणात्मकेषु
29	11	विकिडित	विक्रीडित
32	4	बलवढाधार	बलवदाधार
,,	16	पुस्तकाल्य	पुस्तकाल्या
33	3	अशक्रम् ;	अशक्यत ;

(ग्रन्थस्या भ्रंशा:।)

पृष्ट:	पङ्क्ति:	भ्रंश:	शुद्ध: पाठ:
१	१४	देषानां	देवानां
२	४	षट्कर्मिकं	षट्कार्मिकं
,,	१०	पतङ्गमन्त्राणि	पतङ्गमन्त्रास्तु
३	१२	कर्णम्	कर्ण:
५	५	षष्ठेशादीन्	षष्ठैशादीन्
६	८	सो	यो
७	१	भाषिता	भाषण:
८	१४	मन्त्राणि	मन्त्रास्तु
२३	६	चेष्ठादष्टस्य	चेष्टा दष्टस्य
२९	७	स्ववर्ण	सुवर्ण
४६	१०	वक्तो	वक्त्रो
८५	२	यया	यथा
९१	१	षष्ठ:	सप्तम:
९६	४	स्फिरया याष	स्थिरया व्योष
११२	७	याभं न	यानं न
१३६	११	पद्यकं	पद्मकं
१५२	१४	तच्चष्टा	तच्चेष्टा
१५८	४	तद्येष्टा	तच्चेष्टा
१६३	८	८९	८८
१६५	४	लक्षणोवर्यंउन्माद:	लक्षणो वर्ज्य उन्माद:
,,	१०	अमटा	अमरा
१८५	६	पृथक	पृथक्
१८८	८	घण्टा	घण्टा
२३०	१२	गूडं	गुडं

पुटः	पङ्क्तिः	अंशः	शुद्धः पाठः
२४८	३	रि गृह्यते	रिर्गृह्यते
,,	४	पठित मात्रा	पठितमात्रा
२७०	५	समिंधः	समिधः
२८२	१	आस्यस्थ	आस्यस्थं
३०२	५	च्छिद्यं	च्छिद्र्यं
३५२	१	शाशी	शशी
३५४	२	हृल्लखा	हृल्लेखा
३६०	९	तज्वाला	तज्ज्वाला
३७२	२	ज्वल नी	ज्वलनी
३८१	२	तिंते नेन्दु	तिंतेनेन्दु
३९३	४	स्वेखला	मेखला
४१५	८	पिप्पली तण्डुलानि	पिप्पलीतण्डुलानि
,,	१८	सरणि	सरिणि
४४०	१	स्निग्धै	स्निग्धं